# QUÍMICA INTEGRADA 2

## Caderno de Atividades

Caro leitor:

Visite o site **harbradigital.com.br** e tenha acesso aos **gabaritos e resoluções** especialmente desenvolvidos para esta obra, além de informação sobre o livro digital. Para isso, siga os passos abaixo:

▶▶ acesse o endereço eletrônico **www.harbradigital.com.br**

▶▶ clique em **Cadastre-se** e preencha os **dados** solicitados

▶▶ inclua seu **código de acesso**:

DD68270E5A420D88C32D

Pronto! Seu cadastro já está feito! Agora, você poderá desfrutar dos conteúdos especialmente desenvolvidos para tornar seu estudo ainda mais agradável.

### Requisitos do sistema

- O Portal é multiplataforma e foi desenvolvido para ser acessível em *tablets*, celulares, *laptops* e PCs (existentes até ago. 2018).
- Resolução de vídeo mais adequada: 1024 x 768.
- É necessário ter acesso à internet, bem como saídas de áudio.
- Navegadores: Google Chrome, Mozilla Firefox, Internet Explorer 9+, Safari ou Edge.

### Acesso

Seu código de acesso é válido por 1 ano a partir da data de seu cadastro no portal HARBRADIGITAL.

# QUÍMICA INTEGRADA 2

## Caderno de Atividades

**José Ricardo L. Almeida**

**Nelson Bergmann**

**Franco A. L. Ramunno**

| | |
|---|---|
| **Direção Geral:** | Julio E. Emöd |
| **Supervisão Editorial:** | Maria Pia Castiglia |
| **Ilustrações:** | KLN |
| | Ana Olívia Justo |
| **Editoração Eletrônica:** | Neusa Sayuri Shinya |
| **Capa:** | Mônica Roberta Suguiyama |
| **Fotografias de Capa:** | Shutterstock |
| **Impressão e Acabamento:** | Gráfica Forma Certa |

**CIP-BRASIL CATALOGAÇÃO NA PUBLICAÇÃO**
**SINDICATO NACIONAL DOS EDITORES DE LIVROS, RJ**

Almeida, José Ricardo L. de
  Química integrada 2 / José Ricardo L. de Almeida, Nelson Bergmann, Franco A. L. Ramunno. - 1. ed. - São Paulo : HARBRA, 2018
  384p. : il.; 28 cm.

  gabarito no site
  ISBN 978-85-294-0510-0

  1. Química. I. Bergmann, Nelson. II. Ramunno, Franco A. L. III. Título.

17-46275
CDD: 540
CDU: 54

Todos os direitos reservados. Nenhuma parte desta edição pode ser utilizada ou reproduzida – em qualquer meio ou forma, seja mecânico ou eletrônico, fotocópia, gravação etc. – nem apropriada ou estocada em sistema de banco de dados, sem a expressa autorização da editora.

**QUÍMICA INTEGRADA 2 – CADERNO DE ATIVIDADES**

Copyright © 2018 por editora HARBRA ltda.
Rua Joaquim Távora, 629
04015-001 São Paulo – SP
Tel.: 5084-2482 Fax: (0.xx.11) 5575-6876
www.harbra.com.br

ISBN 978-85-294-0510-0

Impresso no Brasil                                                                                          *Printed in Brazil*

# Apresentação

*A Humanidade encontra-se... diante de um grande problema de buscar novas matérias-primas e novas fontes de energia que nunca se esgotarão. Enquanto isso, não devemos desperdiçar o que temos, mas devemos deixar o máximo que for possível para as próximas gerações.*

Svante Arrhenius
Químico sueco, prêmio Nobel de Química (1903).

Aproximadamente um século depois de proferidas as palavras acima, hoje a Humanidade se preocupa cada vez mais com a necessidade de poupar recursos e desenvolver processos não só eficazes como também sustentáveis.

E a ciência Química, que já chegou a ser vista como um tipo de "mágica", tem papel fundamental nessa busca da Humanidade, visto que, hoje, a Química está presente em todas as relações humanas, desde as reações que ocorrem dentro do nosso próprio corpo até o processo de produção industrial de fertilizantes, necessários para obtenção de alimentos para os mais de 7 bilhões de habitantes presentes no mundo.

A amplitude e a abrangência da ciência Química podem até mesmo nos amedrontar, mas não podem nos paralisar. Para que isso não ocorra, precisamos conhecer essa Ciência. Não só o que ela foi ou o que ela é, mas também o que ela será. Precisamos, ao longo de nossa jornada no estudo da Química, aprender a integrar os conceitos, possibilitando a interpretação dos acontecimentos no nosso cotidiano à luz dos conhecimentos desenvolvidos dentro da Química.

Assim, sabendo que *Química é transformação e conexão*, desejamos (de forma nada modesta) que todos que nos acompanharem na jornada do estudo da Química transformem a visão que possuem dessa Ciência e a insiram em um mundo que faça jus às particularidades contemporâneas, sem, contudo, esvaziar sua grandeza. Almejamos, com essa coleção, apresentar de forma descontraída, precisa e integrada não só os preceitos básicos, mas também discussões mais aprofundadas sobre a Química.

Os livros da coleção **Química Integrada** buscam aproximar e relacionar conceitos da química orgânica à físico-química, evidenciando as interações entre a Química e outras ciências: o estudo da bioquímica traz à tona as intersecções entre a Química e a Biologia, enquanto que o estudo da eletroquímica aborda conceitos relacionados à geração e utilização da corrente elétrica, em sintonia com conhecimentos desenvolvidos pela Física. Cada volume apresenta exercícios agrupados em séries em ordem crescente de dificuldade, de modo a guiar os alunos nessa escalada de conhecimento. A presença de **Exercícios Resolvidos** também auxilia o estudante no processo de aprendizagem.

Ao final de cada volume da coleção **Química Integrada**, foram inseridos capítulos complementares com exercícios atualizados dos principais vestibulares (como FUVEST, UNICAMP, UNESP, entre outros) e ENEM.

Desde já, deixamos nosso agradecimento especial aos alunos por nos acompanharem na procura por uma visão integrada e transformadora da Química, ressaltando sua importância no século XXI, de forma sustentável e limpa.

Um abraço,
*Os autores.*

# Conteúdo

## 1 Introdução à Química Orgânica ... 9

Distinção entre compostos orgânicos e compostos inorgânicos ............................. 9
Definição de Química Orgânica ....................... 9
Teoria estrutural de Kekulé............................. 9
Diferenças entre compostos orgânicos e compostos inorgânicos ............................. 9
Ligação entre átomos de carbono ................... 10
Anel benzênico .............................................. 10
Tipos de carbono em uma cadeia carbônica ....................................... 10
Representação das fórmulas estruturais ......... 11
*Exercícios Série Prata*..................................... 11
*Exercícios Série Ouro* .................................... 15

## 2 Fontes de Compostos Orgânicos – Petróleo – Gás Natural ............................. 17

Formação do petróleo ..................................... 17
Ocorrência do petróleo ................................... 17
Fracionamento do petróleo ............................. 17
*Cracking* ou craqueamento catalítico do petróleo........................................... 18
Indústria petroquímica.................................... 19
Gás natural .................................................... 19
Biogás ........................................................... 19
Gasolixo......................................................... 19
*Exercícios Série Prata*..................................... 20

## 3 Nomenclatura de Hidrocarbonetos ..................... 23

Nomenclatura oficial (IUPAC) ......................... 23
Hidrocarbonetos ............................................. 23
*Exercícios Série Prata*..................................... 24
*Exercícios Série Ouro* .................................... 25

## 4 Nomenclatura de Hidrocarbonetos Ramificados........................ 27

Cadeia ramificada .......................................... 27
Grupos orgânicos ............................................ 27
Nomenclatura de alcano de cadeia ramificada – 1993 ........................... 27
Nomenclatura de alqueno, alceno ou olefina ramificada .............................. 28
Nomenclatura de alquino ou alcino ramificado....... 29
Nomenclatura de alcadieno ou dieno ramificado .................................. 29
*Exercícios Série Prata*..................................... 29
*Exercícios Série Ouro* .................................... 31

## 5 Combustíveis – Octanagem – Isomerização – Reforma Catalítica .................... 33

Reação de combustão .................................... 33
Tipos de combustão........................................ 33
Combustão do carvão mineral ........................ 34
Combustão do gás natural .............................. 34
Combustão da gasolina................................... 34
Combustão do álcool etílico ............................ 34
Motor a quatro tempos ................................... 34
Octanagem ou número de octano da gasolina ............................................... 35
Aditivos ou antidetonantes ............................. 35
Isomerização.................................................. 35
Reforma catalítica.......................................... 36
*Exercícios Série Prata*..................................... 36
*Exercícios Série Ouro* .................................... 38

## 6 Nomenclatura de Cadeia Mista ... 40

Cicloalcanos, ciclanos ou cicloparafinas .......... 40
Cicloalcenos, ciclenos ou ciclo-olefinas ........... 40

Substituintes no benzeno ............................... 40
Substituintes no naftaleno .............................. 41
Substituintes no benzenol .............................. 41
*Exercícios Série Prata*.................................... 41
*Exercícios Série Ouro* .................................... 42

## 7 Compostos Oxigenados .......... 44

Álcoois ............................................................ 44
Fenóis ............................................................ 44
Aldeídos......................................................... 45
Cetonas ......................................................... 45
Éteres ............................................................ 45
Ácidos carboxílicos ........................................ 46
Ésteres .......................................................... 46
*Exercícios Série Prata* ................................... 47
*Exercícios Série Ouro* .................................... 48

## 8 Compostos Nitrogenados, Compostos Halogenados e Compostos Sulfurados ............ 55

Compostos nitrogenados ............................... 55
Compostos halogenados ............................... 55
Compostos sulfurados ................................... 56
*Exercícios Série Prata* ................................... 56
*Exercícios Série Ouro* ................................... 60

## 9 Isomeria Plana ou Estrutural .. 63

Fórmula estrutural ......................................... 63
Conceito de isômeros .................................... 63
Classificação dos isômeros ............................ 63
Classificando os isômeros planos ................. 63
*Exercícios Série Prata* ................................... 65
*Exercícios Série Ouro* ................................... 68

## 10 Isometria Geométrica ou CIS-TRANS................................ 70

Introdução ..................................................... 70
Compostos de cadeia aberta com dupla-ligação ...................................... 70

Compostos de cadeia fechada saturada ......... 71
*Exercícios Série Prata* ................................... 71
*Exercícios Série Ouro* .................................... 73

## 11 Isomeria Óptica ...................... 75

Molécula simétrica ........................................ 75
Molécula assimétrica ou molécula quiral ......... 75
Isomeria óptica .............................................. 75
Carbono assimétrico ou quiral (C*) ................. 76
Compostos com um carbono assimétrico ou quiral (C*) ............................................ 76
Polarímetro .................................................... 76
Propriedades dos enantiômeros ..................... 77
Fórmula de van't Hoff .................................... 77
Carbono quiral em cadeia fechada ................. 77
Compostos com dois carbonos quirais iguais .... 77
Isomeria óptica sem carbono assimétrico ....... 78
*Exercícios Série Prata* ................................... 78
*Exercícios Série Ouro* .................................... 81

## 12 Soluções ................................... 85

Tipos de solução ........................................... 85
Soluções aquosas: o objeto de estudo ............ 86
Como preparar uma solução em laboratório.... 86
Concentração de solução (C)......................... 86
A densidade nos dias de hoje ........................ 87
Concentrações expressas em porcentagem...... 88
Partes por milhão (ppm) ................................ 88
Concentração em mol/L (M ou [ ])................... 88
Concentração em mol/L de íons ..................... 89
Relações entre as unidades de concentração... 89
*Exercícios Série Prata*................................... 90
*Exercícios Série Ouro* .................................. 97
*Exercícios Série Platina* ............................. 105

## 13 Diluição e Mistura................. 107

Diluição ....................................................... 107
Mistura de soluções de mesmo soluto ........... 107
Mistura de soluções de solutos diferentes sem reação química .................................. 107

Mistura de soluções com reação química ....... 108
*Exercícios Série Prata*............................................ 108
*Exercícios Série Ouro* ............................................ 113
*Exercícios Série Platina* ......................................... 118

## 14 Titulação ............................... 121

Conceito ................................................................ 121
Indicadores ácido-base ....................................... 121
Esquema da titulação........................................... 121
Equação da titulação ácido-base ...................... 121
*Exercícios Série Prata*............................................ 122
*Exercícios Série Ouro* ............................................ 125
*Exercícios Série Platina* ......................................... 130

## 15 Propriedades Coligativas ...... 132

Evaporação de um líquido em recipiente aberto................................................................ 132
Evaporação em recipiente fechado – Pressão de vapor........................................... 132
A pressão de vapor não depende da quantidade de líquido nem do espaço ocupado pelo vapor ...................................... 133
Fatores que afetam a pressão de vapor.......... 133
Diminuição da pressão de vapor: tonoscopia ................................................... 134
Quando um líquido entra em ebulição?........... 135
Influência da pressão externa em função da temperatura de ebulição................................ 136
Aumento da temperatura de ebulição: ebulioscopia................................................. 136
Diminuição da temperatura de congelamento: crioscopia .................................................... 137
Diagramas de fases ............................................ 137
Osmose ................................................................ 139
Efeito coligativo ................................................... 141
*Exercícios Série Prata*............................................ 141
*Exercícios Série Ouro* ............................................ 149
*Exercícios Série Platina* ......................................... 156

## 16 Termoquímica ....................... 160

O que estuda a termoquímica?......................... 160
Como determinar o calor de uma reação química? ......................................... 160
Conceito de calor e suas unidades ................. 161
Processo exotérmico e endotérmico ............. 161
Relação entre $\Delta H$ e $\Delta U$. Por que se usa $\Delta H$ e não $\Delta U$? ................................... 162
Cálculo do $\Delta H$................................................ 162
Diagrama de energia de uma reação exotérmica ($\Delta H < 0$) ............................... 163
Diagrama de energia de uma reação endotérmica ($\Delta H > 0$) ............................. 163
Fatores que afetam o $\Delta H$ de uma reação....... 163
Equação termoquímica..................................... 165
Tipos de $\Delta H$ .................................................... 165
Lei de Hess: medida do $\Delta H$ por soma de equações ............................................... 166
Cálculo do $\Delta H$ de uma reação usando somente os $\Delta H_f^0$ – simplificando a Lei de Hess. .......................................................... 167
Energia de ligação ............................................. 168
$\Delta H$ de dissolução ($\Delta H_{diss}$)............................. 169
$\Delta H$ de neutralização ....................................... 170
*Exercícios Série Prata*............................................ 170
*Exercícios Série Ouro* ............................................ 178
*Exercícios Série Platina* ......................................... 191

## 17 Cinética Química ................... 197

Introdução ........................................................... 197
Variação da concentração dos participantes de uma reação química com o tempo ........ 197
Velocidade (ou rapidez) das reações químicas .. 198
Diferença entre velocidade média e velocidade instantânea .............................. 198
Inclinação de curva do gráfico concentração *versus* tempo ...................... 199
Por que as reações químicas ocorrem?.......... 199
Teoria das colisões............................................. 199
Teoria do complexo ativado............................... 199
Energia de ativação ($E_a$)................................... 200
Gráfico de energia de ativação ........................ 200
Fatores que alteram a velocidade da reação .. 200
Equação da velocidade ..................................... 202
*Exercícios Série Prata*............................................ 205
*Exercícios Série Ouro* ............................................ 215
*Exercícios Série Platina* ......................................... 224

## 18 Equilíbrio Químico Molecular    229

- Introdução ............................................................ 229
- Reação reversível................................................ 229
- Equilíbrio químico ............................................... 230
- Gráficos envolvendo equilíbrio químico............ 230
- Tipos de equilíbrios químicos............................ 231
- Rendimento de uma reação reversível ou grau de equilíbrio ($\alpha$) ..................................... 231
- Constante de equilíbrio (K)................................ 232
- O significado da constante de equilíbrio ......... 233
- Operações matemáticas com equações de equilíbrio e as respectivas constantes .................................... 234
- O quociente de reação, Q ................................. 234
- *Exercícios Série Prata*....................................... 235
- *Exercícios Série Ouro* ....................................... 243
- *Exercícios Série Platina* .................................... 256

## 19 Deslocamento de Equilíbrio .. 258

- Produção de aço no alto-forno ......................... 258
- Efeito da concentração...................................... 259
- Efeito da pressão................................................ 260
- Efeito da temperatura ........................................ 261
- Efeito do catalisador .......................................... 262
- *Exercícios Série Prata*....................................... 264
- *Exercícios Série Ouro* ....................................... 270
- *Exercícios Série Platina* .................................... 280

## 20 Esterificação – Hidrólise de Ésteres............... 284

- Reação de esterificação .................................... 284
- Usando oxigênio marcado ($^{18}O$) para descobrir o mecanismo da esterificação .................. 284
- Hidrólise ácida de éster .................................... 284
- Hidrólise básica de éster .................................. 284
- Transesterificação ............................................. 285
- *Exercícios Série Prata*....................................... 285

## 21 Ácidos Graxos, Óleos e Gorduras ................................. 291

- Ácidos graxos .................................................... 291
- Óleos e gorduras ............................................... 292
- Fabricação de margarina .................................. 294
- Determinação das insaturações nos óleos ou gorduras – índice de iodo .................... 294
- Biodiesel ............................................................. 295
- Saponificação .................................................... 295
- Sabão .................................................................. 296
- Detergentes ....................................................... 296
- Atuação na limpeza ........................................... 297
- *Exercícios Série Prata*....................................... 297

## 22 Radioatividade ....................... 308

- Séries radioativas naturais ................................ 308
- Descoberta da radioatividade ........................... 309
- Conceito de radioatividade ............................... 309
- Tipos de radiação............................................... 309
- Leis das emissões radioativas ........................ 310
- Reação nuclear artificial ou transmutação artificial ....................................................... 312
- Meia-vida ou período de semidesintegração (P ou $t_{1/2}$) .................................................... 312
- Fissão nuclear induzida..................................... 312
- Fusão nuclear..................................................... 316
- Datação de compostos orgânicos (por C-14) .................................................... 316
- Outros usos ........................................................ 317
- *Exercícios Série Prata*....................................... 317
- *Exercícios Série Ouro* ....................................... 322
- *Exercícios Série Platina* .................................... 327

## COMPLEMENTO 1 – As Primeiras Teorias sobre os Compostos Orgânicos .................................... 329

- Teoria da força vital – síntese da ureia ........... 329
- Teoria estrutural de Kekulé................................ 329
- Teoria espacial de Le Bel e van't Hoff............. 329
- Geometria dos carbonos numa cadeia carbônica ..................................... 330
- Teoria da ressonância ....................................... 331
- Estrutura do diamante ....................................... 332
- Estrutura da grafita ............................................ 332
- *Exercícios Série Prata*....................................... 333

## COMPLEMENTO 2 – Fontes de Compostos Orgânicos – Carvão Mineral .......................... 334

Origem do carvão mineral ............................ 334
Tipos de carvão mineral ............................... 334
Carvão mineral como fonte de combustíveis ............................................. 334
Carvão mineral como fonte de compostos orgânicos .......................... 335
Fluxograma da destilação seca da hulha ........ 336
Destilação seca da madeira .......................... 336
*Exercícios Série Prata* .................................... 336

## COMPLEMENTO 3 – Química nos Vestibulares .............................. 338

## COMPLEMENTO 4 – Química no ENEM .......................................... 375

# Introdução à Química Orgânica

**Capítulo 1**

## 1. Distinção entre compostos orgânicos e compostos inorgânicos

A antiga distinção entre compostos orgânicos (obtidos de organismos vivos) e compostos inorgânicos (derivados de fontes inanimadas) foi proposta pelo químico sueco Bergman em 1780. Em 1784, Lavoisier mostrou, pela primeira vez, que os compostos orgânicos eram formados essencialmente de carbono, hidrogênio e oxigênio.

## 2. Definição de Química Orgânica

Em seu livro-texto (1861), o químico alemão Kekulé (pai e fundador da Química Orgânica) deu à ciência da química orgânica sua definição moderna:

**É a parte da Química que estuda a maioria dos compostos do carbono, chamados de compostos orgânicos.**

Os compostos orgânicos são muito comuns e importantes em nossa vida diária: por exemplo, o **álcool comum** ($H_3C - CH_2 - OH$), **açúcar comum** ($C_{12}H_{22}O_{11}$), **gás natural** ($CH_4$), **aminoácido** $\left( \begin{array}{c} H_3C - CH - COO^- \\ | \\ NH_3^+ \end{array} \right)$, **plásticos**, **aspirina**, **proteínas**, e assim por diante.

**Elementos organógenos:** CHON são elementos que aparecem com maior frequência nos compostos orgânicos.

Alguns compostos de carbono são estudados na **Química Inorgânica:** $CO$, $CO_2$, $HCN$, $H_2CO_3$, carbonatos ($CaCO_3$) etc., pois as suas propriedades são mais parecidas com as propriedades dos compostos inorgânicos.

## 3. Teoria estrutural de Kekulé

Para explicar a razoável quantidade de compostos orgânicos já conhecidos (1858), alguns com fórmulas moleculares semelhantes, Kekulé propôs três hipóteses extraordinárias.

a) **O carbono é tetravalente**

$$\begin{array}{c} H \\ | \\ H - C - H \\ | \\ H \end{array}$$

b) **As quatro valências do carbono são iguais**

c) **Os átomos de carbono podem ligar-se entre si, formando cadeias**

$$-C-C-C-C-C-$$

cadeia carbônica

Em uma cadeia carbônica, além de átomos de carbono podem existir átomos de outros elementos como: O, S, N, P e estes farão parte da cadeia quando estiverem entre os átomos de carbono, sendo denominados **heteroátomos**.

$$H-\overset{H}{\underset{H}{C}}-\overset{H}{\underset{H}{C}}-O-\overset{H}{\underset{H}{C}}-\overset{H}{\underset{H}{C}}-H \quad \text{cadeia heterogênea}$$

heteroátomo

Quando um átomo de um elemento diferente não estiver entre os de carbono, ele não fará parte da cadeia.

$$H-\overset{H}{\underset{H}{C}}-\overset{H}{\underset{H}{C}}-O-H \quad \text{cadeia homogênea}$$

não é heteroátomo

**Conclusões:**
- **Cadeia carbônica:** sequência de átomos de carbono ligados.
- **Cadeia heterogênea:** possui pelo menos um heteroátomo.

$$H_3C - CH_2 - O - CH_2 - CH_3$$

- **Cadeia homogênea:** não possui heteroátomo.

$$H_3C - CH_2 - CH_3, H_3C - CH_2 - OH$$

## 4. Diferenças entre compostos orgânicos e compostos inorgânicos

a) **Número**

O número de compostos orgânicos é muito maior que o número de compostos inorgânicos.

b) **Participação dos elementos**

A participação dos elementos químicos nos compostos inorgânicos é muito maior que nos compostos orgânicos.

c) **Instabilidade térmica**

Os compostos orgânicos são mais facilmente decompostos pelo calor que os compostos inorgânicos.

$$C_{12}H_{22}O_{11} \xrightarrow{500\,°C} 12\,C + 11\,H_2O$$
sacarose
orgânico

$$NaCl \xrightarrow{800\,°C} Na^+ + Cl^-$$
inorgânico

d) **Ligação química**

**Composto orgânico**: predomina ligação covalente.

**Composto inorgânico**: predomina ligação iônica.

## 5. Ligação entre átomos de carbono

a) **Simples ligação**

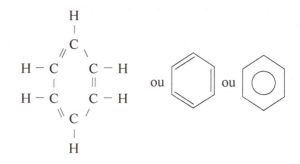

cadeia aberta saturada    cadeia cíclica saturada

b) **Dupla ligação**

cadeia aberta insaturada    cadeia cíclica insaturada

c) **Tripla ligação**

cadeia aberta insaturada

**Conclusões**:
- **Cadeia aberta** ou **alifática**: apresenta extremos livres.
- **Cadeia fechada** ou **cíclica**: não apresenta extremos livres, isto é, forma um anel.
- **Cadeia saturada**: somente simples ligações entre átomos de carbono.
- **Cadeia insaturada**: apresenta dupla ou tripla ligação entre átomos de carbono.

## 6. Anel benzênico

Seis átomos de carbono formando um hexágono regular com simples e duplas ligações alternadas.

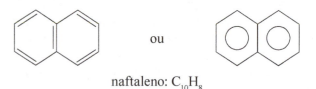

benzeno: $C_6H_6$

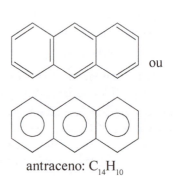

naftaleno: $C_{10}H_8$

antraceno: $C_{14}H_{10}$

**Cadeia aromática**: apresenta um ou mais anéis benzênicos.

## 7. Tipos de carbono em uma cadeia carbônica

Os átomos de carbono numa cadeia têm reatividades químicas diferentes, portanto, para diferenciá-los temos a seguinte classificação:

**Carbono primário (P)**: ligado no máximo a um átomo de carbono.

**Carbono secundário (S):** ligado a dois outros átomos de carbono.

**Carbono terciário (T):** ligado a três outros átomos de carbono.

**Carbono quaternário (Q):** ligado a quatro outros átomos de carbono.

$$\overset{P}{H_3C} - \overset{S}{CH_2} - \overset{S}{CH_2} - \overset{P}{CH_3}$$

cadeia normal

$$\overset{P}{H_3C} - \overset{Q}{\underset{\underset{P}{CH_3}}{\overset{\overset{P}{CH_3}}{C}}} - \overset{S}{CH_2} - \overset{T}{\underset{\underset{P}{CH_3}}{CH}} - \overset{P}{CH_3}$$

cadeia ramificada

**Conclusões:**
- **Cadeia normal ou linear:** cadeia com apenas duas extremidades.
- **Cadeia ramificada:** cadeia com mais de duas extremidades (carbonos nas laterais da cadeia).

## 8. Representação das fórmulas estruturais

a) **Fórmula de traço:** mostra como os átomos estão ligados entre si na molécula.

$$H - \underset{\underset{H}{|}}{\overset{\overset{H}{|}}{C}} - \underset{\underset{H}{|}}{\overset{\overset{H}{|}}{C}} - \underset{\underset{H}{|}}{\overset{\overset{H}{|}}{C}} - H$$

b) **Fórmula simplificada:** não mostra as ligações C – H.

$$H_3C - CH_2 - CH_2 - CH_3$$

c) **Fórmula condensada:** não mostra as ligações na cadeia.

$$CH_3CH_2CH_3$$

d) **Fórmula de linha de ligação (ou de bastão):**
- A cadeia será representada como um zigue-zague.
- As pontas corresponderão ao grupo $CH_3$.
- A junção de dois traços corresponderá a um grupo de $CH_2$.
- A junção de três traços corresponderá a um grupo CH.
- A junção de quatro traços corresponderá a um carbono quaternário.

$$\overset{1}{H_3C} - \overset{2}{CH_2} - \overset{3}{CH_2} - \overset{4}{CH_3}$$

$$\overset{1}{H_3C} - \overset{2}{\underset{\underset{}{CH_3}}{\overset{\overset{CH_3}{|}}{C}}} - \overset{3}{CH_3}$$

$$\overset{1}{H_3C} - \overset{2}{\underset{\underset{}{CH_3}}{CH}} - \overset{3}{CH_3}$$

# Exercícios Série Prata

**1.** Complete com **homogênea** ou **heterogênea**.

a) $H_3C - CH_2 - CH_3$ cadeia _____

b) $H_3C - CH_2 - OH$ cadeia _____

c) $H_3C - CH_2 - S - CH_2 - CH_3$ cadeia _____

d)  A cadeia _____

**2.** (UFMG) Analise se é falso ou verdadeiro.

(1) Os compostos orgânicos somente podem ser sintetizados pelos organismos vivos, daí a qualificação de orgânicos.

(2) Os compostos orgânicos são compostos de carbono, embora algumas substâncias que contêm este elemento sejam estudadas também entre os compostos inorgânicos ($CO_2$, $CaCO_3$ etc.).

(4) A existência de um grande número de compostos de carbono está relacionada com a capacidade do átomo de carbono de formar cadeias, associadas à sua tetravalência.

(8) Nos compostos do carbono o tipo de ligação mais frequente é a covalente.

(16) Os compostos orgânicos são regidos por leis e princípios próprios não aplicáveis aos compostos inorgânicos.

**3.** (UVA – RJ) Na estrutura:

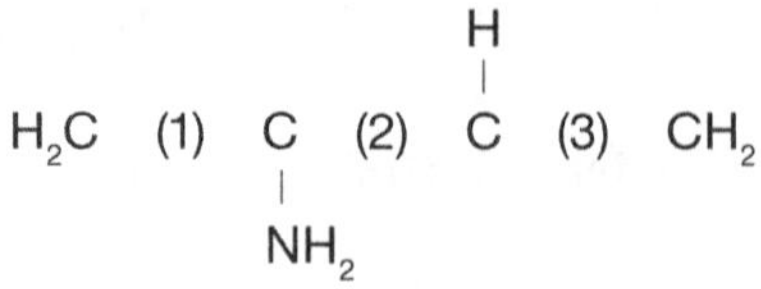

$$H_2C \ (1) \ \underset{NH_2}{\overset{H}{C}} \ (2) \ C \ (3) \ CH_2$$

as ligações representadas pelos algarismos são, respectivamente:

a) simples, dupla, simples.
b) dupla, simples, dupla.
c) simples, tripla, dupla.
d) dupla, tripla, simples.

**4.** (PUC – RS) A fórmula molecular de um hidrocarboneto com cadeia carbônica:

$$-C\equiv C-C=C-C=C-C\equiv C-C-$$

a) $C_9H_7$  b) $C_9H_8$  c) $C_9H_9$  d) $C_9H_{10}$

**5.** Complete com **aberta** ou **fechada** e **saturada** ou **insaturada**.

a) 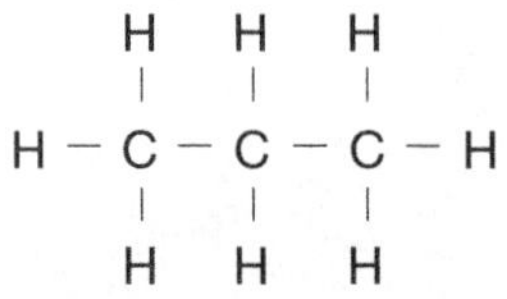 $H-\underset{H}{\overset{H}{C}}-\underset{H}{\overset{H}{C}}-\underset{H}{\overset{H}{C}}-H$

cadeia _____, _____.

b) 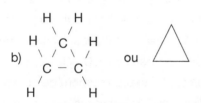 ou △

cadeia _____, _____.

c) 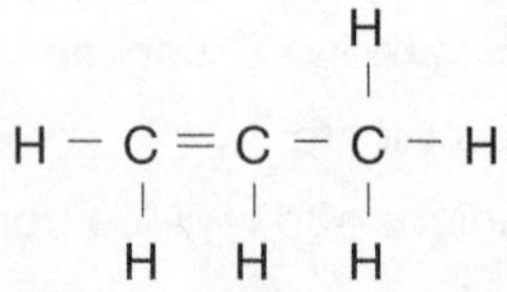 $H-C=\underset{H}{\overset{H}{C}}-\underset{H}{\overset{H}{C}}-H$

cadeia _____, _____.

d) 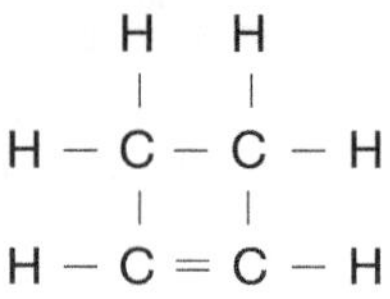 $H-\underset{H}{\overset{H}{C}}-\underset{H}{\overset{H}{C}}-H$
$H-C=C-H$ ou □

cadeia _____, _____.

e) 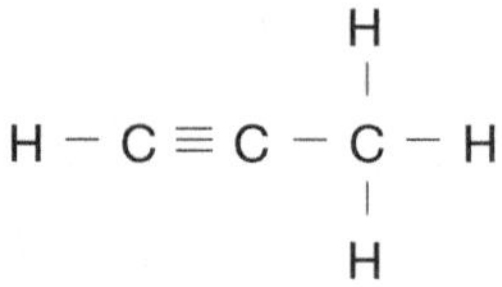 $H-C\equiv C-\underset{H}{\overset{H}{C}}-H$

cadeia _____, _____.

**6.** Calcule a fórmula molecular.

a) 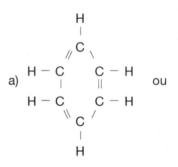 ou  benzeno

fórmula molecular _____

b)  naftaleno

fórmula molecular _____

c) 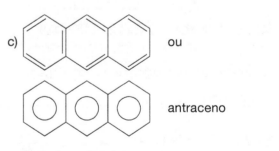 antraceno

fórmula molecular _____

**7.** Assinale uma cadeia aberta, insaturada e homogênea.

a) $H_3C-CH=CH-CH_2OH$
b) $H_3C-O-CH_3$
c) $H_2C=CH-O-CH_3$
d) □

**8.** Complete com **normal** ou **ramificada**.

a) H₃C − CH₂ − CH₂ − CH₃

cadeia aberta, saturada, homogênea e _____

b) 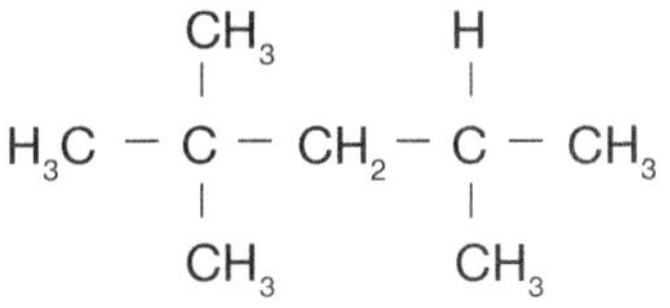 H₃C − C(CH₃)(CH₃) − CH₂ − CH(H)(CH₃) − CH₃

cadeia aberta, saturada, homogênea e _____

**9.** (UFES) Na fórmula, são carbonos:

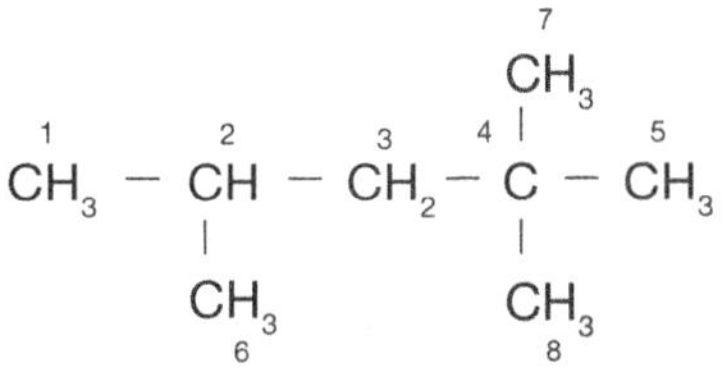

$$CH_3^1 - CH^2(CH_3^6) - CH_2^3 - C^4(CH_3^7)(CH_3^8) - CH_3^5$$

| | primários | secundários | terciários | quaternários |
|---|---|---|---|---|
| a) | 1, 5, 6, 7, 8 | 3 | 2 | 4 |
| b) | 1, 5, 7, 8 | 3, 6 | 2 | 4 |
| c) | 1, 5 | 2, 3 | 6, 7, 8 | 4 |
| d) | 1, 5, 6 | 3, 7, 8 | 2 | 4 |

**10.** (UNIFOA – RJ) A cadeia carbônica abaixo apresenta X carbonos primários, Y carbonos secundários, Z carbonos terciários, K carbonos quaternários, sendo os números X, Y, Z e K, respectivamente:

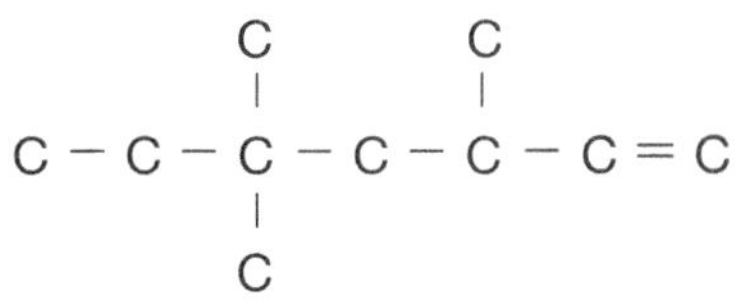

C − C − C(C) − C − C − C = C
          |
          C
(com C acima do 3º e do 5º carbono)

a) 5.311
b) 4.231
c) 2.422
d) 3.250

**11.** (UECE) Os compostos:

I. 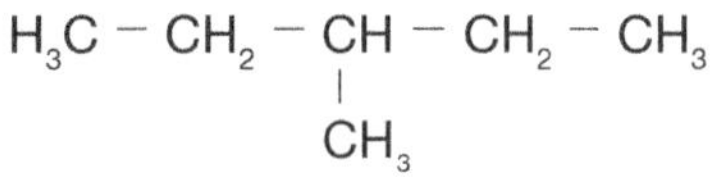 H₃C − CH₂ − CH(CH₃) − CH₂ − CH₃

II. 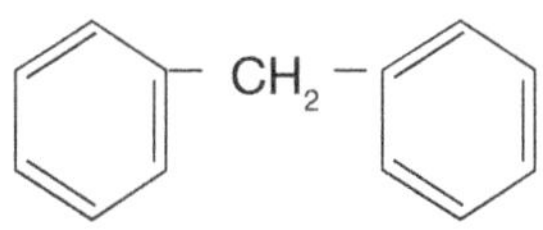 C₆H₅ − CH₂ − C₆H₅

III. 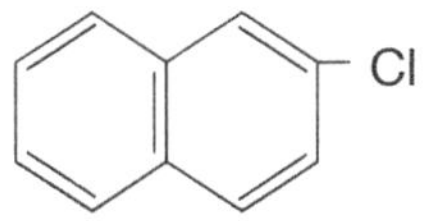 naftaleno − Cl

apresentam carbono terciário em número de:
a) 1, 0, 0
b) 1, 0, 2
c) 1, 2, 2
d) 1, 2, 3

**12.** Dada a cadeia carbônica:

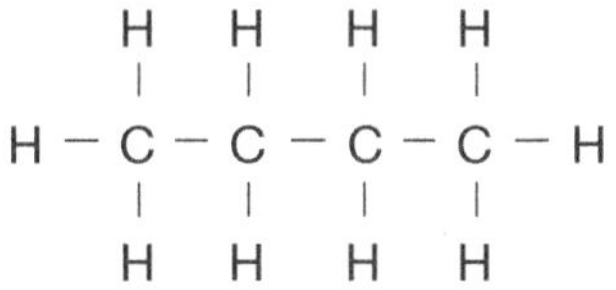

H−C(H)(H)−C(H)(H)−C(H)(H)−C(H)(H)−H

a) Fórmula simplificada:

b) Fórmula condensada:

c) Fórmula de linha de ligação:

**13.** Dê as fórmulas moleculares dos compostos:

a)  [estrutura] _____

b)  [estrutura] _____

c) 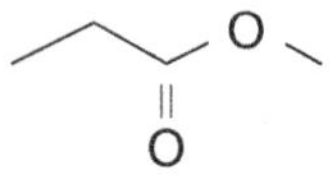 [estrutura] _____

**14.** (UEFS – BA) Considere a fórmula estrutural do tetraidrocanabinol, THC, um dos componentes ativos da folha de maconha.

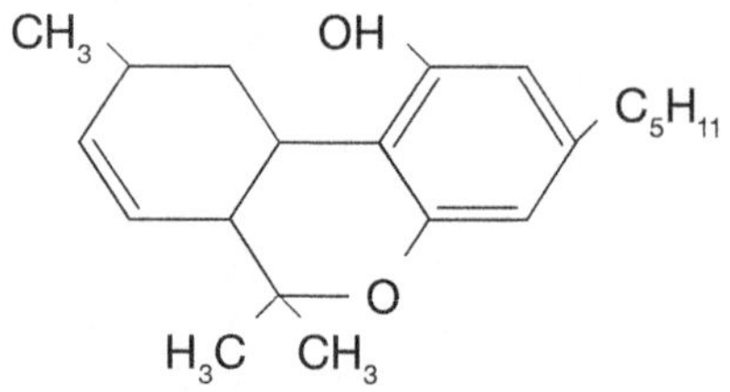

[estrutura]

Com base nessa fórmula estrutural, a fórmula molecular THC é:

a) $C_{22}H_{29}O_2$
b) $C_{22}H_3O_2$
c) $C_{21}H_{29}O_2$
d) $C_{21}H_{30}O_2$
e) $C_{21}H_{31}O_2$

**15.** (UFMG) A cafeína, um estimulante bastante comum no café, chá, guaraná etc., tem a seguinte fórmula estrutural.

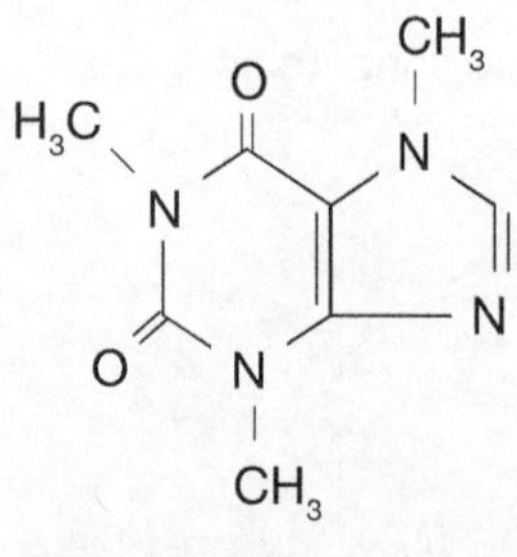

[estrutura]

Podemos afirmar que a fórmula molecular da cafeína é:

a) $C_5H_9N_4O_2$
b) $C_6H_9N_4O_2$
c) $C_8H_{10}N_4O_2$
d) $C_6H_{10}N_4O_2$

**16.** (FUVEST – SP) A vitamina K, pode ser representada pela fórmula abaixo. Quantos átomos de carbono e quantos de hidrogênio existem em uma molécula desse composto?

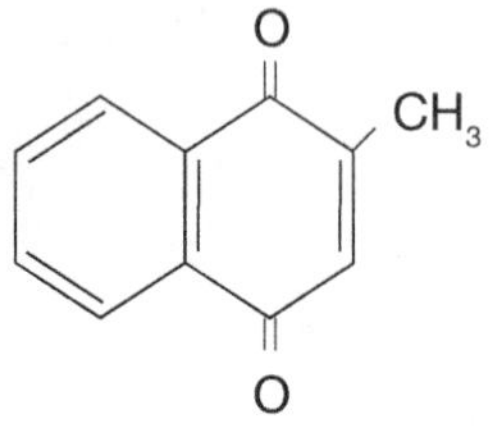

[estrutura]

a) 1 e 3          d) 11 e 8
b) 3 e 3          e) 11 e 10
c) 9 e 8

**17.** (UVA – RJ) O citol é um composto de fórmula

$$CH_3 - C = CH - CH_2 - CH_2 - C = CH - C{\overset{O}{\underset{H}{\diagdown}}}$$
$$\phantom{CH_3 - }|\phantom{= CH - CH_2 - CH_2 - }|$$
$$\phantom{CH_3 - }CH_3\phantom{= CH - CH_2 - CH_2 - }CH_3$$

Sua cadeia carbônica é classificada como:

a) homogênea, insaturada e ramificada.
b) homogênea, saturada e normal.
c) homogênea, insaturada e aromática.
d) heterogênea, insaturada e ramificada.

**18.** (MACKENZIE – SP) O ácido adípico

$$HO-\underset{\underset{O}{\|}}{C}-CH_2-CH_2-CH_2-CH_2-\underset{\underset{O}{\|}}{C}-OH$$

apresenta cadeia carbônica
a) saturada, homogênea e ramificada.
b) saturada, heterogênea e normal.
c) insaturada, homogênea e ramificada.
d) saturada, homogênea e normal.
e) insaturada, homogênea e normal.

**19.** (CESULON – PR) Determine a classificação da cadeia carbônica dada a seguir e marque a alternativa que representa a classificação.

$$H_3C-\underset{\underset{CH_3}{|}}{CH}-CH_2-CH_2-O-CH_3$$

a) fechada, insaturada, heterogênea e normal.
b) aberta, saturada, heterogênea e ramificada.
c) aberta, insaturada, homogênea e normal.
d) fechada, saturada, heterogênea e ramificada.

# Exercícios Série Ouro

**1.** (PUC – RJ) Um grupo de compostos, denominado ácidos graxos, constitui a mais importante fonte de energia na dieta humana. Um exemplo destes é o ácido linoleico, presente no leite humano. A sua fórmula estrutural simplificada é:

$$H_3C-(CH_2)_4-CH=CH-(CH_2)_7-\underset{\underset{OH}{\diagdown}}{\overset{\overset{O}{\diagup}}{C}}$$

Sua cadeia carbônica é classificada como:
a) aberta, normal, saturada e homogênea.
b) aberta, normal, insaturada e heterogênea.
c) aberta, ramificada, insaturada e heterogênea.
d) aberta, ramificada, saturada e homogênea.
e) aberta, normal, insaturada e homogênea.

**2.** (UNIUBE – MG) Existem alguns medicamentos sedativos conhecidos como barbitúricos. Um deles tem a fórmula dada a seguir:

fenobarbital

Determine a fórmula molecular desse composto.

**3.** (UNIRIO – RJ) "O Brasil está pressionando o laboratório suíço Roche para reduzir o preço de sua droga antiAids ou enfrentar a competição de uma cópia local, disse Eloan Pinheiro, diretora do laboratório estatal Farmanguinhos, da Fundação Oswaldo Cruz (FioCruz), no Rio de Janeiro." (Jornal do Brasil/2001). A produção do AZT, que foi uma das primeiras drogas antivirais utilizadas no combate à Aids, faz parte desse cenário.

AZT

A fórmula molecular do AZT é:
a) $C_{10}H_{17}O_3N_3$
b) $C_9H_{15}O_2N_5$
c) $C_{11}H_{15}O_3N_5$
d) $C_{10}H_{15}O_4N_4$
e) $C_{11}H_{17}O_3N_5$

**4.** O algodão (celulose) é muito utilizado no fabrico de fibras de tecidos. Muitas fibras são coradas com substâncias como o índigo. A fórmula estrutural plana do índigo pode ser representada por:

Sobre a estrutura do índigo, são feitas as seguintes afirmações:

I. É um composto heterocíclico.
II. Sua fórmula molecular é $C_{15}H_{10}O_2N_2$.
III. Na molécula do índigo só existem carbonos secundários e terciários.

São corretas as afirmações:
a) somente I e II.
b) somente II e III.
c) somente I e III.
d) somente I.
e) I, II e III.

**5.** (CESGRANRIO – RJ) A prednisona é um glicocorticoide sintético de potente ação antirreumática, anti-inflamatória e antialérgica, cujo uso, como de qualquer outro derivado de cortisona, requer uma série de precauções em função dos efeitos colaterais que pode causar. Os pacientes submetidos a esse tratamento devem ser periodicamente monitorados, e a relação entre o benefício e as reações adversas deve ser um fator preponderante na sua indicação.

Com base na fórmula estrutural apresentada anteriormente, qual o número de átomos de carbono terciários que ocorrem em cada molécula da prednisona?
a) 3
b) 4
c) 5
d) 6
e) 7

**6.** (ENEM) As moléculas de *nanoputians* lembram figuras humanas e foram criadas para estimular o interesse de jovens na compreensão da linguagem expressa em fórmulas estruturais, muito usadas em química orgânica. Um exemplo é o NanoKid, representado na figura:

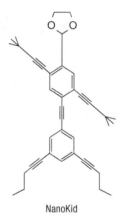

NanoKid

CHANTEAU, S. H. TOUR. J.M. **The Journal of Organic Chemistry**, v. 68, n. 23. 2003 (adaptado).
(Foto: Reprodução)

Em que parte do corpo do NanoKid existe carbono quaternário?
a) Mãos.
b) Cabeça.
c) Tórax.
d) Abdômen.
e) Pés.

# Fontes de Compostos Orgânicos – Petróleo – Gás Natural

## Capítulo 2

### 1. Formação do petróleo

O petróleo tem sua origem em pequenos animais marinhos, plâncton e vegetação típica de regiões que foram soterradas há milhões de anos. Pela ação de microrganismos, da pressão, do calor e do tempo, essa matéria orgânica foi transformada em petróleo e gás natural (principal componente: metano).

Esquematizando temos:

seres animais e vegetais $\xrightarrow[\text{recurso não renovável}]{\text{muito tempo}}$ petróleo e gás natural

O petróleo é um líquido escuro, oleoso, formado por milhares de compostos orgânicos, com grande predominância de **hidrocarbonetos**.

Além dos hidrocarbonetos, existem no petróleo, em pequenas quantidades, substâncias contendo nitrogênio, oxigênio e enxofre. Este último é a pior impureza existente no petróleo, estando presente na forma de substância simples (S), de gás sulfídrico ($H_2S$) e também na composição de substâncias orgânicas. O enxofre tende a se acumular nas frações mais pesadas (óleos). O enxofre deve ser retirado dos combustíveis, pois causa mau cheiro aos produtos da queima, atrapalha o funcionamento do motor e faz com que o combustível fique corrosivo. É também um dos responsáveis pelo fenômeno da chuva ácida.

### 2. Ocorrência do petróleo

O petróleo é encontrado no subsolo da crosta terrestre (em terra firme ou mar). O petróleo é retirado através de perfurações que atingem o poço petrolífero.

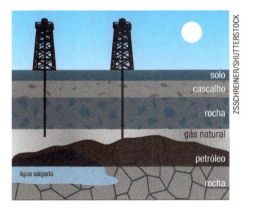

Sua composição química varia de acordo com a região perfurada. Os principais tipos de petróleo são:
- base parafínica: predominam alcanos (90%) (petróleo brasileiro).
- base asfáltica: predominam hidrocarbonetos de massa molar elevada.
- base naftênica: apresenta de 15% a 20% de ciclanos.
- base aromática: apresenta de 25% a 30% de aromáticos.

### 3. Fracionamento do petróleo

O petróleo é submetido a processos mecânicos de purificação: por **decantação**, é separada a água salgada; por **filtração**, separa-se a matéria em suspensão (particularmente a areia e a argila) etc.

O petróleo, na forma em que é extraído, não apresenta praticamente aplicação comercial, sendo necessária a sua separação em diferentes frações. Após o tratamento mecânico, o petróleo é submetido a um processo de fracionamento.

Para separar as principais frações do petróleo, usa-se o processo de **destilação fracionada**.

A torre de destilação é uma coluna de aço inox cheia de obstáculos (bandejas) em seu interior e com saídas laterais.

O petróleo é aquecido a cerca de 400 °C para produzir uma mistura de vapores e líquido que entram na coluna de fracionamento. O vapor sobe pela coluna e vai condensando em vários pontos ao longo da torre. A liquefação ocorre nas bandejas instaladas no interior da torre.

As moléculas menores (hidrocarbonetos com baixos pontos de ebulição) conseguem contornar essas bandejas e chegar ao topo da torre. Moléculas de hidrocarbonetos com ponto de ebulição mais alto não conseguem chegar ao topo, isto é, liquefazem, acumulando-se nos diversos níveis da torre. As frações obtidas são misturas de hidrocarbonetos que apresentam pontos de ebulição próximos.

O esquema a seguir mostra a torre de fracionamento e as frações obtidas.

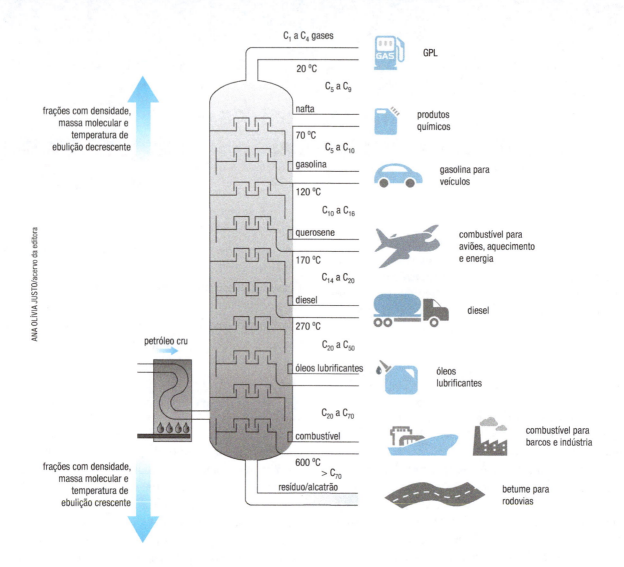

**Importante:** fração gasosa < gasolina < querosene < óleo

$$\xrightarrow{\text{número de átomos de carbono aumenta}}$$

**Observação:** piche ou betume – material escuro e pegajoso, em mistura com pedra, para fazer o asfalto para pavimentação.

## 4. *Cracking* ou craqueamento catalítico do petróleo

A fração de maior consumo é a fração gasolina. A porcentagem de gasolina no petróleo varia de acordo com a sua procedência, mas em média é de 10%.

Cada barril de petróleo origina, em média, 24 L de gasolina por destilação fracionada. O **barril** (159 L) é a unidade de volume habitualmente usada no comércio do petróleo.

Para aumentar a quantidade de gasolina, utiliza-se um processo chamado *cracking*, que consiste em quebrar as moléculas maiores. Isto é feito com o aquecimento das frações mais pesadas que a gasolina na presença de catalisadores, para obter hidrocarbonetos de cadeias menores (componentes de gasolina).

$$\text{Molécula grande} \xrightarrow[\text{cat.}]{\Delta} \text{Moléculas menores}$$

**Exemplo:**

$$C_{16}H_{34} \xrightarrow[\text{cat.}]{500\,°C} C_8H_{18} + C_8H_{16}$$

hexadecano — componente da gasolina — octeno (uma das reações que ocorrem)

Em valores aproximados, o *cracking* praticamente triplica a quantidade de gasolina obtida do petróleo.

A ruptura da cadeia carbônica pode ocorrer em qualquer ligação C — C, por isso o *cracking* produz uma mistura de vários hidrocarbonetos com cadeias carbônicas menores.

Através do *cracking*, obtêm-se compostos importantes, tais como **eteno** ou **etileno** ($C_2H_4$), **etino** ou **acetileno** ($C_4H_2$) e **hidrogênio** ($H_2$).

## 5. Indústria petroquímica

É um dos ramos da indústria química que utiliza derivados do petróleo como matéria-prima para a fabricação de novos materiais.

A indústria petroquímica usa **nafta** (fração obtida da destilação do petróleo) que por meio do *cracking* e de outros processos transforma essa nafta em eteno, propeno, butadieno e benzeno etc., que são, em seguida, transformados em um número enorme de produtos químicos.

**Exemplo:**

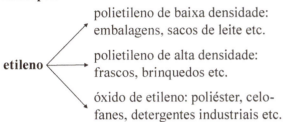

etileno
- polietileno de baixa densidade: embalagens, sacos de leite etc.
- polietileno de alta densidade: frascos, brinquedos etc.
- óxido de etileno: poliéster, celofanes, detergentes industriais etc.

**Conclusão:** o petróleo é uma importante fonte de combustíveis e de matéria-prima para indústria.

**Nota:** a Petrobras anunciou no dia 8 de novembro de 2007 a descoberta da maior jazida de petróleo do Brasil de volume estimado entre 5 bilhões e 8 bilhões de barris, na Bacia de Santos. O bloco, temporariamente chamado de Tupi, tem potencial para aumentar mais de 50% as reservas brasileiras, calculadas em 14,4 bilhões de barris.

## 6. Gás natural

A expressão "gás natural" indica uma mistura de hidrocarbonetos gasosos, de baixa massa molecular, encontrada em rochas porosas no subsolo. Em média, temos:

gás natural
- metano (70% a 99%)
- etano, propano, butano, $N_2$, $CO_2$, $H_2S$, He

O principal componente do gás natural é o metano ($CH_4$).

O gás natural é frequentemente encontrado acima do petróleo e, devido à alta pressão, dissolvido no petróleo. O gás natural também pode ser encontrado em reservatórios nos quais a quantidade de petróleo é muito pequena ou até inexistente (Bolívia).

O gás natural, após a extração, segue para a UPGN (Unidade de Processamento de Gás Natural).

gás natural <u>compressão</u>
- gás processado: contém metano e etano
- GPL (gás liquefeito de petróleo) contém propano e butano

O gás natural é cada vez mais utilizado como combustível, pois tem a vantagem de ser pouco poluente. O GNV (gás natural veicular) já é usado, há vários anos, em algumas cidades brasileiras, como combustível automotivo.

O gás natural é matéria-prima na indústria química.

**Exemplo:**

$$CH_4 + \frac{1}{2}O_2 \xrightarrow[\text{catalisadores}]{500\,°C,\ 15\ atm} CH_3OH$$

gás natural → metanol

## 7. Biogás

a) **Componentes do biogás:** o biogás é uma mistura gasosa formada principalmente de $CH_4$, $CO_2$ e $H_2S$.

b) **Biodigestor anaeróbico:** o biodigestor é um recipiente usado para a produção de biogás, uma mistura de gases – principalmente metano – produzida por bactérias que digerem matéria orgânica em condições anaeróbicas (isto é, em ausência de oxigênio).

c) **Biomassa:** a matéria orgânica (biomassa) usada para produzir o biogás é bagaço de cana, cascas de frutas, sobras de comida, fezes, urina etc.

Biomassa — biodigestor
- biogás: combustível
- resíduo: fertilizante

O principal componente da biomassa é a celulose, que se decompõe anaerobicamente da seguinte maneira:

$$(C_6H_{10}O_5)_n + nH_2O \rightarrow 3\,nCH_4 + 3\,nCO_2$$

**Atenção:** essa reação ocorre nos pântanos, onde há vegetais submersos. Devido a esse fato, o **metano** é chamado de **gás dos pântanos**.

## 8. Gasolixo

Nos aterros sanitários lixo e terra são depositados em camadas sucessivas, propiciando a decomposição anaeróbica do material orgânico. A mistura gasosa, rica em $CH_4$, assim obtida, é denominada gasolixo.

**Nota:** uma vaca no pasto pode liberar por dia até 600 litros de gás metano, produzido pela presença de microrganismos existentes em seu intestino. Esse fato contribui para o aumento do efeito estufa.

# Exercícios Série Prata

**1.** (ENEM) Para compreender o processo de exploração e o consumo dos recursos petrolíferos, é fundamental conhecer a gênese e o processo de formação do petróleo descrito no texto abaixo.

"O petróleo é um combustível fóssil, originado provavelmente de restos de vida aquática acumulados no fundo dos oceanos primitivos e coberto por sedimentos.

O tempo e a pressão de sedimento sobre o material depositado no fundo do mar transformaram esses restos em massas viscosas de coloração negra denominadas jazidas de petróleo."

Adaptado de: TUNDISI, **Usos de Energia**.
São Paulo: Atual, 1991.

As informações do texto permitem afirmar que:

a) O petróleo é um recurso energético renovável a curto prazo, em razão de sua constante formação geológica.
b) A exploração de petróleo é realizada apenas em áreas marinhas.
c) A extração e o aproveitamento do petróleo são atividades não poluentes dada sua origem natural.
d) O petróleo é um recurso energético distribuído homogeneamente, em todas as regiões, independentemente da sua origem.
e) O petróleo é um recurso não renovável a curto prazo, explorado em áreas continentais de origem marinha ou em áreas submarinas.

**2.** (ESPM – SP) O desenho mostra esquematicamente o equipamento utilizado nas refinarias para efetuar a destilação fracionada do petróleo e a sequência dos produtos A, B e C.

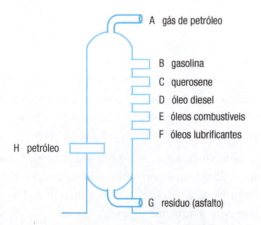

Os gases obtidos na primeira etapa são:

a) metano, etano, propileno e butano.
b) etanol, propanol, metanol e butanol.
c) benzeno, fenol, etileno e metanol.
d) metano, etano, propano e butano.

**3.** (FUVEST – SP) A figura mostra esquematicamente o equipamento utilizado nas refinarias para efetuar a destilação fracionada do petróleo. Os produtos recolhidos em I, II, III e IV são, respectivamente:

a) gás de cozinha, gasolina, óleo diesel e asfalto.
b) álcool, asfalto, óleo diesel e gasolina.
c) asfalto, gasolina, óleo diesel e acetona.
d) gasolina, óleo diesel, gás de cozinha e asfalto.
e) querosene, gasolina, óleo diesel e gás de cozinha.

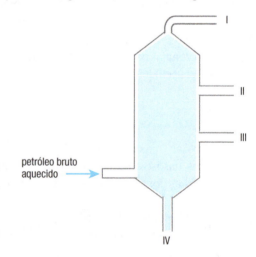

**4.** (FUVEST – SP) No Brasil, o sal de cozinha e o gás de cozinha (mistura de propano e butano) são usualmente obtidos, respectivamente:

a) de jazidas desse sal e do petróleo.
b) de jazidas desse sal e do gás natural.
c) da água do mar e do lixo orgânico.
d) da indústria cloro-álcali e do gás natural.
e) da água do mar e do petróleo.

**5.** (FUVEST – SP) O gás engarrafado, usualmente consumido como combustível em fogões, é:

a) produzido em laboratório, pela reação entre hidrogênio e carbono.
b) obtido na destilação fracionada da madeira.
c) mistura de hidrocarbonetos derivados do petróleo.
d) mistura de compostos orgânicos pertencentes a diferentes funções químicas.
e) uma substância química pura.

**6.** (ENEM) "A idade da pedra chegou ao fim, não porque faltassem pedras; a era do petróleo chegará igualmente ao fim, mas não por falta de petróleo."

Xeque Yamani, ex-Ministro do Petróleo da Arábia Saudita.
**O Estado de S. Paulo**, 20 ago. 2001.

Considerando as características que envolvem a utilização das matérias-primas citadas no texto em diferentes contextos histórico-geográficos, é correto afirmar que, de acordo com o autor, a exemplo do que aconteceu na idade da Pedra, o fim da era do petróleo estaria relacionado

a) á redução e ao esgotamento das reservas de petróleo.
b) ao desenvolvimento tecnológico e à utilização de novas fontes de energia.
c) ao desenvolvimento dos transportes e consequente aumento do consumo de energia.
d) ao excesso de produção e consequente desvalorização do barril de petróleo.
e) á diminuição das ações humanas sobre o meio ambiente.

**7.** (FESP – PE) O *cracking* das frações médias da destilação do petróleo é, hoje, uma tecnologia empregada na maioria das refinarias porque:

a) aumenta o rendimento em óleos lubrificantes.
b) economiza energia térmica no processo de destilação.
c) permite a utilização de equipamento mais compacto.
d) facilita a destilação do petróleo.
e) aumenta o rendimento em frações leves.

**8.** (UNIFESP) Foram feitas as seguintes afirmações com relação à reação representada por:

$$C_{11}H_{24} \longrightarrow C_8H_{18} + C_3H_6$$

I. É uma reação que pode ser classificada como craqueamento.
II. Na reação, forma-se um dos principais constituintes da gasolina.
III. Um dos produtos da reação é uma gás a temperatura ambiente.

Quais das afirmações são verdadeiras?

a) I apenas.
b) I e II apenas.
c) I e III apenas.
d) II e III apenas.
e) I, II e III.

**9.** (ACAFE – SC) O gás natural, usado como combustível em indústrias, apresenta a vantagem de ser menos poluente que a gasolina, o álcool e o óleo diesel.

O principal componente do gás natural é:

a) butano.
b) propano.
c) metano.
d) metanol.
e) acetileno.

**10.** (FATEC – SP) O gás natural, constituído principalmente de metano ($CH_4$), está sendo utilizado como combustível para automóveis e outros veículos. O gás natural é mais seguro para essa utilização do que o gás liquefeito de petróleo – GLP (mistura de propano – $C_3H_8$, e butano – $C_4H_{10}$). Sobre isso, fazemos as seguintes afirmações:

   I. Em caso de vazamento, o gás natural tende a subir e se dispersar na atmosfera, enquanto o GLP tende a acumular junto ao solo, aumentando o risco de explosão.
   II. O gás natural é menos denso que o ar, enquanto o GLP é mais denso.
   III. O gás natural é menos corrosivo para os tanques de combustível que o GLP, devido a sua baixa massa molar.

Dessas afirmações, são corretas:

a) apenas I.
b) apenas I e II.
c) apenas III.
d) apenas II e III.
e) I, II e III.

**Dados:** massas molares (g/mol): $CH_4$ = 16; ar (valor médio) = 28,8; propano = 44; butano = 58.

**11.** (MACKENZIE – SP) O gás metano, principal constituinte do gás natural, pode ser obtido:

   I. Em bolsões naturais, assim como o petróleo.
   II. Na fermentação de lixo orgânico doméstico e de excrementos de animais.
   III. Na decomposição de vegetais no fundo dos lagos e pântanos.
   IV. Na combustão total da madeira.

Estão corretas somente:

a) I e IV.
b) I, II e IV.
c) II e IV.
d) II e III.
e) I, II e III.

# Nomenclatura de Hidrocarbonetos

## Capítulo 3

### 1. Nomenclatura oficial (IUPAC)

Os compostos orgânicos recebem nomes oficiais que levam em consideração o número de carbonos (prefixo), os tipos de ligações entre eles (infixo) e a função a que pertencem as substâncias (sufixo).

| Prefixo | Infixo | Sufixo |

**Prefixos:**
- 1 C – met
- 2 C – et
- 3 C – prop
- 4 C – but
- 5 C – pent
- 6 C – hex
- 7 C – hept
- 8 C – oct
- 9 C – non
- 10 C – dec

**Infixo:** simples: an; uma dupla: en; uma tripla: in; duas duplas; dien.

**Sufixo:** hidrocarboneto(o), álcool(ol), aldeído (al), cetona (ona) e ácido carboxílico (oico).

### 2. Hidrocarbonetos

São compostos orgânicos formados exclusivamente de carbono e hidrogênio.

**Exemplos:**

$CH_4$; $H_2C = CH_2$; $HC \equiv CH$; $H_2C - CH_2$ com $CH_2$

**Sufixo:** o.

**Nota:** o petróleo é uma mistura em que predomina hidrocarbonetos.

**Alcanos** ou **parafinas:** são hidrocarbonetos de cadeia aberta com simples ligações, cuja fórmula geral é $C_nH_{2n+2}$.

**Exemplos:**

$CH_4$ — H–C(H)(H)–H — metano

$C_2H_6$ — $H_3C - CH_3$ — etano

$C_3H_8$ — $H_3C - CH_2 - CH_3$ — propano

$C_4H_{10}$ — $H_3C - CH_2 - CH_2 - CH_3$ — butano

**Nota:** gás liquefeito do petróleo (GLP): $C_3H_8 + C_4H_{10}$.

**Alcenos** ou **alquenos** ou **olefinas:** são hidrocarbonetos de cadeia aberta com uma dupla ligação, cuja fórmula é $C_nH_{2n}$.

**Exemplos:**

$C_2H_4$ — $H_2C = CH_2$ — eteno ou etileno

$C_3H_6$ — $H_2C = CH - CH_3$ — propeno

Para alcenos com 4 ou mais átomos de carbono devemos indicar a posição da dupla ligação na cadeia.

A numeração começa da extremidade mais próxima da dupla ligação e escrevendo, antes do infixo en, o menor dos dois números sobre os carbonos da dupla ligação.

$C_4H_8$ — $H_3C - CH_2 - CH = CH_2$ — but-1-eno

$C_4H_8$ — $H_3C - CH = CH - CH_3$ — but-2-eno

Isômeros são compostos com igual fórmula molecular, mas diferentes fórmulas estruturais.

**Alcinos** ou **alquinos:** são hidrocarbonetos de cadeia aberta com uma tripla ligação, cuja fórmula geral é $C_nH_{2n-2}$.

**Exemplos:**

$C_2H_2$ — $HC \equiv CH$ — etino ou acetileno

$C_3H_4$ — $HC \equiv C - CH_3$ — propino

Para alcinos com 4 ou mais átomos de carbono devemos indicar a posição da tripla ligação na cadeia.

A numeração começa da extremidade mais próxima da tripla ligação e escrevendo, antes do infixo in, o menor dos dois números sobre os carbonos da tripla ligação.

$C_5H_8$ — $HC \equiv C - CH_2 - CH_2 - CH_3$ — pent-1-ino

$C_5H_8$ — $H_3C - C \equiv C - CH_2 - CH_3$ — pent-2-ino

**Alcadienos** ou **dienos:** são hidrocarbonetos de cadeia aberta com duas duplas ligações, cuja fórmula geral é $C_nH_{2n-2}$.

**Exemplos:**

$C_3H_4$ — $H_2C = C = CH_2$ — propadieno

Para dienos com 4 ou mais átomos de carbono devemos indicar as posições das duas duplas ligações na cadeia. A numeração a partir da extremidade mais próxima das duas duplas ligações e escrevendo, antes do infixo dien, os menores números para cada carbono da dupla.

$C_4H_6$    $H_2C = C = CH - CH_3$    buta-1,2-dieno

$C_4H_6$    $H_2C = CH - CH = CH_2$    buta-1,3-dieno

**Cicloalcanos**, **ciclanos** ou **cicloparafinas**: são hidrocarbonetos de cadeia fechada com simples ligações, cuja fórmula geral é $C_nH_{2n}$.

**Exemplos:**

$C_3H_6$    $H_2C - CH_2$ com $CH_2$ no topo   ou △   ciclopropano

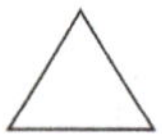

$C_5H_{10}$    ⬠   ciclopentano

$C_4H_8$    $H_2C - CH_2$ / $H_2C - CH_2$   ou ☐   ciclobutano

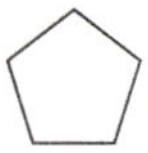

$C_6H_{12}$    ⬡   ciclo-hexano

**Hidrocarbonetos aromáticos:** são hidrocarbonetos que apresentam pelos menos um anel benzênico em sua estrutura.

$C_6H_6$    ⬡   ou ⬡(com círculo)   benzeno

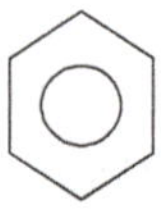

$C_{10}H_8$    naftaleno (dois anéis fundidos)   ou (com círculos)   naftaleno

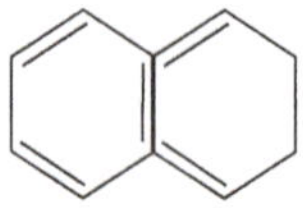

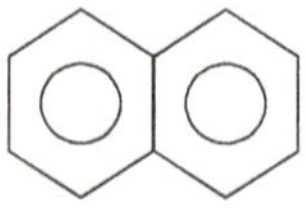

## Exercícios Série Prata

**1.** Dê a nomenclatura oficial dos seguintes hidrocarbonetos:

a) $H_3C - CH = CH - CH_3$
b) $H_3C - CH = CH - CH = CH - CH_3$
c) $H_3C - C \equiv C - CH_2 - CH_3$
d) $H_2C = CH_2$

**2.** Dê as fórmulas estruturais dos hidrocarbonetos:

a) acetileno
b) etileno
c) 1-pentino (pent-1-ino)
d) 1,3-heptadieno (hepta-1,3-dieno)
e) butenino (but-1-en-3-ino)
f) 1,3-pentadi-ino (penta-1,3-di-ino)

**3.** (FATEC – SP) No modelo da foto a seguir, os átomos de carbono estão representados por esferas pretas e os de hidrogênio, por esferas brancas. As hastes representam ligações químicas covalentes, sendo que cada haste corresponde ao compartilhamento de um par de elétrons.

O modelo em questão está, portanto, representando a molécula de

a) etino.
b) eteno.
c) etano.
d) 2-butino.
e) n-butano.

**4.** (MACKENZIE – SP)

*Cientistas "fotografam" molécula individual*

Os átomos que formam uma molécula foram visualizados de forma mais nítida pela primeira vez, por meio de um microscópio de força atômica. A observação, feita por cientistas em Zurique (Suíça) e divulgada na revista Science, representa um marco no que se refere aos campos de eletrônica molecular e nanotecnologia, além de um avanço no desenvolvimento e melhoria da tecnologia de dispositivos eletrônicos. De acordo com o jornal espanhol El País, a molécula de pentaceno pode ser usada em novos semicondutores orgânicos.

**Folha Online**

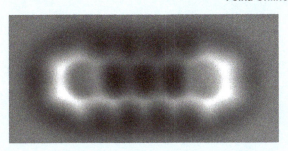

Acima, está a foto da molécula de pentaceno e, a seguir, a representação da sua fórmula estrutural.

A respeito do pentaceno, são feitas as afirmações I, II, III e IV.

I. É uma molécula que apresenta cadeia carbônica aromática polinuclear.
II. A sua fórmula molecular é $C_{22}H_{14}$.
III. O pentaceno poderá ser utilizado na indústria eletrônica.
IV. Os átomos de carbono na estrutura acima possuem somente ligações simples.

Estão corretas

a) I, II, III e IV.
b) II, III e IV, apenas.
c) I, II e III, apenas.
d) I, III e IV, apenas.
e) I, II e IV, apenas.

**Resolução:**

Considere a fórmula:

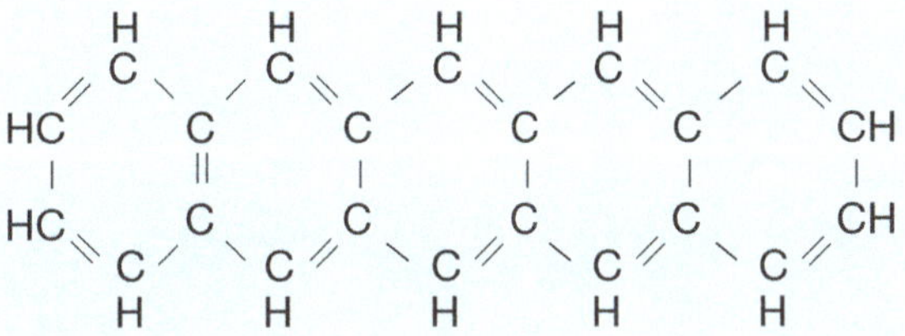

I. Verdadeira.
II. Verdadeira.
   A fórmula molecular é $C_{22}H_{14}$.
III. Verdadeira.
IV. Falsa.
Os átomos de carbono no pentaceno possuem ligações duplas.

**Resposta:** alternativa c.

## Exercícios Série Ouro

**1.** (MACKIENZIE – SP) Relativamente ao composto de fórmula estrutural $H_3C - CH_2 - CH_2 - CH_3$, considere as afirmações:

I. É um alcano.
II. Apresenta somente carbonos primários em sua estrutura.
III. Apresenta uma cadeia carbônica normal.
IV. Tem fórmula molecular $C_4H_{10}$.

São corretas somente:

a) I e II.
b) I e III.
c) II, III e IV.
d) I, III e IV.
e) I e IV.

**2.** Dê o nome dos seguintes hidrocarbonetos:

a)     b)    c)

**3.** (UNISA – SP) Quantos carbonos existem no ciclano de menor massa molecular?
a) 3
b) 4
c) 5
d) 6
e) 7

**4.** (PUC – MG) O benzopireno é um composto aromático formado na combustão da hulha e do fumo. Pode ser encontrado em carnes grelhadas, em carvão ou em peças defumadas. Experiências em animais comprovaram sua potente ação cancerígena. Apresenta a seguinte fórmula estrutural:

Sua fórmula molecular é:
a) $C_{22}H_{14}$
b) $C_{20}H_{20}$
c) $C_{22}H_{18}$
d) $C_{20}H_{14}$
e) $C_{20}H_{12}$

# Nomenclatura de Hidrocarbonetos Ramificados

## Capítulo 4

### 1. Cadeia ramificada

Cadeia ramificada é uma cadeia aberta com mais de duas extremidades (carbonos nas laterais da cadeia).

**Exemplos:**

$H_3C - CH - CH_2 - CH_3$
     |
     $CH_3$

        $CH_3$
        |
$H_3C - C - CH_2 - CH - CH_3$
        |              |
        $CH_3$         $CH_3$

A nomenclatura dos carbonos nas laterais (ramificações) é igual à dos grupos orgânicos.

### 2. Grupos orgânicos

São grupos de átomos presentes em uma molécula orgânica que recebem nomes para facilitar a nomenclatura dos compostos orgânicos.

**Exemplo:**

$H_3C - CH - CH_3$      nome: 2-metilpropano
      |
      $CH_3$ ← grupo orgânico
              (metil)

O nome de um grupo orgânico é dado da seguinte maneira:

**pref + il** ou **pref + ila**

**Grupo alquila:** grupo orgânico obtido pela retirada de um átomo de hidrogênio de um alcano.

— $CH_3$ metil

— $CH_2 - CH_3$ etil

— $CH_2 - CH_2 - CH_3$ propil

— $CH - CH_3$ isopropil
   |
   $CH_3$

— $CH_2 - CH_2 - CH_2 - CH_3$ butil

$CH_3 - CH - CH_2 - CH_3$ s-butil ou sec-butil

— $CH_2 - CH - CH_3$ isobutil
        |
        $CH_3$

        $CH_3$
        |
$H_3C - C - CH_3$ t-butil ou terc-butil
        |
        $CH_3$

Outros grupos importantes são: $H_2C = CH -$ vinil ou etenil

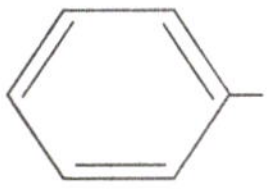

⬡— fenil (retirada de 1 H de benzeno) ou $C_6H_5 -$

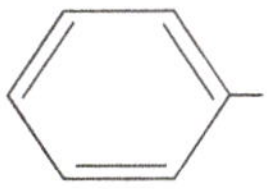

⬡— $CH_2 -$ benzil (retirado de 1 H do $CH_3$ do ⬡— $CH_3$) ou $C_7H_6 -$

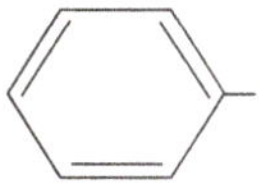

Não existe um composto chamado metil nem um composto chamado etil. Metil e etil são nomes dados a pedaços de moléculas.

**Exemplos:**

$CH_3 - CH - CH_3$   2-metilpropano (o grupo
      |              metil ligado ao propano)
      $CH_3$

$CH_3 - CH_2 - Cl$   cloreto de etila (o grupo etila ligado ao cloro)

### 3. Nomenclatura de alcano de cadeia ramificada – 1993

**Regra 1:** determine a cadeia principal e seu nome.

**Cadeia principal:** é a maior sequência de átomos de carbono, que não estão necessariamente representados em linha reta. Em caso de duas sequências longas, é a mais ramificada. Os carbonos que não fazem parte da cadeia principal pertencem às ramificações.

**Exemplos:**

H₃C – CH – CH₂ – CH₂ – CH₃
            |
           CH₃
1 ramificação

H₃C – CH – CH₂ – CH₃
       |
      CH₂
       |
      CH₃
1 ramificação

H₃C – CH₂ – CH – CH₂ – CH₂ – CH₃
              |
             CH – CH₃
              |
             CH₃
2 ramificações

**Regra 2:** reconhecer a(s) ramificação(ões).

Se houver ramificações iguais usar os prefixos **di**, **tri**, **tetra** etc.

dimetil

Se houver ramificações diferentes devem ser escritas em ordem alfabética, sem considerar os prefixos di, tri, tetra etc., e também sec e terc, mas não **iso**.

**Exemplo:**

| **e**til | **i**sopropil | **m**etil | **p**ropil |
|---|---|---|---|
| 1º lugar | 2º lugar | 3º lugar | 4º lugar |

ordem alfabética ⟶

**Regra 3:** numerar a cadeia principal de modo a obter os menores números possíveis para indicar as posições das ramificações.

H₃C – CH – CH₂ – CH₂ – CH₃ (1,2,3,4,5)
       |
      CH₃

H₃C – CH₂ – CH – CH₂ – CH₂ – CH₃ (3,4,5,6)
              |
           ²CH – CH₃
              |
           ¹CH₃

**Regra 4:** escreva o nome do composto obedecendo à seguinte ordem geral:

[número do carbono ramificado] – [nome da ramificação] [nome da cadeia principal]

**Exemplos:**

¹H₃C – ²CH – ³CH – ⁴CH₃
          |         |
         CH₃    CH₃
2,3-dimetilbutano

              CH₃
               |
¹H₃C – ²C – ³CH – ⁴CH₂ – ⁵CH₃
         |        |
        CH₃   CH₃
2,2,3-trimetilpentano

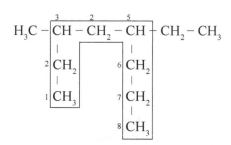

5-etil-3-metiloctano

### 4. Nomenclatura de alqueno, alceno ou olefina ramificada

Para alcenos com 4 ou mais átomos de carbono devemos indicar a posição da dupla-ligação na cadeia. A numeração começa da extremidade mais próxima da dupla-ligação e escrevendo, antes do **infixo en**, o menor dos dois números que recaem sobre os átomos de carbono da dupla-ligação, mesmo havendo **ramificação**.

**Exemplos:**

⁵H₃C – ⁴CH₂ – ³CH – ²CH = ¹CH₂
                |
               CH₃
3-metilpent-1-eno

⁵H₃C – ⁴CH – ³CH – ²CH = ¹CH₂
          |       |
         CH₃  CH₃
3,4-dimetilpent-1-eno

## 5. Nomenclatura de alquino ou alcino ramificado

Para alcinos com 4 ou mais átomos de carbono devemos indicar a posição da tripla-ligação na cadeia. A numeração começa da extremidade mais próxima da tripla-ligação e escrevendo, antes do **infixo in**, o menor dos dois números que recaem sobre os átomos de carbono da tripla-ligação, mesmo havendo **ramificação**.

**Exemplos:**

$$\overset{6}{H_3C} - \overset{5}{CH} - \overset{4}{CH_2} - \overset{3}{C} \equiv \overset{2}{C} - \overset{1}{CH_2}$$
$$|$$
$$CH_3$$

5-metil-hex-2-ino

$$\overset{5}{H_3C} - \overset{4}{CH} - \overset{3}{CH} - \overset{2}{C} \equiv \overset{1}{CH}$$
$$| \quad \quad |$$
$$CH_3 \quad CH_3$$

3,4-dimetilpent-1-ino

## 6. Nomenclatura de alcadieno ou dieno ramificado

A sua nomenclatura segue as mesmas regras para os outros hidrocarbonetos insaturados. As duplas-ligações devem ter os menores números possíveis.

**Exemplos:**

$$H_2C = C - CH = CH_2$$
$$|$$
$$CH_3$$

2-metilbuta-1,3-dieno(isopreno)
matéria-prima para a produção da borracha natural

# Exercícios Série Prata

Dê o nome dos seguintes grupos orgânicos.

**1.** $H_3C -$ _____

**2.** $CH_3 - CH_2 -$ _____

**3.** $CH_3 - CH_2 - CH_2 -$ _____

**4.** $CH_3 - CH -$ _____
     $\quad \quad \quad |$
     $\quad \quad \quad CH_3$

**5.** $CH_3 - CH_2 - CH_2 - CH_2 -$ _____

**6.** $H_3C - CH - CH_2 - CH_3$ _____
     $\quad \quad \quad |$

**7.** $H_3C - C -$ _____
     $\quad \quad | \; CH_3$
     $\quad \quad |$
     $\quad \quad CH_3$

**8.** $H_3C - CH - CH_2 -$ _____
     $\quad \quad \quad |$
     $\quad \quad \quad CH_3$

**9.** $H_2C = CH -$ _____

**10.** ⬡ — _____

**11.** ⬡ — $CH_2 -$ _____

Dê o nome oficial

**12.** $H_3C - CH - CH_2 - CH_2 - CH_3$ _____
     $\quad \quad \quad |$
     $\quad \quad \quad CH_3$

**13.** $H_3C - CH - CH - CH_3$ _____
     $\quad \quad \quad | \quad \quad |$
     $\quad \quad \quad CH_3 \quad CH_3$

**14.** $H_3C - \underset{\underset{CH_3}{|}}{\overset{\overset{CH_3}{|}}{C}} - CH_2 - \underset{\underset{CH_3}{|}}{CH} - CH_3$ _____

**15.** 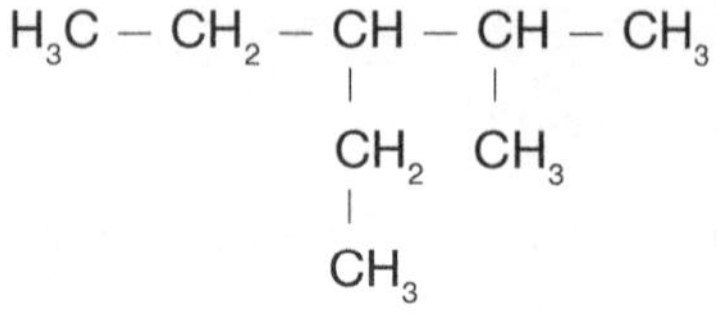 H₃C – CH₂ – CH – CH – CH₃
              |      |
              CH₂   CH₃
              |
              CH₃

___

**16.** 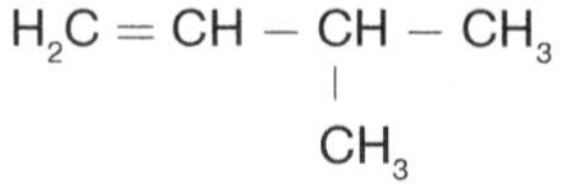 H₂C = CH – CH – CH₃
                |
                CH₃

___

**17.** 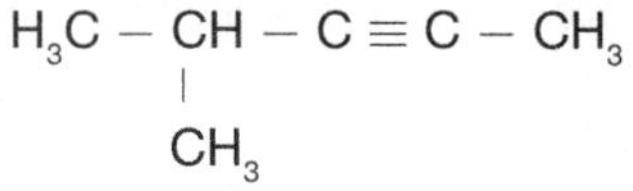 H₃C – CH – C ≡ C – CH₃
            |
            CH₃

___

**18.** 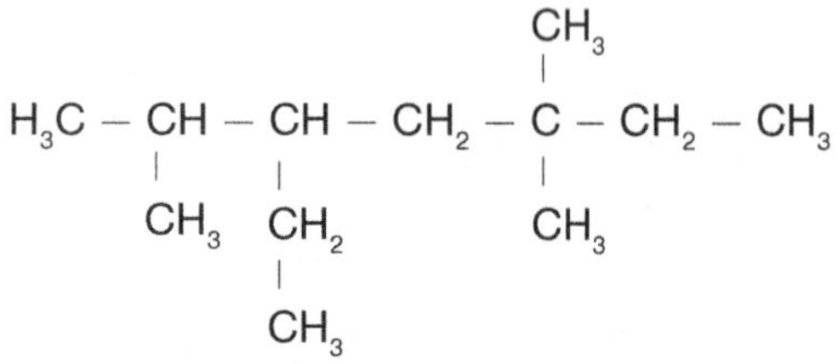 H₃C – CH – CH – CH₂ – C – CH₂ – CH₃
            |      |        |
            CH₃  CH₂      CH₃
                   |
                   CH₃
                   
(com CH₃ acima do C central)

___

**19.** (UFF – RJ) O nome oficial (IUPAC) do composto abaixo é

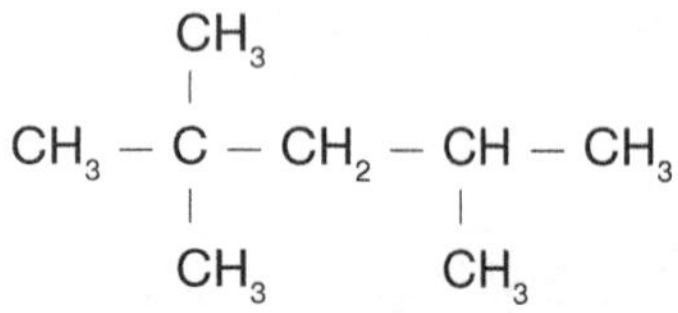

           CH₃
            |
CH₃ – C – CH₂ – CH – CH₃
      |            |
      CH₃         CH₃

a) 2,2-dimetil-4-isopropilpentano.
b) 4,4,2-trimetilpentano.
c) isopropil-tercbutil-pentano.
d) 2,2,4-trimetilpentano.
e) isopropil-isobutil-metano.

**20.** (PUC – MG) CH₃ – CH₂ – C = CH₂. Seu nome IUPAC é

(com CH₃ acima do C)

a) isopreno.
b) isopropilideno.
c) 3-metilbut-1-eno.
d) metilbut-1-eno.
e) 2-metilbut-1-eno.

**21.** (VUNESP) O nome correto do composto orgânico de fórmula

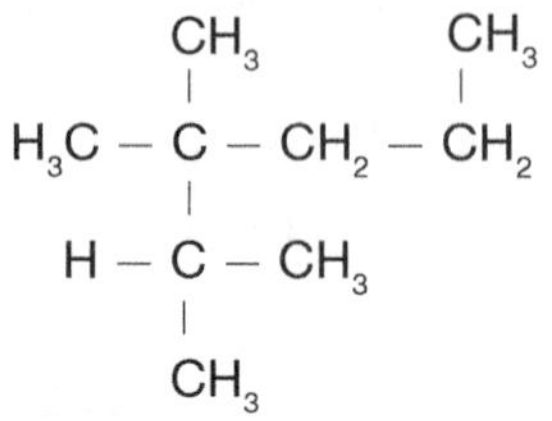

       CH₃       CH₃
        |         |
H₃C – C – CH₂ – CH₂    é
        |
    H – C – CH₃
        |
        CH₃

a) 2-metil-3-isopropilpentano.
b) 2,4-dimetil-2-isopropilbutano.
c) 2,3,3-trimetil-hexano.
d) 2,2,4-trimetilpentano.
e) 3,3-dimetil-5-metilpentano.

**22.** (MACKENZIE – SP) Sobre o composto cuja a fórmula estrutural está abaixo, fazem-se as afirmações:

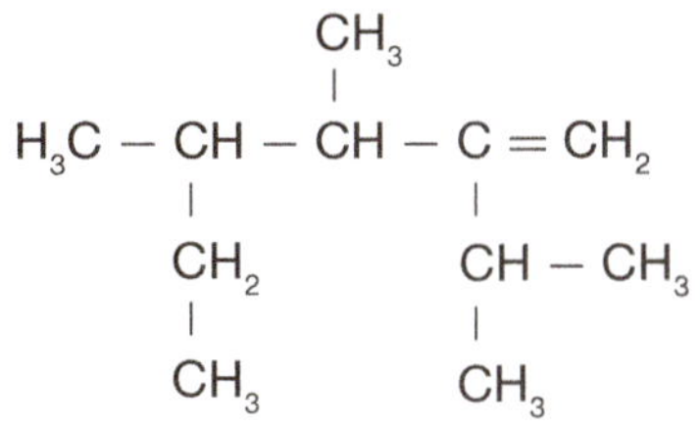

```
                CH₃
                 |
   H₃C — CH — CH — C = CH₂
         |         |
        CH₂       CH — CH₃
         |         |
        CH₃       CH₃
```

I. É um alceno.
II. Possui três ramificações diferentes entre si, ligadas à cadeia principal.
III. Apesar de ter fórmula molecular $C_{11}H_{22}$, não é um hidrocarboneto.
IV. Possui no total quatro carbonos terciários.

São corretas:

a) I e IV, somente.
b) I, II, III e IV.
c) II e III, somente.
d) II e IV, somente.
e) III e IV, somente.

Escreva as fórmulas estruturais dos seguintes compostos.

**23.** 2-metil-heptano

**24.** 2,4-dimetilpentano

**25.** 3-etil-2,2-dimetiloctano

**26.** 4-metil-pent-1-eno

**27.** dimetil-but-2-eno

**28.** 4-metil-hex-1-ino

**29.** 2-metil-buta-1,3-dieno

# Exercícios Série Ouro

**1.** (MACKENZIE – SP) 10,0 g de um alcino, que possui cadeia carbônica contendo um carbono quaternário, ocupam 3,0 L a 1 atm e 27 °C. A fórmula estrutural desse hidrocarboneto é

**Dados:** massas molares (g/mol): H = 1; C = 12; constante universal dos gases $R = 0{,}082 \ \frac{atm \cdot L}{mol \cdot K}$.

a) 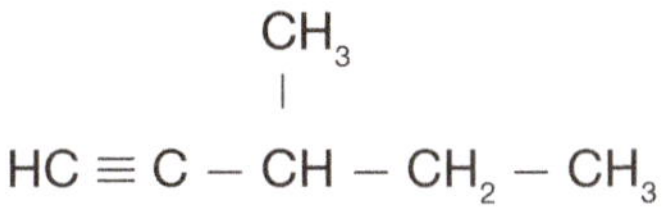
```
                CH₃
                 |
   HC ≡ C — CH — CH₂ — CH₃
```

b)
```
                 CH₃
                  |
   H₃C — C ≡ C — CH — CH₃
```

c)
```
           CH₃
            |
   HC ≡ C — C — CH₂ — CH₃
            |
           CH₃
```

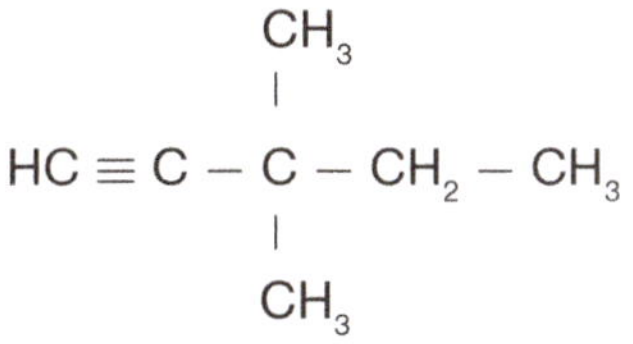

d) 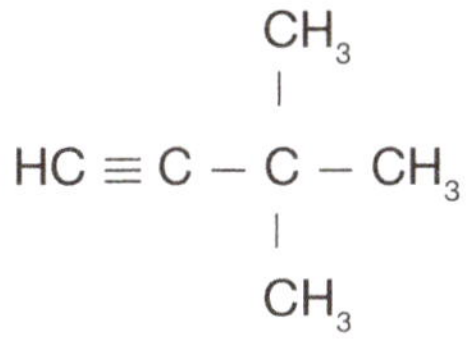
```
           CH₃
            |
   HC ≡ C — C — CH₃
            |
           CH₃
```

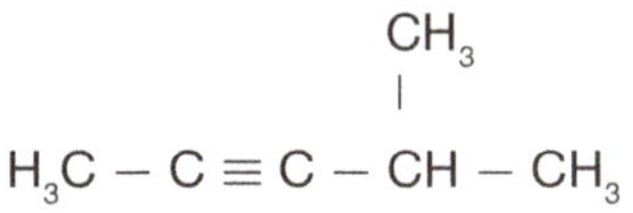

e) H — C ≡ C — H

**2.** (UFRJ) O gráfico a seguir relaciona a massa em grama com o número de moléculas de dois hidrocarbonetos acíclicos.

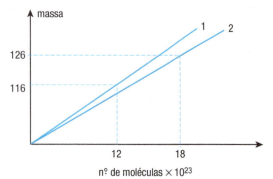

a) Determine a diferença entre as massas molares desses dois hidrocarbonetos.
b) Apresente o nome do hidrocarboneto de menor massa molecular dentre os apresentados no gráfico.

**Dados:** C = 12; H = 1; constante de Avogadro: $6 \times 10^{23}$/mol.

**3.** (UFF – RJ) Analise a estrutura seguinte e considere as regras de nomenclatura da IUPAC.

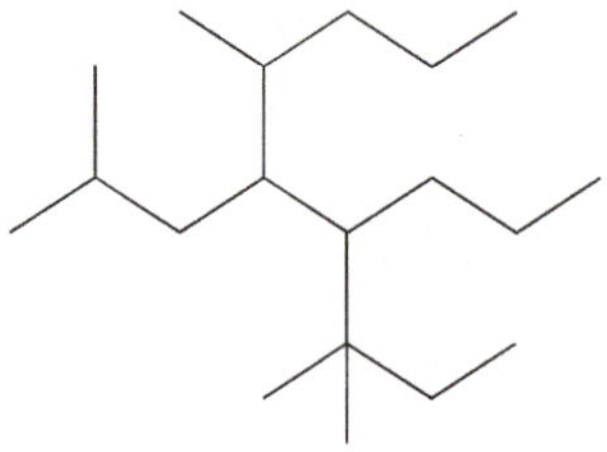

Assinale a opção que indica as cadeias laterais ligadas, respectivamente, aos carbonos de números 4 e 5 da cadeia hidrocarbônica principal.

a) propil e isobutil
b) metil e isobutil
c) terc-pentil e terc-butil
d) propil e terc-pentil
e) metil e propil

# Combustíveis – Octanagem – Isomerização – Reforma Catalítica

## Capítulo 5

### 1. Reação de combustão

A combustão é um processo relativamente rápido e exotérmico e que ocorre com gás oxigênio do ar chamado de comburente.

As substâncias que sofrem combustão são chamadas de **combustíveis**.

**Exemplo:**

$$CH_3CH_2OH + 3\ O_2 \longrightarrow 2\ CO_2 + 3\ H_2O$$
etanol combustível    comburente

As explosões são combustões muito rápidas, realizadas sem que se tenha controle sobre o processo.

**Exemplo:**

$$C_8H_{18} + \frac{25}{2} O_2 \longrightarrow 8\ CO_2 + 9\ H_2O$$
↓
gasolina no interior do cilindro do motor

Em geral, os combustíveis devem obedecer as seguintes propriedades:

- disponibilidade (o ideal: fonte renovável);
- baixo custo;
- pouco poluente;
- alto poder calorífico (a quantidade de calor liberada por quilograma de combustível queimado – expresso em kJ/kg ou kcal/kg);
- baixa temperatura de fulgor (temperatura em que o combustível inflama).

Na tabela a seguir apresentamos os valores do poder calorífico de alguns combustíveis orgânicos, exceto o gás hidrogênio.

| Combustível | Poder calorífico kcal/kg | Poder calorífico kJ/kg |
|---|---|---|
| lenha | 2.500 | 10.467 |
| gás canalizado | 4.300 | 18.003 |
| álcool | 6.500 | 27.214 |
| carvão | 6.800 | 28.740 |
| óleo diesel | 10.700 | 44.799 |
| querosene | 10.800 | 45.217 |
| gasolina | 12.000 | 46.892 |
| GLP | 12.000 | 50.242 |
| gás natural | 14.062 | 56.250 |
| hidrogênio | 29.000 | 121.417 |

### 2. Tipos de combustão

#### 2.1 Combustão completa

Ocorre quando temos excesso de oxigênio produzindo $CO_2$ e $H_2O$.

Combustível + $O_2$ ⟶ $CO_2$ + $H_2O$

**Exemplo:**

$$CH_4 + 2\ O_2 \longrightarrow CO_2 + 2\ H_2O$$

#### 2.2 Combustão incompleta

Ocorre quando a quantidade de oxigênio não é suficientemente alta, produz $H_2O$, CO e C (fuligem ou pó de carbono).

Combustível + $O_2 \longrightarrow CO + H_2O$

Combustível + $O_2 \longrightarrow C + H_2O$

**Exemplos:**

$CH_4 + \dfrac{3}{2} O_2 \longrightarrow CO + 2 H_2O$

$CH_4 + O_2 \longrightarrow C + 2 H_2O$

A fuligem, quando obtida em escala industrial, é denominada **negro de fumo**. Esse material, constituído de carbono finamente dividido, tem várias aplicações, como tintas de impressora e nanquim, pneus, graxas de sapato, papel-carbono, lápis para os olhos e etc.

### 3. Combustão do carvão mineral

A combustão completa do carvão pode, de forma simplificada, ser equacionada químicamente como:

$C + O_2 \longrightarrow CO_2$

Com o advento do petróleo e seus derivados, que passaram a ser largamente empregados no século XX, o uso de carvão mineral como combustível declinou. Ele é mais difícil de usar que o petróleo e na sua queima polui significamente o ar com dióxido de enxofre ($SO_2$), resultado da combustão do enxofre nele presente.

### 4. Combustão do gás natural

A combustão completa do gás natural pode ser equacionada:

$CH_4 + 2 O_2 \longrightarrow CO_2 + 2 H_2O$

Para as indústrias, o gás natural apresenta algumas vantagens em relação ao carvão e ao óleo combustível. O gás natural é levado por uma tubulação (gasoduto) até o local de utilização e sua combustão não deixa resíduos nos fornos e caldeiras.

### 5. Combustão da gasolina

A combustão completa da gasolina (5 C a 12 C) pode ser equacionada:

$C_8H_{18} + \dfrac{25}{2} O_2 \longrightarrow 8 CO_2 + 9 H_2O$

As duas principais desvantagens do uso de gasolina como combustível são:
- fonte não renovável (petróleo).
- poluição (lança no ar $SO_2$ devido à presença de enxofre dissolvido na gasolina).

### 6. Combustão do álcool etílico

A combustão completa do álcool etílico ($C_2H_6O$) é representada pela seguinte equação:

$C_2H_6O + 3 O_2 \longrightarrow 2 CO_2 + 3 H_2O$

As vantagens do uso do álcool como combustível são:
- fonte renovável (cana de açúcar).
- menos poluente que a gasolina (não ocorre a emissão de $SO_2$).

### 7. Motor a quatro tempos

Embora a gasolina se encontre no estado líquido, para atuar como combustível deve estar no estado gasoso. É no carburador que a gasolina é vaporizada, misturada com uma quantidade adequada de ar e injetada no motor.

Os motores dos veículos movidos a gasolina ou a álcool são constituídos por um cilindro, que permite o movimento de um pistão, duas válvulas (uma de entrada e outra saída de gases) e uma vela, que produz faísca elétrica.

Observe o esquema de um cilindro de um motor.

$$\text{Coeficiente de compressão} = \dfrac{\text{volume A}}{\text{volume B}}$$

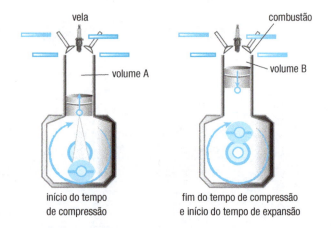

No cilindro temos as seguintes etapas:

1º tempo: entrada de mistura gasosa gasolina-ar (pistão desce).

2º tempo: compressão da mistura (pistão sobe).

3º tempo: a vela emite faíscas e ocorre combustão com expansão de gases (pistão desce).

4º tempo: expulsão dos produtos de combustão (pistão sobe) e recomeça as etapas.

Em algumas situações, a gasolina pode sofrer detonação prematura, sem faísca da vela e sem que o pistão execute todo o percurso. Essa detonação prematura provoca ruídos característicos durante a aceleração ("batida de pino"), diminui a potência do motor e causa também o aumento da emissão de fuligem e de monóxido de carbono.

As batidas de pino podem ser evitadas com uma regulagem do motor, por adição de um antidetonante ou pelo uso de gasolina com alta octanagem.

**Conclusões:**
- **gasolina de baixa qualidade:** facilidade de sofrer detonação por simples compressão.
- **gasolina de alta qualidade:** dificuldade de sofrer detonação por simples compressão.

## 8. Octanagem ou número de octano da gasolina

É um número que indica a resistência de uma gasolina a uma detonação prematura.

Dois hidrocarbonetos puros componentes da gasolina tiveram a sua octanagem fixada arbitrariamente em 0 e 100.

| Octanagem | Hidrocarboneto | Detonação |
|---|---|---|
| 0 | heptano | fácil |
| 100 | 2,2,4-trimetilpentano (isooctano) | difícil |

Quando dizemos que uma determinada gasolina tem 85 octanos (isto é, que sua octanagem é de 85), significa que se comporta como uma mistura de 15% de heptano e 85% de isooctano.

Observe então que o índice de octanagem não indica a composição da gasolina, mas é apenas um parâmetro de comportamento em relação à combustão no motor.

Cada hidrocarboneto puro tem uma octanagem característica. Os normais são os piores. A octanagem melhora quanto mais ramificado. Por exemplo: o 2,2,3,3-tetrametilbutano, de octanagem 103, se comporta ainda melhor que o isooctano. Além disso, os hidrocarbonetos aromáticos se comportam de maneira excelente nos motores. A octanagem dos hidrocarbonetos diminui com o aumento de cadeia carbônica.

**Exemplos:**

metano: octanagem = 110

etano: octanagem = 104

octano: octanagem = –17

nonano: octanagem = – 45

2-metilpentano: octanagem = 75

ciclo-hexano: octanagem = 77

benzeno = octanagem = 108

O problema é que a gasolina obtida diretamente de petróleo tem uma octanagem de 50 a 55, isto é, muito baixa para o uso eficiente nos motores. A gasolina deve receber diversos tratamentos químicos ainda na refinaria, para converter os hidrocarbonetos normais ou pouco ramificados (por exemplo, isomerização) que permitam atingir uma boa octanagem.

No Brasil, a gasolina comum deveria possuir octanagem ao redor de 85. Etanol puro, por exemplo, possui índice de octanagem 105. Isso significa que sua resistência à detonação por simples compressão é 5% superior a do isooctano.

## 9. Aditivos ou antidetonantes

São substâncias que aumentam a octanagem da gasolina. Na refinaria, antes de ir para o mercado, acrescentam-se diversos aditivos à gasolina para aumentar a octanagem, portanto uma gasolina pode ter octanagem superior a 100.

O aditivo atualmente mais usado é um éter cuja fórmula estrutural é mostrada a seguir.

$$H_3C - O - C(CH_3)_2 - CH_3$$ 

(estrutura: $H_3C - O - C - CH_3$ com dois $CH_3$ ligados ao C central)

IUPAC: 2-metóxi-2-metilpropano ou éter terc-butílico e metílico

No Brasil o aditivo mais usado é o etanol (a especificação é 24% mais ou menos 1% dependendo do momento econômico e político).

Atualmente, são comercializadas no Brasil três tipos de gasolinas para automóveis: comum, aditivada e premium.

comum: octanagem até 86;

aditivada: octanagem até 86 (tem mais aditivo);

premium: octanagem = 94.

**Observação:**

Gasolina adulterada: adição de solventes orgânicos (óleo diesel, querosene, álcool etc.) na gasolina para aumentar a sua quantidade. Isso pode provocar

- maior consumo de combustível;
- diminuição da octanagem;
- resíduos nocivos ao motor.

## 10. Isomerização

Os alcanos de cadeia normal por aquecimento com catalisador transformam-se em alcanos isômeros de cadeia ramificada.

Esse processo químico é feito na refinaria, pois gasolina com alto teor de alcano ramificado é de boa qualidade (alta octanagem). A combustão de um alcano ramificado é mais lenta que seu isômero de cadeia normal.

$$C_nH_{2n+2} \text{ (normal)} \xrightarrow[\text{cat.}]{\Delta} C_nH_{2n+2} \text{ (ramificado)}$$

**Exemplo:**

$$CH_3-CH_2-CH_2-CH_3 \xrightarrow[\text{cat.}]{\Delta} CH_3-\underset{\underset{CH_3}{|}}{CH}-CH_3$$

butano
cadeia normal
(2 extremos livres)

2-metilpropano
cadeia ramificada
(mais de 2 extremos livres)

## 11. Reforma catalítica

Conversão de alcanos e cicloalcanos em hidrocarbonetos aromáticos através do aquecimento com catalisador.

Esse processo é importante por dois motivos:

1. melhorar a qualidade da gasolina, pois hidrocarbonetos cíclicos e aromáticos melhoram o desempenho da gasolina nos motores dos automóveis.
2. produção de hidrocarbonetos aromáticos, pois as quantidades de aromáticos obtidos a partir da hulha seriam insuficientes para satisfazer a demanda industrial.

**Exemplos:**
• Reforma catalítica do hexano obtendo benzeno

$$H_3C-CH_2-CH_2-CH_2-CH_2-CH_3 \xrightarrow[\text{cat.}]{\Delta}$$

hexano ($C_6H_{14}$)

$$\xrightarrow[\text{cat.}]{\Delta} \text{ciclo-hexano} + H_2$$

ciclo-hexano ($C_6H_{12}$)

$$\text{ciclo-hexano} \xrightarrow[\text{cat.}]{\Delta} \text{benzeno} + 3H_2$$

ciclo-hexano ($C_6H_{12}$)    benzeno ($C_6H_6$)

Somando as duas equações temos:

$$H_3C-CH_2-CH_2-CH_2-CH_2-CH_3 \xrightarrow[\text{cat.}]{\Delta}$$

hexano

$$\xrightarrow[\text{cat.}]{\Delta} \text{benzeno} + 4H_2 \text{ (equação global)}$$

benzeno

Resumindo, temos:

hexano ⟶ ⬡ ⟶ ⌬

• Reforma catalítica do heptano obtendo metilbenzeno (tolueno)

$$H_3C-CH_2-CH_2-CH_2-CH_2-CH_3 \xrightarrow[\text{cat.}]{\Delta}$$

heptano

$$\xrightarrow[\text{cat.}]{\Delta} \text{metilbenzeno} + 4H_2 \text{ (equação global)}$$

metilbenzeno tolueno

Resumindo, temos:

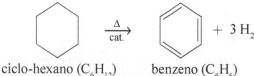

heptano ⟶

Esse processo pode ser representado pela equação genérica:

$$C_nH_{2n+2} \longrightarrow C_nH_{2n-6} + 4H_2$$

## Exercícios Série Prata

1. (MACKENZIE – SP) A equação

$$H_3C-CH_2-CH_3 + 5O_2 \longrightarrow 3CO_2 + 4H_2O$$

representa uma reação de:

a) substituição.
b) esterificação.
c) combustão.
d) eliminação.
e) adição.

2. (FUVEST – SP) A combustão incompleta da gasolina em motores de automóvel polui o ar atmosférico com
   a) He
   b) $N_2$
   c) $CO_2$
   d) CO
   e) $H_2O$

3. (MACKENZIE – SP) A fuligem, que pode formar-se na combustão incompleta de gás de botijão (mistura propano e butano), é constituída por:
   a) monóxido de carbono.
   b) carbono finamente dividido.
   c) gás nitrogênio.
   d) gás oxigênio.
   e) gás carbônico.

4. (FUVEST – SP) Um dos incovenientes da gasolina com alto teor de enxofre é que durante a combustão se forma um poluente atmosférico, cuja fórmula química é:
   a) $H_2S$
   b) CO
   c) $H_2SO_4$
   d) $SO_2$
   e) $CO_2$

5. (PUC – RS) O GNV, gás veicular, usado em Porto Alegre como combustível automotivo, é constituído principalmente de _____ e, em geral, sua combustão não deixa resíduo, sendo expressa pela equação _____ .
   a) metano   $CH_4 + O_2 \longrightarrow + 2\ H_2O$
   b) metano   $CH_4 + 2\ O_2 \longrightarrow CO_2 + 2\ H_2O$
   c) 1-butano $C_4H_8 + 2\ O_2 \longrightarrow 4\ C + 4\ H_2O$
   d) etanol   $C_2H_6O + 3\ O_2 \longrightarrow 2\ CO_2 + 3\ H_2O$
   e) etanol   $C_2H_6O + O_2 \longrightarrow 2\ C + 3\ H_2O$

6. (FUVEST – SP) Em tempo de seca são comuns as queimadas nas florestas. No ar atmosférico que envolve uma queimada, a concentração de oxigênio e de vapor de água, respectivamente:
   a) aumenta – diminui.
   b) aumenta – aumenta.
   c) diminui – aumenta.
   d) diminui – diminui.
   e) diminui – não se altera.

7. (MACKENZIE – SP) O gás metano, principal constituinte do gás natural, pode ser obtido:
   I. Em bolsões naturais, assim como o petróleo.
   II. Na fermentação de lixo orgânico doméstico e de excrementos de animais.
   III. Na decomposição de vegetais no fundo dos lagos e pântanos.
   IV. Na combustão total da madeira.
   Estão corretas somente:
   a) I e IV.
   b) I, II e IV.
   c) III e IV.
   d) II e III.
   e) I, II e III.

8. Complete com **menor** ou **maior**.
   Quanto mais ramificada for uma cadeia, _____ será a sua octanagem.
   **Exemplo:** octano: octanagem = –17; isoctano: octanagem = 100.

9. Complete com **menor** ou **maior**.
   Quanto _____ for a octanagem, melhor será a qualidade da gasolina, pois assim ela resistirá a maiores compressões sem detonação prematura.

**10.** (FCMMG) Nem todos os alcanos componentes da gasolina ($C_5$ a $C_{10}$) se comportam de igual maneira com respeito às propriedades de detonação. Para descrever as propriedades de detonantes da gasolina foram relacionados dois alcanos puros como padrão.

Estes dois alcanos são

a) heptano e 2,2,4-trimetilpentano.
b) octano e 2,2,4,4-tetrametilpentano.
c) 2-metil-heptano e 2,3,4-trimetil-hexano.
d) hexano e iso-hexano.
e) 2-metilpentano e octano.

"Mistura de álcool anidro na gasolina será reduzida de 24% para 20%. O objetivo é economizar 450 milhões de litros de álcool este ano".

Em consequência dessa medida, os motores dos veículos movidos a gasolina aumentarão a emissão no ar do poluente:

a) acetona.
b) etanal.
c) dióxido de carbono.
d) álcool metílico.
e) monóxido de carbono.

**11.** (VUNESP) No Brasil, adiciona-se álcool etílico anidro à gasolina, para produzir a combustão completa nos motores. Em agosto de 2000, o Ministério da Agricultura anunciou:

**12.** Escreva a equação química de isomerização do heptano produzindo 2-metil-hexano.

# Exercícios Série Ouro

**1.** (UNESP) A queima de um combustível como a gasolina, ou seja, sua reação com o oxigênio, é bastante exotérmica e, do ponto de vista termodinâmico, é espontânea.

Entretanto, essa reação inicia-se somente com a ocorrência de um estímulo externo, como, por exemplo, uma faísca elétrica.

Dizemos que o papel deste estímulo é:

a) fornecer a energia de ativação necessária para a reação ocorrer.
b) deslocar o equilíbrio no sentido de formação de produtos.
c) aumentar a velocidade da reação direta e diminuir a velocidade da reação inversa.
d) favorecer a reação no sentido de formação de reagentes.
e) remover o nitrogênio do ar, liberando o oxigênio para reagir.

**2.** (UNIP – SP) A combustão completa de 0,5 mol de hidrocarboneto aromático formou 5 mols de $CO_2$ e 2 mol de $H_2O$. A fórmula estrutural do hidrocarboneto poderá ser:

**Dado:** massas atômicas: C: 12 u, H: 1 u.

**3.** (FUVEST – SP) Um hidrocarboneto gasoso (que pode ser eteno, etino, propano, etano ou metano) está contido em um recipiente de 1 L, a 25 °C e 1 atm. A combustão total desse hidrocarboneto requer exatamente 5 L de $O_2$, medidos nas mesmas condições de temperatura e pressão, portanto, esse hidrocarboneto deve ser:

a) eteno.
b) etino.
c) propano.
d) etano.
e) metano.

**4.** (FUVEST – SP)

| Combustíveis de automóvel | |
|---|---|
| combustível 1 | álcool hidratado |
| combustível 2 | 78% de gasolina + 22% de álcool (em volume) |

Um automóvel com tanque furado foi deixado em uma concessionária para troca do tanque e abastecimento. O proprietário, ao retirar o veículo, ficou em dúvida quanto ao combustível (1 ou 2) colocado no tanque. Ao cheirar o combustível, continuou na mesma.

a) Com uma amostra do combustível do tanque, proponha uma maneira de resolver a dúvida.
b) Indique por meio de fórmulas químicas dois componentes de um combustível de automóvel.

**5.** (FUVEST – SP) A cidade de São Paulo produz 4 milhões de $m^3$ de esgoto por dia. O tratamento de 1 $m_3$ desse esgoto produz em média 0,070 $m^3$ de biogás, no qual 60% é metano. Usado com combustível de veículos 1 $m^3$ de metano equivale a 1 L de gasolina.

a) Quantos litros de gasolina seriam economizados diariamente se todo o esgoto de São Paulo fosse tratado para produzir metano?
b) Escreva a equação química que representa o aproveitamento do metano como combustível.

**6.** (FUVEST – SP)

| Composição, em volume, do gás de nafta | |
|---|---|
| hidrogênio | 45% |
| metano | 30% |
| dióxido de carbono | 20% |
| monóxido de carbono | 5% |

O gás de nafta distribuído na cidade de São Paulo está sendo gradativamente substituído pelo gás natural (100% metano). A substituição requer troca de queimadores dos fogões e aquecedores para que o fluxo de ar seja o adequado à combustão completa do gás natural.

a) Mostre por meio de equações químicas e relações volumétricas que a chama será fuliginosa, devido à combustão incompleta, se a troca dos queimadores não for feita. Neste caso, considere fluxos iguais para o gás de nafta e para o gás natural.
b) Qual é a contribuição do dióxido de carbono para o poder calorífico do gás de nafta?
c) Gás de nafta ou gás natural, qual é o mais tóxico? Justifique.

**7.** (FUVEST – SP) Frações do petróleo podem ser transformadas em outros produtos por meio de vários processos, entre quais:

I. craqueamento.
II. reforma catalítica (conversão de alcanos, cicloalcanos em compostos aromáticos).
III. isomerização.

Utilizando o hexano como composto de partida escreva uma equação química balanceada para cada um desses processos, usando fórmulas estruturais.

# Capítulo 6 — Nomenclatura de Cadeia Mista

## 1. Cicloalcanos, ciclanos ou cicloparafinas

São hidrocarbonetos cíclicos saturados, cuja fórmula é $C_nH_{2n}$. Sua nomenclatura segue as mesmas regras utilizadas para os alcanos, sendo precedida pela palavra **ciclo**.

a) **Ciclo com um único grupo orgânico:** não há necessidade de indicar a posição do grupo orgânico.

   **Exemplo:** metilciclobutano

b) **Ciclo com dois grupos orgânicos:** a numeração é feita em ordem alfabética.

   **Exemplo:** 1-etil-2-metilciclopentano

c) **Ciclo com três ou mais grupos orgânicos:** a numeração é feita em ordem alfabética desde que não seja desobedecida a regra dos menores números.

   **Exemplo:** 2-isopropil-1,1-dimetilciclobutano

## 2. Cicloalcenos, ciclenos ou ciclo-olefinas

São hidrocarbonetos cíclicos com uma dupla-ligação, cuja fórmula geral é $C_nH_{2n-2}$. A numeração começa pela dupla-ligação, isto é, um carbono da dupla é 1 e outro carbono da dupla é 2.

**Exemplos:**

1-metilciclopenteno

3-metilciclopenteno

## 3. Substituintes no benzeno

a) **benzeno com um grupo orgânico:** não há necessidade de indicar a posição do grupo orgânico.

   **Exemplo:** metilbenzeno ou tolueno — solvente e matéria-prima para fabricar TNT (trinitrotolueno)

b) **benzeno com dois grupos orgânicos:** quando há dois grupos orgânicos diferentes, a numeração é feita em ordem alfabética.

   **Exemplo:** 1-etil-3-metilbenzeno

Também podem ser usados os prefixos *orto* (diretamente), *meta* (depois de) e *para* (mais longe de).

| Prefixo | Posição dos grupos |
|---|---|
| orto | 1 e 2 |
| meta | 1 e 3 |
| para | 1 e 4 |

**Exemplos:**

 1,2-dimetilbenzeno
*orto*-dimetilbenzeno
o-xileno

 ortoetilmetilbenzeno

 1,3-dimetilbenzeno
*meta*-dimetilbenzeno
m-xileno

 metaetilmetilbenzeno

 1,4-dimetilbenzeno
*para*-dimetilbenzeno
p-xileno

 paraetilmetilbenzeno

## 4. Substituintes no naftaleno

A IUPAC recomenda a seguinte numeração.

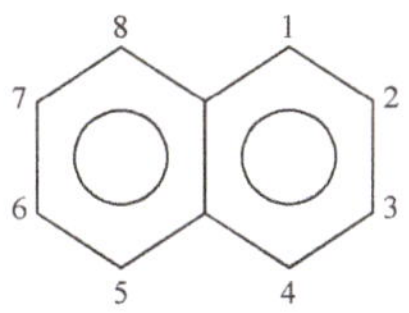

**Exemplos:**

 1-metilnaftaleno
α-metilnaftaleno (em desuso)

α: posições 1 ou 4 ou 5 ou 8.

 2-metilnaftaleno
β-metilnaftaleno

β: posições 2 ou 3 ou 6 ou 7.

## 5. Substituintes no benzenol

A numeração sempre começa no grupo OH.

 2-metilbenzenol
ortometilbenzenol
ortometilfenol

 3-metilbenzenol
metametilbenzenol
metametilfenol

 4-metilbenzenol
parametilbenzenol
parametilfenol

## Exercícios Série Prata

Dê nome aos seguintes compostos:

**1.** △—$CH_2—CH_2—CH_3$

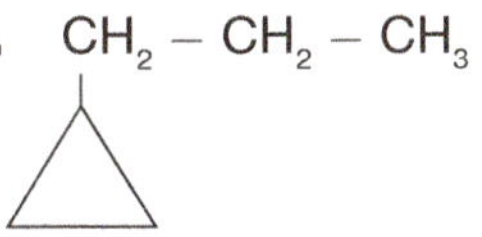

**2.** ⬡—$CH_2—CH_2—CH_3$

Cap. 6 | Nomenclatura de Cadeia Mista — **41**

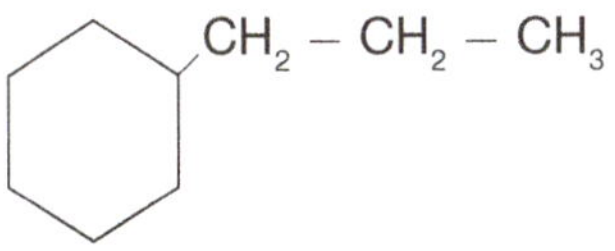

3. 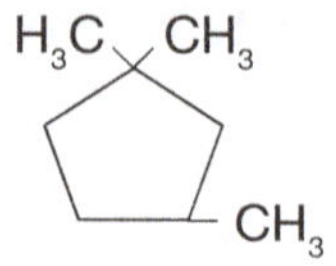 [estrutura: 1,1-dimetil-3-metilciclopentano]

4. 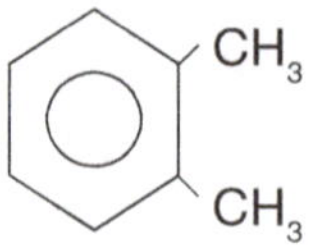 [estrutura: 1,2-dimetilbenzeno]

5. 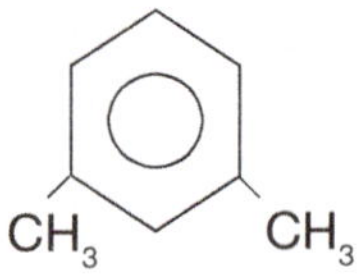 [estrutura: 1,3-dimetilbenzeno]

6. 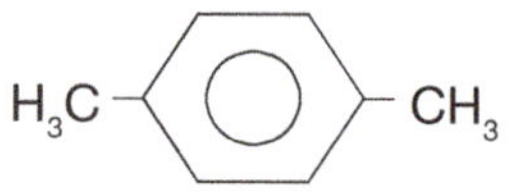 [estrutura: 1,4-dimetilbenzeno]

7. 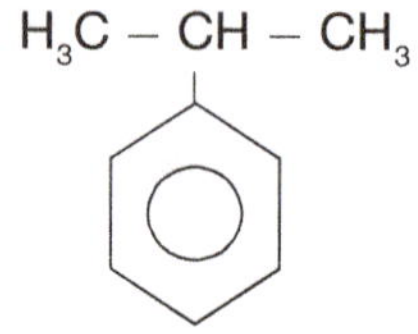 H₃C – CH – CH₃ ligado a benzeno (isopropilbenzeno)

8. 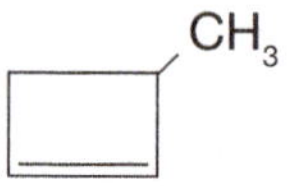 [estrutura: metilciclobuteno]

Escreva as fórmulas estruturais dos seguintes compostos:

9. etilciclopentano

10. isopropilbenzeno

## Exercícios Série Ouro

**1.** (FEI – SP) Antidetonantes são substâncias que elevam sensivelmente a octanagem da gasolina. Nas refinarias modernas, esses antidetonantes são obtidos no próprio craqueamento catalítico. Três exemplos desse processo são:

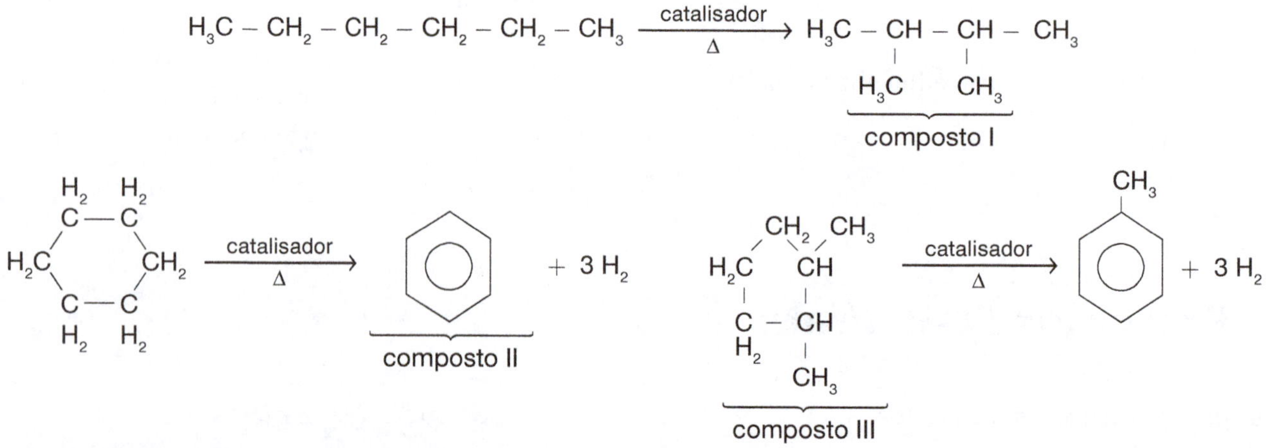

$$H_3C-CH_2-CH_2-CH_2-CH_2-CH_3 \xrightarrow[\Delta]{catalisador} H_3C-CH(CH_3)-CH(CH_3)-CH_3$$
composto I

[ciclohexano] $\xrightarrow[\Delta]{catalisador}$ [benzeno] + 3 H₂
composto II

[1,2-dimetilciclopentano] $\xrightarrow[\Delta]{catalisador}$ [tolueno] + 3 H₂
composto III

Os nomes oficiais dos compostos I, II e III são respectivamente:
a) 2-metilpentano; benzeno; benzeno.
b) 2,3-dimetilbutano, tolueno; 1,1-dimetilciclopentano.
c) 2,2-dimetilciclobutano; tolueno, benzeno.
d) 2,2-dimetilbutano; benzeno; 1,2-dimetilciclopenteno.
e) 2,3-dimetilbutano; benzeno; 1,2-dimetilciclopentano.

**2.** (UFS – SE) A fórmula estrutural do benzeno é

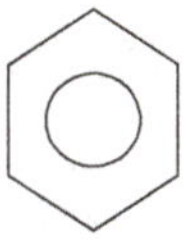

Sendo assim, quantos "trimetilbenzenos" com propriedades diferentes são possíveis?

a) 2
b) 3
c) 4
d) 5
e) 6

**4.** (UNESP) O petróleo, a matéria-prima da indústria petroquímica, consiste principalmente de hidrocarbonetos, compostos contendo apenas carbono e hidrogênio na sua constituição molecular. Considerando os hidrocarbonetos I, II, III e IV:

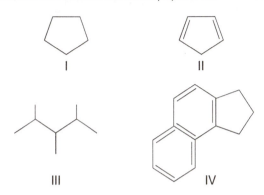

a) Dê as fórmulas moleculares de cada composto.
b) Rotule cada um dos compostos como alcano, alceno, alcino ou hidrocarboneto aromático.

**3.** (UEL – PR) Uma alternativa para os catalisadores de células a combustíveis são os polímeros condutores, que pertencem a uma classe de novos materiais com propriedades elétricas, magnéticas e ópticas. Esses polímeros são compostos formados por cadeias contendo ligações duplas conjugadas que permitem o fluxo de elétrons.

Assinale a alternativa na qual ambas as substâncias químicas apresentam ligações duplas conjugadas.

a) Propanodieno e metil-1,3-butadieno.
b) Propanodieno e ciclopenteno.
c) Ciclopenteno e metil-1,3-butadieno.
d) Benzeno e ciclopenteno.
e) Benzeno e metil-1,3-butadieno.

**Resolução:**

$H_2C = C = CH_2$   propadieno
2 duplas acumuladas

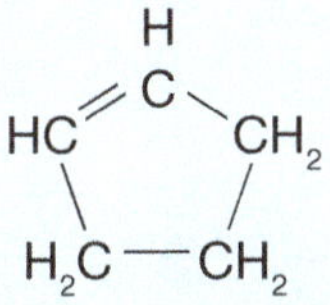

ciclopenteno
1 dupla

$H_2C = C - C = CH_2$ com $CH_3$ e $H$   duplas conjugadas

metil-1,3-butadieno

   duplas conjugadas

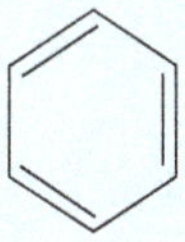

benzeno

**Resposta:** alternativa e.

# Capítulo 7 — Compostos Oxigenados

## 1. Álcoois

São compostos orgânicos que apresentam um ou mais grupo hidroxila ou oxidrila (OH) ligado a carbono saturado (simples ligações). O sufixo de um álcool é **ol**.

**Exemplos:**

$$H_3C-OH \qquad H_2C-CH_2 \qquad H_2C-CH-CH_2$$
$$\qquad\qquad\quad |\quad\;\; | \qquad\qquad |\quad\;\; |\quad\;\; |$$
$$\qquad\qquad\;\; OH\; OH \qquad\;\; OH\; OH\; OH$$

No caso de o álcool apresentar três ou mais átomos de carbono, deveremos indicar a posição do grupo – OH por número; para isso, contamos a cadeia carbônica a partir da extremidade mais próxima do grupo – OH.

$H_3C-OH$ { metanol (IUPAC) / álcool metílico } { tóxico; combustível (aviões a jato, carros de corrida); obtenção do formol; antifreezer }

$H_3C-CH_2-OH$ { etanol (IUPAC) / álcool etílico } { bebida alcoólica; combustível; solvente; desinfetante; obtenção do vinagre }

$$H_3C-CH_2-\underset{|}{\overset{OH}{C}}H_2$$
propan-1-ol
usual: álcool propílico

$$H_3C-\underset{|}{\overset{OH}{C}}H-CH_3$$
propan-2-ol
usual: álcool isopropílico

$$H_3C-CH_2-\underset{|}{\overset{OH}{C}}H-CH_3$$
butan-2-ol
usual: álcool s-butílico

$$H_2C-CH-CH_2$$
$$|\quad\;\; |\quad\;\; |$$
$$OH\; OH\; OH$$
propano-1,2,3-triol
usual: glicerina/glicerol

$$H_2C-CH_2$$
$$|\quad\;\; |$$
$$OH\; OH$$
etano-1,2-diol
usual: etilenoglicol (anticongelante)

$$\boxed{\overset{4}{H_3C}-\overset{3}{C}H-\overset{2}{C}H_2-\overset{1}{C}H_2OH}$$
$$\qquad\;\; |$$
$$\qquad CH_3$$
3-metil-butan-1-ol

$$\bigcirc-CH_2-OH$$
fenilmetanol
usual: álcool benzílico

### 1.1 Classificação dos álcoois

**Álcool primário:** grupo OH ligado a carbono primário.

$$H_3C-\overset{P}{C}H_2-OH \quad \text{etanol}$$

**Álcool secundário:** grupo OH ligado a carbono secundário.

$$H_3C-\underset{S}{\overset{OH}{\underset{|}{C}H}}-CH_3 \quad \text{propan-2-ol}$$

**Álcool terciário:** grupo OH ligado a carbono terciário.

$$H_3C-\underset{\underset{CH_3}{|}}{\overset{OH}{\underset{|}{\overset{T}{C}H}}}-CH_3 \quad \text{2-metilpropan-2-ol}$$

> **Enol:** composto orgânico que apresenta o grupo OH ligado em um carbono da dupla ligação.
>
> $$H_2C=\underset{|}{\overset{OH}{C}}H \quad \text{etenol}$$

## 2. Fenóis

Compostos orgânicos que apresentam o grupo OH ligado diretamente ao anel benzênico.

$\bigcirc-OH$ benzenol (hidroxibenzeno)

usual: fenol ou ácido fênico (desinfetante, polímeros)

$\bigcirc\overset{OH}{\underset{CH_3}{}}$ 2-metilbenzenol

usual: 2-metilfenol ou ortometilfenol

## 3. Aldeídos

São compostos orgânicos que apresentam o grupo $-C(=O)H$ ($-CHO$) na extremidade da cadeia. O sufixo de um aldeído é **al**.

Se houver ramificações, a numeração começa pelo grupo $-CHO$, que é chamado de formila ou aldoxila.

**Exemplos:**

$$H-CHO$$

IUPAC: metanal
usual: formol (conservação dos tecidos de animais)

$$H_3C-CHO$$

IUPAC: etanal
usual: acetaldeído

$$H_3\overset{4}{C}-\overset{3}{C}H-\overset{2}{C}H-\overset{1}{C}HO$$
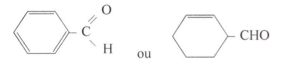

2,3-dimetilbutanal

Existe um aldeído muito importante, cujo nome não segue essas regras. É o benzaldeído, cuja fórmula estrutural aparece abaixo:

benzaldeído (odor de amêndoa)

## 4. Cetonas

São compostos orgânicos que apresentam o grupo carbonila, $C=O$, posicionado entre carbonos. O sufixo de uma cetona é **ona**.

Se houver ramificação, a numeração começa pela extremidade mais próxima do grupo $C=O$, que é chamado carbonila.

**Exemplos:**

$$H_3C-CO-CH_3$$

IUPAC: propanona
comercial: acetona (removedor do esmalte da unha)

$$H_3C-CO-CH_2-CH_3 \text{ ou } H_3C-CH_2-CO-CH_3$$

IUPAC: butanona
usual: cetona etílica e metílica ou etilmetilcetona

$$H_3C-CH_2-CH_2-CO-CH_3$$

pentan-2-ona
usual: cetona metílica e propílica ou metilpropilcetona

$$H_3\overset{1}{C}-\overset{2}{C}H-\overset{3}{C}(=O)-\overset{4}{C}H_2-\overset{5}{C}H_3$$
com $CH_3$ no carbono 2

2-metilpentan-3-ona
usual: cetona etílica e isopropílica ou etilisopropilcetona

## 5. Éteres

São compostos orgânicos que apresentam um átomo de oxigênio (heteroátomo) entre 2 grupos orgânicos iguais ou diferentes.

fórmula geral: $R-O-R$     R: grupo orgânico

**Exemplos:**

$$H_3C-O-CH_2-CH_3, H_3C-CH_2-O-CH_2-CH_3$$

### 5.1 Nomenclatura

Nomenclatura IUPAC
1. Usando a cadeia principal
   grupo orgânico menor: pref + oxi: metoxi, etoxi...
   grupo orgânico maior: nome de um hidrocarboneto
2. Usando nomes dos grupos orgânicos
   Nome dos grupos orgânicos colocando-os em ordem alfabética.

**Exemplos:**

$$H_3C-O-\boxed{CH_2-CH_3}$$

IUPAC: metoxietano (solvente, anestésico)
éter etílico e metílico ou éter etilmetílico

$$H_3C-CH_2-O-\boxed{CH_2-CH_3}$$

IUPAC: etoxietano (solvente, anestésico)
éter dietílico

$$H_3C-O-\boxed{C_6H_5}$$

Cap. 7 | Compostos Oxigenados

IUPAC: metoxibenzeno (solvente, anestésico)
éter fenílico e metílico ou éter fenil-metílico

$H_3C - O - \boxed{CH_2 - CH_2 - CH_3}$

IUPAC: 1-metoxipropano
éter metílico e propílico ou éter metil-propílico

$H_3C - O - \boxed{\begin{array}{c} CH - CH_3 \\ | \\ CH_3 \end{array}}$

IUPAC: 2-metoxipropano
éter isopropílico e metílico ou éter isopropilmetílico

## 6. Ácidos carboxílicos

São compostos orgânicos que apresentam o grupo

$-C\begin{array}{c}{=O} \\ {OH}\end{array}$ (–COOH) na extremidade da cadeia.

O sufixo de um ácido carboxílico é **oico**.

Se houver ramificação, a numeração começa a partir do grupo –COOH, que é chamado de **carboxila**.

**Exemplos:**

$H - C\begin{array}{c}{=O} \\ {OH}\end{array}$  ou  H – COOH

IUPAC: ácido metanoico (desinfetante)
usual: ácido fórmico (encontrado em certas formigas)

$H_3C - C\begin{array}{c}{=O} \\ {OH}\end{array}$  ou  $H_3C - COOH$

IUPAC: ácido etanoico
usual: ácido acético (vinagre)

$\begin{array}{c} O \\ \| \\ HO \end{array} C - C \begin{array}{c} O \\ \| \\ OH \end{array}$  ou  HOOC – COOH

IUPAC: ácido etanodioico
usual: ácido oxálico (tomate, espinafre, fixador de tintas)

[estrutura do ácido benzoico]

ácido benzoico (conservante de alimentos)

$H_3\overset{5}{C} - \overset{4}{C}H - \overset{3}{C}H_2 - \overset{2}{C}H_2 - \overset{1}{C}\begin{array}{c}{=O} \\ {OH}\end{array}$
$\phantom{H_3C - }|$
$\phantom{H_3C - }CH_3$

ácido 4-metilpentanoico

---

Assim como um ácido inorgânico, um ácido carboxílico pode ser neutralizado por uma base, produzindo um **sal de ácido carboxílico**.

$H_3C - C\begin{array}{c}{=O} \\ {OH}\end{array} + NaOH \longrightarrow H_3C - C\begin{array}{c}{=O} \\ {O^-Na^+}\end{array} + H_2O$

ácido etanoico          etanoato de sódio
(ácido acético)         (acetato de sódio)

---

## 7. Ésteres

São compostos orgânicos formados pela troca do hidrogênio presente na carboxila dos ácidos carboxílicos por um grupo orgânico.

Esquema

$H_3C - C\begin{array}{c}{=O} \\ {O - H}\end{array} \longrightarrow H_3C - C\begin{array}{c}{=O} \\ {O - CH_3}\end{array}$

ácido carboxílico                éster

Nome IUPAC: sufixo: **oato** até o grupo C = O
sufixo: **ila** para o grupo orgânico

Os principais flavorizantes (aromatizantes) artificiais são ésteres.

**Exemplos:**

$H_3C - C\begin{array}{c}{=O} \\ {O - CH_2 - CH_3}\end{array}$

etanoato de etila (IUPAC)
acetato de etila: flavorizante de maçã

$H_3C - (CH_2)_2 - C\begin{array}{c}{=O} \\ {O - (CH_2)_3 - CH_3}\end{array}$

butanoato de butila: flavorizante de abacaxi

$H_3C - C\begin{array}{c}{=O} \\ {O - (CH_2)_7 - CH_3}\end{array}$

etanoato de octila (IUPAC)
acetato de octila: flavorizante de laranja

# Exercícios Série Prata

**1.** Escreva as fórmulas estruturais simplificadas:
   a) butan-1-ol

   b) butan-2-ol

**2.** Escreva as fórmulas estruturais simplificadas:
   a) pentan-2-ona

   b) pentan-3-ona

**3.** Escreva as fórmulas estruturais simplificadas:
   a) ácido propanoico

   b) ácido butanoico

**4.** Escreva as fórmulas estruturais simplificadas:
   a) etanoato de etila

   b) butanoato de metila

**5.** Escreva as fórmulas estruturais simplificadas:
   a) metoximetano ou éter dimetílico

   b) etoxipropano ou éter etílico e propílico

**6.** Indique as funções orgânicas presentes nos compostos:

   a) (anel aromático com OH, OCH₃ e CHO)

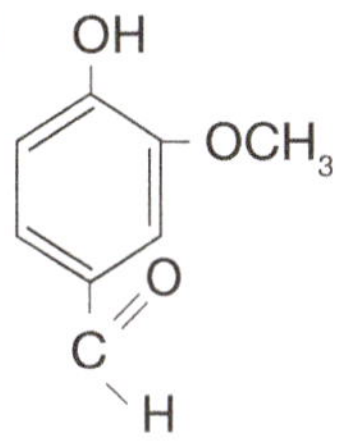

   b) (anel aromático com COOH e O–CO–CH₃)

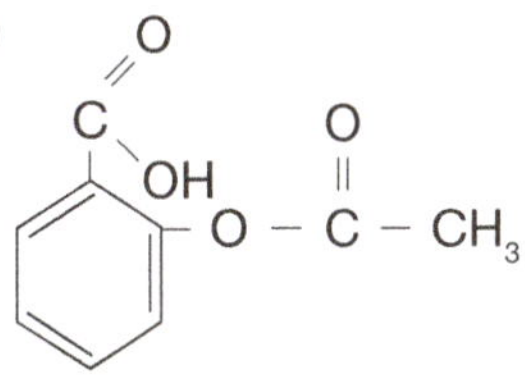

   c) (cadeia com C=O e OH)

Cap. 7 | Compostos Oxigenados

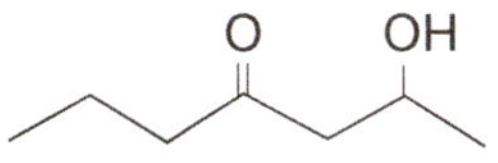

# Exercícios Série Ouro

**1.** (UFRGS – RS) O ortocresol, presente na creolina, resulta da substituição de um átomo de hidrogênio do hidroxibenzeno por um grupo metila. A fórmula molecular do ortocresol é:

a) $C_7H_8O$
b) $C_7H_9O$
c) $C_6H_7O$
d) $C_6H_8O$
e) $C_6H_9O$

**2.** (EEM – SP) Considere o composto de função mista:

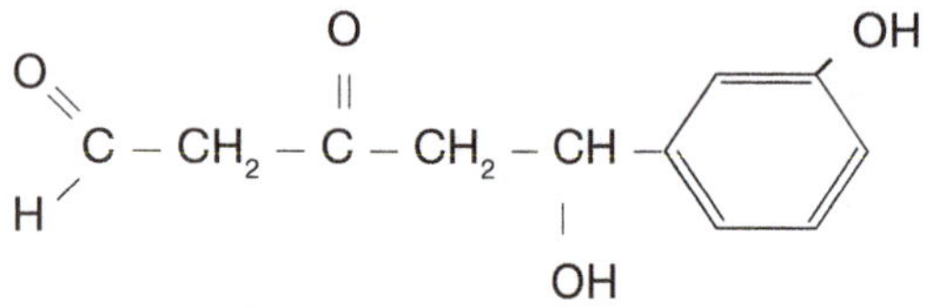

$$\underset{H}{\overset{O}{\diagdown}}C-CH_2-\overset{O}{\overset{\|}{C}}-CH_2-\underset{OH}{CH}-\text{(fenol com OH)}$$

e resolva:
a) Qual é a sua fórmula molecular?
b) Indique as funções presentes.

**3.** (PUC – MG) Considere o seguinte álcool:

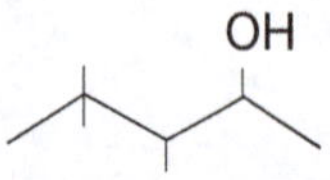

(estrutura com OH: 3-metil-2-butanol)

Dê o seu nome oficial e indique sua fórmula molecular.

**4.** (FUVEST – SP) Dentre as fórmulas abaixo, aquela que representa uma substância utilizada como combustível, dissolvente e componente de bebidas é:

a) 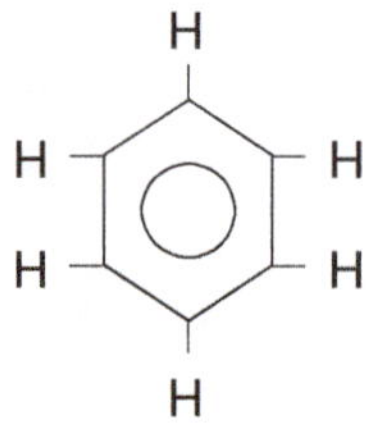 benzeno ($C_6H_6$)

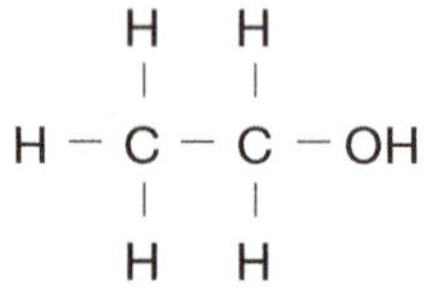

b) $H-\underset{H}{\overset{H}{C}}-\underset{H}{\overset{H}{C}}-OH$

c) $H-\underset{H}{\overset{H}{C}}-\underset{H}{\overset{H}{C}}-\overset{O}{\overset{\|}{C}}-OH$

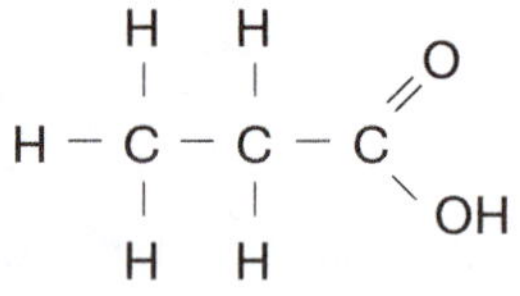

d) 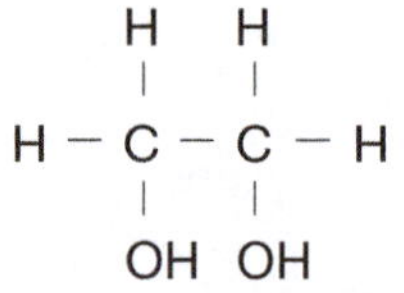 $H-\underset{OH}{\overset{H}{C}}-\underset{OH}{\overset{H}{C}}-H$

e) 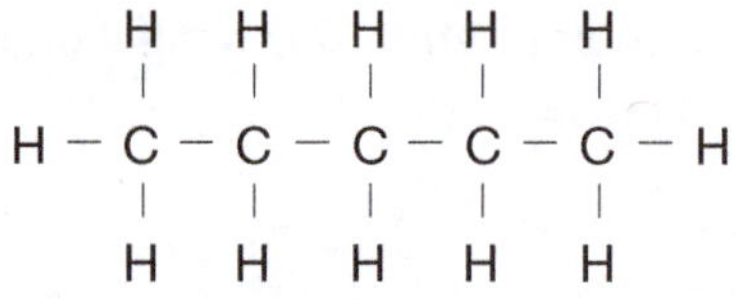 $H-\underset{H}{\overset{H}{C}}-\underset{H}{\overset{H}{C}}-\underset{H}{\overset{H}{C}}-\underset{H}{\overset{H}{C}}-\underset{H}{\overset{H}{C}}-H$

**5.** O nome, de acordo com a IUPAC, para a estrutura:

$$H_3C - CH_2 - CH - CH - CH_2 - OH$$
$$\phantom{H_3C - CH_2 - }| \phantom{- CH}|$$
$$\phantom{H_3C - CH_2 - }CH_3 \phantom{-}CH_3$$

é:

a) 2,3-dimetilpentan-1-ol.
b) 2,3-dimetilpentanol.
c) 2-metil-3-etil-1-butanol.
d) 2-metil-3-etilbutanona.
e) 2,3-dimetil-3-etil-1-propanol.

**6.** (PUC-Campinas – SP)

$$H - C \overset{O}{\underset{H}{\lessgtr}}$$

A função química e o nome oficial desse composto são, respectivamente:

a) ácido carboxílico e metanoico.
b) cetona e metanol.
c) álcool e metanol.
d) aldeído e metanal.
e) éter e metoximetano.

**7.** (UFPE) Relacione os compostos orgânicos listados na primeira coluna com as substâncias da segunda coluna:

1. $CH_3COOH$     formol
2. $CH_3COCH_3$     cachaça
3. HCHO     removedor de esmalte
4. $CH_3CH_2CH_2CH_3$     vinagre
5. $CH_3CH_2OH$     gás de cozinha

Lendo-se os números da segunda coluna, de cima para baixo, obtém-se:

a) 1, 5, 2, 4, 3
b) 4, 2, 3, 1, 5
c) 3, 4, 1, 5, 2
d) 3, 5, 2, 1, 4
e) 5, 2, 1, 3, 4

**8.** (UFO – MG) Assim "falou" a substância: "Sou líquida nas condições ambientes. Sou tóxica. Posso explodir com muita facilidade. Os corpos de minhas moléculas são formados por um átomo de oxigênio e seus braços são dois grupos etila". Qual substância poderia "falar" assim?

a) etanol
b) benzeno
c) etoxietano
d) butano
e) propanona

**9.** (UFLA – MG) A aspirina é um medicamento de uso relativamente corriqueiro que é comercializado há décadas. Pode-se afirmar que tal substância

a) contém um anel aromático, uma função aldeído e 8 átomos de hidrogênio.
b) possui uma função éster, uma função ácido carboxílico e um anel aromático.
c) é um ácido carboxílico aromático com tripla ligação.
d) apresenta 12 átomos de hidrogênio, uma função ácido carboxílico e um anel aromático na sua estrutura.
e) tem fórmula molecular $C_9H_8O_4$, um anel aromático e uma função cetona.

**10.** (ESAN – SP) O nome do composto a seguir, que pode ser usado para dar sabor "morango" a balas e refrescos, é:

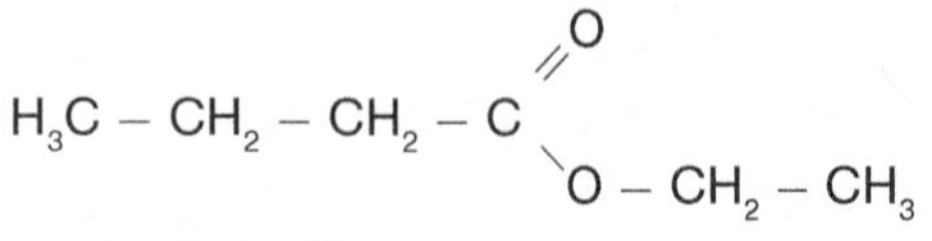

$$H_3C - CH_2 - CH_2 - C\underset{O - CH_2 - CH_3}{\overset{O}{\lessgtr}}$$

a) etanoato de butila
b) butanoato de etila
c) butanoato de metila
d) propanoato de metila
e) etanoato de magnésio

**11.** (UFV – MG) A azadiractina é um composto natural isolado de árvore indiana *Azadirachta indica* com potente atividade nematicida e antialimentar para insetos.

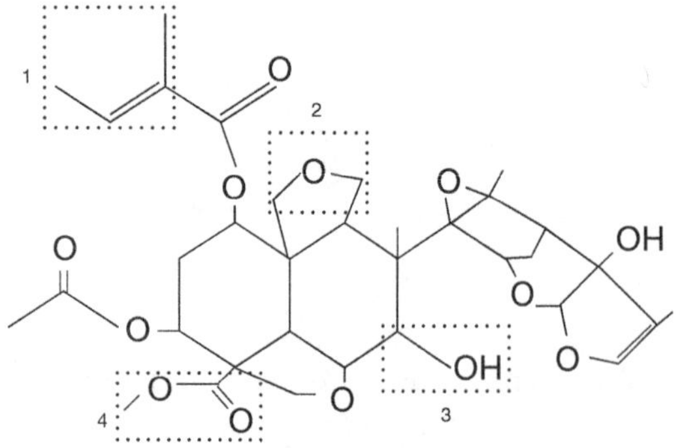

Azadiractina

As funções de 1 a 4 marcadas na estrutura de azadiractina são, respectivamente,

a) alqueno, álcool, éter, ácido carboxílico
b) alqueno, éster, álcool, ácido carboxílico
c) alqueno, éter, álcool, éster
d) dieno, cetona, fenol, éster
e) alquino, éter, fenol, cetona

**12.** (UFPE) Os cães conhecem seus donos pelo cheiro. Isso se deve ao fato de os seres humanos apresentarem, junto à pele, glândulas que produzem e liberam ácidos carboxílicos. A mistura desses ácidos varia de pessoa para pessoa, o que permite a animais de faro bem desenvolvido conseguir discriminá-la. Com o objetivo de testar tal discriminação, um pesquisador elaborou uma mistura de substâncias semelhante à produzida pelo dono de um cão.

Para isso, ele usou substâncias genericamente representadas por

a) RCHO
b) RCOOH
c) RCH$_2$OH
d) RCOOCH$_3$

**13.** (PUC – MG) O composto CH$_3$CH$_2$CH$_2$COOCH$_2$CH$_3$, usado na fabricação de doces, balas e refrescos, tem nome comum de essência de morango. Ele pertence à função:

a) ácido carbonílico.
b) aldeído.
c) álcool.
d) éster.
e) éter.

**14.** (OSEC – SP) Considere o composto:

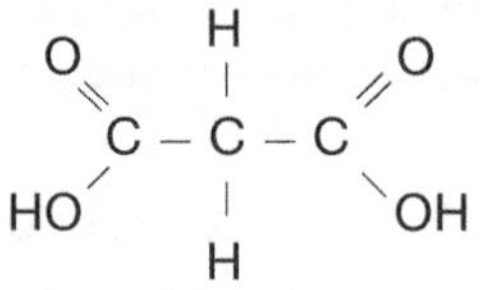

$$\underset{HO}{\overset{O}{\lessgtr}}C - \underset{H}{\overset{H}{|}}C - C\underset{OH}{\overset{O}{\lessgtr}}$$

Seu nome oficial deve ser:

a) diidroxipropanodiona.
b) diapropanal.
c) propanodial.
d) diácido propanoico.
e) ácido propanodioico.

**15.** (MACKENZIE – SP) As vagens da baunilha contêm vanilina, uma substância utilizada como aromatizante. De fórmula estrutural

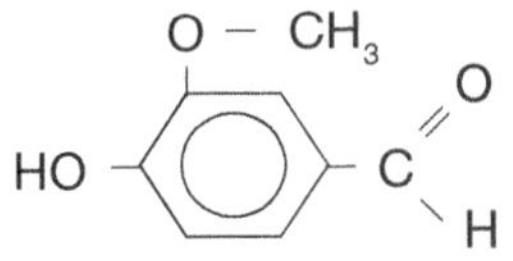

[estrutura: HO—C₆H₃(O—CH₃)—CHO]

a vanilina apresenta as seguintes funções orgânicas:

a) ácido carboxílico, aldeído e cetona
b) fenol, éster e aldeído
c) cetona, álcool e éter
d) cetona, aldeído e éster
e) fenol, éter e aldeído

**16.** (ITA – SP) Sabemos que o analgésico sintetizado por A. Bayer tem a fórmula estrutural mostrada abaixo:

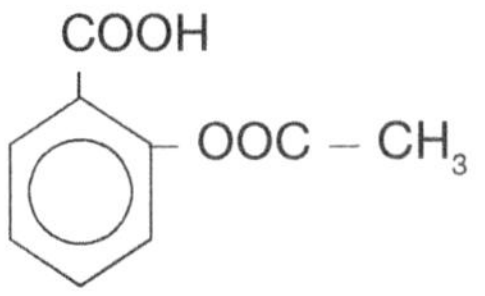

[estrutura: anel benzênico com COOH e OOC—CH₃]

Em relação à constituição deste composto, qual das opções abaixo contém a afirmação errada?

a) um grupo carboxila
b) um anel aromático e um grupo carboxila
c) um grupo éter e um anel aromático
d) um grupo éster e um grupo carboxila
e) um anel aromático, um grupo éster e um grupo carboxila

**17.** (FEI – SP) Substituindo os hidrogênios da molécula da água por 1 grupo fenil e 1 grupo metil, obtém-se:

a) cetona.
b) aldeído.
c) éster.
d) éter.
e) ácido carboxílico.

**18.** (UNIRIO – RJ) A seguir é apresentada uma reação química onde compostos de diferentes funções orgânicas tomam parte:

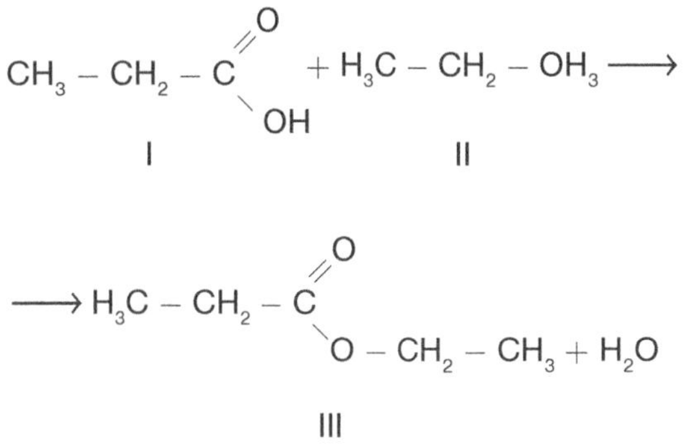

$$CH_3-CH_2-C(=O)OH + H_3C-CH_2-OH_3 \longrightarrow$$
$$\text{I} \qquad\qquad \text{II}$$

$$\longrightarrow H_3C-CH_2-C(=O)O-CH_2-CH_3 + H_2O$$
$$\text{III}$$

Indique as funções orgânicas dos compostos I, II e III.

**19.** (UNISANTOS – SP) A genfibrozila é uma droga utilizada para reduzir as concentrações plasmáticas de colesterol e triglicerídeos.

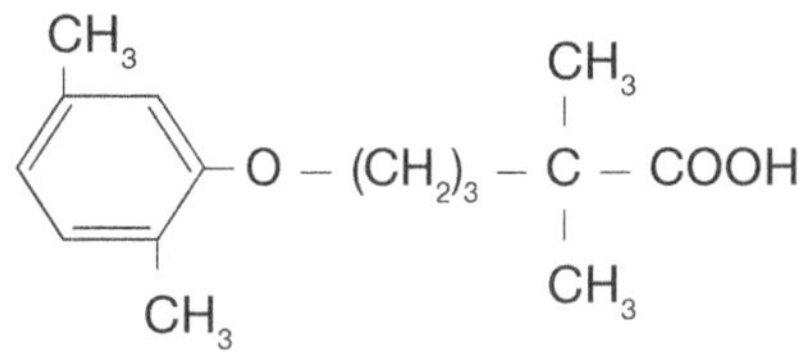

[estrutura da genfibrozila]

genfibrozila

Indique a alternativa que corresponde aos grupos funcionais do "genfibrozila":

a) éter e ácido carboxílico.
b) éter e aldeído.
c) fenol e aldeído.
d) fenol e ácido carboxílico.

**20.** (COVEST – PE) Relacione os tipos de substâncias orgânicas da coluna da esquerda com os compostos orgânicos contidos na coluna da direita:

(1) aldeído ( ) [ciclopentanona]

(2) álcool ( ) CH₃CH₂C(=O)OH

(3) ácido carboxílico ( ) CH₃CH₂CHCH₃ | OH

(4) éter ( ) [tetrahidropirano]

(5) cetona ( ) CH₃CH₂—CHO

A sequência correta, de cima para baixo, é:
a) 5, 3, 4, 1 e 2.
b) 1, 5, 2, 4 e 3.
c) 4, 5, 1, 2 e 3.
d) 1, 2, 5, 3 e 4.
e) 5, 3, 2, 4 e 1.

**21.** (UFPE) Quando uma garrafa de vinho é deixada aberta, o conteúdo vai se transformando em vinagre por uma oxidação bacteriana aeróbica representada por:

CH₃CH₂OH ⟶ CH₃CHO ⟶ CH₃COOH

O produto intermediário da transformação do álcool do vinho no ácido acético do vinagre é:
a) um éster.
b) uma cetona.
c) um éter.
d) um aldeído.
e) um fenol.

**22.** (FEI – SP) Dadas as fórmulas moleculares dos compostos I e II:

I. $C_3H_6O$   II. $C_3H_8O$

a) O composto I pode ser um ácido carboxílico e o composto II, um álcool.
b) O composto I pode ser uma cetona e o composto II pode ser um éter.
c) O composto II pode ser um ácido carboxílico e o composto I pode ser um álcool.
d) O composto II pode ser um aldeído e o composto I pode ser um ácido carboxílico.
e) O composto I pode ser um aldeído e o composto II pode ser um éster.

**23.** (UFPA) Observe as fórmulas, dadas a seguir, de quatro substâncias químicas:

CH₃ – O – CH₃
CH₃CHO
CH₃CH₂COCH₃
CH₃COOCH₃

Na ordem de cima para baixo, essas substâncias pertencem, respectivamente, às funções orgânicas:
a) éter, aldeído, cetona e éster.
b) éter, aldeído, éster e cetona.
c) éter, álcool, cetona e éster.
d) éster, ácido carboxílico, éter e cetona.
e) éster, álcool, éter e cetona.

**24.** (UNISINOS – RS) As fórmulas gerais R – O – R, R – CHO, R – COOH e R – COO – R correspondem, respectivamente, às funções:
a) éter, ácido carboxílico, aldeído e éter.
b) ácido carboxílico, éster, aldeído e éter.
c) éster, aldeído, ácido carboxílico e éter.
d) éter, aldeído, ácido carboxílico e cetona.
e) éter, aldeído, ácido carboxílico e éster.

**25.** (UFPI) Os aromas da banana e do abacaxi estão relacionados com as estruturas dos dois ésteres dados abaixo.

$$CH_3-C{\overset{O}{\underset{OCH_2CH_2CH_2CH_3}{\diagup}}}$$

aroma de banana

$$CH_3CH_2CH_2-C{\overset{O}{\underset{OCH_2CH_3}{\diagup}}}$$

aroma de abacaxi

Escolha a alternativa que apresenta os nomes sistemáticos das duas substâncias orgânicas:

a) Acetilpentanoato e etilbutanoato.
b) Etanoato de pentila e butanoato de etila.
c) Pentanoato de etila e etanoato de butila.
d) Pentanoato de acetila e etanoato de butanoíla.
e) Acetato de pentanoíla e butanoato de acetila.

**26.** (UFPI) Amburosídeo B (*Phytochemistry* 50, 71-74, 2000), cuja estrutura é dada abaixo, foi isolada de *Amburana cearensis* (Imburana-de-cheiro ou cumaru) na busca pelo princípio ativo responsável pela atividade antimalárica dessa substância. Escolha a alternativa que apresenta quatro funções orgânicas presentes no amburosídeo B.

a) Fenol, cetona, ácido carboxílico, álcool.
b) Cetona, éter, éster, álcool.
c) Cetona, éter, ácido carboxílico, álcool.
d) Fenol, éter, éster, álcool.
e) Fenol, cetona, éter, álcool.

**27.** (PUC – PR) A presença de certos grupos funcionais em alguns compostos é responsável pelas sensações ardente, adstringente e refrescante, também denominadas sabores, que sentimos quando ingerimos determinados alimentos. A estrutura a seguir refere-se ao gingerol, substância encontrada no gengibre, responsável pela sensação ardente, quando ingerido.

Qual das funções abaixo não está presente no gingerol?

a) álcool         d) éter
b) fenol          e) cetona
c) éster

**28.** (UEPA) Dadas as colunas I e II, faça a associação entre fórmulas e funções e marque a alternativa correta.

| Coluna I | Coluna II |
|---|---|
| 1. $CH_3-CH_2OH$ | a) aldeído |
| 2. $CH_3-CH_2-COOH$ | b) éter |
| 3. (ciclopentil)$-O-CH_3$ | c) álcool |
| 4. (fenil)$-CH_3$ | d) cetona |
|  | e) éster |
|  | f) hidrocarboneto |
|  | g) ácido carboxílico |
| 5. $CH_3-CH_2-C(=O)H$ |  |

a) 1-a, 2-b, 3-c, 4-f, 5-d
b) 1-a, 2-g, 3-d, 4-f, 5-b
c) 1-b, 2-e, 3-c, 4-f, 5-a
d) 1-c, 2-g, 3-b, 4-f, 5-a
e) 1-c, 2-a, 3-d, 4-e, 5-g

**29.** (UDESC) A testosterona é um hormônio sexual masculino, responsável, entre outras coisas, pelas alterações sofridas pelos rapazes na puberdade. Já a progesterona é um hormônio sexual feminino, indespensável à gravidez. Abaixo são representadas as respectivas estruturas:

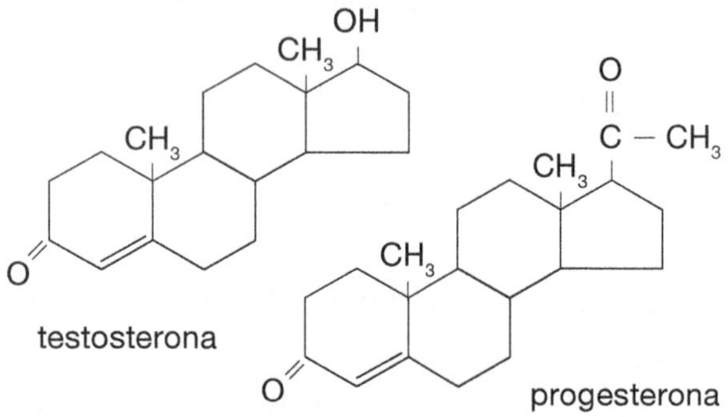

testosterona

progesterona

Assinale a alternativa que indica corretamente as funções orgânicas presentes nas duas substâncias acima.

a) Na testosterona temos a função fenol e cetona, e, na progesterona, a função cetona.
b) Na testosterona temos a função ácido e cetona, e, na progesterona, a função aldeído.
c) Na testosterona temos a função álcool e cetona, e, na progesterona, a função aldeído.
d) Na testosterona temos a função fenol e cetona, e, na progesterona, a função ácido.
e) Na testosterona temos a função álcool e cetona, e, na progesterona, a função cetona.

**30.** (UNISINOS – RS) O ácido fórmico, oficialmente conhecido como ácido metanoico, de fórmula bruta $CH_2O_2$, é o responsável pela irritação causada na pele humana, provocada pela picada das formigas. Qual das substâncias abaixo poderia ser aplicada na pele, a fim de atenuar esse efeito irritante?

a) $Mg(OH)_2$
b) $C_2H_5 - OH$
c) $NH_4Cl$
d) $H_3PO_4$
e) $H_2SO_4$

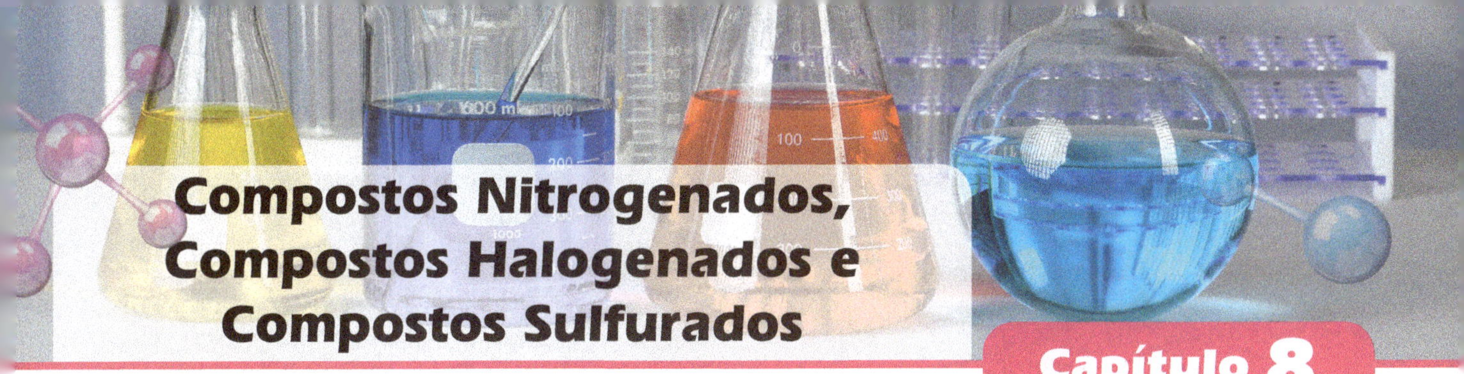

# Compostos Nitrogenados, Compostos Halogenados e Compostos Sulfurados

## Capítulo 8

### 1. Compostos nitrogenados

Os principais compostos orgânicos nitrogenados são: **aminas** e **amidas**.

#### 1.1 Aminas

As estruturas das aminas podem ser explicadas a partir da substituição de um ou mais hidrogênios da amônia ($NH_3$) por grupos orgânicos (R).

$R - NH_2$ = amina primária
$R - NH - R$ = amina secundária
$R - NR - R$ = amina terciária

##### 1.1.1 Nomenclatura IUPAC: nome do grupo + amina

**Exemplos:**

$H_3C - NH_2$: metilamina

$H_3C - CH_2 - NH_2$: etilamina

$H_3C - N(CH_3) - NH_2$: trimetilamina (odor de peixe podre)

Ph—$NH_2$: fenilamina (fabricação de corantes) / anilina (usual)

#### 1.2 Amidas

As estruturas das amidas podem ser explicadas pela substituição do OH do grupo carboxila ($-COOH$) por $NH_2$.

A fórmula geral de uma amida é: $R-C(=O)NH_2$ ou $R-CONH_2$   R = grupo orgânico

A nomenclatura IUPAC utiliza o **sufixo amida**.

**Exemplos:**

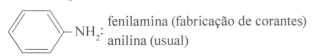

$H_3C-C(=O)NH_2$ : etanamida / acetamida

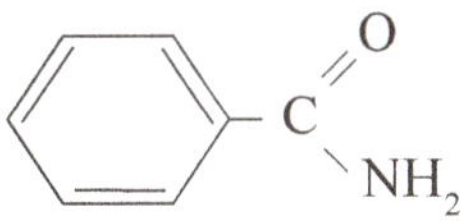

Ph—C(=O)$NH_2$ : benzamida

$H_3C-C(=O)N(H)CH_3$ : N-metiletanamida

#### 1.3 Outros compostos nitrogenados

As funções que serão vistas neste tópico serão mostradas com as respectivas reações químicas:

**Nitrila:** apresenta o grupo $-C\equiv N$
$H_3C-C\equiv N$   etanonitrilo
          cianeto de metila (usual)

**Nitrocomposto:** apresenta grupo $-NO_2$

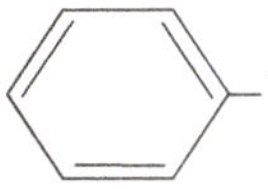

Ph—$NO_2$   nitrobenzeno

### 2. Compostos halogenados

#### 2.1 Conceito

Composto halogenado é um composto orgânico contendo ao menos um halogênio ($-F, -Cl, -Br, -I$).

**Exemplo:**

$CHCl_3$, $H_3C-CH(Br)-CH_3$, ciclopentil—F

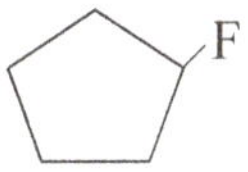

#### 2.2 Nomenclatura IUPAC

Nome do halogênio + nome do hidrocarboneto

**Exemplos:**

$CH_3Cl$: clorometano
      cloreto de metila (usual)

$CHCl_3$: triclorometano
      clorofórmio (usual)

$CCl_4$: tetraclorometano
      tetracloreto de carbono (usual)

H₃C – CH – CH₃ : 2-bromopropano
       |
       Br          brometo de isopropila

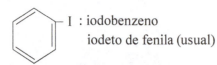 I : iodobenzeno
       iodeto de fenila (usual)

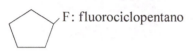 F : fluorociclopentano

CF₂Cl₂: diclorodifluorometano
freon-12 (destruição da camada de ozônio)

## 3. Compostos sulfurados

### 3.1 Tiol ou tioálcool ou mercaptana

Em química, a palavra **tio** indica **enxofre**. A estrutura é parecida com um álcool, com a diferença de que há um enxofre no lugar do oxigênio.

álcool — OH     tiol — SH

Os tióis têm odor muito desagradável e, por esse motivo, os mais simples são misturados, em pequena porcentagem, a gases comerciais inodoros (GLP), para denunciar vazamentos.

**Exemplos:**

H₃C – OH metanol          H₃C – SH metanotiol

H₃C – CH₂OH etanol        H₃C – CH₂SH etanotiol

### 3.2 Ácido sulfônico

Apresenta o grupo – SO₃H

**Exemplos:**

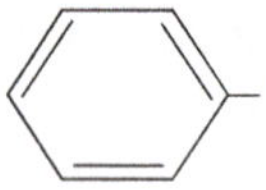

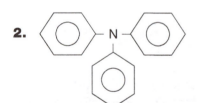– SO₂H: ácido benzenossulfônico

H₃C – SO₃H: ácido metanossulfônico

---

## Exercícios Série Prata

Complete com **primária**, **secundária** ou **terciária**.

**1.** H₃C – N – CH₃         amina _____
           |
           H

**2.** (C₆H₅)–N–(C₆H₅)
              |
              (C₆H₅)              amina _____

**3.** H₃C – NH₂              amina _____

Dê o nome das seguintes aminas.

**4.** CH₃NH₂

**5.** CH₃ – CH₂ – CH₂ – NH₂

**6.** 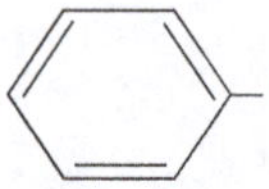 C₆H₅–NH₂

**7.** H₃C – N – CH₃
           |
           CH₃

**8.** H₃C – N – CH₂ – CH₃
           |
           H

Represente a fórmula estrutural de:

**9.** etilamina

**10.** anilina

**11.** isopropilamina

**12.** tercbutilamina

**13.** isobutilamina

Represente a fórmula estrutural de:
**14.** butanamida

**15.** benzamida

Dê o nome dos seguintes compostos:

**16.**

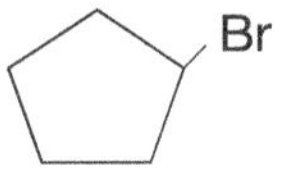

**17.** H₃C – Cl

**18.**

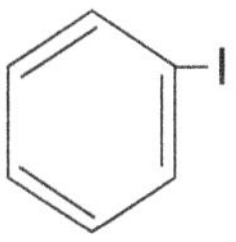

**19.** H₃C – CH₂ – CH₂ – Br

**20.** H₃C – CH – CH₃
              |
              I

**21.** (UNIP – SP) A fórmula do *para*-dinitro-benzeno é:

a)

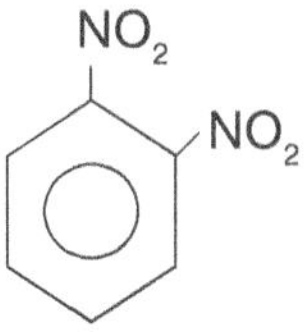

b) NH₂ / NH₂ (benzeno)

c) 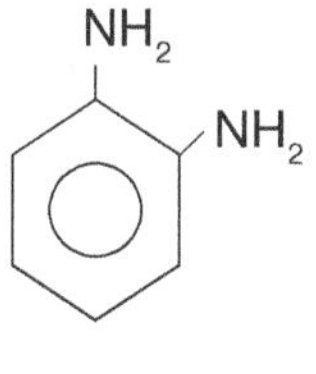 NH₂, NH₂ (benzeno orto)

d) NO₂, NO₂ (benzeno orto)

e) NO / NO (benzeno para)

**22.** (UEPA) A nomenclatura IUPAC dos compostos abaixo é:

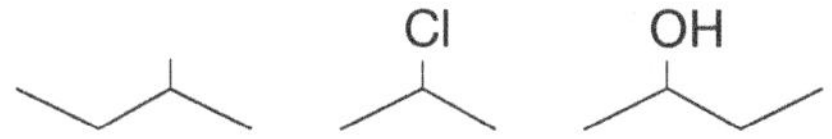

(estruturas: 2-metil-butano; 2-cloro-propano; butan-2-ol)

a) iso-pentano, 2-cloropropano, álcool sec-butílico.
b) 2-metil-butano, 2-cloro-propano, butan-2-ol.
c) iso-pentano, 2-cloro-propil, metil-propil-carbinol.
d) 2-metil-butano, cloreto de isopropila, 2-butanol.
e) iso-pentil, 2-cloro-propano, álcool butílico.

**23.** (PUC – RS) A adrenalina, substância secretada em nosso organismo em momentos de tensão, pode ser representada por

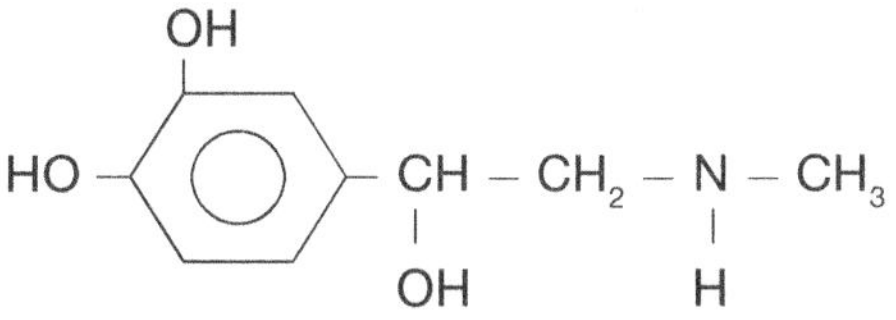

(estrutura da adrenalina)

As funções presentes na estrutura da adrenalina são:

a) fenol, aldeído e éter.
b) fenol, álcool e amina.
c) amida, álcool e éster.
d) álcool, ácido carboxílico e éter.
e) cetona, aldeído e enol.

**24.** (UNIP – SP) As fórmulas representadas abaixo correspondem às seguintes funções orgânicas, respectivamente:

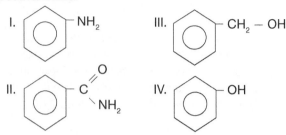

correspondem às seguintes funções orgânicas, respectivamente:

a) amina, amida, fenol e álcool.
b) amina, amida, álcool e fenol.
c) amida, amina, fenol e álcool.
d) amida, ácido carboxílico, álcool e álcool.
e) amina, aldeído, cetona e álcool.

**25.** (UFRJ) A adrenalina é um hormônio liberado na corrente sanguínea dos seres humanos, quando em situação de perigo iminente. Sua fórmula estrutural é:

Os grupos funcionais I, II e III são, respectivamente:

a) álcool, amida, álcool.
b) álcool, amina, álcool.
c) fenol, amina, álcool.
d) fenol, amida, álcool.
e) álcool, amina, fenol.

**26.** (MACKENZIE – SP) Alguns confeitos e balas contêm um flavorizante que dá sabor e aroma de uva, de fórmula estrutural

As funções químicas presentes nessa molécula são:

a) éster e amina.
b) ácido carboxílico e fenol.
c) éter e amina.
d) aldeído e éster.
e) éster e nitrocomposto.

**27.** (FATEC – SP) Ingerida pelas vias respiratórias, a nicotina chega ao sangue, que irriga todo o corpo, incluindo o cérebro. Na cabeça do fumante, essa toxina excita os neurônios, que produzem um estimulante chamado dopamina. Os neurônios lançam a dopamina no sistema nervoso central e criam uma sensação de prazer. A dependência nasce daí.

Veja na Sala de Aula. *In:* **Veja**, fev. 2000.

A fórmula molecular da nicotina e as funções químicas presentes na dopamina, cujas fórmulas estruturais aparecem abaixo, são, respectivamente:

nicotina            dopamina

a) $C_{10}H_{13}N_2$, fenol, amida.
b) $C_{10}H_{14}N_2$, fenol, amina.
c) $C_{10}H_{14}N$, álcool, amina.
d) $C_{10}H_{14}N_2$, álcool, amida.
e) $C_{10}H_{13}N_2$, álcool, fenol.

**28.** (MACKENZIE – SP) O nome da molécula

H₃C – CH – CH₂ – NH₂ é
      |
     CH₃

a) metil-3-aminopropano.
b) isobutilamina.
c) metilpropilamina.
d) t-butilamina.
e) anilina.

**29.** (UFAC)

| Coluna I | Coluna II |
|---|---|
| a) CH₃ – C(=O) – CH₃ | (?) propanal |
| b) CH₃ – CH₂ – C(=O) – OH | (?) propan-1-ol |
| c) CH₃ – CH₂ – CH₂ – OH | (?) propanamida |
| d) CH₃ – CH₂ – C(=O) – H | (?) propanoico |
| e) CH₃ – CH₂ – C(=O) – NH₂ | (?) propanona |

Preencher a coluna II
a) E, B, C, D, A.
b) A, B, C, D, E.
c) B, C, E, D, A.
d) D, C, E, B, A.
e) C, D, E, B, A.

**30.** (FECOLINAS – TO/FUNDEG – MG) Observando os compostos abaixo:

$CH_3 – CO – NH_2$;
$CH_3 – COO – CH_3$;
$CH_3 – CH_2 – OH$;
$CH_3 – CH_2 – CHO$

podemos afirmar que as funções presentes são:

a) amina; éster; álcool; aldeído.
b) amida; ácido carboxílico; álcool; aldeído.
c) amida; éter; álcool; aldeído.
d) amida; éster; álcool; aldeído.
e) amida; éster; álcool; anidrido.

# Exercícios Série Ouro

**1.** (FUVEST – SP) A contaminação por benzeno, clorobenzeno, trimetilbenzeno e outras substâncias utilizadas na indústria como solvente pode causar efeitos que vão da enxaqueca à leucemia. Conhecidos como compostos orgânicos voláteis, eles têm alto potencial nocivo e cancerígeno e, em determinados casos, efeito tóxico cumulativo.

*O Estado de S. Paulo*, 17 ago. 2001.

Pela leitura do texto é possível afirmar que

I. certos compostos aromáticos podem provocar leucemia.
II. existe um composto orgânico volátil com nove átomos de carbono.
III. solventes industriais não incluem compostos orgânicos halogenados.

Está correto apenas o que se afirma em

a) I.
b) II.
c) III.
d) I e II.
e) I e III.

**2.** (VUNESP) Escreva os nomes e as funções orgânicas das substâncias de fórmula:

a) 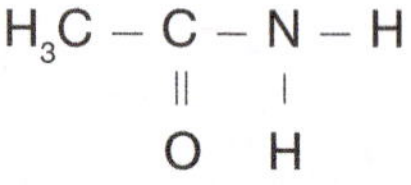 $H_3C - \underset{\underset{O}{\|}}{C} - \underset{\underset{H}{|}}{N} - H$

b) 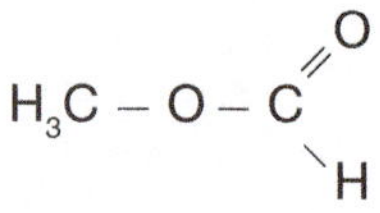 $H_3C - O - \underset{\underset{H}{}}{\overset{\overset{O}{\|}}{C}}$

**3.** (VUNESP) Escreva:
a) as fórmulas estruturais da amina terciária e do éster com o menor número possível de átomos de carbono;
b) os nomes dos compostos.

**4.** (VUNESP) Escreva a fórmula estrutural e o nome de:
a) um éster, com pelo menos quatro átomos de carbono na molécula;
b) uma amina secundária, com pelo menos quatro átomos de carbono na molécula.

**5.** (UNICAMP – SP) Considere o ácido acético e dois de seus derivados:

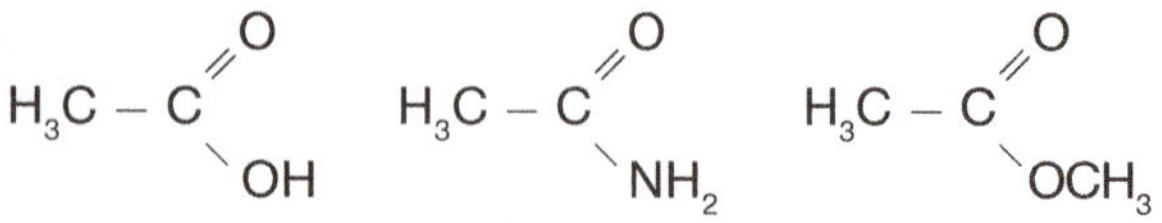

$H_3C - C \overset{O}{\underset{OH}{\diagdown}}$  $H_3C - C \overset{O}{\underset{NH_2}{\diagdown}}$  $H_3C - C \overset{O}{\underset{OCH_3}{\diagdown}}$

ácido acético   acetamida   acetato de metila

Sendo a fórmula do ácido benzoico:

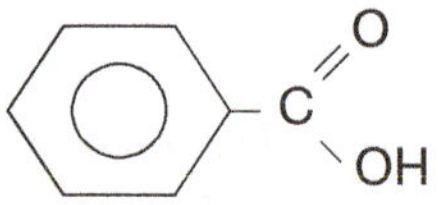

$C_6H_5 - C \overset{O}{\underset{OH}{\diagdown}}$

Escreva as fórmulas de benzamida e do benzoato de metila.

**6.** (ITA – SP) Em junho de 2006, foi noticiado que um caminhão transportando cilindros do composto t-butil mercaptana (2-metil-2-propanotiol) tombou na Marginal Pinheiros – cidade de São Paulo. Devido ao acidente, ocorreu o vazamento da substância. Quando adicionada ao gás de cozinha, tal substância fornece-lhe um odor desagradável. Assinale a opção que indica a fórmula molecular CORRETA desse composto.

a) $(CH_3)_3CNH_2$
b) $(CH_3)_3CSH$
c) $(CH_3)_3CNHCH_3$
d) $(CH_3)_3CCH_2NH_2$
e) $(CH_3)_3CSCH_2OH$

**7.** (UNIFESP) No final de junho de 2006, na capital paulistana, um acidente na avenida marginal ao rio Pinheiros causou um vazamento de gás, deixando a população preocupada. O forte odor do gás foi perceptível em vários bairros próximos ao local. Tratava-se da substância química butilmercaptana, que é um líquido inflamável e mais volátil que a água, utilizado para conferir odor ao gás liquefeito de petróleo (GLP). A substância tem como sinônimos químicos butanotiol e álcool tiobutílico. Sobre a butilmercaptana, são feitas as seguintes afirmações:

I. Apresenta massa molar igual a 90 g/mol.
II. Apresenta maior pressão de vapor do que a água, nas mesmas condições.
III. É menos densa que o ar, mas nas mesmas condições.

São corretas as afirmações contidas em

a) I, II e III.
b) I e II, apenas.
c) I e III, apenas.
d) II e III, apenas.
e) I, apenas.

**Dados:** massas molares em g/mol: C = 12, H = 1, S = 32.

**8.** (UESPI) O composto trinitrotolueno (TNT) é um explosivo usado para fins militares e em demolições. Nesse composto, o número de átomos de nitrogênio, hidrogênio e oxigênio por molécula é:

a) 3, 5 e 6
b) 3, 9 e 6
c) 3, 5 e 9
d) 3, 7 e 6
e) 3, 5 e 3

**Dado:** nome oficial: 2,4,6-trinitrometilbenzeno.

**9.** (UNESP) Durante a guerra do Vietnã (década de 60 do século passado), foi usado um composto chamado agente laranja (ou 2,4-D) que, atuando como desfolhante das árvores, impedia que os soldados vietnamitas (os vietcongues) se ocultassem nas florestas durante os ataques dos bombardeiros. Esse material continha uma impureza, resultante do processo de sua fabricação, altamente cancerígena, chamada dioxina. As fórmulas estruturais para estes compostos são apresentadas a seguir.

2,4-D

dioxina

Esses compostos apresentam em comum as funções:

a) amina e ácido carboxílico.
b) ácido carboxílico e amida.
c) éter e haleto orgânico.
d) cetona e aldeído.
e) haleto orgânico e amida.

**10.** (ENEM) Os pesticidas modernos são divididos em várias classes, entre as quais se destacam os organofosforados, materiais que apresentam efeito tóxico agudo para os seres humanos. Esses pesticidas contêm um átomo central de fósforo ao qual estão ligados outros átomos ou grupo de átomos como oxigênio, enxofre, grupos metoxi ou etoxi, ou um radical orgânico de cadeia longa. Os organofosforados são divididos em três subclasses: **Tipo A**, na qual o enxofre não se incorpora na molécula; **Tipo B**, na qual o oxigênio, que faz dupla-ligação com fósforo, é substituído pelo enxofre; e **Tipo C**, no qual dois oxigênios são substituídos por enxofre.

BAIRD, C. **Química Ambiental**.
Porto Alegre: Bookman.

Um exemplo de pesticida organofosforado Tipo B, que apresenta grupo etoxi em sua fórmula estrutural, está representado em:

a) 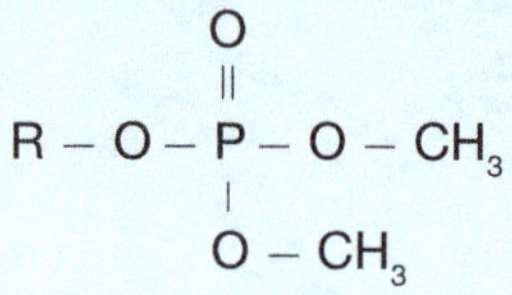 
$$R - O - \underset{\underset{O-CH_3}{|}}{\overset{\overset{O}{\|}}{P}} - O - CH_3$$

b) 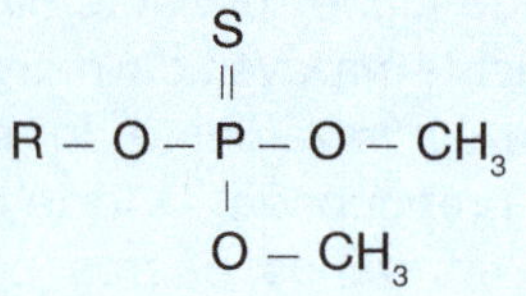 
$$R - O - \underset{\underset{O-CH_3}{|}}{\overset{\overset{S}{\|}}{P}} - O - CH_3$$

c) 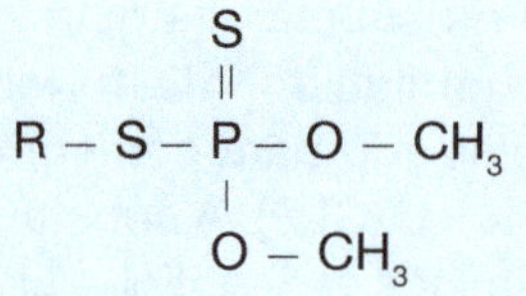 
$$R - S - \underset{\underset{O-CH_3}{|}}{\overset{\overset{S}{\|}}{P}} - O - CH_3$$

d) 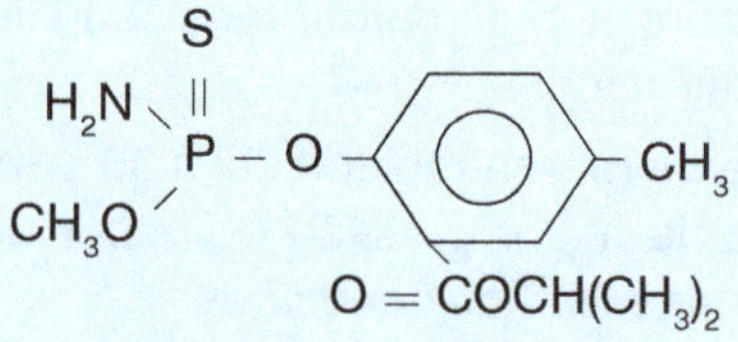 
$$\underset{CH_3O}{\overset{H_2N}{>}}\overset{\overset{S}{\|}}{P} - O - \underset{O=COCH(CH_3)_2}{C_6H_3} - CH_3$$

e) 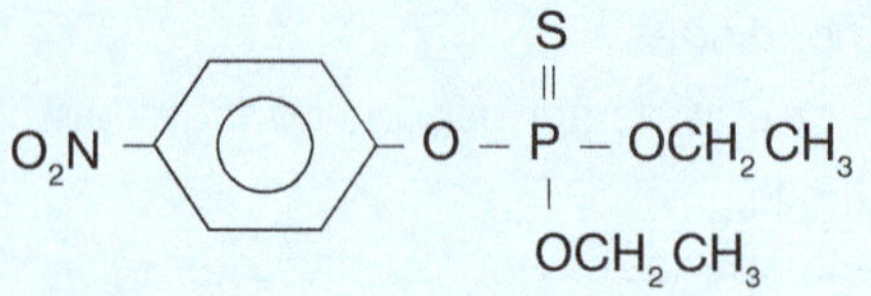 
$$O_2N - C_6H_4 - O - \underset{\underset{OCH_2CH_3}{|}}{\overset{\overset{S}{\|}}{P}} - OCH_2CH_3$$

**Resolução:**

O composto da alternativa e apresenta enxofre fazendo dupla-ligação com o fósforo e o grupo etoxi ($H_3C - CH_2 - O -$).

**Resposta:** alternativa e.

# Isomeria Plana ou Estrutural

**Capítulo 9**

## 1. Fórmula estrutural

Temos dois tipos:

**Fórmula estrutural plana:** mostra como os átomos estão ligados entre si numa molécula (não mostra o formato da molécula no espaço).

metano  
$$H - \underset{\underset{H}{|}}{\overset{\overset{H}{|}}{C}} - H \quad \text{fórmula estrutural plana}$$

**Fórmula estrutural espacial:** mostra como os átomos estão ligados entre si numa molécula e o formato da molécula no espaço.

metano — fórmula estrutural espacial molécula tetraédrica

## 2. Conceito de isômeros

São dois ou mais compostos diferentes que apresentam igual fórmula molecular e diferentes fórmulas estruturais.

**Exemplos:**

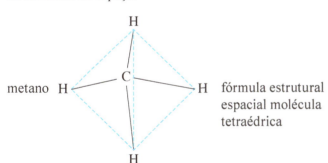

- $H_2C = CH - CH_3$ (propeno) e ciclopropano — isômeros: $C_3H_6$
- $H_3C - CH_2 - OH$ (etanol) e $H_3C - O - CH_3$ (metoximetano) — isômeros: $C_2H_6O$

Esses fenômenos foram chamados de **isomeria**.

## 3. Classificação dos isômeros

O estudo da isomeria será dividido em duas partes:
- **isômeros planos ou estruturais:** a diferença dos isômeros é facilmente observada na fórmula estrutural plana (capítulo 11).
- **isômeros espaciais ou estereoisômeros:** a diferença dos isômeros somente é observada na fórmula estrutural espacial (capítulos 12 e 13).

## 4. Classificando os isômeros planos

### 4.1 Isômeros de função: os isômeros têm funções diferentes

**Exemplos:**

- $H_3C - CH_2 - \underset{\underset{H}{}}{C}\overset{\overset{O}{\diagup\!\!\diagdown}}{}$ propanal (aldeído) $C_3H_6O$
  
  $H_3C - \overset{\overset{O}{\|}}{C} - CH_3$ propanona (cetona) $C_3H_6O$

- $H_3C - CH_2 - C\overset{\diagup\!\!\!O}{\diagdown OH}$ ácido propanoico $C_3H_6O_2$
  
  $H_3C - \overset{\diagup\!\!\!O}{C} - O - CH_3$ etanoato de metila (éster) $C_3H_6O_2$

- $H_3C - CH_2 - OH$ etanol (álcool) $C_2H_6O$
  
  $H_3C - O - CH_3$ metoximetano (éter) $C_2H_6O$

- 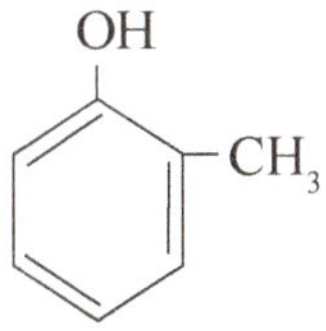 fenol $C_7H_8O$ 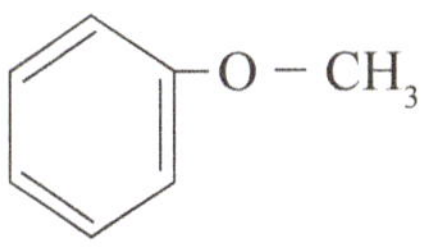 ; éter $C_7H_8O$

(C₆H₅)—CH₂—OH
álcool
$C_7H_8O$

## 4.2 Isômeros de cadeia

Os isômeros pertencem à mesma função, porém apresentam cadeias diferentes.

**Exemplos:**

- $H_3C - CH_2 - CH = CH_2$
  but-1-eno
  (aberta)
  $C_4H_8$

  $H_2C - CH_2$
  $|\qquad\quad|$
  $H_2C - CH_2$
  ciclobutano
  (fechada)
  $C_4H_8$

- $H_3C - CH_2 - CH_2 - CH_3$
  butano (normal)
  $C_4H_{10}$

  $H_3C - CH - CH_3$
  $\qquad\quad|$
  $\qquad\;\;CH_3$
  2-metilpropano
  (ramificada)
  $C_4H_{10}$

- $H_3C - CH_2 - CH_2 - NH_2$
  propilamina (homogênea)
  $C_3H_9N$

  $\qquad\;\;H$
  $\qquad\;\;|$
  $H_3C - N - CH_2 - CH_3$
  etilmetilamina (heterogênea)
  $C_3H_9N$

## 4.3 Isômeros de posição

Os isômeros pertencem à mesma função e têm o mesmo tipo de cadeia, mas apresentam diferença na posição de um grupo funcional, de uma ramificação ou de uma insaturação.

**Exemplos:**

- $\quad\;\;\;OH$
  $\quad\;\;\;|$
  $H_3C - CH - CH_3$
  propan-2-ol (OH está no C2)
  $C_3H_8O$

  $\qquad\qquad OH$
  $\qquad\qquad |$
  $H_3C - CH_2 - CH_2$
  propan-1-ol (OH está no C1)
  $C_3H_8O$

- $H_2C = CH - CH_2 - CH_3$
  but-1-eno
  dupla entre C1 e C2
  $C_4H_8$

  $H_3C - CH = CH - CH_3$
  but-2-eno
  dupla entre C2 e C3
  $C_4H_8$

- $H_3C - CH - CH_2 - CH_2 - CH_3$
  $\qquad\quad|$
  $\qquad\;\;CH_3$
  2-metilpentano ramificação no C2
  $C_6H_{14}$

  $H_3C - CH_2 - CH - CH_2 - CH_3$
  $\qquad\qquad\quad|$
  $\qquad\qquad\;CH_3$
  3-metilpentano ramificação no C3
  $C_6H_{14}$

## 4.4 Isômeros de compensação ou metâmeros

Os isômeros pertencem à mesma função e apresentam o mesmo tipo de cadeia, mas apresentam diferença na posição de um heteroátomo.

**Exemplos:**

- $H_3C - O - CH_2 - CH_2 - CH_3$
  metoxipropano (O está entre o C1 e C2)
  $C_4H_{10}O$

  $H_3C - CH_2 - O - CH_2 - CH_3$
  etoxietano (O está entre o C2 e C3)
  $C_4H_{10}O$

- $\qquad\;\;O$
  $\qquad\;\;||$
  $H - C - O - CH_2 - CH_2 - CH_3$
  metanoato de propila
  1C O 2C
  $C_4H_8O_2$

  $\qquad\qquad O$
  $\qquad\qquad ||$
  $H_3C - C - O - CH_2 - CH_3$
  etanoato de etila
  2C O 3C
  $C_4H_8O_2$

## 4.5 Tautômeros ou dinâmicos

Os isômeros têm funções diferentes, porém estão em equilíbrio devido à migração do H e da dupla-ligação. Temos dois casos importantes.

- **Equilíbrio aldo-enólico**

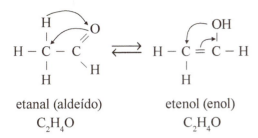

etanal (aldeído) $C_2H_4O$   etenol (enol) $C_2H_4O$

No estado líquido ou em solução aquosa, existindo o aldeído, haverá o enol correspondente.

- **Equilíbrio ceto-enólico**

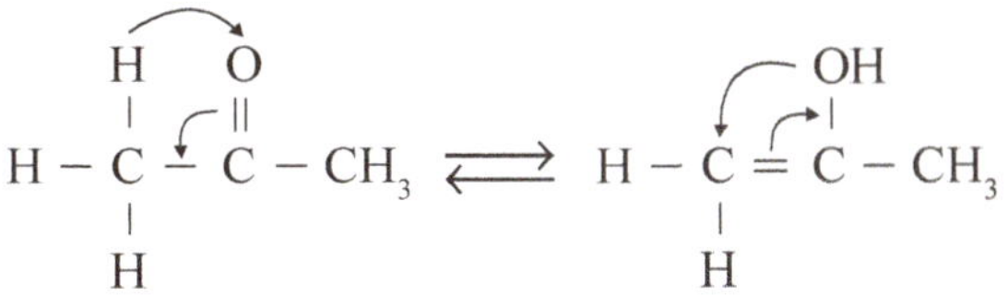

propanona (cetona) $C_3H_6O$   prop-1-en-2-ol (enol) $C_3H_6O$

No estado líquido ou em solução aquosa, existindo a cetona, haverá também o enol correspondente.

**Nota:** enol é composto orgânico que apresenta o grupo OH ligado em um carbono da dupla-ligação.

$$H_2C = CH - OH$$
etenol

**Observação:** nesses equilíbiros, a concentração de aldeído ou da cetona é maior do que a do enol, portanto, no equilíbrio predomina aldeído ou cetona.

**Comentário Final**

Pelos exemplos citados podemos deduzir que os isômeros planos sempre apresentam **propriedades físicas diferentes** (ponto de fusão, ponto de ebulição, densidade etc.) e **propriedades químicas semelhantes** ou **diferentes**.

## Exercícios Série Prata

Decida se cada par de estruturas mostradas a seguir representa ou não isômeros:

**1.** $CH_3 - CH(CH_3) - CH_3$ e $H_3C - CH_2 - CH_2 - CH_3$

**2.** $H_3C - CH_2 - CH_3$ e $H_2C(CH_3) - CH_3$

**3.** ciclopropano ($H_2C - CH_2 - CH_2$ em anel) e $H_2C = CH - CH_3$

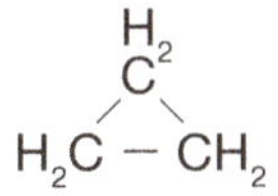

**4.** $H_3C - CH = CH - CH_3$ e $H_2C = CH - CH_2 - CH_3$

**5.** $H_3C - CH = CH_2$ e $H_2C = CH - CH_3$

**6.** $H_2C(Cl) - CH_2 - CH_3$ e $H_3C - CH(Cl) - CH_3$

**7.** $H_3C - CH(CH_3) - CH_3$ e $H_3C - CH(CH_3) - CH_3$

**8.** $H_3C - CH(CH_3) - CH_3$ e ciclobutano ($H_2C - CH_2 - CH_2 - CH_2$ em anel)

**9.** 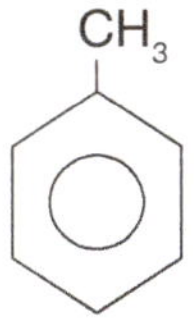 metilbenzeno (CH₃ na posição 1) e metilbenzeno (CH₃ na posição 4)

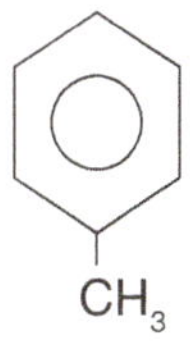

**10.** (MACKENZIE – SP) Entre os compostos

$$H_3C - CH_2 - CH_2 - CH_2 - NH_2$$
e
$$H_3C - CH_2 - CH(NH_2) - CH_3$$

ocorre isomeria de:

a) metameria.
b) posição.
c) função.
d) cadeia.
e) tautomeria.

**11.** (MACKENZIE – SP) Dentre os compostos formulados, os que apresentam isomeria de função são:

a) 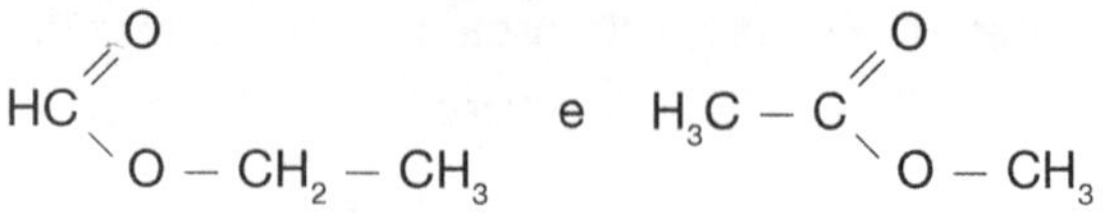 HC(=O)–O–CH₂–CH₃   e   H₃C–C(=O)–O–CH₃

b) H₂C=CH–CH₂–CH₂–CH₃
e
H₂C=CH–CH–CH₃
          |
         CH₃

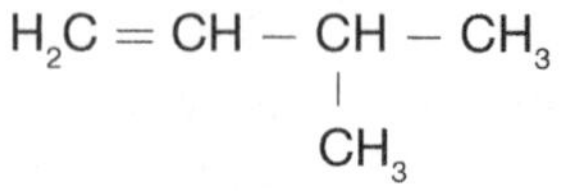

c)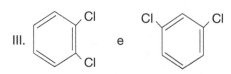

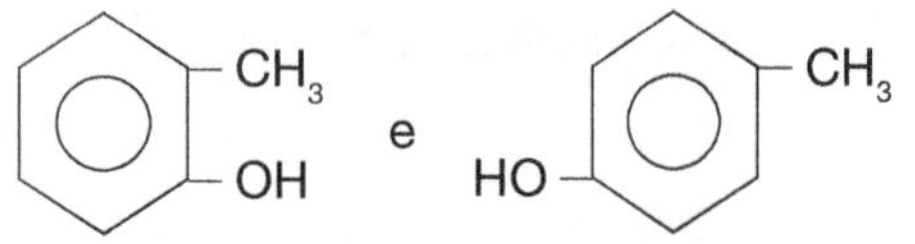

d) H₂C=CH–CH₃   e   HC≡C–CH₃

e) H₃C–O–CH₃   e   H₃C–CH₂–OH

**12.** (UFMA) Os seguintes compostos apresentam:

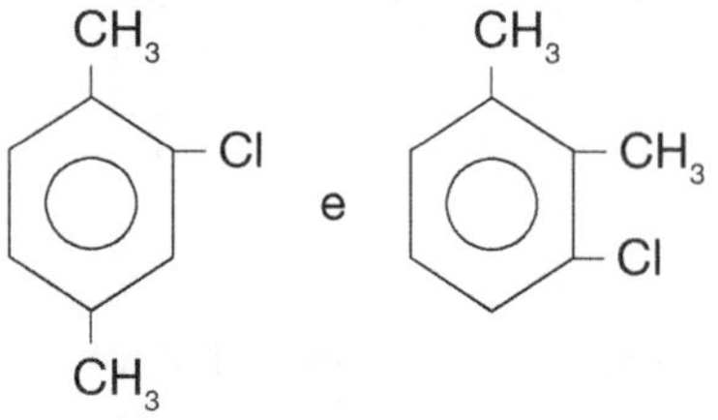

apresentam:
a) isomeria de compensação.
b) isomeria de cadeia.
c) isomeria funcional.
d) isomeria de posição.
e) tautomeria.

---

**13.** (UFES) Associe os pares de compostos da coluna à esquerda com o tipo de isomeria existente entre eles, na coluna à direita.

I. CH₃–S–CH₂–CH₂–CH₃
   e CH₃–CH₂–S–CH₂–CH₃

II. (ciclopenteno) e CH₃–CH₂–CH₂–C≡CH

III. (diclorobenzeno orto) e (diclorobenzeno meta)

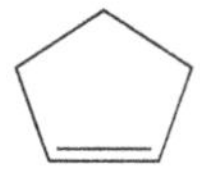

IV. (ciclobutanol) e (tetrahidrofurano)

1. Isomeria de função
2. Isomeria de compensação
3. Isomeria de cadeia
4. Isomeria de posição.

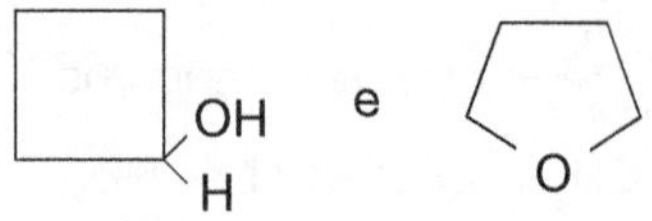

A alternativa que apresenta uma associação correta é:

a) I – 3; II – 2; III – 4; IV – 1.
b) I – 3; II – 2; III – 1; IV – 4.
c) I – 2; II – 3; III – I; IV – 4.
d) I – 2; II – 3; III – 4; IV – 1.
e) I –1; II – 2; III – 3; IV – 4.

**14.** (MACKENZIE – SP) O etanoato de etila, que tem odor e sabor de maçã, pode ser obtido pela reação entre ácido etanoico e etanol.

A fórmula estrutural plana do isômero de função do etanoato de etila, que apresenta cadeia carbônica ramificada, é:

a) 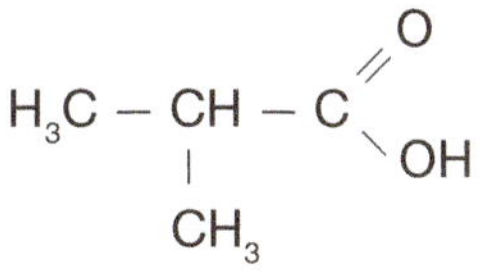 $H_3C - CH(CH_3) - C(=O)OH$

b) 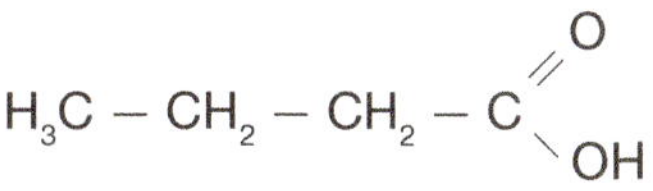 $H_3C - CH_2 - CH_2 - C(=O)OH$

c) $H_3C - CH_2 - CH_2 - CH_2 - OH$

d) 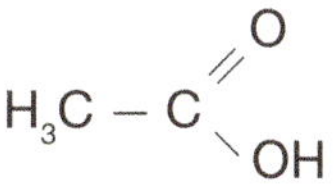 $H_3C - C(=O)OH$

e) 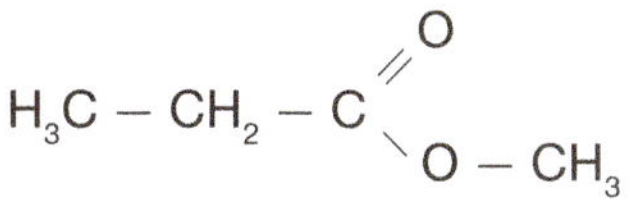 $H_3C - CH_2 - C(=O)O - CH_3$

**15.** (FUVEST – SP) A substância A, na presença de luz solar, transforma-se na substância B, que, por sua vez no escuro, se transforma em A.

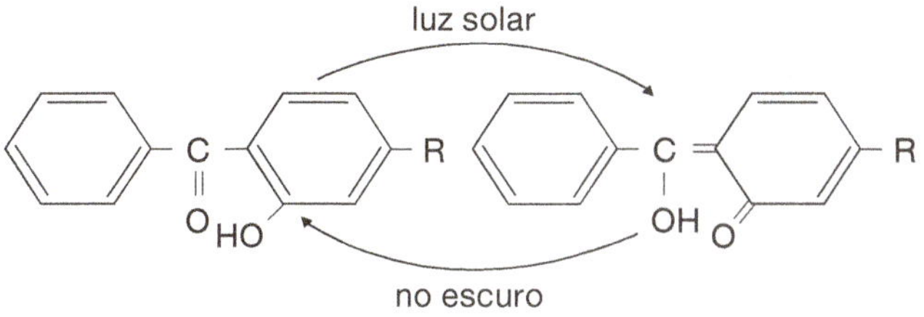

Que tipo de isomeria ocorre nesse caso?

**16.** Escreva as fórmulas estruturais planas dos três alcanos de fórmula molecular $C_5H_{12}$.

**17.** Escreva as fórmulas estruturais planas de quatro álcoois e de três éteres cuja fórmula molecular é $C_4H_{10}O$.

**18.** (MACKENZIE – SP)

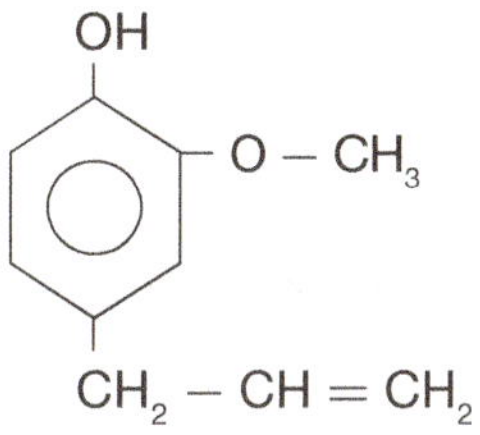

(I – óleo de cravo): fenol com $O-CH_3$ e $CH_2-CH=CH_2$ no anel
(II – canela): benzeno com $CH=CH-CHO$
(III – óleo de rosas): benzeno com $CH_2-CH_2-OH$
(IV – fragância flor de laranjeira): benzeno com $CH_2-COOH$

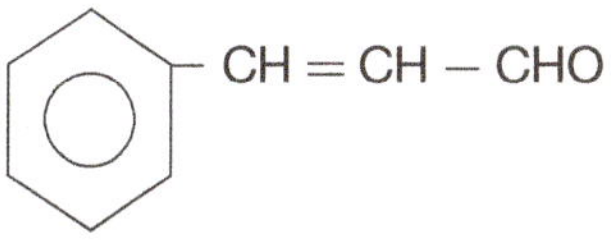

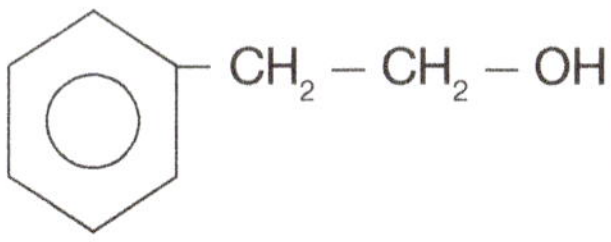

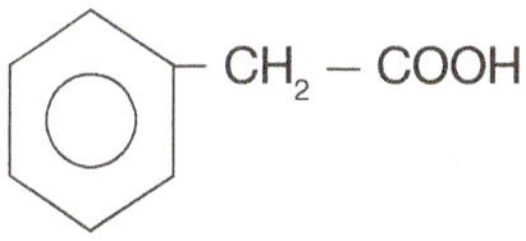

As fragrâncias características dos perfumes podem ser obtidas a partir de fontes naturais, como óleos essenciais extraídos de plantas, flores e animais ou por processos sintéticos. Dos quatro componentes de óleos essenciais, cujas fórmulas estão acima, é correto afirmar que:

a) as substâncias III e IV apresentam, entre si, isomeria de função.
b) as substâncias II e III são álcoois.
c) as quatro substâncias possuem cadeias carbônicas saturadas.
d) duas das substâncias são ácidos carboxílicos.
e) cada uma das substâncias possui grupo funcional oxigenado diferente do apresentado nas outras substâncias.

**19.** (FUVEST – SP) O composto A, por aquecimento, transforma-se no seu isômero B.

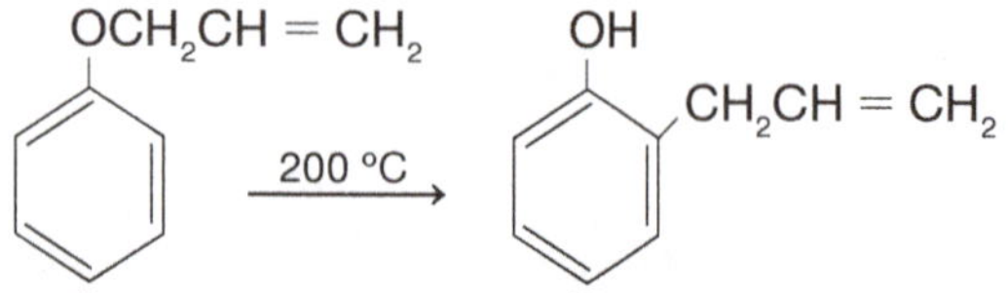

[Estrutura: A = fenil-O-CH₂CH=CH₂ (alil fenil éter); B = 2-alilfenol (OH e CH₂CH=CH₂ no anel), reação a 200 °C]

Nesse aquecimento um:

a) éter transforma-se em fenol.
b) éter transforma-se em outro éter.
c) éter transforma-se em éster.
d) fenol transforma-se em éster.
e) fenol transforma-se em álcool.

## Exercícios Série Ouro

**1.** (FUVEST – SP) Deseja-se saber se três hidrocarbonetos saturados, I, II e III, são isômeros entre si. Para tal amostras desses hidrocarbonetos foram analisadas, determinando-se as quantidades de carbono e de hidrogênio presente em cada uma delas. Os resultados obtidos foram os seguintes:

| Hidrocarbonetos | Massa da amostra/g | Massa de C/g | Massa de H/g |
|---|---|---|---|
| I | 0,200 | 0,168 | 0,032 |
| II | 0,300 | 0,252 | 0,048 |
| III | 0,600 | 0,491 | 0,109 |

com base nesses resultados, pode-se afirmar que:

a) I não é isômero de II e nem de III.
b) I é isômero apenas de II.
c) I é isômero apenas de III.
d) II é isômero apenas de III.
e) I é isômero de II e III.

**2.** (FUVEST – SP) Quantos compostos diferentes estão representados pelas seguintes fórmulas estruturais?

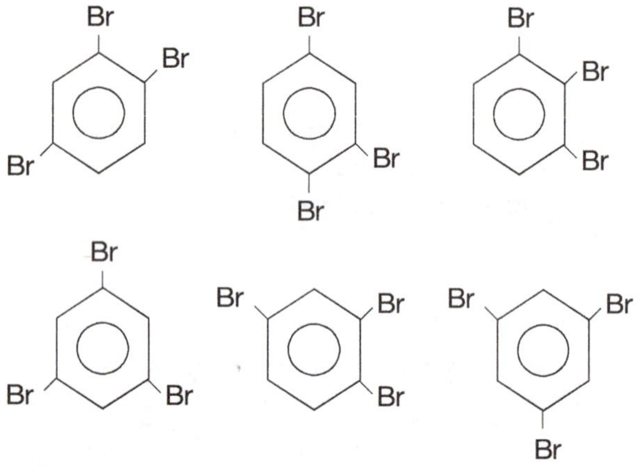

[Seis estruturas de benzeno tribromado]

a) 6
b) 5
c) 4
d) 3
e) 2

3. (UNESP) A fórmula simplificada ⬠ representa um hidrocarboneto saturado.
   a) Escreva a fórmula estrutural do hidrocarboneto e dê seu nome oficial.
   b) Escreva a fórmula estrutural e dê o nome de um hidrocarboneto de cadeia normal, isômero do hidrocarboneto dado.
   b) Dentre as fórmulas do item a, assinale aquela que poderia ser considerada um palíndromo.
   c) De acordo com a nomenclatura química, podem-se dar dois nomes para o isômero do item b. Quais são esses nomes?

4. (PUC – SP) São conhecidas algumas substâncias com a fórmula $C_3H_8O$. Analisando o total de isômeros de fórmula $C_3H_8O$ encontramos
   a) um éster e dois ácidos carboxílicos.
   b) duas cetonas e dois aldeídos.
   c) uma cetona e um aldeído.
   d) dois éteres e três álcoois.
   e) um éter e dois álcoois.

   **Resolução:**

   Os isômeros de fórmula $C_3H_8O$ são:

   $H_2C-CH_2-CH_3$ com OH
   propan-1-ol
   (função: álcool)

   $H_3C-CH-CH_3$ com OH
   propan-2-ol
   (função: álcool)

   $H_3C-O-CH_2-CH_3$
   metoxietano (éter etílico e metílico)
   (função: éter)

   **Resposta:** alternativa e.

5. (FUVEST – SP) "Palíndromo – diz-se de frase ou palavra que, ou se leia da esquerda para a direita, ou da direita para a esquerda, tem o mesmo sentido."
   HOLANDA, A. B. de **Novo Dicionário da Língua Portuguesa**
   2ª ed., 40ª imp. Rio de Janeiro: Nova Fronteira, 1986, p. 1.251.

   "Roma me tem amor" e "a nonanona" são exemplos de palíndromo.

   A nonanona é um composto de cadeia linear. Existem quatro nanonas isômeras.
   a) Escreva a fórmula estrutural de cada uma dessas nanonas.

6. (FUVEST – SP) As fórmulas estruturais de alguns componentes de óleos essenciais, responsáveis pelo aroma de certas ervas e flores, são:

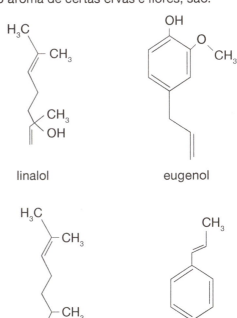

linalol    eugenol

citronelal    anetol

Dentre esses compostos, são isômeros:
a) anetol e linalol.
b) eugenol e linalol.
c) citronelal e eugenol.
d) linalol e citronelal.
e) eugenol e anetol.

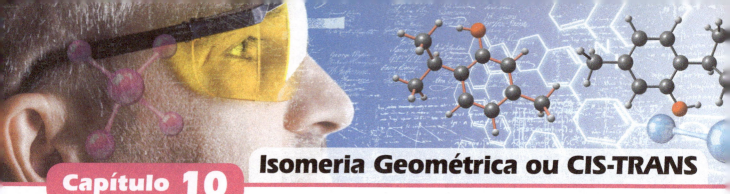

# Capítulo 10 — Isomeria Geométrica ou CIS-TRANS

## 1. Introdução

É um tipo de isomeria espacial presente em compostos de cadeia aberta com dupla-ligação (mais importante) e em compostos de cadeia fechada saturada.

**Ligantes:** são átomos ou grupo de átomos ligados a um carbono da dupla-ligação ou a um carbono pertencente a um ciclo.

**Exemplos:**

ligantes

$$Cl\!\!-\!\!C\!=\!C\!\!-\!\!Cl \quad (H, H)$$

(ciclopropano com Cl e H)

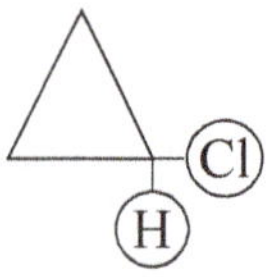

Esses ligantes no espaço estão em posições diferentes originando os **isômeros geométricos** ou **cis-trans**.

**Exemplo:**

| Cl     Cl | Cl     H |
|:---------:|:--------:|
| C = C     | C = C    |
| H     H   | H     Cl |
| 2 Cl em cima | 1 Cl em cima e |
| isômeros geométricos | 1 Cl embaixo |

## 2. Compostos de cadeia aberta com dupla-ligação

### 2.1 Condição

Deve haver ligantes diferentes entre si nos átomos de carbono da dupla-ligação.

$$\begin{array}{c} a\quad\quad a \\ C=C \\ b\quad\quad b \end{array} \quad \begin{array}{c} a\quad\quad c \\ C=C \\ b\quad\quad d \end{array} \quad \begin{array}{c} a\quad\quad a \\ C=C \\ b\quad\quad c \end{array}$$

a ≠ b    a ≠ b e c ≠ d    a ≠ b e a ≠ c

**Exemplos:**

H—[C=C]—CH₂—CH₃    but-1-eno (não
 |   |                apresenta isomeria
 H   H                geométrica)

C1 da dupla com ligantes iguais (H)

H₃C—[C=C]—CH₃    but-2-eno (apresenta
 |   |            isomeria geométrica)
 H   H

C das duplas com ligantes diferentes (H e CH₃)

H₃C—[C=C]—CH₂—CH₃    3-cloropent-2eno
 |   |                (apresenta isomeria
 H   Cl               geométrica)

C das duplas com ligantes diferentes (H₃C e H, Cl e CH₂—CH₃)

A dupla-ligação impede a rotação entre os átomos de carbono da dupla. Os ligantes diferentes irão originar dois compostos diferentes: isômeros cis e isômeros trans.

**Isômeros cis:** apresentam ligantes iguais ou de maior massa molar no mesmo lado com relação à dupla-ligação.

**Isômeros trans:** apresentam ligantes iguais ou de maior massa molar em lados opostos com relação à dupla-ligação.

**Exemplos:**

O composto 1,2-dicloroeteno $\left(\begin{array}{c} H-C=C-H \\ |\quad\quad| \\ Cl\quad Cl \end{array}\right)$ apresenta isomeria geométrica, portanto existem dois compostos diferentes: **cis**-1,2-dicloroeteno e **trans**-1,2-dicloroeteno.

$$\begin{array}{c} H\quad\quad H \\ C=C \\ Cl\quad\quad Cl \end{array}$$

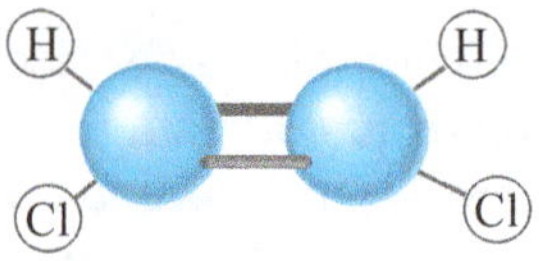

cis-1,2-dicloroeteno
PF = −80,5 °C
PE = 60,3 °C

$$\begin{array}{c} H\quad\quad Cl \\ C=C \\ Cl\quad\quad H \end{array}$$

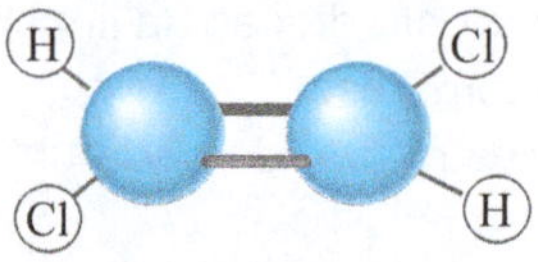

trans-1,2-dicloroeteno
PF = −50 °C
PE = 47,5 °C

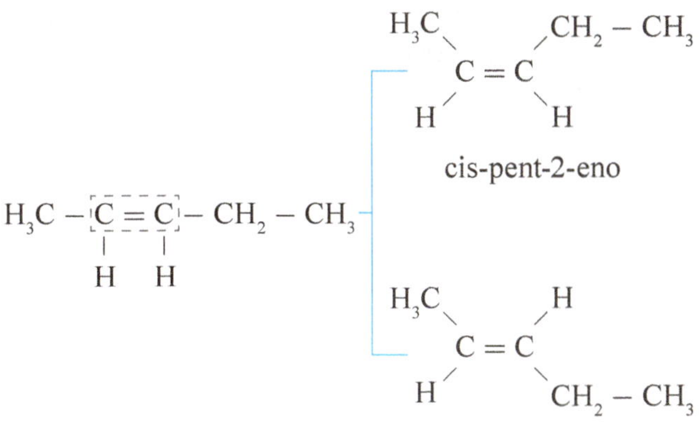

$H_3C - [C = C] - CH_2 - CH_3$
         $H \quad H$

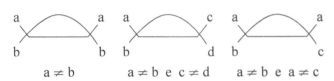
cis-pent-2-eno

trans-pent-2-eno

Os isômeros cis e trans têm fórmulas espaciais diferentes, portanto são isômeros espaciais ou estereoisômeros.

apresenta isomeria geométrica

O composto 1,2-dibromociclopropano

apresenta isomeria geométrica, portanto existem dois compostos diferentes.

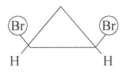
cis-1,2-dibromociclopropano

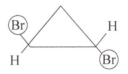
trans-1,2-dibromociclopropano

## 3. Compostos de cadeia fechada saturada

### 3.1 Condição

Há pelo menos dois átomos de carbono do ciclo com ligantes diferentes entre si.

| a⌒a | a⌒c | a⌒a |
|---|---|---|
| b  b | b  d | b  c |
| a ≠ b | a ≠ b e c ≠ d | a ≠ b e a ≠ c |

**Exemplos:**

Cl

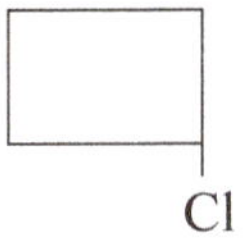

não apresenta isomeria geométrica

**Observações:**

- Isômeros cis e trans apresentam propriedades físicas sempre diferentes, enquanto as propriedades químicas podem ser semelhantes ou em alguns casos diferentes.
- Embora os isômeros cis e trans não se encontrem em equilíbrio em temperatura ambiente, isto pode ocorrer em temperaturas mais altas devido à quebra da dupla-ligação.

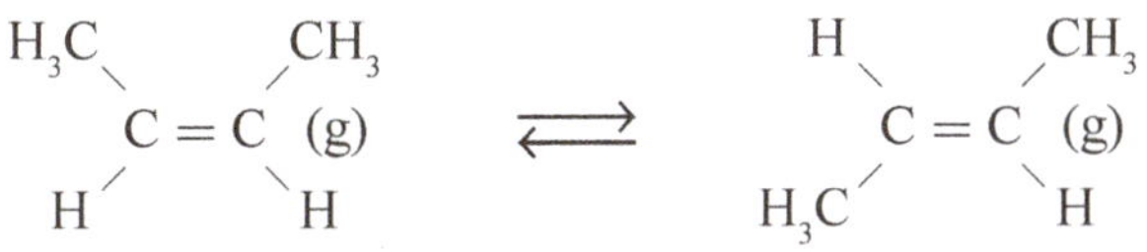

$H_3C \quad CH_3 \qquad\qquad H \quad CH_3$
$\quad C = C$ (g) ⇌ $\quad C = C$ (g)
$H \quad H \qquad\qquad H_3C \quad H$

cis-but-2-eno         trans-but-2-eno
equilíbrio entre os dois isômeros

## Exercícios Série Prata

Com relação às fórmulas planas, indique os casos em que há possibilidade de isomeria geométrica. Marque com X.

**1.** $H_2C = CH - CH_3$
( ) sim    ( ) não

**2.** 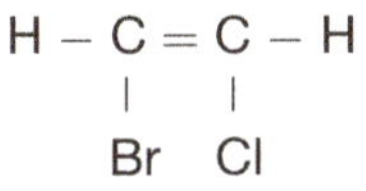 $H - C = C - H$
         $|\quad\;\;|$
         $Br \;\; Cl$
( ) sim    ( ) não

**3.** $H_3C - C = C - CH_3$
              $|\quad\;\;|$
              $H \;\; CH_3$ 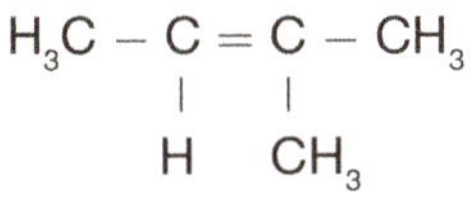
( ) sim    ( ) não

**4.** 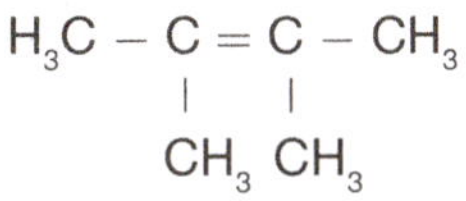 $H_3C - C = C - CH_3$
              $|\quad\;\;\;|$
              $CH_3 \; CH_3$
( ) sim    ( ) não

**5.** 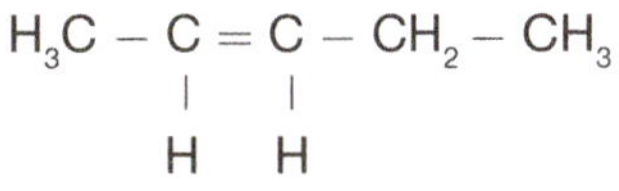 $H_3C - C = C - CH_2 - CH_3$
              $|\quad\;\;|$
              $H \;\; H$
( ) sim    ( ) não

**6.** 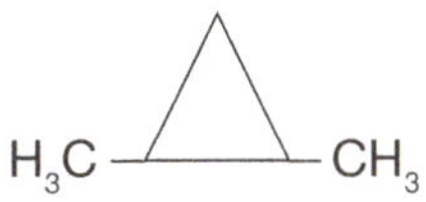 $H_3C$△$CH_3$
( ) sim    ( ) não

**7.** 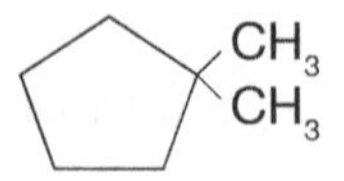 [estrutura: ciclopentano com C(CH₃)(CH₃)]

( ) sim   ( ) não

Dê o nome dos compostos usando a nomenclatura cis e trans.

**8.** 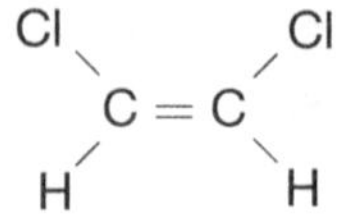
$$\text{Cl}\quad\quad\text{Cl}$$
$$\diagdown\quad\diagup$$
$$C=C$$
$$\diagup\quad\diagdown$$
$$H\quad\quad H$$

**9.** 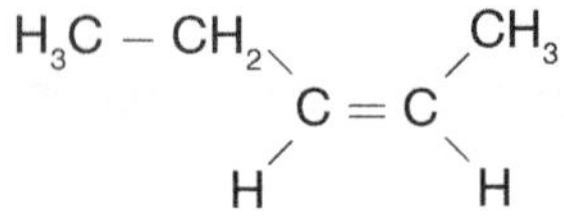 $H_3C-CH_2$ e $CH_3$ ligados a $C=C$ com H e H

**10.** 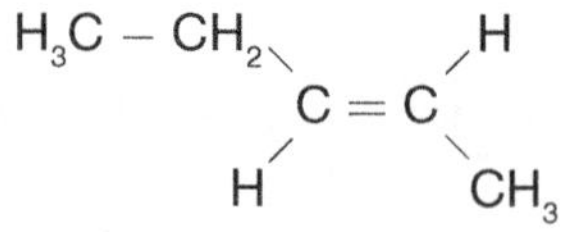 $H_3C-CH_2$ e H ligados a $C=C$ com H e $CH_3$

**11.** (FGV – SP) A indústria de alimentos utiliza vários tipos de agentes flavorizantes para dar sabor e aroma a balas e gomas de mascar. Entre os mais empregados, estão os sabores de canela e de anis.

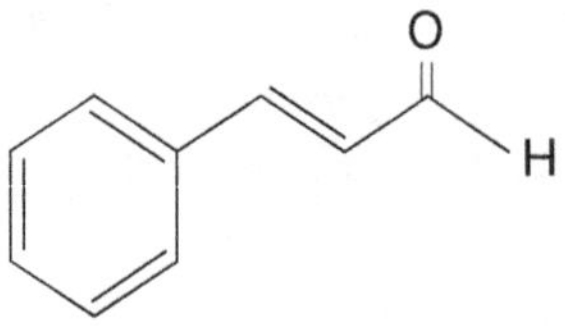

I – flavorizante de canela

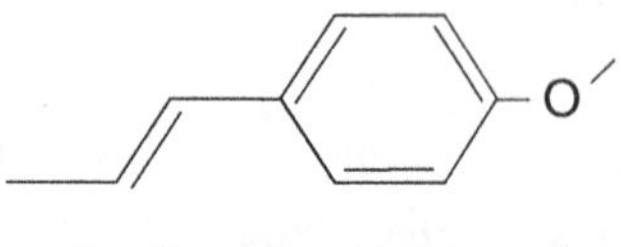

II – flavorizante de anis

Os grupos funcionais das moléculas representadas em I e II e o tipo de isomeria que a estrutura da molécula II apresenta são, respectivamente:

a) cetona, éster e cis-trans.
b) cetona, éter e cis-trans.
c) cetona, éster e óptica.
d) aldeído, éter e cis-trans.
e) aldeído, éter e óptica.

**12.** (FUVEST – SP) Quantos isômeros geométricos do aldeído cinâmico são previstos?

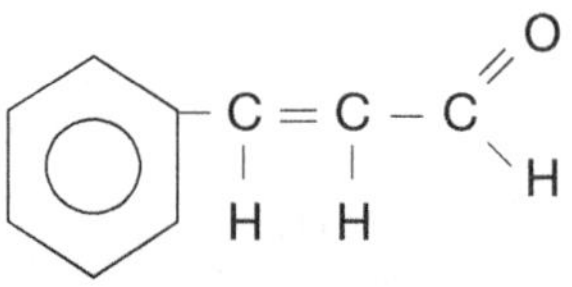

[estrutura do aldeído cinâmico: fenil–CH=CH–CHO]

a) 1
b) 2
c) 3
d) 4
e) 5

**13.** (FGV – SP) A fórmula molecular $C_4H_8$ pode representar vários hidrocarbonetos. Dê a fórmula estrutural do:

a) isômero cis;
b) isômero trans;
c) cíclico não ramificado;
d) insaturado de cadeia ramificada.

**14.** (PUC) A seguir são apresentados alguns pares de estruturas:

I. $H_3C-CH_2-OH$   $HO-CH_2-CH_3$
II. $H_3C-CH_2-OH$   $H_3C-O-CH_3$
III. $H_3C-CH_2-CH_3$   $H_2C=CH-CH_3$
IV. 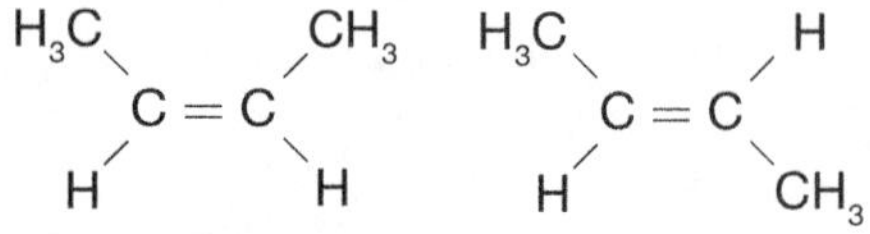 $H_3C$ e $CH_3$ em $C=C$ com H, H   /   $H_3C$ e H em $C=C$ com H, $CH_3$
V. 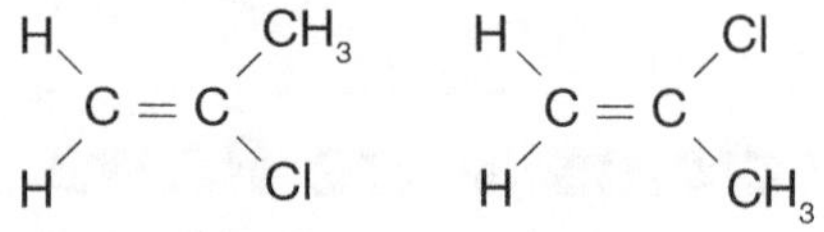 H e $CH_3$ em $C=C$ com H, Cl   /   H e Cl em $C=C$ com H, $CH_3$
VI. 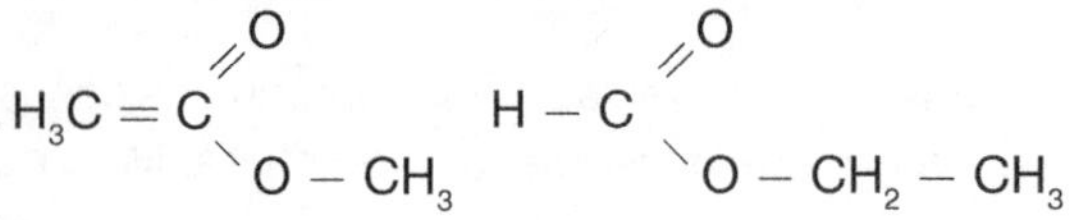 $H_3C=C$ com =O e $O-CH_3$   /   $H-C$ com =O e $O-CH_2-CH_3$

Os pares de estruturas que são isômeros entre si são:

a) II, IV e VI.
b) I, II e VI.
c) I, II e IV.
d) I, II, IV e V.
e) II, IV, V e VI.

**15.** (PUC – SP) Assinale a alternativa que contém apenas isômeros de pent-1-eno ($C_5H_{10}$).

$$\begin{array}{c} H \quad H \quad H \quad H \quad H \\ | \quad\, | \quad\, | \quad\, | \quad\, | \\ C = C - C - C - C - H \\ | \quad\, | \quad\, | \quad\, | \quad\, | \\ H \quad H \quad H \quad H \end{array}$$

a) pentano, cis-2-pentano e ciclopenteno
b) trans-2-pentano, pentanol e cis-3-penteno
c) 2-metil-1-penteno, trans-2-penteno e ciclopentano
d) cis-pent-2-eno, ciclopentano e 2-metilbut-1-eno
e) 2-metil-1-buteno, ciclopentano e 2-metil-1-butanol

## Exercícios Série Ouro

**1.** (ENEM) O citral, substância de odor fortemente cítrico, é obtido a partir de algumas plantas como o capim-limão, cujo óleo essencial possui aproximadamente 80%, em massa, da substância. Uma de suas aplicações é na fabricação de produtos que atraem abelhas, especialmente do gênero *Apis*, pois seu cheiro é semelhante a um dos feromônios liberados por elas. Sua fórmula molecular é $C_{10}H_{16}O$, com uma cadeia alifática de oito carbonos duas insaturações, nos carbonos 2 e 6 e dois grupos substituintes metila, nos carbonos 3 e 7. O citral possui dois isômeros geométricos, sendo o *trans* o que mais contribui para o forte odor.

Para que se consiga atrair um maior número de abelhas para uma determinada região, a molécula que deve estar presente em alta concentração no produto a ser utilizado é:

a)
b)
c)
d)
e)

**2.** (UNIFESP) A diferença nas estruturas químicas dos ácidos fumárico e maleico está no arranjo espacial. Essas substâncias apresentam propriedades químicas e biológicas distintas.

ácido fumárico
$\Delta H°_f = -5.545$ kJ/mol

ácido maleico
$\Delta H°_f = -5.525$ kJ/mol

Analise as seguintes afirmações:

I. Os ácidos fumárico e maleico são isômeros geométricos.
II. O ácido maleico apresenta maior solubilidade em água.
III. A conversão do ácido maleico em ácido fumárico é uma reação exotérmica.

As afirmativas corretas são:

a) I, II e III.
b) I e II, apenas.
c) I e III, apenas.
d) II e III, apenas.
e) III, apenas

**3.** (FUVEST – SP) Quantos isômeros estruturais (planos) e geométricos, considerando também os cíclicos, são previstos com a fórmula molecular $C_3H_5Cl$?
a) 2
b) 3
c) 4
d) 5
e) 7

**4.** (PUC – SP) Sabendo-se que 2,46 L de um hidrocarboneto gasoso, medidos a pressão de 1 atm e 27 °C, têm massa igual a 5,6 gramas e que esse hidrocarboneto apresenta isomeria cis-trans, isomeria de cadeia e isomeria de posição, pode-se afirmar que se trata de
a) but-1-eno.
b) but-2-eno.
c) propeno.
d) ciclobutano.
e) metilciclobutano.

**Dados:** $R = 0,082$ atm · L/mol · K, C = 12, H = 1.

**5.** (UNESP) Moléculas que são isômeros estruturais são constituídas pelos mesmos átomos, mas esses são ligados diferentemente. Por exemplo, os isômeros geométricos têm arranjos diferentes no espaço em cada lado de uma ligação dupla e são distinguidos pelos prefixos cis e trans. O processo biológico de visão envolve a transformação medida por enzimas, entre dois isômeros geométricos, o cis-retinal.

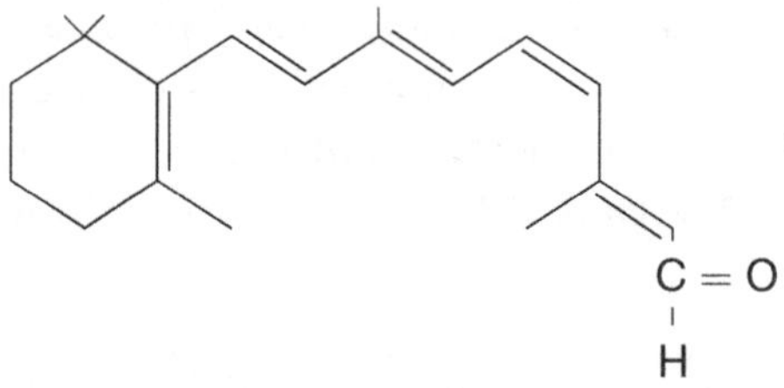

cis-retinal

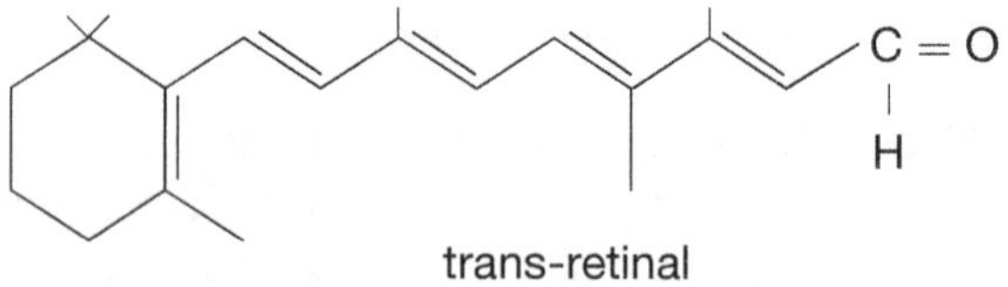

trans-retinal

a) Desenhe a molécula de retinal e numere os átomos de carbono que conferem isomeria geométrica a essa molécula.
b) Escreva os nomes dos grupos funcionais e das funções químicas presentes no cis- e no trans-retinal.

# Isomeria Óptica

## Capítulo 11

### 1. Molécula simétrica

Dizemos que uma molécula é simétrica quando ela apresenta pelo menos um plano de simetria, isto é, quando pode ser dividida em duas partes iguais.

Uma molécula simétrica, quando colocada diante de um espelho plano, produz uma imagem idêntica a ela.

**Exemplo:**

Considere a molécula tetraédrica $Cl-C-H$ com F e H nas demais ligações

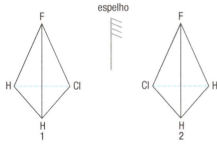

objeto e imagens são iguais

As moléculas 1 e 2 são iguais, pois a coincidência entre os átomos é total, ocorrendo a sobreposição.

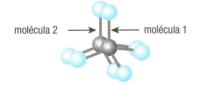

### 2. Molécula assimétrica ou molécula quiral

A molécula assimétrica não apresenta plano de simetria, isto é, não conseguimos dividi-la em duas partes iguais. Se a colocarmos diante de um espelho, a imagem será diferente dela.

**Exemplo:**

Considere a molécula tetraédrica $Cl-C-H$ com F e Br nas demais ligações

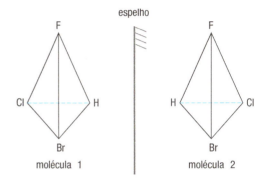

objeto e imagens são diferentes

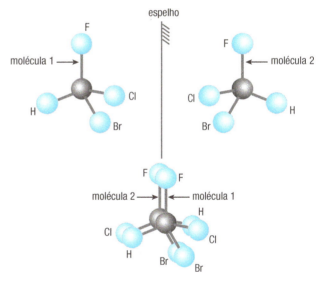

As moléculas 1 e 2 são diferentes, pois não houve coincidência entre os átomos, isto é, as moléculas não são superponíveis.

As moléculas assimétricas têm a mesma fórmula molecular e também a mesma sequência de ligações entre os átomos, mas diferem pela disposição dos átomos no espaço. Considerando a ligação C — H como referência temos:

molécula 1: sentido horário: F, Cl, Br
molécula 2: sentido horário: Br, Cl, F

As moléculas assimétricas são um tipo de isomeria espacial.

### 3. Isomeria óptica

O tipo de isomeria que ocorre entre as moléculas assimétricas é chamado de isomeria óptica. Os isômeros são chamados de **isômeros ópticos** ou **enantiomorfos** ou, ainda, **enantiômeros**.

O caso mais importante de assimetria molecular ocorre quando existir, na estrutura da molécula, pelo menos um carbono assimétrico ou quiral (indicado por um asterisco (*)).

### 4. Carbono assimétrico ou quiral (C*)

É todo carbono saturado que apresenta quatro ligantes diferentes.

$$b - \overset{a}{\underset{c}{C^*}} - d \qquad a \neq b \neq c \neq d$$

**Exemplos:**

$$H - \overset{F}{\underset{Br}{C^*}} - Cl \qquad H_3C - \overset{H}{\underset{OH}{C^*}} - C\overset{O}{\underset{OH}{}}$$

Dizemos que essas substâncias apresentam atividade óptica.

### 5. Compostos com um carbono assimétrico ou quiral (C*)

Apresentam sempre dois isômeros ópticos: um dextrogiro (d) e um levogiro (l).

**Exemplo:**

$$H_3C - \overset{H}{\underset{OH}{C^*}} - COOH$$

Existem dois ácidos láticos espacialmente diferentes:

ácido lático dextrogiro ou ácido (+) lático
ácido lático levogiro ou ácido (−) lático

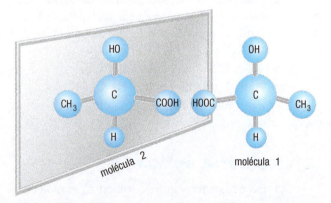

Considerando a ligação C − H como referência temos:

molécula 2: sentido horário: $CH_3$, OH, COOH
molécula 1: sentido horário: COOH, OH, $CH_3$

Se a molécula 1 for o dextrogiro, a molécula 2 será o levogiro e vice-versa.

Quando o ácido láctico é fabricado em laboratório, obtemos uma mistura equimolar de ácido láctico dextrogiro e ácido láctico levogiro que é chamada de **mistura racêmica**.

### 6. Polarímetro

- A única maneira de saber se um isômero óptico é dextrogiro (d) ou levogiro (l) consiste em utilizar um polarímetro.
- Utilizando o polarímetro, verificou-se que ambos os isômeros provocam o mesmo desvio angular, mas em sentidos opostos na luz polarizada.
- **Isômero dextrogiro (d):** desvia o plano da luz polarizada para a direita.
- **Isômero levogiro (l):** desvia o plano da luz polarizada para a esquerda.
- **Mistura racêmica:** mistura de quantidades iguais de dextrogiro e levogiro (não desvia o plano da luz polarizada).

**Esquematicamente**

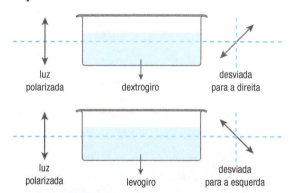

A luz polarizada pode ser obtida a partir da luz natural, pela utilização de polarizadores que são constituídos por substâncias naturais ou sintéticas. As lentes de óculos de sol contém polarizadores que polarizam a luz solar, reduzindo significativamente a incidência de luminosidade nos olhos.

**Polarímetro:** aparelho utilizado para medir o ângulo de desvio da luz polarizada provocada por um enantiômero puro.

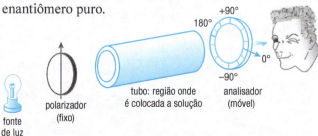

Com o tubo vazio, giramos o analisador até que os dois polarizadores (fixo e móvel) permitam que a luz os atravesse com a máxima intensidade. Ao colocarmos no tubo a solução do enantiômero, teremos a redução da intensidade luminosa inicial. Podemos girar o disco acoplado ao analisador até enxergarmos a máxima luminosidade. A medida desse giro nos dá o valor do desvio provocado pela amostra no plano de polarização.

## 7. Propriedades dos enantiômeros

Os dois enantiômeros de um composto têm as mesmas **propriedades físicas**, como ponto de fusão, ponto de ebulição, densidade e solubilidade em solventes comuns. Diferem, porém, num efeito bastante importante: quando um feixe de luz plano-polarizada passa através da solução de um enantiômero puro, o plano de polarização sofre um desvio angular num certo sentido (direita ou esquerda).

**Exemplo:**

|  | PF | d | Ka | Ângulo de desvio |
|---|---|---|---|---|
| ácido láctico dextrogiro | 52 °C | 1,25 g/cm³ | 1,4 · 10⁻⁴ | +2,6° |
| ácido láctico levogiro | 52 °C | 1,25 g/cm³ | 1,4 · 10⁻⁴ | −2,6° |

No que diz respeito às propriedades fisiológicas (efeitos sobre um organismo vivo), muitas vezes os enantiômeros possuem notáveis diferenças, por exemplo, um tem sabor doce e outro tem sabor amargo.

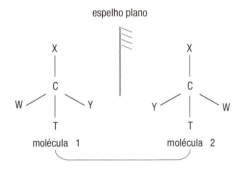

- enantiômero (enantiomorfos, antípodas ópticos)
- propriedades químicas iguais
- propriedades físicas iguais
- propriedades fisiológicas diferentes

**Exemplo:**

## 8. Fórmula de van't Hoff

Se um composto apresentar mais de um carbono assimétrico diferente, podemos determinar o número de isômeros ópticos, utilizando a expressão de van't Hoff.

**isômero óptico = $2^n$**

n = número de carbonos assimétricos diferentes

misturas racêmicas = $\dfrac{2^n}{2}$

**Exemplo:**

$$H_3C - \overset{H}{\underset{OH}{C^*}} - \overset{H}{\underset{CH_3}{C^*}} - CH_2 - CH_3$$

n = 2

isômeros ópticos = $2^n = 2^2 = 4$ (d, l, d', l')

mistura racêmica = 2 (d + l; d' + l')

## 9. Carbono quiral em cadeia fechada

Um átomo de carbono pertence a um ciclo que é quiral quando forem obedecidas as condições:

a) ter dois ligantes diferentes fora do ciclo
b) o caminho pelo ciclo é diferente nos dois sentidos (horário e anti-horário).

o carbono 1 não é quiral    o carbono 1 é quiral

## 10. Compostos com dois carbonos quirais iguais

**Exemplo:**

ácido tartárico

$$\underset{HO}{\overset{O}{\|}}C - \overset{H}{\underset{OH}{C^*}} - \overset{H}{\underset{OH}{C^*}} - \underset{OH}{\overset{O}{\|}}C$$

```
   COOH            HOOC              COOH
   |               |                 |
H— C —OH       HO— C —H          H— C —OH
   |               |                 |
HO— C —H        H— C —OH          H— C —OH
   |               |                 |
   COOH            HOOC              COOH
 dextrogiro      levogiro            meso
```

**Conclusão:**
ácido tartárico dextrogiro
ácido tartárico levogiro
ácido tartárico meso (não desvia a luz polarizada)
ácido tartárico racêmico

O isômero meso é opticamente inativo, por uma compensação interna, pois a molécula não é quiral.

O isômero meso só aparece nesse caso.

Observe o composto 1,2-diclorociclopropano.

Além de apresentar isomeria geométrica também apresenta isomeria óptica pois possui dois carbonos assimétricos iguais.

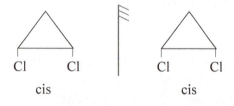

O objeto e a imagem são iguais, portanto, o isômero cis correspondente ao *isômero meso*

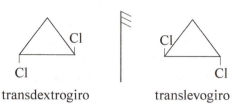

O objeto e a imagem são diferentes, portanto, o isômero trans apresenta atividade óptica.

## 11. Isomeria óptica sem carbono assimétrico

A atividade óptica decorre da assimetria molecular. A presença de carbono assimétrico é um fator de assimetria, que, porém, não é único. Existem moléculas que são assimétricas sem possuírem carbonos assimétricos. Os principais casos são:

- **Cristais de quartzo $(SiO_2)_n$**

  Existem dois tipos de cristais de quartzo assimétricos, possuindo atividade óptica sendo imagem espetacular do outro.

- **Composto com duplas-ligações acumuladas**

$$R_1 \diagdown \qquad \diagup R_3$$
$$\quad C=C=C \qquad R_1 \neq R_2, R_3 \neq R_4$$
$$R_2 \diagup \qquad \diagdown R_4$$

**Exemplo:**

```
 H          CH3          H3C          H
  \         /              \         /
   C=C=C                    C=C=C
  /         \              /         \
 Cl         Br            Br          Cl
   dextrogiro               levogiro
```

## Exercícios Série Prata

Marque com asterisco o carbono assimétrico ou quiral para as questões **1** a **6**.

```
         H
         |
1. H3C — C — COOH
         |
         OH
```

```
       O         H
       ||        |
2. H2N—C—CH2 — C — COOH
                 |
                 NH2
```

```
                     OH
                     |
3. HO—⌬—C — CH2 — NH — CH3
        |            |
        HO           H
```

```
              CH3
              |
              CH — COOH
       ⌬⌬
4. H3C—O
```

5. 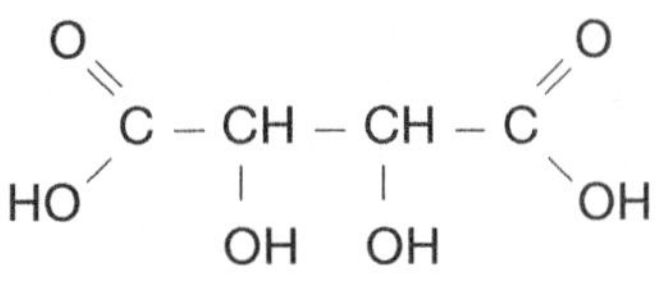 
```
    O                    O
    ‖                    ‖
    C – CH – CH – C
   /    |     |     \
  HO    OH    OH    OH
```

6. 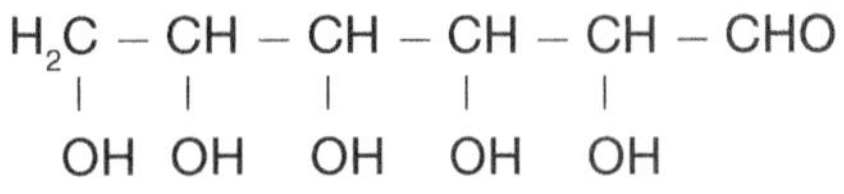 H₂C – CH – CH – CH – CH – CHO
      |    |    |    |    |
      OH   OH   OH   OH   OH

8. (UFRA) O composto 3-metilpent-1-eno apresenta quantos isômeros opticamente ativos?
a) 2
b) 4
c) 6
d) 0
e) 3

7. Complete com + ou −.

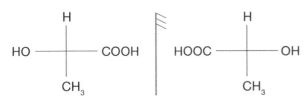

a) ácido dextrogiro
   ácido ( ) lático

b) ácido lático levogiro
   ácido ( ) lático

9. (CESGRANRIO – RJ)

1) cadeia        ( ) H₃C – CH = CH – CH₃  e  H₂C – CH₂
                                              |      |
                                              H₂C – CH₂

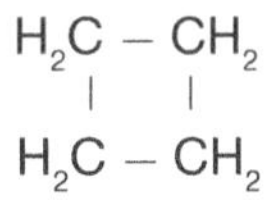

2) cis-trans     ( ) CH₃ – O – CH₃  e  CH₃ – CH₂ – O – H

3) função

4) metameria     ( ) [triângulo com Cl, Cl]  e  [triângulo com Cl, Cl]

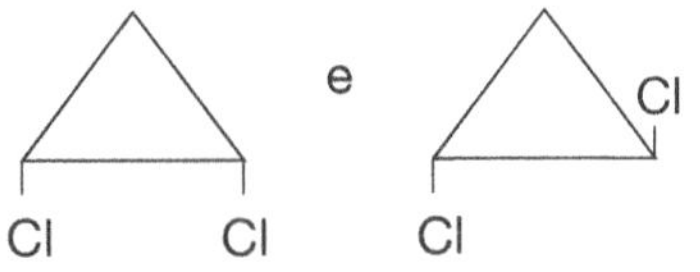

5) óptica

6) posição       ( ) H₃C – CH – COOH  e  H₃C – CH – COOH
                          |                    |
                          NH₂                  NH₂

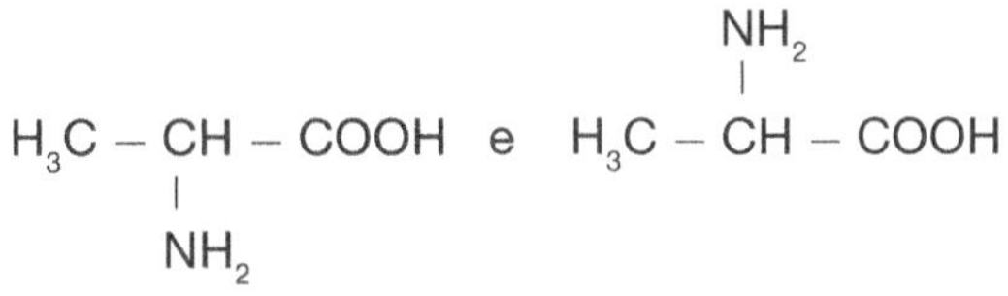

7) tautomeria    ( ) H₃C – CH = CH – CH₃  e  H₂C = CH – CH₂ – CH₃

Associando-se corretamente as colunas acima, referentes aos tipos de isomeria encontrados, teremos a sequência:

a) 1, 2, 3, 4, 5.
b) 1, 3, 2, 5, 6.
c) 3, 1, 2, 6, 4.
d) 3, 4, 6, 2, 7.
e) 3, 6, 2, 4, 1.

**10.** (UNESP) O adoçante artificial aspartame tem fórmula estrutural

$$\begin{array}{c} O \\ \parallel \\ C - C - C - C - N - C - C \\ / \quad | \quad | \quad | \quad | \quad | \quad \backslash \\ HO \quad H \quad NH_2 \quad \quad CH_2 \quad OCH_3 \end{array}$$

(com H, H, O, H, H, O nas posições indicadas e grupo fenil ligado ao CH₂)

Sobre o aspartame, são feitas as seguintes afirmações:

I. apresenta as funções éster e amida;
II. não apresenta isomeria óptica;
III. sua fórmula molecular é $C_{14}H_{13}N_2O_5$.

Das afirmações apresentadas:
a) apenas I é verdadeira.
b) apenas I e II são verdadeiras.
c) apenas I e III são verdadeiras.
d) apenas II e III são verdadeiras.
e) I, II e III são verdadeiras.

**11.** (VUNESP) Observe a tabela

| Composto | Tipo de Isomeria |
|---|---|
| butan-2-ol | geométrica |
| hex-3-eno | óptica |

a) Associe cada composto ao respectivo tipo de isomeria.
b) Escreva as fórmulas estruturais e dê os nomes dos respectivos isômeros.

**12.** (FUVEST – SP) Considere o álcool $C_nH_{2n+1}OH$, cuja molécula contenha o menor número de átomos de carbono, sendo um deles assimétrico.
a) Qual a fórmula estrutural desse álcool?
b) Qual o seu nome?

**13.** (PUC – SP) Em solução aquosa neutra, a glicose é encontrada em equilíbrio entre a forma aberta e a forma cíclica, representada pela equação a seguir:

I. Identifique as funções químicas presentes em cada uma das formas apresentadas pela glicose.
II. A glicose apresenta isômeros, e vários deles derivam da assimetria de suas moléculas. Determine o número de átomos de carbono assimétricos da estrutura aberta da glicose e identifique o tipo de isomeria decorrente da presença desses átomos.

**Resposta:**
I. As funções químicas presentes são: álcool, aldeído (forma aberta); éter, álcool (forma cíclica).

II. A isomeria decorrente da presença de átomos de carbono assimétricos chama-se *isomeria óptica*. O número de átomos de carbono assimétricos na estrutura aberta da glicose é 4.

Os átomos de carbono assimétricos possuem quatro ligantes diferentes e estão representados por C*.

**14.** (UNESP) Apresenta isomeria geométrica e óptica:
a) but-2-eno.
b) 4-cloro-2-metilpent-1-eno.
c) 4-cloropent-2-eno.
d) butan-2-ol.
e) 2-clorobut-2-eno.

**15.** (VUNESP) O ácido lático, um produto do metabolismo humano, apresenta as seguintes caracaterísticas:
- fórmula molecular $C_3H_6O_3$;
- é opticamente ativo;
- é um composto que possui as funções álcool e ácido carboxílico.

Escreva a fórmula estrutural e o nome oficial do ácido lático.

**16.** (FUVEST – SP) A substância com a fórmula a seguir é:

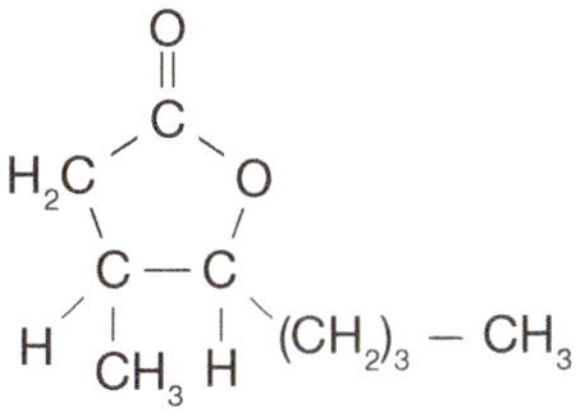

a) éter cíclico, cuja molécula tem dois carbonos assimétricos.
b) uma acetona cíclica, cuja molécula tem um carbono assimétrico.
c) uma cetona cíclica, cuja molécula tem dois carbonos assimétricos.
d) em éster cíclico, cuja molécula tem um carbono assimétrico.
e) um éster cíclico, cuja molécula tem dois carbonos assimétricos.

**17.** (FUVEST – SP) O inseticida DDT tem a seguinte fórmula estrutural:

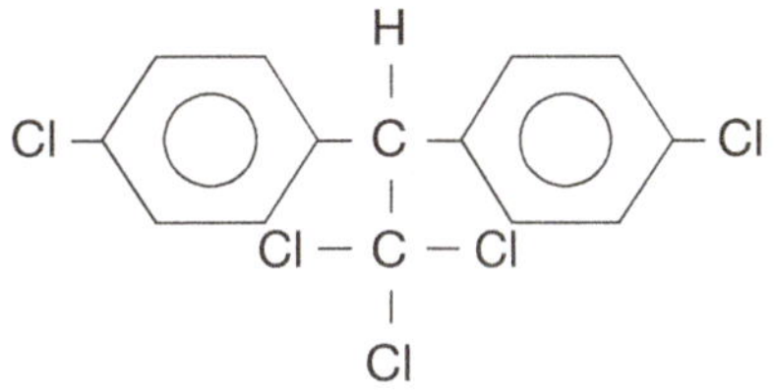

Sua solubilidade em água é $1,0 \cdot 10^{-6}$ g/L.

a) Existem DDT levogiro e DDT dextrogiro (isômeros ópticos)? Justifique.
b) Calcule o volume de água, em litros, para espalhar 1,0 g de DDT, sob forma de solução saturada, em uma plantação.

## Exercícios Série Ouro

**1.** (VUNESP) São dadas as fórmulas estruturais dos medicamentos:

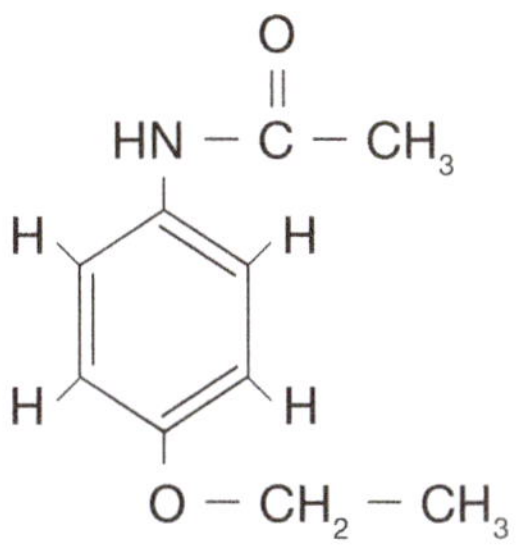

fenacetina (X)

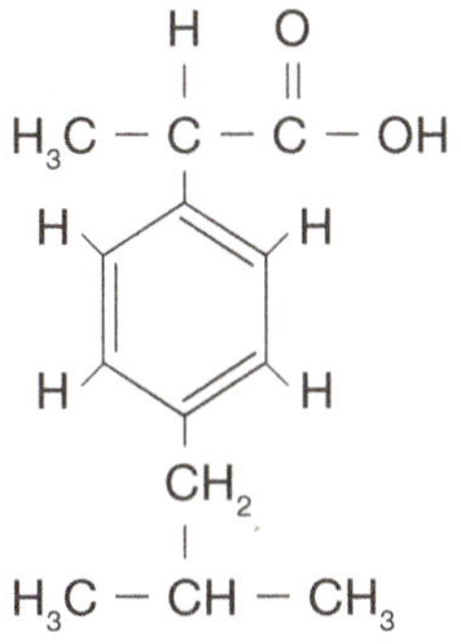

ibuprofen (Y)

Sobre estes dois medicamentos, foram feitas as afirmações seguintes.

I. X possui as funções éter e amida.
II. Y é um ácido carboxílico.
III. Os dois compostos possuem substituintes no benzeno na posição para.
IV. X e Y apresentam isomeria óptica.

São verdadeiras afirmações:

a) I, II e III, apenas.   d) I e II, apenas.
b) III e IV, apenas.   e) I, II, III e IV.
c) II e IV, apenas.

Cap. 11 | Isomeria Óptica

**2.** (FGV) A figura apresenta a estrutura química de dois conhecidos estimulantes.

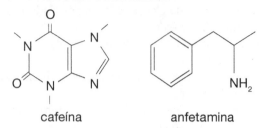

cafeína  anfetamina

A cafeína, quase todas as pessoas a consomem diariamente ao tomarem um cafezinho. A anfetamina é considerada uma droga ilícita e algumas pessoas fazem o uso desta droga, como caminhoneiros, para provocar insônia e jovens, obsessivos por sua forma física, para provocar perda de apetite e redução de peso. A perda de apetite gerada pelo uso constante pode transformar-se em anorexia, um estado no qual a pessoa passa a sentir dificuldade para comer, resultando em sérias perdas de peso, desnutrição e até morte.

A substância que apresenta carbono assimétrico e os grupos funcionais encontrados nas estruturas destes estimulantes são, respectivamente,

a) anfetamina, amida e cetona.
b) anfetamina, amida e amina.
c) anfetamina, amina e cetona.
d) cafeína, amina e amida.
e) cafeína, amina e cetona.

**3.** (UNIFESP) Não é somente a ingestão de bebida alcoólica que está associada aos acidentes nas estradas, mas também a ingestão de drogas psicoestimulantes por alguns motoristas que têm longas jornadas de trabalho. Estudos indicam que o Brasil é o maior importador de dietilpropiona e fenproporex, estruturas químicas representada na figura.

dietilpropiona

fenproporex

Para as drogas psicoestimulantes, uma das funções orgânicas apresentadas na estrutura da dietilpropiona e o número de carbonos assimétricos na molécula da fenproporex são, respectivamente,

a) amida e 1.
b) amina e 2.
c) amina e 3.
d) cetona e 1.
e) cetona e 2.

**4.** (UNESP) A sacarose e a lactose são dois dissacarídeos encontrados na cana-de-açúcar e no leite humano, respectivamente. As estruturas simplificadas, na forma linear, dos monossacarídeos que os formam, são fornecidas a seguir.

frutose  glicose  galactose

Os tipos de isomerias encontrados entre a molécula de glicose e as dos monossacarídeos frutose e galactose são, quando representadas na forma linear, respectivamente,

a) de posição e de função.
b) óptica e de função.
c) de função e de função.
d) óptica e de posição.
e) de função e óptica.

**5.** (FUVEST – SP) A molécula da vitamina C (ácido L-ascórbico) tem a fórmula estrutural plana abaixo.

O número de grupos hidroxila ligados a carbono assimétrico é

a) 0
b) 1
c) 2
d) 3
e) 4

**6.** (FGV) O metilfenidato, estrutura química representada na figura, é uma substância utilizada como fármaco no tratamento de casos de transtorno de déficit de atenção e hiperatividade.

Na estrutura do metilfenidato, o número de carbonos assimétricos e a sua fórmula molecular são, respectivamente,

a) 1 e $C_{12}H_{15}NO_2$.
b) 1 e $C_{13}H_{17}NO_2$.
c) 1 e $C_{14}H_{19}NO_2$.
d) 2 e $C_{13}H_{17}NO_2$.
e) 2 e $C_{14}H_{19}NO_2$.

**7.** (UNICAMP – SP) A dor pode resultar do rompimento de tecidos onde se formam várias substâncias, como as prostaglandinas, que a potencializam. Fundamentalmente, essas moléculas apresentam um anel saturado de cinco átomos de carbono, contendo duas cadeias laterais vizinhas, sendo que cada uma possui uma dupla-ligação. Uma das cadeias laterais contém sete átomos de carbono, incluindo o carbono de um grupo ácido carboxílico terminal e a dupla-ligação entre os carbonos 2 e 3 a partir do anel. A outra cadeia contém oito átomos de carbono, com um grupo funcional hidroxila no terceiro carbono a partir do anel e a dupla-ligação entre os carbonos 1 e 2 a partir do anel.

a) Desenhe a fórmula estrutural da molécula descrita no texto.
b) Identifique com um círculo, na fórmula do item *a*, um carbono assimétrico.
c) Calcule a massa molar da prostaglandina.

**Dado:** massas molares em g/mol: C: 12, H: 1; O: 16

**8.** (VUNESP) Dentre os inúmeros preparados farmacêuticos para o combate à dor, alguns contêm em suas formulações a "aspirina" – um analgésico e antitérmico, muito utilizado no combate à dor de cabeça –, outros são misturas de vitamina C e aspirina, tendo como finalidade combater os sintomas da gripe. As fórmulas estruturais para esses compostos são apresentadas a seguir.

aspirina        vitamina C

Com relação a esses produtos, é correto afirmar que há quiralidade:

a) apenas na aspirina, pois na sua molécula há seis átomos de carbonos de anel benzênico.
b) apenas na aspirina, pois na sua molécula há dois átomos de carbono ligados, simultaneamente, a dois átomos de oxigênio.
c) apenas na vitamina C, pois na sua molécula há dois átomos de carbono unidos por dupla e que constituem o heterociclo.
d) apenas na vitamina C, pois na sua molécula há dois átomos de carbono ligados, cada um deles, a quatro grupos distintos.
e) nos dois casos, pois as moléculas de ambos apresentam átomos de carbono unidos por ligações duplas constituindo um ciclo.

**10.** (UNI-RIO – RJ) Testosterona, um hormônio sexual masculino, é produzida por determinadas células existentes nos testículos. É responsável pelas alterações sexuais secundárias que ocorrem no homem durante a puberdade, e é necessária à potência sexual do homem maduro. A sua estrutura é:

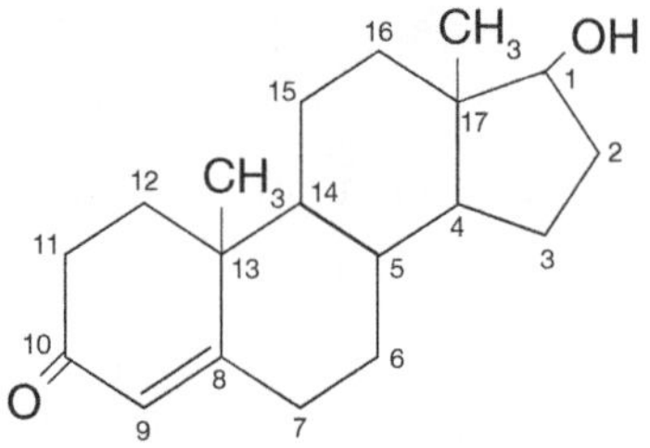

Identifique corretamente as posições de cada carbono quiral (carbono assimétrico)
a) 1, 4, 5, 8, 13 e 17.
b) 1, 4, 5, 9, 14 e 17.
c) 1, 4, 5, 13, 14 e 17.
d) 1, 5, 8, 13, 14 e 17.

**9.** (UNICAMP – SP) As plantas necessitam se comunicar com insetos e mesmo com animais superiores na polinização, frutificação e maturação. Para isso, sintetizam substâncias voláteis que os atraem. Exemplo desse tipo de substâncias é o pent-3-en-2-ol, encontrado em algumas variedades de manga, moranga, p.êssego, maçã, alho, feno e até mesmo em alguns tipos de queijo como, por exemplo, o parmesão. Alguns dos seu isômeros atuam também como feromônios de agregação de certos insetos.

a) Sabendo que o pent-3-en-2-ol apresenta isomeria cis-trans, desenhe a fórmula estrutural da forma trans.
b) O pent-3-en-2-ol apresenta também outro tipo de isomeria. Diga qual é, e justifique a sua resposta utilizando a fórmula estrutural.

# Soluções

## Capítulo 12

Diferentemente da massa e do volume, a densidade é uma propriedade física que nos permite identificar as substâncias. Talvez um dos registros históricos mais famosos sobre o uso dessa propriedade para esse fim seja a história de Arquimedes e a coroa do rei Hieron.

No século III a.C., o rei de Siracusa, cidade da Sicília, encomendou a um ourives uma coroa de ouro. Ao receber o objeto, o rei desconfiou que o ourives não tivesse utilizado apenas ouro, mas sim uma mistura de ouro e prata. Para tirar a prova, o rei solicitou a ajuda do matemático grego Arquimedes para verificar se sua coroa possuía prata em sua composição.

Arquimedes conseguiu encontrar uma solução para o problema quando observou que poderia calcular o volume de um sólido irregular a partir do volume de água que ele desloca quando imerso.

Conta-se que ele teria corrido pela rua, nu, gritando "*Eureka! Eureka!*" ("Encontrei! Encontrei!")

Com a medida do volume da coroa, foi possível determinar sua densidade, que, atualmente, definimos como a razão entre a massa e o volume de determinado material:

$$d = \frac{m}{V}$$

onde m é a massa e V é o volume do material.

Ao comparar com as densidades dos metais puros (ouro e prata), Arquimedes determinou que prata havia sido utilizada na produção da coroa, o que levou o rei Hieron a condenar o ourives, que o havia enganado, à morte.

### 1. Tipos de solução

A coroa produzida pelo ourives para enganar o rei Hieron era composta por uma *mistura homogênea*, também chamada de **solução**, na qual a prata estava dissolvida no ouro. Por estar no estado sólido, essa mistura recebe o nome de uma **solução sólida**.

Dependendo do estado de agregação, teremos soluções **sólidas**, **líquidas** e **gasosas**.

*Ouro 18k:* solução sólida (mistura homogênea no estado sólido) de ouro e outros metais, como cobre e prata.

*Água do mar:* solução líquida na qual diversas substâncias (como sais) estão dissolvidas em água.

*Ar:* solução gasosa (mistura homogênea no estado gasoso), composta principalmente pelos gases nitrogênio ($N_2$) e oxigênio ($O_2$).

## 2. Soluções aquosas: o objeto de estudo

Dentre os diversos tipos de soluções possíveis, destacam-se na Química as **soluções aquosas**, soluções líquidas nas quais o meio utilizado é a água.

As soluções aquosas são de extrema importância para a Química, pois são mais fáceis de manusear e preparar do que as soluções sólidas e gasosas. Além disso, as reações em soluções aquosas apresentam maiores velocidades, agilizando o trabalho do químico.

Quando dissolvemos uma pequena quantidade de sal na água, a água é capaz de dissolver todo o sólido adicionado e obteremos uma mistura homogênea, ou seja, uma solução aquosa. Na solução produzida, os componentes utilizados (sal e água) recebem nomes específicos: ao sal, damos o nome de **soluto** (substância que está sendo dissolvida), e à água, o de **solvente** (substância que efetua a dissolução).

Assim: uma **solução** é uma *mistura homogênea*, na qual o **soluto** está disperso (espalhado) no **solvente**.

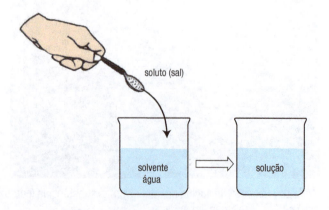

## 3. Como preparar uma solução aquosa em laboratório

As etapas de preparação de uma solução aquosa em laboratório são simples. Para este procedimento, são necessários uma balança digital, um balão volumétrico e uma pisseta. Vamos preparar uma solução aquosa de cloreto de sódio (NaCl) em água:

(1) Pegue um balão volumétrico vazio de 1 L.
(2) Pese 30 g de NaCl em uma balança digital e adicione no balão volumétrico.
(3) Adicione um pouco de água e, com o balão tampado, inverta-o várias vezes para dissolver o soluto.
(4) Adicione água até atingir o traço de calibração para obter uma solução de volume igual a 1 L.

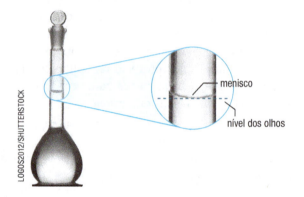

Ao término dessas etapas, a solução aquosa final conterá 30 g de NaCl em cada litro de solução. Essa solução é armazenada em um recipiente adequado, etiquetado com a identificação da solução contida:

rótulo —— NaCl(aq) = 30 g em 1 L

## 4. Concentração de solução (C)

Quando o químico prepara uma solução aquosa, ele tem conhecimento da quantidade de soluto dissolvido em determinado volume de solução.

Como as soluções são misturas homogêneas, a razão $\dfrac{\text{quantidade de soluto}}{\text{quantidade de solução}}$ é constante para qualquer porção de solução, ou seja, a quantidade de soluto e a quantidade de solução são grandezas diretamente proporcionais.

Na solução preparada (30 g de NaCl em 1 L de solução):

- se retirarmos 0,5 L, teremos 15 g de NaCl.
- se retirarmos 0,25 L, teremos 7,5 g de NaCl.
- se retirarmos 0,1 L, teremos 3,0 g de NaCl.

Na maioria dos casos, a massa do soluto é expressa em gramas e o volume de solução é expresso em litros. Por isso, a razão $\frac{\text{quantidade de soluto}}{\text{quantidade de solução}}$ é chamada de **concentração em g/L**.

$$C = \frac{m_1\,(g)}{V\,(L)}$$

onde $m_1$ é a massa do soluto em gramas e V é o volume de solução em litros. No nosso exemplo, tem-se:

$$C = \frac{30\ g}{1\ L} = 30\ g/L$$

No laboratório, também são utilizadas outras unidades de concentração, como mg/L e μg/dL (1 L = 10 dL e 1 μ = $10^{-6}$ g).

## 5. A densidade nos dias de hoje

Quando sabemos como foi preparada determinada solução aquosa, teremos conhecimento de sua concentração. Contudo, se um frasco sem rótulo for encontrado no laboratório, a propriedade mais fácil de ser determinada é a sua **densidade**.

De forma semelhante a Arquimedes, a densidade pode ser utilizada em uma primeira análise da solução, uma vez que é uma propriedade de fácil medição.

No exemplo anterior (solução de 30 g de NaCl em 1 L de água), com o auxílio de uma balança é possível determinar a massa de 1 L de solução:

m = massa do recipiente com solução − massa do recipiente vazio = 1.029 g

V = 1 L = 1.000 mL

$$d = \frac{m}{V} = \frac{1.029\ g}{1.000\ mL} = 1{,}029\ g/mL$$

Em outras unidades, tem-se:

1,029 g/cm³ ou 1,029 kg/L ou 1.029 g/L

A densidade de uma solução líquida, como a aquosa, é facilmente determinada por meio de um equipamento chamado **densímetro**. Trata-se de um tubo de vidro com certa massa (de um metal denso, como chumbo) na base. Na parte superior do tubo, há uma escala graduada em g/mL. Quanto maior a densidade da solução, menor será o volume de líquido deslocado e, portanto, o densímetro flutuará mais.

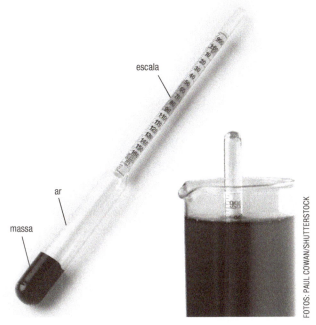

À esquerda, densímetro e, à direita, imerso em um líquido.

Esses equipamentos estão presentes em todas as bombas de álcool combustível e permitem que o motorista avalie rapidamente se o combustível utilizado para abastecer seu carro está dentro das especificações. Se o álcool tiver sido adulterado por adição de água em excesso, a densidade da mistura aumentará, provocando a elevação do tubo de vidro.

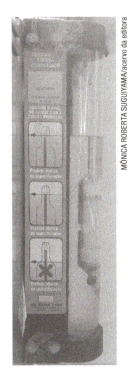

**Atenção:** apesar de a *densidade* e a *concentração em g/L* apresentarem a mesma unidade, essas grandezas são propriedades diferentes. Enquanto a densidade expressa uma relação entre massa de solução (soluto + solvente) e volume de solução, a concentração em g/L é a relação entre massa de soluto e volume de solução:

$$d = \frac{m_1 + m_2}{V} \neq \frac{m_1}{V} = C$$

onde $m_2$ é a massa de solvente.

## 6. Concentrações expressas em porcentagem

As concentrações em porcentagem fornecem a quantidade de soluto (em massa, volume ou mol) existente em 100 unidades de solução (em massa, volume ou mol). Dependendo da unidade escolhida, teremos três principais tipos de porcentagem:

- porcentagem em massa (% m/m),
- porcentagem em massa por volume (% m/V) e
- porcentagem em volume (% V/V).

### 6.1 Porcentagem em massa (% m/m)

O químico preparou a solução aquosa anterior de NaCl e determinou tanto sua densidade como a concentração em g/L.

Agora, ele deseja saber qual é a porcentagem em massa de soluto nessa solução, isto é, a massa do soluto em gramas presente em 100 g de solução:

1.029 g de solução ——— 100%
30 g de NaCl ——— x

x = 2,9% m/m

### 6.2 Porcentagem em massa por volume (% m/V)

Outra possibilidade para expressar a concentração da solução aquosa de NaCl é através da porcentagem em massa por volume, que indica a massa de soluto presente em 100 mL de solução:

30 g de NaCl ——— 1.000 mL de solução
x ——— 100%

x = 3% m/V

Sabendo-se todas essas unidades de concentração, o rótulo completo do recipiente que contém a solução aquosa de NaCl ficará:

rótulo —
NaCl(aq)
d = 1,029 g/mL
C = 30 g/L
2,9% m/m
3% m/V

### 6.3 Porcentagem em volume (% V/V)

Quando trabalhamos com soluções líquidas ou gasosas, o volume dos componentes pode ser facilmente medido, o que permite determinar a porcentagem em volume dessas soluções, que indica o volume de soluto, em L ou em mL, presente em 100 L ou 100 mL de solução.

**Nota**: o grau GL (Gay-Lussac) é uma unidade de concentração que indica porcentagem em volume de etanol presente no álcool comercial (solução aquosa de etanol).

## 7. Partes por milhão (ppm)

Existem situações em que a quantidade de soluto é muito pequena em relação à quantidade da solução. A concentração normal de zinco (utilizado na síntese do DNA) no sangue, por exemplo, está entre 0,5 e 1,1 μg por mL. Fora do nosso corpo, encontramos, em cada quilo de ar próximo dos centros metropolitanos, apenas 40 mg de monóxido de carbono (CO); já em 1 g de água potável, temos cerca de $5{,}0 \cdot 10^{-4}$ mg de mercúrio (Hg).

Nesses casos, para evitar o inconveniente de números tão pequenos, costuma-se utilizar a concentração em **partes por milhão (ppm)**, que corresponde à quantidade de soluto referente à $10^6$ quantidade de solução.

Para o caso da água contaminada com Hg, temos:

$5{,}0 \cdot 10^{-4} \cdot 10^{-3}$ g de Hg ——— 1 g água
x ——— $10^6$

x = 0,5 ppm

**Observações:**

- para soluções aquosas diluídas, a densidade da solução se aproxima da densidade da água pura (1 kg/L). Para essas soluções, 1 ppm = 1 mg/L;
- para concentrações ainda menores, os químicos empregam as unidades *ppb* (partes por bilhão) e *ppt* (partes por trilhão).

1 milhão = $10^6$; 1 bilhão = $10^9$; 1 trilhão = $10^{12}$

## 8. Concentração em mol/L (M ou [ ])

Depois de preparadas as soluções, o químico deseja realizar reações químicas. Contudo, a proporção fornecida pelos coeficientes estequiométricos das equações químicas apresenta como unidade o **mol**.

$2\,NaOH + 1\,H_2SO_4 \longrightarrow Na_2SO_4 + 2\,H_2O$
2 mol     1 mol     1 mol     2 mol

Por esse motivo, é interessante expressar a concentração de soluto em função da quantidade em mol, o que facilita o cálculo estequiométrico. A essa nova unidade de concentração dá-se o nome de **concentração em mol/L**:

$$M = \frac{n_1}{V}$$

onde $n_1$ é a quantidade em mol de soluto que pode ser calculada por meio da fórmula:

$$n_1 = \frac{m_1}{\overline{M}_1}$$

onde $\overline{M}_1$ é a massa molar do soluto.

Logo, é válido que:

$$M = \frac{m_1}{\overline{M}_1 V}$$

Para a solução de NaCl já preparada, sua concentração em mol/L é dada por:

30 g/L ——— M
58,51 g ——— 1 mol
M = [NaCl] = 0,51 mol/L

Agora, podemos completar o rótulo do frasco que contém essa solução aquosa com a concentração em mol/L:

rótulo
NaCl(aq)
d = 1,029 g/mL
C = 30 g/L
2,9% m/m
3% m/V
0,51 mol/L

## 9. Concentração em mol/L de íons

Sabemos que as soluções aquosas de ácidos, bases e sais apresentam íons hidratados dispersos:

$HCl(g) \xrightarrow{H_2O} HCl(aq) \xrightarrow{H_2O} H^+(aq) + Cl^-(aq)$

$NaOH(s) \xrightarrow{H_2O} NaOH(aq) \xrightarrow{H_2O} Na^+(aq) + OH^-(aq)$

$NaCl(s) \xrightarrow{H_2O} NaCl(aq) \xrightarrow{H_2O} Na^+(aq) + Cl^-(aq)$

Para determinar a concentração em mol/L dos íons em solução, é necessário dissociar o soluto, respeitando a proporção estequiométrica:

$CaCl_2(aq) \xrightarrow{H_2O} Ca^{2+}(aq) + 2\,Cl^-(aq)$
0,1 mol/L ——— 0,1 mol/L ——— 0,2 mol/L

Nesse caso, temos:
$[Ca^{2+}] = 0,1$ mol/L
$[Cl^-] = 0,2$ mol/L

Por meio da concentração em mol/L dos íons, podemos verificar que uma solução aquosa é **eletricamente neutra**, isto é, a soma das cargas dos íons em mol/L é igual a zero. Contudo, essas soluções são **condutoras de corrente elétrica**, uma vez que apresentam íons livres dispersos na solução.

Retornando ao exemplo do cloreto de cálcio ($CaCl_2$), obtemos:

$Ca^{2+}$ ——— $Cl^-$
0,1 mol/L ——— 0,2 mol/L
Carga: $(+2) \cdot (0,1) + (-1) \cdot (0,2) = 0$

## 10. Relações entre as unidades de concentração

Em alguns casos, é necessário realizar a conversão de uma unidade para outra. Nesses casos, a conversão pode ser efetuada a partir das definições das unidades de concentração e de regras de três ou por meio de fórmulas de conversão. As principais fórmulas utilizadas são:

**Convertendo $C_{g/L}$ em $\%_{m/m}$**

$$C = \frac{d \cdot \% \, m/m}{100}$$

(d em g/L)

$C = 10 \cdot d \cdot \% \, m/m$

(d em g/mL)

**Convertendo ppm em $\%_{m/m}$**

$ppm = 10^4 \, \% \, m/m$

**Convertendo $C_{g/L}$ em $C_{mol/L}$**

$C = M \cdot \overline{M}_1$

# Exercícios Série Prata

Preencha corretamente as lacunas a seguir.

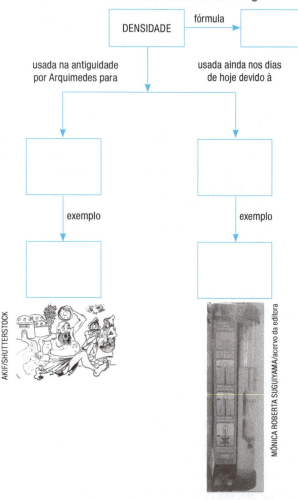

**1.** 240 g de certo soluto foram adicionados a 960 g de $H_2O$. O volume obtido da solução é 1,0 L. Calcule a densidade da solução em g/mL.

**2.** Uma solução cuja densidade é 1.150 g/L foi preparada dissolvendo-se 160 g de NaOH em 760 cm³ de água. Determine a massa da solução obtida e seu volume.
**Dado:** densidade da água = 1,0 g/cm³.

**3.** Um estudante deseja verificar a densidade de uma certa solução. Com auxílio de uma pipeta ele retira 20 mL dessa solução e constata que a amostra pesa 30 g. Pergunta-se:
a) Qual a densidade da solução?
b) Qual a massa da solução contida num volume de 4,0 mL?
c) Qual o volume da solução cuja massa seja 92 g?

**4.** Um estudante preparou 500 mL de solução aquosa de NaOH de concentração 40 g/L da seguinte maneira: pesou 20 g de NaOH e adicionou a um balão volumétrico de capacidade 500 mL. Em seguida adicionou 500 mL de água destilada. Justifique:
a) se o estudante agiu corretamente;
b) se a concentração da solução preparada é maior, menor ou igual a 40 g/L.

**5.** Em um balão volumétrico de 400 mL, são colocados 18 g de cloreto de sódio e água suficiente para atingir a marca do gargalo. Determine a concentração dessa solução em g/L.

6. Um adulto possui, em média, 5 L de sangue com cloreto de sódio dissolvido na concentração de 5,8 g/L. Qual a massa total de NaCl no sangue de uma pessoa adulta?

7. Sabendo que o soro fisiológico contém sal de cozinha na concentração de 9 g/L, calcule o volume de soro que você pode preparar com 45 g de NaCl.

8. (FUVEST – SP) Foi determinada a quantidade de $SO_2$ em certo local de São Paulo. Em 2,5 $m^3$ de ar foram encontrados 220 μg de $SO_2$. A concentração de $SO_2$, expressa em μg/$m^3$, é:
   a) 0,011.
   b) 0,88.
   c) 55.
   d) 88.
   e) 550.

Preencha corretamente as lacunas a seguir.

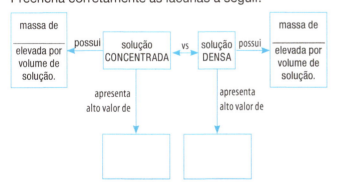

9. Em um laboratório há dois frascos, **A** e **B**, contendo soluções aquosas, em cujos rótulos pode-se ler: concentração 110 g/L e densidade 1,10 g/mL, respectivamente. Comparando as duas soluções dos frascos **A** e **B**, pode-se afirmar que:
   a) a solução do frasco **A** é mais concentrada do que a solução do frasco **B**.
   b) as massas de soluto dissolvidas nos dois frascos **A** e **B** são iguais.
   c) o mesmo soluto está dissolvido nos frascos **A** e **B**.
   d) a solução do frasco **B** é 100 vezes mais concentrada do que a do frasco **A**.
   e) as concentrações das soluções dos frascos **A** e **B** podem ser iguais.

10. Uma xícara contém 90 g de café com leite. Considerando que você adoce essa mistura com duas colheres de chá, contendo 5 g de açúcar cada uma, a porcentagem em massa de açúcar comum será:
    a) 12,5%.
    b) 6,25%.
    c) 25%.
    d) 10%.
    e) 5%.

11. A água do mar é imprópria para consumo porque contém 3,5% em massa de sais dissolvidos. Em uma salina, determine a massa de água do mar necessária para produzir 700 kg de sais.

**12.** Quantos gramas de H₂O são necessários a fim de se preparar uma solução, a 20% em massa, usando 80 gramas de soluto?

a) 400.
b) 500.
c) 180.
d) 320.
e) 480.

**13.** Qual a % m/V de uma solução preparada usando 10 g de NaOH para 2.000 mL de solução?

**14.** Qual a massa de $C_{12}H_{22}O_{11}$ presente em 600 mL de solução 3% m/V?

**15.** Que volume de solução de KCl de 5% m/V podemos obter utilizando uma massa de sal igual a 10 g?

**16.** Uma solução excelente para limpar manchas de graxa em tecidos ou couros apresenta a seguinte composição: 80% V/V de $CCl_4$, 16% V/V de ligroína e 4% V/V de álcool amílico. Quantos mL de ligroína devem ser misturados para preparar 75 mL de solução?

**17.** 50 mL de gasolina foram misturados com 50 mL de água destilada. Foi obtida uma mistura heterogênea de duas fases: gasolina e água. A fase aquosa apresentou 61 mL. Calcule o teor de álcool nessa gasolina.

**Resolução:**

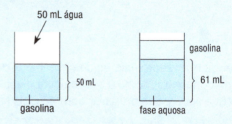

O aumento de 11 mL na fase aquosa é do álcool que estava na gasolina, pois o álcool é muito solúvel na água.

50 mL ——————— 100%
11 mL ——————— x          ∴ x = 22%

**18.** Em uma lata de 200 g de atum, informa-se que há mercúrio na concentração de 0,5 ppm. Calcule a massa de mercúrio.

**19.** A água potável pode conter uma quantidade máxima de 1,0 mg de íons $Ba^{2+}$ por litro. Essa concentração de bário corresponde a:

a) 0,01 ppm.
b) 0,1 ppm.
c) 1,0 ppm.
d) 10 ppm.
e) 100 ppm.

**20.** Na crosta terrestre existem, em média, 70 ppb (m/m) do metal prata. Qual será a massa de prata existente em 1 tonelada da crosta terrestre?

**21.** Na cidade de São Paulo, por exemplo, a qualidade do ar é considerada inadequada se o teor de CO atingir 15 ppm (V/V). Nessa situação, qual é o volume de CO existente em cada metro cúbico de ar?

**22.** Em uma amostra de 100 L de ar de uma cidade há $2 \cdot 10^{-8}$ L do poluente $SO_2$. Calcule a concentração ppm (V/V).

**23.** Um refrigerante contém 0,1% em massa de benzoato de sódio. Qual o valor dessa concentração em ppm?

**24.** Qual a porcentagem em massa correspondente a 12 ppm?

**25.** O limite máximo permitido de íon cromo ($Cr^{3+}$) na água potável é de 100 ppb. Transforme essa relação em ppm.

**26.** Soro fisiológico pode ser produzido com 4,5 g de NaCl dissolvidos em 500 mL de água destilada (d = 1 g/mL). Admitindo que o volume final continue igual a 500 mL, calcule a concentração do soro em:
a) gramas por litro.
b) % em massa do soluto.
c) ppm.

**27.** Uma xícara contém 200 mL de leite adoçado com 6,84 g de açúcar. Determine a concentração em mol/L do açúcar.
**Dado:** massa molar do açúcar = 342 g/mol.

**28.** Quantos gramas de soluto há em 150 mL de solução 0,20 mol/L de $HNO_3$?
**Dado:** massa molar do $HNO_3$ = 63 g/mol.

**29.** A concentração de ouro na água do mar é igual a $2 \cdot 10^{-11}$ mol/L. Para produzir 1,0 g de ouro, qual o volume de água do mar que você deveria colher?
a) $2,5 \cdot 10^8$ L
b) $2,5 \cdot 10^4$ L
c) $4 \cdot 10^{11}$ L
d) $4 \cdot 10^7$ L
e) 1.000 L

**Dado:** massa molar do Au = 200 g/mol.

**30.** (ENEM) Ao colocar um pouco de açúcar na água e mexer até a obtenção de uma só fase, prepara-se uma solução. O mesmo acontece ao se adicionar um pouquinho de sal à água e misturar bem. Uma substância capaz de dissolver o soluto é denominada solvente; por exemplo, a água é um solvente para o açúcar, para o sal e para várias outras substâncias. A figura a seguir ilustra essa citação.

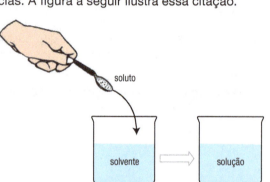

Disponível em: www.sobiologia.com.br.
Acesso em: 27 abr. 2010.

Suponha que uma pessoa, para adoçar seu cafezinho, tenha utilizado 3,42 g de sacarose (massa molar igual a 342 g/mol) para uma xícara de 50 mL do líquido. Qual é a concentração final, em mol/L, de sacarose nesse cafezinho?
a) 0,02
b) 0,2
c) 2
d) 200
e) 2.000

**31.** Calcule a massa necessária de sulfato de cobre (II) penta-hidratado, $CuSO_4 \cdot 5\ H_2O$, que deverá ser dissolvida em água para que sejam obtidos 500 mL de solução 0,02 mol/L.

**Dados:** massas molares em g/mol: Cu = 64, S = 32, O = 16, H = 1.

**32.** Uma solução de 0,8 mol/L de $CaCl_2$ apresenta:
a) $[Ca^{2+}] = 1,6$ mol/L e $[Cl^-] = 0,8$ mol/L.
b) $[Ca^{2+}] = [Cl^-] = 0,8$ mol/L.
c) $[Ca^{2+}] = [Cl^-] = 1,6$ mol/L.
d) $[Ca^{2+}] = 0,8$ mol/L e $[Cl^-] = 1,6$ mol/L.

**33.** Uma solução aquosa de $K_3PO_4$ apresenta 0,6 mol/L em relação aos cátions $K^+$. A concentração em mol/L dessa solução em relação ao sal será de:
a) 0,1 mol/L.
b) 0,2 mol/L.
c) 0,3 mol/L.
d) 0,4 mol/L.
e) 0,5 mol/L.

**34.** (PUC – PR) O sulfato de sódio, quando em solução aquosa, dissocia-se produzindo íons positivos e negativos. Uma solução 0,1 mol/L deste sal apresentará, respectivamente, uma concentração de íons positivos e negativos iguais a:

**35.** (CESGRANRIO – RJ) Em um balão volumétrico de 500 mL colocaram-se 9,5 g de $MgCl_2$ e completou-se o volume com $H_2O$ destilada. Sabendo-se que o $MgCl_2$ foi totalmente dissolvido, identifique a concentração aproximada de íons $Mg^{2+}$ nessa solução:

a) 0,05 mol/L.
b) 0,1 mol/L.
c) 0,2 mol/L.
d) 0,4 mol/L.
e) 3,2 mol/L.

**Dados:** $\overline{M}$: Mg = 24; Cl = 35,5.

**Resolução:**

$\overline{M} = (24 + 2 \cdot 35,5)$ g/mol $\therefore$ $\overline{M} = 95$ g/mol

$M = \dfrac{n_1}{V}$ $\therefore$ $M = \dfrac{m_1}{\overline{M}_1 V}$ $\therefore$ $M = \dfrac{9,5 \text{ g}}{95 \text{ g/mol} \cdot 0,5 \text{ L}}$

$\therefore$ M = 0,2 mol/L

$MgCl_2 \longrightarrow Mg^{2+} + 2Cl^-$
0,2 mol         0,2 mol

**Resposta:** alternativa c.

---

**36.** (FUVEST – SP) A massa de cloreto de crômio (III) hexa-hidratado, necessária para se preparar 1 litro de uma solução que contém 20 mg de $Cr^{3+}$ por mililitro, é igual a:

a) 0,02 g.
b) 20 g.
c) 52 g.
d) 102,5 g.
e) 266,5 g.

**Dados:** massas molares, em g/mol: Cr = 52; cloreto de crômio hexa-hidratado = 266,5.

---

**37.** (ITA – SP) Sabe-se que uma solução só contém os seguintes íons:

0,10 mol/L de $K^{1+}$, 0,16 mol/L de $Mg^{2+}$, 0,16 mol/L de $Cl^{1-}$ e **x** mol/L de $SO_4^{2-}$

Este **x** deve ser igual a:

a) 0,10.
b) 0,13.
c) 0,26.
d) 0,42.
e) 0,52.

**Resolução:**

Uma solução iônica é condutora de corrente elétrica, pois apresenta íons dispersos na solução.

Uma solução iônica é eletricamente neutra, pois a dissociação do soluto na água não altera a quantidade em mol de carga positiva e de carga negativa.

$Ca^{2+}Cl_2^{1-} \longrightarrow Ca^{2+} + 2Cl^{1-}$
2 mol de carga ⊕    2 mol de carga ⊕   2 mol de carga ⊖
2 mol de carga ⊖

No nosso exercício temos:

$+0,10 + 0,32 - 0,16 - 2x = 0$ $\therefore$ x = 0,13
   $K^+$       $Mg^{2+}$   $Cl^{1-}$   $SO_4^{2-}$

$[SO_4^{2-}] = 0,13$ mol/L

**Resposta:** alternativa b.

---

**38.** (ITA – SP) Um litro de uma solução aquosa contém 0,30 mol de íons $Na^+$, 0,28 mol de íons $Cl^-$, 0,10 mol de íons $SO_4^{2-}$ e x mols de íons $Fe^{3+}$. A concentração de íons $Fe^{3+}$ (em mol/L) presentes na solução é:

a) 0,03.
b) 0,06.
c) 0,08.
d) 0,18.
e) 0,26.

---

**39.** Considere uma solução aquosa de $H_2SO_4$ a 95% em massa e densidade 1,84 g/cm³. Pede-se:

a) concentração em g/L.
b) concentração em mol/L.

**Dado:** massa molar do $H_2SO_4$ = 98 g/mol.

**Resolução:**

1ª maneira:

a) 1 cm³ temos 1,84 g de solução
   1.000 cm³ (1 L) temos 1.840 g de solução.
   100% ——————— 1.840 g
   95% ——————— x
   x = 174,8 g ($H_2SO_4$) $\therefore$ C = 1.748 g/L

b) 98 g ——————— 1 mol
   1.740 g ——————— y
   y = 17,8 mol $\therefore$ M = 17,8 mol/L

2ª maneira:

a) C = 10 dp $\Rightarrow$ C = 10 · 1,84 · 95 $\therefore$ C = 1.748 g/L
b) C = M · $\overline{M}$ $\Rightarrow$ 1.748 = M · 98 $\therefore$ M = 17,8 mol/L

**40.** O rótulo de uma garrafa de $H_2SO_4$ indica:

80% em massa

d = 1,7 g/mL

$\overline{M}$ = 98 g/mol

Calcule:

a) a concentração em g/L;
b) a concentração em mol/L.

**41.** Uma solução de ácido sulfúrico apresenta 4,9% m/V.

Calcule:

a) a concentração em g/L;
b) a concentração em mol/L ($\overline{M}$ = 98 g/mol).

**42.** Uma solução aquosa de $CaBr_2$ tem concentração igual a 10 g/L e densidade praticamente igual a 1 g/mL.

Calcule:

a) a porcentagem em massa;
b) a concentração em mol/L ($\overline{M}$ = 200 g/mol).

**43.** (CESGRANRIO – RJ) A concentração do cloreto de sódio na água do mar é, em média, de 2,95 g/L. Assim sendo, a concentração em mol/L desse sal na água do mar é aproximadamente de:

a) 0,050.
b) 0,295.
c) 2,950.
d) 5,000.
e) 5,850.

**Dado:** massa molar de NaCl = 58,5 g/mol.

**44.** O vinagre contém ácido acético na concentração de 0,8 mol/L e a densidade da solução é igual a 1,0 g/mL. Nessas condições, a porcentagem em massa do ácido acético no vinagre é de:

a) 7,5%.
b) 0,75%.
c) 0,48%.
d) 4,8%.
e) 9,6%.

**Dado:** massa molar do ácido acético = 60 g/mol.

**45.** Uma solução de carbonato de cálcio ($CaCO_3$) apresenta concentração igual a 25 ppm em massa. A concentração em mol/L dessa solução é:

a) 0,00025.
b) 0,025.
c) 0,25.
d) 2,5.
e) 25.

**Dado:** densidade da solução = 1,0 g/mL; massa molar do $CaCO_3$ = 100 g/mol.

**46.** (UFV – MG) Soluções fisiológicas são soluções aquosas de NaCl a 0,9% (m/V). As concentrações aproximadas dessas soluções, expressas em mol/L e mg/L, são, respectivamente:

a) $1,5 \cdot 10^{-2}$ e $9,0 \cdot 10^2$.
b) $1,5 \cdot 10^{-2}$ e $9,0 \cdot 10^3$.
c) $1,5 \cdot 10^{-1}$ e $9,0 \cdot 10^4$.
d) $1,5 \cdot 10^{-1}$ e $9,0 \cdot 10^3$.
e) $1,5 \cdot 10^{-1}$ e $9,0 \cdot 10^2$.

**Dado:** massa molar: NaCl = 58,5 g/mol.

## Exercícios Série Ouro

**1.** (FATEC – SP) A Agência Nacional de Petróleo (ANP) estabelece que a gasolina vendida no Brasil deve conter entre 22% e 26% de etanol em volume. Esse teor pode ser medido facilmente: de um dado volume de gasolina é possível extrair todo o etanol utilizando-se um volume de água idêntico ao da gasolina inicial. Assim, o teor de etanol no extrato aquoso será igual ao teor de etanol na amostra inicial de gasolina. Sabe-se que a densidade da mistura etanol-água é proporcional a seu teor de etanol, conforme mostra a tabela abaixo:

| Densidade da mistura etanol-água (g/mL) | Teor de etanol na mistura (%) |
|---|---|
| 0,969 | 15,8 |
| 0,954 | 23,7 |
| 0,935 | 31,6 |

Cinco diferentes amostras de gasolina foram analisadas, extraindo-se o etanol em fase aquosa. Mediu-se a densidade (d) desses extratos aquosos e os resultados são dados a seguir.

Assinale a alternativa em que a gasolina analisada encontra-se dentro das especificações da ANP.

a) Amostra 1: d = 0,959 g/mL.
b) Amostra 2: d = 0,969 g/mL.
c) Amostra 3: d = 0,954 g/mL.
d) Amostra 4: d = 0,935 g/mL.
e) Amostra 5: d = 0,925 g/mL.

**2.** (UFRJ) Um recipiente contém um líquido A de densidade 0,60 g/cm³ em volume V. Outro recipiente contém um líquido B de densidade 0,70 g/cm³ e volume 4V. Os dois líquidos são miscíveis. Qual a densidade da mistura?

a) 0,64 g/cm³
b) 0,62 g/cm³
c) 0,86 g/cm³
d) 0,70 g/cm³
e) 0,68 g/cm³

**3.** (FESP) O volume de álcool etílico que devemos misturar com 80 cm³ de água destilada para obtermos uma solução alcoólica de densidade 0,93 g/cm³ é (despreze a contração de volume que acompanha a mistura de álcool com água):

a) 4 cm³.
b) 40 cm³.
c) 60 cm³.
d) 70 cm³.
e) 65 cm³.

**Dado:** $d_{H_2O}$ = 1 g/cm³; $d_{C_2H_5OH}$ = 0,79 g/cm³.

**5.** (ENEM) Analise a figura.

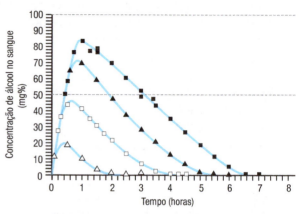

*Disponível em:* http://www.alcoologia.net.
*Acesso em:* 15/jul./2009 (adaptado).

Supondo que seja necessário dar um título para essa figura, a alternativa que melhor traduziria o processo representado seria:

a) Concentração média de álcool no sangue ao longo do dia.
b) Variação da frequência da ingestão de álcool ao longo das horas.
c) Concentração mínima de álcool no sangue a partir de diferentes dosagens.
d) Estimativa de tempo necessário para metabolizar diferentes quantidades de álcool.
e) Representação gráfica da distribuição de frequência de álcool em determinada hora do dia.

**4.** (FUVEST – SP) O gráfico abaixo relaciona a densidade do álcool hidratado com a sua porcentagem de água. Pede-se:

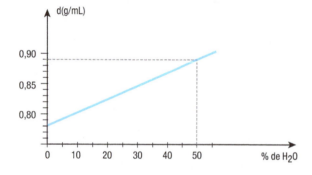

a) a porcentagem de álcool em uma solução de densidade 0,82 g/mL;
b) a massa, em gramas, de 1 litro de álcool com 30% de água.

**6.** (FUVEST – SP) Água e etanol misturam-se completamente, em quaisquer proporções. Observa-se que o volume final da mistura é menor do que a soma dos volumes de etanol e de água empregados para prepará-la. O gráfico a seguir mostra como a densidade varia em função da porcentagem de etanol (em volume) empregado para preparar a mistura (densidades medidas a 20 °C).

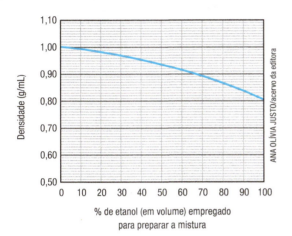

Se 50 mL de etanol forem misturados a 50 mL de água, a 20 °C, o volume da mistura resultante, a essa mesma temperatura, será de, aproximadamente,

a) 76 mL.  
b) 79 mL.  
c) 86 mL.  
d) 89 mL.  
e) 96 mL.

**7.** (FIR – PE) Uma solução de sulfato de cobre ($CuSO_4$) apresenta as seguintes quantidades do sal por volume de solução:

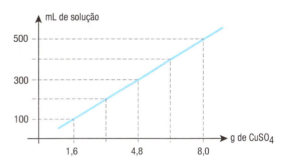

A concentração da solução é:

a) $10^2$ g/L.  
b) $10^0$ mol/L.  
c) $10^1$ g/L.  
d) $10^{-1}$ mol/L.  
e) $10^2$ mol/L.

**Dado:** massa molar do $CuSO_4$ = 160 g/mol.

**8.** (UFPA) O ácido cítrico (I) é utilizado em indústrias de alimentos como conservante dos produtos. Em uma dada indústria de refrigerantes são adicionados 2,4 kg do ácido para cada 100 litros do refrigerante. A concentração em mol/L do ácido cítrico em uma lata com 300 mL é:

$$HOOCCH_2\underset{\underset{COOH}{|}}{\overset{\overset{OH}{|}}{C}}CH_2COOH \quad (I)$$

a) 0,037.  
b) 0,063.  
c) 0,125.  
d) 0,250.  
e) 0,50.

**Dados:** massas molares em g/mol C = 12, H = 1, O = 16.

Cap. 12 | Soluções

**9.** (UNESP) Uma pastilha contendo 500 mg de ácido ascórbico (vitamina C) foi dissolvida em um copo contendo 200 mL de água. Dadas as massas molares C = 12 g · mol$^{-1}$, H = 1 g · mol$^{-1}$ e O = 16 g · moL$^{-1}$ e a fórmula molecular da vitamina C, $C_6H_8O_6$, a concentração da solução obtida é:

a) 0,0042 mol · L$^{-1}$
b) 0,0142 mol · L$^{-1}$
c) 2,5 mol · L$^{-1}$
d) 0,5 g · L$^{-1}$
e) 5,0 g · L$^{-1}$

**10.** (FATEC – SP) O hidróxido de sódio, NaOH (soda cáustica), é bastante solúvel em água e utilizado para a remoção de resíduos de matéria orgânica na limpeza dos equipamentos usados na fabricação de alimentos.

anvisa.gov.br/alimentos/informes/33_251007.htm.
Acesso em: 03.05.2013.

Uma empresa alimentícia usou uma solução de hidróxido de sódio (soda cáustica) a 2,5% (m/V) para a limpeza de seus equipamentos.

Essa solução apresenta pH elevado, aproximadamente 13, a 25 °C, o que pode representar risco de queimadura ou sensação de forte ardência na boca, caso venha a ser ingerida.

A solução de NaOH, descrita no texto, apresenta concentração em mol/L, aproximadamente, de

a) 0,6.
b) 1,0.
c) 2,5.
d) 13.
e) 25.

**Dados:** massas molares: H = 1 g/mol, O = 16 g/mol, Na = 23 g/mol.

**11.** (UECE) Em 2012, a emissão de gás carbônico ($CO_2$) na atmosfera foi muito elevada, atingindo a concentração de 392 ppm (partes por milhão – medida de concentração das soluções), o que causou enormes prejuízos para o meio ambiente e, por consequência, para a humanidade. Considerando a quantidade do ar atmosférico de 100 trilhões de toneladas nesse ano, a emissão de $CO_2$, em bilhões de toneladas, foi

a) 3,92.
b) 36,1.
c) 39,2.
d) 392.

**12.** (FATEC) Em depósitos subterrâneos, a água pode entrar em contato com certos materiais como o calcário ($CaCO_3$) ou a dolomita ($CaCO_3 \cdot MgCO_3$). Dessa forma, passa a existir em sua composição uma quantidade excessiva de íons $Ca^{2+}$ e $Mg^{2+}$, passando a ser denominada água dura e tornando-a imprópria para consumo humano.

Na indústria, quando exposta ao aumento de temperatura, ocorre cristalização do calcário, criando incrustações que exigem altos custos para reparação e manutenção dos equipamentos, levando à menor produtividade e ao risco de explosões das caldeiras.

uenf.br/uenf/centros/cct/qambiental/ag_dura.html
Acesso em: 03.05.2013. Adaptado.

Considere a tabela de classificação da água.

| Classificação | Teor de cátions |
|---|---|
| dura | acima de 150 mg/L |
| moderada | entre 75 e 150 mg/L |
| mole | abaixo de 75 mg/L |

Analisando a tabela, conclui-se, corretamente, que a água é considerada

a) moderada, quando a concentração está entre 7,5 e 15 ppm (m/m).
b) moderada, quando a concentração está entre 75 e 150 ppb (m/m).
c) mole, quando a concentração está abaixo de 0,75 ppm (m/m).

d) dura, quando a concentração está acima de 150 ppm (m/m).
e) dura, quando a concentração está acima de 150 ppb (m/m).

**Dados:** densidade da solução = 1 g/cm³; ppm = partes por milhão; ppb = partes por bilhão.

**14.** (UNIFESP) Em intervenções cirúrgicas, é comum aplicar uma tintura de iodo na região do corpo onde será feita a incisão. A utilização desse produto deve-se à sua ação antisséptica e bactericida. Para 5 litros de etanol, densidade 0,8 g/mL, a massa de iodo sólido, em gramas, que deverá ser utilizada para obter uma solução que contém 0,50 mol de $I_2$ para cada quilograma de álcool, será de:
a) 635.
b) 508.
c) 381.
d) 254.
e) 127.

**Dado:** $I_2$ = 254 g/mol.

**13.** (UNESP) Há décadas são conhecidos os efeitos da fluoretação da água na prevenção da cárie dentária. Porém, o excesso de fluoreto pode causar a fluorose, levando, em alguns casos, à perda dos dentes. Em regiões onde o subsolo é rico em fluorita ($CaF_2$), a água subterrânea, em contato com ela, pode dissolvê-la parcialmente. Considere que o VMP (Valor Máximo Permitido) para o teor de fluoreto ($F^-$) na água potável é 1,0 mg · $L^{-1}$ e que uma solução saturada em $CaF_2$, nas condições normais, apresenta 0,0016% em massa (massa de soluto/massa de solução) deste composto, com densidade igual a 1,0 g · $cm^{-3}$. Dadas as massas molares, em g · $mol^{-1}$, Ca = 40 e F = 19, é correto afirmar que, nessas condições, a água subterrânea em contato com a fluorita:

a) nunca apresentará um teor de $F^-$ superior ao VMP.
b) pode apresentar um teor de $F^-$ até cerca de 8 vezes maior que o VMP.
c) pode apresentar um teor de $F^-$ até cerca de 80 vezes maior que o VMP.
d) pode apresentar um teor de $F^-$ até cerca de 800 vezes maior que o VMP.
e) pode apresentar valores próximos a $10^{-1}$ mol · $L^{-1}$ em $F^-$.

**Resolução:**

VMP $F^-$ = 1,0 mg/L

solução saturada de $CaF_2$

0,0016%  d = 1 g/cm³

1 cm³ ⟶ 1 g

1.000 cm³ (1 L) ⟶ 1.000 g

100% ——————— 1.000 g
0,0016% ——————— x  ∴ x = 0,016 g

$CaF_2$ ⟶ $Ca^{2+}$ + 2 $F^-$
78 g ——————— 2 · 19 g
0,016 g ——————— y  ∴ y = 0,008 g ∴ 8 mg/L

8 mg/L > VMP (1 mg/L)

**Resposta:** alternativa b.

**15.** (UnB – DF) O rótulo de uma garrafa de água mineral indica a seguinte composição química provável, em mg/L:

| | |
|---|---|
| Bicarbonato de bário | 0,04 |
| Bicarbonato de estrôncio | 0,01 |
| Bicarbonato de cálcio | 4,04 |
| Bicarbonato de magnésio | 2,16 |
| Bicarbonato de potássio | 13,88 |
| Óxido de alumínio | 0,13 |
| Óxido de silício | 30,00 |

Considerando a massa molar do óxido de silício igual a 60 g/mol, julgue os itens abaixo.

a) A concentração do óxido de silício na água mineral é igual a 0,5 mol/L.
b) Em cada litro da água mineral, existem 30 mg de silício.
c) Cinco das substâncias indicadas no rótulo podem ser obtidas por neutralização parcial do ácido carbônico.

**16.** (UERJ) Para analisar o crescimento de raízes, quatro mudas idênticas de violeta foram submetidas a um procedimento experimental.

Três das mudas foram colocadas em soluções nutritivas contendo diferentes concentrações de ácido naftaleno acético, um inibidor do crescimento de raízes. As concentrações de ácido utilizadas, em mol · L$^{-1}$, foram:

$$C_1 = 2 \cdot 10^{-4}$$

$$C_2 = 1 \cdot 10^{-3}$$

$$C_3 = 2 \cdot 10^{-5}$$

A quarta muda, para controle, foi colocada na mesma solução nutritiva, porém na ausência do inibidor. Observe o gráfico abaixo:

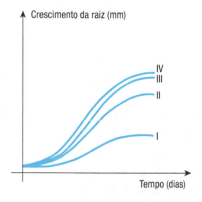

As curvas que representam o crescimento das raízes para as concentrações $C_1$, $C_2$, $C_3$ e de controle são, respectivamente, as de números:
a) IV, III, II, I.
b) III, IV, II, I.
c) II, I, III, IV.
d) I, II, III, IV.

Com base nessas informações, a concentração da solução comercial desse ácido será:
a) 7 mol/L.
b) 6 mol/L.
c) 5 mol/L.
d) 4 mol/L.
e) 3 mol/L.

**18.** (FGV) A concentração crítica de elementos essenciais nas plantas é a concentração mínima necessária para seu crescimento, e pode haver variação de uma espécie para outra. Sobre as necessidades gerais das plantas, na tabela são apresentadas as concentrações típicas (massa do elemento/massa da planta seca) para alguns elementos essenciais.

| Elemento | mg/kg |
|---|---|
| N | $1,5 \cdot 10^4$ |
| K | $1,0 \cdot 10^4$ |
| Ca | $5,0 \cdot 10^3$ |
| Mg | $2,0 \cdot 10^3$ |
| P | $2,0 \cdot 10^3$ |
| S | $1,0 \cdot 10^3$ |
| Fe | $1,0 \cdot 10^2$ |
| Mn | $5,0 \cdot 10^1$ |

A partir dos dados da tabela, pode-se afirmar que a concentração típica de manganês e o número aproximado de átomos de fósforo para 100 kg de planta seca são, respectivamente,
a) 50 ppm e $1,5 \cdot 10^{25}$.
b) 50 ppm e $3,9 \cdot 10^{24}$.
c) 2.000 ppm e $1,5 \cdot 10^{25}$.
d) 2.000 ppm e $3,9 \cdot 10^{24}$.
e) 5.000 ppm e $3,9 \cdot 10^{25}$.

**Dados:** constante de Avogadro = $6,0 \cdot 10^{23}$ mol$^{-1}$; massa molar do P = 31 g/mol.

**17.** (UNESP) Os frascos utilizados no acondicionamento de soluções do ácido clorídrico comercial, também conhecido como ácido muriático, apresentam as seguintes informações em seus rótulos: solução 20% m/m (massa percentual); densidade = 1,10 g/mL; massa molar = 36,50 g/mol.

**19.** (UNESP) Durante este ano, no período de vacinação contra a gripe A (H1N1), surgiram comentários infundados de que a vacina utilizada, por conter mercúrio (metal pesado), seria prejudicial à saúde. As autoridades esclareceram que a quantidade de mercúrio, na forma do composto tiomersal, utilizado como conservante, é muito pequena. Se uma dose dessa vacina, com volume igual a 0,5 mL, contém 0,02 mg de Hg, calcule:

a) concentração da solução de tiomersal, em ppm.
b) a quantidade de matéria (em mol) de mercúrio em um litro da vacina.

**Dado:** massa molar do Hg = 200 g/mol.

**20.** (UERJ) Observe, a seguir, a fórmula estrutural do ácido ascórbico, também conhecido como vitamina C:

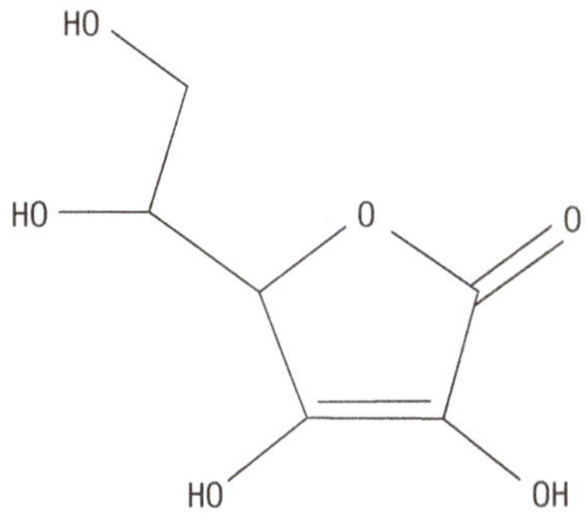

Para uma dieta saudável, recomenda-se a ingestão diária de 2,5 · 10⁻⁴ mol dessa vitamina, preferencialmente obtida de fontes naturais, como as frutas. Considere as seguintes concentrações de vitamina C:

– polpa de morango: 704 mg · L⁻¹;
– polpa de laranja: 528 mg · L⁻¹.

Um suco foi preparado com 100 mL de polpa de morango, 200 mL de polpa de laranja e 700 mL de água.

Calcule a quantidade desse suco, em mililitros, que fornece a dose diária recomendada de vitamina C.

**Dado:** massa molar, em g/mol, de vitamina C = 176.

**21.** (FATEC – SP) Segundo a legislação, a concentração máxima permitida de chumbo (íons $Pb^{2+}$) na água potável é de 50 ppb (partes por bilhão). Águas de três diferentes fontes foram analisadas para verificar se estavam dentro dessa especificação. A tabela a seguir mostra os dados dessa análise:

| Fonte | $V_{água\ analisada}$ (em mL) | Quantidade de $Pb^{2+}$ (em µg) |
|---|---|---|
| P | 100 | 20,7 |
| Q | 100 | 4,04 |
| R | 50 | 3,11 |

De acordo com esses resultados, a concentração de chumbo acima do valor máximo permitido é encontrada apenas na água da(s) fonte(s):

a) P.
b) Q.
c) R.
d) P e R.
e) Q e R

**Dados:** massa molar (g/mol) de Pb = 207; 1 ppb = = µg/L; 1 µg = 10⁻⁶ g.

**22.** A Demanda Bioquímica de Oxigênio (DBO) expressa a quantidade de oxigênio necessário ($m_{O_2}$), em miligramas, para degradar compostos orgânicos complexos em substâncias mais simples e não poluentes:

$$DBO = \frac{m_{O_2}}{\text{volume da amostra em litros}} = \frac{\text{uma parte de } O_2}{\text{um milhão de partes da amostra}}$$

Quando o oxigênio presente na água é utilizado na decomposição de substâncias, a sua disponibilidade para os seres vivos o utilizarem na respiração diminui e, às vezes, de forma tão intensa que esses seres não conseguem sobreviver. Suponha que um caminhão transportando benzeno caia em um rio. A concentração dessa substância na água do rio atinge $1{,}0 \cdot 10^{-3}$ g/L. Sabendo que a reação de degradação do benzeno é:

$$2\ C_6H_6 + 15\ O_2 \longrightarrow 12\ CO_2 + 6\ H_2O$$

calcule o DBO da água do rio, expressando o resultado em ppm. (Sugestão: calcule, com base na equação, a massa de oxigênio em miligramas necessária para consumir 1 g de benzeno.)

**Dados:** massas molares em g/mol: $C_6H_6 = 78$, $O_2 = 32$; $d_{\text{solução}} = 1$ g/mL.

**23.** (ENEM) Todos os organismos necessitam de água e grande parte deles vive em rios, lagos e oceanos. Os processos biológicos, como respiração e fotossíntese, exercem profunda influência na química das águas naturais em todo o planeta. O oxigênio é ator dominante na química e na bioquímica da hidrosfera. Devido a sua baixa solubilidade em água (9,0 mg/L a 20 °C) a disponibilidade de oxigênio nos ecossistemas aquáticos estabelece o limite entre a vida aeróbica e anaeróbica. Nesse contexto, um parâmetro chamado Demanda Bioquímica de Oxigênio (DBO) foi definido para medir a quantidade de matéria orgânica presente em um sistema hídrico. A DBO corresponde à massa de $O_2$ em miligramas necessária para realizar a oxidação total do carbono orgânico em um litro de água.

BAIRD, C. **Química Ambiental**.
Porto Alegre: Bookman, 2005 (adaptado).

Suponha que 10 mg de açúcar (fórmula mínima $CH_2O$ e massa molar igual a 30 g/mol) são dissolvidos em um litro de água; em quanto a DBO será aumentada?

a) 0,4 mg de $O_2$/litro
b) 1,7 mg de $O_2$/litro
c) 2,7 mg de $O_2$/litro
d) 9,4 mg de $O_2$/litro
e) 10,7 mg de $O_2$/litro

**Dados:** massas molares em g/mol: $C = 12$; $H = 1$; $O = 16$.

**24.** Concentração da água oxigenada é apresentada em volumes.

Esse tipo de concentração é baseada na equação de decomposição da água oxigenada:

$$2 H_2O_2 \longrightarrow 2 H_2O + O_2$$

Água oxigenada 10 V corresponde a uma solução aquosa de água oxigenada em que 1 L dessa solução é capaz de liberar 10 L de $O_2$ nas CNTP (P = 1 atm, T = 273 K).

Uma solução de $H_2O_2$ é 0,1 mol/L. Qual é a concentração em volumes dessa água oxigenada?

**Dados:** volume molar dos gases nas CNTP = = 22,4 L/mol.

**25.** (ITA – SP) A solução aquosa 6% em massa de água oxigenada ($H_2O_2$) é geralmente empregada como agente branqueador para tecidos e cabelos. Pode-se afirmar que a concentração aproximada dessa solução aquosa, expressa em volumes, é:

a) 24.
b) 20.
c) 12.
d) 10.
e) 6.

**Dados:** concentração expressa em volumes significa o volume de $O_2$ liberado em 1 L de solução nas CNTP.

$d_{solução}$ = 1 g · mL$^{-1}$; $V_{molar}$ = 22,4 L (CNTP); massa molar = 34 g/mol;

reação: $2 H_2O_2 \longrightarrow O_2 + 2 H_2O$

## Exercícios Série Platina

**1.** A presença de íon de fosfato no esgoto que descarrega em rios e lagos é muito prejudicial aos ecossistemas aquáticos. É por isso que as estações de tratamento de esgoto mais avançadas incluem um processo de "remoção de fósforo", como:

$$H_2PO_4^- + MgO + NO_4^+ + 5 H_2O \longrightarrow$$
$$\longrightarrow Mg(NH_4)PO_4 \cdot 6 H_2O$$

Uma estação de tratamento de esgoto em uma cidade de tamanho médio processa 50.000 m³ de esgoto bruto por dia. A análise química do esgoto mostra que contém 30 ppm (partes por milhão) de íon de $H_2PO_4^-$.

a) Calcule a massa do esgoto.
b) Calcule a massa do íon $H_2PO_4^-$ no esgoto.
c) Partindo-se do pressuposto de que a eficiência da remoção do íon de fosfato é de 90%, qual a massa de Mg(NH$_4$)PO$_4$·6 H$_2$O produzida na estação semanalmente?

**Dados:** densidade do esgoto: 1 kg/L; massas molares, em g/mol: $H_2PO_4^-$ = 97 e Mg(NH$_4$)PO$_4$·6 H$_2$O = = 245.

**2.** Certa solução aquosa de amônia ($NH_3$) contém 1,7% em massa dessa substância.

a) Calcule a concentração, em mol/L, de $NH_3$, em 100 g de solução.

b) Quantos mililitros de solução aquosa 1 mol/L de HCl são necessários para a completa neutralização de 100 g dessa solução?

**Dados:** massa molar do $NH_3$: 17 g/mol e densidade da solução: 1 g/mL.

**3.** (UNIFESP – adaptada) O ácido nítrico é um dos ácidos mais utilizados na indústria e em laboratórios químicos. É comercializado em diferentes concentrações e volumes, como frascos de 1 litro de solução aquosa, que contém 60% em massa de $HNO_3$ (massa molar: 63 g/mol). Por se tratar de ácido forte, encontra-se totalmente na forma ionizada quando em solução aquosa diluída. É um líquido incolor, mas adquire coloração castanha quando exposto à luz, devido à reação de fotodecomposição. Nesta reação, o ácido nítrico decompõe-se em dióxido de nitrogênio, gás oxigênio e água.

a) Escreva as equações químicas, devidamente balanceadas, da reação de fotodecomposição do ácido nítrico (I) e da ionização do ácido nítrico em meio aquoso (II).

b) A 20 °C, a solução aquosa de ácido nítrico, descrita no enunciado, apresenta concentração 13,0 mol/L. Calcule a massa da solução a 20 °C. Apresente seus cálculos.

c) Qual é a densidade da solução e a concentração em g/L a 20 °C? Apresente seus cálculos.

**4.** (UNIFESP – adaptada) Na queima do cigarro, há a liberação dos gases CO, $CO_2$ e de outras substâncias tóxicas como alcatrão, nicotina, fenóis e amônia ($NH_3$). Para a conscientização sobre a toxicidade do cigarro, a campanha antifumo do estado de São Paulo mostrava o uso do monoxímetro, "bafômetro do cigarro", que mede a concentração de monóxido de carbono, em ppm (partes por milhão), no ar exalado dos pulmões do indivíduo. A figura representa o resultado da aplicação do teste.

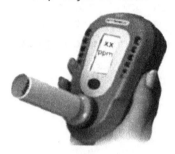

www.bhsbrasil.com.br/monoximetro.htm. Adaptado.

Considerando que dois litros de ar exalado por aquele indivíduo contêm $4,58 \cdot 10^{-2}$ mg de monóxido de carbono, determine:

a) O volume de CO exalado pelo indivíduo em dois litros de ar.

b) O valor de XX, indicado no visor do monoxímetro.

**Dados:** 1 ppm de CO refere-se ao teor de 1 L de CO em $10^6$ L de ar; densidade do CO = 1,145 g/L nas condições do teste.

# Diluição e Mistura

## Capítulo 13

### 1. Diluição

Diluir uma solução significa adicionar solvente a esta solução com a finalidade de diminuir sua concentração.

**Exemplo:**

Solução concentrada de ácidos comerciais.

Ao diluir uma solução, verificamos que:
- a quantidade de soluto (m, n) permanece constante;
- o volume da solução aumenta ($V_2 > V_1$);
- a concentração diminui.

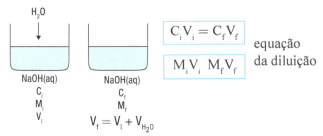

$C_i V_i = C_f V_f$
$M_i V_i = M_f V_f$ equação da diluição

$V_f = V_i + V_{H_2O}$

A operação inversa de **diluição** chama-se **concentrar**. Concentrar consiste num aquecimento cuidadoso da solução, de modo a evaporar apenas o solvente. Nesse caso, continuam valendo as fórmulas apresentadas.

### 2. Mistura de soluções de mesmo soluto

Nesse tipo de mistura, as quantidades de soluto (m, n) somam-se.

**Exemplo:**

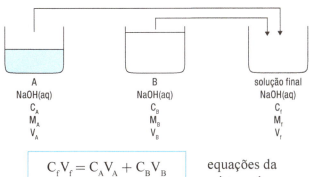

$C_f V_f = C_A V_A + C_B V_B$

$M_f V_f = M_A V_A + M_B V_B$

equações da mistura de mesmo soluto

A concentração final tem um valor intermediário do das concentrações iniciais.

Não sendo dado o volume final da mistura, devemos considerá-lo como a soma dos volumes iniciais. Nem sempre os volumes são aditivos. Na mistura água + álcool, por exemplo, ocorre contração de volume.

### 3. Mistura de soluções de solutos diferentes sem reação química

Nesse tipo de mistura, as quantidades de soluto (m, n) permanecem inalteradas. Tudo se passa como se cada solução individualmente sofresse uma diluição.

A concentração de cada soluto diminui, pois o volume da solução aumenta decorrente da mistura das soluções.

**Exemplo:**

Misturando-se 150 mL de solução 2 mol/L de NaCl com 250 mL de solução 1 mol/L de KCl, pergunta-se quais serão as concentrações em mol/L da solução resultante em relação:

a) ao NaCl
b) ao KCl
c) aos íons presentes na solução final

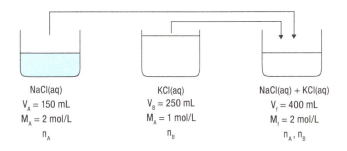

a) NaCl $M_A V_A = M_f V_f$ ∴ $2 \cdot 150 = M_f \cdot 400$
$M_f = 0{,}75$ mol/L

b) KCl $M_B V_B = M_f V_f$ ∴ $1 \cdot 250 = M_f \cdot 400$
$M_f = 0{,}625$ mol/L

c) NaCl $\longrightarrow$ Na$^+$ + Cl$^-$
   0,75 mol/L     0,75 mol/L     0,75 mol/L

   KCl $\longrightarrow$ K$^+$ + Cl$^-$
   0,625 mol/L    0,625 mol/L    0,625 mol/L

   [Na$^+$] = 0,75 mol/L, [K$^+$] = 0,625 mol/L,
   [Cl$^-$] = 1,375 mol/L

## 4. Mistura de soluções com reação química

Quando se misturam soluções com reação química, estamos diante de um problema de estequiometria.

**Roteiro**

- calcular a quantidade em mols de cada soluto
- escrever a equação química balanceada
- obedecer a estequiometria

**Exemplo:**

Juntam-se 300 mL de HCl 0,4 mol/L e 200 mL de NaOH 0,8 mol/L. Calcular a concentração em mol/L do sal formado e do reagente em excesso.

HCl  $M = \dfrac{n}{V}$  $0{,}4 = \dfrac{n}{0{,}3}$ $\therefore$ $n_A = 0{,}12$ mol        NaOH  $M = \dfrac{n}{V}$  $0{,}8 = \dfrac{n}{0{,}2}$ $\therefore$ $n_B = 0{,}16$ mol

|              | NaOH    | + | HCl    | $\longrightarrow$ | NaCl    | + | H$_2$O |
|--------------|---------|---|--------|---|---------|---|--------|
| equação      | 1 mol   |   | 1 mol  |   | 1 mol   |   | 1 mol  |
| exercício    | 0,16 mol|   | 0,12 mol|  |         |   |        |
| reage e forma| 0,12 mol|   | 0,12 mol|  | 0,12 mol|   | 0,12 mol|
| final        | 0,04 mol|   | 0      |   | 0,12 mol|   | 0,12 mol   $V_f = 500$ mL $= 0{,}5$ L |

NaCl  $M = \dfrac{n}{V}$,  $M = \dfrac{0{,}12}{0{,}5}$ $\therefore$ $M = 0{,}24$ mol/L

NaOH  $M = \dfrac{n}{V}$,  $M = \dfrac{0{,}04}{0{,}5}$ $\therefore$ $M = 0{,}08$ mol/L

## Exercícios Série Prata

**1.** Sabendo que 8 cm³ de água destilada foram adicionados a 2 cm³ de solução de H$_2$SO$_4$ 3,0 mol/L, determine a concentração em mol/L final da solução.

**2.** (UNESP) O soro fisiológico é uma das soluções mais utilizadas na área de saúde. Consiste em uma solução aquosa de cloreto de sódio NaCl 0,9% em massa por volume, que equivale à concentração 0,15 mol · L$^{-1}$. Dispondo de uma solução estoque de NaCl 0,50 mol · L$^{-1}$, o volume necessário dessa solução, em mL, para preparar 250 mL de soro fisiológico será igual a

a) 15.
b) 100.
c) 25.
d) 75.
e) 50.

**3.** 400 mL de solução aquosa de NaOH 0,16 mol/L são aquecidos até que o volume seja reduzido a 80% do inicial. Determine a concentração em mol/L no fim do processo.

**4.** Sabendo que foram adicionados 300 g de água destilada a 200 g de solução aquosa de 18% em massa de NaCl, determine a porcentagem em massa de soluto na solução final.

**5.** Que volume de água deve ser adicionado a 50 cm³ de solução de NaOH, cuja concentração é igual a 60 g/L, para que seja obtida uma solução a 5 g/L?

**6.** Um frasco de solução de HCl apresenta as seguintes informações no rótulo:

HCl
38% m/m
d = 1,2 g/mL

Sabendo que um químico necessita de 100 mL de solução 0,5 mol/L de HCl, calcule o volume da solução inicial.

**Dado:** massa molar do HCl = 36,5 g/mol.

**7.** (UNESP) Na preparação de 500 mL de uma solução aquosa de $H_2SO_4$ de concentração 3 mol/L, a partir de uma solução de concentração 15 mol/L do ácido, deve-se diluir o seguinte volume da solução concentrada:

a) 10 mL.
b) 100 mL.
c) 150 mL.
d) 300 mL.
e) 450 mL.

**8.** A uma solução 0,4 mol/L de $H_2SO_4$ foi adicionado um volume de água fazendo com que o volume da solução quadruplicasse.

Calcule:
a) a concentração em mol/L da solução final.
b) a concentração dos íons $H^+$ e $SO_4^{2-}$ em mol/L da solução final.

**9.**
a) Calcule a concentração em g/L da solução obtida quando se adiciona 400 mL de água a 200 mL de solução 492 g/L de $Ca(NO_3)_2$.

b) Calcule a concentração em mol/L dos íons $Ca^{2+}$ e $O_3^-$ após a diluição.

**Dados:** massas molares em g/mol: Ca = 40, N = 14, O = 16.

**10.** 0,75 L de NaOH 2 mol/L foi misturado com 0,50 L da mesma base a 3 mol/L. Calcular a concentração em mol/L da solução resultante.

**11.** Um volume de 200 mL de uma solução aquosa de $C_6H_{12}O_6$ de concentração igual a 60 g/L foi misturada a 300 mL de uma solução $C_6H_{12}O_6$ de concentração igual a 120 g/L. Determine a concentração em g/L da solução final.

**12.** Que volumes de soluções 1 mol/L e 3,5 mol/L de HCl devem ser misturados para que sejam obtidos 100 mL de solução 2 mol/L?

**13.** (MACKENZIE – SP) Adicionando-se 600 mL de uma solução 0,25 mol/L de KOH a um certo volume (V) de solução 1,5 mol/L de mesma base, obtém-se uma solução 1,2 mol/L. O volume (V) adicionado de solução 1,5 mol/L é de:

a) 0,1 L.
b) 3,0 L.
c) 2,7 L.
d) 1,5 L.
e) 1,9 L.

**14.** 500 mL de uma solução 1,0 mol/L de $H_2SO_4$ e 1.500 mL de outra solução 2,0 mol/L de $H_2SO_4$ foram misturados e o volume final completado a 2.500 mL pela adição de água. Qual a concentração em mol/L da solução resultante?

**15.** Quais as massas de duas soluções aquosas de $H_2SO_4$ de títulos iguais a 0,20 e 0,60, respectivamente, que devem ser misturadas para obtermos uma solução de 400 gramas e título igual a 0,50?

**Resolução:**

m + m' = 400     T · m + T'm' = $T_f m_f$

0,20 m + 0,60 m' = 0,50 · 400

0,20 (400 − m') + 0,60 m' = 200

m' = 300 g     m = 100 g

**16.** Misturando-se 150 mL de solução 0,4 mol/L de KCl com 50 mL de solução 0,8 mol/L de $K_2SO_4$, calcule:

a) concentração em mol/L resultante em relação a cada um dos sais;

b) concentração em mol/L resultante em relação aos íons presentes na solução ($K^{1+}$, $Cl^{1-}$, $SO_4^{2-}$).

**17.** Misturando 100 mL de solução aquosa 0,1 mol/L de NaCl com 100 mL de solução aquosa 0,1 mol/L de KCl, a solução resultante deve apresentar concentrações de $Na^+$, $K^+$ e $Cl^-$, respectivamente, iguais a:

a) 0,05 mol/L; 0,05 mol/L; 0,1 mol/L.
b) 0,1 mol/L; 0,1 mol/L; 0,1 mol/L.
c) 0,1 mol/L; 0,1 mol/L; 0,2 mol/L.
d) 0,1 mol/L; 0,2 mol/L; 0,1 mol/L.
e) 0,2 mol/L; 0,2 mol/L / 0,1 mol/L.

**18.** 1 L de solução aquosa de $HNO_3$ 0,2 mol/L são misturados com 2 L de solução 0,1 mol/L de KOH.

a) Calcule as quantidades em mols de $HNO_3$ e de KOH nas soluções iniciais.

b) Escreva a equação que representa a reação ocorrida.

c) Existe excesso de um dos solutos?

d) Calcule a concentração, em mol/L, do sal formado.

**19.** 1 L de solução aquosa de $HNO_3$ 0,5 mol/L são misturados com 2 L de solução 0,1 mol/L de KOH.

a) Calcule as quantidades em mol de $HNO_3$ e KOH nas soluções iniciais.

b) Escreva a equação que representa a reação ocorrida.

c) Existe excesso de um dos solutos?

d) Calcule a concentração, em mol/L, do soluto em excesso.

e) Calcule a concentração, em mol/L, do sal formado.

f) Calcule as concentrações, em mol/L, dos íons $K^+$, $NO_3^-$ e $OH^-$.

**20.** 200 mL de solução aquosa de NaOH 1 mol/L são misturados com 400 mL de solução 0,5 mol/L de $H_2SO_4$.

a) Calcule as quantidades em mol de NaOH e $H_2SO_4$ nas soluções iniciais.

b) Escreva a equação química que representa a reação ocorrida.

c) Existe excesso de um dos solutos?

d) Calcule a concentração, em mol/L, do soluto em execesso, se houver.

e) Calcule a concentração, em mol/L, do sal formado.

f) Calcule as concentrações, em mol/L, dos íons $Na^+$, $SO_4^{2-}$ e $H^+$.

**21.** A mistura de 20 mL de solução 0,5 mol/L de $AgNO_3$ com 20 mL de solução 0,5 mol/L de NaCl produz um precipitado branco de AgCl. Calcule as concentrações, em mol/L, dos íons $Ag^+$, $Cl^-$, $Na^+$ e $NO_3^-$ na solução final.

**22.** A mistura de 20 mL de solução 0,5 mol/L de $AgNO_3$ com 40 mL de solução 0,5 mol/L de NaCl produz um precipitado branco de AgCl. Calcule as concentrações, em mol/L, dos íons $Ag^+$, $Cl^-$, $Na^+$ e $NO_3^-$ na solução final.

**23.** Que volume de solução 0,1 mol/L de HCl neutraliza completamente 200 mL de solução 0,5 mol/L de NaOH?

**24.** A mistura de 35 mL de solução 0,2 mol/L de $BaCl_2$ com 15 mL de solução 0,5 mol/L de $Na_2SO_4$ produz $BaSO_4$, um precipitado branco. Determine a massa do precipitado.

**Dado:** massa molar do $BaSO_4 = 233$ g/mol.

**25.** 0,3 L de HCl 0,4 mol/L é misturado com 0,2 L de NaOH 0,8 mol/L. A concentração do sal em mol/L é:
a) 0,48.
b) 0,24.
c) 0,12.
d) 0,32.
e) 0,56.

**26.** A mistura de 200 mL de solução 1,5 mol/L de NaOH com 300 mL de solução 0,4 mol/L de $H_2SO_4$ resulta em solução final ácida, básica ou neutra?

**27.** (UFS – SE) 50 mL, de uma solução aquosa 0,1 mol/L de cloreto de sódio foram adicionados a 50 mL de uma solução 0,1 mol/L de nitrato de prata. Houve precipitação de cloreto de prata (praticamente insolúvel em água). Na solução resultante, a concentração do íon $Na^+$:

a) e a do íon $NO_3^-$ se reduziram à metade.
b) e a do íon $NO_3^-$ dobraram.
c) e a do íon $NO_3^-$ são as mesmas das soluções originais.
d) dobrou e a do íon $NO_3^-$ se reduziu à metade.
e) se reduziu à metade e a do íon $NO_3^-$ dobrou.

**28.** (UFV – MG) Para identificar os diversos minerais presentes em rochas, os geólogos utilizam vários testes químicos. A dolomita e calcita, minerais que contém carbonato de cálcio ($CaCO_3$), reagem com o ácido acético causando uma efervescência pela formação de $CO_2$. A equação a seguir representa a reação do carbonato de cálcio com o vinagre (solução de ácido acético, $CH_3COOH$ 4% m/v):

$CaCO_3(s) + 2\ CH_3COOH(aq) \longrightarrow$
$\longrightarrow (CH_3COO)_2Ca(s) + CO_2(g) + H_2O(l)$

O volume, em mL, de vinagre necessário para produzir 15,8 g de acetato de cálcio é:

a) 150.        d) 450.
b) 300.        e) 239.
c) 478.

**Dados:** massa molar do acetato de cálcio = 158 g/mol; massa molar do ácido acético = 60 g/mol.

## Exercícios Série Ouro

**1.** (UNESP) Medicamentos, na forma de preparados injetáveis, devem ser soluções isotônicas com relação aos fluídos celulares. O soro fisiológico, por exemplo, apresenta concentração de cloreto de sódio (NaCl) de 0,9% em massa (massa do soluto por massa da solução), com densidade igual a $1 \cdot 0$ g cm$^{-3}$.

a) Dada a massa molar de NaCl, em g mol$^{-1}$: 58,5 qual a concentração, em mol · L$^{-1}$, do NaCl no soro fisiológico? Apresente seus cálculos.
b) Quantos litros de soro fisiológico podem ser preparados a partir de 1 L de solução que contém 27 g · L$^{-1}$ de NaCl (a concentração aproximada deste sal na água do mar). Apresente seus cálculos.

**2.** (UERJ – RJ) Um medicamento, para ser administrado a um paciente, deve ser preparado como uma solução aquosa de concentração igual a 5%, em massa, de soluto. Dispondo-se do mesmo medicamento em uma solução duas vezes mais concentrada, esta deve ser diluída com água, até atingir o percentual desejado.

As massas de água na solução mais concentrada, e naquela obtida após a diluição, apresentam a seguinte razão:

a) 5/7
b) 5/9
c) 9/19
d) 7/15
e) 9/7

As moléculas desse fármaco ficam retidas no espaço intravascular e dissolvidas exclusivamente no plasma, que representa aproximadamente 60% do sangue em volume. Em um medicamento, a varfarina é administrada por via intravenosa na forma de solução aquosa, com concentração de 3,0 mg/mL. Um indivíduo adulto, com volume sanguíneo total de 5,0 L, será submetido a um tratamento com solução injetável desse medicamento.

Qual é o máximo volume da solução do medicamento que pode ser administrado a esse indivíduo, pela via intravenosa, de maneira que não ocorram hemorragias causadas pelo anticoagulente?

a) 1,0 mL
b) 1,7 mL
c) 2,7 mL
d) 4,0 mL
e) 6,7 mL

**3.** (FGV) O Brasil é um grande produtor e exportador de suco concentrado de laranja. O suco *in natura* é obtido a partir de processo de prensagem da fruta que, após a separação de cascas e bagaços, possui 12% em massa de sólidos totais, solúveis e insolúveis. A preparação do suco concentrado é feita por evaporação de água até que se atinja o teor de sólidos totais de 48% em massa.

Quando uma tonelada de suco de laranja *in natura* é colocada em uma evaporador, a massa de água evaporada para obtenção do suco concentrado é, em quilograma, igual a

a) 125.
b) 250.
c) 380.
d) 520.
e) 750.

**4.** (ENEM) A varfarina é um fármaco que diminui a agregação plaquetária, e por isso é utilizada como anticoagulante, desde que esteja presente no plasma, com uma concentração superior a 1,0 mg/L. Entretanto, concentrações plasmáticas superiores a 4,0 mg/L podem desencadear hemorragias.

**5.** (F.O.S. LEOPOLDO MANDIC – SP) A fluoretação da água de abastecimento público tem caráter preventivo no combate à cárie dental. A dosagem recomendada de flúor na água é de 0,6 a 0,9 mg/L. Nas estações de tratamento de água, costuma-se usar uma bomba dosadora, que acrescenta o flúor à água tratada a partir de uma solução concentrada de fluoreto de cálcio.

Considere o esquema apresentado abaixo, em que uma estação de tratamento produz 0,24 m³/s de água tratada. Pretende-se que a água tratada receba um teor de 0,8 mg de fluoreto de cálcio por litro, provenientes de uma solução com 16 g/L de fluoreto de cálcio.

(**Observação:** desprezar o volume da solução.)

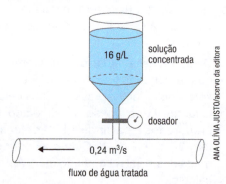

Para obter o teor desejado, o dosador da bomba deverá ser regulado para despejar na adutora uma vazão de

a) 10 mL/s.
b) 12 mL/s.
c) 14 mL/s.
d) 16 mL/s.
e) 18 mL/s.

**6.** (UNICAMP – SP) 10,0 g de um fruto de uma pimenteira foram colocados em contato com 100 mL de acetona para extrair as substâncias capsaicina e di-hidrocapsaicina, dois dos compostos responsáveis pela pungência (sensação de quente) da pimenta.

A mistura resultante foi filtrada e o líquido obtido teve seu volume reduzido a 5,0 mL por aquecimento. Estes 5,0 mL foram diluídos a 50 mL pela adição de etanol anidro. Destes 50 mL, uma porção de 10 mL foi diluída em 25 mL. A análise desta última solução, num instrumento apropriado, forneceu o gráfico representado na figura.

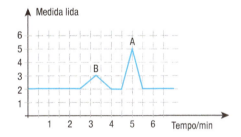

Observou-se que as concentração da capsaicina é metade da di-hidrocapsaicina.

a) Qual a relação entre as concentrações da capsaicina, na solução de 5,0 mL e na solução final? Justifique.
b) Identifique o "triângulo" que corresponde à capsaicina e o "triângulo" que corresponde à di-hidrocapsaicina.

Mostre claramente como você fez esta correlação.

**7.** (UFOP – MG) A partir do esquema de diluições representado a seguir, qual será a concentração no frasco **D**, após a execução das operações indicadas na sequência de 1 a 5?

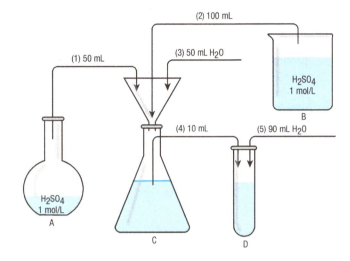

a) 0,075 mol/L
b) 0,75 mol/L
c) 1,0 mol/L
d) 0,1 mol/L
e) 7,5 mol/L

**8.** (UNESP) Para neutralizar 100 mL de solução 1,60 mol/L de ácido sulfúrico ($H_2SO_4$), um laboratorista adicionou 400 mL de solução 1,00 mol/L de hidróxido de sódio (NaOH). Considerando o volume da solução final igual a 500 mL, determine:

a) utilizando cálculos, se a solução final será ácida, básica ou neutra;
b) a concentração em quantidade de matéria (mol/L) do sal formado na solução final.

**9.** (FATEC – SP) A concentração de íons H⁺, no suco gástrico de um certo indivíduo, alcançou o valor $1 \cdot 10^{-1}$ mol · L⁻¹.

Considerando que, para um indivíduo normal, a concentração de íons H⁺ deve ser $3 \cdot 10^{-2}$ mol · L⁻¹ e a produção diária de suco gástrico de 2,5 L, a quantidade (em mol) de hidróxido de magnésio de uma suspensão de leite de magnésia que deve ser ingerida pelo indivíduo para eliminação do excesso de acidez, ou seja, para que a concentração de íons H⁺ no seu suco gástrico retorne ao valor normal, deve ser aproximadamente

$$Mg(OH)_2(s) + 2\,H^+(aq) \longrightarrow Mg^{2+}(aq) + 2\,H_2O$$

a) 0,09.
b) 0,18.
c) 0,36.
d) 1,80.
e) 2,50.

**10.** (UNESP) A soda cáustica (hidróxido de sódio) é um dos produtos utilizados na formulação dos limpa-fornos e desentupidores de pias domésticas, tratando-se de uma base forte. O ácido muriático (ácido clorídrico com concentração de 12 mol · L⁻¹) é muito utilizado na limpeza de pisos e é um ácido forte. Ambos devem ser manuseados com cautela, pois podem causar queimaduras graves se entrarem em contato com a pele.

a) Escreva a equação química para a neutralização do hidróxido do sódio com o ácido clorídrico, ambos em solução aquosa.

b) Dadas as massas molares, em g · mol⁻¹: H = 1; O = 16 e Na = 23, calcule o volume de ácido muriático necessário para a neutralização de 2 L de solução de hidróxido de sódio com concentração de 120 g · L⁻¹. Apresente seus cálculos.

**11.** (FUVEST – SP) Para neutralizar 30 mL de ácido clorídrico 2 mol/L, utilizaram-se 2,67 g da base Me(OH)₂. Determine a massa atômica de Me.
**Dados:** O = 16, H = 1.

**12.** (PUC – SP) Os sais contendo o ânion nitrato (NO₃⁻) são muito solúveis em água, independentemente do cátion presente no sistema. Já o ânion cloreto (Cl⁻), apesar de bastante solúvel com a maioria dos cátions, forma substâncias insolúveis na presença dos cátions $Ag^+$, $Pb^{2+}$ e $Hg_2^{2+}$.

Em um béquer foram adicionados 20,0 mL de uma solução aquosa de cloreto de cálcio (CaCl₂) de concentração 0,10 mol/L a 20,0 mL de uma solução aquosa de nitrato de prata (AgNO₃) de concentração 0,20 mol/L. Após efetuada a mistura, pode-se afirmar que concentração de cada espécie na solução será:

|   | [Ag⁺] (mol/L) | [Ca²⁺] (mol/L) | [Cl⁻] (mol/L) | [NO₃⁻] (mol/L) |
|---|---|---|---|---|
| a) | ≅ 0 | 0,05 | ≅ 0 | 0,10 |
| b) | 0,20 | 0,10 | 0,20 | 0,20 |
| c) | 0,10 | 0,05 | 0,10 | 0,10 |
| d) | 0,10 | 0,05 | ≅ 0 | 0,10 |
| e) | ≅ 0 | 0,10 | ≅ 0 | 0,20 |

**13.** (PUC – SP – adaptada) Sabendo que todos os cloretos são solúveis, exceto AgCl, $PbCl_2$ e $HgCl_2$ e que todos os nitratos são solúveis, adicionaram-se 200 mL de solução aquosa de $CaCl_2$ 0,2 mol/L e 300 mL de solução aquosa de $AgNO_3$ 0,3 mol/L em um béquer de 600 mL de capacidade.

a) Escreva a equação química, devidamente balanceada, que representa a reação entre as soluções adicionadas.
b) Utilizando os cálculos necessários, identifique o reagente limitante e o reagente em excesso, se houver.
c) Determine a massa de cloreto de prata formada.
d) Calcule a concentração, em mol/L, dos íons presentes na solução final.

**Dados:** massas molares, em g/mol: Ag = 108; Cl = 35,5.

**14.** (UNESP) O sulfato de bário ($BaSO_4$) é um sal muito pouco solúvel. Suspensões desse sal são comumente utilizadas como contraste em exames radiológicos do sistema digestório. É importantíssimo que não ocorra dissolução dos íons bário, $Ba^{2+}$, no estômago. Estes íons são extremamente tóxicos, podendo levar à morte. No primeiro semestre de 2003, vários pacientes brasileiros morreram após a ingestão de um produto que estava contaminado por carbonato de bário ($BaCO_3$), em uma proporção de 13,1% (m/V). O carbonato de bário reage com o ácido clorídrico (HCl), presente no estômago humano, produzindo cloreto de bário ($BaCl_2$), que sendo solúvel, libera íons $Ba^{2+}$ que podem passar para a corrente sanguínea, intoxicando o paciente.

a) Escreva a equação química que representa a reação que ocorre no estômago quando o carbonato de bário é ingerido.
b) Sabendo que o preparado é uma suspensão 100% em massa do sólido por volume da mesma e que cada dose é de 150 mL, calcule a massa de íons $Ba^{2+}$ resultante da dissolução do carbonato de bário na ingestão de uma dose do preparado contaminado.

**Dados:** massas molares, em g · mol$^{-1}$: bário = 137,3; carbono = 12,0; oxigênio = 16,0.

**15.** Soluções de NaOH são extremamente usadas em indústrias, residências e laboratórios.

Partindo-se de 50 mL de uma solução 2 mol/L em NaOH, que volume de água se adicionaria à solução para torná-la 5% em massa? Considere que estas soluções têm densidades igual a 1 g/mL.

**Dado:** massa molar do NaOH = 40 g/mol.

**16.** (FESP – PE) Dissolveu-se 1,06 g de carbonato de sódio puro em um béquer contendo água destilada. Qual é o número de gotas de uma solução aquosa 0,8 mol/L de ácido clorídrico que deve ser adicionado ao béquer para reagir completamente com o carbono do sódio?

**Dados:** Na = 23 u, C = 12 u, O = 16 u; volume de uma gota = 0,05 mL.

**17.** (FUVEST – SP) Com a finalidade de determinar a fórmula de certo carbonato de um metal Me, seis amostras, cada uma de 0,0100 mol desse carbonato, foram tratadas, separadamente, com volumes diferentes de ácido clorídrico de concentração 0,500 mol/L. Mediu-se o volume de gás carbônico produzido em cada experiência, à mesma pressão e temperatura.

| V(HCl)/mL | 30 | 60 | 90 | 120 | 150 | 180 |
|---|---|---|---|---|---|---|
| V($CO_2$)/mL | 186 | 372 | 558 | 744 | 744 | 744 |

Então, a fórmula do carbonato deve ser:
a) $Me_2CO_3$
b) $MeCO_3$
c) $Me_2(CO_3)_3$
d) $Me(CO_3)_2$
e) $Me_2(CO)_5$

**Dado:** o volume molar do gás carbônico, nas condições da experiência, é igual a 24,8 L/mol.

## Exercícios Série Platina

**1.** Dado o esquema abaixo:

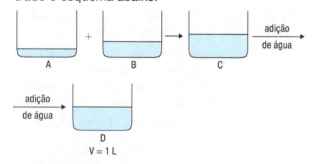

Informações:

A: 50 mL de solução 1 mol/L de cloreto de sódio (NaCl);

B: 300 mL de uma solução que possui 30 g de cloreto de sódio por litro de solução.

Pede-se.

a) Determinar o valor da concentração, em mol/L, da solução C.

b) Determinar o valor da concentração, em mol/L, da solução C.

c) Sabe-se que o soro fisiológico é solução de cloreto de sódio 0,9% em massa. A solução D pode ser usada como soro fisiológico? Justifique por meio de cálculos.

**Dados:** massa molar, em g/mol: NaCl = 58,5; densidade da solução D: 1 g/mL.

**2.** (UNES – adaptada) Uma solução foi preparada com 17,5 g de sulfato de potássio ($K_2SO_4$) e água suficiente para obter 500 mL de solução. A essa solução foi adicionado 500 mL de solução 0,1 mol/L de nitrato de cálcio ($Ca(NO_3)_2$). Sabe-se que um dos produtos de reação é insolúvel em água.

a) Determine a concentração inicial em mol · $L^{-1}$ da solução de sulfato de potássio. Apresente seus cálculos.

b) Escreva a equação química balanceada da reação que ocorreu e verifique se existe reagente em excesso. Se houver, identifique o reagente. Apresente seus cálculos.

c) Calcule a concentração de íons potássio e sulfato na solução final. Apresente seus cálculos.

**Dados:** Massas molares em g · $mol^{-1}$; Ca = 40, K = 39, S = 32, O = 16, N = 14.

**3.** Misturar soluções é um procedimento muito comum e importante em laboratórios e indústrias. Considere que A, B e C são recipientes que contêm, respectivamente, 15 g de NaCl em 50 mL de solução aquosa, 0,20 mol de NaCl em 100 mL de solução aquosa e 500 mL de solução aquosa de $MgCl_2$, cuja concentração é 1 mol/L.

Determine as concentrações, em mol/L:

a) da solução obtida após adição de 200 mL de água ao recipiente que contém a solução A. Justifique com cálculos.

b) da solução resultante da mistura da solução A inicial, com a solução B inicial.
Justifique com cálculos.

c) dos íons presentes na solução final após misturar 50 mL da solução B com 100 mL da solução C. Justifique com cálculos.

**Dados:** massas molares, em g/mol: NaCl = 58,5; $MgCl_2$ = 95,3.

4. (MACKENZIE – SP – adaptada) Em um laboratório de Química, existem 4 frascos A, B, C e D contendo soluções de um mesmo soluto, conforme mostrado na tabela.

| Frasco | Volume | Concentração (mol · L⁻¹) |
|---|---|---|
| A | 100 | 0,5 |
| B | 400 | 1,0 |
| C | 500 | 0,5 |
| D | 1.000 | 2,0 |

Utilizando as soluções contidas em cada frasco, foram preparadas as seguintes misturas, exatamente na ordem apresentada a seguir.

I. Conteúdo total do frasco A com metade do conteúdo do frasco B e mais 200 mL do conteúdo do frasco C.
II. Conteúdo restante do frasco C com 400 mL de água.
III. Supondo que as soluções A, B, C e D sejam soluções de cloreto de potássio, determine a concentração de íons potássio presente na solução resultante obtida a partir da mistura entre a solução final do item I com 200 mL de uma solução de carbonato de potássio de concentração 0,7 mol/L.

Em relação às misturas I e II, **determine a concentração em mol/L da solução final**

a) I.
b) II.
c) Determine a concentração de íons K⁺ na solução final obtida da mistura III.

# Titulação

## Capítulo 14

### 1. Conceito

Operação feita em laboratório para determinar a concentração de uma solução a partir de uma solução de concentração conhecida.

### 2. Indicadores ácido-base

Substâncias que mudam de cor na presença de ácidos ou de bases. Os indicadores mais usados em laboratórios são:

| Indicador | Ácido | Base |
|---|---|---|
| tornassol | róseo | azul |
| fenolftaleína | incolor | vermelho |
| alaranjado de metila | vermelho | amarelo |
| azul de bromotimol | amarelo | azul |

### 3. Esquema da titulação

A titulação usa habitualmente uma **bureta** e um **erlenmeyer**.

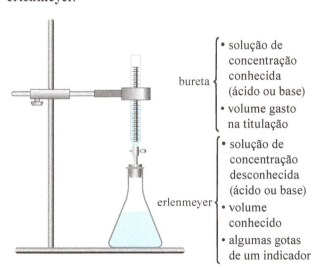

bureta
- solução de concentração conhecida (ácido ou base)
- volume gasto na titulação

erlenmeyer
- solução de concentração desconhecida (ácido ou base)
- volume conhecido
- algumas gotas de um indicador

Ao abrir a torneira da bureta, ocorrerá a reação entre o ácido e a base.

A titulação termina (fecha-se a torneira) quando o ácido ou a base de erlenmeyer for consumido totalmente. Isto é evidenciado pela mudança de cor da solução do erlenmeyer.

erlenmeyer início
- ácido
- fenolftaleína
- incolor

erlenmeyer final
- ácido consumido
- excesso de base
- vermelha

As principais titulações são:

**Acidimetria:** determinação da concentração de um ácido.

**Alcalimetria:** determinação da concentração de uma base.

### 4. Equação da titulação ácido-base

Essa equação é obtida pela proporção em mols do ácido e da base que reagem.

**Exemplos:**

1) Titulação entre HCl e NaOH.

$$NaOH + HCl \longrightarrow NaCl + H_2O$$

final da titulação: 1 mol — 1 mol
$n_B$ — $n_A$

$n_A = n_B$

2) Titulação entre $H_2SO_4$ e NaOH

$$2\,NaOH + H_2SO_4 \longrightarrow Na_2SO_4 + 2\,H_2O$$

final da titulação: 2 mol — 1 mol
$n_B$ — $n_A$

$n_B = 2\,n_A$

# Exercícios Série Prata

**1.** (UFC – CE) Considerando que 50 cm³ de solução de KOH foram titulados com 20 cm³ de solução 0,5 mol/L de HCl, determine a concentração em mol/L de KOH.

Nesse tipo de titulação após a neutralização da solução, a primeira gota de titulante (NaOH) torna a solução básica e é responsável pela mudança de cor do indicador, que passa de incolor a rosa. Qual a concentração em mol/L da solução de $H_2SO_4$? Dê os nomes dos aparelhos de laboratório envolvidos.

**2.** (UEPA) Uma alíquota de 10 mL de uma solução de NaOH consumiu, na titulação, 15 mL de HCl 0,10 mol/L. Qual a concentração em mol/L da solução de NaOH?
a) 1,5
b) 1,0
c) 0,75
d) 0,20
e) 0,15

**3.** (PUC – RS) O vinagre é uma solução aquosa de ácido acético (HAc). Qual é a concentração de ácido no vinagre, se forem gastos 30 mL de uma solução de NaOH 0,2 mol/L para titular 20 mL de vinagre?

**5.** (CEFET – SP) Em uma titulação, foram gastos 7,0 mL de uma solução de $HNO_3$ (0,70 mol/L) como solução reagente para a análise de 25,0 mL de uma solução de hidróxido de bário. A concentração em mol/L da solução de hidróxido de bário analisada foi:
a) 0,098.
b) 0,049.
c) 0,030.
d) 0,196.
e) 0,070.

**4.** (UnB – DF) A figura abaixo mostra os instantes inicial e final da titulação de 20 mL de solução de $H_2SO_4$ com 10 mL de solução 0,8 mol/L de NaOH

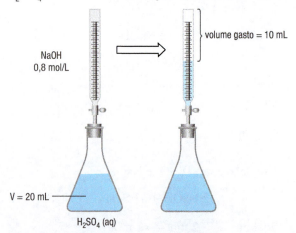

M = ?
indicador: fenolftaleína
(incolor)

ponto final
indicador: fenolftaleína
(cor rosa)

**6.** (PUC – RS) 100 mL de uma solução aquosa de $Ce(OH)_3$ de concentração desconhecida foram titulados com uma solução aquosa 1 mol/L de $H_2SO_4$. O volume de ácido gasto na titulação foi 50 mL. Qual a concentração em mol/L da base?

**7.** (FCM – MG) O rótulo do frasco de um vinagre informava que o produto era composto de 5% em massa de ácido acético. Verifique se essa informação era verdadeira, através da titulação de 20 mL desse vinagre com 24 mL da solução de NaOH 1,0 mol/L.

**Dados:** densidade do vinagre = 1 g/mL, massa molar do HAc = 60 g/mol.

**8.** (FATEC – SP) Goteja-se, por meio de uma bureta, solução de ácido sulfúrico de certa concentração sobre um dado volume de solução de hidróxido de bário de igual concentração, até que o ponto final da neutralização seja alcançado. O gráfico que melhor expressa a variação da condutibilidade elétrica do sistema no decorrer da neutralização é:

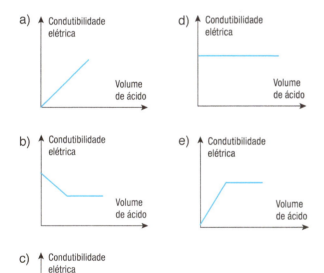

**9.** (UFMG) O rótulo de uma garrafa de vinagre indica que a concentração de ácido acético ($CH_3COOH$) é 42 g/L.

A fim de verificar se a concentração da solução ácida corresponde à indicada no rótulo, 10,00 mL da mesma solução foram titulados com hidróxido de sódio 0,100 mol/L, gastando-se 25,00 mL da base para a neutralização. Quatro grupos de estudantes realizaram os cálculos de ambas as concentrações, a indicada no rótulo e a obtida através da titulação. Os resultados encontrados pelos quatro grupos estão apresentados no quadro.

| Grupo | Concentração indicada no rótulo / (mol/L) | Concentração calculada a partir da titulação / (mol/L) |
|---|---|---|
| I | 0,25 | 0,25 |
| II | 0,25 | 0,70 |
| III | 0,70 | 0,25 |
| IV | 0,70 | 0,70 |

Ambas as concentrações foram calculadas corretamente pelo grupo:

a) IV.             c) III.
b) I.              d) II.

**Dado:** massa molar do $CH_3COOH$ = 60 g/mol.

**10.** (UFBA) 15,0 g de um vinagre, solução aquosa de ácido acético (HAc) foram titulados com 50 mL de solução aquosa 0,20 mol/L de NaOH. Determine a pureza do vinagre.

**Dado:** massa molar de HAc = 60 g/mol.

**11.** (PUC) Para neutralizar completamente uma amostra de 4,0 g de hidróxido de sódio foram necessários 50 mL de uma solução 0,7 mol/L de ácido sulfúrico. O teor de pureza dessa amostra de hidróxido de sódio é de

a) 30%
b) 35%
c) 50%
d) 70%
e) 100%

**Dado:** massa molar do NaOH = 40 g/mol.

**12.** (UNESP) 12,25 g de $H_2SO_4$ impuro foram dissolvidos em água até que se completassem 250 mL de solução. Uma amostra de 25 mL dessa solução foi titulada com 20 mL de solução 0,1 mol/L de NaOH. Determine o grau de pureza da amostra de $H_2SO_4$, admitindo que as impurezas não reagiram com NaOH.

**Dado:** massa molar do $H_2SO_4$ = 98 g/mol.

**13.** (UFC – CE) X g de zinco foi dissolvido em 10 mL de $H_2SO_4$ 0,5 mol/L. O excesso de $H_2SO_4$ foi neutralizado por 16 mL de KOH 0,25 mol/L. Calcule **X**.

**Dado:** massa molar do Zn = 65 g/mol.

**14.** (UFG – GO) 3 g de alumínio impuro foi dissolvido em 200 mL de HCl 3 mol/L, produzindo cloreto de alumínio e hidrogênio. Após reação, o excesso de HCl foi neutralizado por 300 mL de NaOH 1 mol/L. Qual é a porcentagem de pureza do alumínio analisado?

**Dado:** massa molar de Al = 27 g/mol.

**15.** (UFG – GO) Barrilha, que é o carbonato de sódio impuro, é um insumo básico da indústria química. Uma amostra de barrilha de 10 g foi totalmente dissolvida em 800 mL de ácido clorídrico 0,2 mol/L. O excesso de ácido clorídrico foi neutralizado com 250 mL de NaOH 0,2 mol/L. Qual o teor de carbonato de sódio, em porcentagem de massa, na amostra de barrilha?

**Dado:** massa molar do $Na_2CO_3$ = 106 g/mol.

**16.** (CESGRANRIO – RJ) Em laboratório, um aluno misturou 10 mL de uma solução de HCl 2 mol/L com 20 mL de uma solução **x** mol/L do mesmo ácido em um balão volumétrico de 50 mL. Em seguida, completou o volume do balão volumétrico com água destilada. Na total neutralização de 10 mL da solução final obtida, foram consumidos 5 mL de solução de NaOH 2 mol/L. Calcule o valor de **x**.

## Exercícios Série Ouro

**1.** (FATEC – SP) Ácido cítrico reage com hidróxido de sódio segundo a equação:

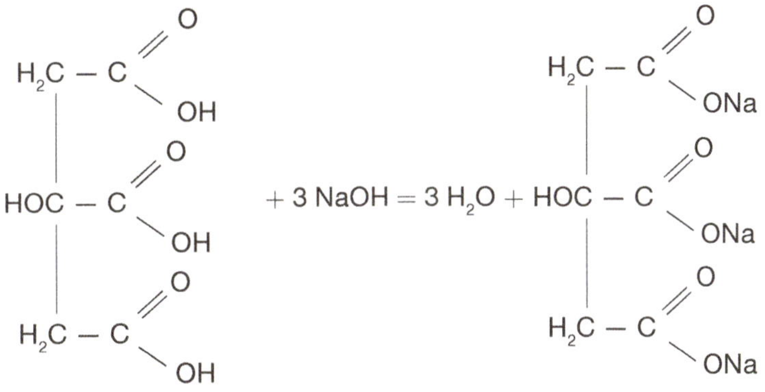

ácido cítrico + 3 NaOH = 3 $H_2O$ + citrato de sódio

Considere que a acidez de um certo suco de laranja provenha apenas do ácido cítrico. Uma alíquota de 5,0 mL desse suco foi titulada com NaOH 0,1 mol/L, consumindo-se 6,0 mL de solução básica para completa neutralização da amostra analisada.

Levando em conta essas informações e a equação química apresentada, é correto afirmar que a concentração de ácido cítrico no referido suco, em mol/L é:

a) $2,0 \cdot 10^{-4}$.  b) $6,0 \cdot 10^{-4}$.  c) $1,0 \cdot 10^{-2}$.  d) $1,2 \cdot 10^{-2}$.  e) $4,0 \cdot 10^{-2}$.

**2.** (FATEC – SP) Uma indústria compra soda caústica com teor de pureza de 80%, em NaOH. Antes de mandar o material para o estoque, chama o Técnico em Química para verificar se a informação procede. No laboratório, ele dissolve 1 g do material em água, obtendo 10 mL de solução. Utilizando um indicador apropriado, realiza uma titulação, gastando 20 mL de HCl, a 0,5 mol/L.

Sobre o resultado da titulação, é correto afirmar que a informação

a) não procede, pois o grau de pureza é de 40%.
b) não procede, pois o grau de pureza é de 60%.
c) procede, pois o grau de pureza é de 80%.
d) procede, pois o teor de impurezas é de 80%.
e) procede, pois o teor de impurezas é de 40%.

**Dados:** massas molares (g/mol): NaOH = 40 e HCl = 36,5
**Reação:** NaOH + HCl $\longrightarrow$ NaCl + $H_2O$

**3.** (UNIFESP) Soluções aquosas de nitrato de prata ($AgNO_3$), com concentração máxima de 1,7% em massa, são utilizadas como antisséptico em ambiente hospitalar. A concentração de íons $Ag^+$ presentes numa solução aquosa de $AgNO_3$ pode ser determinada pela titulação com solução de concentração conhecida de tiocianato de potássio (KSCN), através da formação do sal pouco solúvel tiocianato de prata (AgSCN). Na titulação de 25,0 mL de uma solução de $AgNO_3$, preparada para uso hospitalar, foram utilizados 15,0 mL de uma solução de KSCN 0,2 mol $\cdot$ $L^{-1}$, para atingir o ponto final da reação.

a) Determine, em mol $\cdot$ $L^{-1}$, a concentração da solução preparada de $AgNO_3$.
b) Mostre, através de cálculos de concentração, se a solução de $AgNO_3$ preparada é adequada para uso hospitalar. Considere que a massa molar de $AgNO_3$ seja igual a 170 g $\cdot$ $mol^{-1}$ e que a densidade da solução aquosa seja igual a 1 g $\cdot$ $ml^{-1}$.

**4.** (VUNESP) Uma solução aquosa de cloreto de sódio deve ter 0,90% em massa do sal para que seja utilizada como solução fisiológica (soro). O volume de 10,0 mL de uma solução aquosa de cloreto de sódio foi titulado com solução aquosa 0,10 mol/L de nitrato de prata, exigindo exatamente 20,0 mL de titulante.

a) A solução aquosa de cloreto de sódio pode ou não ser utilizada como soro fisiológico? Justifique sua resposta.
b) Supondo 100% de rendimento na reação de precipitação envolvida na titulação, calcule a massa de cloreto de prata formada.

**Dados:** massas molares, em g/mol: Na = 23,0; Cl = 35,5; Ag = 107,9; densidade da solução de NaCl = 1,0 g/mL.

**5.** (UCGO) Para determinar a porcentagem de prata em uma liga, um analista dissolve uma amostra de 0,800 g de liga em ácido nítrico. Isto causa a dissolução da prata como íons $Ag^+$. A solução é diluída com água e titulada com uma solução 0,150 mol/L de tiocianato de potássio (KSCN). É formado, então, um precipitado:

$$Ag^+(aq) + SCN^-(aq) \longrightarrow AgSCN(s)$$

Ele descobre que são necessários 42 mL de solução de KSCN para a titulação. Qual é a porcentagem em massa de prata na liga?

**Dados:** massa molar do Ag = 108 g · $mol^{-1}$.

**6.** (FUVEST – SP) Determinou-se o número de moléculas de água de hidratação (**x**) por molécula de ácido oxálico hidratado ($H_2C_2O_4 \cdot x\ H_2O$), que é um ácido dicarboxílico. Para isso, foram preparados 250 mL de uma solução aquosa, contendo 5,04 g de ácido oxálico hidratado. Em seguida, 25,0 mL dessa solução foram neutralizados com 16,0 mL de uma solução de hidróxido de sódio, de concentração 0,500 mol/L.

a) Calcule a concentração, em mol/L, da solução aquosa de ácido oxálico.
b) Calcule o valor de **x**.

**Dados:**

| Massas molares (g/mol) | |
|---|---|
| H | 1 |
| C | 12 |
| O | 16 |

**7.** (UPE) 42,0 g de carbonato de magnésio reagem com excesso de ácido sulfúrico. Aqueceu-se o sistema para eliminar o dióxido de carbono. Em seguida, resfria-se e dilui-se a 1,0 L. Retira-se uma alíquota de 10,0 mL e titula-se, utilizando-se como titulante uma solução de hidróxido de sódio 0,50 mol/L, gastando-se 2,0 mL para a neutralização. O volume de ácido sulfúrico, utilizado inicialmente, é, aproximadamente,

a) 30,0 mL.           d) 40,0 mL.
b) 50,0 mL.           e) 36,2 mL.
c) 18,4 mL.

**Dados:** densidade do $H_2SO_4$ = 1,8 g/mL; Mg = 24 u; C = 12 u; O = 16 u; S = 32 u e H = 1 u.

**8.** Um químico adicionou solução de ácido sulfúrico a uma solução de hidróxido de bário na presença de fenolftaleína, como no procedimento representado a seguir.

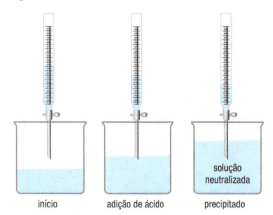

No início, a solução de hidróxido de bário permitia a passagem de corrente elétrica. Durante o experimento, os valores da quantidade de ácido adicionada e da intensidade da corrente foram medidos e se construiu este gráfico:

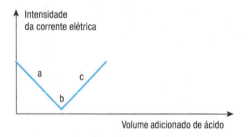

a) Explique por que a intensidade da corrente:
   – diminui (região **a** do gráfico);
   – fica praticamente nula (ponto **b**);
   – aumenta (região **c**).
b) Escreva a equação iônica da reação que ocorre.

**9.** (FUVEST – SP) Um recipiente contém 100 mL de uma solução aquosa de $H_2SO_4$ de concentração 0,1 mol/L. Duas placas de platina são inseridas na solução e conectadas a um LED (diodo emissor de luz) e a uma bateria, como representado abaixo.

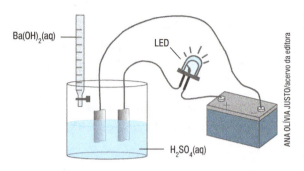

A intensidade da luz emitida pelo LED é proporcional à concentração de íons na solução em que estão inseridas as placas de platina.

Nesse experimento, adicionou-se, gradativamente, uma solução aquosa de $Ba(OH)_2$, de concentração 0,4 mol/L, à solução aquosa de $H_2SO_4$, medindo-se a intensidade de luz a cada adição.

Os resultados desse experimento estão representados no gráfico.

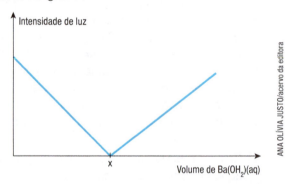

Sabe-se que a reação que ocorre no recipiente produz um composto insolúvel em água.

a) Escreva a equação química que representa essa reação.
b) Explique por que, com a adição de solução aquosa de $Ba(OH)_2$, a intensidade de luz decresce até um valor mínimo, aumentando a seguir.
c) Determine o volume adicionado da solução aquosa de $Ba(OH)_2$ que corresponde ao ponto x no gráfico. Mostre os cálculos.

**10.** (FUVEST – SP) Uma solução aquosa de NaOH (base forte), de concentração 0,10 mol · L$^{-1}$, foi gradualmente adicionada a uma solução aquosa de HCl (ácido forte), de concentração 0,08 mol · L$^{-1}$. O gráfico que fornece as concentrações das diferentes espécies durante essa adição é:

a)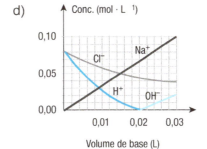

d)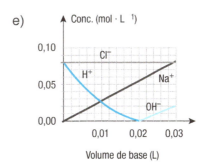

b)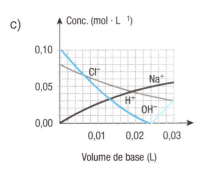

# Exercícios Série Platina

**1.** Para se determinar a percentagem em massa de cobre numa liga de cobre, uma amostra da liga foi dissolvida em ácido. Adicionou-se excesso de KI, e entre os íons $Cu^{2+}$ e $I^-$ ocorre a reação

$$2\ Cu^{2+}(aq) + 5\ I^-(aq) \longrightarrow 2\ CuI + I_3^-(aq)$$

O íon $I_3^-$ liberado foi titulado pelo tiossulfato de sódio, conforme a equação

$$I_3^-(aq) + 2\ S_2O_3^{2-}(aq) \longrightarrow S_4O_6^{2-}(aq) + 3\ I^-(aq)$$

Se 26 mL de $Na_2S_2O_3$ 0,10 mol/L forem consumidos na titulação até o ponto de equivalência, qual a percentagem em massa do Cu, sabendo que a massa da amostra da liga era de 0,251 g?

**Dado:** massa molar, em g/mol: cobre = 63,5.

**2.** (UFPR – adaptada) 10,00 mL de uma solução de $(NH_4)_2SO_4$ foram tratados com excesso de NaOH. O gás $NH_3$ liberado foi absorvido em 50,00 mL de uma solução 0,10 mol/L de HCl. O HCl que sobrou foi neutralizado por 21,5 mL de uma solução 0,10 mol/L de NaOH.

a) Escreva as equações das reações químicas que ocorrem.
b) Calcular a quantidade, em mols, inicial de HCl.
c) Calcular a quantidade, em mols, em excesso de HCl.
d) A partir da quantidade que reagiu de HCl, determine a concentração, em mol/L, da solução de $(NH_4)_2SO_4$.

**3.** (UFSCar – SP – adaptada) A azia é muitas vezes devida a uma alteração no pH do estômago, causada por excesso de ácido clorídrico.

Antiácidos como o leite de magnésia neutralizam este ácido. O leite de magnésia apresenta em sua composição 64,8 g de hidróxido de magnésio, $Mg(OH)_2$, por litro da suspensão.

Considere uma pessoa que ingeriu duas colheres de sopa (volume total de 9 mL) de leite de magnésia.

a) Determine o nº de mols de hidróxido de magnésio ingeridos pela pessoa. Mostre seus cálculos.
b) Escreva a equação química, devidamente balanceada, que representa a reação entre o leite de magnésia e o ácido clorídrico.
c) Determine o nº de mols de ácido clorídrico que foram neutralizados. Mostre seus cálculos.
d) Para a solução final obtida após a ingestão do leite de magnésia, faça um desenho representando os íons em solução aquosa e mostrando a interação desses íons com as moléculas de água. Dê o nome da interação representada.

**Dados:** massas molares, em g/mol: H = 1; O = 16; Mg = 24;

**4.** (UNESP) Um analista químico de uma indústria de condimentos analisa o vinagre produzido por meio de titulação volumétrica, utilizando solução padrão de hidróxido de sódio tendo fenolftaleína como indicador. Sabendo-se que são utilizados 25 mL de vinagre em cada análise – vinagre é uma solução contendo 4,8% (m/v) de ácido acético – que a concentração do titulante é igual 1,0 mol · $L^{-1}$, que são realizadas três análises por lote e que são analisados quatro lotes por dia.

**Dados:** considere a fórmula do ácido acético HAc.

a) Determine a massa de ácido acético puro em 25 mL de vinagre. Mostre seus cálculos.

b) Determine a quantidade média, em gramas, de hidróxido de sódio consumida para a realização das 264 análises feitas por esse analista em um mês de trabalho. Mostre seus cálculos.

**Dados:** massas molares, em g/mol: HAc 60; NaOH = 40.

**5.** (IME – RJ) Uma massa **x** de $CaCO_3$ reagiu com 50 mL de HCl 0,2 mol/L aquoso, sendo o meio racional, posteriormente, neutralizado com 12 mL de NaOH aquoso. Sabe-se que 20 mL da solução de NaOH foram titulados com 25 mL do HCl 0,20 mol/L.

a) O HCl foi utilizado para consumir o $CaCO_3$ e posteriormente o excesso foi neutralizado. Equacione as reações envolvidas nesse processo.

Equação I: _____

Equação II: _____

b) Uma 2ª titulação foi introduzida no processo com o objetivo específico de calcular a concentração da solução de hidróxido de sódio. Explique a razão dessa 2ª titulação e determine o valor da concentração de NaOH.

c) Calcule a quantidade em mol de HCl em excesso e a quantidade em mol de HCl que reagiu com o $CaCO_3$.

d) Determine a massa **x** de carbono de cálcio.

**Dados:** massa molar, em g/mol: $CaCO_3$ = 100.

# Capítulo 15 — Propriedades Coligativas

## 1. Evaporação de um líquido em recipiente aberto

Os líquidos, quando estão em recipientes abertos, têm seu volume diminuído. Por que isso ocorre? Vamos exemplificar com a água e o éter.

Devido às colisões intermoleculares entre as moléculas de água, algumas ganham energia para romper as ligações de hidrogênio, saindo da água e indo para o ar.

**Conclusão:** evaporação é um fenômeno físico que ocorre na superfície do líquido.

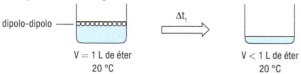

Nota-se que para o mesmo intervalo de tempo ($\Delta t_1$) o volume de éter diminui mais que a água, portanto, o éter evapora mais fácil que a água.

Isto ocorre devido ao fato do éter ser uma molécula pouco polar e que as forças intermoleculares são menos intensas que as da água.

éter → $H_3C-CH_2-O-CH_2-CH_3$
éter → $H_3C-CH_2-O-CH_2-CH_3$ } fracamente ligadas

## 2. Evaporação em recipiente fechado – Pressão de vapor

Vamos colocar 1 L de água a 20 °C em um recipiente fechado.

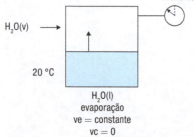

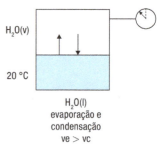

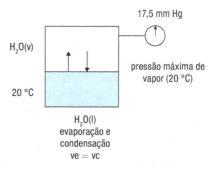

**ve** = velocidade de evaporação, que é sempre constante a uma determinada temperatura.
**vc** = velocidade de condensação.

Nessa temperatura (20 °C) o ponteiro do manômetro não mais se altera (17,5 mmHg). Esse vapor exerce uma pressão nas paredes e na superfície da água, a qual chamamos de pressão de vapor (Pv) ou pressão máxima de vapor.

**Observação:** se aumentarmos a temperatura eliminando a fase líquida, não teremos mais a pressão de vapor e sim uma pressão do vapor-d'água.

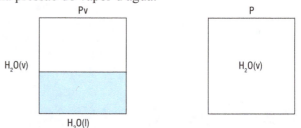

**Conclusão:**

$H_2O(l) \rightleftarrows H_2O(v)$  Pv = 17,5 mmHg a 20 °C

**Observação:** se o sistema é aberto nunca será atingido o equilíbrio $H_2O(l) \rightleftarrows H_2O(v)$.

Comparando com a pressão de vapor do éter com a pressão de vapor-d'água a mesma temperatura. Observe:

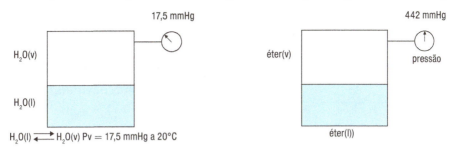

éter(l) $\rightleftarrows$ éter(v)  Pv = 442 mmHg a 20 °C

O éter evapora mais facilmente que a água numa mesma temperatura, pois as forças intermoleculares que atraem as moléculas do éter são mais fracas que as forças intermoleculares que atraem as moléculas de água.

## 3. A pressão de vapor não depende da quantidade de líquido nem do espaço ocupado pelo vapor

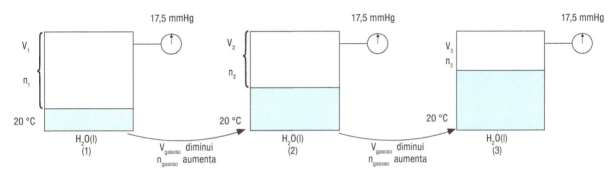

A pressão de vapor pode ser calculada utilizado a equação $PV = nRT$ comparando o sistema 1 e 2.

sistema 1 $V_1 n_1$      sistema 2 $V_2 n_2$
fase gasosa      fase gasosa

$P_1 V_1 = n_1 RT$      $P_2 V_2 = n_2 RT$

$\dfrac{P_1}{RT} = \dfrac{n_1}{V_1}$      $\dfrac{P_2}{RT} = \dfrac{n_2}{V_2}$

**Conclusão:**      $\boxed{P_1 = P_2}$

## 4. Fatores que afetam a pressão de vapor

Quanto maior a força intermolecular de um líquido, menor a pressão de vapor, isto é, o líquido é pouco volátil.

a) **Natureza do líquido**

líquidos diferentes $\longrightarrow$ Pv diferentes

$H_2O(l) \rightleftarrows H_2O(v)$  Pv = 17,5 mmHg (20 °C)
éter(l) $\rightleftarrows$ éter(v)  Pv = 442 mmHg (20 °C)

A maior ou menor pressão de vapor de um líquido depende das forças intermoleculares entre suas moléculas. Forças intensas, como as ligações de hidrogênio, "prendem" fortemente as moléculas umas às outras e, em consequência, tornam o líquido menos volátil, isto é, com menor pressão de vapor, como é o caso da água. Forças menos intensas, como as de dipolo-dipolo, unem fracamente as moléculas umas às outras, tornando o líquido mais volátil – é o caso do éter comum ($H_3C-CH_2-O-CH_2-CH_3$).

b) **Temperatura do líquido**

Aumentando-se a temperatura de um líquido aumenta a velocidade de evaporação, portanto, haverá mais vapor e, como consequência, maior pressão de vapor.

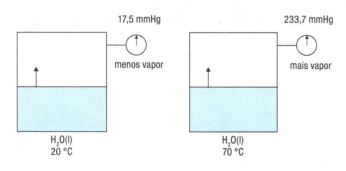

## 5. Diminuição da pressão de vapor: tonoscopia

O que acontece com a pressão de vapor ao dissolver um soluto não volátil na água.

**Fatos experimentais**

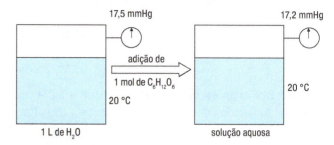

| Água pura | |
|---|---|
| Temperatura (°C) | Pressão de vapor (mmHg) |
| 0 | 4,6 |
| 10 | 9,2 |
| 20 | 17,5 |
| 30 | 31,8 |
| 40 | 55,3 |
| 50 | 92,5 |
| 60 | 149,4 |
| 70 | 233,7 |
| 80 | 355,1 |
| 90 | 525,8 |
| 100 | 760,0 |
| 110 | 1.074,6 |
| 120 | 1.489,1 |

No gráfico temos:

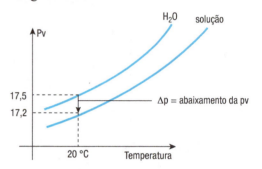

Observa-se que tonoscopia estuda o abaixamento da pressão de vapor de um solvente pela adição de um soluto não volátil.

Verifica-se experimentalmente que a tonoscopia depende apenas do número de partículas dispersas do soluto existente na solução, não dependendo da natureza dessas partículas.

Observe o exemplo: a uma dada temperatura, quem possui a menor pressão de vapor a solução aquosa?
a) 0,1 mol/L de $C_6H_{12}O_6$
b) 0,2 mol/L de $C_6H_{12}O_6$

Resposta: solução B.

A solução mais concentrada (0,2 mol/L) terá menor pressão de vapor, pois o número de moléculas de água na superfície é menor que na solução 0,1 mol/L, tornando o escape das moléculas de água na superfície mais difícil.

Legenda: ○ água
● glicose

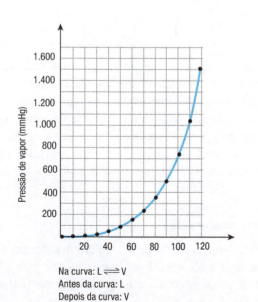

Na curva: L ⇌ V
Antes da curva: L
Depois da curva: V

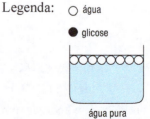
água pura
escape maior

solução aquosa
escape menor

O que acontece ao dissolver NaCl (composto iônico) na água?

**Fatos experimentais**

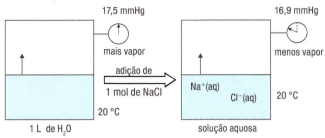

Verificou-se experimentalmente que ao dissolver 1 mol de $C_6H_{12}O_6$ em 1 L de $H_2O$ a 20 °C, o abaixamento da pressão de vapor foi de 0,3 (17,5 − 17,2), enquanto no NaCl o abaixamento da pressão de vapor foi de 0,6 (17,5 − 16,9). Por que isso ocorre?

Já vimos que os compostos iônicos em água sofrem *dissociação*.

$$NaCl(s) \longrightarrow Na^+(aq) + Cl^-(aq)$$
  1 mol        1 mol      1 mol

número de partículas dispersas = 2 mol

$$C_6H_{12}O_6(s) \longrightarrow C_6H_{12}O_6(aq)$$
  1 mol                 1 mol

número de moléculas dispersas = 1 mol

Concluímos que o abaixamento da pressão de vapor é o dobro, pois o número de partículas dispersas na solução de NaCl é o dobro do $C_6H_{12}O_6$.

**Observação:**
- solutos que não dissociam (maioria dos compostos orgânicos). **Exemplos:** sacarose, glicose, ureia.
- solutos que dissociam (ácido, base e sal).

##  Quando um líquido entra em ebulição?

Quando a água é aquecida em recipiente aberto ao nível do mar, observa-se no fundo do recipiente a formação de bolhas de ar que estavam dissolvidas na água.

À medida que prossegue o aquecimento, uma parte das moléculas de água adquire a uma dada temperatura energia suficiente para vaporizar (bolha). Bolha é vapor cercado de líquido.

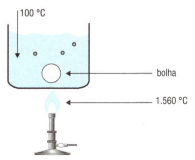

Por que a temperatura da água não é 1.560 °C? Do calor fornecido uma parte é dissipado no ar e a outra parte é usada para separar as moléculas de água, portanto, não aumentando a energia cinética (calor latente).

Uma bolha escapa somente quando a sua pressão interna de vapor se iguala à pressão externa ou atmosférica. No caso da água isso ocorre a 100 °C no nível do mar.

**Conclusão:**

> Um líquido entra em ebulição quando a sua pressão de vapor se iguala à pressão atmosférica.

**Exemplo:**

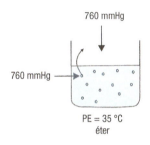

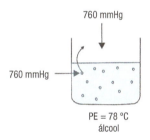

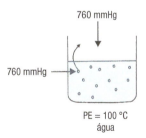

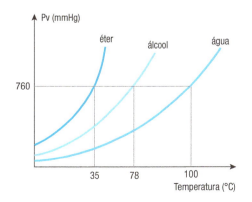

# 7. Influência da pressão externa em função da temperatura de ebulição

Quanto menor a pressão externa, mais fácil a bolha escapar, portanto, menor a temperatura de ebulição.

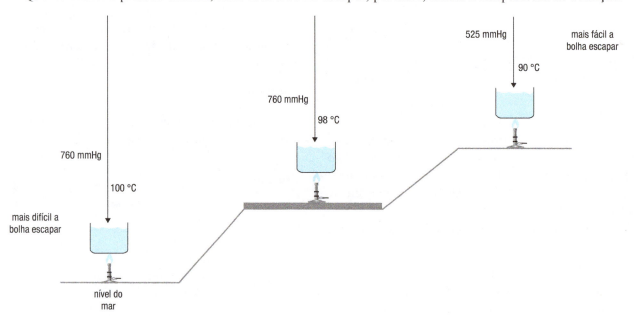

# 8. Aumento da temperatura de ebulição: ebulioscopia

Quando adicionamos um soluto não volátil na água ocorre um aumento da temperatura de ebulição da água (solvente). Exemplos:

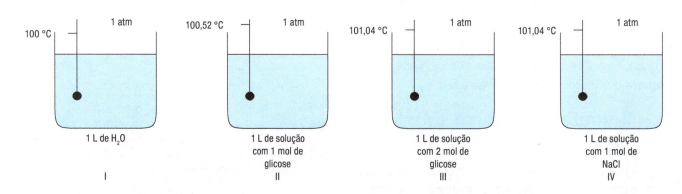

A elevação da temperatura de ebulição em III (1,04 °C) foi o dobro em relação a II (0,52 °C), pois o número de partículas dispersas em III é o dobro de II.

II  $C_6H_{12}O_6(s) \xrightarrow{1L} C_6H_{12}O_6(aq)$
    1 mol              1 mol/L

III $C_6H_{12}O_6(s) \xrightarrow{1L} C_6H_{12}O_6(aq)$
    2 mol              2 mol/L

A elevação da temperatura de ebulição em III e IV é igual (1,04 °C) pois o número de partículas dispersas é o mesmo.

A elevação da temperatura de ebulição em IV (1,04 °C) é o dobro de II (0,52 °C), pois o número de partículas dispersas em IV é o dobro de II.

II  $C_6H_{12}O_6(s) \xrightarrow{1L} C_6H_{12}O_6(aq)$
    1 mol              1 mol/L

IV  $NaCl(s) \xrightarrow{1L} Na^+(aq) + Cl^-(aq)$
    1 mol        1 mol/L    1 mol/L
             total = 2 mol/L

Através do gráfico pressão *versus* temperatura fica fácil entender porque ocorre o aumento da temperatura de ebulição da água.

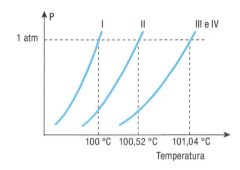

**Conclusão:** quanto maior o número de partículas dispersas do soluto na solução maior a elevação da temperatura de ebulição do solvente.

## 9. Diminuição da temperatura de congelamento: crioscopia

Quando adicionamos um soluto não-volátil na água ocorre uma diminuição na temperatura de congelamento da água (solvente). Exemplos:

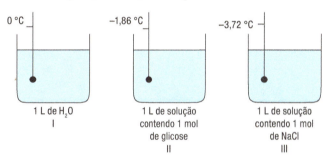

O abaixamento da temperatura de congelamento III (−3,72 °C) é o dobro do abaixamento de temperatura de congelamento II (−1,86 °C), pois o número de partículas dispersas em III é o dobro do número de partículas dipersas em II.

$$C_6H_{12}O_6(s) \xrightarrow{1L} C_6H_{12}O_6(aq)$$
$$1 \text{ mol} \qquad 1 \text{ mol/L}$$

$$NaCl(s) \xrightarrow{1L} Na^+(aq) + Cl^-(aq)$$
$$1 \text{ mol} \qquad 1 \text{ mol/L} \qquad 1 \text{ mol/L}$$
$$\text{total} = 2 \text{ mol/L}$$

**Conclusão:** quanto maior o número de partículas dispersas do soluto na solução menor o abaixamento da temperatura de congelamento do solvente.

## 10. Diagramas de fases

### 10.1 Introdução

É o gráfico pressão *versus* temperatura que mostra os estados físicos e as curvas de fusão, ebulição e sublimação de uma determinada substância.

**Conclusão:** um diagrama de fases é um gráfico de pressão *versus* temperatura que mostra, para cada condição de pressão e temperatura, qual é a fase mais estável da substância.

### 10.2 Diagrama de fases da água

O diagrama nos mostra as mudanças de estado físico da água.

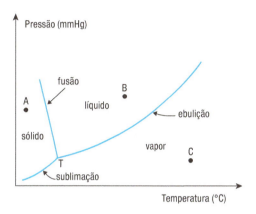

As três curvas (fusão, ebulição e sublimação) são obtidas por meio de três pontos:

• ponto F (ponto de fusão, 0 °C e 760 mmHg)
• ponto E (ponto de ebulição, 100 °C e 760 mmHg)
• ponto T (ponto triplo, 0,01 °C e 4,58 mmHg)

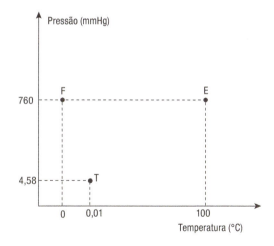

Unindo os pontos F e T, obtemos a curva de fusão. A curva de fusão está inclinada para a esquerda, pois o ponto de fusão da água diminui com o aumento da pressão. Unindo os pontos E e T, obtemos a curva de ebulição.

O ponto T é chamado de **ponto triplo**, pois coexistem em equilíbrio as três fases:

$$\text{gelo} \rightleftharpoons \text{água} \rightleftharpoons \text{vapor-d'água}$$

Abaixo do ponto T temos a curva de sublimação, pois abaixo desse ponto não temos o estado líquido.

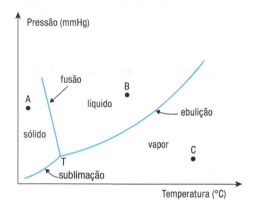

Resumindo, temos:

Curva de fusão: coexistem as fases sólida e líquida (S $\rightleftarrows$ L)

Curva de ebulição: coexistem as fases líquida e vapor (L $\rightleftarrows$ V)

Curva de sublimação: coexistem as fases sólida e vapor (S $\rightleftarrows$ V)

No ponto **triplo** (4,58 mmHg e 0,01 °C) coexistem as 3 fases em equilíbrio: S $\rightleftarrows$ L $\rightleftarrows$ V

Ponto A: existe somente sólido

Ponto B: existe somente líquido

Ponto C: existe somente vapor

## 10.3 Diagrama de fases do dióxido de carbono

Particularidade: a curva de fusão está inclinada para a direita, pois o ponto de fusão aumenta com o aumento da pressão.

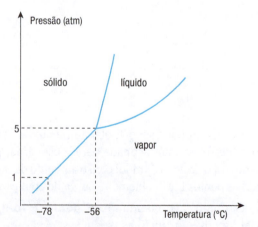

Observe que a pressão de $CO_2$ no ponto triplo é maior que 1 atm. Isto significa que o $CO_2$ líquido não pode existir nesta pressão (1 atm). Portanto, a 1 atm de pressão, nem a fusão nem a ebulição podem ocorrer, só temos a sublimação. O dióxido de carbono sólido é chamado gelo seco, sendo que o termo seco refere-se ao fato de que na pressão atmosférica ele não se funde.

## 10.4 Diagrama de fases em uma solução aquosa

Uma solução aquosa em relação à água pura tem menor pressão de vapor, maior temperatura de ebulição e menor temperatura de congelamento. Portanto, as curvas do diagrama de fases serão deslocadas para obedecer essas condições. **Exemplo**: solução aquosa contendo 1 mol de glicose.

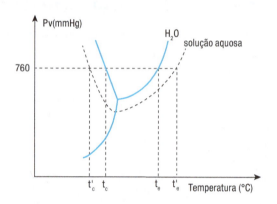

$t_c$ = temperatura de congelamento da água pura (0°C)

$t'_c$ = temperatura de congelamento da água na solução (−1,86 °C)

$t_e$ = temperatura de ebulição de água pura (100 °C)

$t'_e$ = temperatura de ebulição da água na solução (100,52 °C)

### LEITURA COMPLEMENTAR: Ponto crítico

A curva de ebulição representando as condições de equilíbrio entre o líquido e o vapor do líquido termina no **ponto crítico**. A temperatura em que isto acontece é a **temperatura crítica** ($T_C$) e a pressão de vapor correspondente é a **pressão crítica** ($P_C$).

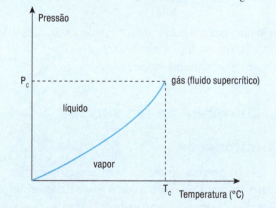

A temperatura crítica é a temperatura mais alta na qual o vapor pode ser liquefeito por pressão. A partir do ponto crítico, a densidade do gás é igual à do líquido, formando-se uma fase única, chamada de **fluido supercrítico** ou **gás**.

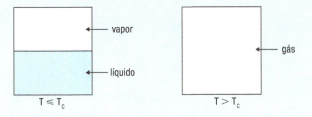

Para a maioria das substâncias o ponto crítico tem valores muito elevados de temperatura e pressão. Por exemplo, a água tem uma **temperatura crítica de 374 °C** e uma **pressão crítica de 218 atm**.

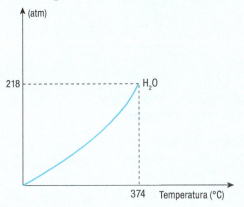

Acima de 374 °C, a água é um fluido supercrítico, isto é, a água não pode ser liquefeita por compressão. No estado supercrítico, certos fluidos como a água e o dióxido de carbono têm propriedades inesperadas, como a capacidade de dissolver materiais normalmente insolúveis.

## 11. Osmose

### 11.1 Membrana semipermeável (MSP) – Osmose

**Osmose** é a passagem do solvente (água) pela membrana semipermeável (MSP).

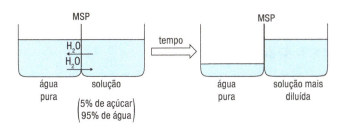

O fluxo de água é mais intenso no sentido da solução. Quando os fluxos de água se igualarem, não haverá alteração externa nos níveis dos líquidos.

**Membrana semipermeável** é aquela que permite a passagem do solvente e não permite a passagem do soluto. **Exemplos:** papel celofane, bexiga animal, cenoura oca e porcelana cujos poros contêm $Cu_2[Fe(CN)_6]$.

### 11.2 Pressão osmótica ($\pi$)

A pressão osmótica é a pressão que deve ser exercida sobre a solução para evitar a entrada do solvente.

Quanto maior a pressão osmótica, maior tendência do solvente para entrar na solução.

A pressão osmótica pode ser medida aplicando-se uma pressão externa que bloqueie a osmose.

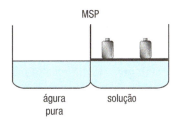

Voltando ao exemplo:

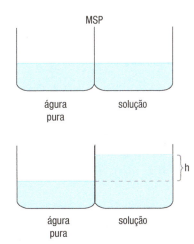

Por que depois de certo tempo os níveis dos dois recipientes não mais se alteram?

Devido à passagem mais intensa de água para solução temos um aumento de volume que vamos representar por h (será a diferença entre os dois níveis). Quando estacionarem os dois níveis, a concentração da solução ficará constante e terá uma densidade (d). Nessa situação de equilíbrio, a pressão da coluna líquida (hdg) é igual à pressão osmótica ($\pi$).

$$\pi = hdg \qquad g: \text{aceleração da gravidade}$$

### 11.3 Equação da pressão osmótica ($\pi$)

A pressão osmótica (propriedade coligativa) depende da concentração em mol/L do número total de partículas dispersas (M*) e da temperatura da solução em Kelvin (T).

$$\pi = M^* RT$$

em que R é a constante universal dos gases ideais (o valor é fornecido).

### 11.4 Cálculo do M*

a) Soluto que não se dissocia

$$C_6H_{12}O_6(s) \xrightarrow{1L} C_6H_{12}O_6(aq)$$
  0,1 mol                0,1 mol         M* = 0,1 mol/L

b) Soluto que se dissocia (ácido, base, sal)

dissociação total: grau de dissociação = 100%.

$$NaCl(s) \xrightarrow{1L} Na^+(aq) + Cl^-(aq)$$
0,1 mol      0,1 mol/L   0,1 mol/L   M* = 0,2 mol/L

c) dissociação parcial: grau de dissociação < 100%.

grau de dissociação do HA = 90%

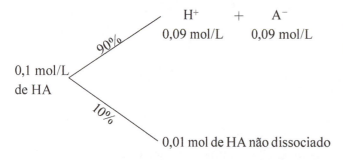

$$M^* = 0{,}09 \text{ mol/L} + 0{,}09 \text{ mol/L} + 0{,}01 \text{ mol/L} =$$
$$= 0{,}19 \text{ mol/L}$$

**Observação:**

M* = Mi

M = concentração em mol/L do soluto

i = fator de correção de van't Hoff

Para ITA e IME      $\pi = M RT i$

$$i = 1 + \alpha (q - 1)$$

**Exemplo:**

$$NaCl(s) \xrightarrow{1L} Na^+(aq) + Cl^-(aq) \quad i = 2$$
 0,1 mol      0,1 mol/L    0,1 mol/L

M* = 0,2 mol                    M = 0,1 mol/L

usando: i = 2, q = 2, $\alpha$ = 1

### 11.5 Classificação das soluções em relação à pressão osmótica

Considere duas soluções, A e B:

$\pi_A = \pi_B$   soluções isotônicas

$\pi_A > \pi_B$   solução A é hipertônica
                       solução B é hipotônica

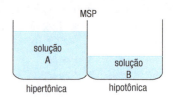

### 11.6 Fluxo de solvente. Outros exemplos.

É mais intenso.

a) água $\xrightarrow{H_2O}$ solução

b) solução de menor M* $\xrightarrow{H_2O}$ solução de maior M*
    (mais diluída)                    (mais concentrada)

**Exemplo:** Qual o sentido mais intenso da água?

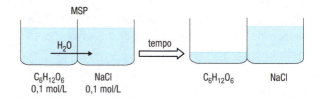

$$C_6H_{12}O_6 \xrightarrow{H_2O} C_6H_{12}O_6$$
 0,1 mol                0,1 mol/L

M* = 0,1 mol/L

menor $\pi$

$$NaCl \xrightarrow{H_2O} Na^+ + Cl^-$$
0,1 mol/L      0,1 mol/L   0,1 mol/L

M* = 0,2 mol/L

maior $\pi$

### 11.7 Osmose reversa

Osmose: água pura $\xrightarrow{H_2O}$ solução

Osmose reversa: água pura $\xleftarrow{H_2O}$ solução

Observe pelo esquema que a água da solução vai para água pura, isso ocorre porque é aplicada na solução uma pressão mecânica maior que a pressão osmótica da solução.

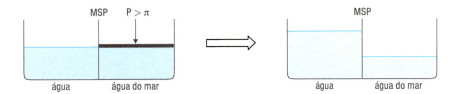

## 12. Efeito coligativo

A adição de um soluto não volátil altera certas propriedades físicas como pressão de vapor, temperatura de ebulição, temperatura de congelamento e a pressão osmótica.

Essa alteração depende apenas do número de partículas dispersas do soluto na solução e essa alteração foi chamada de *efeito coligativo* ou *propriedade coligativa*.

## Exercícios Série Prata

**1.** Complete com **soluto** ou **solvente**.

Dissolvendo-se sal comum em água, por exemplo, ela passa a congelar-se em temperatura mais baixa e a ferver em temperatura mais alta, em relação à água pura. Essas alterações que os solutos causam aos solventes são denominadas propriedades coligativas.

Propriedade coligativa das soluções é aquela que depende do número de partículas do _____ .

**2.** A pressão máxima de vapor (Pv) de um líquido é a pressão exercida por seus vapores que estão em equilíbrio com o líquido.

Complete:

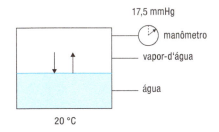

ve: velocidade de evaporação

vc: velocidade de condensação

ve = vc equilíbrio

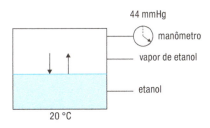

ve: velocidade de evaporação

vc: velocidade de condensação

ve = vc equilíbrio

a) água (l) $\rightleftarrows$ vapor-d'água Pv = _____

b) etanol (l) $\rightleftarrows$ vapor de etanol Pv = _____

**3.** Complete com **menor** ou **maior**, **mais** ou **menos**.

Volátil: facilidade de um líquido em evaporar.

Quanto mais volátil for o líquido, _____ será sua pressão de vapor. O álcool é _____ volátil que a água.

**4.** (FUVEST – SP) Leia o texto:

"Quando um líquido é fechado em um frasco, com temperatura constante, a condensação é estabelecida gradualmente. No instante em que é fechado o frasco, a condensação é nula, mas sua velocidade vai aumentando até igualar-se com a velocidade de evaporação. Nesse momento, é atingido o equilíbrio líquido-vapor." Assinale o diagrama que melhor interpreta o texto acima.

a) Velocidade (evaporação / condensação vs Tempo)

d) Velocidade (evaporação / condensação vs Tempo)

b) Velocidade (evaporação / condensação vs Tempo)

e) Velocidade (condensação / evaporação vs Tempo)

c) Velocidade (evaporação / condensação vs Tempo)

**5.** Complete com **aumenta** ou **diminui**.

A pressão de vapor de um líquido _____ com o aumento da temperatura.

**6.** Indique as pressões de vapor da água a 20 °C e 47 °C.

20 °C Pv _____

47 °C Pv _____

Gráfico: Pressão de vapor-d'água (mmHg) vs Temperatura (°C); valores 17,5 a 20 °C e 79 a 47 °C.

**7.** (FUND. CARLOS CHAGAS) Tem-se um recipiente dotado de um êmbolo que contém água (fig. 1); abaixamos o êmbolo (fig. 2), sem que a temperatura se altere:

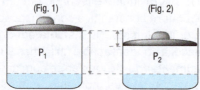

Chamamos a primeira pressão de vapor de $P_1$, e a segunda de $P_2$.

Pode-se afirmar que:

a) $P_1 > P_2$.
b) $P_1 = P_2$.
c) $P_1 = 2 P_2$.
d) $P_1 = 4 P_2$.
e) $P_1 = 8 P_2$.

**8.** Complete com **diferente** ou **igual**.

Um líquido entra em ebulição quando a sua pressão de vapor (bolha) é _____ à pressão atmosférica.

**9.** Complete com **maior** ou **menor**.

Quanto mais volátil for o líquido, _____ será a temperatura de ebulição.

**10.** (UNICAMP – SP) As pressões de vapor dos líquidos **A** e **B**, em função da temperatura, estão representadas no gráfico abaixo.

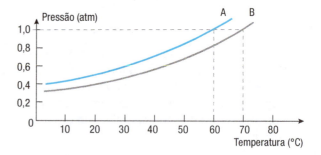

a) Sob pressão de 1,0 atm, qual a temperatura de ebulição de cada um desses líquidos?
b) Qual dos líquidos apresenta maior pressão de vapor a 50 °C, e qual o valor aproximado dessa pressão?
c) Qual dos líquidos é o mais volátil a qualquer temperatura?
d) Qual é o estado físico de **A** e de **B** a 65 °C (1 atm)?

**11.** No diagrama de líquidos **A** e **B**:

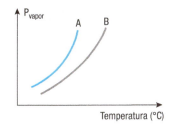

é possível afirmar que:
a) o líquido **A** é menos volátil.
b) o líquido **B** terá menor temperatura de ebulição.
c) o líquido **A** possui atrações intermoleculares mais fortes.
d) ambos os líquidos possuem o mesmo ponto de ebulição.
e) o líquido **A** poderia ser éter e o líquido **B**, água.

**14.** O diagrama abaixo refere-se a três líquidos **A**, **B** e **C**.

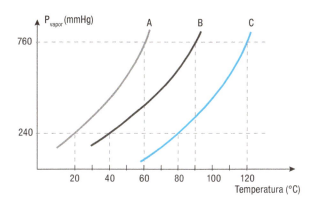

a) Qual o líquido mais volátil?
b) O que é temperatura de ebulição normal?
c) Quais as temperaturas normais de ebulição de **A**, **B** e **C**?
d) Quais seriam as temperaturas de ebulição desses líquidos no pico do Monte Everest, local em que a pressão atmosférica está ao redor de 240 mmHg?

**12.** Observe o diagrama:

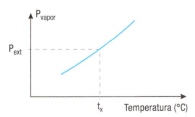

Agora, responda:
a) Por que a curva é ascendente?
b) Qual o significado da temperatura $t_x$?

**15.** (UNIP – SP) Considere as curvas de pressão de vapor.

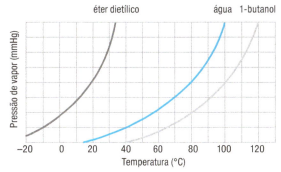

As forças intermoleculares estão na ordem:
a) éter dietílico > água > 1-butanol
b) água > 1-butanol > éter dietílico
c) 1-butanol > água > éter dietílico
d) 1-butanol > éter dietílico > água
e) água > éter dietílico > 1-butanol

**13.** (FATEC – SP) Se a água contida em um béquer está fervendo, e o termômetro acusa a temperatura de 97 °C, pode-se afirmar que:
a) a temperatura de ebulição independe da pressão ambiente.
b) a água está fervendo em Santos.
c) nessa temperatura a pressão de vapor-d'água é menor do que a pressão ambiente.
d) nessa temperatura estão sendo rompidas ligações intramoleculares.
e) nessa temperatura a pressão de vapor-d'água é igual à pressão ambiente.

**16.** Complete com **aumento** ou **diminuição**.

A tonoscopia ou tonometria estuda _____ da pressão de vapor do solvente provocada pela adição de um soluto não volátil.

**17.** Associe cada curva com solvente ou solução:

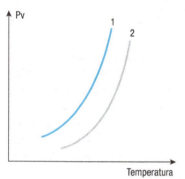

Curva 1: _____
Curva 2: _____

**18.** Associe cada curva com solvente, solução mais concentrada e solução menos concentrada.

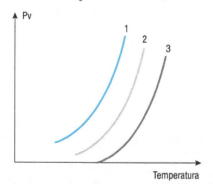

Curva 1: _____
Curva 2: _____
Curva 3: _____

**19.** Complete:

a) não dissocia: em água

$C_6H_{12}O_6$(aq)
0,1 mol/L

total de partículas dispersas _____

b) dissocia: em água

NaCl(aq) ⟶ Na⁺(aq) + Cl⁻(aq)
0,1 mol/L    0,1 mol/L    0,1 mol/L

total de partículas dispersas _____

c) dissocia:

$MgCl_2$(aq) ⟶ $Mg^{2+}$(aq) + 2 Cl⁻(aq)
0,1 mol/L         0,1 mol/L        0,2 mol/L

total _____

d) dissocia:

$Al_2(SO_4)_3$(aq) ⟶ 2 $Al^{3+}$(aq) + 3 $SO_4^{2-}$(aq)
0,1 mol/L                0,2 mol/L            0,3 mol/L

total _____

**20.** Associe as curvas com $H_2O$ pura, solução aquosa de NaCl 0,1 mol/L, solução aquosa de $C_6H_{12}O_6$ 0,1 mol/L e solução aquosa de $Al(NO_3)_3$ 0,1 mol/L.

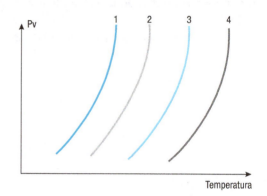

Curva 1: _____
Curva 2: _____
Curva 3: _____
Curva 4: _____

**21.** (PUC – MG) Sejam dadas as seguintes soluções aquosas:

X: 0,25 mol/L de glicose ($C_6H_{12}O_6$).
Y: 0,25 mol/L de carbonato de sódio ($Na_2CO_3$).
Z: 0,50 mol/L de ácido nítrico ($HNO_3$).
W: 0,50 mol/L de sacarose ($C_{12}H_{22}O_{11}$).

Das soluções acima, assinale a opção que apresenta a maior pressão de vapor:

a) X        b) Y        c) Z        d) W

**22.** Complete com **aumento** ou **diminuição**, **maior** ou **menor**.

A ebulioscopia ou ebuliometria estuda _____ da temperatura de ebulição do solvente pela adição de um soluto não volátil.

Quanto mais concentrada for uma solução, _____ a temperatura da ebulição do solvente.

**23.** (PUC – MG) Sejam dadas as seguintes soluções aquosas:
  I. 0,1 mol/L de glicose ($C_6H_{12}O_6$).
  II. 0,2 mol/L de sacarose ($C_{12}H_{22}O_{11}$).
  III. 0,1 mol/L de hidróxido de sódio (NaOH).
  IV. 0,2 mol/L de cloreto de cálcio ($CaCl_2$).
  V. 0,2 mol/L de nitrato de potássio ($KNO_3$).

A que apresenta maior temperatura de ebulição é:
a) I    b) II    c) III    d) IV    e) V

**24.** Complete com **aumento** ou **diminuição**, **maior** ou **menor**.

A crioscopia ou criometria estuda _____ da temperatura de congelação do solvente pela adição de um soluto não volátil.

Quanto mais concentrada for uma solução, _____ a temperatura de congelação do solvente.

**25.** (UNESP) A solução aquosa que apresenta menor ponto de congelação é a de:
a) $CaBr_2$ de concentração 0,10 mol/L.
b) KBr de concentração 0,20 mol/L.
c) $Na_2SO_4$ de concentração 0,10 mol/L.
d) glicose ($C_6H_{12}O_6$) de concentração 0,50 mol/L.
e) $HNO_3$ de concentração 0,30 mol/L (100% ionizado).

**26.** (ITA – SP) Em relação à água pura, é de se esperar que uma solução de 10 g de sacarose em 150 g de água tenha respectivamente:

|   | Ponto de ebulição | Ponto de solidificação | Pressão de vapor |
|---|---|---|---|
| a) | menor | maior | menor |
| b) | menor | menor | menor |
| c) | maior | menor | menor |
| d) | maior | menor | maior |
| e) | maior | maior | maior |

**27.** Complete:

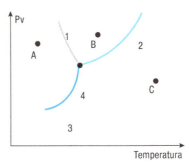

a) Curva 1: _____
b) Curva 2: _____
c) Curva 3: _____
d) Ponto 4: _____
e) Ponto A estado: _____
f) Ponto B estado: _____
g) Ponto C estado: _____

**28.** Complete:
a) Ponto de fusão: PF _____
b) Ponto de ebulição: PE _____
c) Pressão no ponto triplo: _____
d) Temperatura no ponto triplo: _____

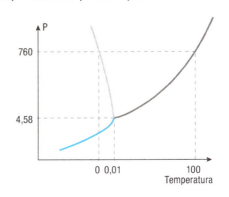

**29.** Complete com **solução** ou **solvente**.

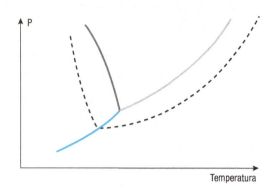

a) Curva cheia corresponde
_____ .

b) Curva da linha tracejada corresponde
_____ .

**30.** Complete com **solvente** ou **soluto**.

Membrana semipermeável ideal é a que permite a passagem do _____ e impede a passagem do _____ .

**31.** Complete com **solvente** ou **soluto**.

Osmose é a passagem do _____ através de uma membrana semipermeável.

**32.** Complete com **mais** ou **menos**.

O fluxo maior do solvente é da solução _____ concentrada para a solução _____ concentrada.

**33.** Complete com **mais** ou **menos**, **aumenta** e **diminui**.

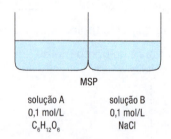

a) O fluxo de água é _____ intenso no sentido da solução A para solução B.

b) O volume da solução A _____

c) O volume da solução B _____

**34.** Complete com **aumenta** ou **diminui**.

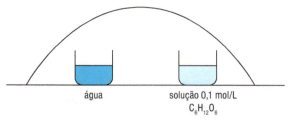

O volume da solução _____ .

**35.** Admita que uma célula viva contenha uma solução de concentração 0,16 mol/L. Se essa célula for mergulhada em uma solução aquosa 0,05 mol/L, podemos prever que:

a) não haverá osmose.
b) a célula irá inchar.
c) a célula perderá água e irá murchar.

**36.** Observe o esquema:

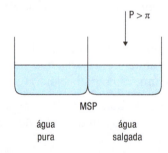

O fenômeno é chamado de _____ .

**37.** (UFPB) A escassez de água própria para o consumo humano tem provocado a busca pelo aproveitamento das águas de oceanos e mares. Para aproveitamento da água salgada, foram desenvolvidos equipamentos de dessalinização que se baseiam na aplicação da osmose reversa. Esses equipamentos têm permitido que bilhões de litros de água potável sejam produzidos anualmente no mundo inteiro. Por definição, a osmose é a passagem de um solvente através de uma membrana semipermeável (MS). Os processos de osmose e osmose reversa estão representados na figura a seguir.

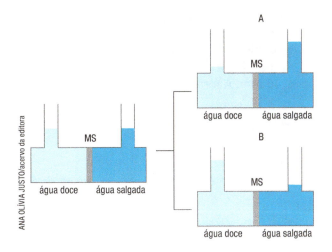

Considerando essas informações e observando a figura, verifica-se:

a) Em A e B, os sais conseguem atravessar a membrana semipermeável.
b) Em A, o fluxo através da membrana ocorreu no sentido da água salgada para a água doce.
c) Em A, a concentração de sais na água salgada foi aumentada.
d) Em B, o fluxo de água, no sentido da água salgada para água doce, exigiu aplicação de pressão externa.
e) Em A, está representado o processo que ocorre nos dessalinizadores.

**38.** Complete com **solvente** ou **solução**.

Pressão osmótica ($\pi$) é a pressão exercida sobre a _____ para impedir a osmose.

**39.** Complete com **hipotônica**, **hipertônica** ou **isotônica**.

a) $\pi_A = \pi_B$ solução A é _____ da solução B.
b) $\pi_A > \pi_B$ solução A é _____ da solução B.
c) $\pi_A < \pi_B$ solução A é _____ da solução B.

**40.** Observe o esquema.

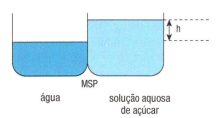

Quandos os níveis dos líquidos não mais se alteram, a pressão osmótica ($\pi$) é igual à pressão hidrostática (hdg).

$$\pi = hdg$$

Dê os nomes das grandezas envolvidas.

a) $\pi$ _____
b) h _____
c) d _____
d) g _____

**41.** (UECE) A descoberta do fenômeno da osmose foi atribuída a René Joachim Henri Dutrochet (1776-1847), físico e botânico francês, autor do termo "osmose". Sua pesquisa teve fundamental importância para explicar o processo da respiração celular. A pressão osmótica utilizada para interromper a osmose de determinada solução de glicose ($C_6H_{12}O_6$) contendo 10 g/L a 15 °C é

a) 2,62 atm.  c) 2,92 atm.
b) 1,83 atm.  d) 1,31 atm

**Dado:** R = 0,082 atm · L · mol$^{-1}$ · K$^{-1}$.

**42.** (UECE) A osmose é muito importante para os seres vivos. Ela é responsável, por exemplo, pelas trocas de líquidos entre as células e seu meio. Nas células humanas, o excesso de água pode provocar uma citólise, originando um acidente vascular cerebral (AVC). A pressão osmótica de uma solução molecular que apresenta 0,15 mol/L a 27 °C considerada, neste caso, isotônica com a da célula humana é, em termos aproximados,

a) 1,85 atm.  c) 5,55 atm.
b) 3,70 atm.  d) 7,40 atm.

**Dado:** R = 0,082 atm · L/mol · K.

**43.** (FAMECA – SP) Soluções isotônicas são aquelas que apresentam a mesma concentração de partículas (moléculas ou íons).
Se uma solução de $Ca(NO_3)_2$ apresenta concentração igual a 0,2 mol · $L^{-1}$, ela será isotônica de uma solução de

a) $Na_2SO_4$ de concentração 0,2 mol · $L^{-1}$.
b) $CaCl_2$ de concentração 0,3 mol · $L^{-1}$.
c) $Ca(NO_3)_2$ de concentração 0,3 mol · $L^{-1}$.
d) $Al(NO_3)_3$ de concentração 0,2 mol · $L^{-1}$.
e) $C_6H_{12}O_6$ de concentração 0,2 mol · $L^{-1}$.

**44.** (FMJ – SP) A adição de soro fisiológico em uma amostra de sangue não promoveu alteração no volume celular, enquanto que a adição de água causou a destruição das hemácias por meio da lise celular. É correto afirmar que o soro fisiológico e a água, em relação à hemácia, são, respectivamente,

a) isotônico e hipotônica.
b) hipertônico e isotônica.
c) isotônico e hipertônica.
d) hipotônico e hipertônica.
e) hipertônico e hipotônica.

**45.** (UEM – PR) Assinale o que for correto.

a) O sangue, o leite e a maionese são soluções.
b) A pressão de vapor-d'água pura é maior do que a da água salgada; portanto, a temperatura de ebulição da água pura é maior do que a da água salgada.
c) A pressão osmótica depende do número de partículas na solução.
d) Uma solução aquosa de cloreto de sódio 0,01 mol/L apresenta pressão osmótica maior do que uma solução aquosa de sacarose 0,01 mol/L, na mesma temperatura.
e) A dimensão média das partículas que formam uma dispersão coloidal é maior do que a dimensão média das partículas que formam uma solução.

**46.** (PUC – SP) 2,8 g de um composto constituído por C, H e O são dissolvidos em benzeno, originando 500 mL de uma solução não eletrolítica que, a 27 °C, apresenta pressão osmótica a 2,46 atm. A fórmula desse composto é:

a) $C_3H_4O$
b) $C_3H_8O$
c) $C_2H_2O$
d) $C_2H_4O_2$
e) $C_2H_6O$

**Dado:** $R = 0,082 \dfrac{atm \cdot L}{mol \cdot K}$.

**47.** (ENEM) Osmose é um processo espontâneo que ocorre em todos os organismos vivos e é essencial à manutenção da vida. Uma solução 0,15 mol/L de NaCl (cloreto de sódio) possui a mesma pressão osmótica das soluções presentes nas células humanas.

A imersão de uma célula humana em uma solução 0,20 mol/L de NaCl tem, como consequência, a

a) adsorção de íons $Na^+$ sobre a superfície da célula.
b) difusão rápida de íons $Na^+$ para o interior da célula.
c) diminuição da concentração das soluções presentes na célula.
d) transferência de íons $Na^+$ da célula para a solução.
e) transferência de moléculas de água do interior da célula para a solução.

**48.** (PSS – UFS – SE) Quando se comparam soluções aquosas de mesma concentração (em mol/L), uma de sal de cozinha, NaCl (composto solúvel em água e totalmente dissociado), outra de cloreto de potássio, KCl (composto solúvel em água e totalmente dissociado), com água destilada, afirma-se que:

a) Sob mesma pressão, a água destilada ferve à menor temperatura.
b) Sob a mesma pressão, as duas soluções fervem à mesma temperatura.
c) As duas soluções congelam à mesma temperatura, que é maior do que a da água.

d) Com membrana semipermeável separando as duas soluções da água:

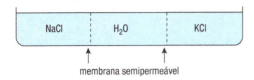

a solução de maior pressão osmótica é a solução de NaCl.

e) As duas soluções diferem bastante da água, quanto à concentração de cátions e ânions presentes.

Quais itens estão corretos?

**49.** (UNESP) Injeções endovenosas de glicose são aplicadas em pessoas que estão alcoolizadas. A solução de glicose, que é injetada nas veias desses pacientes, deve ser isotônica em relação ao sangue, para não lesar os glóbulos vermelhos. Considerando que o sangue humano possui uma pressão osmótica (π) da ordem de 7,8 atmosferas,

a) qual deve ser o valor da pressão osmótica da injeção endovenosa a ser aplicada no paciente alcoolizado?

b) demonstre através de cálculos que o soro fisiológico, utilizado nas injeções endovenosas, é solução com concentração C = 0,16 mol/L em cloreto de sódio (NaCl).

**Dados:** R = 0,082 atm · L · mol$^{-1}$ · K$^{-1}$, T = 298 K.

## Exercícios Série Ouro

**1.** (UNISA – SP) A pressão de vapor de um líquido puro molecular depende:

a) apenas da estrutura de suas moléculas.
b) apenas da massa específica do líquido.
c) apenas da temperatura do líquido.
d) da estrutura de suas moléculas e da temperatura do líquido.
e) da estrutura de suas moléculas e do volume do vapor.

**2.** À temperatura de 80 °C e pressão de 700 mmHg, quantas substâncias estão totalmente vaporizadas?

a) 1    b) 2    c) 3    d) 4    e) 5

**Dados:**

| Substâncias | Pressão de vapor em mmHg a 80 °C |
|---|---|
| $CH_3COOH$ | 202 |
| $D_2O$ | 332 |
| $H_2O$ | 355 |
| $C_2H_5OH$ | 813 |
| $CCl_4$ | 843 |

**3.** (FATEC – SP) São dadas as curvas de pressão de vapor para os líquidos **A** e **B**.

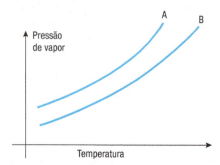

Pode-se concluir que:

a) a temperatura de ebulição de **A** é maior que a temperatura de ebulição de **B**.
b) se o líquido **A** for um solvente puro, o líquido **B** poderia ser uma solução de um soluto não volátil nesse solvente.
c) o líquido **B** é mais volátil que o líquido **A**.
d) se o líquido **B** for um solvente puro, o líquido **A** poderia ser uma solução de um soluto não volátil nesse solvente.
e) a temperatura de ebulição de **A** em São Paulo é maior que a temperatura de ebulição de **A** em Santos.

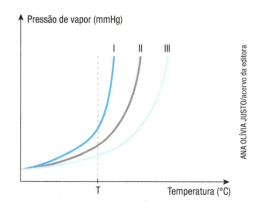

a) a solução **C** corresponde à curva **I**, pois quanto maior a quantidade de soluto não volátil dissolvido em um solvente, menor é a pressão de vapor dessa solução.
b) solução **A** corresponde à curva **III**, pois quanto menor a quantidade de soluto não volátil dissolvido em um solvente, maior é a pressão de vapor dessa solução.
c) as soluções **A**, **B** e **C** correspondem respectivamente às curvas **III**, **II** e **I**, pois quanto maior a quantidade de um soluto não volátil dissolvido em um solvente, maior a pressão de vapor da solução.
d) as soluções **A**, **B** e **C** correspondem respectivamente às curvas **I**, **II** e **III**, pois quanto menor a quantidade de um soluto não volátil dissolvido em um solvente, maior a pressão de vapor da solução.
e) a solução **B** é a mais volátil, que é representada pela curva **II**.

**4.** (MACKENZIE – SP) Em um laboratório, são preparadas três soluções **A**, **B** e **C**, contendo todas elas a mesma quantidade de um único solvente e cada uma delas, diferentes quantidades de um único soluto não volátil.
Considerando que as quantidades de soluto, totalmente dissolvidas no solvente, em **A**, **B** e **C**, sejam crescentes, a partir do gráfico abaixo, que mostra a variação da pressão de vapor para cada uma das soluções em função da temperatura, é correto afirmar que, a uma dada temperatura "T",

**5.** (UFRGS – RS) Considere o gráfico a seguir, que representa as variações das pressões máximas de vapor da água pura (AP) e duas amostras líquidas, **A** e **B**, em função da temperatura.

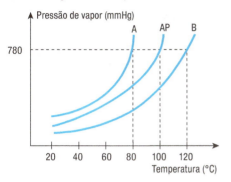

Pode-se concluir que, em temperaturas iguais:
a) a amostra **A** constitui-se de um líquido menos volátil que a água pura.
b) a amostra **B** pode ser constituída de uma solução aquosa de cloreto de sódio.
c) a amostra **B** constitui-se de um líquido que evapora mais rapidamente que a água pura.
d) a amostra **A** pode ser constituída de solução aquosa de sacarose.
e) as amostras **A** e **B** constituem-se de soluções aquosas preparadas com solutos diferentes.

**6.** (UFMG) Acetona, água e etanol puros, inicialmente líquidos a 20 °C e a 1 atm de pressão, são aquecidos, entram em ebulição e se vaporizam completamente. O gráfico apresenta as curvas de aquecimento dos três líquidos:

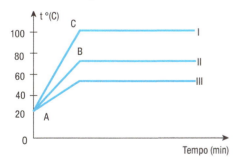

a) Considerando as interações intermoleculares características dos três líquidos – $CH_3COCH_3$, $H_2O$ e $CH_3CH_2OH$ – mais intensas do que simples interações de van der Waals, identifique a curva de aquecimento correspondente a cada um deles. Justifique sua resposta, considerando o tipo de interação possível em cada caso.

b) Considerando que, num novo experimento, se aqueça uma quantidade maior do líquido II, indique se haverá modificações na inclinação do segmento AB da curva do aquecimento e no tempo durante o qual a temperatura permanecerá constante. Justifique sua resposta.

**7.** (UnB – DF) A 25 °C, os líquidos A (20 cm³) e B (70 cm³) apresentam as pressões de vapor (mmHg) indicadas nos manômetros. Com base nas informações fornecidas, julgue os itens:

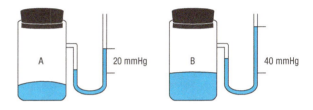

1 – O líquido A é mais volátil que o B.
2 – A temperatura de ebulição de B é mais elevada que a de A.
3 – Se o volume de A fosse 40 cm³, a 25 °C, sua pressão de vapor seria 40 mmHg.
4 – Dependendo da pressão externa, os líquidos A e B podem apresentar diferentes temperaturas de ebulição.
5 – Ao se dissolver um soluto não volátil em A ou B, haverá um decréscimo da pressão de vapor.
6 – Se o líquido A fosse a água, para que sua pressão de vapor se igualasse a 760 mmHg, seria necessária uma temperatura de 100 °C.

**8.** (UFRN) Considere três recipientes abertos, contendo líquido em ebulição contínua. Em (1), tem-se água pura: em (2), uma solução aquosa de glicose $10^{-3}$ mol/L; em (3), uma outra solução aquosa de glicose $10^{-1}$ mol/L, conforme ilustrado a seguir. Assinale a opção cujo gráfico representa a variação das temperaturas dos líquidos anteriores em função do tempo.

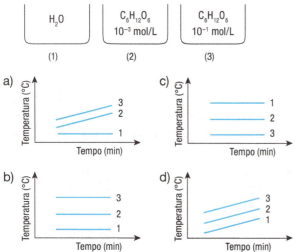

**9.** (FUVEST – SP) Uma mistura constituída de 45 g de cloreto de sódio e 100 mL de água, contida em um balão e inicialmente a 20 °C, foi submetida à destilação simples, sob pressão de 700 mmHg, até que fossem recolhidos 50 mL de destilado. O esquema abaixo representa o conteúdo do balão de destilação, antes do aquecimento:

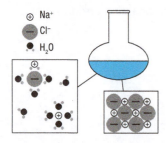

A temperatura de ebulição durante a destilação era igual, maior ou menor que 97,4 °C? Justifique.

**Dado:** ponto de ebulição da água pura a 700 mmHg = = 97,4 °C.

**10.** (EFOA – MG) Considere as soluções **A**, **B** e **C**, obtidas pela dissolução de três solutos não voláteis em 1 litro de solução, cujas características são resumidas na tabela a seguir:

| Solução | Massa do soluto (g) | Massa molar do soluto (g/mol) | Tipo de soluto | Pressão de vapor medida (mmHg) |
|---|---|---|---|---|
| A | 34,2 | 342 | molecular | $P_a$ |
| B | 18,0 | 180 | molecular | $P_b$ |
| C | 5,85 | 58,5 | iônico | $P_c$ |

a) Ordene as pressões de vapor medidas para as soluções **A**, **B** e **C**. Justifique a ordem proposta.
b) Se as soluções **A**, **B** e **C** forem congeladas, qual delas apresentará o ponto de congelamento mais baixo? Justifique.

**11.** (UFRJ) Certas propriedades físicas de um solvente, tais como temperatura de ebulição e de solidificação, são alteradas quando nele dissolvemos um soluto não volátil. Para verificar esse fato, quatro sais distintos foram disolvidos em frascos contendo a mesma quantidade de água, como indica o esquema a seguir:

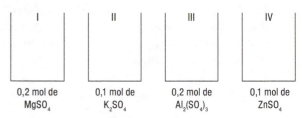

a) Coloque as soluções I, II, III e IV em ordem crescente de abaixamento da temperatura de solidificação que ocorre devido à adição do soluto.
b) Sabendo que o volume final da solução do frasco II é de 3 litros, calcule a concentração de $K_2SO_4$, em g/L.

**Dado:** $K_2SO_4 = 174$ g · mol$^{-1}$.

**12.** (PUC – MG) Considere as seguintes soluções aquosas:

X: 0,1 mol/L de frutose ($C_6H_{12}O_6$);
Y: 0,2 mol/L de cloreto de sódio (NaCl);
Z: 0,3 mol/L de sulfato de potássio ($K_2SO_4$);
W: 0,3 mol/L de ácido clorídrico (HCl).

Considerando as propriedades das soluções, assinale a afirmativa **incorreta**:

a) Numa mesma pressão, a solução Z apresenta a maior temperatura de ebulição.
b) A solução X é a que apresenta a maior pressão de vapor.
c) A solução W apresenta uma temperatura de congelação maior que a solução Y.
d) Todas apresentam uma temperatura de ebulição maior do que 100 °C a 1 atm.

**13.** (FUVEST – SP) Louis Pasteur realizou experimentos pioneiros em Microbiologia. Para tornar estéril um meio de cultura, o qual poderia estar contaminado com agentes causadores de doenças, Pasteur mergulhava o recipiente que o continha em um banho de água aquecida à ebulição e à qual adicionava cloreto de sódio.

Com a adição de cloreto de sódio, a temperatura de ebulição da água do banho, com relação à da água pura, era _____ . O aquecimento do meio de cultura provocava _____ .

As lacunas podem ser corretamente preenchidas, respectivamente, por:

a) maior; desnaturação das proteínas das bactérias presentes.
b) menor; rompimento da membrana celular das bactérias presentes.
c) a mesma; desnaturação das proteínas das bactérias.
d) maior; rompimento da membrana celular dos vírus.
e) menor; alterações no DNA dos vírus e das bactérias.

**14.** (FUVEST – SP) A adição de um soluto à água altera a temperatura de ebulição desse solvente. Para quantificar essa variação em função da concentração e da natureza do soluto, foram feitos experimentos, cujos resultados são apresentados abaixo. Analisando a tabela, observa-se que a variação de temperatura de ebulição é função da concentração de moléculas ou íons de soluto dispersos na solução.

| Volume de água (L) | Soluto | Quantidade de matéria de soluto (mol) | Temperatura de ebulição (°C) |
|---|---|---|---|
| 1 | — | — | 100,00 |
| 1 | NaCl | 0,5 | 100,50 |
| 1 | NaCl | 1,0 | 101,00 |
| 1 | sacarose | 0,5 | 100,25 |
| 1 | $CaCl_2$ | 0,5 | 100,75 |

Dois novos experimentos foram realizados, adicionando-se 1,0 mol de $Na_2SO_4$ a 1 L de água (experimento **A**) e 1,0 mol de glicose a 0,5 L de água (experimento **B**). Considere que os resultados desses novos experimentos tenham sido consistentes com os experimentos descritos na tabela. Assim sendo, as temperaturas de ebulição da água, em °C, nas soluções dos experimentos **A** e **B**, foram, respectivamente, de

a) 100,25 e 100,25.
b) 100,75 e 100,25.
c) 100,75 e 100,50.
d) 101,50 e 101,00.
e) 101,50 e 100,50.

**15.** (ITA – SP) Esboce graficamente o diagrama de fases (pressão *versus* temperatura) da água pura (linhas cheias). Neste mesmo gráfico, esboce o diagrama de fases de uma solução aquosa 1 mol/kg em etilenoglicol (linhas tracejadas).

**16.** (UFSC) Considere o diagrama de fases do dióxido de carbono, representado a seguir. Assinale qual(is) a(s) proposição(ões) correta(s):

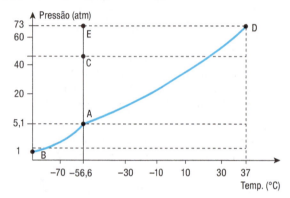

(01) À pressão de 73 atm, o dióxido de carbono é líquido na temperatura de 25 °C e é sólido na temperatura de −60 °C, mantendo a mesma pressão.
(02) Os valores de pressão e temperatura correspondentes à linha **A-C-E** representam o equilíbrio entre os estados sólido e vapor.
(04) Este composto é um gás nas condições ambientes.
(08) A −56,6 °C e 5,1 atm, tem-se o ponto triplo, no qual o dióxido de carbono se encontra em equilíbrio nos três estados físicos.
(16) No ponto C do diagrama, estão em equilíbrio as fases sólida e vapor.
(32) O gelo seco sublima quando mantido a 1 atm; portanto, não é possível conservá-lo em *freezers* comuns, a −18 °C.

Dê como resposta a soma dos números associados às proposições corretas.

**17.** (ITA) Considere o diagrama de fase hipotético representado esquematicamente na figura a seguir:

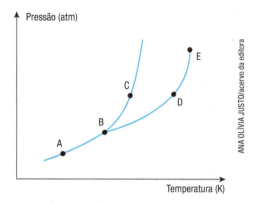

O que representa os pontos A, B, C, D e E?

**18.** (FUVEST – SP) A porcentagem em massa de sais no sangue é de aproximadamente 0,9%. Em um experimento, alguns glóbulos vermelhos de uma amostra de sangue foram coletados e separados em três grupos. Foram preparadas três soluções, identificadas por X, Y e Z, cada qual com uma diferente concentração salina. A cada uma dessas soluções foi adicionado um grupo de glóbulos vermelhos. Para cada solução, acompanhou-se, ao longo do tempo, o volume de um glóbulo vermelho, como mostra o gráfico.

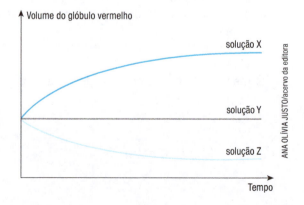

Com base nos resultados desse experimento, é correto afirmar que

a) a porcentagem em massa de sal, na solução Z, é menor do que 0,9%.
b) a porcentagem em massa de sal é maior na solução Y do que na solução X.
c) a solução Y e a água destilada são isotônicas.
d) a solução X e o sangue são isotônicos.
e) a adição de mais sal à solução Z fará com que ela e a solução X fiquem isotônicas.

As seguintes afirmações são feitas a respeito do que será observado após o estabelecimento do equilíbrio:

I. A pressão osmótica das duas soluções será a mesma.
II. A pressão de vapor-d'água será igual nos dois balões.
III. O nível do líquido no balão **A** será maior do que o inicial.
IV. A concentração da solução aquosa de $FeBr_3$ no balão **B** será maior do que a inicial.
V. A concentração do KBr na solução do balão **A** será igual à em mol/L do $FeBr_3$ no balão **B**.

Qual das opções a seguir contém apenas as afirmações corretas?

a) I e II
b) I, III e IV
c) I, IV e V
d) II e III
e) II, III, IV e V

**19.** (ITA – SP) Deseja-se desdobrar 2 litros de uma solução aquosa 0,15 mol/L de NaCl em: 1 litro de água pura e 1 litro de solução 0,30 mol/L de NaCl, isto sem haver afastamento da temperatura ambiente e sem usar destilação, mas utilizando apenas os princípios envolvidos no fenômeno da osmose. Explique como isto poderia ser feito e que tipo de trabalho estaria em jogo. Ilustre sua resposta com uma figura que deixe clara a aparelhagem a ser utilizada.

**20.** (ITA – SP) Na figura a seguir, o balão **A** contém 1 L de solução aquosa 0,2 mol/L em KBr, enquanto o balão **B** contém 1 L de solução aquosa 0,1 mol/L de $FeBr_3$. Os dois balões são mantidos à temperatura de 25 °C. Após a introdução das soluções aquosas de KBr e de $FeBr_3$, as torneiras $T_A$ e $T_B$ são fechadas, sendo aberta, a seguir, a torneira $T_C$.

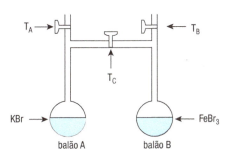

**21.** (ITA – SP) Considere as seguintes soluções aquosas

I. 0,030 mol/L de glicose;
II. 0,030 mol/L de ácido acético; e
III. 0,010 mol/L de cloreto de cálcio.

Em relação a essas soluções são feitas as seguintes afirmações:

A) A pressão de vapor-d'água nessas soluções obedece à ordem: $p_{II} < p_I \cong p_{III}$.
B) A pressão osmótica nessas soluções obedece à ordem: $\pi_I < \pi_{II} < \pi_{III}$;
C) A elevação da temperatura de ebulição nessas soluções está na ordem: $\Delta T_{III} < \Delta T_{II} < \Delta T_I$.

Dentre as afirmações citadas está(ão) certa(s):

a) apenas A.
b) apenas A e B.
c) apenas A e C.
d) apenas B e C.
e) todas.

**22.** (ITA – SP – adaptada) Sejam dois copos **A** e **B**, recobertos com uma campânula de vidro, como mostra a figura abaixo.

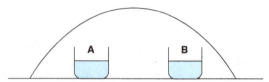

Vamos supor que inicialmente **A** contém 5 L de solução 0,1 mol/L de $C_6H_{12}O_6$ e **B** contém 2 L de solução 0,2 mol/L de $C_6H_{12}O_6$. Depois de atingido o equilíbrio no sistema, pedem-se:

a) Quais os volumes das soluções em **A** e **B**?
b) Qual a concentração em mol/L em **A** e **B**?

## Exercícios Série Platina

**1.** (UFSCar – SP – adaptada) Considere as substâncias puras: água, ácido acético e tetracloreto de carbono e observe as curvas do gráfico de variação de pressão de vapor em função da temperatura.

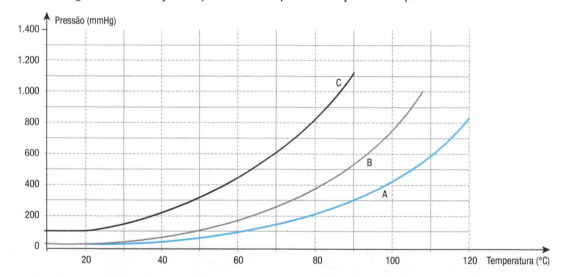

a) Considere que cada substância foi aquecida, isoladamente, até 80 °C, sob pressão de 700 mmHg. Quais das curvas (A, B ou C) representam as substâncias que estão no estado gasoso nessas condições? Justifique sua resposta.
b) Associe a curva de pressão de vapor em função da temperatura (A, B ou C) a cada um dos líquidos citados no enunciado.
**Dados:** ponto de ebulição normal dos líquidos puros, em °C: água = 100; ácido acético = 118; tetracloreto de carbono: 76.
c) Desenhe no gráfico acima, a curva de pressão de vapor de uma solução de KCl 0,1 mol/L e a curva de uma solução de glicose de mesma concentração. Identifique cada uma delas.
d) Entre as soluções de KCl e de glicose, qual delas apresenta menor ponto de congelação? Justifique sua resposta.

**2.** (UFRJ) As hemácias apresentam mesmo volume, quando estão no sangue ou em solução aquosa de NaCl 9 g/L (solução isotônica). No entanto, quando as hemácias são colocadas em solução aquosa de NaCl mais diluída (solução hipotônica), elas incham, podendo até arrebentar. Esse processo chama-se *hemólise*.

O gráfico a seguir apresenta curvas de pressão de vapor (Pv), em função da temperatura (T), para soluções aquosas de diferentes concentrações de NaCl.

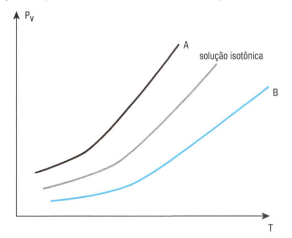

a) Qual das curvas representa a solução de NaCl que pode causar o processo de hemólise? Justifique.
Curva: _____
Justificativa: _____

b) Com o objetivo de concentrar 2 L da solução isotônica, evaporam-se, cuidadosamente, 10% de seu volume. Determine a concentração, em g/L, da solução resultante.

A montagem representada nessa figura permite, a partir da altura – h – do desnível observado na coluna de mercúrio, comparar-se a pressão do vapor dos dois líquidos.

Nesse experimento, os dois líquidos são água e etanol e ambos estão à temperatura de 25 °C. O gráfico abaixo, representa a pressão de vapor desses dois líquidos, em mmHg, em função da temperatura:

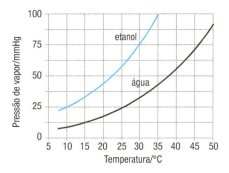

Considerando o desnível entre as colunas de mercúrio da figura I e os dados do gráfico acima, responda:

a) Identifique o líquido A e o líquido B.
líquido A: _____
líquido B: _____

b) Calcule a altura h, em milímetros, do desnível entre as colunas de mercúrio. Mostre seus cálculos.

c) Qual dos líquidos A ou B apresenta maior ponto de ebulição? Justifique.

d) Considere que nesse experimento a água é mantida à 25 °C. Indique qual deve ser a temperatura do etanol para que não mais se observe desnível na coluna de mercúrio.

**3.** (UFMG) Dois balões de vidro contêm, cada um, um líquido A e B em equilíbrio com seus respectivos vapores. Esses balões são interligados por um tubo na forma de U, preenchido parcialmente com mercúrio, conforme mostrado nesta figura:

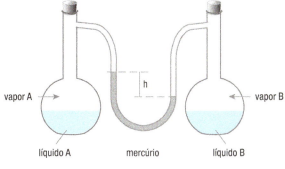

Figura 1

**4.** (UFMG) Considere as soluções aquosas, todas na mesma temperatura:

I. 1 L de solução de $NaNO_3$(aq) 0,1 mol/L;
II. 0,5 L de solução de $KNO_3$(aq) 0,1 mol/L;
III. 2 L de solução de $C_{12}H_{22}O_{11}$(aq) 0,2 mol/L.

a) A solução aquosa I tem menor pressão de vapor que $H_2O$(l), ambas estando à mesma temperatura, uma vez que $NaNO_3$ é um soluto não-volátil. Como consequência, a concentração do vapor em I é menor que em $H_2O$(l). Utilizando dos conceitos que afetam as velocidades de evaporação e condensação, explique por que é menor a pressão de vapor de I em relação a $H_2O$(l).

b) No gráfico abaixo desenhe as curvas referentes à variação da pressão de vapor das soluções e II, bem como a de III, descrita a seguir. Indique as curvas e justifique.

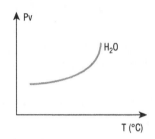

**5.** (UNICAMP – SP) As informações contidas na tabela abaixo foram extraídas de rótulos de bebidas chamadas "energéticas", muito comuns atualmente, e devem ser consideradas para a resolução da questão.

Cada 500 mL contém

Valor Energético _____ 140 kcal

Carboidratos (sacarose) _____ 35 g

Sais minerais _____ 0,015 mols(*)

Proteínas _____ 0 g

Lipídios _____ 0 g

(*) Valor calculado a partir do rótulo.

A pressão osmótica ($\pi$) de uma solução aquosa de íons e/ou de moléculas, pode ser calculada por $\pi = M.R.T$. Esta equação é semelhante àquela dos gases ideais. M é a concentração: em mol/L, de partículas (íons e moléculas) presentes na solução. O processo de osmose que corre nas células dos seres vivos, inclusive nas do ser humano, deve-se, principalmente, à existência da pressão osmótica. Uma solução aquosa 0,15 mol/L de NaCl é chamada de isotônica em relação às soluções contidas nas células do homem, isto é, apresenta o mesmo valor de pressão osmótica que as células do corpo humano. Com base nestas informações e admitindo $R = 8,3$ kPa $\cdot$ L/mol $\cdot$ K:

a) Calcule a pressão osmótica em uma célula do corpo humano onde a temperatura é 37 °C.

b) A bebida do rótulo é isotônica em relação às células do corpo humano? Justifique. Considere que os sais adicionados são constituídos apenas por cátions e ânions monovalentes.

**Dados:** massa molar, em g/mol: sacarose = 342.

**6.** Considere três soluções diferentes, A, B e C, contendo cada uma delas 1.000 g de água e, respectivamente, 34,2 g de sacarose, 9,5 g de cloreto de magnésio e 4,0 g de hidróxido de sódio.

| Massa molar | |
|---|---|
| Sacarose ($C_{12}H_{22}O_{11}$) | 342 g/mol |
| Cloreto de magnésio ($MgCl_2$) | 95 g/mol |
| Hidróxido de sódio (NaOH) | 40 g/mol |

a) Esboce o gráfico da variação da pressão de vapor com a temperatura para as três soluções citadas acima. Identifique cada uma das curvas.

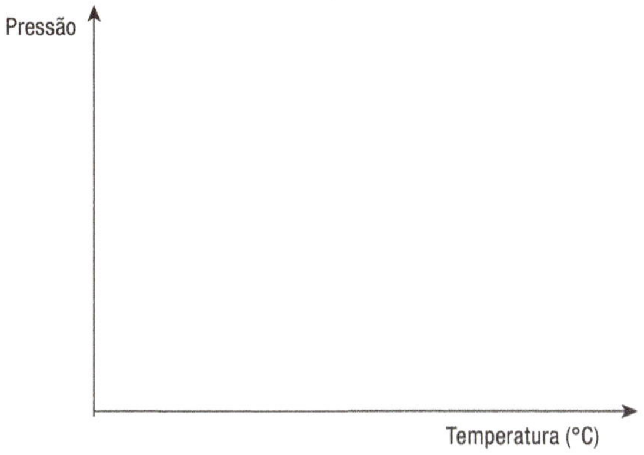

b) Entre as soluções citadas, qual delas apresenta menor ponto de congelamento? Justifique.
Solução: _____
Justificativa: _____

c) Coloque as soluções sem ordem crescente de pressão osmótica ($\pi$).
_____

# Capítulo 16 — Termoquímica

## 1. O que estuda a termoquímica?

Termoquímica é a parte da Química que estuda as trocas de energia, na forma de calor, que ocorrem nas reações químicas que envolvem as substâncias.

## 2. Como determinar o calor de uma reação química?

O calor de uma reação pode ser obtido experimentalmente através de um aparelho chamado calorímetro. Temos dois tipos de calorímetros:

- *calorímetro de volume constante*: sistema fechado e adiabático (não troca calor com o meio externo) fornece valores mais precisos de calor;
- *calorímetro de pressão constante*: sistema aberto, fornece valores menos precisos de calor, pois ocorre dissipação para o meio ambiente.

### 2.1 Calorímetro de volume constante

O calor medido nesse calorímetro é representado por $\Delta U$ ou $\Delta E$ (variação de energia interna) que é uma grandeza estudada na termodinâmica.

Nesses calorímetros, o recipiente da reação está circundado por uma certa quantidade de água, portanto, o calor liberado de reação é transferido para a água, aumentando a sua temperatura.

$$Q_{reação} = Q_{água}$$

$$Q_{água} = m \cdot c \cdot \Delta\theta$$

Q = quantidade de calor

m = massa da água em gramas, contida no calorímetro

c = calor específico da água (1 cal/g °C)

$\Delta\theta$ = variação de temperatura

$\Delta\theta = \theta_2 - \theta_1$

$\theta_2$ = temperatura final    $\theta_1$ = temperatura inicial

**Observação:** calor específico de uma substância é a quantidade de calor capaz de elevar de 1 °C a temperatura, de 1 g dessa substância, sem mudança de estado físico.

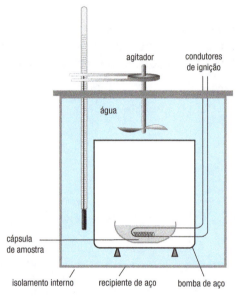

**Figura 1** – Calorímetro empregado para medir o calor liberado por reações de combustão de sólidos e líquidos a volume constante.

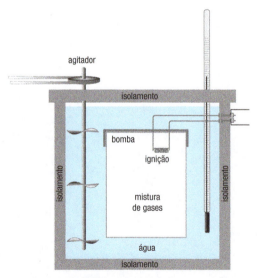

**Figura 2** – Calorímetro empregado para medir o calor envolvido em reações gasosas a volume constante.

### 2.2 Cálculo de calor de combustão de 12 g (1 mol) de grafita a volume constante

Procedimento:

1. o calorímetro contém 1.000 g de água
2. temperatura inicial da água = 25 °C

3. acionar a ignição para iniciar a combustão da grafita usando 6 g
4. temperatura final da água = 72 °C

$\Delta\theta = \theta_2 - \theta_1 = 72\ °C - 25\ °C = 47\ °C$

$Q_{reação} = Q_{água} = mc\ \Delta\theta$

$Q_{reação} = 1.000 \cdot 1 \cdot 47 \therefore Q_{reação} = 47.000\ cal$

Concluímos que 6 g de grafita ao sofrer combustão liberam 47.000 cal ou 47 kcal.

6 g ——————— 47 kcal
12 g ——————— x ∴ x = 94 kcal

$C(grafita) + O_2(g) \longrightarrow CO_2(g) + 94\ kcal$

$C(grafita) + O_2(g) \longrightarrow CO_2(g) \quad \Delta U = -94\ kcal$

O sinal negativo de ΔU indica que houve liberação de calor, isto é, a energia diminui.

O sinal positivo de ΔU indica que os reagentes receberam calor, isto é, a energia aumenta.

**Conclusão:**

ΔU < 0: reação exotérmica

ΔU > 0: reação endotérmica

O calor medido a volume constante é representado por ΔU ou ΔE (energia interna).

### 2.3 Calorímetro de pressão constante

O calor medido nesse calorímetro é representado por ΔH (variação de entalpia) grandeza que é estudada na termodinâmica.

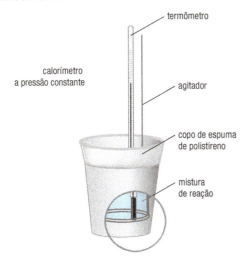

Como o sistema se encontra aberto ocorre dissipação de calor para o meio ambiente, portanto, não fornece valores precisos. Exemplo:

$HCl(aq) + NaOH(aq) \longrightarrow NaCl(aq) + H_2O(l)$

$H \cong -13,8\ kcal$

O sinal negativo de ΔH indica que houve liberação de calor, isto é, a energia diminui.

O sinal positivo de ΔH indica que os reagentes receberam calor, isto é, a energia aumenta.

**Conclusão:**

ΔH < 0: reação exotérmica

ΔH > 0: reação endotérmica

**Conclusão:**

ΔH é o calor liberado ou absorvido medido a pressão constante.

## 3. Conceito de calor e suas unidades

**Calor** é a transferência de energia que ocorre em consequência de uma diferença de temperatura. A energia flui na forma de calor de uma região de temperatura alta para uma região de temperatura baixa.

corpo 120 °C → calor → ar a 25 °C

O sistema Internacional de Unidades recomenda que se utilize o joule (J) ou o quilojoule (kJ) como unidade de calor. Entretanto, uma unidade muito usada é a caloria (cal). A relação entre cal e joule é dado por

1 cal = 4,18 J   ou   1 kcal = 4,18 kJ

## 4. Processo exotérmico e endotérmico

### 4.1 Processo exotérmico: ocorre com a liberação de calor

**Exemplos:**

Para solidificar a água, devemos colocá-la numa região de menor temperatura (por exemplo, geladeira); teremos, portanto, a liberação de calor. Podemos representar esse fenômeno da seguinte maneira:

$H_2O(l) \longrightarrow H_2O(s) + calor$

Quando ocorre a queima da grafita, a temperatura ao redor aumenta, indicando que houve liberação de calor por parte da reação. Podemos representar esse fenômeno da seguinte maneira:

$$C(grafita) + O_2(g) \longrightarrow CO_2(g) + calor$$

O calor no segundo membro indica que o estado inicial do processo liberou calor para o ambiente.

Essa situação ocorre quando o conteúdo energético inical *é maior* que o conteúdo energético final.

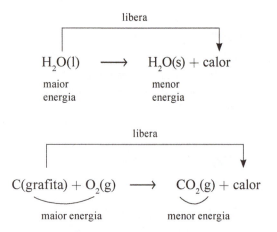

### 4.2 Processo endotérmico: para a sua ocorrência necessita de calor

**Exemplos:**

Para liquefazer o gelo devemos fornecer calor. Podemos representar esse fenômeno da seguinte maneira:

$$H_2O(s) + calor \longrightarrow H_2O(l)$$

A cal (CaO) substância de grande aplicação é obtida quando o calcário ($CaCO_3$) recebe calor.

$$CaCO_3(s) + calor \longrightarrow CaO(s) + O_2(g)$$

O calor no primeiro membro indica que o processo para ocorrer necessita de calor.

Essa situação ocorre quando o conteúdo energético inical *é menor* que o conteúdo energético final.

## 5. Relação entre ΔH e ΔU. Por que se usa ΔH e não ΔU?

A relação entre ΔH e ΔU é dada pela equação

$$\Delta H = \Delta U + \Delta n_{gás} RT$$

$\Delta n_{gás} = n_{produtos} - n_{reagentes}$

R = constante universal dos gases = $8{,}31 \cdot 10^{-3}$ kJ/K · mol

T = temperatura em Kelvin

Na prática, usa-se ΔH e não ΔU, pois o valor de ΔH é mais completo do que do ΔU. O valor de ΔH inclui o calor (ΔU) envolvido a volume constante mais a variação da quantidade em mol da reação que faz variar o volume da reação; por exemplo, $\Delta n_{gás} > 0$ ocorre expansão de volume e $\Delta n_{gás} < 0$ ocorre contração de volume.

**Observação:**

$$\Delta n_{gás} = 0 \longrightarrow \Delta H = \Delta U$$

$$C(grafita) + O_2(g) \longrightarrow CO_2(g) \quad \Delta H = \Delta U = -94 \text{ kcal}$$
$$\quad\quad 1 \text{ mol} \quad\quad\quad\quad 1 \text{ mol}$$

## 6. Cálculo do ΔH

O cálculo do ΔH para várias reações segue o seguinte procedimento:

1º determinar experimentalmente o ΔU,
2º aplicar a equação $\Delta H = \Delta U + \Delta n_{gás} RT$.

**Exemplo:**

$$N_2(g) + 3 H_2(g) \longrightarrow 2 NH_3(g) \quad \Delta U = -87{,}1 \text{ kJ}$$
$$\quad\quad 4 \text{ mol} \quad\quad\quad\quad 2 \text{ mol} \quad\quad \text{(experimental)}$$

$\Delta H = \Delta U + \Delta n\, RT$

$\Delta n = 2 - 4 = -2$

$R = 8{,}31 \cdot 10^{-3}$ kJ/K · mol    T = 298 K

$\Delta H = -87{,}1 - (2 \cdot 8{,}31 \cdot 10^{-3} \cdot 298)$

$\Delta H = -92$ kJ

$N_2(g) + 3 H_2(g) \longrightarrow 2 NH_3(g) \quad \Delta U = -92$ kJ

No valor do ΔH está incluso a contração de volume que a reação sofre a pressão constante.

## 7. Diagrama de energia de uma reação exotérmica (ΔH < 0)

Na reação exotérmica (ΔH < 0), os reagentes liberam calor para o meio ambiente, porque o conteúdo energético dos reagentes *é maior* do que o dos produtos.

**Exemplo:**

$C_{grafita} + O_2(g) \longrightarrow CO_2(g) + 394 \text{ kJ}$

$C_{grafita} + O_2(g) \longrightarrow CO_2(g) \quad \Delta H = -394 \text{ kJ}$

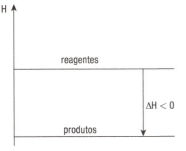

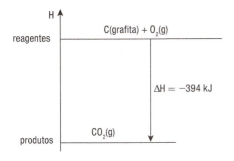

## 8. Diagrama de energia de uma reação endotérmica (ΔH > 0)

Na reação endotérmica (ΔH > 0), os reagentes recebem calor de uma fonte externa para processar a reação, pois o conteúdo energético dos produtos *é maior* do que o dos reagentes.

**Exemplo:**

$6\,CO_2(g) + 6\,H_2O(l) + 2.800 \text{ kJ} \longrightarrow$
$\longrightarrow C_6H_{12}O_6(s) + 6\,O_2(g)$

$6\,CO_2(g) + 6\,H_2O(l) \longrightarrow$
$\longrightarrow C_6H_{12}O_6(s) + 6\,O_2(g) \quad \Delta H = +2.800 \text{ kJ}$

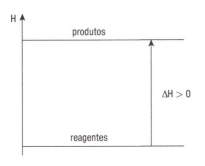

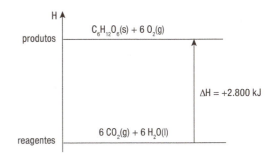

## 9. Fatores que afetam o ΔH de uma reação

I. Quantidade de reagentes
II. Estado físico dos reagentes e produtos
III. Forma alotrópica
IV. Temperatura

### 9.1 Quantidade de reagentes

O ΔH é diretamente proporcional à quantidade dos reagentes.

$H_2(g) + 1/2\,O_2(g) \longrightarrow H_2O(l) \quad \Delta H = -68 \text{ kcal}$

↓ multiplicando a equação por 2 ↓

$2\,H_2(g) + 1\,O_2(g) \longrightarrow 2\,H_2O(l) \quad \Delta H = -136 \text{ kcal}$

### 9.2 Estado físico dos reagentes e produtos

A mudança do estado físico de uma substância altera o seu conteúdo energético modificando o valor do ΔH.

$H_2O(v) > H_2O(l) > H_2O(s)$

$\xrightarrow{\text{diminui a energia cinética das moléculas de água}}_{\text{conteúdo energético diminui}}$

$H_2(g) + 1/2\,O_2(g) \longrightarrow H_2O(g) \quad \Delta H_1 = -242{,}9 \text{ kJ/mol}$

$H_2(g) + 1/2\,O_2(g) \longrightarrow H_2O(l) \quad \Delta H_2 = -286{,}6 \text{ kJ/mol}$

$H_2(g) + 1/2\,O_2(g) \longrightarrow H_2O(s) \quad \Delta H_3 = -292{,}6 \text{ kJ/mol}$

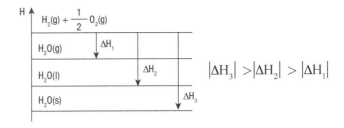

$|\Delta H_3| > |\Delta H_2| > |\Delta H_1|$

## 9.3 Forma alotrópica

Alotropia é o fenômeno em que um mesmo elemento químico forma substâncias simples diferentes chamadas de formas ou variedades alotrópicas.

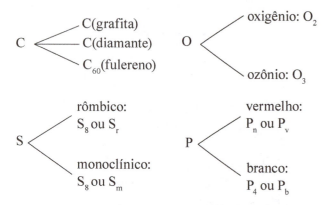

Os conteúdos energéticos das formas alotrópicas são diferentes, portanto, os ΔH serão diferentes.

**Exemplos:**

$$C(grafita) + O_2(g) \longrightarrow CO_2(g)$$
$$\Delta H = -394 \text{ kJ (mais estável)}$$

$$C(diamante) + O_2(g) \longrightarrow CO_2(g)$$
$$\Delta H = -395 \text{ kJ (menos estável)}$$

Se a queima de 1 mol de diamante libera mais energia que a queima de 1 mol de grafita, conclui-se que o diamante é mais energético (menos estável) que a grafita (mais estável).

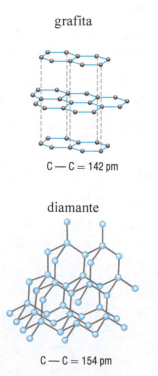

$$S_r + O_2(g) \longrightarrow SO_2(g)$$
$$\Delta H = -296,8 \text{ kJ (mais estável)}$$

$$S_m + O_2(g) \longrightarrow SO_2(g)$$
$$\Delta H = -297,1 \text{ kJ (menos estável)}$$

$$O_3(g) \longrightarrow \frac{3}{2} O_2(g)$$
$$\Delta H = -142,7 \text{ kJ}$$

mais energia  menos energia
menos estável  mais estável

**Conclusão:**
forma mais estável: C(grafita), $O_2$, $S_r$
forma menos estável: C(diamante), $O_3$, $S_m$

## 9.4 Temperatura

Um aumento de temperatura afeta o ΔH da reação, pois a variação dos calores específicos dos reagentes é diferente da variação dos calores específicos dos produtos.

$$H_2(g) + Cl_2(g) \longrightarrow 2 \text{ HCl}(g)$$
$$\Delta H = -183,9 \text{ kJ a } 15 \text{ °C}$$

$$H_2(g) + Cl_2(g) \longrightarrow 2 \text{ HCl}(g)$$
$$\Delta H = -184,1 \text{ kJ a } 75 \text{ °C}$$

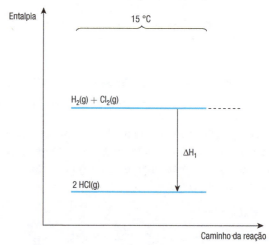

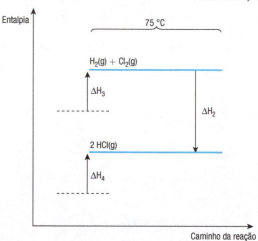

Aumenta a temperatura do sistema para 75 °C, muda o calor específico do $H_2(g)$, $Cl_2(g)$ e do $HCl(g)$. Logo, o $\Delta H$ da reação será outro.

$$\Delta H_2 \neq \Delta H_1$$

Portanto, padronizamos a temperatura em 25 °C e a pressão 1 atm (760 mmHg).

## 10. Equação termoquímica

É toda equação química em que aparece:

- os estados físicos dos participantes
- os coeficientes estequiométricos
- condições padrão (1 atm, 25 °C)
- valor do $\Delta H^0$ (condições padrão)

**Exemplo:**

$C(grafita) + O_2(g) \longrightarrow CO_2(g)$   $\Delta H^0 = -394$ kJ

o = condições padrão (1 atm, 25 °C)

## 11. Tipos de $\Delta H$

O $\Delta H$ recebe o nome da reação química.

**Exemplos:**

$C_{grafita} + O_2(g) \longrightarrow CO_2(g)$   $\Delta H$ combustão

$C_{grafita} + 2\,H_2(g) \longrightarrow CH_4(g)$   $\Delta H$ formação

$H_2(g) \longrightarrow 2\,H(g)$   $\Delta H$ (energia de ligação)

$NaOH(aq) + HCl(aq) \longrightarrow NaCl(aq) + H_2O(l)$
   $\Delta H$ neutralização

### 11.1 $\Delta H$ padrão de combustão: $\Delta H^0_C$

É o calor liberado na queima total de **1 mol** de substância (combustível) a 25 °C e 1 atm (condições padrão).

**Exemplos:**

$$C(grafita) + O_2(g) \longrightarrow CO_2(g)$$

$$\Delta H^0_C = -394 \text{ kJ}$$

$$H_2(g) + \frac{1}{2} O_2(g) \longrightarrow H_2O(l)$$

$$\Delta H^0_C = -286 \text{ kJ}$$

$$CH_4(g) + 2\,O_2(g) \longrightarrow CO_2(g) + 2\,H_2O(l)$$

$$\Delta H^0_C = -890 \text{ kJ}$$

### 11.1.1 Valor energético dos alimentos

Corresponde à queima de 1 g de alimento, expressa em kJ ou kcal.

| Material | kJ/g |
|---|---|
| cerveja | 1,5 |
| maçã | 2 |
| leite | 3 |
| batata | 3 |
| ovo | 6 |
| carne de vaca | 8 |
| pão | 11 |
| glicose | 15 |
| queijo | 18 |
| manteiga | 34 |

Apesar de os açúcares serem considerados o principal "combustível" celular, proteínas e gorduras também são importantes fontes energéticas, como indicado na tabela a seguir:

| Macronutriente | Valor energético (kcal/g) |
|---|---|
| açúcar | 4,0 |
| proteína | 4,0 |
| gordura | 9,0 |

### 11.1.2 Poder calorífico dos combustíveis

Corresponde à queima de 1 kg de combustível, expressa em kJ ou kcal.

| Combustível | kcal/kg |
|---|---|
| hidrogênio | 28.900 |
| metano | 12.900 |
| gás liquefeito de petróleo (GLP) | 11.730 |
| gasolina (sem etanol) | 11.220 |

| Combustível | kcal/kg |
|---|---|
| querosene | 10.800 |
| óleo diesel | 10.730 |
| acetileno (etino) | 9.800 |
| gasolina com 20% de etanol | 9.700 |
| etanol (álcool etílico) | 7.090 |

## 11.2 ΔH padrão de formação: $\Delta H_f^0$

É o calor envolvido na reação de formação de **1 mol** de uma substância a partir de substâncias simples nas condições padrão (estado físico referente a 25 °C e 1 atm ou na forma alotrópica mais estável).

Pode usar

$F_2(g)$, $Na(s)$, $Fe(s)$, $H_2(g)$, $Br_2(l)$, $I_2(s)$,

$C(\text{grafita})$, $O_2$, $S(\text{rômbico})$, $P_4(\text{branco})$

Não pode usar

$Br_2(g)$, $H_2(l)$, $Na(l)$, $C(\text{diamante})$,

$O_3(g)$, $S(\text{monoclínico})$, $Pn(\text{vermelho})$

**Exemplos:**

$$C(\text{grafita}) + 2\,H_2(g) \longrightarrow CH_4(g)$$
$$\Delta H_f^0 = -76 \text{ kJ}$$

$$2\,C(\text{grafita}) + 3\,H_2(g) + \frac{1}{2}O_2(g) \longrightarrow C_2H_6O(l)$$
$$\Delta H_f^0 = -278 \text{ kJ}$$

$$\frac{1}{2}N_2 + \frac{3}{2}H_2(g) \longrightarrow NH_3(g)$$
$$\Delta H_f^0 = -46 \text{ kJ}$$

$$Fe(s) + \frac{1}{2}O_2(g) \longrightarrow FeO(s)$$
$$\Delta H_f^0 = -272 \text{ kJ}$$

O $\Delta H_f^0$ de uma substância simples na sua forma mais estável a 25 °C e 1 atm é definida como zero, pois essas substâncias simples não são formadas por outra substância simples mais estável. Exemplos:

$\Delta H_f^0\ H_2(g) = 0$, $\Delta H_f^0\ O_2(g) = 0$, $\Delta H_f^0\ Br_2(l) = 0$,

$\Delta H_f^0\ C(\text{grafita}) = 0$, $\Delta H_f^0\ S_r = 0$, $\Delta H_f^0\ Fe(s) = 0$.

Isso significa que o $\Delta H_f^0$ de uma substância simples que não é estável a 25 °C e 1 atm é diferente de zero. Por exemplo, a conversão da grafita em diamante é endotérmica.

$$C(\text{grafita}) \longrightarrow C(\text{diamante}) \qquad \Delta H_f^0 = +1,9 \text{ kJ}$$

Tabela de $\Delta H_f^0$

| Substância | $\Delta H_f^0$ kcal/mol |
|---|---|
| $H_2O(l)$ | −68,3 |
| $HCl(g)$ | −22,0 |
| $HBr(g)$ | −8,6 |
| $HI(g)$ | +6,2 |
| $CO(g)$ | −26,4 |
| $CO_2(g)$ | −94,1 |
| $NH_3(g)$ | −11,0 |
| $SO_2(g)$ | −70,9 |
| $CH_4(g)$ | −17,9 |
| $C_2H_4(g)$ | +11,0 |
| $C_2H_6(g)$ | −20,5 |
| $C_2H_2(g)$ | +53,5 |
| $C_6H_6(l)$ | +12,3 |

## 12. Lei de Hess: medida do ΔH por soma de equações

Existem reações em que é muito difícil medir o ΔH da reação. Há vários motivos para essa dificuldade; algumas são explosivas, outras muito lentas e há também aquelas que apresentam rendimento muito baixo ou que formam outros produtos além dos desejados.

**Exemplo:**

$$2\ KNO_3 + S + 2\ C \longrightarrow K_2SO_4 + N_2 + 2\ CO \quad \Delta H?\ (perigo)$$
$$\underbrace{\phantom{2\ KNO_3 + S + 2\ C}}_{\text{pólvora}}$$

Hess descobriu um método de calcular o $\Delta H$ de uma reação sem realizá-la, desde que se conheçam alguns outros valores adequados de $\Delta H$.

**Exemplo:**

O etanol ($C_2H_6O$) não pode ser obtido pela simples mistura de C(grafita), $H_2(g)$ e $O_2(g)$. Considere a equação:

$$2\ C(gr) + 3\ H_2(g) + \frac{1}{2} O_2(g) \longrightarrow C_2H_6O(l) \quad \Delta H^0 = ?$$

O valor do $\Delta H$ dessa reação pode ser calculado a partir de outras três equações:

I. $\quad C(gr) + O_2(g) \longrightarrow CO_2(g) \qquad \Delta H^0 = -394\ kJ$

II. $\quad H_2(g) + \frac{1}{2} O_2(g) \longrightarrow H_2O(l) \quad \Delta H^0 = -286\ kJ$

III. $\quad C_2H_6O(l) + 3\ O_2(g) \longrightarrow 2\ CO_2(g) + 3\ H_2O(l)$
$\Delta H^0 = -1.368\ kJ$

Vamos trabalhar com as equações I, II e III, de modo que a soma delas nos permita obter a equação termoquímica desejada. Para isso devemos:

a) multiplicar a equação I por 2 para obter 2 C(gr);
b) multiplicar a equação II por 3 para obter 3 $H_2(g)$;
c) inverter a equação III para obter $C_2H_6O(l)$ no produto.

Então, obtemos:

I. $\quad 2\ C(gr) + \cancel{2\ O_2(g)} \longrightarrow \cancel{2\ CO_2(g)} \quad \Delta H^0 = -788\ kJ$

II. $\quad 3\ H_2(g) + \cancel{\frac{3}{2} O_2(g)} \longrightarrow 3\ H_2O(l)$
$\Delta H^0 = -858\ kJ$

III. $\quad \cancel{2\ CO_2(g)} + \cancel{3\ H_2O(l)} \longrightarrow C_2H_6O(l) + \cancel{3\ O_2(g)}$
$\Delta H^0 = -1.368\ kJ$

---

$$2\ C(gr) + 3\ H_2(g) + \frac{1}{2} O_2(g) \longrightarrow C_2H_6O(l)$$
$$\Delta H^0 = -278\ kJ$$

Embora essa reação não ocorra, na prática podemos calcular o seu $\Delta H$ usando a Lei de Hess.

Concluímos que o enunciado da Lei de Hess fica sendo:

**A variação de entalpia de uma reação é igual à soma das variações de entalpia das etapas intermediárias.**

$$\Delta H = \Delta H_1 + \Delta H_2 + \ldots\ldots\ldots\ldots$$

**Observações:**

- Quando uma equação termoquímica é multiplicada ou dividida por um determinado valor, seu $\Delta H$ também será multiplicado ou dividido pelo mesmo valor.
- Quando uma equação termoquímica for invertida, o sinal de seu $\Delta H$ também será invertido.

## 13. Cálculo do $\Delta H$ de uma reação usando somente os $\Delta H_f^0$ – Simplificando a Lei de Hess

### Exercício Ilustrativo

$CaCO_3(s) \longrightarrow CaO(s) + CO_2(g) \qquad \Delta H^0?$

Dadas as $\Delta H_f^0$

I. $\ Ca(s) + \frac{1}{2} O_2(g) \longrightarrow CaO(s)$
$\Delta H_f^0 = -635,5\ kJ$

II. $\ C(grafita) + O_2(g) \longrightarrow CO_2(g)$
$\Delta H_f^0 = -394\ kJ$

III. $\ Ca(s) + C(grafita) + \frac{3}{2} O_2(g) \longrightarrow CaCO_3(s)$
$\Delta H_f^0 = -1.207\ kJ$

**Resolução:**

Para obter a equação desejada devemos somar as equações de tal forma que I e II são mantidas e a III é invertida.

$Ca(s) + \frac{1}{2} O_2(g) \longrightarrow CaO(s)$

$\Delta H_f^0 = -635,5 \text{ kJ}$

$C(\text{grafita}) + O_2(g) \longrightarrow CO_2(g)$

$\Delta H_f^0 = -394 \text{ kJ}$

$CaCO_3(s) \longrightarrow Ca(s) + C(\text{grafita}) + \frac{3}{2} O_2(g)$

$\Delta H_f^0 = +1.207 \text{ kJ}$

---

$CaCO_3(s) \longrightarrow CaO(s) + CO_2(g)$

$\Delta H_f^0 = +177,5 \text{ kJ}$

Podemos resolver de uma maneira mais rápida através da equação:

$$\Delta H^0 = \Sigma \Delta H_f \text{produtos} - \Sigma \Delta H_f \text{reagentes}$$

$\Delta H^0 = (-635,5 - 394) - (-1.207)$

$\Delta H^0 = +177,5 \text{ kJ}$

Cuidado: essa equação só pode ser usada se todos os ΔH são, na realidade, $\Delta H_f^0$.

## 14. Energia de ligação

### 14.1 Conceito

**É a energia necessária para quebrar 1 mol de ligações no estado gasoso.**

A quebra de ligações é sempre um **processo endotérmico**, portanto, ΔH é sempre positivo.

**Exemplo:**

$H_2(g) \longrightarrow 2 H(g) \quad \Delta H = +436 \text{ kJ/mol}$

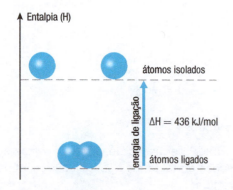

Nesse exemplo, são necessários 436 kJ para quebrar 1 mol de ligações simples (H — H).

**Outros exemplos:**

$O_2(g) \longrightarrow 2 O(g)$

$\Delta H = +497 \text{ kJ}$

Nesse exemplo, são necessários 497 kJ para quebrar 1 mol de ligações duplas (O = O).

$N_2(g) \longrightarrow 2 N(g)$

$\Delta H = +945 \text{ kJ}$

Nesse exemplo, são necessários 945 kJ para quebrar 1 mol de ligações triplas (N ≡ N).

$$\begin{array}{c} H \\ | \\ H - C - H(g) \\ | \\ H \end{array} \longrightarrow C(g) + 4 H(g) \quad \Delta H = +1.653,6 \text{ kJ}$$

Nesse caso, temos a quebra de 4 mol de ligações (C — H). Como a energia de ligação é expressa por **mol de ligação**, temos que:

$$C - H = \frac{1.653,6 \text{ kJ}}{4} = +413,4 \text{ kJ}$$

- quanto maior a energia de ligação, mais forte é a ligação, ou seja, é mais difícil quebrá-la;
- a energia fornecida na quebra de uma ligação será numericamente igual à energia liberada na sua formação, porém a energia de ligação é definida para o processo de quebra de ligações.

### 14.2 Energia média de ligação

Certas ligações aparecem em várias substâncias, por exemplo, a ligação O — H.

| água: | HO — H | 492 kJ |
| metanol: | $CH_3O$ — H | 437 kJ |

Os valores tabelados correspondem à energia média de ligação, no caso O — H, a energia média de ligação corresponde a 463 kJ.

A energia média de ligação é a média da variação de entalpia que acompanha a quebra de um determinado tipo de ligação.

| Ligação | Entalpia de ligação média kJ/mol |
|---|---|
| C — I | 238 |
| N — H | 388 |
| N — N | 163 |
| N = N | 409 |
| N — O | 210 |
| N = O | 630 |
| N — F | 195 |
| N — Cl | 381 |
| O — H | 463 |
| O — O | 157 |
| C — H | 412 |
| C — C | 348 |
| C = C | 612 |
| C ≡ C | 837 |
| C = O | 800 |

### 14.3 Cálculo do ΔH pelo método das energias de ligação

A partir do conhecimento das energias das ligações existentes nos reagentes e nos produtos, podemos calcular o ΔH de qualquer reação, relacionando a quantidade de energia absorvida na quebra de ligações e a quantidade de energia liberada na formação de novas ligações. Não se usa fórmula nesse tipo de cálculo de ΔH através das energias de ligação.

Calcular o ΔH do processo

$$H_2(g) + Cl_2(g) \longrightarrow 2\ HCl(g)$$

sendo dadas:

- energia de ligação do $H_2$ = 104 kcal/mol
- energia de ligação do $Cl_2$ = 58 kcal/mol
- energia de ligação do HCl = 103 kcal/mol

**Resolução:**

Reação        H — H + Cl — Cl ⟶ 2 H — Cl

E de ligação    +104       +58        −2(103)
(kcal/mol)    quebra: +              forma: −

ΔH = +104 + 58 − 206    **ΔH = −44 kcal/2 mol HCl**

## 15. ΔH de dissolução (ΔH$_{diss}$)

A dissolução de um sal em água pode ocorrer com liberação de calor, absorção de calor ou sem efeito térmico.

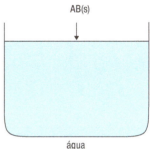

A dissolução pode ser explicada teoricamente em duas etapas:

### 15.1 1.ª etapa – destruição do retículo cristalino do sal: endotérmica

A energia para separar os íons de um sal é chamada de energia reticular ou energia da rede (ΔH$_{ret}$).

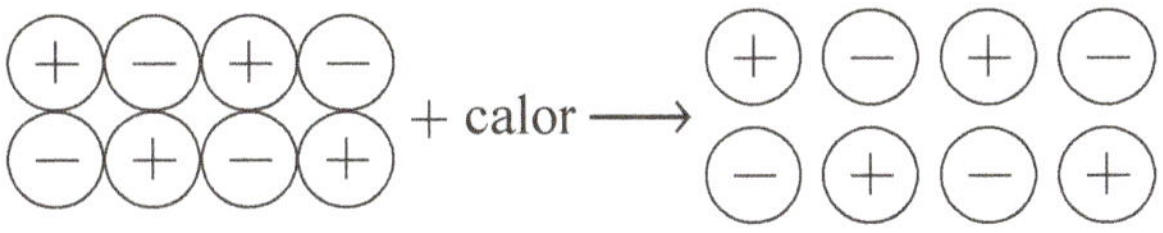

$$AB(s) \longrightarrow A^+(g) + B^-(g) \qquad \Delta H_{ret} > 0$$

### 15.2 2.ª etapa – hidratação dos íons gasosos: exotérmica

Quando as moléculas da água rodeiam os íons ocorre liberação de calor que é chamada de entalpia de hidratação (ΔH$_{hid}$).

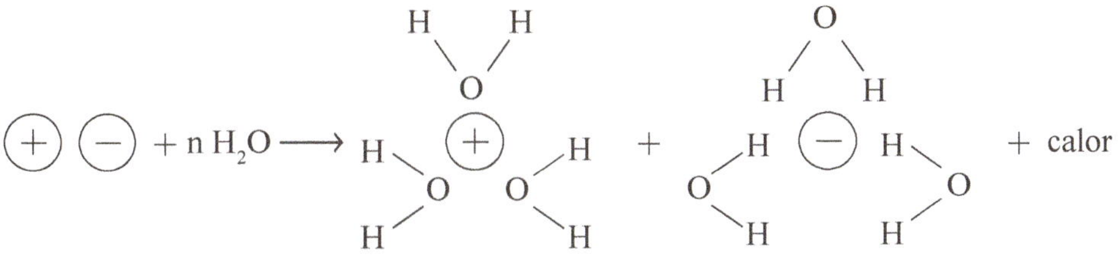

$$A^+(g) + B^-(g) + aq \longrightarrow A^+(aq) + B^-(aq) \qquad \Delta H_{hid} < 0$$

Somando as duas etapas temos:    $AB(s) + aq \longrightarrow A^+(aq) + B^-(aq) \quad \Delta H_{diss}$

Através da Lei de Hess temos: $\Delta H_{diss} = \Delta H_{ret} + \Delta H_{hid}$

- **dissolução endotérmica:** $|\Delta H_{ret}| > |\Delta H_{hid}|$

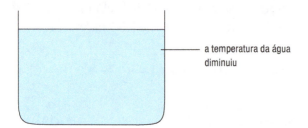

a temperatura da água diminuiu

$$AB(s) + aq \longrightarrow A^+(aq) + B^-(aq) \quad \Delta H_{diss} > 0$$

energia $A^+(g) + B^-(g) > A^+(aq) + B^-(aq) > AB(s) + aq$

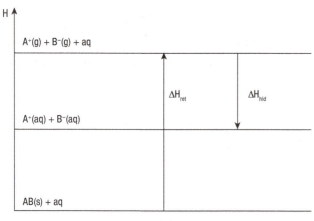

- **dissolução exotérmica:** $|\Delta H_{hid}| > |\Delta H_{ret}|$

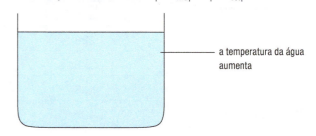

a temperatura da água aumenta

$$AB(s) + aq \longrightarrow A^+(aq) + B^-(aq) \quad \Delta H_{diss} < 0$$

energia $A^+(g) + B^-(g) > AB(s) > A^+(aq) + B^-(aq)$

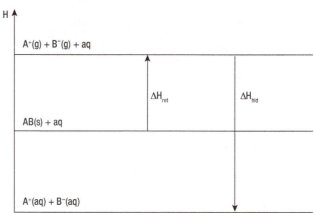

## 16. ΔH de neutralização

É o calor liberado na neutralização de 1 mol de $H^+$ do ácido por 1 mol de $OH^-$ da base nas condições padrão.

**Exemplos:**

$$NaOH(aq) + HCl(aq) \longrightarrow NaCl(aq) \qquad \Delta H = -57{,}9 \text{ kJ}$$
   forte        forte

O valor do ΔH de neutralização é constante quando temos uma base forte reagindo com um ácido, pois a reação que ocorre é sempre $H^+ + OH^- \longrightarrow H_2O$

$$NaOH + \frac{1}{2} H_2S(aq) \longrightarrow \frac{1}{2} Na_2S(aq) + H_2O \qquad \Delta H = -15{,}9 \text{ kJ.}$$
   forte       fraco

## Exercícios Série Prata

**1.** Que quantidade de calor é liberada por uma reação química que é capaz de elevar de 10 °C para 14 °C a temperatura de 1 kg de água?

**Dado:** $H_2O$: c = 1 cal/g °C.

**2.** Considere um béquer contendo 50 mL de HCl 1 mol/L e outro contendo 50 mL de NaOH 1 mol/L, ambos a 25 °C. Misturando-se as duas soluções, ocorre a reação e a temperatura da solução obtida sobe para 32 °C. Considere desprezível o calor absorvido pelas paredes do béquer e pelo termômetro.

a) A reação libera ou absorve calor?
b) Qual é a quantidade de calor por mol de reagente?

**Dados:** $d_{solução}$: 1 g/mL, $c_{solução}$: 4,18 J/g °C.

**3.** (UFSC) Imagine que você mistura 100 mL de CsOH 0,2 mol/L com 50 mL de HCl 0,4 mol/L num calorímetro improvisado com dois copos de plástico. Ocorre a seguinte reação:

$$CsOH + HCl \longrightarrow CsCl + H_2O$$

A temperatura das soluções, antes da mistura, era de 22,50 °C e sobe 24,28 °C depois da reação ácido-base. Qual o calor da reação por mol de CsOH? (Admita que as densidades das soluções sejam todas 1 g/mL e que o calor específico de cada seja 4,2 J/g °C).

**4.** O ΔH depende das quantidades dos reagentes e dos produtos que participam da reação.
Complete.

$$2\ H_2(g) + O_2(g) \longrightarrow 2\ H_2O(v) \quad \Delta H = -484\ kJ$$

$$H_2(g) + \frac{1}{2} O_2(g) \longrightarrow H_2O(v) \quad \Delta H = \underline{\qquad}$$

O gráfico a seguir representa a combustão do gás hidrogênio.

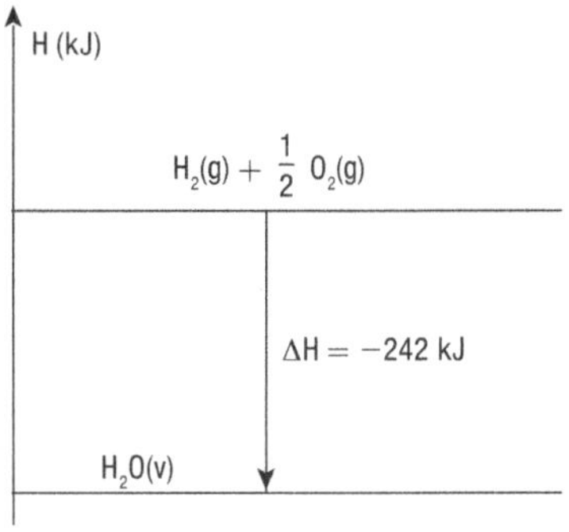

[Gráfico: H(kJ); $H_2(g) + \frac{1}{2} O_2(g)$ no nível superior; $H_2O(v)$ no nível inferior; $\Delta H = -242$ kJ]

Com base nessas informações, responda as questões de 5 a 10.

**5.** A reação indicada no gráfico é exotérmica ou endotérmica?

**6.** Calcule o calor envolvido na formação de 5 mol de $H_2O(v)$.

**7.** Calcule o calor envolvido na formação de 1,8 kg de $H_2O(v)$.
**Dado:** massa molar da água = 18 g/mol.

**8.** Na decomposição de $H_2O(v)$ ocorre absorção ou liberação de calor?

**9.** Calcule o calor envolvido na decomposição de 9,0 g de $H_2O(v)$.
Dado: massa molar de $H_2O$ = 18 g/mol.

**10.** (UNICAMP – SP) Uma vela é feita de um material ao qual se pode atribuir a fórmula $C_{20}H_{42}$. Qual o calor liberado na combustão de 10 g dessa vela à pressão constante?
Dados: massas molares: C = 12 g/mol, H = 1 g/mol.

$C_{20}H_{42} + \dfrac{61}{2} O_2 \longrightarrow 20\ CO_2 + 21\ H_2O$
$\Delta H = -13.300$ kJ

**11.** Complete com **simples** ou **compostas**.
Alotropia é o fenômeno em que um elemento químico apresenta duas ou mais substâncias _____ .

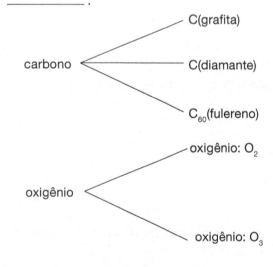

**12.** Complete com **mais** ou **menos**.

$C(\text{grafita}) + O_2 \longrightarrow CO_2 \quad \Delta H = -393$ kJ
$C(\text{diamante}) + O_2 \longrightarrow CO_2 \quad \Delta H = -395$ kJ
$C_{60} + 60\ O_2 \longrightarrow 60\ O_2 \quad \Delta H = -25.700$ kJ

O futeboleno tem conteúdo _____ energético que o diamante e a grafita.

**Conclusão:** o calor de reação (ΔH) depende das formas alotrópicas das substâncias simples.

**13.** Complete com **C(grafita)**, **C(diamante)** ou $C_{60}$.

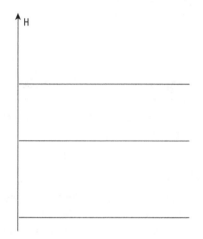

**14.** O calor de reação (ΔH) depende do estado físico dos reagentes e dos produtos da reação.

$H_2(g) + \dfrac{1}{2} O_2(g) \longrightarrow H_2O(v) \quad \Delta H_1 = -243$ kJ

$H_2(g) + \dfrac{1}{2} O_2(g) \longrightarrow H_2O(l) \quad \Delta H_2 = -287$ kJ

$H_2(g) + \dfrac{1}{2} O_2(g) \longrightarrow H_2O(s) \quad \Delta H_3 = -293$ kJ

Complete com **sólido, líquido** ou **gasoso**.
A água no estado _____ libera maior quantidade de calor.

**15.** Complete o diagrama usando os dados da questão 14.

**16.** Dado o diagrama:

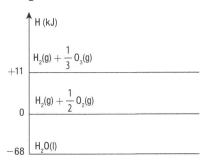

Calcule o $\Delta H$ da reação

$$H_2(g) + \frac{1}{3} O_3(g) \longrightarrow H_2O(l)$$

**17.** Entalpia de formação ($\Delta H_f$) é o calor liberado ou absorvido na reação de formação de **1 mol** de uma substância a partir de substâncias simples no seu estado físico a 25 °C e 1 atm ou na sua forma alotrópica mais estável a 25 °C e 1 atm (C(grafita), $O_2$, S(rômbico), P(vermelho)).

Complete:

a) _____ $\longrightarrow CO_2(g)$  $\Delta H_f \neq 0$

b) _____ $\longrightarrow H_2O(l)$  $\Delta H_f \neq 0$

c) _____ $\longrightarrow H_2SO_4(l)$  $\Delta H_f \neq 0$

d) _____ $\longrightarrow C_2H_5OH(l)$  $\Delta H_f \neq 0$

e) _____ $\longrightarrow C_6H_{12}O_6(s)$  $\Delta H_f \neq 0$

f) _____ $\longrightarrow NH_3(g)$  $\Delta H_f \neq 0$

g) _____ $\longrightarrow O_3(g)$  $\Delta H_f \neq 0$

h) _____ $\longrightarrow O_2(g)$  $\Delta H_f = 0$

i) _____ $\longrightarrow$ C(diamante)  $\Delta H_f \neq 0$

j) _____ $\longrightarrow$ C(grafita)  $\Delta H_f = 0$

**18.** A entalpia de formação do CO é igual a $-110$ kJ/mol de CO.

a) Escreva a equação termoquímica correspondente.
b) Construa o diagrama de entalpia do processo.

**19.** Considere as seguintes equações termoquímicas.

I. C(grafita) + 2 S(rômbico) $\longrightarrow CS_2(l)$  $\Delta H_1 > 0$
II. C(diamante) + 2 S(rômbico) $\longrightarrow CS_2(l)$  $\Delta H_2 > 0$

Construa o diagrama de entalpia desses processos.

**20.** A respeito do diagrama de entalpia:

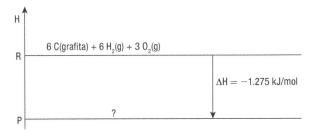

Escreva a equação química do processo.

**21.** Calor de combustão ou entalpia de combustão ($\Delta H$) é a quantidade de calor liberada na combustão completa de 1 mol de substância à 25 °C e 1 atm.

Complete.

a) $C_{(grafita)}$ + _____ ⟶ _____
$\Delta H = -393$ kJ/mol de $C_{(grafita)}$

b) $H_2(g)$ + _____ ⟶ _____
$\Delta H = -286$ kJ/mol de $H_2(g)$

c) $CH_4(g)$ + _____ ⟶ _____ + _____
$\Delta H = -890$ kJ/mol de $CH_4(g)$

d) $C_4H_{10}(g)$ + _____ ⟶ _____ + _____
$\Delta H = -2.280$ kJ/mol de $C_4H_{10}(g)$

e) $C_2H_5OH(l)$ + _____ ⟶ _____ + _____
$\Delta H = -1.366$ kJ/mol de $C_2H_5OH(l)$

f) $C_6H_{12}O_6(s)$ + _____ ⟶ _____ + _____
$\Delta H = -2.813$ kJ/mol de $C_6H_{12}O_6(s)$

g) $C_8H_{18}(l)$ + _____ ⟶ _____ + _____
$\Delta H = -5.400$ kJ/mol de $C_8H_{18}(l)$

**22.** Qual desses combustíveis tem maior poder energético (1 g de combustível)?

| Combustível | Massa molar | Calor de combustão |
|---|---|---|
| gasolina | 114 g/mol | $-5.100$ kJ/mol de $C_8H_{18}(l)$ |
| metano | 16 g/mol | $-213$ kJ/mol de $CH_4(g)$ |
| hidrogênio | 2 g/mol | $-286$ kJ/mol de $H_2(g)$ |

**23.** Sabendo que o calor de combustão do metanol é igual a 182 kcal/mol, determine a massa desse combustível que, nas mesmas condições, liberaria 36,4 kcal.

**Dado:** massa molar do metanol = 32 g/mol.

**24.** (PASUSP) A análise do conteúdo calórico de um sorvete demonstra que ele contém, aproximadamente, 5% de proteínas, 22% de carboidratos e 13% de gorduras. A massa restante pode ser considerada como água. A tabela a seguir apresenta dados de calor de combustão para esses três nutrientes. Se o valor energético diário recomendável para uma criança é de 8.400 kJ, o número de sorvetes de 100 g necessários para suprir essa demanda seria de, aproximadamente,

| Nutriente (1 grama) | Calor liberado (kJ) |
|---|---|
| proteínas | 16,7 |
| carboidratos | 16,7 |
| lipídios (gorduras) | 37,7 |

a) 2   b) 3   c) 6   d) 9   e) 12

**25.** Observe o diagrama a seguir:

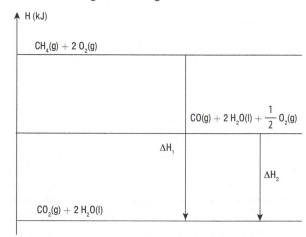

Calcule o $\Delta H$ de combustão de $CH_4(g)$ que produz $CO(g)$.

**Dados:** $\Delta H_1 = -890$ kJ; $\Delta H_2 = -283$ kJ.

**26.** (UNESP) A combustão incompleta de carbono, responsável pela produção do CO, é difícil de ser realizada isoladamente em um calorímetro. No entanto, o ΔH desse processo pode ser calculado pelos seguintes dados:

$C(grafita) + O_2(g) \longrightarrow CO_2(g) \quad \Delta H = -394 \text{ kJ}$

$2 CO(g) + O_2(g) \longrightarrow 2 CO_2(g) \quad \Delta H = -566 \text{ kJ}$

Pede-se:

a) $C(grafita) + \frac{1}{2} O_2(g) \longrightarrow CO(g) \quad \Delta H = ?$

b) O calor liberado na queima de 36 g de grafita para obter CO.

**Dado:** C = 12.

**27.** Dada a equação termoquímica:

$3 C_2H_2(g) \longrightarrow C_6H_6(l) \quad \Delta H = ?$

**Dados:**

I. $C_6H_6(l) + \frac{15}{2} O_2(g) \longrightarrow 6 CO_2(g) + 3 H_2O(l)$
$\Delta H = -1.115 \text{ kJ}$

II. $C_2H_2(g) + \frac{5}{2} O_2(g) \longrightarrow 2 CO_2(l) + H_2O(l)$
$\Delta H = -648 \text{ kJ}$

**28.** (UNIFESP) Dadas as equações termoquímicas:

$H_2(g) + \frac{1}{2} O_2(g) \longrightarrow H_2O(g) \quad \Delta H = -58 \text{ kcal}$

$H_2(g) + \frac{1}{2} O_2(g) \longrightarrow H_2O(l) \quad \Delta H = -68 \text{ kcal}$

Determine a quantidade de calor envolvida na vaporização de 1 L de água líquida.

**Dados:** $d_{H_2O} = 1$ g/mL; $H_2O = 18$ g/mol.

**29.** Determine o ΔH da liquefação de 1 mol de metanol, de acordo com a seguinte equação:

$CH_3OH(g) \longrightarrow CH_3OH(l) \quad \Delta H = ?$

**Dados:**

I. $CH_3OH(l) + \frac{3}{2} O_2(g) \longrightarrow CO_2(g) + 2 H_2O(l)$
$\Delta H = -727 \text{ kJ}$

II. $CH_3OH(g) + \frac{3}{2} O_2(g) \longrightarrow CO_2(g) + 2 H_2O(l)$
$\Delta H = -765 \text{ kJ}$

**30.** (MACKENZIE – SP – adaptada) Dada a equação termoquímica:

$C(grafita) + W(s) \longrightarrow WC(s) \quad \Delta H = ?$

**Dados:**

I. $W(s) + \frac{3}{2} O_2(g) \longrightarrow WO_3(s) \quad \Delta H = -840 \text{ kJ}$

II. $C(grafita) + O_2(g) \longrightarrow CO_2(g) \quad \Delta H = -394 \text{ kJ}$

III. $WC(s) + \frac{5}{2} O_2(g) \longrightarrow WO_3(s) + CO_2(g)$
$\Delta H = -1.196 \text{ kJ}$

**31.** (UFMG) As variações de entalpia envolvidas nas etapas de formação de NaCl(s) a partir dos átomos gasosos são:

I. $Na(g) \longrightarrow Na^+(g) + e^- \quad \Delta H = +502 \text{ kJ}$
II. $Cl(g) + e^- \longrightarrow Cl^-(g) \quad \Delta H = -342 \text{ kJ}$
III. $Na^+(g) + Cl^-(g) \longrightarrow NaCl(s) \quad \Delta H = -788 \text{ kJ}$

a) Calcule a variação de entalpia da reação:

$Na(g) + Cl(g) \longrightarrow Na^+(g) + Cl^-(g)$

b) Calcule a variação de entalpia do processo global de formação do NaCl(s) a partir dos átomos gasosos.

**32.** Dada a equação termoquímica.

$$C(grafita) + 2\ H_2(g) \longrightarrow CH_4(g) \qquad \Delta H = ?$$

**Dados:**

I. $CH_4(g) + 2\ O_2(g) \longrightarrow CO_2(l) + 2\ H_2O(l)$
$\Delta H = -890\ kJ$

II. $H_2O(l) \longrightarrow H_2(g) + \frac{1}{2} O_2(g) \qquad \Delta H = +287\ kJ$

III. $C(grafita) + O_2(g) \longrightarrow CO_2(g) \qquad \Delta H = -393\ kJ$

**33.** (UNESP) Aplique a Lei de Hess para a determinação do $\Delta H$ da reação de hidrogenação do acetileno, de acordo com a equação.

$$C_2H_2(g) + 2\ H_2(g) \longrightarrow C_2H_6(g)$$

**Dados:**

I. $2\ C_2H_2(g) + 5\ O_2(g) \longrightarrow 4\ CO_2(g) + 2\ H_2O(l)$
$\Delta H = -2.602\ kJ$

II. $2\ C_2H_6(g) + 7\ O_2(g) \longrightarrow 4\ CO_2(g) + 6\ H_2O(l)$
$\Delta H = -3.124\ kJ$

III. $H_2(g) + \frac{1}{2} O_2(g) \longrightarrow H_2O(l) \qquad \Delta H = -286\ kJ$

**34.** Determine o calor de combustão do propano, $C_3H_8(g)$.

**Dados:** entalpias de formação em kJ/mol.

$C_3H_8 = -104 \qquad CO_2(g) = -394 \qquad H_2O(l) = -286$

**35.** (UFF – RJ) A amônia, apesar de ser considerada não combustível, pode reagir com $O_2$ na presença de platina como catalisador. A equação química do processo é:

$$4\ NH_3(g) + 5\ O_2(g) \longrightarrow 4\ NO(g) + 6\ H_2O(g)$$
$\Delta H = ?$

**Dados:**

| Substância | ΔH formação (kJ/mol) |
|---|---|
| $NH_3(g)$ | −46 |
| $NO(g)$ | +90 |
| $H_2O(g)$ | −242 |

**36.** A entalpia de formação de $H_2O(l)$ e o de $H_2O(g)$ valem, respectivamente, −286 kJ/mol e −242 kJ/mol. Calcule o calor de vaporização a partir de 0,9 g de água líquida.

**Dado:** $H_2O = 18$ g/mol.

**37.** Considere as reações:

I. $6\ C(grafita) + 3\ H_2(g) \longrightarrow C_6H_6(l)\quad \Delta H_f = 49\ kJ$

II. $C(grafita) + O_2(g) \longrightarrow CO_2(g)\quad \Delta H_f = -393,5\ kJ$

III. $H_2(g) + \frac{1}{2}O_2(g) \longrightarrow H_2O(l)\quad \Delta H_f = -285,8\ kJ$

Calcule o calor de combustão do benzeno ($C_6H_6(l)$).

**38.** Com base nos ΔH associados às reações a seguir:

$N_2(g) + \frac{1}{2}O_2(g) \longrightarrow NO_2(g) \quad \Delta H_f = +33,8\ kJ$

$N_2(g) + 2\ O_2(g) \longrightarrow N_2O_4(g) \quad \Delta H_f = +9,6\ kJ$

Calcule o ΔH associado à reação de dimerização do $NO_2$.

**39.** Calcule o ΔH de formação de $B_2H_6(g)$.

**Dados:**

I. $2\ B(s) + \frac{3}{2}O_2(g) \longrightarrow B_2O_3(s)$
$\Delta H = -1.273\ kJ$

II. $B_2H_6(g) + 3\ O_2(g) \longrightarrow B_2O_3(s) + 3\ H_2O(g)$
$\Delta H = -2.035\ kJ$

III. $H_2(g) + \frac{1}{2}O_2(g) \longrightarrow H_2O(g) \quad \Delta H = -242\ kJ$

**40.** Dada a equação termoquímica.

$NH_3(g) \longrightarrow N(g) + 3\ H(g)$

$\Delta H = 1.170\ kJ/mol$ de $NH_3$

Calcule a energia de ligação N — H.

**41.** (FUVEST – SP) Com base nos dados da tabela:

| Ligação | Energia de ligação (kJ/mol) |
|---|---|
| H — H | 436 |
| Cl — Cl | 243 |
| H — Cl | 432 |

pode-se estimar que o ΔH da reação representada por

$H_2(g) + Cl_2(g) \longrightarrow 2\ HCl(g)$

Dado em kJ por mol de HCl(g), é igual a:

a) −92,5
b) −185
c) −247
d) +185
e) +92,5

**42.** Determine o ΔH do processo a seguir:

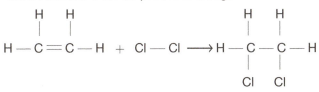

**Dados:**

| Ligação | Energia (kJ/mol) |
|---|---|
| C = C | 612 |
| Cl — Cl | 243 |
| C — C | 347 |
| C — Cl | 331 |

**43.** (UNICAMP – SP) Dada a reação:

$CH_4(g) + F_2(g) \longrightarrow CH_3F(g) + HF(g)$    $\Delta H = ?$

Determine o valor de $\Delta H$ pelo método:

a) das entalpias de formação;
b) das energias de ligação.

**Dados:**

| Substância | $\Delta H_f$ (kJ/mol) |
|---|---|
| $CH_4$ | −75 |
| $CH_3F$ | −288 |
| HF | −271 |

| Ligação | Energia de ligação (kJ/mol) |
|---|---|
| C — H | 413 |
| F — F | 155 |
| C — F | 485 |
| H — F | 567 |

**44.** (UFRGS – RS) Os valores de energia de ligação entre alguns átomos são fornecidos no quadro abaixo:

| Ligação | Energia de ligação (kJ/mol) |
|---|---|
| C — H | 413 |
| O = O | 494 |
| C = O | 804 |
| O — H | 463 |

Considerando a reação representada por

$CH_4(g) + 2\ O_2(g) \longrightarrow CO_2(g) + 2\ H_2O(v)$

Calcule o $\Delta H$ da reação.

# Exercícios Série Ouro

**1.** (FATEC – SP) Considere as seguintes transformações:

  I. Combustão do magnésio (metal pirofórico) em um fogo de artifício.
  II. Desaparecimento da neblina horas após o amanhecer.
  III. Atomização da amônia.
  IV. Síntese de glicose e oxigênio por um vegetal a partir de $CO_2$ e $H_2O$.

São endotérmicas **somente** as transformações:

a) I e II.
b) I e III.
c) II e IV.
d) I, II e III.
e) II, III e IV.

**2.** (UNESP) Na termodinâmica, os sistemas são classificados em relação às trocas de massa e de energia com as respectivas vizinhanças. O sistema aberto pode trocar com sua vizinhança matéria e energia, o sistema fechado pode trocar somente energia, e o sistema isolado não troca nem matéria nem energia. Considere os sistemas:

  I. café em uma garrafa térmica perfeitamente tampada;
  II. líquido refrigerante de serpentina da geladeira;
  III. calorímetro de bomba no qual foi queimado ácido benzoico.

Identifique os sistemas como aberto, fechado ou isolado.

a) I – isolado; II – fechado; III – isolado.
b) I – isolado; II – aberto; III – isolado.
c) I – aberto; II – isolado; III – isolado.
d) I – aberto; II – aberto; III – fechado.
e) I – fechado; II – isolado; III – aberto.

**3.** (FUVEST – SP) Nas condições ambiente, ao inspirar, puxamos para nossos pulmões, aproximadamente, 0,5 L de ar, então aquecido da temperatura ambiente (25 °C) até a temperatura do corpo (36 °C). Fazemos isso cerca de $16 \times 10^3$ vezes em 24 h. Se, nesse tempo, recebermos, por meio da alimentação, $1,0 \times 10^7$ J de energia, a porcentagem aproximada dessa energia, que será gasta para aquecer o ar inspirado, será de:

a) 0,1%.
b) 0,5%.
c) 1%.
d) 2%.
e) 5%.

**Dados:** ar atmosférico nas condições ambiente: densidade = 1,2 g/L; calor específico = 1,0 J/g · °C.

**Resolução:**

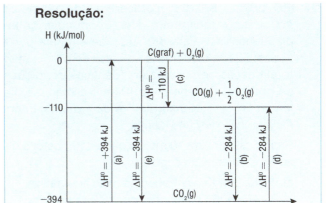

**Resposta:** a equação termoquímica incorreta é a da alternativa **c**.

**4.** (MACKENZIE – SP) Observe o gráfico de entalpia abaixo, obtido por meio de experimentos realizados no estado padrão:

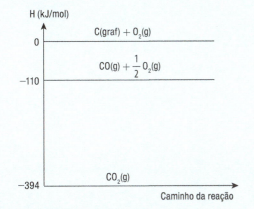

Com base em seus conhecimentos de termoquímica e nas informações do gráfico acima, a equação termoquímica **incorretamente** representada é

a) $CO_2(g) \to C(graf) + O_2(g)$     $\Delta H^0 = +394$ kJ/mol
b) $CO(g) + 1/2\ O_2(g) \to CO_2(g)$     $\Delta H^0 = -284$ kJ/mol
c) $C(graf) + 1/2\ O_2(g) \to CO(g)$     $\Delta H^0 = +110$ kJ/mol
d) $CO_2(g) \to CO(g) + 1/2\ O_2(g)$     $\Delta H^0 = +284$ kJ/mol
e) $C(graf) + O_2(g) \to CO_2(g)$     $\Delta H^0 = -394$ kJ/mol

**5.** (UNESP) Entre as formas alotrópicas de um mesmo elemento, há aquela mais estável e, portanto, menos energética, e também a menos estável, ou mais energética. O gráfico, de escala arbitrária, representa as entalpias ($\Delta H$) do diamante e grafite sólidos, e do $CO_2$ e $O_2$ gasosos.

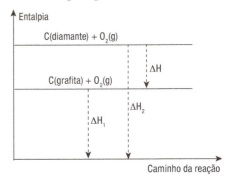

a) Sabendo-se que os valores de $\Delta H_1$ e $\Delta H_2$ são iguais a $-393$ e $-395$ kJ, respectivamente, calcule a entalpia ($\Delta H$) da reação: C(grafite) $\longrightarrow$ C(diamante). Indique se a reação é exotérmica ou endotérmica.
b) Considerando-se a massa molar do C = 12 g/mol, calcule a quantidade de energia, em kJ, necessária para transformar 240 g de C(grafite) em C(diamante).

**6.** (FUVEST – SP) Os hidrocarbonetos isômeros antraceno e fenantreno diferem em suas entalpias (energias). Esta diferença de entalpia pode ser calculada medindo-se o calor de combustão total desses compostos em idênticas condições de pressão e temperatura. Para o antraceno, há liberação de 7.060 kJ mol$^{-1}$ e para o fenantreno, há liberação de 7.040 kJ mol$^{-1}$.

Sendo assim, para 10 mol de cada composto, a diferença de entalpia é igual a:

a) 20 kJ, sendo o antraceno o mais energético.
b) 20 kJ, sendo o fenantreno o mais energético.
c) 200 kJ, sendo o antraceno o mais energético.
d) 200 kJ, sendo o fenantreno o mais energético.
e) 2.000 kJ, sendo o antraceno o mais energético.

**7.** (UNESP) O gás natural, o etanol e a gasolina são três dos principais combustíveis utilizados no Brasil. A seguir, são apresentadas as equações termoquímicas para a combustão de cada um deles.

$CH_4(g) + 2\ O_2(g) \longrightarrow CO_2(g) + 2\ H_2O(l)$
gás natural $\qquad\qquad\qquad\qquad\qquad \Delta H = -900$ kJ

$C_2H_5OH(l) + 3\ O_2(g) \longrightarrow 2\ CO_2(g) + 3\ H_2O(l)$
etanol $\qquad\qquad\qquad\qquad\qquad \Delta H = -1.400$ kJ

$C_8H_{18}(l) + \dfrac{25}{2}\ O_2(g) \longrightarrow 8\ CO_2(g) + 9\ H_2O(l)$
octano (principal $\qquad\qquad\qquad \Delta H = -5.500$ kJ
componente da gasolina)

Dadas as massas molares, em g · mol$^{-1}$:

$CH_4 = 16;\ C_2H_5OH = 46;\ C_8H_{18} = 114$.

a) Qual destes combustíveis libera a maior quantidade de energia por unidade de massa? Apresente seus cálculos.
b) A queima de 1 L de gasolina produz cerca de 34.100 kJ. Calcule a massa de etanol necessária para a produção desta mesma quantidade de calor. Apresente seus cálculos.

**8.** (UNICAMP – SP) Considere uma gasolina constituída apenas de etanol e de octano, com frações molares iguais. As entalpias de combustão do etanol e do octano são −1.368 e −5.471 kJ/mol, respectivamente. A densidade dessa gasolina é 0,72 g/cm$^3$ e a sua massa molar aparente, 80,1 g/mol.

a) Escreva a equação química que representa a combustão de um dos componentes dessa gasolina.
b) Qual a energia liberada na combustão de 1,0 mol dessa gasolina?
c) Qual a energia liberada na combustão de 1,0 litro dessa gasolina?

**Dados:** etanol: $C_2H_6O$, octano: $C_8H_{18}$.

**9.** (FUVEST – SP) As reações, em fase gasosa, representadas pelas equações I, II e III, liberam, respectivamente, as quantidades de calor $Q_1$J, $Q_2$J e $Q_3$J, sendo $Q_3 > Q_2 > Q_1$.

I. $2 NH_3 + \frac{5}{2} O_2 \longrightarrow 2 NO + 3 H_2O$ ..................
$\Delta H_1 = -Q_1 J$

II. $2 NH_3 + \frac{7}{2} O_2 \longrightarrow 2 NO_2 + 3 H_2O$ ..................
$\Delta H_2 = -Q_2 J$

III. $2 NH_3 + 4 O_2 \longrightarrow N_2O_5 + 3 H_2O$ ..................
$\Delta H_3 = -Q_3 J$

Assim sendo, a reação representada por

IV. $N_2O_5 \longrightarrow 2 NO_2 + \frac{1}{2} O_2$ .......................... $\Delta H_4$

será:

a) exotérmica, com $\Delta H_4 = (Q_3 - Q_1)$J.
b) endotérmica, com $\Delta H_4 = (Q_2 - Q_1)$J.
c) exotérmica, com $\Delta H_4 = (Q_2 - Q_3)$J.
d) endotérmica, com $\Delta H_4 = (Q_3 - Q_2)$J.
e) exotérmica, com $\Delta H_4 = (Q_1 - Q_2)$J.

**10.** (FGV) "Gás-d'água", mistura de CO e $H_2$ gasosos, é obtido pela reação química representada pela reação

$$C(s) + H_2O(g) \longrightarrow CO(g) + H_2(g)$$

Sendo conhecidas as entalpias das reações

$C(s) + \frac{1}{2} O_2(g) \longrightarrow CO(g) \quad \Delta H = -110$ kJ/mol
$C(s) + O_2(g) \longrightarrow CO_2(g) \quad \Delta H = -394$ kJ/mol
$H_2(g) + \frac{1}{2} O_2(g) \longrightarrow H_2O(g) \quad \Delta H = -242$ kJ/mol

pode–se afirmar que:

a) a entalpia do produto é maior que a dos reagentes na reação de formação de $CO_2$ a partir de seus constituintes.
b) a entalpia da reação de obtenção do "gás-d'água", a partir de C(s) e $H_2O(g)$, é igual a +132 kJ por mol de CO e $H_2$ formados.
c) a entalpia da reação de conversão de CO(g) a $CO_2$(g) é igual a +284 kJ/mol.
d) a reação de formação de $H_2O(g)$ é endotérmica.
e) a formação do "gás-d'água" é um processo exotérmico.

**11.** (MACKENZIE) O craqueamento (cracking) é a denominação técnica de processos químicos na indústria por meio dos quais moléculas mais complexas são quebradas em moléculas mais simples. O princípio básico desse tipo de processo é o rompimento das ligações carbono-carbono pela adição de calor e/ou catalisador. Um exemplo da aplicação do craqueamento é a transformação do dodecano em dois compostos de menor massa molar, hexano e propeno (propileno), conforme exemplificado, simplificadamente, pela equação química a seguir:

$$C_{12}H_{26}(l) \longrightarrow C_6H_{14}(l) + 2 C_3H_6(g)$$

São dadas as equações termoquímicas de combustão completa, no estado-padrão para três hidrocarbonetos:

$C_{12}H_{26}(l) + \frac{37}{2} O_2(g) \longrightarrow 12 CO_2(g) + 13 H_2O(l)$
$\Delta H_C^0 = -7.513,0$ kJ/mol

$C_6H_{14}(l) + \frac{19}{2} O_2(g) \longrightarrow 6 CO_2(g) + 7 H_2O(l)$
$\Delta H_C^0 = -4.163,0$ kJ/mol

$C_3H_6(g) + \frac{9}{2} O_2(g) \longrightarrow 3 CO_2(g) + 3 H_2O(l)$
$\Delta H_C^0 = -2.220,0$ kJ/mol

Utilizando a Lei de Hess, pode-se afirmar que o valor da variação de entalpia-padrão para o craqueamento do dodecano em hexano e propeno, será

a) −13.896,0 kJ/mol.
b) −1.130,0 kJ/mol.
c) +1.090,0 kJ/mol.
d) +1.130,0 kJ/mol.
e) +13.896,0 kJ/mol.

**Resolução:**

Mantendo a primeira equação, invertendo a segunda equação, invertendo e multiplicando por dois a terceira equação e somando, temos:

$C_{12}H_{26}(l) + \frac{37}{2} O_2(g) \longrightarrow 12 CO_2(g) + 13 H_2O(l)$

$\Delta H = -7.513,0$ kJ/mol

$6 CO_2(g) + 7 H_2O(l) \longrightarrow C_6H_{14}(l) + \frac{19}{2} O_2(g)$

$\Delta H = +4.163,0$ kJ/mol

$6 CO_2(g) + 6 H_2O(l) \longrightarrow 2 C_3H_6(g) + 9 O_2(g)$

$\Delta H = +4.440,0$ kJ/mol

---

$C_{12}H_{26}(l) \longrightarrow C_6H_{14}(l) + 2 C_3H_6(g)$

$\Delta H = +1.090,0$ kJ/mol

**Resposta:** alternativa c.

---

**12.** (UNIFESP) Gás-d'água é um combustível constituído de uma mistura gasosa de CO e $H_2$ na proporção, em mol, de 1 : 1. As equações que representam a combustão desses gases são:

$CO(g) + \frac{1}{2} O_2(g) \longrightarrow CO_2(g) \qquad \Delta H = -284$ kJ

e

$H_2(g) + \frac{1}{2} O_2(g) \longrightarrow H_2O(l) \qquad \Delta H = -286$ kJ

Massas molares, em g/mol:

CO ............................... 28,0
$H_2$ ................................ 2,0

Se 15,0 g de gás-d'água forem queimados ao ar, a quantidade de energia liberada, em kJ, será

a) 142.
b) 285.
c) 427.
d) 570.
e) 1.140.

---

**13.** (UNESP) O álcool etílico pode ser obtido pela fermentação de açúcares produzidos a partir de diferentes matérias-primas vegetais. Sendo assim, é um combustível renovável e não contribui para o aumento da concentração de dióxido de carbono na atmosfera. Considerando-se a importância de sua utilização como combustível, calcule o calor de combustão do etanol a partir dos dados da entalpia padrão fornecidos a seguir:

$\Delta H_f^0$ etanol (l) = $-277,6$ kJ · mol$^{-1}$

$\Delta H_f^0$ água (l) = $-285,8$ kJ · mol$^{-1}$

$\Delta H_f^0$ dióxido de carbono (g) = $-393,5$ kJ · mol$^{-1}$

---

**14.** O aumento da demanda de energia é uma das principais preocupações da sociedade contemporânea. A seguir, temos equações termoquímicas de dois combustíveis muito utilizados para a produção de energia.

I. $CH_3 - CH_2 - OH(l) + 3 O_2(g) \longrightarrow$
$\longrightarrow 2 CO_2(g) + 3 H_2O(l) \qquad \Delta H = -1.366,8$ kJ

II. $CH_3 - \underset{\underset{CH_3}{|}}{C} - CH_2 - \underset{\underset{CH_3}{|}}{CH} - CH_3(l) + 25/2 O_2(g) \longrightarrow$

$\longrightarrow 8 CO_2(g) + 9 H_2O(l) \qquad \Delta H = -5.461,0$ kJ

Dadas as entalpias de formação dos compostos

$CO_2(g) \qquad \Delta H_f = -393$ kJ/mol

$H_2O(l) \qquad \Delta H_f = -286$ kJ/mol

conclui-se, corretamente, que a entalpia de formação do combustível presente em I é, em kJ/mol,

a) $-107,5$.
b) $+107,5$.
c) $-277,2$.
d) $+277,2$.
e) $+687,7$.

**15.** (PUC – SP) **Dados:**

Calor de formação do $Fe_2O_3 = -820$ kJ/mol
Calor de formação do $CO = -110$ kJ/mol
Calor de formação do $CO_2 = -390$ kJ/mol
Massa molar (g/mol): Fe = 56; CO = 28; $CO_2$ = 44; $Fe_2O_3$ = 160

O ferro metálico é obtido em um alto forno siderúrgico a partir da redução do óxido de ferro (III), na presença de monóxido de carbono. A reação global do processo pode ser representada pela equação:

$Fe_2O_3(s) + 3\ CO(g) \longrightarrow 2\ Fe(s) + 3\ CO_2(g) \quad \Delta H_r = ?$

A partir dos dados fornecidos é possível calcular que na produção de 56 kg de ferro metálico são

a) liberados $1{,}0 \times 10^4$ kJ.
b) liberados $1{,}6 \times 10^5$ kJ.
c) liberados $2{,}7 \times 10^5$ kJ.
d) absorvidos $1{,}6 \times 10^5$ kJ.
e) absorvidos $1{,}0 \times 10^4$ kJ.

**16.** (PUC) Para determinar a entalpia de formação de algumas substâncias que não podem ser sintetizadas diretamente a partir dos seus elementos constituintes, utiliza-se, muitas vezes, o calor de combustão.

**Dados:**

$H_2(g) + \dfrac{1}{2} O_2(g) \longrightarrow H_2O(l) \qquad \Delta H^0 = -290$ kJ

$C(s) + O_2(g) \longrightarrow CO_2(g) \qquad \Delta H^0 = -390$ kJ

$C_8H_8(l) + 10\ O_2(g) \longrightarrow 8\ CO_2(g) + 4\ H_2O(l)$
$\hfill \Delta H^0 = -4.400$ kJ

A partir das reações de combustão do estireno ($C_8H_8$), do hidrogênio e do carbono nas condições padrão acima, conclui-se que a entalpia de formação do estireno ($\Delta H^0\ C_8H_8$) é igual a:

a) 3.720 kJ/mol.
b) 120 kJ/mol.
c) −200 kJ/mol.
d) −5.080 kJ/mol.
e) −8.680 kJ/mol.

**17.** (UNIFESP) Devido aos atentados terroristas ocorridos em Nova Iorque, Madri e Londres, os Estados Unidos e países da Europa têm aumentado o controle quanto à venda e produção de compostos explosivos que possam ser usados na confecção de bombas. Dentre os compostos químicos explosivos, a nitroglicerina é um dos mais conhecidos. É um líquido à temperatura ambiente, altamente sensível a qualquer vibração, decompondo-se de acordo com a equação:

$2\ C_3H_5(NO_3)_3(l) \longrightarrow$
$\longrightarrow 3\ N_2(g) + \dfrac{1}{2} O_2(g) + 6\ CO_2(g) + 5\ H_2O(g)$

Considerando-se uma amostra de 4,54 g de nitroglicerina, massa molar 227 g/mol, contida em um frasco fechado com volume total de 100,0 mL:

a) calcule a entalpia envolvida na explosão.

**Dados:**

| Substância | $\Delta H^0$ formação (kJ/mol) |
|---|---|
| $C_3H_5(NO_3)_3(l)$ | −364 |
| $CO_2(g)$ | −394 |
| $H_2O(g)$ | −242 |

b) calcule a pressão máxima no interior do frasco antes de seu rompimento, considerando-se que a temperatura atinge 127 °C.

**Dado:** $R = 0{,}082$ atm · L · K$^{-1}$ · mol$^{-1}$.

**18.** (FGV) Considere a equação da reação de combustão do metano:

$CH_4(g) + 2\ O_2(g) \longrightarrow CO_2(g) + 2\ H_2O(l)$

Para calcular a variação de entalpia de combustão do metano, um estudante dispunha da entalpia-padrão de vaporização de água, +44 kJ/mol, e das entalpias-padrão de formação seguintes:

| | $\Delta H^0_f$ (kJ/mol) |
|---|---|
| $CO_2(g)$ | −393 |
| $CH_4(g)$ | −75 |
| $H_2O(g)$ | −242 |

Cap. 16 | Termoquímica

O valor encontrado, em kJ/mol, para a combustão do $CH_4(g)$ foi de

a) −484.
b) −666.
c) −714.
d) −812.
e) −890.

a) Calcule a quantidade de calor necessária para elevar a temperatura de 1 L de água, no nível do mar, de 25 °C até o ponto de ebulição. Apresente seus cálculos.
b) Dadas as entalpias-padrão de formação ($\Delta H_f^0$) para o butano gasoso (−126 kJ · mol⁻¹), para o dióxido de carbono gasoso (−394 kJ · mol⁻¹), para a água líquida (−242 kJ · mol⁻¹) e para o oxigênio gasoso (0 kJ · mol⁻¹), escreva a equação química para a combustão do butano e calcule a entalpia-padrão de combustão ($\Delta H_C^0$) para esse composto.

**19.** (FGV) A amônia, $NH_3$, é um dos produtos químicos mais utilizados no mundo. O seu consumo está, de certa forma, relacionado com o desenvolvimento econômico de uma nação. O principal processo de fabricação da amônia é o processo Haber-Bosch, a partir dos gases $N_2$ e $H_2$, cuja reação libera 46 kJ de energia por mol de amônia formada. A principal aplicação de amônia é na fabricação de fertilizantes agrícolas. A hidrazina, $N_2H_4$, um outro subproduto da amônia, pode ser utilizada como combustível para foguetes e para obtenção de plásticos insuflados. A entalpia de formação de um mol de $N_2H_4(l)$ é +50 kJ. A redução da hidrazina com o gás hidrogênio resulta na formação de amônia. Considerando que as entalpias mencionadas estão relacionadas a 25 °C, o valor da entalpia da redução de um mol de hidrazina em amônia, nessas mesmas condições, é igual a

a) +142 kJ.
b) −142 kJ.
c) −96 kJ.
d) +96 kJ.
e) −14 kJ.

**20.** (UNESP) O gás butano ($C_4H_{10}$) é o principal componente do gás de cozinha, o GLP (gás liquefeito de petróleo). A água fervente ($H_2O$, com temperatura igual a 100 °C, no nível do mar) é utilizada para diversas finalidades: fazer café ou chá, cozinhar, entre outras. Considere que para o aumento de 1 °C na temperatura de 1 g de água são necessários 4 J, que esse valor pode ser tomado como constante para a água líquida sob 1 atmosfera de pressão e que a densidade da água a 25 °C é aproximadamente igual a 1,0 g · mL⁻¹.

**21.** (UNESP) O monóxido de carbono, um dos gases emitidos pelos canos de escapamento de automóveis, é uma substância nociva, que pode causar até mesmo a morte, dependendo de sua concentração no ar. A adaptação de catalisadores aos escapamentos permite diminuir sua emissão, pois favorece a formação do $CO_2$, conforme a equação a seguir:

$$CO(g) + \frac{1}{2}O_2(g) \rightleftarrows CO_2(g)$$

Sabe-se que as entalpias de formação para o CO e para o $CO_2$ são, respectivamente, −110,5 kJ · mol⁻¹ e −393,5 kJ · mol⁻¹.

É correto afirmar que, quando há consumo de 1 mol de oxigênio por esta reação, serão:

a) consumidos 787 kJ.
b) consumidos 183 kJ.
c) produzidos 566 kJ.
d) produzidos 504 kJ.
e) produzidos 393,5 kJ.

**22.** (PUC – SP) A entalpia de combustão corresponde à energia térmica liberada durante o processo de combustão completa de 1 mol de combustível em determinadas condições:

**Dados:**

$\Delta H_f^0$ de $CO_2(g) = -394$ kJ/mol

$\Delta H_f^0$ de $H_2O(l) = -286$ kJ/mol

$\Delta H_f^0$ de $C_2H_2(g) = +227$ kJ/mol

onde $\Delta H_f^0$ é entalpia-padrão de formação.

A partir dos dados, pode-se concluir que a entalpia de combustão no estado padrão ($\Delta H_C^0$) do acetileno é:

a) $-453$ kJ/mol.      d) $-1.301$ kJ/mol.
b) $-847$ kJ/mol.      e) $+907$ kJ/mol.
c) $-907$ kJ/mol.

**23.** (UNICAMP – SP) As condições oxidativas/redutoras e de pH desempenham importantes papéis em diversos processos naturais. Desses dois fatores dependem, por exemplo, a modificação de rochas e a presença ou não de determinados metais em ambientes aquáticos e terrestres, disponíveis à vida. Ambos os fatores se relacionam fortemente à presença de bactérias sulfato-redutoras atuantes em sistemas anaeróbicos. Em alguns sedimentos, essas bactérias podem decompor moléculas simples como o metano, como está simplificadamente representado pela equação abaixo:

$$CH_4 + H_2SO_4 \rightleftharpoons H_2S + CO_2 + 2\,H_2O$$

a) Considerando o caráter ácido-base dos reagentes e produtos, assim como a sua força relativa, seria esperado um aumento ou diminuição do pH da solução onde a bactéria atua? Justifique.
b) Nas condições-padrão, esse processo seria endotérmico ou exotérmico? Justifique com o cálculo da variação de entalpia dessa reação nas condições padrão.

**Dados:** entalpias padrão de formação em kJ mol$^{-1}$: $CH_4 = -75$; $H_2SO_4 = -909$; $H_2S = -21$; $CO_2 = -394$; $H_2O = -286$.

**24.** (UFSCar – SP) O prêmio Nobel de química em 1996 foi atribuído à descoberta da molécula $C_{60}$, com forma de bola de futebol, representada na figura.

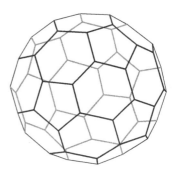

Seguindo a descoberta dos fulerenos, os nanotubos de carbono foram sintetizados. Esses avanços estão relacionados à promissora área de pesquisa que é a nanotecnologia. No $C_{60}$ cada átomo de carbono está ligado a outros 3 átomos. Dadas as entalpias-padrão de formação do $C_{60}(s)$ ($\Delta H_f^0 = +2.300$ kJ/mol) e do $CO_2(g)$ ($\Delta H_f^0 = -390$ kJ/mol), a entalpia de combustão completa, em kJ/mol, e a razão entre o número de ligações simples e duplas no $C_{60}$ são, respectivamente, iguais a:

a) $-1.910$ e 3.      d) $-25.700$ e 3.
b) $-1.910$ e 2.      e) $-25.700$ e 2.
c) $21.100$ e 3.

**25.** (PUC) A reação de síntese da amônia, processo industrial de grande relevância para a indústria de fertilizantes e de explosivos, é representada pela equação

$$N_2(g) + 3\,H_2(g) \longrightarrow 2\,NH_3(g) \qquad \Delta H = -90\,kJ$$

A partir dos dados fornecidos, determina-se que a entalpia de ligação contida na molécula de $N_2$ ($N \equiv N$) é igual a:

a) $-645$ kJ/mol.      d) $945$ kJ/mol.
b) $0$ kJ/mol.              e) $1.125$ kJ/mol.
c) $645$ kJ/mol.

**Dados:** entalpia de ligação
$H - H = 435$ kJ/mol
$N - H = 390$ kJ/mol

**26.** (UNIFESP) Com base nos dados da tabela

| Ligação | Energia média de ligação (kJ/mol) |
|---|---|
| O — H | 460 |
| H — H | 436 |
| O = O | 490 |

pode-se estimar que o ΔH da reação representada por

$$2\ H_2O(g) \longrightarrow 2\ H_2(g) + O_2(g),$$

dado em kJ por mol de $H_2O(g)$, é igual a:
a) +239.
b) +478.
c) +1.101.
d) −239.
e) −478.

**27.** (UNICAMP – SP) As variações de entalpia (ΔH) do oxigênio, do estanho e dos seus óxidos, a 298 K e 1 bar, estão representadas no diagrama abaixo.

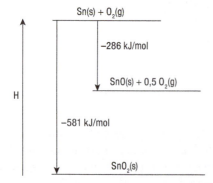

Assim, a formação do SnO(s), a partir dos elementos, corresponde a uma variação de entalpia de −286 kJ/mol.

a) Calcule a variação de entalpia ($\Delta H_1$) correspondente à decomposição do $SnO_2(s)$, nos respectivos elementos, a 298 K e 1 bar.
b) Escreva a equação química e calcule a respectiva variação de entalpia ($\Delta H_2$) da reação entre o óxido de estanho (II) (SnO) e o oxigênio, produzindo o óxido de estanho (IV) ($SnO_2$) e 298 K e 1 bar.

**28.** (VUNESP) Na fabricação de chapas para circuitos eletrônicos, uma superfície foi recoberta por uma camada de ouro, por meio de deposição a vácuo.

a) Sabendo que para recobrir esta chapa foram necessários $2 \cdot 10^{20}$ átomos de ouro, determine o custo do ouro usado nesta etapa do processo de fabricação.
b) No processo de deposição, o ouro passa diretamente do estado sólido para o estado gasoso. Sabendo que a entalpia de sublimação do ouro é 370 kJ/mol, a 298 K, calcule a energia mínima necessária para vaporizar esta quantidade de ouro depositada na chapa.

**Dados:** $N_0 = 6 \cdot 10^{23}$; massa molar do ouro = 197 g/mol; 1 g de ouro = R$ 17,00 (*Folha de S. Paulo*, 20 ago. 2000).

**29.** (UNIFESP) Sob a forma gasosa, o formol ($CH_2O$) tem excelente propriedade bactericida e germicida. O gráfico representa a variação de entalpia na queima de 1 mol de moléculas de formol durante a reação química.

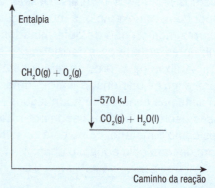

a) Escreva a fórmula estrutural do formol e o nome da função orgânica presente nas moléculas desse composto.
b) Dadas as entalpias-padrão de formação do $H_2O(l) = -286$ kJ/mol e do $CO_2(g) = -394$ kJ/mol, calcule a entalpia-padrão de formação do formol.

**Resolução:**

a) H — C ⟨=O, —H⟩    aldeído

b) $\quad CH_2O(g) + O_2(g) \longrightarrow CO_2(g) + H_2O(l)$
kJ    x         0         −394      −286

$\Delta H^0 = \Sigma \Delta H^0_{f\text{produtos}} - \Sigma \Delta H^0_{f\text{reagentes}}$

−570 kJ = −394 kJ − 286 kJ − x
x = −110 kJ        $\Delta H^0_{fCH_2O} = -110$ kJ

**30.** (PUC – SP) O estudo da energia reticular de um retículo cristalino iônico envolve a análise do ciclo de Born-Haber.
O diagrama de entalpia a seguir exemplifica o ciclo de Born-Haber do cloreto de potássio (KCl).

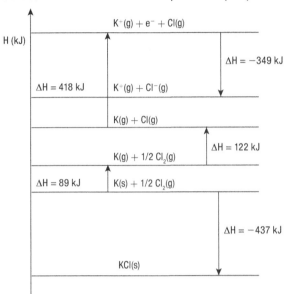

A partir da análise do diagrama é **incorreto** afirmar que

a) a entalpia de sublimação do potássio é de 89 kJ/mol.
b) a entalpia de ligação Cl — Cl é de 244 kJ/mol.
c) a entalpia de formação do KCl(s) é de −717 kJ/mol.
d) o potencial de ionização do K(g) é de 418 kJ/mol.
e) a reação entre o metal potássio e o gás cloro é exotérmica.

**31.** (FUVEST – SP) Calcula-se que $1{,}0 \times 10^{16}$ kJ da energia solar são utilizados na fotossíntese, no período de um dia. A reação da fotossíntese pode ser representada por:

$$6\ CO_2 + 6\ H_2O \xrightarrow[\text{clorofila}]{\text{energia solar}} C_6H_{12}O_6 + 6\ O_2$$

e requer, aproximadamente, $3{,}0 \times 10^3$ kJ por mol de glicose formada.

a) Quantas toneladas de $CO_2$ podem ser retiradas, por dia, da atmosfera, através da fotossíntese?
b) Se, na fotossíntese, se formasse frutose em vez de glicose, a energia requerida (por mol) nesse processo teria o mesmo valor? Justifique, com base nas energias de ligação. São conhecidos os valores das energias médias de ligação dos átomos:

C — H, C — C, C — O, C = O, H — O

glicose
```
        H   H   H   H   H
        |   |   |   |   |           O
    H — C — C — C — C — C — C ⫽
        |   |   |   |   |           \
        OH  OH  OH  OH  OH           H
```

frutose
```
        H   H   H       H
        |   |   |       |
    H — C — C — C — C — C — C — H
        |   |   |   ‖   |   |
        OH  OH  OH  O   OH
```

**Dado:** $CO_2 = 44$ g/mol.

**32.** (UNICAMP – SP) A síntese de alimentos no ambiente marinho é de vital importância para a manutenção do atual equilíbrio do sistema Terra. Nesse contexto, a penetração da luz na camada superior dos oceanos é um evento fundamental. Ela possibilita, por exemplo, a fotossíntese, que leva à formação de fitoplâncton, cuja matéria orgânica serve de alimento para outros seres vivos. A equação química abaixo, não balanceada, mostra a síntese do fitoplâncton. Nessa equação o fitoplâncton é representado por uma composição química média.

$$CO_2 + NO_3^- + HPO_4^{2-} + H_2O + H^+ \rightleftarrows$$
$$\rightleftarrows C_{106}H_{263}O_{110}N_{16}P + 138\ O_2$$

a) Reescreva essa equação química balanceada.
b) De acordo com as informações do enunciado, a formação do fitoplâncton absorve ou libera energia? Justifique sua resposta.
c) Além da produção de alimento, que outro benefício a formação do fitoplâncton fornece para o sistema Terra?

**33.** (FUVEST – SP) Buscando processos que permitam o desenvolvimento sustentável, cientistas imaginaram um procedimento no qual a energia solar seria utilizada para formar substâncias que, ao reagirem, liberariam energia:

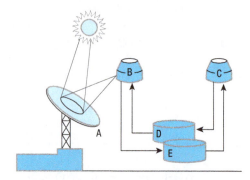

A = refletor parabólico    C = reator exotérmico
B = reator endotérmico    D e E = reservatórios

Considere as seguintes reações

I. $2 H_2 + 2 CO \longrightarrow CH_4 + CO_2$

II. $CH_4 + CO_2 \longrightarrow 2 H_2 + 2 CO$

e as energias médias de ligação:

| | |
|---|---|
| H — H | $4,4 \times 10^2$ kJ/mol |
| C ≡ O (CO) | $10,8 \times 10^2$ kJ/mol |
| C = O ($CO_2$) | $8,0 \times 10^2$ kJ/mol |
| C — H | $4,2 \times 10^2$ kJ/mol |

A associação correta que ilustra tal processo é

| | Reação que ocorre em B | Conteúdo de D | Conteúdo de E |
|---|---|---|---|
| a) | I | $CH_4 + CO_2$ | CO |
| b) | II | $CH_4 + CO_2$ | $H_2$ + CO |
| c) | I | $H_2$ + CO | $CH_4 + CO_2$ |
| d) | II | $H_2$ + CO | $CH_4 + CO_2$ |
| e) | I | $CH_4$ | CO |

**34.** (PUC – SP) Equacione a reação de transformação de glicose ($C_6H_{12}O_6$) em carvão (C). Determine a variação de entalpia dessa transformação a partir dos dados fornecidos abaixo. Represente, em um único diagrama, as energias envolvidas nas seguintes reações:

I. Combustão completa de 1 mol de glicose ($\Delta H_I$).
II. Transformação de 1 mol de glicose em carvão ($\Delta H_{II}$).
III. Combustão completa do carvão formado no processo ($\Delta H_{III}$).

**Dados:**

$\Delta H^0$ combustão da glicose $= -2.800$ kJ/mol
$\Delta H^0$ formação da glicose $= -1.250$ kJ/mol
$\Delta H^0$ formação da água $= -285$ kJ/mol
$\Delta H^0$ formação do gás carbônico $= -390$ kJ/mol

**35.** (UNICAMP – SP) Agora sou eu que vou me deliciar com um chocolate – diz Naná. E continua: – Você sabia que uma barra de chocolate contém 7% de proteínas, 59% de carboidratos e 27% de lipídios e que a energia de combustão das proteínas e dos carboidratos é de 17 kJ/g e dois lipídios é 38 kJ/g aproximadamente?

a) Se essa barra de chocolate tem 50 g, quanto de energia ela me fornecerá?
b) Se consideramos o "calor específico" do corpo humano como 4,5 J g$^{-1}$ · K$^{-1}$, qual será a variação de temperatura do meu corpo se toda esta energia for utilizada para o aquecimento? O meu "peso", isto é, a minha massa, é 60 kg. Admita que não haja dissipação do calor para o ambiente.

**36.** (FUVEST – SP) Pode-se calcular a entalpia molar de vaporização do etanol a partir das entalpias das reações de combustão representadas por

$C_2H_5OH(l) + 3 O_2(g) \longrightarrow 2 CO_2(g) + 3 H_2O(l) \quad \Delta H_1$
$C_2H_5OH(g) + 3 O_2(g) \longrightarrow 2 CO_2(g) + 3 H_2O(g) \quad \Delta H_2$

Para isso, basta que se conheça, também, a entalpia molar de
a) vaporização da água.
b) sublimação do dióxido de carbono.
c) formação da água líquida.
d) formação do etanol líquido.
e) formação do dióxido de carbono gasoso.

**37.** (UNICAMP – SP) A variação de entalpia de uma reação na fase gasosa, $\Delta H_r$, pode ser obtida indiretamente por duas maneiras distintas: 1) pela diferença entre as entalpias de formação, $\Delta H_f$, dos produtos e dos reagentes; 2) pela diferença entre as entalpias de ligação, $\Delta H_l$, das ligações rompidas e das ligações formadas. Considerando a reação e as tabelas a seguir:

a) Determine o valor de $\Delta H_r$.
b) Calcule a entalpia de formação para o $H_3CCl(g)$.

$CH_4(g) + Cl_2(g) \longrightarrow H_3CCl(g) + HCl(g)$

| Substância | $\Delta H_f$ em kJ · mol$^{-1}$ |
|---|---|
| $CH_4$ | –75 |
| $Cl_2$ | 0 |
| $CH_3Cl$ | — |
| HCl | –92 |

| Ligação | $\Delta H_l$ em kJ · mol$^{-1}$ |
|---|---|
| $H_3C - H$ | 435 |
| $Cl - Cl$ | 242 |
| $H_3C - Cl$ | 452 |
| $H - Cl$ | 431 |

**38.** Dado o gráfico:

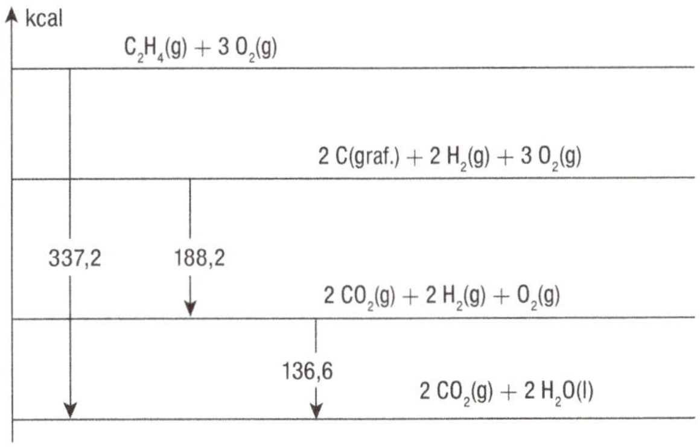

kcal
$C_2H_4(g) + 3 O_2(g)$
$2 C(graf.) + 2 H_2(g) + 3 O_2(g)$
337,2
188,2
$2 CO_2(g) + 2 H_2(g) + O_2(g)$
136,6
$2 CO_2(g) + 2 H_2O(l)$

Pede-se:
a) o calor de formação de $H_2O(l)$.
b) o calor de formação do $CO_2(g)$.
c) o calor de combustão de $C_2H_4(g)$.
d) o calor da formação do $C_2H_4(g)$.

**39.** (UNIFESP) A solubilidade da sacarose em água é devida à formação de forças intermoleculares do tipo ............................ que ocorrem entre estas moléculas. Esse dissacarídeo, quando hidrolisado por ação de soluções aquosas de ácidos diluídos ou pela ação da enzima invertase, resultada em glicose e frutose. A combustão de 1 mol de glicose ($C_6H_{12}O_6$) libera ............................ kJ de energia.

Considere os dados da tabela e responda.

| Substância | $\Delta H_f^0$ (kJ/mol) |
|---|---|
| $C_6H_{12}O_6(s)$ | −1.268 |
| $H_2O(l)$ | −286 |
| $CO_2(g)$ | −394 |

As lacunas do texto podem ser preenchidas corretamente por

a) dipolo-dipolo e 2.812.
b) dipolo-dipolo e 588.
c) ligações de hidrogênio e 2.812.
d) ligações de hidrogênio e 588.
e) ligações de hidrogênio e 1.948.

**40.** (FUVEST – SP) A matriz energética brasileira é constituída, principalmente, por usinas hidrelétricas, termelétricas, nucleares e eólicas, e também por combustível fósseis (por exemplo, petróleo, gasolina e óleo diesel) e combustíveis renováveis (por exemplo, etanol e biodiesel).

a) Para cada tipo de usina da tabela abaixo, assinale no mapa, utilizando o símbolo correspondente, um estado, ou a divisa de estados limítrofes, em que tal usina pode ser encontrada.

| Usina | Símbolo |
|---|---|
| hidrelétrica binacional em operação | ● |
| hidrelétrica de grande porte em construção | ▬ |
| nuclear em operação | ▲ |
| eólica em operação | Y |

b) A entalpia de combustão do metano gasoso, principal componente do gás natural, corrigida para 25 °C, é −213 kcal/mol e a do etanol líquido, à mesma temperatura, é −327 kcal/mol. Calcule a energia liberada na combustão de um grama de metano e na combustão de um grama de etanol. Com base nesses valores, qual dos combustíveis é mais vantajoso sob o ponto de vista energético? Justifique.

**Dados:** massa molar (g/mol): $CH_4 = 16$; $C_2H_6O = 46$.

# Exercícios Série Platina

**1.** (UNICAMP – SP – adaptada) Se o caso era cozinhar, Rango não tinha problemas. Ele preparou a massa do bolo da festa utilizando um fermento químico à base de carbonato ácido (bicarbonato) de sódio e um ácido fraco, HA. Rango começou bem cedo essa preparação, pois Estrondosa vivia reclamando que depois que o gás passou a ser o gás de rua, parecia que o forno havia ficado mais lento para assar. Perdido nessas maravilhas que rodeavam a atividade na cozinha, Rango se refestelava com os conceitos químicos...

a) "Antes de usar o fermento, eu coloquei um pouco dele em água e houve um desprendimento de gás. Isso me indicou que o fermento estava adequado para ser utilizado no bolo. Qual é a equação química da reação que eu acabei de observar?"

b) "Se a reclamação de Estrondosa sobre o gás combustível for verdadeira, o gás liquefeito de petróleo (butano) deve fornecer uma energia maior que o gás de rua (metano), considerando-se uma mesma massa de gás queimado... Será que essa hipótese é verdadeira?"

Justifique a pergunta formulada no texto com cálculos.

**Dados:** entalpias de formação em kJ mol$^{-1}$: butano ($C_4H_{10}$) = −126, metano ($CH_4$) = −75, gás carbônico = −394 e água = −242; massas molares, em g/mol: butano = 58; metano = 16.

**2.** (UNESP) Dado o diagrama de entalpia abaixo:

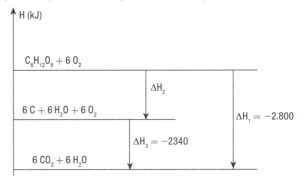

Responda:

a) Qual a variação de entalpia (ΔH) da transformação de 1 mol de glicose em carvão? Mostre seus cálculos.

b) Qual a variação de entalpia de formação (ΔH$_f$) do gás carbônico? Justifique.

c) Qual a variação de entalpia de formação (ΔH$_f$) da glicose, sabendo que o ΔH$_f$ da água é −285 kJ/mol? Mostre seus cálculos.

**3.** (PUC – SP – adaptada) Um passo no processo de produção de ferro metálico, Fe(s), é a redução do óxido ferroso (FeO) com monóxido de carbono (CO).

FeO(s) + CO(g) ⟶ Fe(s) + CO$_2$(g)    ΔH = x

Utilizando as equações termoquímicas fornecidas abaixo:

Fe$_2$O$_3$(s) + 3 CO(g) ⟶ 2 Fe(s) + 3 CO$_2$(g)
ΔH = −25 kJ

3 FeO(s) + CO$_2$(g) ⟶ Fe$_3$O$_4$(s) + CO(g)
ΔH = −36 kJ

2 Fe$_3$O$_4$(s) + CO$_2$(g) ⟶ 3 Fe$_2$O$_3$(s) + CO(g)
ΔH = +47 kJ

Determine o valor mais próximo de x. Justifique com cálculos.

**4.** (FUVEST – SP) O 2-metilbutano (D) pode ser obtido pela hidrogenação catalítica, em fase gasosa, de qualquer dos seguintes alcenos isoméricos, denominados A, B e C:

(A) 2-metil-2-buteno + $H_2 \longrightarrow$ (D) 2-metilbutano
$\Delta H_1 = -113$ kJ/mol

(B) 2-metil-1-buteno + $H_2 \longrightarrow$ (D) 2-metilbutano
$\Delta H_2 = -119$ kJ/mol

(C) 3-metil-1-buteno + $H_2 \longrightarrow$ (D) 2-metilbutano
$\Delta H_3 = -127$ kJ/mol

a) Complete o diagrama de entalpia com as letras (A, B ou C) que representam cada um dos alcenos. Além disso, ao lado de cada seta, coloque o respectivo ΔH da reação.

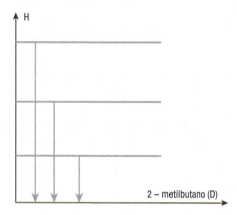

b) Sabendo que os alcenos A, B e C são isômeros, isto é, possuem a mesma fórmula molecular, $C_5H_{10}$, represente, em uma única equação, a reação de combustão completa dos três alcenos isoméricos.

**5.** O álcool etílico, também conhecido por etanol ($C_2H_5OH$), pode ser obtido pela fermentação de açúcares produzidos a partir de diferentes matérias primas vegetais. Sendo assim, é um combustível renovável e não contribui para o aumento da concentração de dióxido de carbono na atmosfera.

**Dados:**

Etanol:
$$\begin{array}{c} \phantom{H}\ H\ \ \ H \\ \phantom{H}\ | \ \ \ \ | \\ H - C - C - O - H \\ \phantom{H}\ | \ \ \ \ | \\ \phantom{H}\ H\ \ \ H \end{array}$$

$\Delta H_f$ água (g) = $-242$ kJ · mol$^{-1}$

$\Delta H_f$ dióxido de carbono (g) = $-394$ kJ · mol$^{-1}$

| Tipo de ligação | Energia de ligação (kJ/mol) |
|---|---|
| H — H | 436 |
| C — C | 347 |
| C = C | 612 |
| C — H | 413 |
| C = O | 804 |
| O — H | 463 |
| O = O | 494 |
| C — O | 357 |

Considerando-se a importância da sua utilização como combustível e a partir dos dados acima,

a) escreva a equação da reação de combustão do etanol;
b) calcule o ΔH da reação;
c) calcule a entalpia de formação do etanol.

**6.** (FUVEST – SP) A e B são compostos de mesma fórmula molecular $C_2H_6O$, sendo um deles o álcool etílico (etanol) e o outro éter dimetílico (metoximetano).

**Dados:**

1. Tabela de energia de ligação

| Ligação | Energia média de ligação (kJ/mol) |
|---|---|
| O — H | 464 |
| C — C | 350 |
| C — H | 415 |
| C — O | 360 |

2. Calor de combustão no estado gasoso:
   - composto A = 1.410 kJ/mol;
   - composto B = 1.454 kJ/mol.

3. etanol: $CH_3$ — $CH_2$ — OH
   éter: $CH_3$ — O — $CH_3$

A partir dos dados, identifique A e B, explicando o raciocínio usado.

a) Sabe-se que a entalpia molar de combustão do metano é de −803 kJ/mol; que a entalpia molar de formação desse mesmo gás é de −75 kJ/mol; que a entalpia molar de formação do $CO_2$ é de −394 kJ/mol.

A partir dessas informações, calcule a entalpia molar de formação da água nessas mesmas condições. Mostre seus cálculos.

b) No aparelho digestório de um ruminante ocorre um processo de fermentação de hexoses, semelhante ao que ocorre nos biodigestores. A equação abaixo tem sido utilizada para representar essa fermentação:

58 $C_6H_{12}O_6$ ⟶ 59 $CH_3COOH$ +
+ 24 $CH_3CH_2COOH$ + 15 $CH_3CH_2CH_2COOH$ +
+ 62,5 $CO_2$ + 35,5 $CH_4$ + 27 $H_2O$

Considere a seguinte afirmação: "o processo de fermentação digestiva de ruminantes contribui para o aquecimento global", você concorda? Responda **sim** ou **não** e explique sua resposta.

c) Qual seria o número de mols de gás metano produzido na fermentação de 5,8 kg de hexose ingeridos por um ruminante? Mostre seus cálculos.

**Dado:** massa molar, em g/mol: $C_6H_{12}O_6$ = 180.

**7.** (UNICAMP – SP) Quando se utiliza um biossistema integrado numa propriedade agrícola, a biodigestão é um dos processos essenciais desse conjunto. O biodigestor consiste de um tanque, protegido do contato com o ar atmosférico, onde a matéria orgânica de efluentes, principalmente fezes animais e humanas, é metabolizada por bactérias. Um dos subprodutos obtidos nesse processo é o gás metano, que pode ser utilizado na obtenção de energia em queimadores.

A parte sólida e líquida que sobra é transformada em fertilizante. Dessa forma, faz-se o devido tratamento dos efluentes e ainda se obtêm subprodutos com valor agregado.

**8.** (UEL – PR – adaptada) A sacarose é um alimento importante para o ser humano. O metabolismo dos açúcares envolve reações que são as fontes de energia para que a célula possa realizar os trabalhos mecânico, elétrico e químico.

a) Determine o calor de combustão da sacarose. Mostre seus cálculos.
b) Construa o diagrama de energia que representa a reação de combustão da sacarose.
c) Qual a massa de sacarose necessária para a liberação de 314 kJ de energia?

**Dados:** $\Delta H^0$ (formação) $C_{12}H_{22}O_{11} = -2.222$ kJ/mol; $CO_2 = -394$ kJ/mol; $H_2O = -286$ kJ/mol; massas molares (g/mol): C = 12; O = 16; H = 1.

**9.** (PUC – MG – adaptada) O metanol ($CH_3OH$) é uma substância muito tóxica, seu consumo pode causar cegueira e até morte. Ele é geralmente empregado como anticongelante, solvente e combustível. O metanol pode ser obtido a partir da reação entre o monóxido de carbono e o gás hidrogênio.

A partir das equações termoquímicas seguintes e de suas respectivas entalpias padrão de combustão, a 25 °C.

$$CH_3OH(l) + \frac{3}{2} O_2(g) \longrightarrow CO_2(g) + 2\,H_2O(l)$$
$$\Delta H = -638 \text{ kJ/mol}^{-1}$$

$$H_2(g) + \frac{1}{2} O_2(g) \longrightarrow H_2O(l) \quad \Delta H = -286 \text{ kJ/mol}^{-1}$$

$$CO(g) + \frac{1}{2} O_2(g) \longrightarrow CO_2(g) \quad \Delta H = -283 \text{ kJ/mol}^{-1}$$

a) Escreva a equação da reação de obtenção do metanol líquido a partir do monóxido de carbono e do gás hidrogênio.
b) Determine a variação de entalpia da reação citada no item a. Mostre seus cálculos.

**10.** (ENEM) Nas últimas décadas, o efeito estufa tem-se intensificado de maneira preocupante, sendo esse efeito muitas vezes atribuído à intensa liberação de $CO_2$ durante a queima de combustíveis fósseis para a geração de energia. O quadro traz as entalpias-padrão de combustão a 25 °C ($\Delta H^0_{25}$) do metano, do butano e do octano.

| Composto | Fórmula molecular | Massa molar (g/mol) | $\Delta H^0_{25}$ (kJ/mol) |
|---|---|---|---|
| metano | $CH_4$ | 16 | $-890$ |
| butano | $C_4H_{10}$ | 58 | $-2.870$ |
| octano | $C_8H_{18}$ | 114 | $-5.471$ |

À medida que aumenta a consciência sobre os impactos ambientais relacionados ao uso da energia, cresce a importância de se criar políticas de incentivo ao uso de combustíveis mais eficientes. Nesse sentido, considerando-se que o metano, o butano e o octano sejam representativos do gás natural, do gás liquefeito de petróleo (GLP) e da gasolina, respectivamente, então, a partir dos dados fornecidos, é possível concluir que, do ponto de vista da quantidade de calor obtido por mol de $CO_2$ gerado, a ordem crescente desses três combustíveis é

a) gasolina, GLP e gás natural.
b) gás natural, gasolina e GLP.
c) gasolina, gás natural e GLP.
d) gás natural, GLP e gasolina.
e) GLP, gás natural e gasolina.

**11.** (ENEM) As mobilizações para promover um planeta melhor para as futuras gerações são cada vez mais frequentes. A maior parte dos meios de transporte de massa é atualmente movida pela queima de um combustível fóssil. A título de exemplificação do ônus causado por essa prática, basta saber que um carro produz, em média, cerca de 200 g de dióxido de carbono por km percorrido.

**Revista Aquecimento Global.** Ano 2, n. 8.
Publicação do Instituto Brasileiro de Cultura Ltda.

Um dos principais constituintes da gasolina é o octano ($C_8H_{18}$). Por meio da combustão do octano é possível a liberação de energia, permitindo que o carro entre em movimento. A equação que representa a reação química desse processo demonstra que

a) no processo há liberação de oxigênio, sob a forma de $O_2$.
b) o coeficiente estequiométrico para a água é de 8 para 1 do carbono.
c) no processo há consumo de água, para que haja liberação de energia.
d) o coeficiente estequiométrico para o oxigênio é de 12,5 para 1 do octano.
e) o coeficiente estequiométrico para o gás carbônico é de 9 para 1 do octano.

**12.** (ENEM) No que tange à tecnologia de combustíveis alternativos, muitos especialistas em energia acreditam que os alcoóis vão crescer em importância em um futuro próximo. Realmente, alcoóis como metanol e etanol têm encontrado alguns nichos para o uso doméstico como combustíveis há muitas décadas e, recentemente, vêm obtendo uma aceitação cada vez maior como aditivos, ou mesmo como substitutos para gasolina em veículos. Algumas das propriedades físicas desses combustíveis são mostradas no quadro seguinte.

| Álcool | Densidade a 25 °C (g/mL) | Calor de combustão (kJ/mol) |
|---|---|---|
| metano ($CH_3OH$) | 0,79 | −726,0 |
| etanol ($CH_3CH_2OH$) | 0,79 | −1.367,0 |

BAIARD, C. **Química Ambiental.**
São Paulo: Artmed, 1995 (adaptado).

Considere que, em pequenos volumes, o custo de produção de ambos os alcoóis seja o mesmo. Dessa forma, do ponto de vista econômico, é mais vantajoso utilizar

a) metanol, pois sua combustão completa fornece aproximadamente 22,7 kJ de energia por litro de combustível queimado.
b) etanol, pois sua combustão completa fornece aproximadamente 29,7 kJ de energia por litro de combustível queimado.
c) metanol, pois sua combustão completa fornece aproximadamente 17,9 MJ de energia por litro de combustível queimado.
d) etanol, pois sua combustão completa fornece aproximadamente 23,5 MJ de energia por litro de combustível queimado.
e) etanol, pois sua combustão completa fornece aproximadamente 33,7 MJ de energia por litro de combustível queimado.

**Dados:** Massas molares em g/mol: H = 1,0; C = 12,0; O = 16,0.

**13.** (ENEM) O abastecimento de nossas necessidades energéticas futuras dependerá certamente do desenvolvimento de tecnologias para aproveitar a energia solar com maior eficiência. A energia solar é a maior fonte de energia mundial. Num dia ensolarado, por exemplo, aproximadamente 1 kJ de energia solar atinge cada metro quadrado da superfície terrestre por segundo. No entanto, o aproveitamento dessa energia é difícil porque ela é diluída (distribuída por uma área muito extensa) e oscila com o horário e as condições climáticas. O uso efetivo da energia solar depende de formas de estocar a energia coletada para uso posterior.

BROW, T. **Química a Ciência Central**.
São Paulo: Pearson Prentice Hall, 2005.

Atualmente, uma das formas de se utilizar a energia solar tem sido armazená-la por meio de processos químicos endotérmicos que mais tarde podem ser revertidos para liberar calor. Considerando a reação:

$CH_4(g) + H_2O(v) + calor \rightleftarrows CO(g) + 3\ H_2(g)$

e analisando-a como potencial mecanismo para o aproveitamento posterior da energia solar, conclui-se que se trata de uma estratégia

a) insatisfatória, pois a reação apresentada não permite que a energia presente no meio externo seja absorvida pelo sistema para ser utilizada posteriormente.
b) insatisfatória, uma vez que há formaçõ de gases poluentes e com potencial poder explosivo, tornando-a uma reação perigosa e de difícil controle.
c) insatisfatória, uma vez que há formação de gás CO que não possui conteúdo energético passível de ser aproveitado posteriormente e é considerado um gás poluente.
d) satisfatória, uma vez que a reação direta ocorre com absorção de calor e promove a formação das substâncias combustíveis que poderão ser utilizadas posteriormente para obtenção de energia e realização de trabalho útil.
e) satisfatória, uma vez que a reação direta ocorre com liberação de calor havendo ainda a formação das substâncias combustíveis que poderão ser utilizadas posteriormente para obtenção de energia e realização de trabalho útil.

**14.** (ENEM) Um dos problemas dos combustíveis que contêm carbono é que sua queima produz dióxido de carbono. Portanto, uma característica importante, ao se escolher um combustível, é analisar seu calor de combustão ($\Delta H_C^0$), definido como a energia liberada na queima completa de um mol de combustível no estado padrão. O quadro seguinte relaciona algumas substâncias que contêm carbono e seu $\Delta H_C^0$.

| Substância | Fórmula | $DH_C^0$ (kJ/mol) |
|---|---|---|
| benzeno | $C_6H_6(l)$ | −3.268 |
| etanol | $C_2H_5OH(l)$ | −1.368 |
| glicose | $C_6H_{12}O_6(s)$ | −2.808 |
| metano | $CH_4(g)$ | −890 |
| octano | $C_8H_{18}(l)$ | −5.471 |

ATKINS, P. **Princípios de Química**.
Porto Alegre: Bookman, 2007 (adaptado).

Neste contexto, qual dos combustíveis, quando queimado completamente, libera mais dióxido de carbono no ambiente pela mesma quantidade de energia produzida?

a) Benzeno.
b) Metano.
c) Glicose.
d) Octano.
e) Etanol.

# Cinética Química

## Capítulo 17

### 1. Introdução

Quando uma reação química ocorre, é importante que as respostas de duas questões a respeito delas sejam conhecidas. Em quanto tempo os reagentes são transformados em produtos? Até onde ela pode avançar no sentido dos produtos?

Este capítulo se detém na primeira questão, ou seja, no estudo da rapidez com que os reagentes se transformam nos produtos. Este tipo de problema é o objeto da cinética química.

A ideia de que as reações químicas ocorrem por causa das colisões entre as moléculas reagentes permite explicar a existência de reações rápidas e lentas.

As reações são rápidas quando ocorrem muitas colisões com energia suficiente para quebrar as ligações dos reagentes, possibilitando a formação de novos arranjos atômicos.

**Exemplo:** explosão da pólvora

$$2\ KNO_3(s) + S(s) + 3\ C(s) \longrightarrow K_2S(s) + N_2(g) + 3\ CO_2(g) + calor$$

Por outro lado, são lentas quando poucas colisões têm energia suficiente para quebrar as ligações dos reagentes.

**Exemplo:** corrosão do ferro

$$2\ Fe + \frac{3}{2}\ O_2 + H_2O \longrightarrow Fe_2O_3 \cdot x\ H_2O$$
$$\text{ferrugem}$$

### 2. Variação da concentração dos participantes de uma reação química com o tempo

Observe os dados experimentais sobre a decomposição da água oxigenada.

| | tempo (min) | $2\ H_2O_2$ | $\longrightarrow$ | $2\ H_2O$ + | $O_2$ |
|---|---|---|---|---|---|
| trecho I | 0 | 0,8 mol/L | | – | – |
| trecho II | 10 | 0,5 mol/L | | 0,3 mol/L | 0,15 mol/L |
| trecho III | 20 | 0,3 mol/L | | 0,5 mol/L | 0,25 mol/L |
| | 30 | 0,2 mol/L | | 0,6 mol/L | 0,3 mol/L |
| | | diminui | | aumentam | |

Com base nos dados obtidos, podemos agora fazer a representação gráfica das concentrações em mol/L de $H_2O_2$, $H_2O$ e $O_2$, em função do tempo.

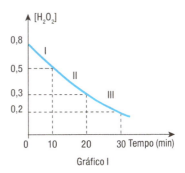
Gráfico I

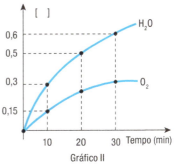
Gráfico II

Nos dois gráficos, observamos que os trechos têm o mesmo intervalo de tempo (10 min), mas o consumo de $H_2O_2$ e a formação de $H_2O$ e $O_2$ em cada trecho são diferentes.

| | $H_2O_2$ | $H_2O$ | $O_2$ |
|---|---|---|---|
| trecho I | 0,3 | 0,3 | 0,15 |
| trecho II | 0,2 | 0,2 | 0,10 |
| trecho III | 0,1 | 0,1 | 0,05 |

Observe que o consumo do $H_2O_2$ e a formação do $H_2O$ e $O_2$ obedece a proporção estequiométrica da equação.

trecho I    0,3 : 0,3 : 0,15

equação $2\ H_2O_2 \longrightarrow 2\ H_2O + 1\ O_2$

No dia a dia, a velocidade (rapidez) é definida como a mudança de uma propriedade dividida pelo tempo que ela leva para ocorrer. Vamos representar a rapidez por v minúsculo.

trecho I:

$$v_{H_2O_2} = \frac{0,3\ mol/L}{10\ min} \qquad v_{H_2O} = \frac{0,3\ mol/L}{10\ min}$$

$$v_{O_2} = \frac{0,15\ mol/L}{10\ min} \qquad v_{H_2O_2} = 0,03\ mol/L \cdot min$$

$$v_{H_2O} = 0,03\ mol/L \cdot min \qquad v_{O_2} = 0,015\ mol/L \cdot min$$

# 3. Velocidade (ou rapidez) das reações químicas

A velocidade de reação mede quão rapidamente um reagente é consumido ou um produto é formado, durante a reação.

Para medir a velocidade é preciso medir duas grandezas: concentração e tempo.

Se dividimos a quantidade pelo intervalo de tempo estamos calculando a velocidade média.

$$v_m = \frac{|\Delta \text{ quantidade}|}{\Delta \text{ tempo}}$$

quantidade: concentração em mol/L, mol, massa ou volume.

|Δ quantidade|: indica o módulo da variação da quantidade de um reagente ou produto, isto é, quantidade final − quantidade inicial.

Δt = intervalo de tempo

**Exemplo:** intervalo de 10 a 20 min (exemplo anterior)

$$v_{H_2O_2} = \frac{|0{,}3 - 0{,}5| \text{ mol/L}}{(20 - 10) \text{ min}}$$

$$v_{H_2O_2} = 0{,}02 \text{ mol/L} \cdot \text{min}$$

$$v_{H_2O} = \frac{|0{,}5 - 0{,}3| \text{ mol/L}}{(20 - 10) \text{ min}}$$

$$v_{H_2O} = 0{,}02 \text{ mol/L} \cdot \text{min}$$

$$v_{O_2} = \frac{|0{,}25 - 0{,}15| \text{ mol/L}}{(20 - 10) \text{ min}}$$

$$v_{O_2} = 0{,}01 \text{ mol/L} \cdot \text{min}$$

Observe que obedece a proporção estequiométrica da reação.

A velocidade média da reação, sem especificar a substância, será a velocidade média de uma substância dividida pelo coeficiente estequiométrico.

$$2 H_2O_2 \longrightarrow 2 H_2O + O_2$$

$$v_m = \frac{v_{H_2O_2}}{2} = \frac{v_{H_2O}}{2} = \frac{v_{O_2}}{1}$$

$$v_m = \frac{0{,}02 \text{ mol/L} \cdot \text{min}}{2} = \frac{0{,}02 \text{ mol/L} \cdot \text{min}}{2} = \frac{0{,}01 \text{ mol/L} \cdot \text{min}}{1}$$

$$v_m = 0{,}01 \text{ mol/L} \cdot \text{min}$$

Se dividimos a concentração por um tempo determinado estamos calculando a velocidade instantânea.

A velocidade instantânea de uma reação é a inclinação da reta tangente à curva concentração-tempo no ponto desejado.

**Exemplo:** $2 N_2O_5 \longrightarrow 4 NO_2 + O_2$

Cálculo da velocidade instantânea no instante 5 h.

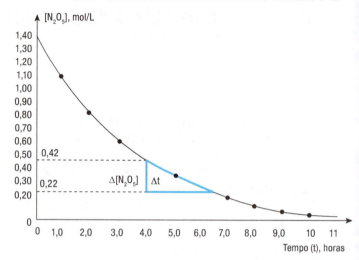

Velocidade instantânea a 5 h = −inclinação =

$$= \frac{0{,}22 - 0{,}42}{6{,}3 - 4{,}0}$$

Velocidade instantânea a 5 h = 0,087 mol/L · h

# 4. Diferença entre velocidade média e velocidade instantânea

Decomposição da água oxigenada

| Tempo (min) | [H$_2$O$_2$] |
|---|---|
| 0 | 0,8 mol/L |
| 10 | 0,5 mol/L |
| 20 | 0,3 mol/L |

Vimos que no intervalo de 0 a 10 minutos a velocidade média em relação ao H$_2$O$_2$ é constante e vale 0,03 mol/L · min.

A cada instante neste intervalo a velocidade instantânea vai variar, de tal forma que a média dessas velocidades instantâneas será 0,03 mol/L · min.

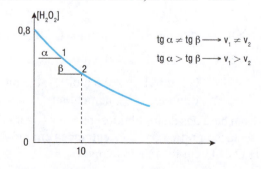

## 5. Inclinação de curva do gráfico concentração *versus* tempo

Quanto maior a inclinação em um trecho, maior a **velocidade média** naquele trecho.

Considere o exemplo A + B ⟶ C + D

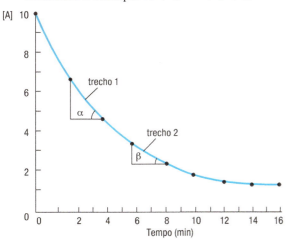

Logo α > β, trecho 1 > trecho 2.

Quanto maior a inclinação em um ponto, maior a velocidade instantânea naquele ponto.

Considere o exemplo A + B ⟶ C + D

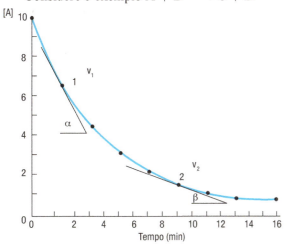

α > β, $v_1 > v_2$

## 6. Por que as reações químicas ocorrem?

Para que uma reação química ocorra, é necessário que os reagentes sejam colocados em contato (misturados) e tenham uma afinidade química.

**Exemplos:**

HCl + NaOH ⟶ NaCl + H$_2$O reação ocorre
contato e afinidade química

Au + O$_2$ não ocorre reação química
contato e não há afinidade química

## 7. Teoria das colisões

A formação de um produto em uma reação química é devida às colisões entre as moléculas dos reagentes.

**Exemplo:**

$$H_2(g) + I_2(g) \longrightarrow 2\ HI(g) \quad \Delta H = -6\ kcal$$
colisão

Para que ocorra uma colisão efetiva que garanta formação dos produtos, três condições são necessárias:

1. Colisão entre as moléculas.
2. Para cada reação, existe um mínimo necessário de energia, sem o qual a reação não acontece.
3. As moléculas que colidem entre si devem estar apropriadamente orientadas.

## 8. Teoria do complexo ativado

No instante em que os reagentes se tocam forma uma partícula instável e intermediária chamada de complexo ativado.

```
H     I              H ----- I
|     |  + energia   |       |
|     |    ⟶         |       |  ⟶
H     I              H ----- I
reagentes            complexo
  E_R                ativado
                      E_CA


        H ——— I
  ⟶        +         + calor
        H ——— I
        produto
          E_P
```

**Energia potencial:** energia armazenada em uma substância.

A energia potencial do complexo ativado ($E_{CA}$) é sempre maior que a energia potencial dos reagentes ($E_R$) e a dos produtos ($E_P$), pois os reagentes recebem uma energia adicional.

$$E_{CA} > E_R,\ E_{CA} > E_P$$

**Caminho da reação:**

reagentes ⟶ complexo ativado ⟶ produtos
   absorve energia        libera energia

Cap. 17 | Cinética Química

## 9. Energia de ativação ($E_a$)

É a energia fornecida (luz, calor, eletricidade, atrito etc.) aos reagentes para formar o complexo ativado, isto é, iniciar a reação.

Cada reação tem um valor fixo de $E_a$, portanto, não depende da concentração e nem da temperatura.

## 10. Gráfico de energia de ativação

a) Reação exotérmica: $\Delta H < 0$

$E_{CA} > E_R$, $E_{CA} > E_P$, $E_R > E_P$

$$E_a = E_{CA} - E_R \qquad \Delta H = E_P - E_R$$

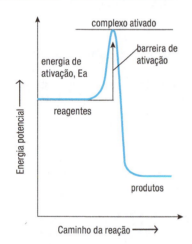

b) Reação endotérmica: $\Delta H > 0$

$E_{CA} > E_R$, $E_{CA} > E_P$, $E_P > E_R$

$$E_a = E_{CA} - E_R \qquad \Delta H = E_P - E_R$$

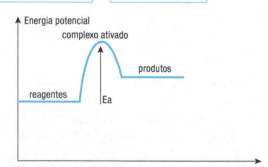

Quanto menor a $E_a$ ⟶ maior a velocidade de reação.

**Conclusão:** a velocidade de uma reação química depende:

I. do número de colisões intermoleculares;
II. da energia cinética das moléculas que colidem entre si;
III. da orientação das moléculas na colisão, isto é, da geometria da colisão.

$$H_2 \text{---} I_2 \quad \begin{array}{c}\text{colisão frontal}\\ \text{choque forte}\end{array} = \text{complexo ativado}$$

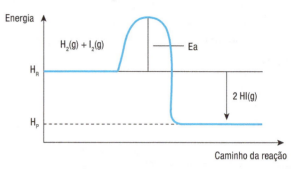

**Observação:** se modificarmos o número de colisões ou a energia cinética estaremos alterando a velocidade da reação.

## 11. Fatores que alteram a velocidade da reação

### 11.1 Temperatura

Aumento da temperatura ⟹ Aumento da energia cinética
$$E_C = KT$$

⟹ Colisões intermoleculares mais energéticas ⟹ Aumento da rapidez

### 11.1.1 Aprofundamento

À temperatura constante, as moléculas deveriam ter a mesma energia cinética, que é denominada de energia cinética média, pois a maior parte das moléculas tem essa energia. Devido às colisões intermoleculares, algumas moléculas terão energia cinética menor que a energia cinética média e outras moléculas terão energia cinética maior.

Considere o exemplo abaixo:

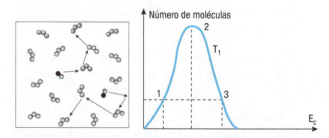

- 1: pequeno número de moléculas com baixa $E_C$.
- 2: maioria das moléculas com $E_C$ média.
- 3: pequeno número de moléculas com alta $E_C$.

Passando para temperatura $T_2$, onde $T_2 > T_1$, a energia cinética média aumenta, ocorrendo uma maior distribuição de energia cinética.

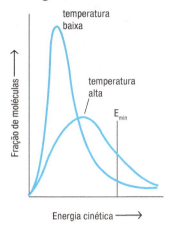

## 11.2 Superfície de contato

Quando em uma reação química temos um reagente sólido reagindo com um líquido ou gás, as colisões ocorrem na superfície do sólido, portanto, quanto maior a superfície do sólido, maior a rapidez da reação.

1. $Fe(s) + 2\ HCl(aq) \longrightarrow FeCl_2(aq) + H_2(g)$  $v_1$
   limalha de ferro (ferro triturado): 10 g

2. $Fe(s) + 2\ HCl(aq) \longrightarrow FeCl_2(aq) + H_2(g)$  $v_2$
   prego de ferro: 10 g

$$v_1 > v_2$$

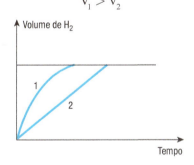

## 11.3 Catalisador

Nem sempre o uso do aumento da temperatura é aconselhável para aumentar a velocidade de uma reação, devido a uma série de fatores que podem prejudicar o processo, tais como decomposição das substâncias, custo etc.

Um meio encontrado na indústria é a utilização de catalisadores. **Catalisadores** são substâncias que aumentam a velocidade das reações sem serem consumidos.

**Exemplo:**

$N_2(g) + 3\ H_2(g) \longrightarrow 2\ NH_3(g)$   $v_1$

$$v_2 > v_1$$

$N_2(g) + 3\ H_2(g) \xrightarrow{Fe} 2\ NH_3(g)$   $v_2$ catálise
Fe: catalisador.

Motivo: diminui a energia de ativação.

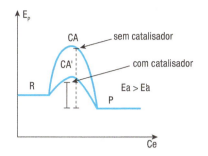

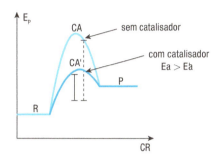

### 11.3.1 Catálise homogênea: reagente e catalisador formam um sistema homogêneo (1 fase)

$$2\ H_2O_2 \xrightarrow{I^-} 2\ H_2O + O_2$$

Mecanismo da Catálise Homogênea

$A + B \xrightarrow{C} AB$   C: catalisador

1ª etapa: $A + C \longrightarrow AC$

2ª etapa: $AC + B \longrightarrow AB + C$

AC: composto intermediário

O catalisador (C) participou da 1ª etapa, mas foi regenerado na 2ª etapa. Ofereceu à reação a possibilidade de se realizar em novas etapas. Etapas mais rápidas que não ocorreriam sem o catalisador.

**Observação:** mecanismo é uma forma teórica que os cientistas usam para explicar o comportamento das reações químicas.

**Exemplo:**

$$2\ H_2O_2(aq) \xrightarrow{I^-\ (aq)} 2\ H_2O + O_2 \qquad I^-: \text{catalisador}$$

Mecanismo proposto:

1ª etapa: $H_2O_2 + I^- \longrightarrow H_2O + IO^-$

2ª etapa: $H_2O_2 + IO^- \longrightarrow H_2O + O_2 + I^-$

## 11.3.2 Catálise heterogênea: reagente e catalisador formam um sistema heterogêneo

$$C_2H_4(g) + H_2(g) \xrightarrow{Ni(s)} C_2H_6(g)$$

Mecanismo da Catálise Heterogênea

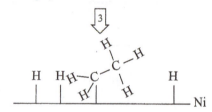
——————————————— Ni catalisador

Os reagentes são adsorvidos na superfície do Ni e as suas ligações são enfraquecidas.

⬇ 1

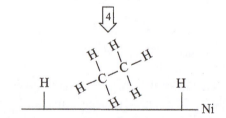

As ligações são quebradas.

⬇ 2

H  H H\C—C/H  H—H
      / \
     H   H
———————————————————— Ni

Novas ligações são formadas.

⬇ 3

(estrutura de CH₃—CH com H adicionais)
———————————————————— Ni

Formação do produto.

⬇ 4

(estrutura final H—C—C—H com H's)
———————————————————— Ni

Exemplo da catálise heterogênea.

Conversor catalítico de automóvel, mostrando o escoamento dos gases.

## 11.4 Efeito da concentração dos reagentes

aumento da concentração dos reagentes ⟹ aumento do número de colisões ⟹ aumento da velocidade

**Exemplo:** destruição da camada de ozônio.

$$NO(g) + O_3(g) \longrightarrow NO_2(g) + O_2(g)$$

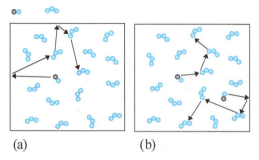

(a)  (b)

frasco a: 1 molécula de NO   frasco b: 2 moléculas de NO
16 moléculas de $O_3$        16 moléculas de $O_3$

Observa-se que no frasco b o número de colisões aumenta.

## 12. Equação da velocidade

A possibilidade de choques será maior entre as partículas se a concentração dos reagentes for alta. Será que a influência da concentração de todos os reagentes é a mesma na velocidade da reação? Será que dobrando a concentração dos reagentes, a velocidade da reação dobra?

Para verificar a influência da concentração dos reagentes na velocidade da reação, é preciso realizar experimentos.

> A equação da velocidade é uma relação matemática entre a velocidade e a concentração dos reagentes.

Portanto, sempre a equação de velocidade deve ser obtida através de dados experimentais.

**1º exemplo:**

Decomposição do dióxido de nitrogênio ($NO_2$)

$$2\,NO_2(g) \longrightarrow 2\,NO(g) + O_2(g)$$

| | $[NO_2]$ | Velocidade de formação (mol · $L^{-1}$ · $s^{-1}$) |
|---|---|---|
| 1ª experiência | 0,010 | $7 \cdot 10^{-5}$ |
| 2ª experiência | 0,020 | $28 \cdot 10^{-5}$ |
| 3ª experiência | 0,030 | $63 \cdot 10^{-5}$ |

Observando os dados obtidos,

- entre a 1ª experiência e a 2ª experiência, a [NO$_2$] dobrou e a velocidade quadruplicou;
- entre: a 1ª e a 3ª experiência, a [NO$_2$] triplicou e a velocidade aumentou 9 vezes.

Nesse experimento, observamos uma relação diretamente proporcional ao quadrado de concentração do **reagente e a velocidade da reação**.

1ª experiência: $\dfrac{v}{[NO_2]^2} = \dfrac{7 \cdot 10^{-5}}{(0,01)^2} = 0,7$

2ª experiência: $\dfrac{v}{[NO_2]^2} = \dfrac{28 \cdot 10^{-5}}{(0,02)^2} = 0,7$

3ª experiência: $\dfrac{v}{[NO_2]^2} = \dfrac{63 \cdot 10^{-5}}{(0,03)^2} = 0,7$

Portanto:

$\dfrac{v}{[NO_2]^2} = k$  ou  $v = k[NO_2]^2$

A expressão acima representa a **equação da velocidade** da reação, e a constante **k** é chamada **constante de velocidade**.

**Ordem de uma reação** é a soma dos expoentes que aparecem na fórmula da velocidade.

Nesse exemplo, a ordem da reação é 2 ou a reação é de 2ª ordem.

A reação é bimolecular (molecularidade = 2), pois ocorreu devido à colisão entre duas moléculas.

**2º exemplo:**

$$2\,NO(g) + Cl_2(g) \longrightarrow 2\,NOCl(g)$$

|  | [NO$_2$] | [Cl$_2$] | Velocidade de formação (mol · L$^{-1}$ · s$^{-1}$) |
|---|---|---|---|
| 1ª experiência | 0,1 | 0,1 | 12 |
| 2ª experiência | 0,1 | 0,2 | 24 |
| 3ª experiência | 0,1 | 0,3 | 36 |
| 4ª experiência | 0,2 | 0,3 | 144 |

Observando os dados obtidos,

- entre a 1ª experiência e a 2ª experiência, a [NO] foi mantida constante, a [Cl$_2$] dobrou e a velocidade dobrou;
- entre a 3ª e a 4ª experiência, a [NO] dobrou, a [Cl$_2$] foi mantida constante e a velocidade quadruplicou.

Nesse experimento, observamos que:

1ª: a velocidade da reação é proporcional à concentração do reagente Cl$_2$;

2ª: a velocidade da reação é proporcional ao quadrado da variação da concentração do reagente NO.

Portanto, $v = k \cdot [NO]^2 \cdot [Cl_2]^1$

Ordem da reação = 2 + 1 = 3

Há coincidência entre o coeficiente estequiométrico e a ordem da reação. Sendo assim, a reação ocorre numa única etapa e é chamada de **reação elementar**.

**3º exemplo:**

$$NO_2(g) + CO(g) \longrightarrow NO(g) + CO_2(g)$$

|  | [NO$_2$] | [CO] | Velocidade de formação (mol · L$^{-1}$ · s$^{-1}$) |
|---|---|---|---|
| 1ª experiência | 0,1 | 0,1 | $5 \cdot 10^{-2}$ |
| 2ª experiência | 0,1 | 0,2 | $5 \cdot 10^{-2}$ |
| 3ª experiência | 0,2 | 0,2 | $20 \cdot 10^{-2}$ |

Observando os dados obtidos,

- entre a 1ª e a 2ª experiência, a [NO$_2$] foi mantida constante, a [CO] dobrou e a velocidade não mudou;
- entre a 2ª e a 3ª experiência, a [NO$_2$] dobrou, a [CO] foi mantida constante e a velocidade aumentou 4 vezes.

Nesse experimento, observamos que:

1º: a velocidade da reação independe da [CO];

2º: a velocidade da reação é proporcional ao quadrado da variação da concentração do reagente NO$_2$.

Portanto: $v = k\,[NO_2]^2 \cdot [CO]^0$

Se a reação contém dois reagentes, CO e NO$_2$, como somente um deles influi na velocidade da reação?

Como será que a reação ocorre?

Em geral uma reação ocorre em duas ou mais etapas e não diretamente como aparece escrito na equação da reação, sendo assim considerada não elementar.

O mecanismo proposto para explicar a reação é:

1ª etapa: $NO_2(g) + NO_2(g) \longrightarrow NO_3(g) + NO(g)$

reação lenta

2ª etapa: $NO_3(g) + CO(g) \longrightarrow NO_2(g) + CO_2(g)$

reação rápida

reação global: $NO_2(g) + CO(g) \longrightarrow NO(g) + CO_2(g)$

Cada etapa do processo ocorre pelo choque direto entre as moléculas participantes.

A soma das duas etapas nos leva à equação global, dada no início.

Observe que o $NO_3(g)$ é cancelado na soma das etapas, pois é apenas, um intermediário nessa reação.

De acordo com os dados experimentais, a velocidade da reação depende apenas da concentração do $NO_2(g)$.

Podemos concluir que a etapa da qual o $NO_2$ participa é a etapa que determina a velocidade da reação e, portanto, deve ser a etapa mais lenta do mecanismo.

Desta forma, a equação da velocidade então é dada por $v = k[NO_2]^2$, **que corresponde à velocidade da etapa lenta do processo.**

O mecanismo da reação é proveniente da equação da velocidade que é determinada experimentalmente.

Quando uma reação ocorre em várias etapas, é bom lembrar que cada etapa (que é uma reação elementar) tem a sua própria energia de ativação.

Na reação, $NO_2(g) + CO(g) \longrightarrow NO(g) + CO_2(g)$, temos:

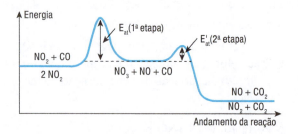

**Conclusão:** para reações não elementares, se for dado o mecanismo, a equação da velocidade é sempre tirada da etapa lenta.

Se os dados experimentais não coincidirem com a estequiometria da equação, a equação da velocidade obtida é da etapa lenta do processo.

A energia de ativação da reação é da energia de ativação da etapa mais lenta.

## Aprofundando

### Reação de 1ª ordem: meia-vida

**Exemplo:** curva da concentração contra o tempo na decomposição do $H_2O_2$.

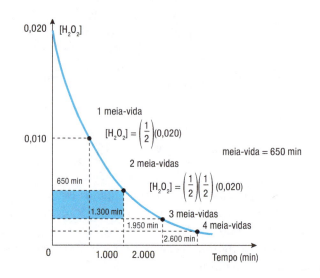

A meia-vida, $t_{1/2}$, de uma reação é o tempo necessário para que a concentração do reagente caia à metade do valor inicial.

### Equação de Arrhenius

É uma equação que explica como varia a constante de velocidade k com a temperatura e a energia de ativação.

$$k = A e^{\frac{-Ea}{RT}} \quad \text{ou} \quad k = \frac{A}{e^{\frac{Ea}{RT}}}$$

T aumenta $\Longrightarrow$ $e^{\frac{Ea}{RT}}$ diminui $\Longrightarrow$ k aumenta

Para reações diferentes com T constante.

Ea é maior $\Longrightarrow$ $e^{\frac{Ea}{RT}}$ será maior $\Longrightarrow$ k será menor

# Exercícios Série Prata

**1.** Complete com **reagente** ou **produto**.

a) 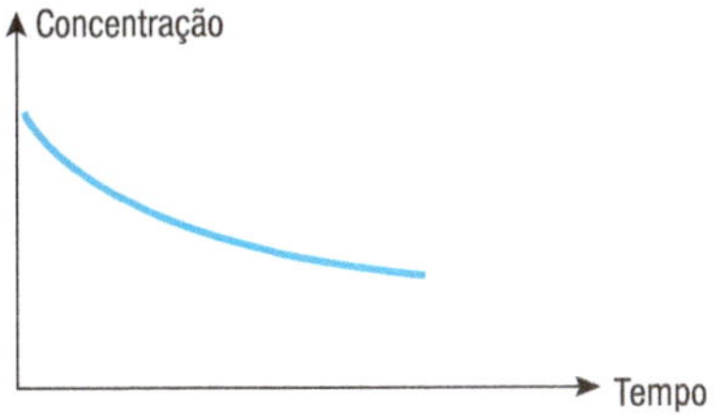 [gráfico: Concentração vs Tempo, curva decrescente]

_____

b) [gráfico: Concentração vs Tempo, curva crescente]

_____

**2.** Dada a equação química: $2\ H_2O_2 \longrightarrow 2\ H_2O + O_2$, associe as substâncias envolvidas na reação com as curvas fornecidas.

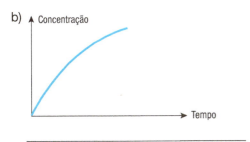

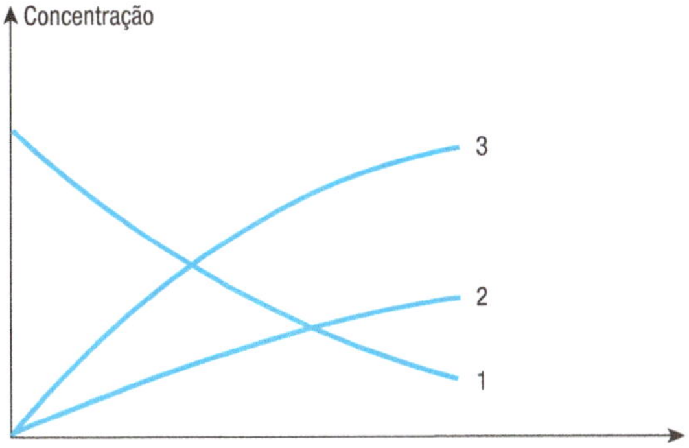

curva 1 _____ curva 2 _____

curva 3 _____

**3.** Dada a tabela abaixo em relação à reação $2\ HBr \longrightarrow H_2 + Br_2$:

| mol de HBr | 0,2 | 0,175 | 0,07 | 0,04 | 0,024 |
|---|---|---|---|---|---|
| tempo (min) | 0 | 5 | 10 | 15 | 20 |

a) Qual é a quantidade consumida de HBr após 20 minutos?

b) Qual é a quantidade produzida de $H_2$ após 20 minutos?

c) Qual é a velocidade média em relação ao HBr, no intervalo de 0 a 5 minutos?

d) Qual é a velocidade média em relação ao $Br_2$, no intervalo de 0 a 5 minutos?

e) Calcule a velocidade média em relação ao HBr, ao $H_2$, no intervalo de 10 a 15 minutos.

**4.** (UNICAMP – SP) A água oxigenada ($H_2O_2$) se decompõe, produzindo água e gás oxigênio. O gráfico a seguir mostra a diminuição da concentração do $H_2O_2$ em função do tempo.

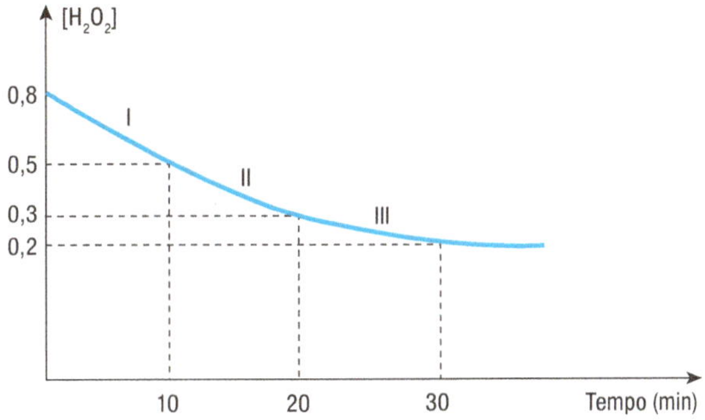

[gráfico: $[H_2O_2]$ vs Tempo (min); pontos 0,8; 0,5; 0,3; 0,2 nos tempos 0, 10, 20, 30; trechos I, II, III]

a) Qual trecho da velocidade média é maior?

b) Calcule a velocidade média em relação ao $H_2O_2$, no trecho II.

c) Calcule a velocidade média em relação ao $O_2$, no trecho II.

**5.** A chama de um aquecedor está queimando 10 L de propano a cada minuto, de acordo com a seguinte equação:

$$C_3H_8(g) + 5\ O_2 \longrightarrow 3\ CO_2(g) + 4\ H_2O(g)$$

Nas mesmas condições de pressão e temperatura, determine:

a) a velocidade de consumo de $O_2$ em L/min;

b) a velocidade de formação de $CO_2$ em L/min.

**6.** No processo de síntese da amônia

$$N_2 + 3\,H_2 \longrightarrow 2\,NH_3$$

foram obtidos os valores da tabela abaixo:

| Tempo (min) | [$H_2$] mol/L |
|---|---|
| 0 | 3,6 |
| 2 | 2,4 |

No intervalo de tempo entre 0 e 2 min, determine:

a) a velocidade média de formação de $NH_3$;
b) a velocidade média da reação.

**7.** O diagrama abaixo mostra as variações de concentração de duas substâncias **X** e **Y**, participantes de uma mesma reação em função do tempo. Observe:

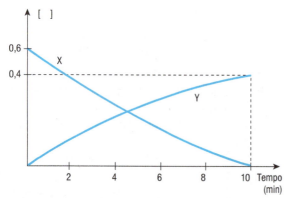

Responda:

a) Qual é o reagente? Por quê?
b) Qual é a velocidade média em relação ao reagente, no intervalo de tempo entre 0 e 10 minutos?
c) Qual a equação química corretamente balanceada?

**8.** (UFC – CE) O diagrama abaixo mostra as variações de concentração de gás carbônico, absorvido em dois processos diferentes (I e II), realizados à mesma temperatura e pressão.

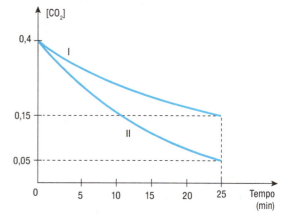

Em que processo o $CO_2$ é absorvido mais rapidamente? Por quê?

**9.** (UNISINOS – RS) A combustão completa do etanol ocorre pela equação

$$C_2H_5OH + 3\,O_2 \longrightarrow 2\,CO_2 + 3\,H_2O$$

Considerando que em 1 h de reação foram produzidos 2.640 g de $CO_2$, a velocidade média em relação ao $C_2H_5OH$, expressa em quantidade em mol por minuto, é igual a:

a) 0,5.    b) 1,0.    c) 23.    d) 46.    e) 69.

**Dado:** massa molar do $CO_2$ = 44 g/mol.

**10.** (PUC – Campinas – SP) A combustão do butano corresponde à equação:

$$C_4H_{10} + 6{,}5\,O_2 \longrightarrow 4\,CO_2 + 5\,H_2O$$

Se a velocidade da reação for 0,05 mol de butano/min, qual a massa de $CO_2$ produzida em meia hora?

**Dados:** C = 12, O = 16.

**11.** Complete.

A teoria das colisões admite que o produto é formado devido às _____ entre as moléculas dos reagentes.

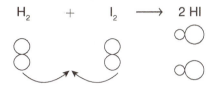

**12.** Complete.

a) De acordo com a chamada **Teoria do Complexo Ativado**, no momento em que os reagentes se tocam, há a formação de uma estrutura intermediária entre a estrutura dos reagentes e a dos produtos.

A este estado intermediário denominou-se _____ .

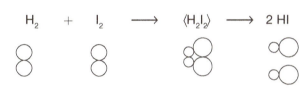

b) _____ é o estado intermediário (estado de transição) formado entre reagentes e produtos, em cuja estrutura existem ligações enfraquecidas (presentes nos reagentes) e formação de novas ligações (presentes nos produtos).

complexo ativado

**13.** Complete com **efetiva** ou **não efetiva**.

Dada a equação química: $A_2 + B_2 \longrightarrow 2\,AB$

a) 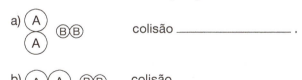 colisão _____ .

b)  colisão _____ .

c) colisão _____ .

**14.** Considere o processo de ionização de HCl em água.

$$HCl + H_2O \longrightarrow H_3O^+ + Cl^-$$

As moléculas de HCl devem colidir com as de $H_2O$. Analise de colisões:

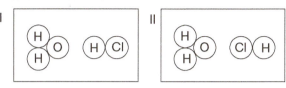

Julgue os itens:

1) Se o átomo de Cl do HCl chocar-se com o O de $H_2O$, ocorrerá a formação de íons.

2) A colisão do H do HCl com o O da água poderá originar íons, se ela for suficientemente energética.

**15.** Complete com **ΔH > 0**, **ΔH < 0**, **R**, **CA**, **P**, **endotérmica**, **exotérmica** e **Ea**.

a)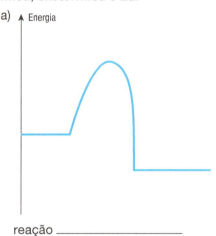

b)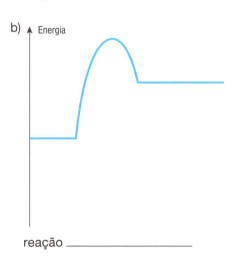

**16.** Observe o diagrama de energia a seguir:

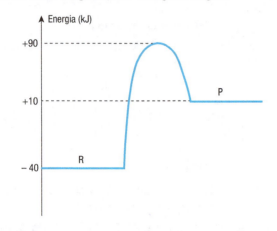

a) ΔH = _____

b) $E_{CA}$ = _____

c) Ea = _____

**17.** Observe o diagrama de energia a seguir:

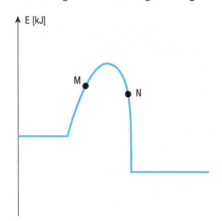

Explique:
a) ponto M;
b) ponto N.

**18.** Complete com **rápida** ou **lenta**.

a)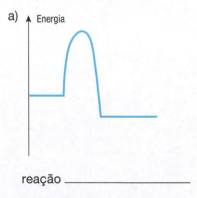

reação _____

b)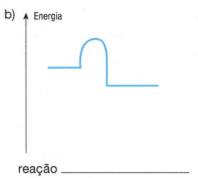

reação _____

**19.** Assinale a reação que libera mais calor.

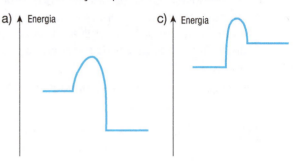

b)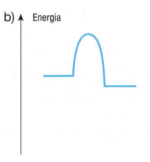

**20.** Dado o diagrama de entalpia:

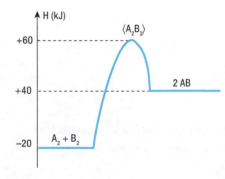

a) Determine a variação de entalpia da reação, na formação de 1 mol de AB.
b) Qual a energia de ativação da reação de acordo com o diagrama?

**21.** Considerando o processo A ⟶ B, construa um diagrama de energia.

**Dados:** ΔH = −30 kJ; energia de ativação = +50 kJ.

**22.** Dado o processo:

2 HCl(g) ⟶ ⟨$H_2Cl_2$⟩ ⟶ $H_2$(g) + $Cl_2$(g)
    complexo ativado              ΔH = +44 kcal

e sabendo que a energia de ativação vale 140 kcal, construa um diagrama de energia com esses participantes, marcando corretamente os valores de ΔH e de energia de ativação.

**23.** (UNIFESP) Para a reação 2 $O_3$(g) ⟶ 3 $O_2$(g), a energia de ativação é de aproximadamente 28 kcal. Com base nessa informação e sabendo que a entalpia de formação de $O_3$(g) vale +34 kcal/mol:
a) Determine o valor de ΔH desse processo.
b) Construa um diagrama de entalpia mostrando a energia de ativação.

**24.** A maioria das reações químicas são reversíveis, isto é, os reagentes originam os produtos (direta) e os produtos regeneram os reagentes (inversa), portanto não haverá consumo total dos reagentes. Através do diagrama de energia podemos calcular a energia de ativação da reação inversa.

$$E'a = E_{CA} - E_P$$

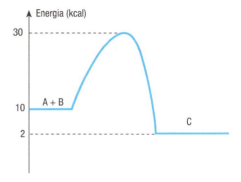

Determine a energia de ativação da reação inversa (C ⟶ A + B).

**25.** Ao ser aquecida uma reação química, há um aumento da energia cinética média dos reagentes e um deslocamento da curva de distribuição para a direita.

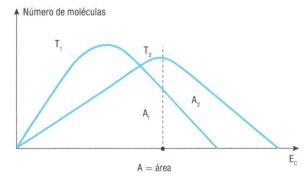

Complete com > ou <.
a) $T_1$ _____ $T_2$
b) $A_1$ _____ $A_2$

**Conclusão:** o aquecimento simplesmente aumenta o número de moléculas capazes de reagir e essa é a causa do aumento da velocidade da reação.

**26.** Um aumento de temperatura da reação geralmente provoca:

I. diminuição da agitação molecular.
II. aumento do número de colisões efetivas à reação.
III. diminuição da velocidade de reação.
IV. aumento da energia de ativação.

Está(ão) correta(s) somente a(s) afirmativa(s):

a) I.
b) II.
c) III.
d) IV.
e) I e III.

**27.** Se jogar um comprimido de Cebion na água, a reação se completará em torno de dois minutos. No entanto, se o comprimido for fragmentado (transformado em pó), a reação terminará em poucos segundos.

○= água
comprimido inteiro
I
comprimido em pó
II

Complete **lenta** e **rápida**.

Na situação II, a reação será mais _____ porque o reagente está fragmentado e isso aumenta o número de colisões efetivas.

**28.** Assinale a alternativa que indica a reação mais rápida entre o ferro e uma solução de HCl 1 mol/L.

$$Fe + 2\,HCl \longrightarrow FeCl_2 + H_2$$

a) Um prego de ferro, a 25 °C.
b) Um prego de ferro, a 40 °C.
c) Ferro em pó, a 40 °C.

**29.** (FUVEST – SP) Em presença de ar e à mesma temperatura, o que queima mais rapidamente: 1 kg de carvão em pó ou 1 kg de carvão em pedaços? Justifique sua resposta.

**30.** Observe os sistemas:

I. Tora de madeira  A) velocidade alta
II. Serragem  B) velocidade baixa
III. Pó de madeira finamente espalhado no ar  C) velocidade muito alta, explosiva

Assinale a alternativa que apresenta a melhor associação para a combustão da madeira:

a) I – A, II – B, III – C.
b) I – A, II – C, III – B.
c) I – B, II – A, III – C.
d) I – B, II – C, III – A.

**31.** Dadas as equações químicas.

1 – $CaCO_3(pedaço) + 2\,HCl \longrightarrow CaCl + CO_2 + H_2O$
   10 g            excesso

2 – $CaCO_3(pó) + 2\,HCl \longrightarrow CaCl_2 + CO_2 + H_2O$
   10 g         excesso

Associe as reações com as curvas fornecidas.

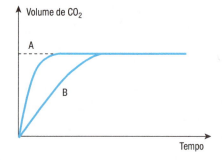

**32.** Complete com **homogêneo** e **heterogêneo**.

a) Catálise homogênea é aquela que o catalisador e os reagentes formam um sistema _____ .

$$SO_2(g) + \frac{1}{2}O_2(g) \xrightarrow{NO_2(g)} SO_2(g)$$

b) Catálise heterogênea é aquela em que o catalisador e os reagentes formam um sistema _____ .

$$H_2(g) + \frac{1}{2}O_2(g) \xrightarrow{Pt(s)} H_2O(l)$$

**33.** Complete com **com** ou **sem**.

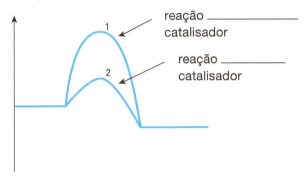

reação _____ catalisador
reação _____ catalisador

**34.** Complete com **com** ou **sem**.

Um catalisador acelera a reação, mas não aumenta seu rendimento, isto é, ele produz a mesma quantidade de produto, mas num período de tempo menor.

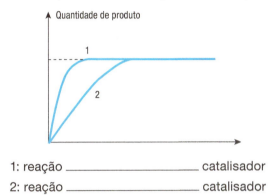

1: reação _____ catalisador
2: reação _____ catalisador

**35.** Observe o seguinte diagrama:

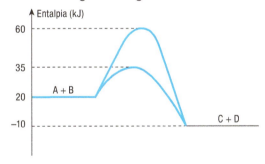

a) Determine o valor da energia de ativação dessa reação sem catalisador.
b) Determine o valor da energia de ativação dessa reação com catalisador.
c) Determine o valor do abaixamento de energia de ativação causada pelo catalisador.
d) Qual é o ΔH da reação?

**36.** Considere o gráfico abaixo, identificando cada segmento.

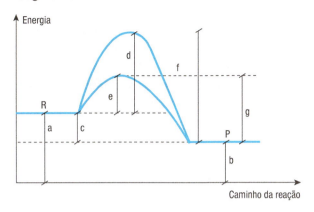

**37.** Na catálise homogênea temos duas etapas:
- o reagente e o catalisador formam facilmente um composto intermediário.
- o composto intermediário vai reagir regenerando o catalisador.

1ª etapa: $CH_3CHO + I_2 \longrightarrow CH_3I + HI + CO$
2ª etapa: $CH_3I + HI \longrightarrow I_2 + CH_4$

catalisador _____

**38.** Dada a equação química e as etapas:

$$SO_2(g) + \frac{1}{2} O_2(g) \longrightarrow SO_3(g)$$

1ª etapa: $SO_2 + NO_2 \longrightarrow SO_3 + NO$
2ª etapa: $NO + \frac{1}{2} O_2 \longrightarrow NO_2$

a) composto intermediário: _____.
b) catalisador: _____.

**39.** Complete com **lenta** e **rápida**.

Autocatálise é uma reação na qual um dos produtos da reação age como catalisador da própria reação.

$$3\ Cu + 8\ HNO_3 \xrightarrow{NO} 3\ Cu(NO_3)_2 + 4\ H_2O + 2\ NO$$

a) No início a reação é _____ .
b) Com a formação do NO a reação se torna _____ .

**40. Inibidor:** substância que diminui a velocidade da reação, isto é, ocorre um aumento da energia de ativação.

**Promotor de catalisador:** substância que tem a função de aumentar a eficiência do catalisador. O promotor, sozinho, não catalisa a reação.

**Veneno de catalisador:** substância que diminui a ação de um catalisador.

Considere a reação genérica.

A + B ⟶ C + D         v = 4 mol/L · s
A + B $\xrightarrow{X}$ C + D     v = 9 mol/L · s
A + B $\xrightarrow{Y}$ C + D     v = 2 mol/L · s
A + B $\xrightarrow{X+Z}$ C + D   v = 14 mol/L · s
A + B $\xrightarrow{X+W}$ C + D   v = 7 mol/L · s

Complete.

X _____
Y _____
Z _____
W _____

**41.** Complete com **equação química** ou **experimentalmente**.

A equação da velocidade é determinada _____ .

aA + bB ⟶ xX         aA + bB $\xrightarrow{C}$ xX
v = k $[A]^m [B]^n$      v = k $[A]^m [B]^n [C]^p$

C = catalisador

**42.** Complete.

k = constante de _____ e o seu valor aumenta com a _____ .

**43.** Dada a equação química.

$$2 H_2O_2 \longrightarrow 2 H_2O + O_2$$

Complete com **teoria** ou **experiência**.

A _____ mostra que esta reação tem a seguinte equação de velocidade:

v = k$[H_2O_2]$

Veja que a ordem é 1, embora o coeficiente estequiométrico da $H_2O_2$ seja 2.

**44.** Dada a equação química.

$$2 H_2O_2 \xrightarrow{I^-} 2 H_2O + O_2$$

Complete com **teoria** e **experiência**.

A _____ mostra que esta reação tem a seguinte equação de velocidade:

$$v = k\,[H_2O_2]\,[I^-]$$

Veja que a ordem em relação ao $H_2O_2$ é 1, embora o coeficiente da $H_2O_2$ seja 2. Embora o catalisador ($I^-$) não apareça na equação da reação, pois não é consumido na reação, pode aparecer na expressão da equação da velocidade, pois o catalisador aumenta a velocidade da reação. O aparecimento da concentração do $I^-$ na equação da velocidade faz aumentar a velocidade da reação.

**45.** Complete com **zero** ou **diferente de zero** e **depende** ou **independente**.

A decomposição da amônia sobre superfície da platina, a 856 °C, é interessante, pois é a reação de ordem _____ .

$$2 NH_3 \longrightarrow N_2 + 3 H_2$$

A velocidade da reação é _____ da concentração do $NH_3$.

v = k $[NH_3]^0$ = k

**46.** A decomposição do peróxido de hidrogênio obedece à equação.

$$2 H_2O_2 \longrightarrow 2 H_2O + O_2$$

Mantendo-se a temperatura constante, foi medida a velocidade inicial da reação com diferentes concentrações de $H_2O_2$.
Os resultados obtidos estão na tabela abaixo.

|  | $[H_2O_2]$ | Velocidade inicial (mol/L · h) |
|---|---|---|
| 1ª experiência | 0,35 | 0,1 |
| 2ª experiência | 0,70 | 0,2 |

a) Qual a equação da velocidade dessa reação?
b) Qual o valor da constante de velocidade?
c) Qual a velocidade inicial da reação para $[H_2O_2]$ = 2 mol/L, na mesma temperatura?

**47.** Dada a equação química:

$$(CH_3)_2O \longrightarrow CH_4 + H_2 + CO$$

exibe a seguinte dependência da velocidade com a concentração.

| Experimento | $[(CH_3)_2O]$ | v (mol/L · s) |
|---|---|---|
| 1 | 0,20 | $1,60 \cdot 10^9$ |
| 2 | 0,40 | $6,40 \cdot 10$ |

a) Qual a equação da velocidade da reação?
b) Qual o valor da constante de velocidade?

**48.** As velocidades iniciais foram obtidas para a reação global $2A + B \longrightarrow C + D$, conforme representado abaixo:

| Experimento | [A] | [B] | v (mol/L · s) |
|---|---|---|---|
| 1 | 0,1 | 0,2 | 0,1 |
| 2 | 0,2 | 0,2 | 0,2 |
| 3 | 0,2 | 0,4 | 0,8 |

Qual a equação da velocidade da reação?

**49.** Para a reação gasosa: $2A + 2B \longrightarrow$ produtos tem como dados experimentais:

| Experimento | [A] | [B] | v (mol/L · s) |
|---|---|---|---|
| 1 | $1 \cdot 10^{-2}$ | $1 \cdot 10^{-3}$ | $4,8 \cdot 10^{-5}$ |
| 2 | $3 \cdot 10^{-2}$ | $1 \cdot 10^{-3}$ | $43,8 \cdot 10^{-5}$ |
| 3 | $3 \cdot 10^{-2}$ | $2 \cdot 10^{-3}$ | $86,4 \cdot 10^{-5}$ |

Qual a equação da velocidade da reação?

**50.** (UFES – modificada) Dada a equação química:

$$2A + B + 3C \longrightarrow \text{produtos}$$

foi obtida experimentalmente a seguinte tabela:

| Experiência | [A] mol/L | [B] mol/L | [C] mol/L | v (mol · L$^{-1}$ · s$^{-1}$) |
|---|---|---|---|---|
| I | 0,1 | 0,2 | 0,3 | 0,1 |
| II | 0,1 | 0,4 | 0,3 | 0,4 |
| III | 0,1 | 0,4 | 0,6 | 0,4 |
| IV | 0,2 | 0,4 | 0,6 | 3,2 |

Com base nessas informações, determine a lei de velocidade de reação.

**51.** Considere as reações elementares e complete:

a) $2 HCl(g) \longrightarrow H_2(g) + Cl_2(g)$  v = k _____

b) $H_2(g) + I_2(g) \longrightarrow 2 HI(g)$  v = k _____

**52.** Escreva a equação da velocidade usando as pressões parciais dos reagentes gasosos.

$H_2(g) + I_2(g) \longrightarrow 2 HI(g)$ _____

**53.** Quando temos um reagente sólido, a sua quantidade diminui, mas a sua concentração em mol/L é constante, pois **n** e **V** diminuem na mesma proporção, portanto, o reagente sólido não participa da equação da velocidade.

Complete.

$Zn(s) + 2 HCl(aq) \longrightarrow ZnCl_2(aq) + H_2(g)$

v = k _____

**54.** Com a equação da velocidade $v = k\,[NO_2]^2$ podemos montar um mecanismo para a reação não elementar.

$$CO + NO_2 \longrightarrow CO_2 + NO$$

Complete com **rápida** e **lenta**.

1ª etapa _____: $NO_2 + NO_2 \longrightarrow NO_3 + NO$
2ª etapa _____: $NO_3 + CO \longrightarrow NO_2 + CO_2$
_____
reação não elementar $CO + NO_2 \longrightarrow CO_2 + NO$

Composto intermediário _____

**55.** Uma das reações mais importantes do *smog* fotoquímico, tipo de poluição que ocorre em cidades com muitos carros, é dada pelo mecanismo:

$NO_2 \longrightarrow NO + O$ (etapa lenta)
$O_2 + O \longrightarrow O_3$ (etapa rápida)

Escreva a lei da velocidade dessa reação.

**56.** A reação global $2\,NO + 2\,H_2 \longrightarrow N_2 + 2\,H_2O$ apresenta o seguinte mecanismo:

$2\,NO + H_2 \longrightarrow N_2O + H_2O$ (etapa lenta)
$N_2O + H_2 \longrightarrow N_2 + H_2O$ (etapa rápida)

a) Qual a lei de velocidade da reação?
b) Como varia a velocidade se dobrar apenas a concentração de NO?

**57.** Dada a reação elementar $2\,H_2 + O_2 \longrightarrow 2\,H_2O$, como varia a velocidade se dobramos a concentração de $H_2$ e triplicamos a concentração de $O_2$?

**58.** Dado o diagrama de energia:

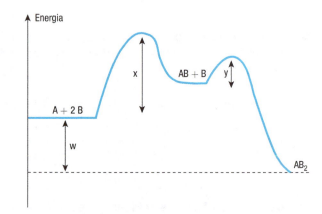

a) Escreva as etapas desse processo.
b) Indique o segmento que representa a energia de ativação da reação.
c) Escreva a equação da velocidade da reação.

# Exercícios Série Ouro

**1.** (UNESP) Para a reação genérica:

$$A + 2B \longrightarrow 4C$$

com as concentrações de **A** e **B** iguais a 1,7 mol/L e 3,0 mol/L, respectivamente, obtiveram-se em laboratório os dados mostrados na tabela.

| [C] (mol/L) | 0,0 | 0,6 | 0,9 | 1,0 | 1,1 |
|---|---|---|---|---|---|
| Tempo (h) | 0,0 | 1,0 | 2,0 | 3,0 | 4,0 |

Com base na tabela, a velocidade média de consumo do reagente **A** no intervalo de 2,0 h a 4,0 h, expresso em mol/L$^{-1}$h$^{-1}$, será igual a:

a) 0,250.
b) 0,150.
c) 0,075.
d) 0,050.
e) 0,025.

**2.** (UNIFESP) Tetróxido de dinitrogênio se decompõe rapidamente em dióxido de nitrogênio, em condições ambientais.

$$N_2O_4(g) \longrightarrow 2\,NO_2(g)$$

A tabela mostra parte dos dados obtidos no estudo cinético da decomposição do tetróxido de dinitrogênio, em condições ambientais.

| Tempo (µs) | [N$_2$O$_4$] | [NO$_2$] |
|---|---|---|
| 0 | 0,050 | 0 |
| 20 | 0,033 | x |
| 40 | y | 0,050 |

Os valores de **x** e de **y** na tabela e a velocidade média de consumo de N$_2$O$_4$ nos 20 µs iniciais devem ser, respectivamente,

a) 0,034, 0,025 e 1,7 × 10$^{-3}$ mol L$^{-1}$ µs$^{-1}$.
b) 0,034, 0,025 e 8,5 × 10$^{-4}$ mol L$^{-1}$ µs$^{-1}$.
c) 0,033, 0,012 e 1,7 × 10$^{-3}$ mol L$^{-1}$ µs$^{-1}$.
d) 0,017, 0,033 e 1,7 × 10$^{-3}$ mol L$^{-1}$ µs$^{-1}$.
e) 0,017, 0,025 e 8,5 × 10$^{-4}$ mol L$^{-1}$ µs$^{-1}$.

**3.** (UNESP) Em um laboratório de química, dois estudantes realizam um experimento com o objetivo de determinar a velocidade da reação apresentada a seguir.

$$MgCO_3(s) + 2\,HCl(aq) \longrightarrow$$
$$\longrightarrow MgCl_2(aq) + H_2O(l) + CO_2(g)$$

Sabendo que a reação ocorre em um sistema aberto, o parâmetro do meio reacional que deverá ser considerado para a determinação da velocidade dessa reação é

a) a diminuição da concentração de íons Mg$^{2+}$.
b) o teor de umidade no interior do sistema.
c) a diminuição da massa total do sistema.
d) a variação da concentração de íons Cl$^-$.
e) a elevação da pressão do sistema.

**4.** (UNESP) A queima de um combustível como a gasolina, ou seja, sua reação com o oxigênio, é bastante exotérmica e, do ponto de vista termodinâmico, é espontânea. Entretanto, essa reação inicia-se somente com a ocorrência de um estímulo externo, como, por exemplo, uma faísca elétrica. Dizemos que o papel deste estímulo é:

a) fornecer a energia da ativação necessária para a reação ocorrer.
b) deslocar o equilíbrio no sentido de formação de produtos.
c) aumentar a velocidade da reação direta e diminuir a velocidade da reação inversa.
d) favorecer a reação no sentido da formação de reagentes.
e) remover o nitrogênio do ar, liberando o oxigênio para reagir.

**5.** (UNESP) A oxidação da glicose no nosso organismo, levando a dióxido de carbono e água, é um processo bioquímico. O perfil energético dessa reação pode ser representado esquematicamente pelo gráfico:

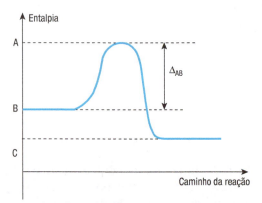

a) O que se pode afirmar sobre a entalpia desta reação? Qual o significado de $\Delta_{AB}$?

b) Compare a oxidação da glicose em nosso organismo, até $CO_2$ e $H_2O$, com a sua combustão completa, feita num frasco de laboratório. Pode-se afirmar que este último processo envolve maior quantidade de energia? Justifique sua resposta.

**6.** (UFSCar – SP) À temperatura ambiente, a reação química entre eteno e hidrogênio, ambos gasosos, é exotérmica. A reação é muito lenta, mas pode ser acelerada quando se adiciona um metal em pó, como níquel, paládio ou platina.

a) Explique por que a reação é acelerada pela adição do metal.

b) Esquematize um diagrama de energias, indicando as entalpias de reagentes e produto, relacionando-as com o calor de reação. Localize no diagrama a energia de ativação antes e depois da adição do metal.

**7.** (FVG) A energia envolvida nos processos industriais é um dos fatores determinantes da produção de um produto. O estudo da velocidade e da energia envolvida nas reações é de fundamental importância para a otimização das condições de processos químicos, pois alternativas como a alta pressurização de reagentes gasosos, a elevação de temperatura, ou ainda o uso de catalisadores podem tornar economicamente viável determinados processos, colocando produtos competitivos no mercado. O estudo da reação reversível:

$$A + B \rightleftarrows C + D$$

revelou que ela ocorre em uma única etapa. A variação de entalpia da reação direta é de $-25$ kJ. A energia de ativação da reação inversa é $+80$ kJ. Então, a energia de ativação da reação direta é igual a:

a) $-80$ kJ.
b) $-55$ kJ.
c) $+55$ kJ.
d) $+80$ kJ.
e) $+105$ kJ.

**8.** (UNIFESP) Na tabela, são fornecidas as energias de ativação e as variações de entalpia, a 25 °C, de três reações do tipo A $\longrightarrow$ B.

| Reação | Ea (kJ/mol) | ΔH (kJ/mol) |
|---|---|---|
| I | 85 | −20 |
| II | 50 | −30 |
| III | 25 | +20 |

Para a reação que apresenta maior velocidade de conversão de **A** em **B**, a diferença entre a energia do complexo ativado e a entalpia do produto deve valer:

a) 5 kJ.
b) 45 kJ.
c) 65 kJ.
d) 80 kJ.
e) 105 kJ.

**9.** (FGV) Para a reação A + B ⟶ C, os valores de entalpia são apresentados no gráfico a seguir, em duas situações: na presença e na ausência de catalisador.

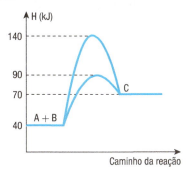

Considere as seguintes afirmações:

I. A reação A + B ⟶ C é endotérmica.
II. A velocidade da reação é aumentada na presença de catalisador devido a um aumento da energia de ativação.
III. A energia de ativação da reação na ausência do catalisador é 50 kJ.

Está correto o contido em:

a) I, II e III.
b) II e III, apenas.
c) I e II, apenas.
d) II, apenas.
e) I, apenas.

**10.** (UNIFESP) Para investigar a cinética da reação representada pela equação

$$NaHCO_3(s) + H^+X^-(s) \xrightarrow{H_2O} Na^+(aq) + X^-(aq) + CO_2(g) + H_2O(l)$$

$H^+X^-$ = ácido orgânico sólido

foram realizados três experimentos, empregando comprimidos de antiácido efervescente, que contêm os dois reagentes no estado sólido. As reações foram iniciadas pela adição de iguais quantidades de água aos comprimidos, e suas velocidades foram estimadas observando-se o desprendimento de gás em cada experimento. O quadro a seguir resume as condições em que cada experimento foi realizado.

| Experimento | Forma de adição de cada comprimido (2 g) | Temperatura da água (°C) |
|---|---|---|
| I | inteiro | 40 |
| II | inteiro | 20 |
| III | moído | 40 |

Assinale a alternativa que apresenta os experimentos em ordem crescente de velocidade de reação.

a) I, II, III
b) II, I, III
c) III, I, II
d) II, III, I I
e) III, I, II

**11.** (UNESP) O esquema apresentado descreve os diagramas energéticos para uma mesma reação química, realizada na ausência e na presença de um agente catalisador.

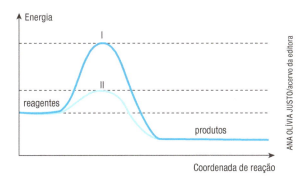

Com base no esquema, responda qual a curva que representa a reação na presença de catalisador. Explique sua resposta e faça uma previsão sobre a variação da entalpia dessa reação na ausência e na presença do catalisador.

**12.** (UFSCar – SP) Um dos produtos envolvidos no fenômeno da precipitação ácida, gerado pela queima de combustíveis fósseis, envolve o $SO_2$ gasoso. Ele reage com o $O_2$ do ar, numa reação no estado gasoso catalisada por monóxido de nitrogênio, NO. No processo, é gerado $SO_3$, segundo a reação global representada pela equação química balanceada.

$$2\ SO_2 + O_2 \xrightarrow{NO(g)} 2\ SO_3$$

No gráfico a seguir estão representadas as variações das concentrações dos componentes da reação em função do tempo de reação, quando ela é estudada em condições de laboratório, em recipiente fechado contendo inicialmente uma mistura de $SO_2$, $O_2$ e NO gasosos.

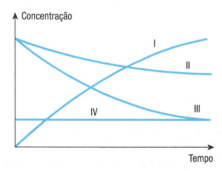

As curvas que representam as concentrações de $SO_2$, $SO_3$, $O_2$ e NO são, respectivamente:

a) I, II, III, IV.
b) II, I, III, IV.
c) III, I, II, IV.
d) III, II, I, IV.
e) IV, III, II, I.

| Método | Estado do comprimido | Temperatura da água | Tempo de reação |
|---|---|---|---|
| 1 | inteiro | 10 °C | 50 s |
| 2 | triturado | 60 °C | 15 s |
| 3 | inteiro | 60 °C | 25 s |
| 4 | triturado | 10 °C | 30 s |

De acordo com os resultados obtidos e mostrados na tabela acima, o aluno fez as seguintes afirmações:

I. Ao comparar somente os métodos 1 e 2 fica impossível determinar qual dos dois fatores variados (estado do comprimido e temperatura da água), aumentou mais a velocidade da reação.

II. A mudança da condição da água, de fria para quente, faz com que, qualquer que seja o estado do comprimido, a velocidade da reação caia pela metade.

III. A influência da temperatura da água é maior do que a influência do estado do comprimido, no aumento da velocidade da reação.

Das afirmações acima, é correto dizer que o aluno errou

a) apenas na afirmação I.
b) apenas na afirmação II.
c) apenas na afirmação III.
d) apenas nas afirmações II e III.
e) em todas as afirmações.

**13.** (MACKENZIE – SP) Um aluno, querendo verificar os conceitos de cinética-química discutidos na escola, dirigiu-se a uma drogaria e comprou alguns comprimidos efervescentes, os quais continham, de acordo com o rótulo do produto, massas iguais de bicarbonato de sódio. Ao chegar a sua casa realizou a mistura desses comprimidos com água usando diferentes métodos. Após a observação do fenômeno de liberação gasosa, até que toda a massa de cada comprimido tivesse sido dissolvida em água, o aluno elaborou a seguinte tabela:

**14.** (UERJ) O gráfico a seguir refere-se às curvas de distribuição de energia cinética entre um mesmo número de partículas, para quatro valores diferentes de temperatura $T_1$, $T_2$, $T_3$ e $T_4$, sendo $T_1 < T_2 < T_3 < T_4$. Note que as áreas sob cada uma das curvas são idênticas, uma vez que são proporcionais aos números de partículas.

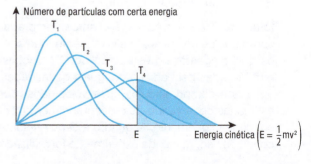

As transformações químicas serão tanto mais rápidas quanto maior for o número de colisões possíveis. Mas isso depende não só do valor do número de colisões, mas também do valor mínimo da energia. Assim, com relação ao gráfico apresentado, a transformação química torna-se mais rápida na seguinte temperatura:

a) $T_1$   b) $T_2$   c) $T_3$   d) $T_4$

**15.** (FATEC – SP) Pode-se detectar a presença de iodetos em águas-mães de salinas, por meio da reação representada pela equação.

$$H_2O_2(aq) + 2\,H^+(aq) + 2\,I^-(aq) \longrightarrow 2\,H_2O(l) + I_2(aq)$$

Os seguintes gráficos, mostrando a velocidade da reação em função da concentração dos reagentes, foram construídos com os dados coletados em vários experimentos.

– variando a concentração de $H_2O_2$ e mantendo constantes as de $H^+$ e $I^-$.
– variando a concentração de $H^+$ e mantendo constantes as de $H_2O_2$ e $I^-$.
– variando a concentração de $I^-$ e mantendo constantes as de $H_2O_2$ e $H^+$.

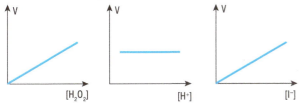

Com base na análise dos gráficos, afirma-se que a velocidade da reação:

I. depende apenas da concentração de $H^+$.
II. é diretamente proporcional à concentração de $H_2O_2$.
III. independe da concentração de $H^+$.
IV. é inversamente proporcional à concentração de $I^-$.

É correto o que se afirma apenas em:

a) I.
b) III.
c) IV.
d) II e III.
e) II, III e IV.

**16.** (PUC) Considere a reação:

$$NO_2(g) + CO(g) \longrightarrow NO(g) + CO_2(g)$$
$$\Delta H = -226 \text{ kJ/mol}$$

Ao realizar essa reação a 700 °C e com pressões parciais de $NO_2$ (p$NO_2$) e CO (pCO) iguais a 1 atm, determinou-se uma taxa de formação para o $CO_2$(v) igual a x.

Sabendo-se que a lei de velocidade para essa reação é $v = k[NO_2]^2$, foram feitas as seguintes previsões sobre a taxa de formação de $CO_2$(v).

| Experimento | pNO$_2$ (atm) | pCO (atm) | t (°C) | v |
|---|---|---|---|---|
| I | 2 | 1 | 700 | 2x |
| II | 1 | 2 | 700 | x |
| III | 1 | 1 | 900 | > x |

Estão corretas as previsões feitas para

a) I, apenas.
b) I e II, apenas.
c) II e III, apenas.
d) I e III, apenas.
e) I, II e III.

**17.** (UFSCar – SP) A decomposição do pentóxido de dinitrogênio é representada pela equação

$$2\,N_2O_5(g) \longrightarrow 4\,NO_2(g) + O_2(g)$$

Foram realizados três experimentos, apresentados na tabela.

| Experimento | [$N_2O_5$] | Velocidade |
|---|---|---|
| I | x | 4z |
| II | x/2 | 2z |
| III | x/4 | z |

A expressão da velocidade da reação é

a) $v = k[N_2O_5]^0$
b) $v = k[N_2O_5]^{1/4}$
c) $v = k[N_2O_5]^{1/2}$
d) $v = k[N_2O_5]^1$
e) $v = k[N_2O_5]^2$

**18.** (PUC) A reação

$$2\,NO(g) + 2\,H_2(g) \longrightarrow N_2(g) + 2\,H_2O(g)$$

foi estudada a 904 °C. Os dados da tabela seguinte referem-se a essa reação.

| [NO] (mol/L) | [H$_2$] (mol/L) | Velocidade (mol/L · s) |
|---|---|---|
| 0,420 | 0,122 | 0,140 |
| 0,210 | 0,122 | 0,035 |
| 0,105 | 0,122 | 0,0087 |
| 0,210 | 0,244 | 0,070 |
| 0,210 | 0,366 | 0,105 |

A respeito dessa reação é correto afirmar que sua expressão da velocidade é

a) $v = k[NO][H_2]$
b) $v = k[NO]^2[H_2]$
c) $v = k[H_2]$
d) $v = k[NO]^4[H_2]^2$
e) $v = k[NO]^2[H_2]^2$

**19.** (UNESP) Considere o seguinte mecanismo proposto em duas etapas:

**Etapa 1:** $ICl + H_2 \longrightarrow HI + HCl$

**Etapa 2:** $HI + ICl \longrightarrow HO + I_2$

a) Escreva a reação química global.
b) Identifique os intermediários da reação.

**20.** (FGV) Para otimizar as condições de um processo industrial que depende de uma reação de soluções aquosas de três diferentes reagentes para a formação de um produto, um engenheiro químico realizou um experimento que consistiu em uma série de reações nas mesmas condições de temperatura e agitação. Os resultados são apresentados na tabela:

| Experimento | Reagente A mol · L$^{-1}$ | Reagente B mol · L$^{-1}$ | Reagente C mol · L$^{-1}$ | Velocidade da reação mol · L$^{-1}$ · s$^{-1}$ |
|---|---|---|---|---|
| I | x | y | z | v |
| II | 2x | y | z | 2v |
| III | x | 2y | z | 4v |
| IV | x | y | 2z | v |

Após a realização dos experimentos, o engenheiro pode concluir corretamente que a ordem global da reação estudada é igual a

a) 1.  b) 2.  c) 3.  d) 4.  e) 5.

**21.** (UNIFESP) Estudos cinéticos da reação entre os gases NO$_2$ e CO na formação dos gases NO e CO$_2$ revelaram que o processo ocorre em duas etapas:

I. $NO_2(g) + NO_2(g) \longrightarrow NO(g) + NO_3(g)$
II. $NO_3(g) + CO(g) \longrightarrow NO_2(g) + CO_2(g)$

O diagrama de energia da reação está esquematizado a seguir:

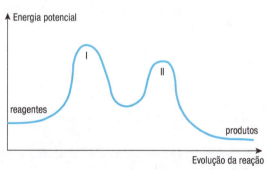

a) Apresente a equação global da reação e a equação da velocidade da reação que ocorre experimentalmente.
b) Verifique e justifique se cada afirmação a seguir é verdadeira:
  I. a reação em estudo absorve calor;
  II. a adição de um catalisador, quando o equilíbrio é atingido, aumenta a quantidade de gás carbônico.

**22.** (UNESP) Há décadas são conhecidos os efeitos dos CFCs, ou freons, na destruição da camada de ozônio da atmosfera terrestre. Acredita-se que a diminuição da quantidade de $O_3$ na atmosfera seja responsável pelo aumento na incidência de câncer de pele, pois a radiação ultravioleta não mais é bloqueada com a mesma eficiência. A ação destes gases, como o $CF_2Cl_2$, inicia-se com a produção de átomos de cloro livres (Cl ·), pela interação das moléculas do gás com a radiação solar, seguindo-se as reações:

**1ª etapa:** $O_3 + Cl \cdot \longrightarrow O_2 + ClO \cdot$

**2ª etapa:** $ClO \cdot + O_3 \longrightarrow 2\,O_2 + Cl \cdot$

a) Escreva a equação global para esta reação e identifique o produto formado.
b) Considere a afirmação: "O mecanismo proposto para a destruição da camada de ozônio equivale a uma reação catalisada". Justifique esta afirmação e identifique o catalisador.

**23.** (IME) O gráfico abaixo ilustra as variações de energia devido a uma reação química conduzida nas mesmas condições iniciais de temperatura, pressão, volume de reator e quantidades de reagentes em dois sistemas diferentes. Estes sistemas diferem apenas pela presença de catalisador. Com base no gráfico, é possível afirmar que:

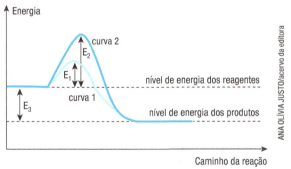

a) A curva 1 representa a reação catalisada, que ocorre com absorção de calor.
b) A curva 2 representa a reação catalisada, que ocorre com absorção de calor.
c) A curva 1 representa a reação catalisada com energia de ativação dada por $E_1 + E_3$.
d) A curva 2 representa a reação não catalisada, que ocorre com liberação de calor e a sua energia de ativação é dada por $E_2 + E_3$.
e) A curva 1 representa a reação catalisada, que ocorre com liberação de calor e a sua energia de ativação é dada por $E_1$.

**24.** No estudo da reação:

$2\,NO(g) + 2\,H_2(g) \longrightarrow N_2(g) + 2\,H_2O(g)$

foram feitos três experimentos a 25 °C.
A tabela a seguir mostra as concentrações iniciais de NO e $H_2$ (em mol/L):

| Experimentos | [NO], em mol/L | [$H_2$], em mol/L |
|---|---|---|
| I | 1 | 1 |
| II | 2 | 1 |
| III | 1 | 0,5 |

Com os resultados, foi construído o seguinte diagrama:

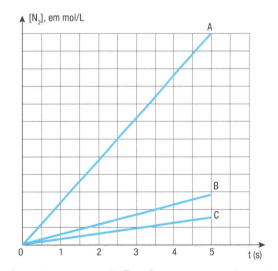

Associe as retas **A**, **B** e **C** com os experimentos.

**25.** No estudo da reação

$$S_2O_8^{2-}(aq) + 2\,I^-(aq) \longrightarrow 2\,SO_4^{2-}(aq) + I_2(aq)$$

foram realizados 4 experimentos:

| Experimento | 1 | 2 | 3 | 4 |
|---|---|---|---|---|
| T, em °C | 20 | 20 | 35 | 35 |
| Concentração inicial [I⁻], em mmol · L⁻¹ | 20 | 40 | 20 | 40 |
| Concentração inicial [$S_2O_8^{2-}$], em mmol · L⁻¹ | 10 | 20 | 10 | 20 |

Os resultados obtidos, a respeito da formação do $I_2$ em função do tempo, permitiram a construção do seguinte gráfico:

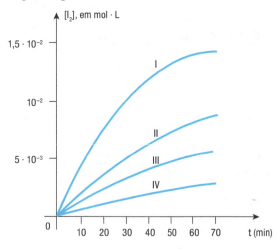

Associe cada experimento a uma das curvas obtidas.

**26.** (FUVEST – SP) Ao abastecer um automóvel com gasolina, é possível sentir o odor do combustível a certa distância da bomba. Isso significa que, no ar, existem moléculas dos componentes da gasolina, que são percebidas pelo olfato. Mesmo havendo, no ar, moléculas de combustível e de oxigênio, não há combustão nesse caso. Três explicações diferentes foram propostas para isso:

I. As moléculas dos componentes da gasolina e as do oxigênio estão em equilíbrio químico e, por isso, não reagem.

II. À temperatura ambiente, as moléculas dos componentes da gasolina e as do oxigênio não têm energia suficiente para iniciar a combustão.

III. As moléculas dos componentes da gasolina e as do oxigênio encontram-se tão separadas que não há colisão entre elas.

Dentre as explicações, está correto apenas o que se propõe em

a) I.
b) II.
c) III.
d) I e II.
e) II e III.

**27.** (ITA – SP) Velocidades iniciais ($v_i$) de decomposição de peróxido de hidrogênio foram determinadas em três experimentos (A, B e C), conduzidos na presença de I⁻(aq) sob as mesmas condições, mas com diferentes concentrações iniciais de peróxido ([$H_2O_2$]$_i$), de acordo com os dados abaixo:

| Experimento | [$H_2O_2$]$_i$ (mol · L⁻¹) | $v_i$ ($10^{-3}$ mol · L⁻¹ · s⁻¹) |
|---|---|---|
| A | 0,750 | 2,745 |
| B | 0,500 | 1,830 |
| C | 0,250 | 0,91 |

Com base nestes dados, para a reação de decomposição do peróxido de hidrogênio:

a) escreva a equação estequiométrica que representa a reação;
b) indique a ordem desta reação;
c) escreva a lei de velocidade da reação;
d) determine o valor numérico da constante de velocidade, k;
e) indique a função do I⁻(aq) da reação.

**28.** (UFG – GO) A tabela, a seguir, apresenta os dados da quantidade de reagentes e produtos, ao longo do tempo, para uma reação genérica realizada em três condições, como representado:

$$A(s) + B(l) \longrightarrow C(l) \quad (I)$$
$$A(s) + B(l) \xrightarrow{catalisador} C(l) \quad (II)$$
$$A(l) + B(l) \xrightarrow{catalisador} C(l) \quad (III)$$

| Quantidade de substância (mol) | | | Tempo (s) | | |
|---|---|---|---|---|---|
| A | B | C | Reação (I) | Reação (II) | Reação (III) |
| 1,00 | 1,00 | 0 | 0 | 0 | 0 |
| 0,75 | 0,75 | 0,25 | 3 | 2 | 1 |
| 0,50 | 0,50 | 0,50 | 6 | 4 | 2 |
| 0,25 | 0,25 | 0,75 | 9 | 6 | 3 |
| 0 | 0 | 1,00 | 12 | 8 | 4 |

a) Esquematize um gráfico da quantidade de produto em função do tempo, para a reação que ocorre com maior velocidade.
b) Considerando que o produto é mais estável que os reagentes, esboce para as reações (I) e (II) um único gráfico de energia em função da coordenada de reação.

**29.** (UFC – CE) O estudo da dependência da velocidade da reação hipotética A + B ⟶ C, com relação à variação de concentração de um dos reagentes, é realizado, mantendo-se constantes a concentração do outro reagente e a temperatura. Respeitando-se essas condições, considere o gráfico de velocidade de reação, v, *versus* a concentração dos reagentes em mol/L ([A], [B]), para os dois experimentos distintos abaixo.

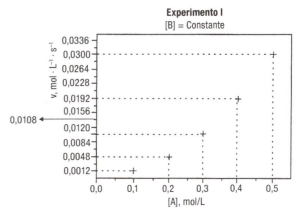

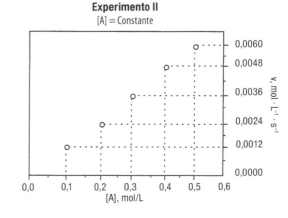

a) Com base apenas nas informações fornecidas no gráfico, qual a ordem total da reação? Justifique.
b) Admitindo que a concentração do reagente B e a temperatura foram mantidas constantes, e que a velocidade da reação aumentou em dezesseis (16) vezes, em quanto aumentou a concentração do reagente A? Justifique.

**30.** (FUVEST – SP) Quando certos metais são colocados em contato com soluções ácidas, pode haver formação de gás hidrogênio. Abaixo, segue uma tabela elaborada por uma estudante de Química, contendo resultados de experimentos que ela realizou em diferentes condições.

| Experi-mento | Reagentes | | Tempo para liberar 30 mL de $H_2$ | Observações |
| --- | --- | --- | --- | --- |
| | Solução de HCl(aq) de concentração 0,2 mol/L | Metal | | |
| 1 | 200 mL | 1,0 g de Zn (raspas) | 30 s | liberação de $H_2$ e calor |
| 2 | 200 mL | 1,0 g de Cu (fio) | não liberou $H_2$ | sem alterações |
| 3 | 200 mL | 1,0 g de Zn (pó) | 18 s | liberação de $H_2$ e calor |
| 4 | 200 mL | 1,0 g de Zn (raspas) + 1,0 g de Cu (fio) | 8 s | liberação de $H_2$ e calor; massa de Cu não se alterou |

Após realizar esses experimentos, a estudante fez três afirmações:

I. A velocidade da reação de Zn com ácido aumenta na presença de Cu.
II. O aumento na concentração inicial do ácido causa o aumento da velocidade de liberação do gás $H_2$.
III. Os resultados dos experimentos 1 e 3 mostram que, quanto maior o quociente superfície de contato/massa total de amostra de Zn, maior a velocidade de reação.

Com os dados contidos na tabela, a estudante somente poderia concluir o que se afirma em

a) I.   b) II.   c) I e II.   d) I e III.   e) II e III.

## Exercícios Série Platina

**1.** (UFRJ) A redução das concentrações de gases responsáveis pelo efeito estufa constitui o desafio central do trabalho de muitos pesquisadores. Uma das possibilidades para o sequestro do $CO_2$ atmosférico é sua transformação em outras moléculas.

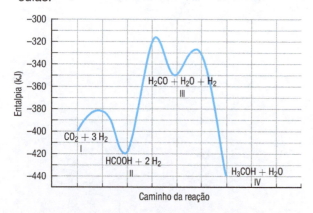

O diagrama ao lado mostra a conversão do gás carbônico em metanol.

a) Indique a etapa lenta do processo. Justifique sua resposta.
b) A partir das informações do gráfico, escreva as equações químicas das reações que descrevem o mecanismo do processo, e o ΔH de cada uma delas.
c) Escreva a equação global do processo e calcule a variação da entalpia na conversão do $CO_2$ em metanol.

**2.** A reação de bromação da acetona, com catálise ácida, ocorre em duas etapas, conforme representado nas sequências abaixo:

sequência 1:

$$CH_3-\underset{\underset{O}{\|}}{C}-CH_3 + H^+ \longrightarrow CH_3-\underset{\underset{OH}{|}}{C}=CH_2$$

sequência 2:

$$CH_3-\underset{\underset{OH}{|}}{C}=CH_2 + Br_2 \longrightarrow$$

$$\longrightarrow CH_3-\underset{\underset{O}{\|}}{C}=CH_2Br + Br^- + H^+$$

Um estudo experimental da cinética da reação de bromação apresentou os seguintes resultados:

| [CH₃COCH₃] mol/L | [Br₂] mol/L | [H⁺] mol/L | Velocidade inicial (mol/L · s) |
|---|---|---|---|
| 0,30 | 0,05 | 0,05 | 5,7 · 10⁻⁵ |
| 0,30 | 0,10 | 0,05 | 5,7 · 10⁻⁵ |
| 0,30 | 0,05 | 0,10 | 1,14 · 10⁻⁴ |
| 0,40 | 0,05 | 0,20 | 3,04 · 10⁻⁴ |
| 0,40 | 0,05 | 0,05 | 7,6 · 10⁻⁵ |

Com base no que foi apresentado.

a) Escreva a equação da velocidade para a reação.
b) Determine o valor da constante de velocidade.
c) Transcreva a sequência que representa a etapa lenta do processo.

**3.** (UERJ) O gráfico a seguir representa a variação, em função do tempo, da concentração, em quantidade de matéria, do hidrogênio gasoso formado em duas reações químicas de alumínio metálico com solução concentrada de ácido clorídrico. Estas reações são realizadas sob as mesmas condições, diferindo, somente, quanto às formas de apresentação do alumínio: placas metálicas e pó metálico.

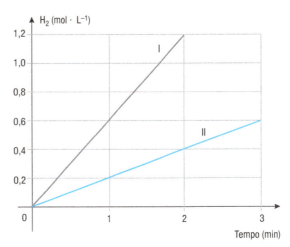

a) Calcule a razão entre a maior e a menor velocidade média da reação. Justifique sua resposta com cálculos.
b) Defina a que forma de apresentação do alumínio corresponde cada uma das curvas. Justifique sua resposta.

**4.** (FUVEST – SP) Pilocarpina (P) é usada no tratamento de glaucoma. Em meio alcalino, sofre duas reações simultâneas: isomerização, formando iso-pilocarpina (i − P) e hidrólise, com formação de pilocarpato (PA⁻). Em cada uma dessas reações, a proporção estequiométrica entre o reagente e o produto é de 1 para 1.

Num experimento, a 25 °C, com certa concentração inicial de pilocarpina e excesso de hidróxido de sódio, foram obtidas as curvas de concentração de (i − P) e (PA⁻) em função do tempo, registradas no gráfico a seguir.

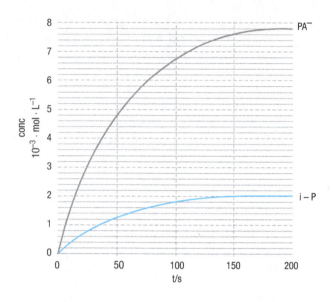

| Tempo/s | 0 | 100 | 200 |
|---|---|---|---|
| [i − P]/$10^{-3}$ mol/L$^{-1}$ | | | |
| [PA$^-$]/$10^{-3}$ mol/L$^{-1}$ | | | |
| [P]/$10^{-3}$ mol/L$^{-1}$ | | | |

Considere que, decorridos 200 s, a reação se completou, com consumo total do reagente pilocarpina.

a) Para os tempos indicados na tabela da folha de respostas, complete a tabela com as concentrações de (i − P) e (PA$^-$).
b) Complete a tabela com as concentrações do reagente P.
c) Analisando as curvas do gráfico, qual das duas reações, a de isomerização ou a de hidrólise, ocorre com maior velocidade? Explique.

**5.** (UFMG) A reação de decomposição do pentóxido de dinitrogênio, $N_2O_5$, que produz dióxido de nitrogênio $NO_2$, e oxigênio, $O_2$, foi realizada num recipiente de 1 litro, à temperatura de 25 °C.

a) Escreva a equação balanceada que representa essa reação.
b) Analise este gráfico, em que está representada a concentração do $N_2O_5$ em função do tempo, ao longo dessa reação:

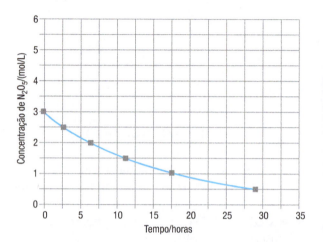

No início da reação, a concentração dos produtos é igual a zero.

Considerando essas informações, **trace**, diretamente no gráfico acima, a curva que representa a concentração do $NO_2$ produzido em função do tempo.

c) Considere, agora, o tempo transcorrido para que a concentração inicial do $N_2O_5$ se reduza a metade. Calcule a velocidade média de consumo do $N_2O_5$, nesse intervalo de tempo.

**6.** (UFMG) Um grupo de estudantes foi encarregado de investigar a reação do brometo de terc-butila (composto I) com uma solução aquosa de hidróxido de sódio, que resulta na formação de álcool terc-butílico (composto II) como representado na seguinte equação:

$(CH_3)_3C-Br + OH^- \longrightarrow (CH_3)_3C-OH + Br^-$
  I                                II

Para isso, eles realizaram cinco experimentos, nas condições indicadas neste quadro:

| Experimento | Concentração/ (mol/L) | | Velocidade/ mol/(L · s) |
|---|---|---|---|
| | $(CH_3)_3C-Br$ | $OH^-$ | |
| 1 | 0,10 | 0,10 | $1 \cdot 10^{-3}$ |
| 2 | 0,20 | 0,10 | $2 \cdot 10^{-3}$ |
| 3 | 0,30 | 0,10 | $3 \cdot 10^{-3}$ |
| 4 | 0,10 | 0,20 | $1 \cdot 10^{-3}$ |
| 5 | 0,10 | 0,30 | $1 \cdot 10^{-3}$ |

a) Indique se a velocidade da reação depende apenas da concentração do brometo de terc--butila, apenas da concentração do íon hidróxido ou de ambas as concentrações. Justifique.

b) O mecanismo proposto para essa reação envolve duas etapas – a primeira mais lenta que a segunda:

• Primeira etapa (**lenta**)

$(CH_3)_3C-Br + OH^- \longrightarrow (CH_3)_3C^+ + OH^- + Br^-$

• Segunda etapa (**rápida**)

$(CH_3)_3C^+ + OH^- + Br^- \longrightarrow (CH_3)_3C-OH + Br^-$

Analise estes diagramas, em que se apresenta a energia do **sistema inicial**, $[(CH_3)_3C-Br + OH^-]$, do **sistema intermediário**, $[(CH_3)_3C^+ + OH^- + Br^-]$, e do **sistema final**, $[(CH_3)_3C-OH + Br^-]$:

I.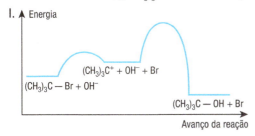

II.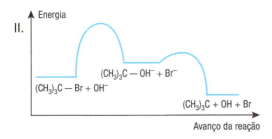

Indique qual dos diagramas – I ou II – representa corretamente a energia de ativação das duas etapas.

c) Indique, por meio de setas, diretamente no diagrama que você indicou como o correto, a energia de ativação das duas etapas.

7. (UNESP – adaptada) O gás cloreto de carbonila, $COCl_2$ (fosgênio), extremamente tóxico, é usado na síntese de muitos compostos orgânicos. Conhecendo os seguintes dados coletados a uma dada temperatura para a reação:

$CO(g) + Cl_2(g) \longrightarrow COCl_2(g)$

| Experimento | Concentração inicial (mol/L) | | Velocidade inicial (mol/L · s) |
|---|---|---|---|
| | CO(g) | $Cl_2(g)$ | |
| 1 | 0,12 | 0,20 | 0,09 |
| 2 | 0,24 | 0,20 | 0,18 |
| 3 | 0,24 | 0,40 | 0,72 |

a) Escreva a expressão da lei de velocidade para a reação mencionada.
b) Calcule o valor da constante (k) de velocidade.
c) Qual será a velocidade da reação se as concentrações dos gases CO e $Cl_2$, forem respectivamente, 2,0 e 0,5 mol/L? Mostre seus cálculos.

**8.** A série de experimentos, representada esquematicamente a seguir, foi realizada colocando-se, em um mesmo instante, uma massa de 10,35 g de chumbo em três recipientes distintos (A, B e C), cada um contendo 100 mL de uma solução aquosa de ácido clorídrico, a 25 °C.

As figuras abaixo representam os fenômenos observados em cada um dos recipientes, após certo intervalo de tempo.

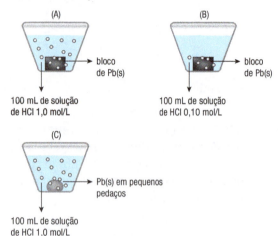

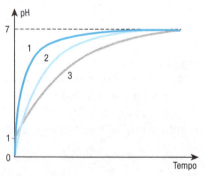

Analise os fenômenos observados e responda:

a) Entre os recipientes A e B, onde a reação ocorreu com maior velocidade? Justifique sua resposta.
b) Entre os recipientes A e C, onde a reação ocorreu com maior velocidade? Justifique sua resposta.

O gráfico a seguir mostra a variação do pH com o tempo nos experimentos A, B e C.

c) Associe as curvas 1, 2 e 3 com os experimentos A, B e C.
d) Explique o comportamento observado no gráfico para a variação do pH representado na curva 1 com o seu respectivo experimento.

**9.** (IME – RJ – adaptada) Considere a sequência de reações e o perfil energético associados ao processo de oxidação do dióxido de enxofre.

Etapa 1: $SO_2(g) + NO_2(g) \longrightarrow SO_3(g) + NO(g)$
Etapa 2: $2\,NO(g) + O_2(g) \longrightarrow 2\,NO_2(g) + NO(g)$

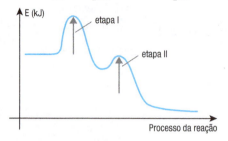

a) Indique a etapa lenta da reação, e escreva a equação global do processo.
b) Escreva a lei de velocidade da reação.
c) O processo de oxidação do dióxido de enxofre demonstrado acima apresenta catalisador? Justifique.

**10.** (ITA – SP) A reação de combustão
$$2\,SO_2 + O_2 \longrightarrow 2\,SO_3$$
é lenta e pode ser representada pela figura abaixo:

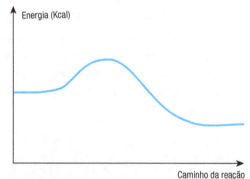

Esta mesma reação pode ser catalisada pelo $NO_2(g)$ em duas etapas, sendo que a primeira é bem mais lenta que a segunda.

a) No mesmo gráfico coloque o perfil da curva catalisada.
b) Proponha um mecanismo sabendo que o catalisador reage com $SO_2$ na primeira etapa produzindo NO e $SO_3$.

# Equilíbrio Químico Molecular

## Capítulo 18

## 1. Introdução

O conceito de equilíbrio é proveniente das mudanças de estado físico, por exemplo, $H_2O(l) \rightleftarrows H_2O(v)$ (a 25 °C). A dupla seta supõe o sistema em equilíbrio.

Quando o ponteiro do manômetro estabiliza em 17,54 mmHg significa que a quantidade de vapor fica constante. Podemos explicar considerando que a vaporização e a condensação estão ocorrendo simultaneamente com a mesma velocidade, isto é, se 100 moléculas de $H_2O$ vaporizam outras 100 moléculas de $H_2O$ condensam.

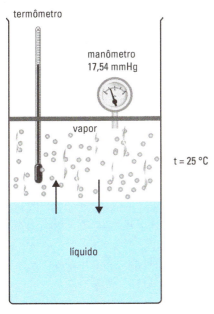

$v_{condensação} = v_{vaporização}$ (equilíbrio físico)

Um sistema fechado atinge um equilíbrio físico quando as velocidades das mudanças de fase se tornam iguais. Portanto, **equilíbrio significa igualdade nas velocidades**.

## 2. Reação reversível

Para explicar esse tipo de reação vamos utilizar a seguinte equação química:

$$N_2O_4(g) \rightleftarrows 2\,NO_2(g)$$
incolor      marrom

**Experiência 1:** $N_2O_4(g)$

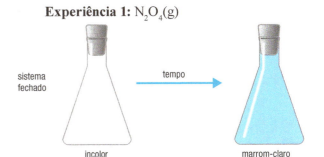

$N_2O_4(g) \longrightarrow 2\,NO_2(g)$ reação direta

**Experiência 2:** $NO_2(g)$

$2\,NO_2(g) \longrightarrow N_2O_4(g)$ reação inversa

Essas duas experiências mostram que o $N_2O_4(g)$ se dissocia produzindo $NO_2(g)$ e por sua vez $NO_2(g)$ dimeriza produzindo $N_2O_4(g)$. Esse tipo de reação é chamada de **reação reversível**.

**Reação reversível** é aquela que se processa simultaneamente nos dois sentidos, isto é, os reagentes se transformam nos produtos, e estes, à medida que se formam, regeneram os reagentes iniciais, acontecendo em um sistema fechado.

Teoricamente, todas as reações químicas são reversíveis. No entanto, na prática, algumas reações não podem ser revertidas, por exemplo, fritar um ovo é um processo que, em termos práticos, não pode ser considerado reversível.

Um conjunto de setas duplas $\rightleftarrows$, em uma equação, indica que a reação é reversível.

Outros exemplos de reações reversíveis, em sistema fechados:

$$H_2(g) + I_2(g) \rightleftarrows 2\,HI(g)$$
$$N_2(g) + 3\,H_2(g) \rightleftarrows 2\,NH_3(g)$$
$$2\,SO_2(g) + O_2(g) \rightleftarrows 2\,SO_3(g)$$

# 3. Equilíbrio químico

Uma reação reversível atinge o equilíbrio químico quando a **velocidade da reação direta é igual** a **velocidade da reação inversa**, isso é evidenciado experimentalmente, pois as concentrações dos participantes ficam constantes em um determinado intervalo de tempo.

**Exemplo:**

$$N_2(g) + 3\,H_2(g) \underset{v_2}{\overset{v_1}{\rightleftharpoons}} 2\,NH_3(g)$$

equilíbrio químico: $v_1 = v_2$ (concentrações constantes).

**Tabela 1:**

| Tempo | $[N_2]$ | $[H_2]$ | $[NH_3]$ | |
|---|---|---|---|---|
| $t_0$ | 1 | 1 | 0 | A reação vai começar. |
| $t_1$ | 0,874 | 0,622 | 0,252 | A reação está caminhando. |
| $t_2$ | 0,814 | 0,442 | 0,372 | |
| $t_3$ | 0,786 | 0,358 | 0,428 | |
| $t_4$ | 0,781 | 0,343 | 0,438 | A reação chegou ao equilíbrio. |
| $t_5$ | 0,781 | 0,343 | 0,438 | |

RUSSEL, J. B. **Química Geral**. 6. ed. São Paulo: Pearson Education, 1994. v. 2.

No instante $t_4$, as concentrações ficaram constantes evidenciando que a reação atingiu o equilíbrio químico.

# 4. Gráficos envolvendo equilíbrio químico

## 4.1 Concentração em função do tempo

Colocando em um gráfico, os valores de $[NH_3]$ da tabela 1 em função do tempo, teremos:

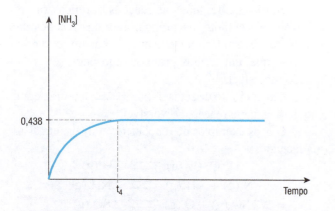

Colocando em um gráfico, os valores das concentrações dos reagentes ($N_2$ e $H_2$), teremos:

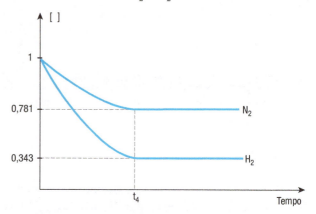

Colocando em um mesmo gráfico, os valores das concentrações dos **produtos** e **reagentes** da tabela 1 em função do tempo, teremos:

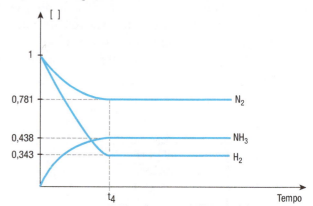

## 4.2 Velocidade em função do tempo

Utilizando a tabela 1

$$N_2 + 3\,H_2 \underset{v_2}{\overset{v_1}{\rightleftharpoons}} 2\,NH_3$$

| direta | $v_1 = k_1[N_2][H_2]^3$ | inversa | $v_2 = k_2[NH_3]^2$ |
|---|---|---|---|
| $t_0$ | $v_1 = k_1 \cdot 1 \cdot 1^3$ | $t_0$ | $v_2 = k_2 \cdot 0 = 0$ |
| $t_1$ | $v_1 = k_1 \cdot 0,874 \cdot 0,622^3$ | $t_1$ | $v_2 = k_2 \cdot 0,252^2$ |
| $t_4$ | $v_1 = k_1 \cdot 0,784 \cdot 0,343^3$ | $t_4$ | $v_2 = k_2 \cdot 0,438^2$ |
| | ↓ | | ↓ |
| | diminui | | aumenta |

antes de atingir o equilíbrio químico  $v_1$ diminui  $v_2$ aumenta

equilíbrio químico atingido $v_1 = v_2$

$t_4$   $k_1 \cdot 0,784 \cdot 0,343^3 = k_2 \cdot 0,438^2$

$$\frac{k_1}{k_2} = 6,09$$

$k_1 > k_2$: curva da reação direta é mais inclinada do que a curva da reação inversa.

$k_1 = k_2$: as inclinações são iguais.

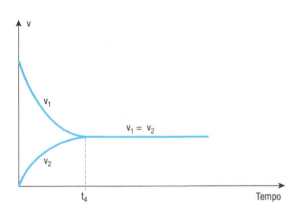

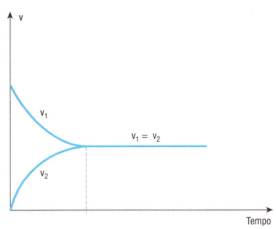

## Aprofundando a discussão

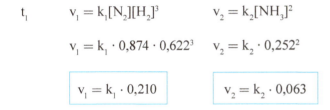

$t_1$    $v_1 = k_1[N_2][H_2]^3$    $v_2 = k_2[NH_3]^2$

$v_1 = k_1 \cdot 0{,}874 \cdot 0{,}622^3$    $v_2 = k_2 \cdot 0{,}252^2$

$\boxed{v_1 = k_1 \cdot 0{,}210}$    $\boxed{v_2 = k_2 \cdot 0{,}063}$

$t_2$    $v_1 = k_1 \cdot 0{,}874 \cdot 0{,}442^3$    $v_2 = k_2 \cdot 0{,}372^2$

$\boxed{v_1 = k_1 \cdot 0{,}07}$    $\boxed{v_2 = k_2 \cdot 0{,}138}$

Como $k_1 = 6{,}09 k_2$, a diminuição de $v_1$ será mais acentuada que ao aumento de $v_2$.

$k_2 > k_1$: curva da reação inversa é mais inclinada do que a curva da reação direta.

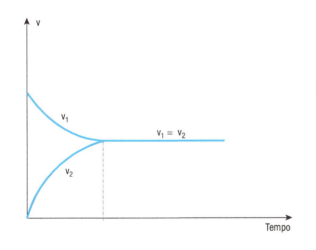

## 5. Tipos de equilíbrios químicos

a) **Equilíbrios homogêneos**

São os que ocorrem em reações nas quais todos os reagentes e produtos formam um **sistema homogêneo**.

**Exemplos:**

Sistemas gasosos:

$$H_2(g) + I_2(g) \rightleftarrows 2\, HI(g)$$

Soluções:

$$CH_3COOH(aq) + C_2H_5OH(aq) \rightleftarrows CH_3COOC_2H_5(aq) + H_2O(l)$$

b) **Equilíbrios heterogêneos**

São os que ocorrem em reações nas quais os reagentes e produtos formam um **sistema heterogêneo**.

**Exemplos:**

Substâncias sólidas e gasosas:

$$2\, C(s) + O_2(g) \rightleftarrows 2\, CO(g)$$

Solução saturada e o precipitado correspondente:

$$BaSO_4(s) \rightleftarrows Ba^{2+}(aq) + SO_4^{2-}(aq)$$

## 6. Rendimento de uma reação reversível ou grau de equilíbrio ($\alpha$)

Observe a tabela:

| Tempo de reação (min) | CO(g) | + NO$_2$(g) $\rightleftarrows$ | CO$_2$(g) + | NO(g) (600 °C) |
|---|---|---|---|---|
| início | 1,00 | 1,00 | 0 | 0 |
| equilíbrio | 0,20 | 0,20 | 0,80 | 0,80 |

Cap. 18 | Equilíbrio Químico Molecular **231**

reagiu 0,80 mol de CO e $NO_2$

1,00 mol ——————— 100%
0,80 mol ——————— x ∴ x = 80%

Outra maneira:

$$\alpha_{CO} = \frac{\text{quantidade de mols que reagiu de CO}}{\text{quantidade inicial de mols de CO}} =$$

$$= \frac{1,00 - 0,20}{1,00} = \frac{0,80}{1,0} = 0,80$$

ou

$\alpha_\% = 80\%$

$0 < \alpha < 1$ e $0 < \alpha\% < 100$

$\alpha \to 1$ (ou 100%): rendimento da reação é grande

$\alpha \to 0$ próximo de zero: rendimento da reação é pequeno

## 7. Constante de equilíbrio (K)

A maneira de descrever a posição do equilíbrio de uma reação reversível é dar as concentrações de equilíbrio dos reagentes e produtos. A expressão da constante de equilíbrio, que é uma constante numérica, relaciona as concentrações entre reagentes e produtos no equilíbrio numa certa temperatura.

$$K = \frac{\text{produto}}{\text{reagente}}$$

### 7.1 Expressão da constante de equilíbrio: $K_C$

Na expressão da constante de equilíbrio podemos usar as concentrações em mol/L, e por isso o símbolo K recebe o índice c (concentração) e fica $K_C$. Utilizando a Tabela 1

$$N_2 + 3H_2 \underset{v_2}{\overset{v_1}{\rightleftarrows}} 2NH_3$$

$t_4$   0,781 mol/L   0,343 mol/L   0,438 mol/L   equilíbrio

velocidade da reação direta: $v_1 = k_1[N_2][H_2]^3$
velocidade da reação inversa: $v_2 = k_2[NH_3]^2$
equilíbrio $v_1 = v_2$

$$k_1[N_2][H_2]^3 = k_2[NH_3]^2$$

$$K_C = \frac{k_1}{k_2} = \frac{[NH_3]^2}{[N_2][H_2]^3}$$

$$K_C = \frac{0,438^2}{0,781 \cdot 0,343^3} \therefore K_C = 6,09$$

$K_C$ é chamado de constante de equilíbrio em termos de concentrações em mol/L.

Dada a equação simbólica:

$$aA + bB \rightleftarrows cC + dD$$

$$K = \frac{[C]^c[D]^d}{[A]^a[B]^b}$$

### 7.1.1 As caracterísiticas importantes da constante de equilíbrio

- Essa relação matemática é chamada lei da ação das massas ou Lei de Guldberg-Waage.
- As concentrações dos produtos aparecem no numerador.
- As concentrações dos reagentes aparecem no denominador.
- Cada uma das concentrações está elevada a uma potência que é igual ao respectivo coeficiente estequiométrico na equação equilibrada.
- O valor da constante $K_C$ depende da reação e da temperatura, e esta constante é adimensional.
- Os sólidos não devem ser incluídos na expressão da constante de equilíbrio.

**Exemplo:**

$$S(s) + O_2(g) \rightleftarrows SO_2(g)$$

$$K = \frac{[SO_2]}{[O_2]}$$

A concentração de um sólido é determinada por sua densidade, e a densidade é um valor fixo (temperatura constante).

$$[S] = \frac{n}{V} \qquad \text{como } n = \frac{m}{\overline{M}}$$

$$[S] = \frac{m}{\overline{M}V} \qquad \text{como } d = \frac{m}{V}$$

$$[S] = \frac{d}{\overline{M}}$$

$\overline{M}$: massa molar é constante (32 g/mol).

d: densidade é constante pois a temperatura é constante.

[S] = constante

### 7.2 Expressão da constante de equilíbrio: $K_P$

Em um sistema em equilíbrio que participa uma mistura gasosa, a concentração em mol/L pode ser substituída pela pressão parcial do gás.

$$pV = nRT \qquad p = \frac{n}{V}RT \qquad p = [\ ]RT$$

**Exemplo:**

$$N_2(g) + 3\,H_2(g) \rightleftharpoons 2\,NH_3(g) \quad \begin{array}{c} V \\ T \end{array}$$

$$N_2(g) + 3\,H_2(g) \rightleftharpoons 2\,NH_3(g)$$

$$K_C = \frac{[NH_3]^2}{[N_2][H_2]^3}$$

Substituindo a concentração em mol/L pela pressão parcial de cada gás.

$pNH_3 = [NH_3]RT$, $[NH_3] = \dfrac{pNH_3}{RT}$, $[NH_3]^2 = \dfrac{p^2NH_3}{(RT)^2}$

$pN_2 = [N_2]RT$, $[N_2] = \dfrac{pN_2}{RT}$

$pH_2 = [H_2]RT$, $[H_2] = \dfrac{pH_2}{RT}$, $[H_2]^3 = \dfrac{p^3H_2}{(RT)^3}$

$$K_C = \frac{p^2NH_3}{pN_2 \cdot p^3H_2} \cdot \frac{\dfrac{1}{(RT)^2}}{\dfrac{1}{RT} \cdot \dfrac{1}{RT^3}}$$

A relação $\dfrac{p^2NH_3}{pN_2 \cdot p^3H_2}$ representa o $K_P$

$K_C = K_P RT^2$ ∴ $K_P = K_C(RT)^{-2}$

generalizando temos:

$$K_P = K_C(RT)^{\Delta n}$$

$$\Delta n = n_{\text{produtos gasosos}} - n_{\text{reagentes gasosos}}$$

**Exemplos:**

$N_2 + 3\,H_2 \rightleftharpoons 2\,NH_3$

$\Delta n = 2 - 4 = -2$

$H_2(g) + I_2(g) \rightleftharpoons 2\,HI(g)$

$\Delta n = 2 - 2 = 0$

**Conclusões:**

- Na expressão do $K_P$ só entram gases.

- $aA(g) + bB(g) \rightleftharpoons cC(g) + dD(g)$

$$K_P = \frac{p_C^c \cdot p_D^d}{p_A^a \cdot p_B^b}$$

## 8. O significado da constante de equilíbrio

O valor da constante de equilíbrio mostra se a reação é favorável aos produtos ou aos reagentes. Além disso, pode ser usado para calcular a quantidade de produto presente no equilíbrio, o que é uma informação valiosa para os químicos e os engenheiros químicos.

Um valor grande de K significa que os reagentes se convertem em grande parte no produto, ou seja, no equilíbrio predomina os produtos.

Um exemplo é o da reação entre o monóxido de nitrogênio e o ozônio.

K >> 1: a reação é favorável aos produtos; as concentrações dos produtos no equilíbrio são maiores do que as concentrações dos reagentes no equilíbrio.

$$NO(g) + O_3(g) \rightleftharpoons NO_2(g) + O_2(g)$$

$$K_C = 6 \times 10^{34} \text{ a } 25\,°C = \frac{[NO_2][O_2]}{[NO][O_3]}$$

$K_C >> 1$, desta maneira, o equilíbrio,

$[NO_2][O_2] >> [NO][O_3]$

O valor muito grande de K mostra que, quando se misturam quantidades estequiométricas de NO e de $O_3$ num recipiente fechado e se deixa o sistema entrar em equilíbrio, há praticamente o desaparecimento dos reagentes, que se convertem em $NO_2$ e $O_2$. Como se diz em química, "a reação foi completa".

Ao contrário, um valor pequeno de K (como na formação do ozônio a partir do oxigênio) significa que há muito pouca formação de produtos a partir dos reagentes ao se chegar ao equilíbrio, ou seja, os reagentes são privilegiados diante dos produtos no equilíbrio.

K << 1: A reação é favorável aos reagentes; as concentrações dos reagentes no equilíbrio são maiores do que as concentrações dos produtos no equilíbrio.

$$\frac{3}{2}O_2(g) \rightleftharpoons O_3(g)$$

$$K_C = 2{,}5 \times 10^{-29} \text{ a } 25\,°C = \frac{[O_3]}{[O_2]^{3/2}}$$

$K_C << 1$, significando que $[O_3] << [O_2]^{3/2}$ no equilíbrio

O valor muito pequeno de K indica que, se o $O_2$ for colocado num balão, será mínima a quantidade convertida a $O_3$ quando o equilíbrio tiver sido atingido.

**Conclusão:**

K >> 1 existem mais produtos que reagentes no equilíbrio

K << 1 existem mais reagentes que produtos no equilíbrio

## 9. Operações matemáticas com equações de equilíbrio e as respectivas constantes

Multiplicação dos coeficientes da equação por um fator:

$H_2(g) + \frac{1}{2} O_2(g) \rightleftharpoons H_2O(g)$   $K_1 = [H_2O]/[H_2][O_2]^{1/2}$

$2 H_2(g) + O_2(g) \rightleftharpoons 2 H_2O$   $K_2 = [H_2O]^2/[H_2]^2[O_2]$

$K_2 = K_1^2$

Quando se multiplicam os coeficientes de uma equação por um certo fator, deve-se elevar K a um expoente igual ao fator para se obter a constante da nova equação de equilíbrio.

Equações inversas:

$H_2(g) + I_2(g) \rightleftharpoons 2 HI(g)$   $K_1 = [HI]^2/[H_2][I_2]$

$2 HI(g) \rightleftharpoons H_2(g) + I_2(g)$   $K_2 = [H_2][I_2]/[HI]^2$

$K_2 = 1/K_1$

As constantes de equilíbrio de uma equação e a da equação inversa são recíprocas entre si.

Adição de equações:

$2 NO(g) + O_2(g) \rightleftharpoons 2 NO_2(g)$   $K_1 = [NO_2]^2/[NO]^2[O_2]$

$2 NO_2(g) \rightleftharpoons N_2O_4(g)$   $K_2 = [N_2O_4]/[NO_2]^2$

$2 NO(g) + O_2(g) \rightleftharpoons N_2O_4(g)$   $K_3 = [N_2O_4]/[NO]^2[O_2]$

$$K_3 = \frac{[NO_2]^2}{[NO]^2[O_2]} \cdot \frac{[N_2O_4]}{[NO_2]^2} = K_1 \times K_2$$

Quando se adicionam duas ou mais equações de equilíbrio devem-se multiplicar as constantes de equilíbrio para obter K da equação total.

## 10. O quociente de reação, Q

Para uma reação, a constante de equilíbrio, K, tem um valor numérico particular quando os reagentes e produtos estão em equilíbrio. Entretanto, quando os reagentes e produtos em uma reação não estão em equilíbrio é conveniente calcular o **quociente de reação**, Q.

Para a reação geral entre A e B resultando C e D.

$aA + bB \rightleftharpoons cC + dD$

o quociente de reação é definido como

$$Q = \frac{[C]^c[D]^d}{[A]^a[B]^b}$$

Cálculo idêntico ao K.

Tabela 2:

| Tempo | $[N_2]$ | $[H_2]$ | $[NH_3]$ | $Q = \dfrac{[NH_3]^2}{[N_2][H_2]^3}$ |
|---|---|---|---|---|
| $t_0$ | 1 | 1 | 0 | 0 |
| $t_1$ | 0,874 | 0,622 | 0,252 | 0,302 |
| $t_2$ | 0,814 | 0,442 | 0,372 | 1,97 |
| $t_3$ | 0,786 | 0,358 | 0,428 | 5,08 |
| $t_4$ | 0,781 | 0,343 | 0,438 | 6,09 |
| $t_5$ | 0,781 | 0,343 | 0,438 | 6,09 |

RUSSEL, J. B. **Química Geral**. 6. ed. São Paulo: Pearson Education, 1994. v. 2.

No instante $t_4$, (atingiu o equilíbrio químico) temos $Q = K_C$. Determinar um quociente de reação é útil, por duas razões.

- Primeiro, Q informará se um sistema está em equilíbrio (quando Q = K) ou não está em equilíbrio (quando Q ≠ K)

  está em equilíbrio: Q = K

  não está em equilíbrio: Q ≠ K

- Segundo, ao comparar Q e K, podemos prever quais das mudanças que ocorrerão nas concentrações dos reagentes e produtos, antes de o equilíbrio ser atingido.

- **Q < K**: se Q for menor do que K, alguns reagentes precisam ser convertidos para produtos, a fim de que a reação atinja o equilíbrio. Isso diminuirá as concentrações de reagentes e aumentará as concentrações dos produtos.

- **Q > K**: se Q for maior do que K, alguns produtos precisam ser convertidos para reagentes, a fim de que a reação atinja o equilíbrio. Isso aumentará as concentrações de reagentes e diminuirá as concentrações dos produtos.

| Relação | Direção da reação |
|---|---|
| Q = K | reação em equilíbrio ($v_1 = v_2$) |
| Q < K | reagentes ⟶ produtos ($v_1 > v_2$) |
| Q > K | reagentes ⟵ produtos ($v_1 < v_2$) |

**Resumo:**

- Entender a natureza e as características do estudo de equilíbrio: (a) as reações químicas são reversíveis; (b) os equilíbrios são dinâmicos; (c) a natureza do estado de equilíbrio é sempre a mesma, qualquer que seja o sentido de aproximação.

- Escrever a expressão da constante de equilíbrio de qualquer reação química. Para a reação geral.

$$aA + bB \rightleftarrows cC + dD$$

as concentrações de reagentes e produtos no equilíbrio estão relacionadas pela **expressão da constante de equilíbrio**.

Constante de equilíbrio = $K_C = \dfrac{[C]^c[D]^d}{[A]^a[B]^b}$

- Reconhecer que nas concentrações de sólidos e solventes (por exemplo, água) não aparecem as expressões das constantes de equilíbrio.
- Saber que as constantes de equilíbrio se exprimem em termos das concentrações dos reagentes e dos produtos (expressas em mols por litro) e que K é simbolizada então por $K_C$. Ou, então, as concentrações dos gases podem ser representadas por pressões parciais, e K é então simbolizada por $K_P$.
- Saber como K se altera quando os coeficientes estequiométricos da equação se alteram, ou quando a equação é invertida.
- Saber que, quando duas equações químicas se adicionam para dar uma equação global, o valor de K da equação global é igual ao produto dos valores de K das duas equações parciais.
- Saber que quando K for grande (K >> 1) a reação é favorável ao produto e as concentrações dos produtos no equilíbrio são maiores que as dos reagentes. Um valor pequeno de K(K << 1) indica que a reação é favorável aos reagentes, e então, no equilíbrio, as concentrações dos produtos são menores que as dos reagentes.
- Aproveitar a ideia do **quociente reacional (Q)** para decidir se uma reação está em equilíbrio.
- Q = K processo está em equilíbrio.
- Q < K processo não está em equilíbrio (reação direta tem maior velocidade).
- Q > K processo não está em equilíbrio (reação inversa tem maior velocidade).
- Calcular a constante de equilíbrio, dadas as concentrações dos reagentes e dos produtos no equilíbrio.
- Usar as constantes de equilíbrio para calcular a concentração de um reagente, ou de um produto, no equilíbrio.

# Exercícios Série Prata

**1.** Complete com **atingiu** ou **não atingiu**.

Dada a reação reversível.

$$CO(g) + NO_2(g) \rightleftarrows CO_2(g) + NO(g)$$
incolor   castanho   incolor   incolor

Quando a intensidade da cor castanho do $NO_2$ não mais variar com o tempo, a reação _____ o equilíbrio químico.

Dada a tabela em concentração mol/L para a resolução das questões **2** a **4**.

| Tempo (min) | CO(g) | + NO₂(g) ⇌ | CO₂(g) | + NO(g) |
|---|---|---|---|---|
| 0 | 1 | 1 | — | — |
| 10 | 0,50 | 0,50 | 0,50 | 0,50 |
| 20 | 0,32 | 0,32 | 0,68 | 0,68 |
| 30 | 0,24 | 0,24 | 0,76 | 0,76 |
| 40 | 0,20 | 0,20 | 0,80 | 0,80 |
| 50 | 0,20 | 0,20 | 0,80 | 0,80 |
| 60 | 0,20 | 0,20 | 0,80 | 0,80 |

**2.** Complete com **10, 20, 30, 40, 50** ou **60**.

A partir de _____ min as concentrações dos participantes ficaram constantes, portanto, dizemos que a reação reversível atingiu o equilíbrio químico.

**3.** Complete com **10, 20, 30, 40, 50** ou **60**.

A intensidade da cor do $NO_2$ não mais variou a partir de _____ min.

**4.** Complete os gráficos.

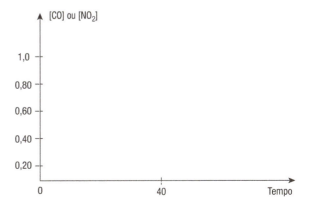

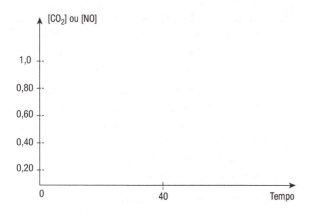

c) $Fe_2O_3(s) + 3\ CO(g) \rightleftarrows 2\ Fe(s) + 3\ CO_2(g)$ ( )
d) $NH_4Cl(s) \rightleftarrows NH_3(g) + HCl(g)$ ( )
e) $CH_3COOH(solv) + CH_3CH_2OH(solv) \rightleftarrows$
$\rightleftarrows CH_3COOCH_2(solv) + H_2O(solv)$ ( )

**8.** Complete com **pouco** e **muito**.

Valor alto de $K_C$ indica que no equilíbrio há _____ reagente e _____ produto.
$2\ SO_2(g) + O_2(g) \rightleftarrows 2\ SO_3(g) \qquad K_C = 9,9 \cdot 10^{+25}$

**9.** Complete com **pouco** e **muito**.

Valor baixo de $K_C$ indica que no equilíbrio há _____ reagente e _____ produto.
$N_2(g) + O_2(g) \rightleftarrows 2\ NO(g) \qquad K_C = 1,0 \cdot 10^{-25}$

**10.** Complete com **sólido** ou **gás**.

Na expressão do $K_C$ não entra _____, pois a sua concentração é constante.

**5.** Complete com **direta** ou **inversa**.

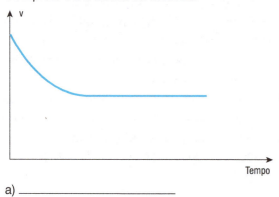

a) _____

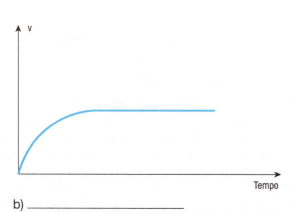

b) _____

**11.** Complete.

a) $CO(g) + NO_2(g) \rightleftarrows CO_2(g) + NO(g)$
$K_C$
b) $CaCO_3(s) \rightleftarrows CaO(s) + CO_2(g)$
$K_C$
c) $H_2(g) + I_2(g) \rightleftarrows 2\ HI(g)$
$K_C$
d) $C(s) + CO_2(g) \rightleftarrows 2\ CO(g)$
$K_C$
e) $3\ Fe(s) + 4\ H_2O(g) \rightleftarrows Fe_3O_4(s) + 4\ H_2(g)$
$K_C$

**12.** Complete com **sólido** ou **gás**.

Na expressão do $K_P$ só entra _____.

**6.** Complete com $v_1$, $v_2$, $v_1 = v_2$ e $v_1 \neq v_2$.

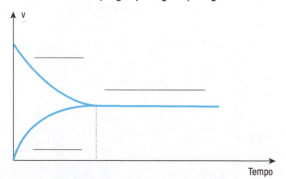

**13.** Complete.

a) $H_2(g) + CO_2(g) \rightleftarrows H_2O(g) + CO(g)$
$K_P =$
b) $2\ SO_2(g) + O_2(g) \rightleftarrows 2\ SO_3(g)$
$K_P =$
c) $CaCO_3(s) \rightleftarrows CaO(s) + CO_2(g)$
$K_P =$
d) $C(s) + CO_2(g) \rightleftarrows 2\ CO(g)$
$K_P =$

**14.** Calcule o $\Delta n$.

a) $2\ H_2(g) + O_2(g) \rightleftarrows 2\ H_2O(g)$
$\Delta n =$
b) $H_2(g) + I_2(g) \rightleftarrows 2\ HI(g)$
$\Delta n =$
c) $2\ NH_3(g) \rightleftarrows N_2(g) + 3\ H_2(g)$
$\Delta n =$

**7.** Complete com homogêneo (**H**) e heterogêneo (**He**).

a) $N_2O_4(g) \rightleftarrows 2\ NO_2(g)$ ( )
b) $CO(g) + H_2O(g) \rightleftarrows H_2(g) + CO_2(g)$ ( )

**15.** A 25 °C, o valor de $K_c$ para o equilíbrio

$$N_2(g) + O_2(g) \rightleftharpoons 2\ NO(g)$$

é $1,0 \cdot 10^{-30}$. Determine o valor de $K_p$ para esse equilíbrio, nessa temperatura.

**16.** (PUC – SP) No equilíbrio químico

$$N_2(g) + 3\ H_2(g) \rightleftharpoons 2\ NH_3(g)$$

Verifica-se que $K_c = 2,4 \cdot 10^{-3}$ a 727 °C. Qual o valor de $K_p$, nas mesmas condições físicas?

**Dado:** $R = 0,082 \dfrac{atm \cdot L}{mol \cdot L}$.

**17.** (CESGRANRIO – RJ) Assinale, entre as opções abaixo, a razão $\dfrac{K_p}{K_c}$ relativa a reação.

$$2\ NaHCO_3(s) \rightleftharpoons Na_2CO_3(s) + CO_2(g) + H_2O(g)$$

a) 1
b) 2
c) RT
d) $(RT)^2$
e) $(RT)^3$

**18.** Na reação química

$$A + 2\ B \rightleftharpoons C + 3\ D$$

determinaram-se, respectivamente, as seguintes concentrações no equilíbrio: 2 mol/L de A, 4 mol/L de B, 3 mol/L de C e 2 mol/L de D. Qual o valor da constante de equilíbrio?

**19.** Qual a concentração de X presente em equilíbrio com 3 mol/L de Y e 6 mol/L de Z na reação:

$$X + 3\ Y \rightleftharpoons 2\ Z$$

sabendo-se que, na temperatura em que a reação foi realizada, a constante de equilíbrio vale 2/3?

**20.** (UECE) A 1.200 °C, $K_c$ é igual a 8 para a reação:

$$NO_2(g) \rightleftharpoons NO(g) + \dfrac{1}{2} O_2(g)$$

Calcule $K_c$ para:

$$2\ NO_2(g) \rightleftharpoons 2\ NO(g) + O_2(g)$$

a) 16
b) 4
c) 32
d) 64

**21.** (UFPE) Considere o sistema abaixo em equilíbrio

$$2\ HI(g) \rightleftharpoons H_2(g) + I_2(g) \qquad K_c = 0,02$$

Qual a constante de equilíbrio da reação inversa nas mesmas condições?

**22.** O fosgênio é um gás tóxico, utilizável como arma química, que pode ser obtido pelo processo a seguir, a 530 °C:

$$CO(g) + Cl_2(g) \rightleftharpoons COCl_2(g)$$

Se, em um recipiente de 30 dm³, estão em equilíbrio 2 mol de monóxido de carbono, 5 mol de cloro e 15 mol de fosgênio, determine o valor de $K_c$.

**23.** (UFV – MG) Considere uma reação hipotética:

$$A + B \rightleftarrows C + D$$

O gráfico da variação da concentração dos reagentes e produtos, em função do tempo, a uma dada temperatura, é mostrado abaixo.

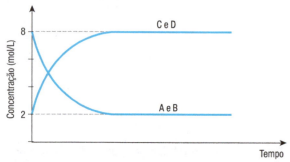

A constante de equilíbrio para a reação é:

a) 4
b) $\dfrac{1}{16}$
c) $\dfrac{1}{4}$
d) 6
e) 16

**24.** (UFSM – RS) O gráfico a seguir mostra a variação em função do tempo, da concentração de A, B, C e D durante a reação de 3,5 mol/L de A com 3,5 mol/L de B a 25 °C. Observe que as concentrações de A, B, C e D para o cálculo de $K_c$ estão indicadas no gráfico.

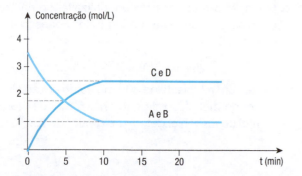

Considerando a reação $A + B \rightleftarrows C + D$, o equilíbrio químico foi alcançado aos _____ minutos, e o valor de $K_c$ quanto à concentração é _____.

Identifique a alternativa que completa corretamente as lacunas.

a) 5; 1,75
b) 10; 2,25
c) 5; 6,25
d) 20; 1,75
e) 10; 6,25

**25.** Dentro de um recipiente contendo inicialmente apenas $NO_2$, ocorre o seguinte processo, a temperatura constante:

$$2\ NO_2(g) \rightleftarrows 2\ NO(g) + O_2(g)$$

As concentrações dos participantes forma acompanhadas com o passar do tempo, tendo sido feito o gráfico abaixo.

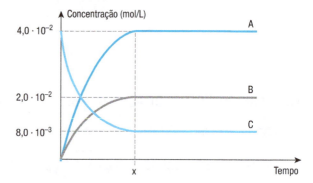

a) Associe as curvas A, B e C aos participantes da reação.
b) Que ocorre de especial no tempo x?
c) Calcule $K_c$ para o equilíbrio em questão.

**26.** Em um recipiente fechado, em uma dada temperatura, existe o equilíbrio.

$$N_2O_4(g) \rightleftarrows 2\ NO_2(g)$$

Nessa temperatura, a pressão parcial do $N_2O_4$ é 1 atm e a do $NO_2$ é 2 atm. Determine o valor de $K_P$.

**27.** (FAAP – SP) Sabendo-se que no equilíbrio

$$H_2(g) + I_2(g) \rightleftharpoons 2 HI(g)$$

a pressão parcial do hidrogênio é 0,22 atm, a do iodo é 0,22 atm e a do gás iodídrico é 1,56 atm, o valor de $K_p$ é:

a) 32,2
b) 11,0
c) 7,0
d) 4,5
e) 50,2

**28.** (VUNESP) O hidrogênio pode ser obtido do metano, de acordo com a equação química em equilíbrio:

$$CH_4(g) + H_2O(g) \rightleftharpoons CO(g) + 3 H_2(g)$$

A constante de equilíbrio dessa reação é igual a 0,20 a 900 K. Numa mistura dos gases em equilíbrio a 900 K, as pressões parciais de $CH_4(g)$ e de $H_2O(g)$ são ambas iguais a 0,40 atm e a pressão parcial de $H_2(g)$ é de 0,30 atm.

a) Dê a expressão da constante de equilíbrio.
b) Calcule a pressão parcial de $CO(g)$ no equilíbrio.

**29.** Complete a tabela:

| | AB $\rightleftharpoons$ A | + | B | |
|---|---|---|---|---|
| início | 2 | — | — | quantidade em mol |
| reage e forma | | | | |
| equilíbrio | | | 0,5 | |

**30.** Calcule o $K_C$ da questão 29, sabendo que o volume do recipiente é de 2 litros.

**31.** Em um recipiente de 1 L são introduzidos 5,0 mol de $N_2O_4$ que se transformam em $NO_2$:

$$N_2O_4(g) \rightleftharpoons 2 NO_2(g)$$

Uma vez atingido o equilíbrio, resta no sistema 1,3 mol de reagente. Calcule $K_C$ na temperatura desse experimento.

| | $N_2O_4$ $\rightleftharpoons$ | 2 $NO_2$ | |
|---|---|---|---|
| início | 5 | | concentração em mol/L |
| reage e forma | | | |
| equilíbrio | 1,3 | | |

**32.** (UFRGS – RS) Num vaso de reação a 45 °C e 10 atm foram colocados 1,0 mol de $N_2$ e 3,0 mols de $H_2$. O equilíbrio que se estabeleceu pode ser representado pela equação:

$$N_2(g) + 3 H_2(g) \rightleftharpoons 2 NH_3(g)$$

Qual é a composição da mistura no estado de equilíbrio se nessa condição é obtido 0,08 mol de $NH_3$?

| | $N_2$ | $H_2$ | $NH_3$ |
|---|---|---|---|
| a) | 1,0 mol | 3,0 mol | 0,08 mol |
| b) | 0,96 mol | 2,92 mol | 0,16 mol |
| c) | 0,84 mol | 2,84 mol | 0,16 mol |
| d) | 0,84 mol | 2,92 mol | 0,08 mol |
| e) | 0,96 mol | 2,88 mol | 0,08 mol |

| | $N_2(g)$ | + 3 $H_2(g)$ $\rightleftharpoons$ 2 $NH_3(g)$ | | |
|---|---|---|---|---|
| início | 1 | 3 | — | quantidade em mol |
| reage e forma | | | | |
| equilíbrio | | | 0,08 | |

**33.** (UFMG) 0,80 mol/L de A é misturado com 0,80 mol/L de B. Esses dois compostos reagem lentamente produzindo C e D, de acordo com a reação A + B $\rightleftarrows$ C + D. Quando o equilíbrio é atingido, a concentração de C é medida, encontrando-se o valor 0,60 mol/L. Qual o valor da constante de equilíbrio $K_C$ dessa reação?

| | A | + B | $\rightleftarrows$ C | + D |
|---|---|---|---|---|
| início | 0,80 | 0,80 | — | — |
| reage e forma | | | | |
| equilíbrio | | | 0,60 | |

concentração em mol/L

**34.** (UFPI) Um mol de um composto AB reage com um mol de um composto CD, conforme a equação:

$$AB(g) + CD(g) \rightleftarrows AD(g) + CB(g)$$

Quando se estabelece o equilíbrio, verifica-se que 3/4 de mol de cada um dos reagentes AB e CD foram transformados em AD e CB. Qual é a constante de equilíbrio da reação acima?
a) 9
b) 1/9
c) 9/16
d) 16/9
e) 2/9

| | AB(g) + | CD(g) | $\rightleftarrows$ AD(g) | + CB(g) |
|---|---|---|---|---|
| início | 1 | 1 | — | — |
| reage e forma | 3/4 | 3/4 | | |
| equilíbrio | | | | |

quantidade em mol

**35.** (PUC – Campinas – SP) Colocam-se em um recipiente de 2 litros, 3 mols de $PCl_5$ gasoso. Atingindo-se o equilíbrio, observa-se a formação de 0,5 mol de tricloreto de fósforo. Qual a constante do equilíbrio?
a) 5
b) 0,5
c) 0,05
d) 0,005
e) 50

| | $PCl_5$(g) | $\rightleftarrows$ $PCl_3$(g) | + $Cl_2$(g) |
|---|---|---|---|
| início | 1,5 | — | — |
| reage e forma | | | |
| equilíbrio | | 0,25 | |

concentração em mol/L

**36.** Em um recipiente fechado mantido a temperatura constante foram introduzidos monóxido de carbono e vapor-d'água em quantidades tais que suas pressões parciais eram iguais e valiam 0,856 atm cada uma. Após certo tempo, estabeleceu-se o equilíbrio $CO(g) + H_2O(g) \rightleftarrows CO_2(g) + H_2(g)$. Medindo-se então a pressão parcial de CO, obteve-se 0,580 atm. Qual o valor da constante de equilíbrio $K_P$?

| | CO(g) | + $H_2O$(g) | $\rightleftarrows$ $CO_2$(g) | + $H_2$(g) |
|---|---|---|---|---|
| início | 0,856 | 0,856 | — | — |
| reage e forma | | | | |
| equilíbrio | 0,580 | | | |

pressões parciais

**37.** Na esterificação de 1 mol de ácido acético com 1 mol de álcool etílico, a 25 °C, o equilíbrio é atingido com $K_C = 4$. Quais são as quantidades em mols das substâncias presentes no equilíbrio?

| | ácido + | álcool | $\rightleftarrows$ éster | + água |
|---|---|---|---|---|
| início | 1 | 1 | — | — |
| reage e forma | | | | |
| equilíbrio | | | | |

quantidade em mol

**38.** (UFPB) Se 1 mol de $H_2$ e 1 mol de $I_2$, em um recipiente de 1 litro, atingiram a condição de equilíbrio a 500 °C, a concentração de HI no equilíbrio é:
a) 2,31
b) 5,42
c) 1,55
d) 3,29
e) 4,32

**Dado:** $K_C = 49$.

| | $H_2$ | + | $I_2$ | $\rightleftarrows$ | 2 HI | |
|---|---|---|---|---|---|---|
| início | 1 | | 1 | | — | concentração em mol/L |
| reage e forma | | | | | | |
| equilíbrio | | | | | | |

**39.** (UNICAMP – SP) Em um recipiente de 1,0 dm³, introduziu-se 0,10 mol de butano gasoso que, em presença de um catalisador, isomerizou-se em isobutano:

$$\text{butano(g)} \rightleftarrows \text{isobutano(g)}$$

A constante desse equilíbrio é 2,5 nas condições de experimento. Qual a concentração em mol/dm³ do isobutano no equilíbrio?

| | butano(g) $\rightleftarrows$ isobutano(g) | | |
|---|---|---|---|
| início | 0,10 | — | concentração em mol/dm³ |
| reage e forma | | | |
| equilíbrio | | | |

**40.** (ITA – SP) Aqueceram-se 2 mol de $PCl_5$ em um recipiente fechado, com capacidade de 2 L. Atingido o equilíbrio, o $PCl_5$ estava 40% dissociado em $PCl_3$ e $Cl_2$. Calcule a constante de equilíbrio.

| | $PCl_5$ | $\rightleftarrows$ | $PCl_3$ | + | $Cl_2$ | |
|---|---|---|---|---|---|---|
| início | 1 | | — | | — | concentração em mol/L |
| reage e forma | | | | | | |
| equilíbrio | | | | | | |

**41.** (IMT – SP) Um mol de HI gasoso, a determinada temperatura, está 20% dissociado em hidrogênio e iodo. Qual é o valor de constante de equilíbrio?

| | 2 HI | $\rightleftarrows$ | $H_2$ | + | $I_2$ | |
|---|---|---|---|---|---|---|
| início | 1 | | — | | — | quantidade em mol/L |
| reage e forma | | | | | | |
| equilíbrio | | | | | | |

**42.** (UEL – PR) Em um recipiente de capacidade de 2,0 L são colocados 8,0 mol de CO e 8,0 mol de $Cl_2$ para tomarem parte no seguinte processo, a temperatura constante:

$$CO(g) + Cl_2(g) \rightleftarrows COCl_2(g)$$

Sabendo que o grau de equilíbrio é 75%, calcule K, na temperatura do experimento.

| | CO | + | $Cl_2$ | $\rightleftarrows$ | $COCl_2$ | |
|---|---|---|---|---|---|---|
| início | 4 | | 4 | | — | concentração em mol/L |
| reage e forma | | | | | | |
| equilíbrio | | | | | | |

**43.** 64,0 g de HI gasoso sofrem decomposição a temperatura constante em recipiente fechado:

$$2\,HI(g) \rightleftarrows H_2(g) + I_2(g)$$

Estabelecido o equilíbrio, verifica-se presença de 12,8 g de HI no sistema. Pede-se:

a) o grau de equilíbrio;
b) o valor da constante de equilíbrio.

**Dado:** massa molar do HI é 128 g/mol.

| | 2 HI $\rightleftarrows$ | $H_2$ + | $I_2$ |
|---|---|---|---|
| início | 0,5 | — | — |
| reage e forma | | | |
| equilíbrio | 0,1 | | |

quantidade em mol

**44.** Complete com =, > ou <.

a) predomina reação direta       $K_c$    Q
b) predomina reação inversa    $K_c$    Q
c) atingiu o equilíbrio               $K_c$    Q

**45.** (VUNESP) O equilíbrio gasoso

$$N_2O_4 \rightleftarrows 2\,NO_2$$

apresenta, a uma dada temperatura, constante de equilíbrio, $K_c = 2$. Nessa temperatura foram feitas duas misturas diferentes, A e B, cada uma acondicionada em recipiente fechado, isolado e distinto. As condições iniciais estão mostradas na tabela.

| Mistura | [$NO_2$]/mol/L | [$N_2O_4$]/mol/L |
|---|---|---|
| A | $2 \cdot 10^{-2}$ | $2 \cdot 10^{-4}$ |
| B | $2 \cdot 10^{-1}$ | $2 \cdot 10^{-3}$ |

a) Efetue os cálculos necessários e conclua se a mistura **A** se encontra ou não em situação de equilíbrio.

b) Efetue os cálculos necessários e conclua se a mistura **B** se encontra ou não em situação de equilíbrio.

**46.** (FCC – BA) A respeito da reação

$$A + B \rightleftarrows C + 2\,D,$$

foram levantados os seguintes dados:

| Experimento | Concentração (mol · litro$^{-1}$) | | | |
|---|---|---|---|---|
| | A | B | C | D |
| I | 0,50 | 4,00 | 1,00 | 1,00 |
| II | 4,00 | 2,00 | 1,00 | 2,00 |
| III | 4,00 | 3,00 | 2,00 | 2,00 |
| IV | 9,00 | 2,00 | 1,00 | 3,00 |
| V | 16,00 | 8,00 | 4,00 | 4,00 |

Dos cinco experimentos realizados, quatro já atingiram o equilíbrio. Em qual dos experimentos o equilíbrio ainda não foi atingido?

**47.** (PUC – SP) Sejam as reações e os valores de suas constantes de equilíbrio:

$2\,A(g) + B(g) \rightleftarrows 2\,C(g)$        $K_1 = 5$
$2\,C(g) + B(g) \rightleftarrows 2\,D(g)$        $K_2 = 20$

Qual o valor da constante de equilíbrio para a reação:

$A(g) + B(g) \rightleftarrows D(g)$            $K_3 = ?$

**48.** Considere as duas reações abaixo e suas respectivas constantes de equilíbrio, em condições ambientais:

$2\ C(s) + 2\ H_2(g) \rightleftarrows C_2H_4(g)\quad K_1 = 1,2 \cdot 10^{-12}$

$2\ C(s) + 3\ H_2(g) \rightleftarrows C_2H_6(g)\quad K_2 = 5,7 \cdot 10^{5}$

Concluímos que nas mesmas condições, a constante de equilíbrio da reação:

$C_2H_4(g) + H_2(g) \rightleftarrows C_2H_6(g)$

será igual a:

a) $4,75 \cdot 10^{17}$
b) $6,8 \cdot 10^{5}$
c) $6,84 \cdot 10^{-7}$
d) $1,46 \cdot 10^{-8}$
e) $2,10 \cdot 10^{-18}$

## Exercícios Série Ouro

**1.** (FUVEST – SP) Em condições industrialmente apropriadas para se obter amônia, juntaram-se quantidades estequiométricas dos gases $N_2$ e $H_2$

$N_2(g) + 3\ H_2(g) \longrightarrow 2\ NH_3(g)$

Depois de alcançado o equilíbrio químico, uma amostra da fase gasosa poderia ser representada corretamente por:

a)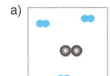

d)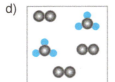

b)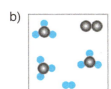

e)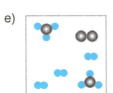

c)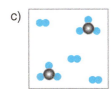

**2.** (VUNESP – SP) Estudou-se a cinética da reação:

$S(s) + O_2(g) \rightleftarrows SO_2(g)$

realizada a partir de enxofre e oxigênio em um sistema fechado. Assim as curvas I, II e III do gráfico abaixo representam as variações das concentrações dos componentes com o tempo desde o momento da mistura até o sistema atingir o equilíbrio.

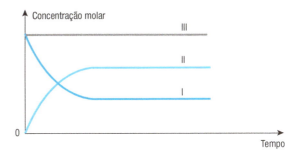

As variações das concentrações de S, $O_2$ e de $SO_2$ são representadas, respectivamente, pelas curvas:

a) I, II e III.
b) II, III e I.
c) III, I e II.
d) I, III e II.
e) III, II e I.

**3.** (FUVEST – SP) No gráfico, estão os valores das pressões parciais de $NO_2$ e $N_2O_4$, para diferentes misturas desses dois gases, quando, a determinada temperatura, é atingido o equilíbrio.

$$2\,NO_2(g) \rightleftarrows N_2O_4(g)$$

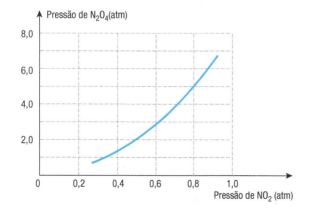

Com os dados desse gráfico, pode-se calcular o valor da constante ($K_p$) do equilíbrio atingido, naquela temperatura. Seu valor numérico é próximo de:

a) 1   b) 2   c) 4   d) 8   e) 12

**4.** (FUVEST – SP) A uma determinada temperatura, as substâncias HI, $H_2$ e $I_2$ estão no estado gasoso. A essa temperatura, o equilíbrio entre as três substâncias foi estudado, em recipientes fechados, partindo-se de uma mistura equimolar de $H_2$ e $I_2$ (experimento A) ou somente de HI (experimento B).

**Experimento A**

$H_2 + I_2 \rightleftarrows 2\,HI$   Constante de equilíbrio = $K_1$

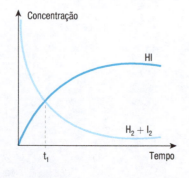

**Experimento B**

$2\,HI \rightleftarrows H_2 + I_2$   Constante de equilíbrio = $K_2$

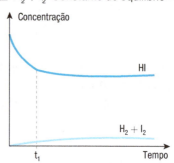

Pela análise dos dois gráficos, pode-se concluir que:

a) no experimento A, ocorre diminuição da pressão total no interior do recipiente, até que o equilíbrio seja atingido.
b) no experimento B, as concentrações das substâncias (HI, $H_2$ e $I_2$) são iguais no instante $t_1$.
c) no experimento A, a velocidade de formação de HI aumenta com o tempo.
d) no experimento B, a quantidade de matéria (em mols) de HI aumenta até que o equilíbrio seja atingido.
e) no experimento A, o valor da constante de equilíbrio ($K_1$) é maior do que 1.

**5.** (FUVEST – SP) O equilíbrio de dissociação do $H_2S$ gasoso é representado pela equação

$$2\,H_2S(g) \rightleftarrows 2\,H_2(g) + S_2(g)$$

Em um recipiente de 2,0 dm³ estão em equilíbrio 1,0 mol de $H_2S$, 0,20 mol de $H_2$ e 0,80 mol de $S_2$. Qual o valor da constante de equilíbrio K?

a) 0,016   d) 12,5
b) 0,032   e) 62,5
c) 0,080

**6.** (SIMULADO) Considere a reação em equilíbrio:

$$CaCO_3(s) \rightleftarrows CaO(s) + CO_2(g)$$

A 1.000 K, a constante de equilíbrio em termos de pressão parcial ($K_p$) vale 0,41. A concentração em mol/L do dióxido de carbono ($CO_2$) nesse equilíbrio é

a) 0,002
b) 0,003
c) 0,004
d) 0,005
e) 0,006

**Dado:** Constante dos gases: $R = 0,082 \dfrac{atm \cdot L}{K \cdot mol}$.

**7.** (SIMULADO) Sabe-se que a 2.000 °C e a uma pressão total de 1,03 atm, a pressão parcial da água gasosa é 1,00 atm. A constante de equilíbrio em termos de pressão parcial ($K_p$) para a reação

$$2 H_2O(g) \rightleftarrows 2 H_2(g) + O_2(g)$$

é igual a:

a) $3,30 \cdot 10^{-6}$
b) $4,00 \cdot 10^{-6}$
c) $2,00 \cdot 10^{-4}$
d) $2,25 \cdot 10^{-4}$
e) $4,00 \cdot 10^{-4}$

**8.** (FUVEST – SP) O Brasil produz, anualmente, cerca de $6 \cdot 10^6$ toneladas de ácido sulfúrico pelo processo de contacto. Em uma das etapas do processo há, em fase gasosa, o equilíbrio

$$2 SO_2(g) + O_2(g) \rightleftarrows 2 SO_3(g) \quad K_p = 4,0 \cdot 10^4$$

que se estabelece à pressão total de P atm e temperatura constante. Nessa temperatura, para que o valor da relação $\dfrac{x^2_{SO_3}}{x^2_{SO_2} x_{O_2}}$ seja igual a $6,0 \cdot 10^4$, o valor de P deve ser:

a) 1,5
b) 3,0
c) 15
d) 30
e) 50

x = fração em quantidade de matéria (fração molar) de cada constituinte na mistura gasosa.
$K_p$ = constante de equilíbrio.

**9.** (UFFRJ) Sabe-se que a amônia é produzida por meio da seguinte reação em fase gasosa:

$$3 H_2(g) + N_2(g) \rightleftarrows 2 NH_3(g)$$

Considere, para essa reação, $K_p = 6,5 \cdot 10^{-3}$ a 450 °C e $\Delta H^0 = -91,8$ kJ/mol de $NH_3$.

a) Determine a quantidade de calor liberada ao se produzirem 907,0 kg de amônia segundo tal reação.
b) Calcule o valor da pressão parcial do $N_2(g)$ quando as pressões parciais do $NH_3(g)$ e $H_2(g)$ forem, respectivamente, 60,0 atm e 150,0 atm.

**Dado:** massa molar do $NH_3$ = 17 g/mol.

**10.** (FUVEST – SP) Quando fosgênio é aquecido, estabelece-se o seguinte equilíbrio:

$$COCl_2(g) \rightleftarrows CO(g) + Cl_2(g)$$

O gráfico 1 mostra as pressões parciais de CO e $Cl_2$ em função do tempo, à temperatura de 720 K.

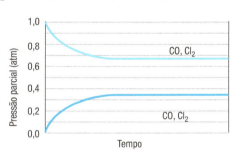

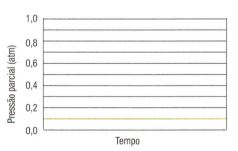

a) Sem calcular a constante de equilíbrio, complete o gráfico 2, traçando e identificando as curvas análogas às apresentadas, no caso em que se parte de uma mistura equimolar de CO e $Cl_2$ que atinge o equilíbrio a 720 K, sabendo que a pressão total inicial é igual a 2 atm.

b) Escreva a equação da constante do equilíbrio:
$$COCl_2(g) \rightleftarrows CO(g) + Cl_2(g)$$
em termos de pressões parciais. Calcule o valor dessa constante.

**11.** (FUVEST – SP) Cloreto de nitrosila puro (NOCl) foi aquecido a 240 °C em um recipiente fechado. No equilíbrio, a pressão total foi de 1,000 atm e a pressão parcial de NOCl foi de 0,640 atm. A equação abaixo representa o equilíbrio do sistema:

$$2\ NOCl(g) \rightleftarrows 2\ NO(g) + Cl_2(g)$$

a) Calcule as pressões parciais do NO e do $Cl_2$ no equilíbrio.
b) Calcule a constante do equilíbrio.

**12.** (FUVEST – SP) A isomerização catalítica de parafinas de cadeia não ramificada, produzindo seus isômeros ramificados, é um processo importante na indústria petroquímica.

A determinada temperatura e pressão, na presença de um catalisador, o equilíbrio

$$CH_3CH_2CH_2CH_3(g) \rightleftarrows (CH_3)_2CHCH_3(g)$$
n-butano                      isobutano

é atingido após certo tempo, sendo a constante de equilíbrio igual a 2,5. Nesse processo, partindo exclusivamente de 70,0 g de n-butano, ao se atingir a situação de equilíbrio, x gramas de n-butano terão sido convertidos em isobutano. O valor de x e:

a) 10,0
b) 20,0
c) 25,0
d) 40,0
e) 50,0

**13.** (MACKENZIE – SP) Num recipiente adequado de 5 litros, colocaram-se 8 mol de gás hidrogênio e 4 mol de gás nitrogênio. À temperatura T, o equilíbrio foi atingido e verificou-se a presença de 3 mol de amônia no sistema. O valor do $K_C$ é

a) 7,03
b) 2,7
c) 4,2
d) 2,1
e) 3,1

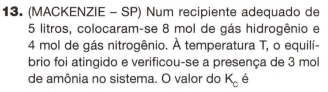

| | $N_2(g) + 3\ H_2(g) \rightleftarrows 2\ NH_3(g)$ | | |
|---|---|---|---|
| início | | | |
| reage e forma | | | |
| equilíbrio | | | |

quantidade em mol

**14.** (PUC) Um frasco a 25 °C foi preenchido, exclusivamente, com tetróxido de dinitrogênio ($N_2O_4$) ficando com pressão total de 3 atm.

Nessas condições, o $N_2O_4$ se desproporciona formando o dióxido de nitrogênio ($NO_2$), segundo a equação

$$N_2O_4(g) \rightleftarrows 2\ NO_2(g)$$

Mantida a temperatura, após atingido o equilíbrio do sistema verifica-se que a pressão parcial do $N_2O_4$ é de 2,25 atm.

A pressão parcial do $NO_2$ após atingido o equilíbrio e a constante de equilíbrio de dissociação do $N_2O_4$ em função das pressões parciais ($K_p$), são, respectivamente:

a) 1,5 atm e 1.
b) 0,75 atm e 0,33.
c) 0,75 atm e 0,25.
d) 1,5 atm e 0,67.
e) 0,75 atm e 3.

| | $N_2O_4(g)$ ⇌ $2\,NO_2(g)$ | |
|---|---|---|
| início | | |
| reage e forma | | |
| equilíbrio | | |

(parcial)

II. No equilíbrio, a concentração de $NO_2$ formado é o dobro da quantidade de $N_2O_4$ consumido.

III. No equilíbrio a concentração do $N_2O_4$ consumido é 0,04 mol · $L^{-1}$.

| | $N_2O_4(g)$ ⇌ $2\,NO_2(g)$ | |
|---|---|---|
| início | | |
| reage e forma | | |
| equilíbrio | | |

É correto apenas o que se afirma em:

a) I.
b) II.
c) III.
d) I e II.
e) II e III.

**15.** (FATEC – SP) Considere o que acontece quando uma amostra do gás $N_2O_4$ (um gás incolor) é colocada em recipiente fechado e sob vácuo à temperatura de 100 °C. Imediatamente surge uma coloração castanho-avermelhada do gás $NO_2$ que se forma nestas condições. Após certo tempo, o sistema atinge o equilíbrio.

$$N_2O_4(g) \rightleftarrows 2\,NO_2(g)$$

O gráfico apresentado a seguir expressa os fatos descritos.

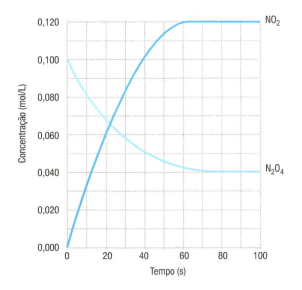

Analisado o gráfico, apresentam-se as seguintes afirmações:

I. O instante em que se estabeleceu o equilíbrio ocorreu após 60 segundos.

**16.** (PUC) O gás incolor $N_2O_4$ foi aprisionado em um frasco fechado sob temperatura constante. Em seguida, observou-se o aparecimento de uma coloração castanha no interior do tubo, atribuída à reação de dissociação do $N_2O_4$, com a formação do gás $NO_2$.

$$N_2O_4(g) \rightleftarrows 2\,NO_2(g)$$

O acompanhamento das concentrações das substâncias envolvidas no equilíbrio está representado no gráfico a seguir.

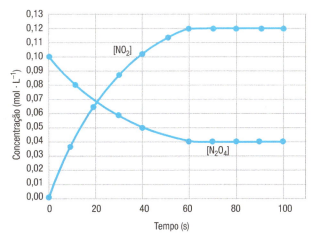

Sobre o sistema foram feitas as seguintes afirmações:

I. Nas condições do experimento, a extensão da reação de dissociação é de 60%.

II. Nas condições do experimento, $K_c = 0,36$, no sentido da formação do gás $NO_2$.

III. O equilíbrio foi atingido entre 20 e 30 segundos após o início do experimento.

IV. Se a concentração inicial de $N_2O_4$ no frasco fechado fosse de 0,04 mol · L⁻¹, nas mesmas condições de temperatura e pressão do experimento realizado, não haveria formação de $NO_2$.

| | $N_2O_4(g)$ ⇌ | $2 NO_2(g)$ |
|---|---|---|
| início | | |
| reage e forma | | |

Estão corretas somente as afirmações:
a) I e II.
b) I e III.
c) II e III.
d) II e IV.
e) III e IV.

**17.** (FUVEST – SP) Um recipiente fechado de 1 litro contendo inicialmente, à temperatura ambiente, 1 mol de $I_2$ e 1 mol de $H_2$ é aquecido a 300 °C. Com isto estabelece-se o equilíbrio

$$H_2(g) + I_2(g) \rightleftharpoons 2 HI(g)$$

cuja constante é igual a $1,0 \cdot 10^2$. Qual a concentração, em mol/L de cada uma das espécies $H_2(g)$, $I_2(g)$ e $HI(g)$, nessas condições?

| | $H_2(g)$ + | $I_2(g)$ ⇌ | $2 HI(g)$ | |
|---|---|---|---|---|
| início | | | | mol/L |
| reage e forma | | | | |
| equilíbrio | | | | |

a) 0, 0, 2
b) 1, 1, 10
c) $\frac{1}{6}, \frac{1}{6}, \frac{5}{3}$
d) $\frac{1}{6}, \frac{1}{6}, \frac{5}{6}$
e) $\frac{1}{11}, \frac{1}{11}, \frac{10}{11}$

**18.** (FUVEST – SP) Em uma experiência, aqueceu-se, a uma determinada temperatura, uma mistura de 0,40 mol de dióxido de enxofre e 0,20 mol de oxigênio, contidos em um recipiente de 1 L e na presença de um catalisador. A equação química, representando a reação reversível que ocorre entre esses dois reagentes gasosos, é

$$2 SO_2(g) + O_2(g) \rightleftharpoons 2 SO_3(g)$$

As concentrações dos reagentes e do produto foram determinados em vários tempos, após o início da reação, obtendo-se o gráfico:

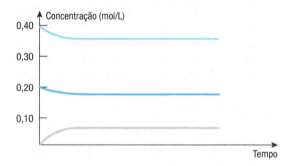

Em uma nova experiência, 0,40 mol de trióxido de enxofre, contido em um recipiente de 1 L, foi aquecido à mesma temperatura da experiência anterior e na presença do mesmo catalisador. Acompanhando-se a reação ao longo do tempo, deve-se ter, ao atingir o equilíbrio, uma concentração de $SO_3$ de aproximadamente:

a) 0,05 mol/L
b) 0,18 mol/L
c) 0,20 mol/L
d) 0,35 mol/L
e) 0,40 mol/L

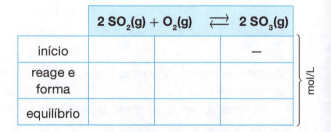

| nova experiência | 2 SO₃(g) ⇌ | O₂(g) + | 2 SO₂(g) | |
|---|---|---|---|---|
| início | | | | mol/L |
| reage e forma | | | | |
| equilíbrio | | | | |

| | N₂O₄(g) ⇌ | 2 NO₂(g) | |
|---|---|---|---|
| início | | | pressão |
| reage e forma | | | |
| equilíbrio | | | |

**19.** (UNICAP – PE) Suponha a síntese a seguir:

$$A(g) + B(g) \rightleftharpoons AB(g)$$

Se as pressões iniciais de A(g) e B(g) forem, respectivamente, 3 atm e 2 atm, a pressão total, no equilíbrio, será 4,2 atm. Nas condições indicadas, aponte as alternativas corretas.

a) A reação não pode atingir o equilíbrio.
b) A pressão de A(g), no equilíbrio, será 2,2 atm.
c) A pressão de AB(g), no equilíbrio, será 2,2 atm.
d) O grau de dissociação será 40%, em relação a B.
e) A pressão de B(g), no equilíbrio, será 0,8 atm.

| | A(g) + | B(g) ⇌ | AB(g) | |
|---|---|---|---|---|
| início | | | | pressão |
| reage e forma | | | | |
| equilíbrio | | | | |

**20.** (FAAP – SP) Em um recipiente indeformável de 10 L são colocados 46 g de N₂O₄(g). O sistema é aquecido até 27 °C ocorrendo a reação representada pela equação N₂O₄(g) ⇌ 2 NO₂(g). Sabendo que, a essa temperatura, o grau dissociação do N₂O₄(g) é igual a 20%, calcule a pressão parcial de N₂O₄(g) no sistema (massas atômicas: N = 14; O = 16.)

**Sugestão:** com os dados iniciais, calcule a pressão do N₂O₄(g), usando a equação PV = nRT.

**Dado:** $R = 0{,}082 \dfrac{atm \cdot L}{mol \cdot K}$.

**21.** (UNICAMP – SP) A figura abaixo representa, do ponto de vista cinético, a evolução de uma reação química hipotética na qual o reagente A se transforma no produto B. Das curvas I, II, III e IV, duas dizem respeito à reação catalisada e duas, à reação não catalisada.

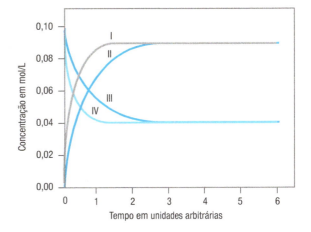

a) Quais das curvas representam as concentrações de A e de B, em função do tempo, para a reação não catalisada? Indique a curva que se refere à concentração de A e a curva que se refere à concentração de B.
b) Calcule o valor da constante de equilíbrio para a reação de transformação de A em B.

**22.** (FUVEST – SP) O equilíbrio

$$\underbrace{H_2(g)}_{\text{incolor}} + \underbrace{I_2(g)}_{\text{violeta}} \rightleftarrows \underbrace{2\ HI(g)}_{\text{incolor}}$$

tem, a 370 °C, constante $K_C$ igual a 64.

Para estudar esse equilíbrio, foram feitas 2 experiências independentes A e B.

A: 0,10 mol de cada gás, $H_2$ e $I_2$, foi colocado em um recipiente adequado de 1 L, mantido a 370 °C até atingir o equilíbrio (a intensidade da cor não muda mais).

B: 0,20 mol do gás HI foi colocado em um recipiente de 1 L, idêntico ao utilizado em A, mantido a 370 °C até atingir o equilíbrio (a intensidade da cor não muda mais).

a) Atingido o equilíbrio em A e em B, é possível distinguir os recipientes pela intensidade da coloração violeta? Justifique.

b) Para a experiência A, calcule a concentração de cada gás no equilíbrio. Mostre, em um gráfico de concentração (no quadriculado abaixo), como variam, em função do tempo, as concentrações desses gases até que o equilíbrio seja atingido.

Identifique as curvas do gráfico.

| $H_2(g)$ | $+$ $I_2(g)$ | $\rightleftarrows$ 2 HI(g) |
|---|---|---|
| início | 0,10 | 0,10 | — |
| reage e forma | | | |
| equilíbrio | | | |

concentração em mol/L

**23.** (SIMULADO) A reação

$$CH_3CH_2CH_2CH_3(g) \rightleftarrows \underset{\underset{CH_3}{|}}{CH_3CHCH_3}(g)$$

tem uma constante de equilíbrio, $K_C$, igual a 2,50 a 25 °C. Se num balão de 1,0 L estiverem presentes 0,500 mol de butano e 1,25 mol de metilpropano em equilíbrio e adicionarmos 1,50 mol de butano no sistema, as novas concentrações do butano e metilpropano serão, respectivamente,

a) 2,00 mol/L e 1,25 mol/L
b) 1,07 mol/L e 1,25 mol/L
c) 3,07 mol/L e 2,52 mol/L
d) 0,93 mol/L e 2,32 mol/L
e) 1,07 mol/L e 2,32 mol/L

| | butano $\rightleftarrows$ metilpropano | |
|---|---|---|
| início | | |
| reage e forma | | |
| equilíbrio | | |

mol/L

**24.** (SIMULADO) O gráfico a seguir mostra a variação da concentração de HI, durante a reação de 1 mol de $H_2$ com 1 mol de $I_2$, num balão de 1 L, a uma temperatura de 100 °C, em função do tempo. A equação da reação é:

$$H_2(g) + I_2(g) \rightleftarrows 2\ HI(g)$$

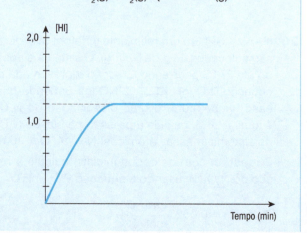

A constante de equilíbrio para essa reação é igual a:
a) 0,11
b) 0,56
c) 1,77
d) 9,00
e) 10,50

**Resolução:**

|  | $H_2$ | + | $I_2$ | ⇌ | 2 HI |
|---|---|---|---|---|---|
| início | 1 |  | 1 |  | — |
| reage e forma | 0,6 |  | 0,6 |  | 1,2 |
| equilíbrio | 0,4 |  | 0,4 |  | 1,2 |

mol/L

$K_c = \dfrac{(1,2)^2}{0,4 \cdot 0,4}$ ∴ $K_c = 9$

**Resposta:** alternativa d.

**25.** Em um recipiente fechado, de 10 L de capacidade, são introduzidas quantidades equimolares das substâncias representadas por $A_2B_3$ e $B_2$ que reagem segundo a reação $A_2B_3(g) + B_2(g) \rightleftarrows A_2B_5(g)$ mantida na temperatura de 727 °C. Com base no gráfico a seguir, que ilustra a variação da pressão interna do sistema em função do tempo, o valor da constante de equilíbrio $K_c$, nessas condições, é:

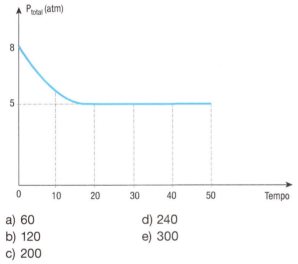

a) 60
b) 120
c) 200
d) 240
e) 300

**Dados:** constante universal dos gases ideais:

$R = 0,08 \dfrac{atm \cdot L}{mol \cdot K}$ ; $PV = nRT$.

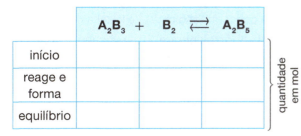

**26.** (PUC – SP) A reação de esterificação entre o ácido acético e o etanol formando o acetato de etila é um interessante exemplo de sistema em equilíbrio.

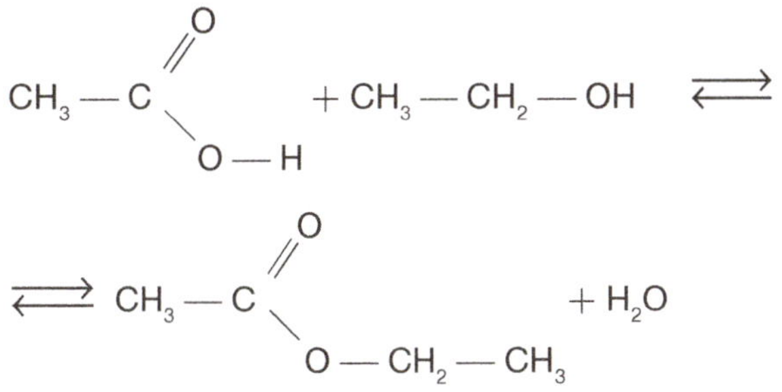

$$CH_3-C(=O)(O-H) + CH_3-CH_2-OH \rightleftarrows$$
$$\rightleftarrows CH_3-C(=O)(O-CH_2-CH_3) + H_2O$$

Considerando-se que a 100 °C, a constante de formação do éster é igual a 4, as concentrações iniciais de ácido acético e de etanol que levam à obtenção do acetato de etila na concentração de 1 mol · L⁻¹ são:

a) $[CH_3COOH]_{inicial} = 1,0$ mol · L⁻¹
   $[CH_3CH_2OH]_{inicial} = 1,0$ mol · L⁻¹
b) $[CH_3COOH]_{inicial} = 2,0$ mol · L⁻¹ ¹
   $[CH_3CH_2OH]_{inicial} = 5,0$ mol · L⁻¹
c) $[CH_3COOH]_{inicial} = 0,5$ mol · L⁻¹
   $[CH_3CH_2OH]_{inicial} = 10,0$ mol · L⁻¹
d) $[CH_3COOH]_{inicial} = 2,0$ mol · L⁻¹
   $[CH_3CH_2OH]_{inicial} = 2,0$ mol · L⁻¹
e) $[CH_3COOH]_{inicial} = 1,5$ mol · L⁻¹
   $[CH_3CH_2OH]_{inicial} = 1,5$ mol · L⁻¹

|  | ácido + álcool ⇌ éster + água | | | |
|---|---|---|---|---|
| início |  |  |  |  |
| reage e forma |  |  |  |  |
| equilíbrio |  |  |  |  |

mol/L

**27.** (MACKENZIE – SP) Sob condições adequadas de temperatura e pressão, ocorre a formação do gás amônia. Assim, em um recipiente de capacidade igual a 10 L, foram colocados 5 mol de gás hidrogênio junto com 2 mol de gás nitrogênio. Ao ser atingido o equilíbrio químico, verificou-se que a concentração do gás amônia produzido era de 0,3 mol/L. Dessa forma, o valor da constante de equilíbrio ($K_C$) é igual a

a) $1,80 \cdot 10^{-4}$
b) $3,00 \cdot 10^{-2}$
c) $6,00 \cdot 10^{-1}$
d) $3,60 \cdot 10^{1}$
e) $1,44 \cdot 10^{4}$

**28.** (UNIFESP) Ácido acético e etanol reagem reversivelmente, dando acetato de etila e água.

ácido acético (1) + etanol (1) ⇌ acetato de etila (1) + água (1)

A 100 °C, a constante de equilíbrio vale 4.

a) Calcule a quantidade, em mol, de ácido acético que deve existir no equilíbrio, a 100 °C, para uma mistura inicial contendo 2 mols de acetato de etila e 2 mols de água.

|  | ácido + etanol ⇌ éster + água | | | |
|---|---|---|---|---|
| início |  |  |  |  |
| reage e forma |  |  |  |  |
| equilíbrio |  |  |  |  |

quantidade em mol

b) Partindo-se de 1,0 mol de etanol, para que 90% dele se transformem em acetato de etila, a 100 °C, calcule a quantidade de ácido acético, em mol, que deve existir no equilíbrio. Justifique sua resposta com cálculos.

|  | ácido + etanol ⇌ éster + água | | | |
|---|---|---|---|---|
| início |  |  |  |  |
| reage e forma |  |  |  |  |
| equilíbrio |  |  |  |  |

quantidade em mol

**29.** (FUVEST – SP) O carbamato de amônio sólido, $NH_4OCONH_2$, se decompõe facilmente formando os gases $NH_3$ e $CO_2$. Em recipiente fechado estabelece-se o equilíbrio:

$$NH_4OCONH_2(s) \longrightarrow 2\,NH_3(g) + CO_2(g)$$

A 20 °C, a constante desse equilíbrio, em termos de concentração mol/L, é igual a $4 \cdot 10^{-9}$.

a) Um recipiente de 2 L, evacuado, contendo inicialmente apenas carbamato de amônio na quantidade de $4 \cdot 10^{-3}$ mol foi mantido a 20 °C até não se observar mais variação de pressão. Nessas condições, resta algum sólido dentro do recipiente? Justifique com cálculos.

b) Para a decomposição do carbamato de amônio em sistema fechado, faça um gráfico da concentração de $NH_3$, em função do tempo, mostrando a situação de equilíbrio.

| | $NH_4CONH_2(s) \rightleftarrows 2\ NH_3(g) + CO_2(g)$ | | |
|---|---|---|---|
| início | | | |
| reage e forma | | | |
| equilíbrio | | | |

(mol/L)

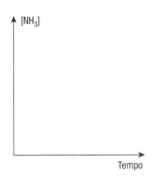

**Resolução:**

| | X $\longrightarrow$ 2Y + $\frac{1}{2}$Z | | |
|---|---|---|---|
| início | $P_0$ | — | — |
| reage e forma | $\alpha P_0$ | $2\alpha P_0$ | $\frac{1}{2}\alpha P_0$ |
| equilíbrio | $P_0 - \alpha P_0$ | $2\alpha P_0$ | $\frac{1}{2}\alpha P_0$ |

(pressão)

$P = P_0 - \alpha P_0 + 2\alpha P_0 + \frac{1}{2}\alpha P_0$

$P = P_0 + 1{,}5\alpha P_0$

$P = \left[1 + \frac{3}{2}\alpha\right]P_0$

**Resposta:** alternativa c.

---

**30.** (ITA – SP) Um recipiente fechado, mantido a volume e temperatura constantes, contém a espécie química X no estado gasoso a pressão inicial $P_0$. Esta espécie decompõe-se em Y e Z de acordo com a seguinte equação química:

$X(g) \longrightarrow 2\ Y(g) + 1/2\ Z(g)$

Admita que X, Y e Z tenham comportamento de gases ideais. Assinale a opção que apresenta a expressão correta da pressão (P) no interior do recipiente em função do andamento da reação, em termos da fração $\alpha$ de moléculas de X que reagiram.

a) $P = [1 + (1/2)\alpha]P_0$
b) $P = [1 + (2/2)\alpha]P_0$
c) $P = [1 + (3/2)\alpha]P_0$
d) $P = [1 + (4/2)\alpha]P_0$
e) $P = [1 + (5/2)\alpha]P_0$

---

**31.** (FUVEST – SP) A 250 °C, a constante do equilíbrio de dimerização do ciclopentadieno é 2,7.

$2\ C_5H_6 \rightleftarrows C_{10}H_{12}$

Nessa temperatura, foram feitas duas misturas do monômero com o seu dímero:

| Concentrações iniciais das misturas (mol/L) | | |
|---|---|---|
| Mistura | Monômero | Dímero |
| 1 | 0,800 | 1,728 |
| 2 | 1,000 | 3,456 |

O que acontecerá com as concentrações do monômero e do dímero, ao longo do tempo,

a) na mistura 1? Justifique.
b) na mistura 2? Justifique.

---

**32.** Em um recipiente de 1,00 litro foram colocados 0,100 mol de $H_2S(g)$, 0,100 mol de $H_2(g)$ e enxofre sólido em excesso. O equilíbrio foi alcançado a 120 °C.

$H_2S(g) \rightleftarrows H_2(g) + S(s)$

A constante de equilíbrio a 120 °C é $K_C = 0{,}0700$.

A concentração de H₂(g), em mol/L, no equilíbrio é igual a:

a) 0,013
b) 0,027
c) 0,087
d) 0,113
e) 0,187

|  | H₂S(g) ⇌ H₂(g) + S(s) | | |
|---|---|---|---|
| início | | | |
| reage e forma | | | |
| equilíbrio | | | |

concentração em mol/L

**33.** (FUVEST – SP) A reação de esterificação do ácido etanoico com etanol apresenta constante de equilíbrio igual a 4, à temperatura ambiente. Abaixo estão indicadas cinco situações, dentre as quais apenas uma é compatível com a reação, considerando-se que a composição final é a de equilíbrio. Qual alternativa representa, nessa temperatura, a reação de esterificação citada?

○ = hidrogênio    ◉ = carbono    ● = oxigênio

|  | Composição inicial em mol | | | | Composição final em mol | | | |
|---|---|---|---|---|---|---|---|---|
|  | X | Y | Z | W | X | Y | Z | W |
| a) | 6 | 6 | 0 | 0 | 2 | 2 | 4 | 4 |
| b) | 6 | 5 | 0 | 0 | 4 | 3 | 2 | 2 |
| c) | 4 | 5 | 0 | 0 | 2 | 3 | 2 | 2 |
| d) | 3 | 3 | 1 | 0 | 1 | 1 | 3 | 2 |
| e) | 0 | 0 | 6 | 6 | 3 | 3 | 3 | 3 |

**34.** (FUVEST – SP) A produção industrial de metanol envolve o equilíbrio representado por:

$$CO(g) + 2\,H_2(g) \rightleftharpoons CH_3OH(g)$$

Numa experiência de laboratório colocaram-se 2 mol de CO e 2 mol de CH₃OH num recipiente vazio de 1 L. Em condições semelhantes às do processo industrial alcançado o equilíbrio. Quando a concentração de equilíbrio de H₂ for x mol/L, a de CH₃OH será:

a) $2 - x$
b) $2 - \dfrac{x}{2}$
c) $\dfrac{x}{2}$
d) $2 + x$
e) $2 + \dfrac{x}{2}$

|  | CO(g) + 2 H₂(g) ⇌ CH₃OH(g) | | |
|---|---|---|---|
| início | | | |
| reage e forma | | | |
| equilíbrio | | | |

mol/L

**35.** (UNIFESP) A constante de equilíbrio para a reação na fase gasosa

$$CO(g) + H_2O(g) \rightleftharpoons CO_2(g) + H_2(g)$$

vale 25, a 600 K.

Foi feita uma mistura contendo 1,0 mol de CO, 1 mol de H₂O, 2,0 mol de CO₂ e 2,0 mol de H₂ em um frasco de 1,0 L, a 600 K. Quais as concentrações de CO(g) e CO₂(g), em mol/L, quando for atingido o equilíbrio?

a) 3,5 e 1,5
b) 2,5 e 0,5
c) 1,5 e 3,5
d) 0,5 e 2,5
e) 0,5 e 3,0

|  | CO(g) + H₂O(g) ⇌ CO₂(g) + H₂(g) | | | |
|---|---|---|---|---|
| início | | | | |
| reage e forma | | | | |
| equilíbrio | | | | |

mol/L

**36.** (FUVEST – SP) Considere o equilíbrio, em fase gasosa:

$$CO(g) + H_2O(g) \rightleftarrows CO_2(g) + H_2(g)$$

cuja constante K, à temperatura de 430 °C, é igual a 4. Em um frasco de 1,0 L, mantido a 430 °C, foram misturados 1,0 mol de CO, 1,0 mol de $H_2O$, 3,0 mol de $CO_2$ e 3,0 mol de $H_2$. Esperou-se até o equilíbrio ser atingido.

a) Em qual sentido, no de formar mais CO ou de consumi-lo, a rapidez da reação é maior até se igualar no equilíbrio? Justifique.
b) Calcule as concentrações de equilíbrio de cada uma das espécies envolvidas (lembrete: $4 = 2^2$).

**Observação:** considerou-se que todos os gases envolvidos têm comportamento de gás ideal.

| | CO | + $H_2O$ $\rightleftarrows$ | $CO_2$ | + $H_2$ | |
|---|---|---|---|---|---|
| início | | | | | |
| reage e forma | | | | | mol/L |
| equilíbrio | | | | | |

**37.** (ITA – SP) Uma reação química genérica pode ser representada pela seguinte equação:

$$A(s) \rightleftarrows B(s) + C(g)$$

Sabe-se que, na temperatura $T_{eq}$, esta reação atinge o equilíbrio químico, no qual a pressão parcial de C é dada por Pc, eq. Os quatro recipientes fechados (I, II, III e IV), mantidos na temperatura $T_{eq}$, contêm as misturas de substâncias e as condições experimentais especificadas abaixo:

I. $A(s) + C(g)$; $P_{C,I} < P_{C,eq}$
II. $A(s) + B(s)$; $P_{C,II} = 0$
III. $A(s) + C(g)$; $P_{C,III} >>> P_{C,eq}$
IV. $B(s) + C(g)$; $P_{C,IV} > P_{C,eq}$

Para cada um dos recipientes, o equilíbrio químico citado pode ser atingido? Justifique suas respostas.

**38.** (SIMULADO) Considere as seguintes reações realizando-se no mesmo recipiente e com as respectivas constantes de equilíbrio em termos de concentração:

$Fe(s) + CO_2(g) \rightleftarrows FeO(s) + CO(g)$     $K_1 = 1,5$
$H_2O(g) + CO(g) \rightleftarrows H_2(g) + CO_2(g)$     $K_2 = 1,6$

A constante de equilíbrio ($K_3$) para a reação:
$Fe(s) + H_2O(g) \rightleftarrows FeO(s) + H_2(g)$     $K_3 = ?$
é igual a:
a) 2,4    b) 2,2    c) 1,5    d) 1,1    e) 0,9

# Exercícios Série Platina

**1.** No início de um experimento temos 0,10 mol/L de um reagente A. Ao atingir o equilíbrio temos 0,04 mol/L de A e 0,09 mol/L do produto B.

a) Determine os coeficientes estequiométricos da equação da transformação de A em B.
b) Calcule a constante de equilíbrio ($K_C$).
c) Faça um esboço do gráfico concentração dos participantes versus tempo transcorrido.
d) No mesmo gráfico mostre em linha tracejada a curva do produto B caso a reação tiver a participação de um catalisador.

**2.** O processo industrial Haber-Bosch de obtenção de amônia se baseia no equilíbrio químico expresso pela equação não balanceada.

$$N_2(g) + H_2(g) \rightleftarrows NH_3(g)$$

Sabendo que ao atingir o equilíbrio as pressões parciais dos gases $N_2$, $H_2$ e $NH_3$ são, respectivamente 0,4 atm, 1,0 atm e 0,2 atm.

a) Escreva a expressão da constante de equilíbrio $K_P$.
b) Calcule o valor de $K_P$ nas condições descritas.
c) Conhecendo-se o valor da constante de equilíbrio pode-se determinar a probabilidade de uma dada reação ocorrer na natureza. Você considera a reação de síntese da amônia uma reação eficiente para a "fixação" do nitrogênio atmosférico? Justifique sua resposta.

**3.** Num recipiente fechado previamente evacuado e com capacidade de 1,0 L, mantido à temperatura constante de 227 °C, introduz-se 0,8 mol de $SO_3$. Depois de certo tempo tem-se o equilíbrio:

$$2\,SO_3(g) \rightleftarrows SO_2(g) + O_2(g)$$

O gráfico abaixo representa a variação da concentração mol/L do $SO_3$ a partir do instante inicial até o instante $t_2 = 40$ s.

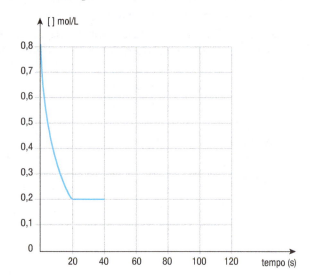

Pedem-se:

a) Calcule o $K_C$ da reação fornecida.
b) Calcule o grau de dissociação ($\alpha$).
c) Represente no próprio gráfico a variação da concentração em mol/L do $SO_2$ e do $O_2$ do instante inicial até o instante $t_2 = 40$ s.
d) Calcule a pressão total do sistema no instante $t_2 = 40$ s.

**Dado:** $0,082 \dfrac{atm \cdot L}{mol \cdot K}$.

**4.** Um gás A foi aprisionado em um frasco fechado sob temperatura constante. Em seguida, observou-se o aparecimento de uma coloração no interior do tubo, atribuída ao gás B. Após certo tempo, o sistema atinge o equilíbrio. O gráfico apresentado expressa os fatos descritos.

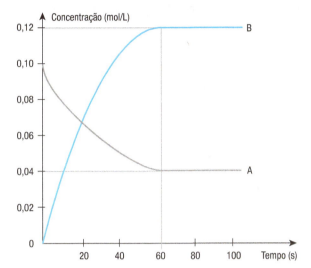

Sobre o sistema, pede-se:

a) Escreva a equação balanceada que representa a reação descrita.
b) Calcule o grau de equilíbrio.
c) Qual o valor de $K_c$?
d) Determine a razão entre a quantidade de matéria de B formado e a quantidade de A consumido.

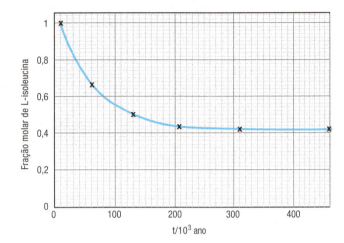

a) Leia no gráfico as frações molares de L-isoleucina indicadas com uma cruz e construa uma tabela com esses valores e com os tempos correspondentes.
b) Complete sua tabela com os valores da fração molar de D-isoleucina formada nos tempos indicados. Explique.
c) Calcule a constante do equilíbrio da isomerização.

$$\text{L-isoleucina} \rightleftarrows \text{D-isoleucina}$$

d) Qual é a idade de um osso fóssil em que o quociente entre as quantidades de D-isoleucina e L-isoleucina é igual a 1?

**5.** (FUVEST – SP) A L-isoleucina é um aminoácido que, em milhares de anos, se transforma no seu isômero, a D-isoleucina. Assim, quando um animal morre e aminoácidos deixam de ser incorporados, o quociente entre as quantidades, em mol, de D-isoleucina e de L-isoleucina, que é igual a zero no monumento da morte, aumenta gradativamente até atingir o valor da constante de equilíbrio. A determinação desses aminoácidos, num fóssil, permite datá-lo. O gráfico traz a fração molar de L-isoleucina, em uma mistura dos isômeros D e L, em função do tempo.

**6.** (FUVEST – SP) Cloreto de nitrosila puro (NOCl) foi aquecido a 240 °C em um recipiente fechado. No equilíbrio, a pressão foi de 1,000 atm e a pressão parcial do NOCl foi de 0,640 atm. A equação abaixo representa o equilíbrio do sistema;

$$2\ NOCl(g) \rightleftarrows 2\ NO(g) + Cl_2(g)$$

a) Calcule as pressões parciais do NO e do $Cl_2$ no equilíbrio.
b) Calcule a constante do equilíbrio.

Cap. 18 | Equilíbrio Químico Molecular

# Capítulo 19 — Deslocamento de Equilíbrio

## Produção de aço no alto-forno

O aço é a liga metálica produzida em maior quantidade atualmente. É composto em sua maior parte por ferro com adição de carbono, elemento responsável por melhorar algumas propriedades mecânicas, como o limite de resistência.

Hoje, o aço pode ser produzido tanto a partir da redução carbotérmica (redução por carbono em alta temperatura) do minério de ferro (hematita – $Fe_2O_3$) como da reciclagem de sucata de aço. No primeiro caso, as principais reações de redução ocorrem em um reator chamado de alto-forno, que apresenta diâmetro de 10 a 14 metros por 60 a 70 metros de altura.

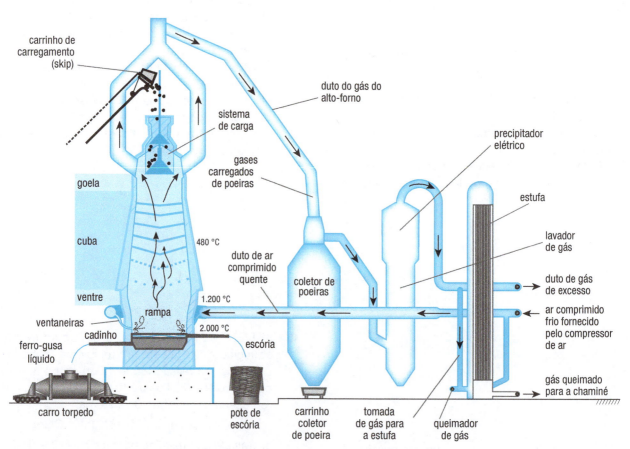

Desenho esquemático de um alto-forno.

Pela parte superior do alto-forno, são carregados minério de ferro, coque (composto basicamente por carbono) e calcário (utilizado para que os subprodutos sejam obtidos no estado líquido). Nas ventaneiras, localizadas na parte inferior, é soprado ar aquecido a alta pressão.

Na redução da hematita ($Fe_2O_3$), o monóxido de carbono (CO) é o principal agente redutor:

$$3\ Fe_2O_3(s) + CO(g) \rightleftarrows 2\ Fe_3O_4(s) + CO_2(g)$$
$$\Delta H = -52{,}8\ \text{kJ/mol CO}$$

$$Fe_3O_4(s) + CO(g) \rightleftarrows 3\ FeO(s) + CO_2(g)$$
$$\Delta H = -36{,}3\ \text{kJ/mol CO}$$

$$FeO(s) + CO(g) \rightleftarrows Fe(l) + CO_2(g)$$
$$\Delta H = -17{,}3\ \text{kJ/mol CO}$$

Esse monóxido de carbono é produzido pela queima do carbono na região das ventaneiras. Primeiramente, o carbono é oxidado a $CO_2$, em uma reação altamente exotérmica.

$$C(coque) + O_2(ar) \rightleftarrows CO_2(g)$$
$$\Delta H = -393,5 \text{ kJ/mol C}$$

Contudo, em alta temperatura e na presença de carbono, o dióxido de carbono se decompõe em monóxido de carbono.

$$CO_2(g) + C(coque) \rightleftarrows 2\,CO(g)$$
$$\Delta H = +172,5 \text{ kJ/mol C}$$

Assim, tudo se passa como ocorre a seguinte reação:

$$C(coque) + 1/2\,O_2(ar) \rightleftarrows CO(g)$$
$$\Delta H = -221 \text{ kJ/mol C}$$

Como o monóxido de carbono é o gás que apresenta poder redutor, objetiva-se obter a maior quantidade de CO no gás dentro do forno.

Isto é conseguido por meio da manipulação do equilíbrio da reação entre $CO_2$ e C. Como essa reação é endotérmica, procura-se manter a temperatura do forno a mais alta possível, uma vez que uma maior temperatura implica uma maior quantidade de energia disponível para essa reação ocorrer. Dessa forma, o **equilíbrio** dessa reação é **deslocado** no sentido de formação do monóxido de carbono. Esse aumento da temperatura pode ser obtido, por exemplo, por meio da ingestão de oxigênio puro nas ventaneiras ao invés de ar.

Assim, pode-se perceber a importância, inclusive econômica, do estudo do deslocamento do equilíbrio. Este tópico será abordado neste capítulo.

## 1. Efeito da concentração

Adicionamos 1 mol de $N_2O_4$ a 100 °C em um balão de 1 L, sabendo que o rendimento da reação é 26%.

|  | $N_2O_4$ $\rightleftarrows$ | $2\,NO_2$ |
|---|---|---|
| início | 1 | — |
| reage e forma | 0,26 | 0,52 |
| equilíbrio | 0,74 | 0,52 |

$$K_C = \frac{[NO_2]^2}{[N_2O_4]} \therefore K_C = \frac{(0,52)^2}{0,74} \therefore K_C = 0,36$$

Suponha agora que, nesse sistema em equilíbrio, seja adicionado mais 1 mol de $N_2O_4$. Logo após essa adição, as concentrações serão as seguintes:

$$N_2O_4 \rightleftarrows 2\,NO_2$$
$$1,74 \text{ mol/L} \quad 0,52 \text{ mol/L}$$

$$Q = \frac{[NO_2]^2}{[N_2O_4]} = \frac{(0,52)^2}{1,74} = 0,16$$

Não está em equilíbrio.

$Q < K_C$, prevalece a reação direta até $Q = K_C$.

Perceba que a **adição do $N_2O_4$ faz com que o sistema saia da condição de equilíbrio**. Dizemos que o **equilíbrio foi perturbado**. No entanto, nos instantes seguintes notaremos que haverá consumo de $N_2O_4$ e produção de $NO_2$ até que o sistema chegue a uma nova situação, na qual as concentrações serão:

|  | $N_2O_4$ $\rightleftarrows$ | $2\,NO_2$ |
|---|---|---|
| equilíbrio | 0,74 | 0,52 |
| adição de $N_2O_4$ | 1,74 | 0,52 |
| reage e forma | x | 2x |
| novo equilíbrio | 1,74 − x | 0,52 + 2x |

$$K_C = \frac{[NO_2]^2}{[N_2O_4]} \therefore 0,36 = \frac{(0,52 + 2x)^2}{1,74 - x} \therefore x = 0,12$$

$$N_2O_4 \rightleftarrows 2\,NO_2$$

novo equilíbrio   1,62 mol/L   0,76 mol/L

$$\frac{[NO_2]^2}{[N_2O_4]} = \frac{(0,76)^2}{1,62} = 0,36$$

Está em equilíbrio.

Note que nessa nova situação os valores das concentrações voltaram a obedecer à lei do equilíbrio, $[NO_2]^2 / [N_2O_4] = 0,36$. Dessa forma, concluímos que, **ao aumentar a concentração de $N_2O_4$, o equilíbrio se deslocou para a direita**, ou seja, a reação "caminhou" um pouco no sentido de consumir $N_2O_4$ e formar $NO_2$ até que os valores das concentrações voltassem a obedecer à expressão $[NO_2]^2 / [N_2O_4] = 0,36$.

O gráfico a seguir representa a sequência do que acabamos de discutir:

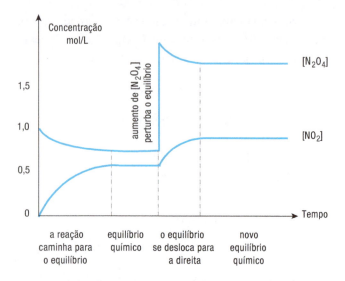

Se, em vez de aumentar a concentração de $N_2O_4$, tivéssemos aumentado a concentração de $NO_2$, seguindo um raciocínio análogo, o equilíbrio teria se deslocado para a esquerda.

$$N_2O_4 \rightleftarrows 2\, NO_2$$

**A adição de $N_2O_4$ desloca para a direita.**
**A adição de $NO_2$ desloca para a esquerda.**

De um modo geral, podemos afirmar então que:

> **Aumentando a concentração** de um participante, o equilíbrio se desloca na direção do seu **consumo**.

Raciocinando de um modo análogo, concluiríamos que:

$$N_2O_4 \rightleftarrows 2\, NO_2$$

**A retirada de $N_2O_4$ desloca para a esquerda.**
**A retirada de $NO_2$ desloca para a direita.**

Que podemos generalizar da seguinte maneira:

> **Diminuindo a concentração** de um participante, o equilíbrio se desloca na direção da sua **formação**.

## 2. Efeito da pressão

Retornando ao equilíbrio:

$$N_2O_4(g) \rightleftarrows 2\, NO_2 \quad K_C = 0{,}36$$

equilíbrio   0,74 mol/L   0,52 mol/L

1 L

Vamos aumentar a pressão sobre o êmbolo, provocando sua descida até que o volume se reduza à metade do inicial (0,5 L). Imediatamente após essa compressão, as concentrações passaram a valer o dobro:

0,5 L   [$N_2O_4$ / $NO_2$]   $[N_2O_4] = 1{,}48$ mol/L
$[NO_2] = 1{,}04$ mol/L

$$Q = \frac{[NO_2]^2}{[N_2O_4]} = \frac{(1{,}04)^2}{1{,}48} = 0{,}73$$

$Q > K_C$, prevalece a reação inversa até $Q = K_C$.

|  | $N_2O_4$ $\rightleftarrows$ | $2\, NO_2$ |
|---|---|---|
| equilíbrio | 0,74 | 0,52 |
| aumento do P | 1,48 | 1,04 |
| reage e forma | x | 2x |
| novo equilíbrio | 1,48 + x | 1,04 − 2x |

$$K_C = \frac{[NO_2]^2}{[N_2O_4]} \therefore 0{,}36 = \frac{(1{,}04 - 2x)^2}{1{,}48 + x} \therefore x = 0{,}14$$

$$N_2O_4 \rightleftarrows 2\, NO_2$$

novo equilíbrio   1,62 mol/L   0,76 mol/L

Vemos então que o aumento de pressão desloca o equilíbrio no sentido do $N_2O_4$ e, por meio de um raciocínio análogo, concluiríamos que a diminuição da pressão o deslocaria no sentido do $NO_2$.

$$N_2O_4 \rightleftarrows 2\, NO_2$$

**O aumento da pressão desloca para a esquerda.**
**A diminuição da pressão desloca para a direita.**

Um raciocínio simples de ser executado para resolver problemas de deslocamento pela pressão baseia-se na seguinte observação: *o aumento de pressão desloca para o lado que ocupa menos espaço (isto é, com menor volume gasoso), e a diminuição de pressão, para o lado que ocupa maior espaço (isto é, com maior volume gasoso).*

$$\boxed{1}\ N_2O_4 \rightleftarrows \boxed{2}\ NO_2$$

1 volume     2 volumes

O aumento da pressão desloca para o lado de menor volume gasoso.

A diminuição da pressão desloca para o lado de maior volume gasoso.

Assim, o efeito da pressão se resume em:

> Um **aumento de pressão** desloca um equilíbrio para o lado em que há **menor** volume gasoso.

> Uma **diminuição de pressão** desloca um equilíbrio para o lado em que há **maior** volume gasoso.

**Explicação:**

$$K_P = \frac{p^2_{NO_2}}{p_{N_2O_4}} \quad \text{como } p = x \cdot P \quad \therefore \quad K_P = \frac{x^2_{NO_2} p^2}{x_{N_2O_4} P}$$

$$K_P = \frac{x^2_{NO_2}}{x_{N_2O_4}} \cdot P \qquad K_P = \frac{x^2_{NO_2}}{x_{N_2O_4}} \quad P$$

constante   diminui   aumenta

**Conclusão:** se P aumenta, desloca o equilíbrio para o lado de menor volume gasoso.

Há equilíbrios químicos que não são afetados pela pressão: trata-se daqueles em que o volume gasoso é igual em ambos os lados da equação como, por exemplo:

①$H_2(g)$ + ①$I_2(g)$ ⇌ ②$HI(g)$

2 volumes        2 volumes

Esse equilíbrio **não** pode ser deslocado por variações de pressão.

**Explicação:**

$$K_P = \frac{p^2_{HI}}{p_{H_2} \cdot p_{I_2}} \qquad \text{lembrando } p = x \cdot P$$

$$K_P = \frac{x^2_{HI} \cdot P^2}{x_{H_2} \cdot x_{I_2} \cdot P^2} \qquad K_P = \frac{x^2_{HI}}{x_{H_2} \cdot x_{I_2}}$$

Observe que a pressão total é cancelada, portanto, esse equilíbrio não sofre deslocamento por variação da pressão.

Essas conclusões sobre efeito da pressão são válidas para todos os **equilíbrios dos quais participem gases. Sólidos e líquidos devem ser ignorados nesse tipo de análise.**

## 3. Efeito da temperatura

Como já vimos, a constante de equilíbrio apresenta, para cada reação a uma dada temperatura fixa, um valor invariável.

Discutiremos agora o efeito da variação de temperatura sobre a constante de equilíbrio.

O valor da constante de equilíbrio ($K_C$ ou $K_P$) é alterado por variações de temperatura.

Por meio de investigações experimentais, os físico-químicos concluíram que o aquecimento pode aumentar ou diminuir o valor da constante de equilíbrio e que isso depende do valor do $\Delta H$ da reação. O aumento da temperatura provoca aumento do valor da constante de equilíbrio para reações endotérmicas ($\Delta H > 0$) e diminuição para exotérmicas ($\Delta H < 0$).

**Explicação:** quando aumentamos a temperatura, ambas as velocidades aumentam (direta e inversa), só que a velocidade da reação endotérmica aumenta mais que velocidade da reação exotérmica, pois a reação endotérmica absorve calor.

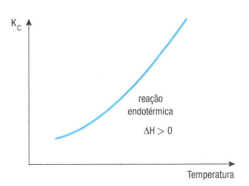

(**Exemplo:** $N_2O_4 \rightleftarrows 2\,NO_2$)

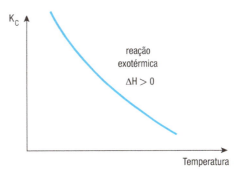

**Exemplo:** $H_2 + Br_2 \rightleftarrows 2\,HBr$

Para exemplificar, voltemos à reação

$$N_2O_4 \rightleftarrows 2\,NO_2,$$

cujos valores de $K_C$ a várias temperaturas se encontram na tabela na página seguinte.

Como se pode perceber, o aumento de temperatura provoca aumento de $K_C$, o que está de acordo com o fato de ser esta uma reação endotérmica ($\Delta H = +58,1$ kJ).

Cap. 19 | Deslocamento de Equilíbrio **261**

**Tabela 1:**

Valores de $K_C$ para $N_2O_4 \rightleftharpoons 2\,NO_2$ ($\Delta H = +58$ kJ).

| Temperatura (°C) | $K_c$ |
|---|---|
| 0 | $3{,}8 \cdot 10^{-4}$ |
| 50 | $2{,}0 \cdot 10^{-2}$ |
| 100 | $3{,}6 \cdot 10^{-1}$ |
| 150 | $3{,}2$ |
| 200 | $1{,}9 \cdot 10^{1}$ |
| 250 | $7{,}8 \cdot 10^{1}$ |

O fato de a constante de equilíbrio ser influenciada pela variação de temperatura tem uma importante consequência: um equilíbrio pode ser deslocado por meio de aquecimento ou resfriamento. Vamos ilustrar partindo do seguinte sistema em equilíbrio:

100 °C  $N_2O_4 \underset{\text{exo}}{\overset{\text{endo}}{\rightleftharpoons}} 2\,NO_2$  $\Delta H > 0$

$K_C = 0{,}36$   0,74 mol/L          0,52 mol/L

$K_C = \dfrac{k_1}{k_2}$   $k_1$ = constante da velocidade da reação endotérmica.
$k_2$ = constante da velocidade da reação exotérmica.

Quando aumentamos a temperatura, $k_1$ aumenta mais que $k_2$, pois trata-se de uma reação endotérmica. O equilíbrio é deslocado para a direita e teremos uma nova constante de equilíbrio com um valor maior.

100 °C  $K_C = \dfrac{k_1}{k_2}$   150 °C  $K'_C = \dfrac{k'_1}{k'_2}$   $k'_1 > k_1$
$K_C = 0{,}36$              $K'_C = 3{,}2$     $k'_2 > k_2$

Assim, concluímos que o aquecimento desloca o equilíbrio em questão para a direita e, por um raciocínio parecido, concluiríamos que um resfriamento o deslocaria para a esquerda.

calor + $N_2O_4 \underset{\substack{\text{sentido}\\\text{exotérmico}}}{\overset{\substack{\text{sentido}\\\text{endotérmico}}}{\rightleftharpoons}} 2\,NO_2$

$\Delta H = +58{,}1$ kJ ↑

$\Delta H$ positivo: reação direta é endotérmica.

Aumento da temperatura desloca no sentido endotérmico.

Diminuição da temperatura desloca no sentido exotérmico.

> Um **aumento de temperatura** desloca um equilíbrio no sentido **endo**térmico (sentido que absorve calor).

> Uma **diminuição de temperatura** desloca um equilíbrio no sentido **exo**térmico (sentido que libera calor).

**Aprofundando**

Uma descrição quantitativa da variação da constante de equilíbrio com a temperatura é descrita pela equação de van't Hoff. A equação é:

$$\ln \dfrac{K_1}{K_2} = \dfrac{-\Delta H}{R}\left(\dfrac{1}{T_1} - \dfrac{1}{T_2}\right)$$

Se a temperatura é aumentada para uma reação exotérmica ($\Delta H$ é negativo), então:

$$T_2 > T_1$$

e assim, $\dfrac{1}{T_2} < \dfrac{1}{T_1}$

e, portanto $\dfrac{1}{T_1} - \dfrac{1}{T_2} > 0$

Como o $\Delta H$ é negativo, $-\Delta H$ tem um valor positivo. Assim, todo o lado direito da equação é positivo. Isso significa que:

$$\ln \dfrac{K_1}{K_2} > 0$$

A única maneira disso ser possível é para

$$K_1 > K_2$$

Significando que, para uma reação exotérmica, K diminui com o aumento da temperatura.

## 4. Efeito do catalisador

Vamos recordar a primeira experiência que descrevemos no início. Partimos de 1 mol/L de $N_2O_4$ (incolor) a 100 °C, chegando ao equilíbrio após um certo tempo.

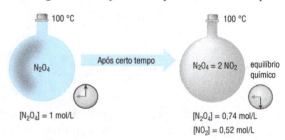

Imagine agora que tivéssemos em nosso laboratório um catalisador para essa reação e que repetíssemos essa experiência, porém na presença desse catalisador. Iríamos observar o seguinte:

Como você pode perceber, as concentrações de equilíbrio são as mesmas na presença e na ausência do catalisador.

## 4.1 Catalisador não desloca equilíbrio

Podemos perceber, contudo, que utilizando o catalisador a velocidade com que a reação caminha para o equilíbrio é maior. Assim:

Um catalisador faz com que **cheguemos mais rapidamente** à situação de equilíbrio químico.

É muito simples entender por que o catalisador não desloca um equilíbrio. Como você deve estar lembrado, ele atua abaixando a energia de ativação. Acontece que o abaixamento na energia de ativação é o mesmo, tanto para a reação direta quando para a inversa.

Assim, se ambas as reações têm suas velocidades igualmente aumentadas, o equilíbrio não se deslocará no sentido direto nem no inverso.

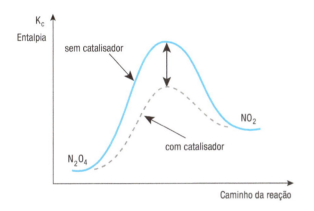

O abaixamento de energia de ativação provocado pelo catalisador é o mesmo tanto para a reação direta quanto para a inversa.

## 4.2 Não confunda os efeitos do catalisador e da temperatura

Tanto a presença do catalisador quanto o aumento da temperatura provocam aumento da velocidade de uma reação química. Assim, para atingirmos mais rápido o equilíbrio, poderemos usar ambos os recursos.

Quando usamos um catalisador, as concentrações no equilíbrio são exatamente as mesmas de quando ele não é utilizado.

Já quando usamos aquecimento, provocamos uma alteração do valor da constante de equilíbrio e, consequentemente, uma alteração das concentrações presentes do equilíbrio. Em outras palavras, o aquecimento faz chegar mais rápido ao equilíbrio, mas o desloca.

Para entender bem, analise atentamente os gráficos a seguir, que mostram o que acontece ao partimos de 1 mol/L de $N_2O_4$ em três condições experimentais diferentes.

100 °C
Sem catalisador

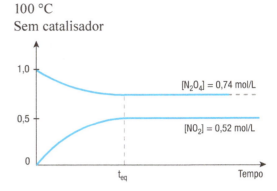

100 °C
Com catalisador

Equilíbrio atingido mais rapidamente e com as mesmas concentrações que no primeiro caso.

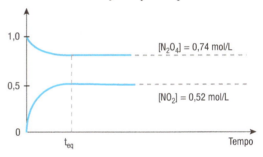

150 °C
Sem catalisador

Equilíbrio atingido mais rapidamente que no primeiro caso, porém com diferentes concentrações (equilíbrio deslocado, nesse exemplo, no sentido da formação de $NO_2$).

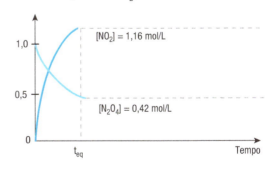

## 4.3 O princípio de Le Chatelier

O que discutimos sobre deslocamento de equilíbrio é resumido pelo chamado princípio de Le Chatelier, que diz:

"Quando um sistema em equilíbrio químico é perturbado por uma ação externa, o próprio sistema tende a contrariar a ação que o perturbou, a fim de restabelecer a situação de equilíbrio."

Para entender melhor, vamos tomar como exemplo o seguinte equilíbrio:

$$N_2O_4 \rightleftarrows 2\,NO_2$$

Se adicionarmos $N_2O_4$ (isto é, aumentarmos sua concentração), o equilíbrio se deslocará para a direita, ou seja, na direção do consumo do $N_2O_4$ que foi adicionado. Vemos que a resposta do sistema (consumo de $N_2O_4$) tenta contrariar a ação que perturbou o equilíbrio (adição de $N_2O_4$).

O químico francês Henri Le Chatelier (1850-1936).

Assim, também, outras ações provocarão deslocamentos que visam contrariá-las. A tabela a seguir ilustra todas as situações possíveis.

| Perturbação externa | Desloca no sentido de | Altera o valor de K? |
|---|---|---|
| aumento da substância | consumo dessa substância | não |
| diminuição da substância | formação dessa substância | não |
| aumento da pressão | menor volume gasoso | não |
| diminuição da pressão | maior volume gasoso | não |
| aumento da temperatura | absorção de calor (endotérmico) | sim |
| diminuição da temperatura | liberação de calor (exotérmico) | sim |
| presença de catalisador | não desloca | não |

**Observações:**

$$A \underset{v_2}{\overset{v_1}{\rightleftarrows}} B$$

- deslocar um equilíbrio é tornar momentaneamente $v_1 \neq v_2$
- deslocar para a direita: $v_1 > v_2$
- deslocar para esquerda: $v_2 > v_1$

## Exercícios Série Prata

**1.** Dado o equilíbrio químico $N_2O_4(g) \rightleftarrows 2\,NO_2(g)$. Complete.

a) Adição de $NO_2$ desloca para _____ .

b) Adição de $N_2O_4$ desloca para _____ .

c) Retirada parcial de $NO_2$ desloca para _____ .

d) A substância adicionada é _____ .
(ver gráfico)

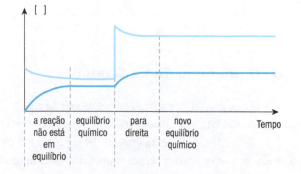

**2.** O que acontece com o equilíbrio:

$$CH_4(g) + H_2O(g) \rightleftarrows CO(g) + 3\,H_2(g)$$

quando a concentração de:

a) $CH_4$ é aumentada?  c) CO é aumentada?
b) $CH_4$ é diminuída?  d) CO é diminuída?

**3.** (VUNESP) Considerar o equilíbrio:

$$Fe_3O_4(s) + 4\,H_2(g) \rightleftarrows 3\,Fe(s) + 4\,H_2O(g)$$

a 150 °C em recipiente fechado. Qual será o efeito da adição ao sistema em equilíbrio de:

a) mais $H_2(g)$?
b) mais Fe(s)?

**4.** Preveja o que deve acontecer com o seguinte equilíbrio
$$N_2(g) + 3\ H_2(g) \rightleftarrows 2\ NH_3(g)$$
se for submetido a:
a) um aumento da pressão.
b) uma diminuição de pressão.

**5.** Considere o equilíbrio:
$$Br_2(g) + Cl_2(g) \rightleftarrows 2\ BrCl(g)$$
Que efeito sobre ele terá um aumento de pressão?

**6.** Considere o equilíbrio:
$$H_2O(g) + C(s) \rightleftarrows CO(g) + H_2(g)$$
Que efeito sobre ele terá um aumento de pressão?

**7.** O que deve acontecer com o equilíbrio químico
$$2\ NO(g) + O_2(g) \rightleftarrows 2\ NO_2(g) \qquad \Delta H = -113\ kJ$$
a) quando a temperatura aumenta?
b) quando a temperatura diminui?

**8.** Complete com **exotérmica** ou **endotérmica**.

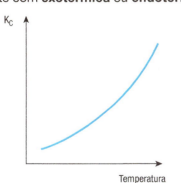

a) reação _____ .

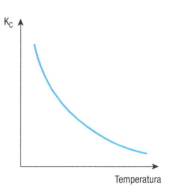

b) reação _____ .

**9.** Os dados da tabela se referem ao equilíbrio:
$$N_2O_4(g) \rightleftarrows 2\ NO_2(g)$$

| Temperatura (°C) | $K_c$ |
|---|---|
| 25 | $4,0 \cdot 10^{-2}$ |
| 100 | $3,6 \cdot 10^{-1}$ |
| 127 | 1,4 |
| 150 | 3,2 |
| 227 | 4,1 |

a) A reação direta é endotérmica ou exotérmica?
b) Em qual dessas temperaturas o equilíbrio está mais deslocado no sentido do produto?

**10.** Um frasco bem fechado, de vidro incolor e resistente, contém, em fase gasosa, HI (incolor) em equilíbrio com $H_2$ (incolor) e $I_2$ (violeta).
$$2\ HI(g) \rightleftarrows H_2(g) + I_2(g) \qquad \Delta H = -53\ kJ$$
O que se pode prever sobre a intensidade da cor violeta se esse frasco for colocado num ambiente mais:
a) quente?      b) frio?

**11.** Complete com **desloca** ou **não desloca**.
Catalisador _____ equilíbrio. Um catalisador faz com que um processo chegue mais rapidamente à situação de equilíbrio químico.

**12.** Complete com **com catalisador** e **sem catalisador**.

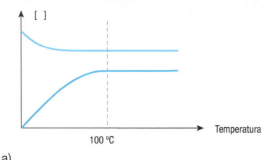

a) _____

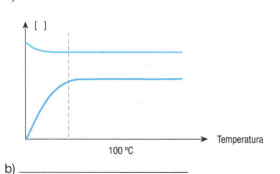

b) _____

**13.** Complete o quadro.

| | Perturbação externa | Desloca | Altera o valor de K? |
|---|---|---|---|
| a) | aumento da concentração | | |
| b) | diminuição da concentração | | |
| c) | aumento da pressão | | |
| d) | diminuição da pressão | | |
| e) | aumento da temperatura | | |
| f) | diminuição da temperatura | | |
| g) | presença de catalisador | | |

**14.** (UEMG) O sistema a seguir tem constante de equilíbrio igual a 0,003 a 627 °C e 0,2 a 927 °C.

$$H_2O(g) + C(s) \rightleftarrows CO(g) + H_2(g)$$

Pode-se concluir corretamente sobre esse sistema que:

a) A produção de CO(g) é exotérmica.
b) O aumento da pressão provoca aumento da constante de equilíbrio.

c) A expressão da constante de equilíbrio é:

$$K_C = \frac{[CO][H_2]}{[H_2][C]}$$

d) A produção de CO(g) é favorecida com o aumento da temperatura.

**15.** (UPF – RS) Faça uma análise da seguinte reação, considerando as afirmações abaixo:

$$4\ HCl(g) + O_2(g) \rightleftarrows 2\ H_2O(g) + 2\ Cl_2(g)$$

I. Um aumento da pressão deslocará o equilíbrio para a direita.
II. A adição de $O_2$ diminuirá a concentração de cloro gasoso.
III. A adição de HCl aumentará a concentração de cloro gasoso.
IV. A adição de um catalisador diminui a velocidade da reação.

As afirmativas verdadeiras, que correspondem à reação acima, são:

a) I e II.
b) I e III.
c) I e IV.
d) II e III.
e) II e IV.

**16.** (UNIRIO–RJ) Considere que, no sangue, as moléculas de hemoglobina e de gás oxigênio dissolvido estão em equilíbrio com a oxiemoglobina, de acordo com equação abaixo:

$$\text{hemoglobina} + \text{oxigênio} \underset{2}{\overset{1}{\rightleftarrows}} \text{oxiemoglobina}$$

Em grandes altitudes, quando o ar se torna rarefeito, essa posição de equilíbrio é alterada, causando distúrbios orgânicos.

A combinação correta entre o fator cuja variação é responsável pelo deslocamento do equilíbrio e o sentido desse deslocamento, indicado na equação, é:

a) concentração de oxigênio: 1.
b) concentração de oxigênio: 2.
c) temperatura ambiente: 1.
d) temperatura ambiente: 2.

**17.** (VUNESP) Considere o equilíbrio a 25 °C

$$2\,NO_2(g) \rightleftarrows N_2O_4(g) \quad \Delta H = -57{,}2\,kJ$$
marrom    incolor

a) Explique por que a constante de equilíbrio ($K_c$) aumenta quando a temperatura de 25 °C é reduzida a 0 °C.

b) Explique por que, reduzindo-se o volume do sistema em equilíbrio, a cor marrom passa a amarelo-pálido a 25 °C.

**18.** (MACKENZIE – SP) A diferença entre tintura para cabelos do tipo tintura permanente e tintura temporária está na presença ou não de amônia em sua composição. A amônia é responsável pela "tintura" das escamas de queratina, que recobre os fios e, nesse caso, o corante penetra em sua estrutura. Em sua ausência, o corante apenas se deposita na superfície do fio do cabelo.

$$N_2(g) + H_2(g) \underset{2}{\overset{1}{\rightleftarrows}} NH_3(g) \quad \Delta H = -46{,}22\,kJ$$

Acima, tem-se a equação não balanceada de obtenção da amônia, sobre a qual é **INCORRETO** afirmar que:

a) na reação entre 3 mols de hidrogênio com 1 mol de nitrogênio são produzidos 2 mols de amônia.
b) aumentando-se a pressão, a reação desloca-se no sentido 1.
c) a reação de formação da amônia é exotérmica.
d) a reação ocorre com contração de volume.
e) a amônia é um gás com cheiro característico e é irritante para as vias respiratórias.

**19.** (UEMG) As equações a seguir representam sistemas em equilíbrio. O único sistema que não se desloca para alteração de pressão é:

a) $SO_2(g) + \frac{1}{2}O_2(g) \rightleftarrows SO_3(g)$

b) $CO_2(g) + H_2(g) \rightleftarrows CO(g) + H_2O(g)$

c) $N_2(g) + 3\,H_2(g) \rightleftarrows 2\,NH_3(g)$

d) $2\,CO_2(g) \rightleftarrows 2\,CO(g) + O_2(g)$

**20.** (UFMG) A amônia, $NH_3(g)$, é obtida, industrialmente, pela reação entre os gases hidrogênio e nitrogênio, representada nesta equação:

$$N_2(g) + 3\,H_2(g) \rightleftarrows 2\,NH_3(g) \quad x = 1 \quad \Delta H < 0$$

O processo industrial é feito em alta pressão e alta temperatura, em condições de equilíbrio. Obtida a amônia, a mistura de gases é borbulhada em água líquida, o que permite separar a amônia do nitrogênio e do hidrogênio que não reagiram.

Considerando-se essas informações, é **CORRETO** afirmar que:

a) o princípio de Le Chatelier prevê que se forma mais amônia num equilíbrio em alta temperatura.
b) a reação de formação da amônia é mais rápida que sua decomposição pela reação inversa, no equilíbrio.
c) o rendimento em amônia é maior num equilíbrio em alta pressão.
d) o borbulhamento da mistura dos três gases em água retém, nesse líquido, em maior quantidade, os reagentes nitrogênio e hidrogênio.

**21.** (UFMG) Um tubo de vidro fechado contém $NO_2$ gasoso em equilíbrio com o $N_2O_4$ gasoso, a 25 °C.

Esse tubo é aquecido até 50 °C e, então, observa-se uma diminuição da concentração do $N_2O_4$.

É **CORRETO** afirmar que, no processo descrito, parte da energia fornecida no aquecimento é utilizada para:

a) favorecer a ocorrência da reação exotérmica.
b) diminuir a agitação térmica das moléculas.
c) quebrar ligações covalentes.
d) diminuir o número de moléculas no tubo.

**22.** Dado o equilíbrio:

$$N_2(g) + 3 H_2(g) \rightleftharpoons 2 NH_3(g)$$

Que efeito terá sobre o equilíbrio adição do gás hélio?

**23.** (FEI – SP) O equilíbrio:

$$FeO(s) + CO(g) \rightleftharpoons Fe(s) + CO_2(g)$$

se desloca no sentido de formação do Fe(s) quando:

I. Adiciona-se certa quantidade de FeO(s).
II. Retira-se uma fração de Fe(s).
III. Aumenta-se a concentração de CO(g).
IV. Eleva-se a pressão total sobre o sistema.
V. Reduz-se a concentração do $CO_2(g)$.

São verdadeiras:

a) somente I, II, III e V.
b) somente I e II.
c) somente III e V.
d) somente IV.
e) somente I e II.

**24.** (CESGRANRIO – RJ) O gráfico seguinte refere-se ao sistema químico:

$$H_2(g) + I_2(g) \rightleftharpoons 2 HI(g)$$

ao qual se aplica o princípio de Le Chatelier.

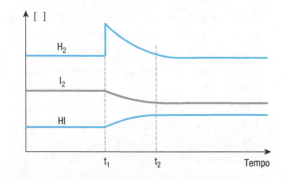

Analise o gráfico e indique a opção correta.

a) A adição de $I_2(g)$ em $t_1$ aumentou a concentração de HI(g).
b) A adição de $H_2(g)$ em $t_2$ aumentou a concentração de $I_2(g)$.
c) A adição de $H_2(g)$ em $t_1$ aumentou a concentração de HI(g).
d) A adição de $H_2(g)$ em $t_2$ levou o sistema ao equilíbrio.

**25.** (UFFS – BA) Considere o gráfico abaixo, o qual se refere à reação:

$$A + B \rightleftharpoons C + D$$

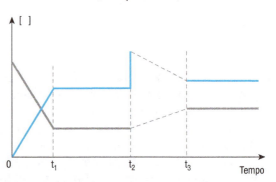

Analise as proposições:

I. No intervalo de tempo $t_1$ a $t_2$, as concentrações dos produtos e dos reagentes permaneceram constantes.
II. Em $t_2$, houve adição de produtos ao sistema em equilíbrio.
III. No intervalo de tempo $t_2$ a $t_3$, ocorreu um aumento na concentração dos reagentes.
IV. O estado de equilíbrio foi destruído após $t_3$.

Estão corretas as proposições:

a) II e III apenas.
b) II e IV apenas.
c) I, III e IV apenas.
d) I, II e III apenas.

**26.** (UFV – MG) O estudo experimental de uma reação química em equilíbrio demonstrou que o aumento da temperatura favorecia a formação dos produtos, enquanto o aumento da pressão favorecia a formação dos reagentes. Baseado nessas informações, e sabendo que A, B, C e D são gases, assinale a equação que representa a reação estudada:

a) $A + B \rightleftarrows 2C + D$ $\quad \Delta H = +500$ kJ/mol
b) $3A + 5B \rightleftarrows 2C + 2D$ $\quad \Delta H = +500$ kJ/mol
c) $4A + 5B \rightleftarrows 6C + 7D$ $\quad \Delta H = -500$ kJ/mol
d) $3A + 6B \rightleftarrows 3C + 2D$ $\quad \Delta H = +500$ kJ/mol
e) $2A + 2B \rightleftarrows C + D$ $\quad \Delta H = -500$ kJ/mol

**27.** (UFC – CE) No estudo da ação do gás venenoso $COCl_2$, usado como arma química, observa-se seu processo de decomposição de acordo com a reação:

$$COCl_2(g) \rightleftarrows CO(g) + Cl_2(g)$$

Partindo de uma situação de equilíbrio, adicionou-se 0,10 mol de CO, e o sistema, após algum tempo, chegou a uma nova situação de equilíbrio.

Marque a opção que indica como as novas concentrações do equilíbrio estão relacionadas com as antigas.

| | [$COCl_2$] | [CO] | [$Cl_2$] |
|---|---|---|---|
| a) | nova > antiga | nova > antiga | nova < antiga |
| b) | nova > antiga | nova > antiga | nova > antiga |
| c) | nova < antiga | nova > antiga | nova < antiga |
| d) | nova > antiga | nova < antiga | nova < antiga |
| e) | mesma | mesma | mesma |

**28.** (UNESP) Sabendo que a reação representada pela equação

$$H_2(g) + Br_2(g) \rightleftarrows 2 HBr(g)$$

é exotérmica, é correto afirmar que o equilíbrio

a) se deslocará para a esquerda, no sentido da formação do $H_2$ e do $Br_2$, com o aumento da pressão.
b) se deslocará para a direita, no sentido da formação do HBr, com o aumento da pressão.
c) se deslocará para a direita, no sentido da formação do HBr, com o aumento da temperatura.
d) se deslocará para a direita, no sentido da formação do HBr, com a diminuição da temperatura.
e) não é alterado por mudanças apenas na temperatura do sistema.

**29.** (MACKENZIE – SP)

$$CHCl_3(g) + Cl_2(g) \rightleftarrows CCl_4(g) + HCl(g)$$

No sistema em equilíbrio acima equacionado, para aumentar a produção de tetracloreto de carbono, deve-se:

a) aumentar a pressão do sistema.
b) diminuir a concentração de $Cl_2$.
c) aumentar a concentração de HCl.
d) aumentar a concentração de $CHCl_3$.
e) diminuir a pressão do sistema.

**30.** (VUNESP) Considere a reação em fase gasosa:

$$N_2 + O_2 \rightleftarrows 2 NO \quad \Delta H = +43,5 \text{ Kcal}$$

Com relação à constante de equilíbrio em termos de concentração ($K_C$), assinale a afirmação correta:

a) $K_C$ diminui, quando se adiciona NO ao equilíbrio.
b) $K_C$ aumenta com o aumento de pressão.
c) $K_C$ não depende da temperatura.
d) $K_C$ varia, quando se adiciona um catalisador.
e) $K_C$ aumenta, quando se aumenta a temperatura.

# Exercícios Série Ouro

**1.** (MACKENZIE – SP)

$$N_2(g) + O_2(g) \underset{\text{exotérmica}}{\overset{\text{endotérmica}}{\rightleftarrows}} 2\ NO(g)$$

No equilíbrio acima:

I. Aumentando-se a pressão do sistema, o equilíbrio desloca-se no sentido endotérmico.

II. Diminuindo-se a temperatura do sistema, o equilíbrio desloca-se no sentido da reação indireta.

III. Adicionando-se um catalisador, o equilíbrio desloca-se no sentido exotérmico.

Das afirmações feitas,

a) I, II e III estão corretas.
b) somente I está correta.
c) somente II está correta.
d) somente I e II estão corretas.
e) somente II e III estão corretas.

**2.** (UNESP) A formação de glicose envolve o equilíbrio:

$$6\ CO_2(g) + 6\ H_2O(l) \rightleftarrows \underset{\text{glicose}}{C_6H_{12}O_6(s)} + 6\ O_2(g)$$

À temperatura constante, a remoção de $O_2(g)$ provoca

a) aumento da massa de glicose.
b) redução da velocidade da reação direta e aumento da velocidade da reação inversa.
c) aumento no valor da constante de equilíbrio da reação.
d) redução do consumo de $CO_2$ e aumento do consumo de $H_2O$.
e) aumento da energia de ativação da reação.

**3.** (PUC – SP) Em 1912, o químico alemão Fritz Haber desenvolveu um processo para sintetizar amônia diretamente dos gases nitrogênio e hidrogênio. Este processo é muito importante economicamente, porque a amônia é bastante utilizada, por exemplo, na indústria de fertilizantes. Considere a reação em equilíbrio químico num sistema fechado

$$N_2(g) + 3\ H_2(g) \rightleftarrows 2\ NH_3(g)$$

Mantendo-se a temperatura constante, algumas modificações podem ser realizadas nesse sistema:

I. introdução de $N_2(g)$;
II. aumento da pressão do sistema;
III. adição de catalisador.

As modificações que irão provocar o deslocamento do equilíbrio, favorecendo a formação de $NH_3$, são:

a) I e II, apenas.
b) I e III, apenas.
c) III, apenas.
d) II e III, apenas.
e) I, II e III.

**4.** (PUC – SP) O gás hidrogênio é obtido industrialmente a partir da reação de hidrocarbonetos com vapor-d'água a altas temperaturas.

$$CH_4(g) + 2\ H_2O(g) \rightleftarrows CO_2(g) + 4\ H_2(g)$$
$$\Delta H^0 = +163\ kJ$$

Considere um sistema fechado em que as substâncias metano, água, dióxido de carbono e hidrogênio encontram-se em equilíbrio a 700 °C e pressão de 1 bar. São propostas três modificações no sistema:

I. Reduzir o volume do recipiente, elevando a pressão interna para 10 bar.
II. Alterar a temperatura para 800 °C.
III. Adicionar um catalisador de Ni.

Entre as modificações sugeridas, contribuem para um aumento da concentração de $H_2$, em relação ao sistema em equilíbrio,

a) somente a modificação I.
b) somente a modificação II.
c) somente as modificações I e III.
d) somente as modificações II e III.
e) somente as modificações I e II.

**5.** (UEL – PR) A obtenção industrial da amônia, utilizada na produção de fertilizantes, segue o processo idealizado pelo alemão Fritz Haber. O hidrogênio necessário é obtido pela reação do metano com vapor-d'água:

$$CH_4(g) + H_2O(g) \rightleftarrows CO(g) + 3 H_2(g)$$
$$\Delta H^0 = +323,5 \text{ kJ/mol de } CH_4 \quad \textbf{(Reação 1)}$$

que faz reagir o nitrogênio proveniente do ar com o hidrogênio da reação anterior:

$$N_2(g) + 3 H_2(g) \rightleftarrows 2 NH_3(g)$$
$$\Delta H^0 = -92,6 \text{ kJ} \quad \textbf{(Reação 2)}$$

Observando as reações acima, quais serão, respectivamente, as melhores condições das reações 1 e 2, a serem utilizadas para a produção industrial da amônia?

a) baixa temperatura e baixa pressão.
b) alta temperatura e baixa pressão.
c) baixa temperatura e alta pressão.
d) alta temperatura e alta pressão.
e) temperatura e pressão médias.

**6.** (PUC) Os gráficos mostram a variação das concentrações em mol/L dos participantes da reação:

$$A(g) + B(g) \rightleftarrows AB(g),$$

à medida que prossegue até atingir o equilíbrio à temperatura $t_1$ no gráfico I; e $t_2 > t_1$, no gráfico II.

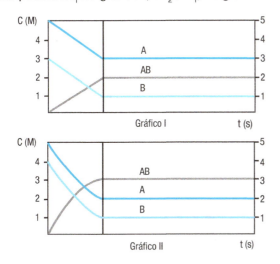

a) Calcule os valores das constantes de equilíbrio às temperaturas $t_1$ e $t_2$.
b) Explique se o sentido de formação de AB é exotérmico ou endotérmico.

**7.** (FGV) O uso de catalisadores para diminuir a emissão de gases poluentes pelos escapamentos dos automóveis tem contribuído para redução da taxa de aumento da poluição urbana.
São representadas duas curvas das energias envolvidas na reação das espécies reagentes

$$A + B \longrightarrow C + D$$

na presença e na ausência do catalisador.

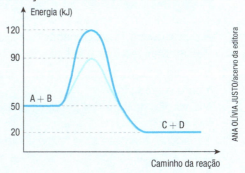

Em relação à sua atuação no processo reacional, é correto afirmar que o catalisador

a) aumenta a energia de ativação da reação direta, diminui a energia de ativação da reação inversa e desloca o equilíbrio reacional no sentido dos produtos.
b) aumenta a energia de ativação da reação direta, aumenta a energia de ativação da reação inversa e não altera o equilíbrio reacional.
c) diminui a energia de ativação da reação direta, aumenta a energia de ativação da reação inversa e desloca o equilíbrio reacional no sentido dos produtos.
d) diminui a energia de ativação da reação direta, diminui a energia de ativação da reação inversa e não altera o equilíbrio reacional.
e) diminui a energia de ativação da reação direta, diminui a energia de ativação da reação inversa e desloca o equilíbrio reacional no sentido dos produtos.

**Resolução:**
Catalisador acelera reações, fornecendo um novo mecanismo com energia de ativação menor, tanto para a reação direta como para a reação inversa. O equilíbrio não é afetado e as energias de reagentes e produtos são as mesmas com ou sem catalisador.

**Resposta:** alternativa d.

**8.** (FATEC – SP) O gráfico abaixo mostra como varia a constante de equilíbrio ($K_c$) em função da temperatura para a reação de síntese da amônia.

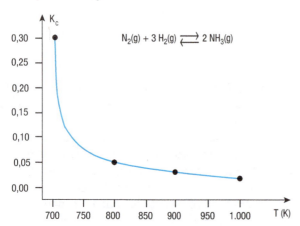

A respeito dessa transformação química, as seguintes afirmações foram feitas:

I. A diminuição da temperatura aumenta o rendimento da reação.
II. A elevação da temperatura diminui a velocidade da reação.
III. A reação de síntese da amônia é exotérmica.
IV. A elevação da temperatura favorece o consumo de $N_2$ e $H_2$.

Dessas afirmações, são corretas apenas:

a) I e II.
b) I e III.
c) III e IV.
d) II e III.
e) II e IV.

**9.** (FATEC – SP) O gás dióxido de nitrogênio, $NO_2$, é castanho-avermelhado, e o gás tetróxido de nitrogênio, $N_2O_4$, é praticamente incolor. Considere uma ampola fechada contendo estes gases, em equilíbrio, a 25 °C, como representado a seguir:

2 $NO_2$(g) ⇌ $N_2O_4$(g) + energia
castanho-avermelhado      incolor

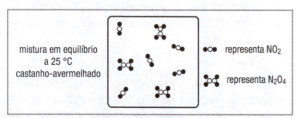

Suponha que o equilíbrio é perturbado por variações de temperatura, e novo estado de equilíbrio se estabelece, como representado pelas ilustrações (a), (b) e (c) seguintes.

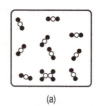
(a)
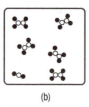
(b)
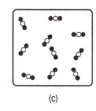
(c)

I. A ilustração (a) representa as concentrações dos gases, quando o equilíbrio se restabelece, após a temperatura ter variado de 25 °C para 0 °C.
II. A ilustração (b) representa as concentrações dos gases, quando o equilíbrio se restabelece após a temperatura ter variado de 25 °C para 0 °C.
III. A ilustração (c) representa as concentrações dos gases, quando o equilíbrio se restabelece após a temperatura ter variado de 25 °C para 100 °C.

Dessas afirmações são corretas apenas:

a) I e II.
b) I e III.
c) II.
d) II e III.
e) III.

**10.** (FATEC – SP) Para o seguinte equilíbrio gasoso

CO(g) + 3 $H_2$(g) ⇌ $CH_4$(g) + $H_2O$(g)

foram determinadas as constantes de equilíbrio ($K_c$) em diferentes temperaturas. Os dados obtidos estão na tabela abaixo:

| Temperatura (K) | $K_c$ |
|---|---|
| 300 | $5 \cdot 10^{27}$ |
| 1.000 | $3 \cdot 10^2$ |
| 1.200 | 4 |

Sobre esse equilíbrio, foram feitas as seguintes afirmações:

I. A reação, considerada no sentido da formação do metano ($CH_4$), é endotérmica.
II. O aumento da temperatura do sistema favorece a formação de gás hidrogênio ($H_2$).
III. O aumento da pressão sobre o sistema não provoca o deslocamento desse equilíbrio.

Dessas afirmações, somente

a) I é correta.
b) II é correta.
c) III é correta.
d) I e II são corretas.
e) I e III são corretas.

**11.** (FGV – SP) O gás castanho $NO_2$ é um poluente atmosférico que em recipiente fechado sofre dimerização, formando o gás incolor $N_2O_4$. A reação de dimerização é representada pela seguinte equação de equilíbrio:

$$2\ NO_2(g) \rightleftarrows N_2O_4(g) + 58\ kJ$$
castanho ———— incolor

Sobre o sistema em equilíbrio, é correto afirmar que

a) a cor castanha será intensificada com o aumento da temperatura do sistema.
b) o sistema em equilíbrio é insensível à variação de pressão que atua sobre ele.
c) a retirada de $NO_2$ do equilíbrio, através de sua reação com água líquida introduzida no sistema, aumentará a produção de $N_2O_4$.
d) a constante de equilíbrio $K_p$, expressa em termos das pressões parciais dos gases, tem valor numérico idêntico à da constante de equilíbrio $K_c$, expressa em termos de suas concentrações em mol/L.
e) a adição de um catalisador ao sistema, inicialmente em equilíbrio, aumentará a massa de $N_2O_4$ produzida.

**12.** (PUC) O gráfico abaixo correlaciona os valores da constante de equilíbrio ($K_c$) em função da temperatura para a reação de síntese da amônia:

$$N_2(g) + 3\ H_2(g) \rightleftarrows 2\ NH_3(g)$$

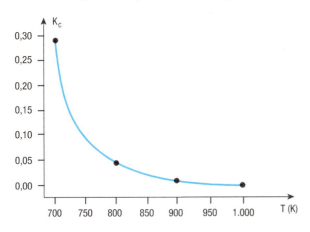

Sobre o comportamento dessa reação, no intervalo de temperatura considerado no experimento, foram feitas algumas afirmações:

I. A reação é exotérmica no sentido de formação da amônia.
II. Com o aumento da temperatura, a velocidade da reação diminui.
III. Com o aumento da temperatura, o rendimento da reação diminui, formando-se menos amônia na situação de equilíbrio.

**SOMENTE** está correto o que se afirma em

a) I.   b) II.   c) III.   d) I e II.   e) I e III.

**13.** (UNIFESP) O monóxido de nitrogênio é um dos poluentes atmosféricos lançados no ar pelos veículos com motores mal regulados. No cilindro de um motor de explosão interna de alta compressão, a temperatura durante a combustão do combustível com excesso de ar é da ordem de 2.400 K e os gases de descarga estão ao redor de 1.200 K. O gráfico representa a variação da constante de equilíbrio (escala logarítmica) em função da temperatura, para a reação de formação do NO, dada por

$$\frac{1}{2}N_2(g) + \frac{1}{2}O_2(g) \rightleftarrows NO(g)$$

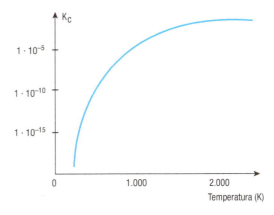

Considere as seguintes afirmações:

I. Um catalisador adequado deslocará o equilíbrio da reação no sentido da conversão do NO em $N_2$ e $O_2$.
II. O aumento da pressão favorece a formação do NO.
III. A 2.400 K há maior quantidade de NO do que a 1.200 K.
IV. A reação de formação do NO é endotérmica.

São corretas as afirmações contidas somente em

a) I, II e III.
b) II, III e IV.
c) I e III.
d) II e IV.
e) III e IV.

**14.** (UNIFESP) Poluentes como óxidos de enxofre e de nitrogênio presentes na atmosfera formam ácidos fortes, aumentando a acidez da água da chuva. A chuva ácida pode causar muitos problemas para as plantas, animais, solo, água e também às pessoas. O dióxido de nitrogênio, gás castanho, em um recipiente fechado, apresenta-se em equilíbrio químico com um gás incolor, segundo a equação:

$$2\ NO_2(g) \rightleftarrows N_2O_4(g)$$

Quando esse recipiente é colocado em um banho de água e gelo, o gás torna-se incolor. Em relação a esse sistema, são feitas as seguintes afirmações:

I. A reação no sentido da formação do gás incolor é exotérmica.
II. Com o aumento da pressão do sistema, a cor castanha é atenuada.
III. Quando o sistema absorve calor, a cor castanha é acentuada.

Dentre as afirmações, as corretas são:

a) I, apenas.
b) III, apenas.
c) I e III, apenas.
d) II e III, apenas.
e) I, II e III.

**15.** (FATEC – SP) A produção de alimentos para a população mundial necessita de quantidades de fertilizantes em grande escala, sendo que muito deles se podem obter a partir do amoníaco.

Fritz Haber (1868-1934), na procura de soluções para a otimização do processo, descobre o efeito do ferro como catalisador, baixando a energia de ativação da reação.

Carl Bosch (1874-1940), engenheiro químico, colega de Haber, trabalhando nos limites da tecnologia no início do século XX, desenha o processo industrial catalítico de altas pressões e altas temperaturas, ainda hoje utilizado como único meio de produção de amoníaco e conhecido por processo de Haber-Bosch.

Controlar as condições que afetam os diferentes equilíbrios que constituem o processo de formação destes e de outros produtos, otimizando a sua rentabilidade, é um dos objetivos da Ciência/Química e da Tecnologia para o desenvolvimento da sociedade.

nautilus.fis.uc.pt/spf/DTE/pdfs/fisica_quimica_a_11_homol.pdf. *Acesso em:* 28.09.2012.

Considere a reação de formação da amônia

$$N_2(g) + 3\ H_2(g) \rightleftarrows 2\ NH_3(g)$$

e o gráfico, que mostra a influência conjunta da pressão e da temperatura no seu rendimento.

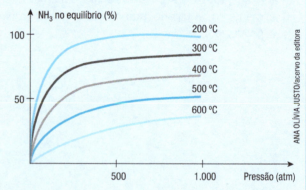

FELTRE, R. **Química**. São Paulo: Moderna, 2004. v. 2.

A análise do gráfico permite concluir, corretamente, que

a) a reação de formação da amônia é endotérmica.
b) o rendimento da reação, a 300 atm, é maior a 600 °C.
c) a constante de equilíbrio ($K_c$) não depende da temperatura.
d) a constante de equilíbrio ($K_c$) é maior a 400 °C do que a 500 °C.
e) a reação de formação da amônia é favorecida pela diminuição da pressão.

**Resolução:**

Pelo gráfico apresentado, observa-se que a diminuição da temperatura aumenta o rendimento da reação, portanto, a reação direta é exotérmica e a constante de equilíbrio ($K_c$) é maior a 400 °C do que a 500 °C.

**Resposta:** alternativa d.

**16.** (UFMG) Num recipiente fechado de volume constante, hidrogênio gasoso reagiu com excesso de carbono sólido finamente dividido formando gás metano, como descrito na equação:

$$C(s) + 2\,H_2(g) \rightleftarrows CH_4(g)$$

Essa reação foi realizada em duas temperaturas: 800 e 900 K. Em ambos os casos a concentração de metano foi monitorada desde o início do processo até um certo tempo após o equilíbrio ter sido atingido. O gráfico apresenta os resultados desse experimento.

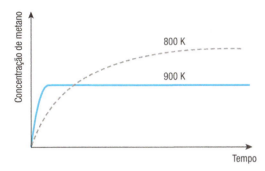

Considerando-se essas informações, é **CORRETO** afirmar que:

a) a adição de mais carbono após o sistema atingir o equilíbrio favorece a formação de mais gás metano.
b) a reação de formação do metano é exotérmica.
c) o número de moléculas de metano formadas é igual ao número de moléculas de hidrogênio consumidas na reação.
d) o resfriamento do sistema em equilíbrio de 900 K para 800 K provoca uma diminuição da concentração de metano.

**17.** (PUC – SP) A amônia é um produto industrial de grande relevância, sendo matéria-prima para a produção de fertilizantes. A amônia é obtida em larga escala pelo processo Haber em que são empregados nitrogênio e hidrogênio sob alta pressão a 450 °C. A equação que representa o processo é

$$N_2(g) + 3\,H_2(g) \rightleftarrows 2\,NH_3(g)$$

sendo que o $K_C$ dessa reação a 25 °C é de $3,5 \cdot 10^8$, enquanto que o $K_C$ medido a 450 °C é de 0,16.

Sobre a reação de síntese da amônia foram feitas as seguintes afirmações.

I. Trata-se de uma reação de oxirredução em que o gás hidrogênio é o agente redutor.
II. Trata-se de um processo endotérmico e por isso é realizado em alta temperatura.
III. Alterar a pressão dos reagentes modifica o valor de $K_C$.
IV. A 450 °C a velocidade de formação de amônia seria bem maior do que a 25 °C, considerando-se que as pressões parciais dos reagentes no início da reação fossem as mesmas em ambas as temperaturas.

Estão corretas apenas as afirmações

a) I e II.
b) II e IV.
c) III e IV.
d) I e III.
e) I e IV.

**18.** (FUVEST – SP) Em determinado processo industrial, ocorre uma transformação química, que pode ser representada pela equação genérica:

$$xA(g) + yB(g) \rightleftarrows zC(g)$$

em que x, y e z são, respectivamente, os coeficientes estequiométricos das substâncias A, B e C.

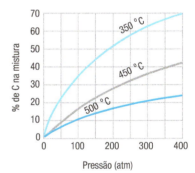

O gráfico representa a porcentagem, em mol, de C na mistura, sob várias condições de pressão e temperatura. Com base nesses dados, pode-se afirmar que essa reação é

a) exotérmica, sendo $x + y = z$.
b) endotérmica, sendo $x + y < z$.
c) exotérmica, sendo $x + y > z$.
d) endotérmica, sendo $x + y = z$.
e) endotérmica, sendo $x + y > z$.

**19.** (UEM – PR) A partir dos dados a seguir, assinale o que for correto.

I. $2\,SO_2(g) + O_2(g) \rightleftarrows 2\,SO_3(g)$    $\Delta H = -198$ kJ

II. $N_2O_4(g) \rightleftarrows 2\,NO_2(g)$    $\Delta H = 57{,}0$ kJ

(01) Na mistura em equilíbrio representada pela equação I, a diminuição da temperatura dessa mistura favorece a decomposição de $SO_3(g)$.

(02) Na mistura em equilíbrio representada pela equação I, o aumento da temperatura dessa mistura favorece a decomposição de $SO_3(g)$.

(04) Na mistura em equilíbrio representada pela equação II, o aumento da temperatura dessa mistura favorece a formação de $NO_2(g)$.

(08) Na mistura em equilíbrio representada pela equação II, o aumento da temperatura favorece a decomposição de $NO_2(g)$.

(16) Comprimindo-se a mistura em equilíbrio representada pela equação II, o equilíbrio é deslocado no sentido dos reagentes.

(32) Comprimindo-se a mistura em equilíbrio representada pela equação I, o equilíbrio é deslocado no sentido dos reagentes.

**20.** (VUNESP) O processo industrial Haber-Bosh de obtenção da amônia se baseia no equilíbrio químico, expresso pela equação:

$$N_2(g) + 3\,H_2(g) \rightleftarrows 2\,NH_3(g)$$

Nas temperaturas de 25 °C e de 450 °C, as constantes de equilíbrio $K_p$ são $3{,}5 \cdot 10^8$ e 0,16, respectivamente.

a) Com base em seus conhecimentos sobre equilíbrio e nos dados fornecidos, quais seriam as condições de pressão e temperatura que favoreceriam a formação de $NH_3$? Justifique sua resposta.

b) Na prática, a reação é efetuada nas seguintes condições: pressão entre 300 e 400 atmosferas, temperatura de 450 °C e emprego de ferro metálico como catalisador. Justifique por que essas condições são utilizadas industrialmente para a síntese de $NH_3$.

**21.** (UNIFESP) A constante de equilíbrio da reação de dimerização de $C_5H_6$, representada pela equação:

$$2\,C_5H_6 \rightleftarrows C_{10}H_{12}$$

é igual a 3,0 a 250 °C

Nessa temperatura, foram feitas duas misturas do monômero com o dímero, com as seguintes concentrações iniciais, expressas em mol/L:

Mistura 1: [monômero] = 0,50 e [dímero] = 0,75

Mistura 2: [monômero] = 1,00 e [dímero] = 2,50

Representando-se:

– situação de equilíbrio por $\rightleftarrows$.

– tendência do equilíbrio se deslocar para a formação do dímero por $\longrightarrow$.

– tendência do equilíbrio se deslocar para a formação do monômero por $\longleftarrow$.

Assinale a alternativa que representa a situação correta das misturas 1 e 2 no instante em que elas foram preparadas.

| | Situação na condição inicial | |
|---|---|---|
| | Mistura 1 | Mistura 2 |
| a) | $\rightleftarrows$ | $\rightleftarrows$ |
| b) | $\rightleftarrows$ | $\longrightarrow$ |
| c) | $\rightleftarrows$ | $\longleftarrow$ |
| d) | $\longrightarrow$ | $\longrightarrow$ |
| e) | $\longleftarrow$ | $\longleftarrow$ |

**22.** (FUVEST – SP) A ⇌ B, a transformação de A em B é endotérmica. Esse equilíbrio foi estudado, realizando-se três experimentos.

| Experimento | Condições |
|---|---|
| X | a 20 °C, sem catalisador |
| Y | a 100 °C, sem catalisador |
| Z | a 20 °C, com catalisador |

O gráfico abaixo mostra corretamente as concentrações de A e de B, em função do tempo, para o experimento X.

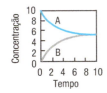

Examine os gráficos abaixo.

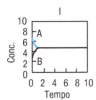 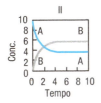 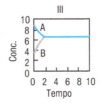

Aqueles que mostram corretamente as concentrações de A e de B, em função do tempo, nos experimentos Y e Z são, respectivamente,

a) I e II.  b) I e III.  c) II e I.  d) II e III.  e) III e I.

**23.** (MACKENZIE – SP) Considere o processo representado pela transformação reversível equacionada abaixo.

$$A_2(g) + B_2(g) \rightleftharpoons 2\,AB(g) \quad \Delta H > 0$$

Inicialmente, foram colocados em um frasco com volume de 10 L, 1 mol de cada um dos reagentes. Após atingir o equilíbrio, a uma determinada temperatura T, verificou-se experimentalmente que a concentração da espécie AB(g) era de 0,10 mol/L.

São feitas as seguintes afirmações, a respeito do processo acima descrito.

I. A constante $K_c$ para esse processo, calculada a uma dada temperatura T, é 4.
II. A concentração da espécie $A_2(g)$ no equilíbrio é de 0,05 mol/L.
III. Um aumento de temperatura faria com que o equilíbrio do processo fosse deslocado no sentido da reação direta.

Assim, pode-se confirmar que

a) é correta somente a afirmação I.
b) são corretas somente as afirmações I e II.
c) são corretas somente as afirmações I e III.
d) são corretas somente as afirmações II e III.
e) são corretas as afirmações I, II e III.

**24.** (FMABC – SP) O brometo de nitrosila (NOBr) é formado pela reação entre o óxido nítrico (NO) e o gás bromo ($Br_2$), segundo o equilíbrio:

$$2\,NO(g) + Br_2(g) \rightleftharpoons 2\,NOBr(g) \quad \Delta H = -16\,kJ$$

Um experimento realizado a 60 °C em frasco de 5 L de capacidade, contendo inicialmente 0,1 mol de NO e 0,1 mol de $Br_2$ constatou que o equilíbrio é atingido em t minutos apresentando constante $K_p$ igual a 6.

Em seguida dois novos experimentos foram realizados:

I. Em um frasco de 2 L de capacidade mantido a 60 °C e contendo inicialmente 0,1 mol de NO e 0,1 mol de $Br_2$ foi determinado o valor de $K_{p_1}$ e o tempo $t_1$ em que o equilíbrio foi atingido.
II. Em um frasco de 5 L de capacidade mantido a 100 °C e contendo inicialmente 0,1 mol de NO e 0,1 mol de $Br_2$ foi determinado o valor de $K_{p_2}$ e o tempo $t_2$ em que o equilíbrio foi atingido.

Sabendo que a equação de velocidade da reação é $v = k[NO]^2[Br_2]$, pode-se afirmar sobre a constante de equilíbrio e o tempo em que esse equilíbrio foi atingido para as condições I e II que:

a) $K_{P_1} = 6$ e $t_1 < t$; $K_{P_2} > 6$ e $t_2 = t$
b) $K_{P_1} > 6$ e $t_1 = t$; $K_{P_2} = 6$ e $t_2 < t$
c) $K_{P_1} = 6$ e $t_1 < t$; $K_{P_2} < 6$ e $t_2 < t$
d) $K_{P_1} < 6$ e $t_1 > t$; $K_{P_2} = 6$ e $t_2 = t$
e) $K_{P_1} < 6$ e $t_1 = t$; $K_{P_2} < 6$ e $t_2 > t$

b) Considere os seguintes valores para as entalpias de formação $CH_3OH(g)$ e do $CO(g)$ nas condições padrão:

$\Delta H_f CO(g) = -110$ kJ/mol

$\Delta H_f CH_3OH(g) = -201$ kJ/mol

Indique o sentido do deslocamento do equilíbrio quando se aumenta a temperatura do sistema. Justifique sua resposta.

**25.** (UFRJ) Uma das reações para produção industrial do metanol é dada por:

$$CO(g) + 2 H_2(g) \longrightarrow CH_3OH(g)$$

a) No gráfico a seguir, a reta representa a variação do número de mol de metanol, para diversas condições da reação.

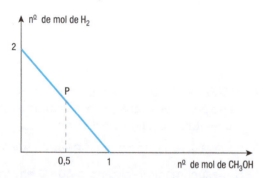

O ponto P representa uma situação de equilíbrio a uma dada temperatura.

Calcule a constante de equilíbrio ($K_C$), neste ponto, quando no início da reação estão presentes 2 mol de $H_2$ e 2 mol de CO num volume de 1 L.

| | CO | + 2 H$_2$ ⇌ | CH$_3$OH |
|---|---|---|---|
| início | 2 | 2 | — |
| reage e forma | | | |
| equilíbrio | | | |

mol/L

**26.** (FUVEST – SP) A transformação de um composto A em um composto B, até se atingir o equilíbrio (A ⇌ B), foi estudada em três experimentos. De um experimento para o outro, variou-se a concentração inicial do reagente A ou a temperatura ou ambas. Registraram-se as concentrações de reagente e produto em função do tempo.

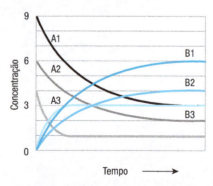

Com esses dados, afirma-se:

I. Os experimentos 1 e 2 foram realizados à mesma temperatura, pois as constantes de equilíbrio correspondentes são iguais.

II. O experimento 3 foi realizado numa temperatura mais elevada que o experimento 1, pois no experimento 3 o equilíbrio foi atingido em um tempo menor.

III. A reação é endotérmica no sentido da formação do produto B.

Dessas afirmações,

a) todas são corretas.
b) apenas I e III são corretas.
c) apenas II e III são corretas.
d) apenas I é correta.
e) apenas II é correta.

b) As transformações de CO e $CO_2$ em $CH_4$ mais $H_2O$ são exotérmicas ou endotérmicas? Justifique sua resposta.
c) Em qual das duas transformações, na de CO ou na de $CO_2$, o calor desprendido ou absorvido é maior?

Explique, em termos do módulo da quantidade de calor |Q| envolvida.

**27.** (FUVEST – SP) Na produção de hidrogênio por via petroquímica, sobram traços de CO e $CO_2$ nesse gás, o que impede sua aplicação em hidrogenações catalíticas, uma vez que CO é veneno de catalisador. Usando-se o próprio hidrogênio, essas impurezas são removidas, sendo transformadas em $CH_4$ e $H_2O$. Essas reações ocorrem a temperaturas elevadas, em que reagentes e produtos são gasosos, chegando a um equilíbrio de constante $K_I$ no caso do CO e a um equilíbrio de constante $K_{II}$ no caso do $CO_2$. O gráfico traz a variação dessas constantes com a temperatura.

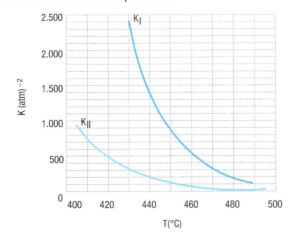

a) Num experimento de laboratório, realizado a 460 °C, as pressões parciais de CO, $H_2$, $CH_4$ e $H_2O$, eram, respectivamente, $4 \cdot 10^{-5}$ atm; 2 atm; 0,4 atm; e 0,4 atm. Verifique se o equilíbrio químico foi alcançado. Explique.

**28.** (ITA – SP) Um cilindro de volume V contém as espécies A e B em equilíbrio químico representado pela seguinte equação:

$$A(g) \rightleftarrows 2\ B(g)$$

Inicialmente, os números de mols de A e de B são, respectivamente, iguais a $nA_1$ e $nB_1$. Realiza-se, então, uma expansão isotérmica do sistema até que o seu volume duplique (2V) de forma que os números de mols de A e de B passem a ser, respectivamente, $nA_2$ e $nB_2$. Demonstrando o seu raciocínio, apresente a expressão algébrica que relaciona o número final de mol de B ($nB_2$) unicamente com $nA_1$, $nA_2$ e $nB_1$.

**29.** (UEL – PR) Uma reação exotérmica, representada por ⚫ (g) ⇌ 🔵 (g), foi acompanhada até o equilíbrio químico, como representado no sistema X:

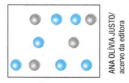

Sistema X: Sistema em equilíbrio químico

Algumas alterações foram realizadas, separada e individualmente, no sistema X.

*Alteração 1* – Algumas ⚫ foram adicionadas no sistema X em equilíbrio.

*Alteração 2* – A temperatura do sistema X em equilíbrio foi aumentada.

*Alteração 3* – A pressão do sistema X em equilíbrio foi aumentada.

A seguir estão representados os sistemas Y, Z, W, T e J, todos em equilíbrio químico, que podem representar as alterações ocorridas.

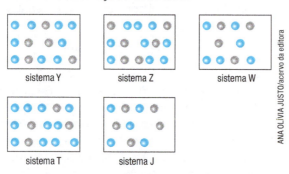

Com base no enunciado e nos conhecimentos sobre equilíbrio químico, considere as afirmativas.

I. O sistema Z é aquele que melhor representa a nova posição de equilíbrio após a alteração 1 no sistema X.

II. O sistema J é aquele que melhor representa a nova posição de equilíbrio após a alteração 2 no sistema X.

III. O sistema W é aquele que melhor representa a nova posição de equilíbrio após a alteração 3 no sistema X.

IV. Os sistemas Y e T são aqueles que melhor representam as novas posições de equilíbrio após as alterações 2 e 3, respectivamente no sistema X.

Assinale a alternativa correta.

a) Somente as afirmativas I e II são corretas.
b) Somente as afirmativas II e IV são corretas.
c) Somente as afirmativas III e IV são corretas.
d) Somente as afirmativas I, II e III são corretas.
e) Somente as afirmativas I, III e IV são corretas.

## Exercícios Série Platina

**1.** Considere o equilíbrio em fase gasosa:

$$CO(g) + H_2O(g) \rightleftarrows CO_2(g) + H_2(g)$$

cuja constante $K_C$, à temperatura de 430 °C, é igual a 4 e à temperatura de 600 K, vale 25. Foi feita uma mistura contendo 1 mol de CO, 1 mol de $H_2O$, 2 mol de $CO_2$ e 2 mol de $H_2$ em um frasco de 1 L, a 600 K.

a) Escreva a expressão de $K_C$ para o equilíbrio.

b) Calcule as concentrações de CO e de $CO_2$, em mol/L, quando o equilíbrio for atingido.

c) O processo $CO(g) + H_2O(g) \rightleftharpoons CO_2(g) + H_2(g)$ é exo ou endotérmico? Justifique.

**2.** A equação química, a seguir representa uma das etapas da obtenção industrial do ácido sulfúrico.

$$2\ SO_2(g) + O_2(g) \rightleftharpoons 2\ SO_3(g) + 196\ kJ$$

Medindo-se as concentrações de cada substância desta reação em função do tempo, sob temperatura constante, obtém-se o seguinte gráfico:

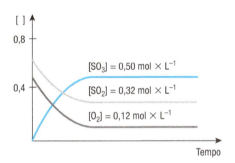

Após ter sido atingido o estado de equilíbrio, foram retiradas quatro amostras desse sistema, mantendo-se constantes as condições de equilíbrio. Cada uma dessas amostras foi submetida a uma ação diferente. Observe os gráficos a seguir que representam os resultados obtidos em cada amostra.

I.
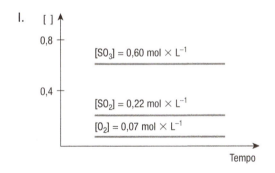

II.
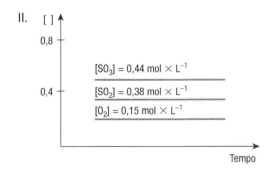

III.
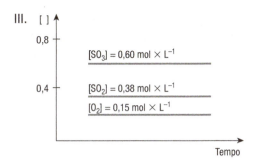

IV.
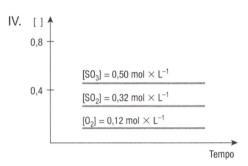

Identifique a amostra a que foi submetida a ação especificada abaixo, justificando as escolha:

a) Aumento de temperatura.

b) Diminuição de temperatura.

c) Adição de catalisador.

Cap. 19 | Deslocamento de Equilíbrio **281**

**3.** (IME) Dois experimentos foram realizados a volume constante e à temperatura T. No primeiro, destinado a estudar a formação do gás fosgênio, as pressões parciais encontradas no equilíbrio foram 0,130 atm para o cloro, 0,120 atm para o monóxido de carbono e 0,312 atm para o fosgênio. No segundo, estudou-se a dissociação de n mols de fosgênio de acordo com a reação:

$$COCl_2(g) \rightleftharpoons CO(g) + Cl_2(g)$$

sendo a pressão total P, no equilíbrio, igual a 1 atm.

a) Calcule o valor de $K_p$ nessas condições.

b) Calcule o grau de dissociação $\alpha$ do fosgênio após o equilíbrio ser alcançado.

c) O que acontece com a pressão parcial do $Cl_2$ se o volume de recipiente for aumentado?

**4.** (UNICAMP – SP) Nas lâmpadas comuns, quando estão acesas, o tungstênio do filamento sublima, depositando-se na superfície interna do bulbo. Nas chamadas "lâmpadas halógenas" existe, em seu interior, iodo para diminuir a deposição de tungstênio. Estas, quando acesas, apresentam uma reação de equilíbrio que pode ser representada por:

$$W(s) + 3\ I_2(g) \rightleftharpoons WI_6(g)$$

Na superfície do filamento (região de temperatura elevada), o equilíbrio está deslocado para a esquerda. Próximo à superfície do bulbo (região mais fria), o equilíbrio está deslocado para a direita.

a) Escreva a expressão para a constante de equilíbrio.
b) A formação do $WI_6(g)$ a partir dos elementos, conforme a equação acima, é exotérmica ou endotérmica? Justifique a resposta
c) Que efeito sobre o equilíbrio seria esperado ao introduzirmos um gás inerte no bulbo das lâmpadas?

**5.** (FATEC – SP – adaptada) A amônia ($NH_3$) é um dos produtos químicos mais importantes para o ser humano e uma das cinco substâncias produzidas em maior quantidade no mundo. Sua importância está relacionada a seu uso direto como fertilizante. Em 1898, Sir William Ramsey – o descobridor dos gases nobres – previu uma catástrofe para a humanidade: a escassez de fertilizantes nitrogenados para meados do século XX, o que provocaria uma redução desastrosa na produção de alimentos em todo o mundo. A catástrofe não ocorreu graças ao trabalho de dois alemães – o químico Fritz Haber e o engenheiro William Carl Bosch – que criaram um processo pelo qual conseguiram sintetizar a amônia a partir de seus elementos constituintes, o processo de Haber-Bosch.

A equação e a figura a seguir mostram a reação de obtenção da amônia e as condições industriais nas quais ela ocorre.

$$N_2(g) + 3\,H_2(g) \rightleftarrows 2\,NH_3(g) \qquad \Delta H = -92,22\ kJ$$

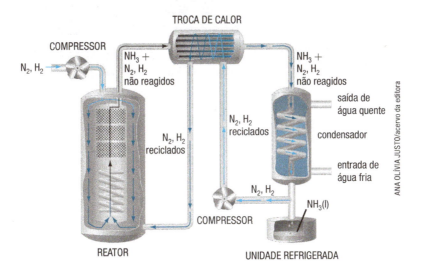

Temperatura: 400 a 600 °C
Pressão: 140 a 340 atm
Catalisador: $Fe_3O_4$, com pequenas impurezas de $Al_2O_3$, MgO, CaO e $K_2O$.

a) Explique a utilidade do condensador no processo de obtenção da amônia.
b) Por que no reator a temperatura é da ordem de 500 °C e a pressão da ordem de 200 atm? Justifique.
c) Qual a função cinética das impurezas no catalisador $Fe_3O_4$?
d) Se utilizarmos 2,8t de $N_2$, obteremos 3,4t de $NH_3$? Justifique.

**Dados:** N = 14 g/mol; H = 1 g/mol.

# Capítulo 20 — Esterificação – Hidrólise de Ésteres

## 1. Reação de esterificação

Ocorre entre um ácido orgânico ou inorgânico e álcool, produzindo éster e água. Esta reação é um processo reversível.

$$R-COOH + H-O-R_1 \rightleftharpoons[H^+] R-COO-R_1 + H_2O$$

ácido orgânico   álcool   éster + água

**Exemplo:**

$$H_3C-COOH + HO-CH_3 \rightleftharpoons[H^+] H_3C-COO-CH_3 + H_2O$$

ácido etanoico   metanol   etanoato de metila

Na maioria das esterificações, o grupo OH da carboxila se liga ao H do grupo hidroxila para formar água.

## 2. Usando oxigênio marcado ($^{18}O$) para descobrir o mecanismo da esterificação

Usando álcool marcado ($R_1 - {}^{18}OH$) temos duas possibilidades.

**I. Formação do éster marcado – mais comum**

$$R-COOH + H{}^{18}O-R_1 \rightleftharpoons[H^+] R-CO-{}^{18}O-R_1 + H_2O$$

éster marcado

**II. Formação de água marcada – menos comum**

$$R-CO{}^{18}OH + HO-R_1 \rightleftharpoons[H^+] R-COO-R_1 + H_2{}^{18}O$$

água marcada

A reação de esterificação é reversível e lenta, e pode ser catalisada por ácido fortes (HCl, $H_2SO_4$). A adição de agente desidratante, como $H_2SO_4$ concentrado, promove o deslocamento para a direita, pois remove água do equilíbrio.

## 3. Hidrólise ácida de éster

É a reação inversa da esterificação, produzindo um ácido carboxílico e o álcool. Um ácido forte catalisa as duas reações.

éster + água $\rightleftharpoons$ ácido + álcool

**Exemplo:**

$$H_3C-COO-CH_3 + H_2O \rightleftharpoons[H^+] H_3C-COOH + CH_3-OH$$

etanoato de metila   ácido etanoico   metanol

## 4. Hidrólise básica de éster

A reação é feita em meio básico (NaOH, KOH...).
O ácido formado reage com a base produzindo um sal orgânico. As etapas são:

$$R-COO-R_1 + H_2O \rightleftharpoons R-COOH + R_1OH$$

$$R-COOH + NaOH \rightleftharpoons R-COO^-Na^+ + H_2O$$

---

$$R-COO-R_1 + NaOH \rightleftharpoons R-COO^-Na^+ + R_1OH$$

Em vez de ácido forma-se um sal de ácido carboxílico. A equação global da hidrólise básica do éster é:

éster + base $\rightleftharpoons$ sal + álcool

**Exemplo:**

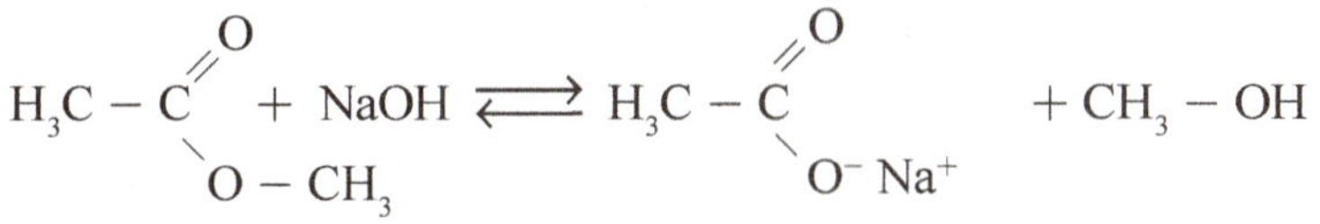

$$H_3C-C{\overset{O}{\underset{O-CH_3}{\phantom{C}}}} + NaOH \rightleftharpoons H_3C-C{\overset{O}{\underset{O^-Na^+}{\phantom{C}}}} + CH_3-OH$$

etanoato de metila — etanoato de sódio / acetato de sódio — metanol

## 5. Transesterificação

É do tipo: éster (1) + álcool (1) $\overset{cat.}{\rightleftharpoons}$ éster (2) + álcool (2)

**Exemplo:**

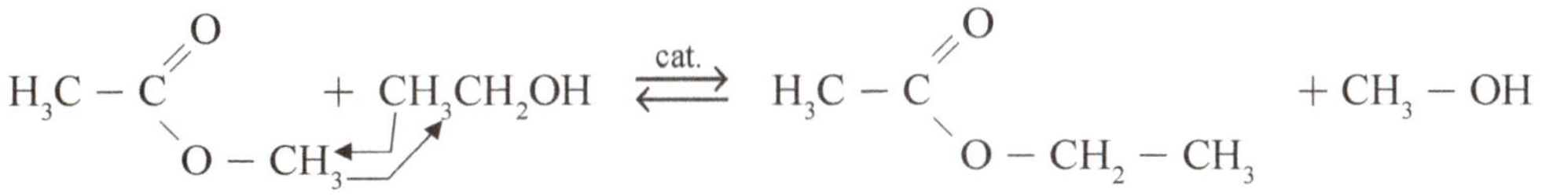

$$H_3C-C{\overset{O}{\underset{O-CH_3}{\phantom{C}}}} + CH_3CH_2OH \overset{cat.}{\rightleftharpoons} H_3C-C{\overset{O}{\underset{O-CH_2-CH_3}{\phantom{C}}}} + CH_3-OH$$

etanoato de metila — etanol — etanoato de etila — metanol

O grupo $CH_3$ vai para o álcool e o grupo $CH_3CH_2$ vai para o éster.

## Exercícios Série Prata

Escolha o ácido e o álcool convenientes e escreva a equação da reação que permite obter:

**1.** etanoato de butila, flavorizante de framboesa

**2.** metanoato de etila, flavorizante de rum

**3.** etanoato de pentila, flavorizante de banana

**4.** propanoato de metila

Escreva a equação que representa a hidrólise ácida:

**5.** etanoato de butila

**6.** propanoato de metila

Escreva a equação que representa a hidrólise básica:

**7.** etanoato de butila, usando KOH

**8.** propanoato de metila, usando NaOH

**9.** Complete a equação de transesterificação.

$$H_3C-C\underset{O-CH_3}{\overset{O}{\lesseqgtr}} + CH_3CH_2CH_2OH \rightleftarrows$$

**10.** (FUVEST – SP) Na reação da saponificação

$$CH_3COOCH_2CH_2CH_3 + NaOH \longrightarrow X + Y$$

os produtos X e Y são:

a) álcool etílico e propionato de sódio.
b) ácido acético e propóxido de sódio.
c) acetato de sódio e álcool propílico.
d) etóxido de sódio e ácido propanoico.
e) ácido acético e álcool propílico.

**11.** (FUVEST – SP) O cheiro das frutas deve-se, principalmente, à presença de ésteres que podem ser sintetizados no laboratório, pela reação entre álcool e um ácido carboxílico, gerando essências artificiais utilizadas em sorvetes e bolos. Abaixo estão as fórmulas estruturais de alguns ésteres e a indicação de suas respectivas fontes.

$$CH_3-C\underset{OCH_2CH_2CHCH_3}{\overset{O}{\lesseqgtr}}\underset{|}{\overset{CH_3}{}}$$
banana

$$\underset{kiwi}{\text{C}_6H_5-C\overset{O}{\underset{OCH_3}{\lesseqgtr}}}$$

$$CH_3CH_2CH_2C\overset{O}{\underset{OCH_3}{\lesseqgtr}} \qquad CH_3-C\overset{O}{\underset{OCH_2(CH_2)_6CH_3}{\lesseqgtr}}$$
maçã  laranja

$$CH_3CH_2CH_2C\overset{O}{\underset{OCH_2(CH_2)_3CH_3}{\lesseqgtr}}$$
morango

A essência, sintetizada a partir do ácido butanoico e do metanol, terá cheiro de

a) banana.          d) laranja.
b) kiwi.            e) morango.
c) maçã.

**12.** (UNICAMP – SP) O éster responsável pelo aroma do rum tem a seguinte fórmula estrutural:

$$H-\underset{\underset{CH_3}{|}}{\overset{\overset{CH_3}{|}}{C}}-CH_2-O-\underset{\overset{||}{O}}{C}-CH_3$$

Escreva as fórmulas estruturais do ácido e do álcool a partir dos quais o éster poderia ser formado.

**13.** (ITA – SP) Escreva a equação química de obtenção do propanoato de metila. Também mencione como a reação pode ser acelerada e como o seu rendimento pode ser aumentado.

**14.** (UNESP) Escreva a equação química de hidrólise básica do propanoato de t-butila.

**15.** (FUVEST – SP) O sabor artificial de laranja é conseguindo usando acetato de octila.
a) Equacione a reação de esterificação que permite obter esse composto.
b) Dê o nome dos reagentes empregados.

**16.** (FGV) Na sequência de reações químicas representadas pelas equações não balanceadas

$H_2C = CH_2 + HBr \longrightarrow X \quad X + NaOH \xrightarrow{\Delta} Y$

$Y \xrightarrow{\Delta}_{H_2SO_4} Z \quad\quad Y + CH_3COOH \xrightarrow{H^+} W$

X, Y, Z e W são compostos orgânicos; Z é um líquido de baixo ponto de ebulição e bastante inflamável; W é um líquido de odor agradável.

Os compostos orgânicos X, Y, Z e W são, respectivamente:

a) 1,2-dibromoetano; éter dimetílico; etanal; ácido etanoico.
b) 1,1-dibromoetano; etanodiol; propanona; propanoato de propila.
c) etano; 1-propanol; etilmetil éter; propanona.
d) bromoetano; etanol; eteno; propanoato de etila.
e) bromoetano; etanol; éter dietílico; etanoato de etila.

**17.** (UNESP) Um composto orgânico tem as seguintes características:
- fórmula mínima $CH_2O$;
- pode formar-se pela ação de bactérias no leite;
- apresenta isomeria óptica;
- reage com álcoois para formar ésteres.

Esse composto é:

a) glicose, $C_6H_{12}O_6$
b) sacarose, $C_{12}H_{22}O_{11}$

c) ácido acético, $H_3C-C\begin{smallmatrix}\diagup\diagdown O\\ OH\end{smallmatrix}$

d) ácido láctico, $H_3C-\underset{OH}{\overset{H}{C}}-C\begin{smallmatrix}\diagup\diagdown O\\ OH\end{smallmatrix}$

e) ácido oxálico, $\underset{HO}{\overset{O}{\diagdown}}C-C\underset{OH}{\overset{O}{\diagup}}$

**18.** (FUVEST – SP) Deseja-se obter a partir do geraniol (estrutura A) o aromatizante que tem o odor de rosas (estrutura B).

$H_3C-\underset{CH_3}{C}=CH-CH_2-CH_2-\underset{CH_3}{C}=CH-CH_2OH$

A (geraniol)

$H_3C-\underset{CH_3}{C}=CH-CH_2-CH_2-\underset{CH_3}{C}=CH-CH_2O-\overset{O}{\underset{\|}{C}}-H$

B (aromatizante com odor de rosas)

Para isso, faz-se reagir o geraniol com:

a) álcool metílico (metanol).
b) aldeído fórmico (metanal).
c) ácido fórmico (ácido metanoico).
d) formiato de metila (metanoato de metila).
e) dióxido de carbono.

**19.** (UNESP) O ácido 2-metilpropanoico reage com butan-1-ol, formando água e um produto orgânico.

a) Escreva a equação balanceada da reação utilizando fórmulas estruturais para os compostos orgânicos.

b) Dê o nome do produto orgânico formado na reação e a função a que pertence.

**20.** (FUVEST – SP) Considere a reação representada abaixo:

$$CH_3-C\overset{O}{\underset{OH}{\diagdown}} + CH_3OH \longrightarrow CH_3-C\overset{O}{\underset{OCH_3}{\diagdown}} + H_2O$$

Se, em outra reação, semelhante à primeira, a mistura de ácido acético e metanol for substituída pelo ácido 4-hidroxibutanoico, os produtos da reação serão água e um:

a) ácido carboxílico insaturado com 4 átomos de carbono por molécula.
b) éster cíclico com 4 átomos de carbono por molécula.
c) álcool com 4 átomos de carbono por molécula.
d) éster cíclico com 5 átomos de carbono por molécula.
e) álcool com 3 átomos de carbono por molécula.

**21.** (ENEM) A própolis é um produto natural conhecido por suas propriedades anti-inflamatórias e cicatrizantes. Esse material contém mais de 200 compostos identificados até o momento. Dentre eles, alguns são de estrutura simples, como é o caso do $C_6H_5CO_2CH_2CH_3$, cuja estrutura está mostrada a seguir.

O ácido carboxílico e o álcool capazes de produzir o éster em apreço por meio da reação de esterificação são, respectivamente,

a) ácido benzoico e etanol.
b) ácido propanoico e hexanol.
c) ácido fenilacético e metanol.
d) ácido propiônico e cicloexanol.
e) ácido acético e álcool benzílico.

**22.** (UNESP) O ácido enalaprílico apresenta uma importante atividade como anti-hipertensivo. No entanto, quando ministrado por via oral, sua absorção pelo organismo é de aproximadamente 10%, ou seja, muito baixa, o que se deve à presença dos dois grupos carboxílicos na molécula.

Pesquisadores descobriram que a conversão de um destes grupos carboxílicos em seu derivado éster de etila, mais lipofílico, resultava em absorções pelo organismo da ordem de 70%. O éster enalapril, uma vez absorvido, é convertido no ácido enalaprílico, o que garante o efeito farmacológico esperado.

enalapril

ácido enalaprílico

Com base na estrutura das duas substâncias, indique qual deve ser a substância utilizada na reação de esterificação do ácido enalaprílico.

**23.** (FUVEST – SP) Em determinadas condições, ésteres sofrem reação de hidrólise formando ácido e álcool:

$$R-C\underset{O-R'}{\overset{O}{\lVert}} + H_2O \rightleftarrows R-C\underset{OH}{\overset{O}{\lVert}} + R'OH$$

R, R' = grupos alquila ou arila

Hipoteticamente, tanto a ligação C – O do grupo carboxila quanto a ligação C – O do grupo O – R' poderiam ser quebradas para dar origem aos produtos. Sabe-se, no entanto, que uma delas é preferencialmente quebrada.

a) Usando como exemplo a reação de hidrólise do benzoato de etila ($C_6H_5COOC_2H_5$), explique por que fazendo a reação com água marcada $H_2O^*$ (água com isótopo oxigênio-18) poder-se-ia identificar qual das duas ligações C – O é quebrada.

b) Os ésteres podem ser obtidos a partir da reação de anidrido do ácido com álcool apropriado. Para se obter o benzoato de etila pode-se partir do anidrido acético ou do anidrido benzoico. Explique, dando a equação da reação correspondente.

anidrido acético    anidrido benzoico

**24.** (VUNESP) Os ésteres podem ser obtidos por reação entre ácidos carboxílicos com álcoois, reação esta denominada de esterificação (Equação 1). Uma outra maneira de se obterem esses compostos é através da reação entre cloreto ácidos e álcoois (Equação 2).

Equação 1:

R – COOH(aq) + R' – OH(l) ⟶

⟶ R – COO – R' + $H_2O$(l)

Equação 2:

R – COCl(aq) + H – OR'(l) ⟶

⟶ R – COO – R' + HCl(aq)

a) Com base nas informações do texto, escreva a equação da reação entre o cloreto de etanoíla ($H_3C$ – COCl) e o álcool etílico ($CH_3$ – $CH_2$ – OH).

b) Considerando-se que os ésteres podem reagir com água, formando ácidos carboxílicos e álcoois, escreva a equação química da reação de hidrólise em meio ácido do etanoato de etila ($H_3C$ – COO – $CH_2$ – $CH_3$).

**25.** (UNIFESP) Medicamentos obtidos da natureza são utilizados pelo homem há muito tempo. Produtos naturais e seus derivados são muito empregados na fabricação de medicamentos pelas indústrias farmacêuticas modernas. A maioria das pessoas, em algum momento, já fez uso de alguns desses compostos. O ácido acetilsalicílico, estrutura representada na figura, que compõe o conhecido medicamento de nome comercial aspirina, é obtido a partir do ácido salicílico que ocorre na casca da árvore do salgueiro branco, *Salix alba*.

Na hidrólise da aspirina é formada uma substância que está presente no vinagre e também o ácido salicílico, que tem fórmula molecular

a) $C_7H_2O_3$.
b) $C_7H_4O_2$.
c) $C_7H_6O_3$.
d) $C_8H_8O_3$.
e) $C_9H_8O_4$.

**26.** (UNIFESP) A morfina é um potente narcótico e analgésico extraído do ópio. A heroína é obtida sinteticamente a partir da morfina e é mais potente que a morfina, pois penetra mais facilmente no cérebro, onde se transforma na morfina.

As afirmações seguintes foram feitas com relação a esses dois opioides.

I. A conversão da morfina em heroína pode ser conseguida por uma reação de esterificação e a conversão inversa por uma reação de hidrólise.
II. As funções éter e amina são preservadas na conversão.
III. Ambos devem produzir sais na reação com ácidos, pois apresentam grupo básicos.

Está correto o que se afirma em

a) I, apenas.
b) II, apenas.
c) I e II, apenas.
d) I e III, apenas.
e) I, II e III.

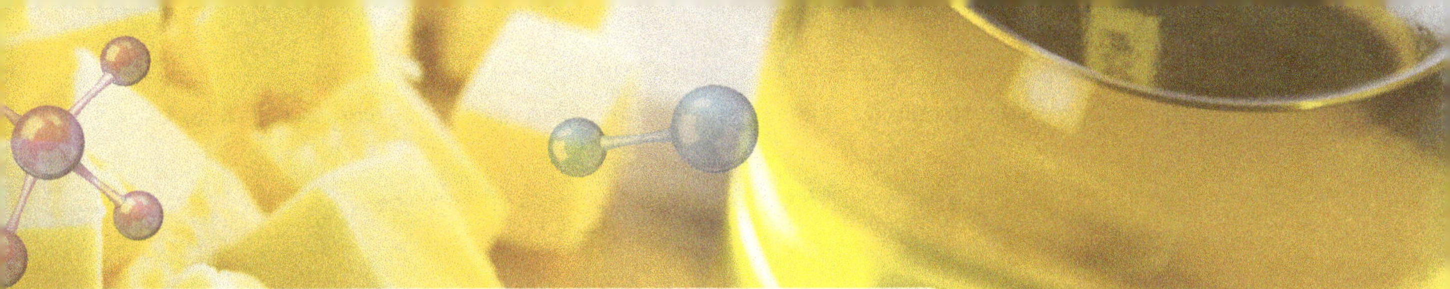

# Ácidos Graxos, Óleos e Gorduras

**Capítulo 21**

## 1. Ácidos graxos

Ácido carboxílico pode ser encontrado em um ser vivo. Em geral, de cadeia normal com 12 ou mais átomos de carbono, podendo ser saturado ou insaturado.

**Exemplos:**

Fórmula geral de ácido graxo saturado:

$C_nH_{2n+1}COOH$

$C_{15}H_{31}-COOH$ ácido palmítico

$C_{17}H_{35}-COOH$ ácido esteárico

saturados

Fórmulas gerais de ácidos graxos insaturados:

$C_nH_{2n-1}COOH$ (uma dupla-ligação)

$C_nH_{2n-3}COOH$ (duas duplas-ligações)

$C_{17}H_{33}-COOH$ ácido oleico, insaturado (tem uma dupla-ligação)

$C_{17}H_{31}-COOH$ ácido linoleico, insaturado (tem duas duplas-ligações)

Ácidos graxos com mais de uma ligação dupla são chamados **ácidos graxos poli-insaturados**.

### 1.1 Propriedades físicas dos ácidos graxos

As propriedades físicas de um ácido graxo dependem do comprimento da cadeia hidrocarbônica e do grau de insaturação.

Os pontos de fusão dos ácidos graxos saturados aumentam de acordo com o aumento das respectivas massas moleculares devido às interações de London aumentadas entre as moléculas (ver tabela).

| Nº de carbonos saturados | Nome comum | Nome sistemático | Estrutura | Ponto de fusão °C |
|---|---|---|---|---|
| 12 | ácido láurico | ácido dodecanoico | 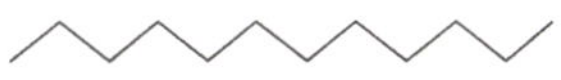 COOH | 44 |
| 14 | ácido mirístico | ácido tetradecanoico | 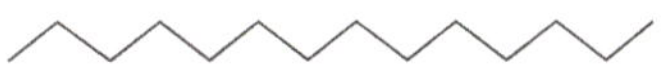 COOH | 58 |
| 16 | ácido palmítico | ácido hexadecanoico | 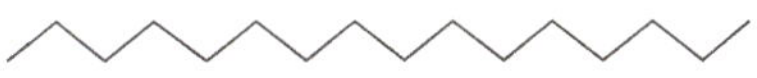 COOH | 63 |
| 18 | ácido esteárico | ácido octadecanoico | 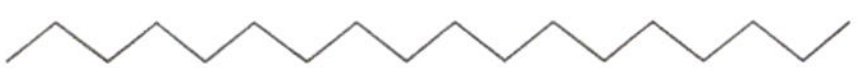 COOH | 69 |
| 20 | ácido araquídico | ácido eicosanoico | 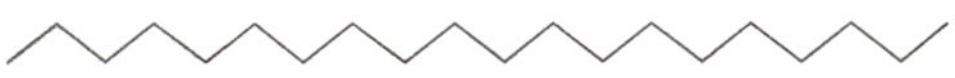 COOH | 77 |

| Nº de carbonos insaturados | Nome comum | Estrutura | Ponto de fusão °C |
|---|---|---|---|
| 16 | ácido palmitoleico | 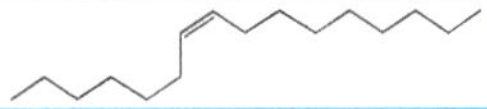 COOH | 0 |
| 18 | ácido oleico | 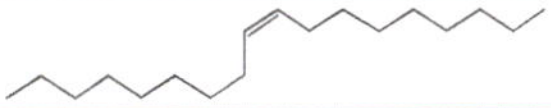 COOH | 13 |
| 18 | ácido linoleico | 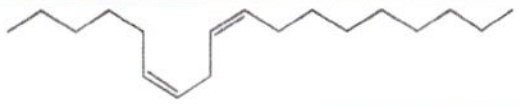 COOH | −5 |
| 18 | ácido linolênico | 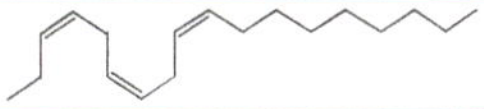 COOH | −11 |
| 20 | ácido araquidônico | 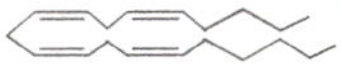 COOH | −50 |
| 20 | EPA |  COOH | −54 |

- **Diferença entre ácido graxo saturado (cadeia normal) e ácido graxo insaturado (cadeia com dobra).**

ácido esteárico PF = 69 °C
ácido graxo de 18 carbonos sem ligação dupla

ácido oleico PF = 13 °C
ácido graxo de 18 carbonos com uma ligação dupla

As ligações duplas dos ácidos graxos em geral têm configuração cis.

Essa configuração normalmente produz uma dobra nas moléculas, o que evita o seu empacotamento, como ocorre com os ácidos graxos completamente saturados. Portanto, os ácidos graxos insaturados têm menos interações intermoleculares e, em decorrência, menores pontos de fusão que os ácidos graxos saturados de massas moleculares comparáveis.

- **Diferenças entre ácidos graxos insaturados**

ácido linolênico PF = –11 °C
ácido graxo de 18 carbonos com três ligações duplas

ácido linoleico PF = –5 °C
ácidos graxo de 18 carbonos com duas ligações duplas

Os pontos de fusão dos ácidos graxos insaturados diminuem de acordo com o aumento do número de ligações duplas, pois a dobra fica mais intensa, diminuindo a interação molecular.

## 2. Óleos e gorduras

### 2.1 Conceito

São substâncias encontradas nos seres vivos em que os três grupos hidroxila do glicerol ou glicerina são esterificados com ácidos graxos, formando um **triéster do glicerol** ou **triacilglicerol** ou **triglicerídeo**.

Esquematicamente temos:

$$\begin{array}{c}
\phantom{xx}\text{O} \\
\phantom{xxx}\parallel \\
\text{H}_2\text{C} - \text{OH} \quad \text{HO} - \text{C} - \text{R}_1 \\
\phantom{xx}\text{O} \\
\phantom{xxx}\parallel \\
\text{HC} - \text{OH} + \text{HO} - \text{C} - \text{R}_2 \\
\phantom{xx}\text{O} \\
\phantom{xxx}\parallel \\
\text{H}_2\text{C} - \text{OH} + \text{HO} - \text{C} - \text{R}_3
\end{array} \longrightarrow \begin{array}{c}
\phantom{xx}\text{O} \\
\phantom{xxx}\parallel \\
\text{H}_2\text{C} - \text{O} - \text{C} - \text{R}_1 + \text{H}_2\text{O} \\
\phantom{xx}\text{O} \\
\phantom{xxx}\parallel \\
\text{HC} - \text{O} - \text{C} - \text{R}_2 + \text{H}_2\text{O} \\
\phantom{xx}\text{O} \\
\phantom{xxx}\parallel \\
\text{H}_2\text{C} - \text{O} - \text{C} - \text{R}_3 + \text{H}_2\text{O}
\end{array}$$

glicerol      ácidos graxos      triéster do glicerol
glicerina                         óleo ou gordura
propano-1,2,3-triol

Óleo ou gordura é uma mistura contendo triglicerídeo.

**Nota: lipídios**, substâncias orgânicas solúveis em solventes orgânicos não polares, encontradas em organismos vivos.

**Exemplos:** óleos, gorduras, ceras etc.

| Origem | Gorduras | Óleos |
|---|---|---|
| animal | • sebo (bovinos)<br>• banha (suínos)<br>• manteiga (leite) | • fígado de bacalhau<br>• capivara |

| Origem | Gorduras | Óleos |
|---|---|---|
| vegetal | • gordura de coco<br>• manteiga de cacau | • caroço de algodão<br>• amendoim<br>• oliva<br>• milho<br>• soja |

## 2.2 Diferença entre óleo e gordura

Os triglicerídeos sólidos ou semissólidos à temperatura ambiente são chamados **gorduras**. As gorduras são normalmente obtidas de animais e em geral compostas de triglicerídeos com **ácidos graxos saturados** ou **ácidos graxos com apenas uma ligação dupla**. As cadeias saturadas dos ácidos graxos se empacotam melhor, fazendo com que só triglicerídeos apresentem pontos de fusão relativamente altos, o que os leva a se apresentarem sólidos à temperatura ambiente.

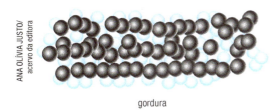
gordura

Os triglicerídeos líquidos são chamados **óleos**. De modo geral, os óleos são obtidos dos produtos vegetais, como milho, feijão, soja, olivas e amendoins. São compostos de triglicerídeos com ácidos graxos insaturados predominantes que não podem se empacotar firmemente. Em decorrência, apresentam pontos de fusão relativamente baixos, que os levam a ser líquidos à temperatura ambiente.

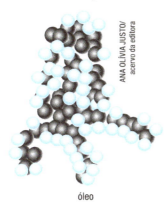
óleo

**Conclusão:**

$$\begin{array}{l} H_2C-O-\overset{O}{\overset{\|}{C}}-R_1 \\ HC-O-\overset{O}{\overset{\|}{C}}-R_2 \\ H_2C-O-\overset{O}{\overset{\|}{C}}-R_3 \end{array}$$

gordura { • prevalece cadeia saturada sólida a 25 °C

óleo { • prevalece cadeia insaturada líquido a 25 °C

## 2.3 Determinação de ácidos graxos nos óleos e nas gorduras

A composição de ácidos graxos nos óleos e nas gorduras é feita através da **hidrólise do óleo ou da gordura**.

$$\begin{array}{l} H_2C-O \div \overset{O}{\overset{\|}{C}}-R_1 \\ HC-O \div \overset{O}{\overset{\|}{C}}-R_2 + 3\,H_2O \longrightarrow \\ H_2C-O \div \overset{O}{\overset{\|}{C}}-R_3 \end{array} \begin{array}{l} H_2C-OH \\ HC-OH \\ H_2C-OH \end{array} + \begin{array}{l} R_1-C\overset{O}{\underset{OH}{\nearrow}} \\ R_2-C\overset{O}{\underset{OH}{\nearrow}} \\ R_3-C\overset{O}{\underset{OH}{\nearrow}} \end{array}$$

glicerol    ácidos graxos

óleo _____ predomina insaturados
gordura_____ predomina saturados

A gordura alimentar é hidrolisada no intestino, regenerando o glicerol e os ácidos graxos.

**Exemplos:**

| | | Ácidos graxos saturados | | | | Ácidos graxos insaturados | | |
|---|---|---|---|---|---|---|---|---|
| | PF | láurico | mirístico | palmítico | esteárico | oleico | linoleico | linolênico |
| | (°C) | $C_{12}$ | $C_{14}$ | $C_{16}$ | $C_{18}$ | $C_{18}$ | $C_{18}$ | $C_{18}$ |
| manteiga | 32 | 2 | 11 | 29 | 9 | 27 | 4 | — |
| banha | 30 | — | 1 | 28 | 12 | 48 | 6 | — |
| gordura humana | 15 | 1 | 3 | 25 | 8 | 46 | 10 | — |
| gordura de baleia | 24 | — | 8 | 12 | 3 | 35 | 10 | — |
| milho | 20 | — | 1 | 10 | 3 | 50 | 34 | — |
| semente de algodão | −1 | — | 1 | 23 | 1 | 23 | 48 | — |
| semente de linhaça | −24 | — | — | 6 | 3 | 19 | 24 | 47 |
| oliva | −6 | — | — | 7 | 2 | 84 | 5 | — |
| amendoim | 3 | — | — | 8 | 3 | 56 | 26 | — |
| falso-açafrão | −15 | — | — | 3 | 3 | 19 | 70 | 3 |
| sésamo | −6 | — | — | 10 | 4 | 45 | 40 | — |
| feijão-soja | −16 | — | — | 10 | 2 | 29 | 51 | 7 |

BRUICE, P. Y. Op. cit.

O azeite de oliva é considerado o óleo vegetal com sabor e aroma mais refinado. Acredita-se que ele diminui os níveis de colesterol no sangue, reduzindo os riscos de doenças cardíacas.

## 3. Fabricação de margarina

Os óleos possuem cadeias carbônicas insaturadas por ligações duplas, que podem sofrer hidrogenação catalítica, sendo assim transformados em gorduras.

$$\text{óleo (insaturado)} \xrightarrow[\text{catalisador}]{H_2} \text{margarina (gordura)}$$

Assim, os óleos de milho, soja, girassol e outros podem ser convertidos em margarina por meio da hidrogenação catalítica.

**Exemplo:**

$$\begin{array}{l} H_2C-O-CO-C_{17}H_{33} \\ | \\ HC-O-CO-C_{17}H_{33} \quad + 3\,H_2 \\ | \\ H_2C-O-CO-C_{17}H_{33} \end{array} \xrightarrow[\text{catalisador}]{Ni} \begin{array}{l} H_2C-O-CO-C_{17}H_{35} \\ | \\ HC-O-CO-C_{17}H_{35} \\ | \\ H_2C-O-CO-C_{17}H_{35} \end{array}$$

trioleína → margarina

As margarinas são fabricadas atualmente, em sua grande maioria, a partir de óleos poli-insaturados, com hidrogenação de apenas parte das insaturações. Isso evita a presença de triglicerídeos saturados e, acredita-se, oferece menos riscos à saúde.

As margarinas contêm, além de óleos vegetais hidrogenados, outros componentes, como leite, vitamina A, aromatizante e corantes.

Durante a hidrogenação, o ácido graxo insaturado cis pode ser transformado em ácido graxo insaturado trans obtendo a gordura trans.

Os ácidos graxos trans não são metabolizados pelo organismo humano, ficando armazenados, uma vez que as cadeias desses ácidos são normais.

Alguns alimentos industrializados são ricos em gorduras trans, tais como sorvetes, batatas fritas, salgadinhos de pacote, bolos, biscoitos e margarinas.

Sabe-se que o consumo excessivo de alimentos ricos em gorduras trans pode causar:

I. aumento do colesterol e ainda do colesterol ruim – LDL – colesterol e
II. redução dos níveis de colesterol bom – HDL – colesterol.

## 4. Determinação das insaturações nos óleos ou gorduras – índice de iodo

Determinação da quantidade de insaturações nos triacilgliceróis presentes num alimento.

$$-C=C- \;+\; I_2 \;\longrightarrow\; \begin{array}{c} I \quad I \\ | \quad | \\ -C-C- \\ | \quad | \end{array}$$

**Índice de iodo** de um óleo ou gordura é a massa de iodo ($I_2$) em gramas necessária para reagir completamente com 100 g de óleo ou gordura.

**Contribuição de ácidos graxos e índices de iodo.**

| | Ácidos graxos saturados | | | | Ácidos graxos insaturados | | | | Índice de iodo |
|---|---|---|---|---|---|---|---|---|---|
| | láurico | mirístico | palmítico | esteárico | oleico | linoleico | linolênico | Outros | |
| manteiga | 2,5 | 11,1 | 29,0 | 9,2 | 26,7 | 3,6 | — | 17,9 | 36 |
| gordura humana | — | 2,7 | 24,0 | 8,4 | 46,9 | 10,2 | — | 7,8 | 68 |
| banha suína | — | 1,3 | 28,3 | 11,9 | 47,5 | 6,0 | — | 5,0 | 59 |
| óleo de milho | — | 1,4 | 10,2 | 3,0 | 49,6 | 34,3 | — | 1,5 | 123 |
| óleo de soja | 0,2 | 0,1 | 9,8 | 2,4 | 28,9 | 52,3 | 3,6 | 2,7 | 130 |

BRUICE, P. Y. *Op. cit.*

**Conclusão:** óleo de soja é o mais insaturado, pois apresenta maior índice de iodo.

## 5. Biodiesel

A necessidade de se encontrarem alternativas para o petróleo, uma fonte não renovável, como principal matéria-prima para obtenção de combustíveis tem estimulado as pesquisas sobre fontes renováveis, como, por exemplo, o biodiesel.

No Brasil, o biodiesel tem sido obtido a partir de óleos vegetais novos ou usados ou gorduras animais através de um processo químico conhecido como **transesterificação** ou **alcoólise**. No Brasil o álcool utilizado é o etanol. A reação de transesterificação pode ser representada.

$$\begin{array}{c} H_2C-O-\overset{O}{\underset{\|}{C}}-R_1 \\ | \\ HC-O-\overset{O}{\underset{\|}{C}}-R_2 \\ | \\ H_2C-O-\overset{O}{\underset{\|}{C}}-R_3 \\ \text{gordura} \end{array} + 3\,CH_3CH_2OH \xrightarrow{NaOH} \begin{array}{c} H_2C-OH \\ | \\ HC-OH \\ | \\ H_2C-OH \\ \text{glicerol} \end{array} + \begin{array}{c} R_1-\overset{O}{\underset{\|}{C}}-O-CH_2-CH_3 \\ R_2-\overset{O}{\underset{\|}{C}}-O-CH_2-CH_3 \\ R_3-\overset{O}{\underset{\|}{C}}-O-CH_2-CH_3 \\ \text{biodiesel} \end{array}$$

$R_1$, $R_2$, $R_3$ = cadeias carbônicas, de $C_7$ a $C_{23}$.

O produto final é constituído de duas fases líquidas imiscíveis.

A fase mais densa é composta de glicerol, impregnada com excessos utilizados de álcool, água e impurezas, e a menos densa é uma mistura de ésteres etílicos (biodiesel).

O biodiesel pode ser usado puro ou misturado com diesel, não sendo necessária nenhuma modificação nos motores.

O biodiesel não contém enxofre em sua composição, portanto, o combustível do biodiesel reduz emissão de gases poluentes.

## 6. Saponificação

Aquecendo gordura ou óleo em presença de uma base, realizamos uma reação química que produz sabão.

**óleo ou gordura + base ⟶ sabão + glicerol**

$$\begin{array}{c}H_2C-O-\overset{O}{\underset{\|}{C}}-R_1\\|\\HC-O-\overset{O}{\underset{\|}{C}}-R_2\\|\\H_2C-O-\overset{O}{\underset{\|}{C}}-R_3\end{array} + 3\text{ NaOH} \longrightarrow \begin{array}{c}H_2C-OH\\|\\HC-OH\\|\\H_2C-OH\end{array} + \begin{array}{c}R_1-\overset{O}{\underset{\|}{C}}-O^-Na^+\\R_2-\overset{O}{\underset{\|}{C}}-O^-Na^+\\R_3-\overset{O}{\underset{\|}{C}}-O^-Na^+\end{array}$$

gordura            glicerol     sabão

A quantidade de base utilizada pode ser medida pelo índice de saponificação.

**Índice de saponificação:** quantidade de KOH, em miligramas, necessária para saponificar completamente 1 g de óleo ou gordura. Quanto maior for esse índice, menor será a massa molar do óleo ou gordura.

**Exemplos:**

manteiga: índice de saponificação = 210 a 235

óleo de algodão: índice de saponificação = 190 a 200

**Conclusão:** 1 g de óleo de algodão gasta menos base do que 1 g de manteiga. Se o índice de saponificação do óleo de algodão for maior do que 200, o óleo estará deteriorado.

## 7. Sabão

Sabão é uma mistura de sais de ácidos graxos.

**Exemplo:** $C_{15}H_{31}COO^-Na^+$

Os sabões utilizados nos processos industriais ou domésticos são degradados (decompostos) por microrganismos existentes na água, não causando grandes alterações no meio ambiente.

Na água existem microrganismos que produzem enzimas que aceleram o processo de quebra das cadeias do sabão. **Todo sabão é biodegradável.**

## 8. Detergentes

Detergentes são sais de ácidos sulfônicos de cadeia longa ou sais de aminas de cadeia longa.

**Exemplos:**

$\sim\!\sim\!\sim\!\sim\!SO_3^-Na^+$     detergente aniônico

$\sim\!\sim\!\sim\!\sim\!NH_3^+Cl^-$     detergente catiônico

Detergente de cadeia ramificada não é biodegradável, pois as enzimas não catalisam a decomposição de uma cadeia ramificada.

$\sim\!\sim\!\sim\!\sim\!\!-\!\!\bigcirc\!\!-\!SO_3^-Na^+$ detergente biodegradável

$\sim\!\sim\!\sim\!\sim\!\!-\!\!\bigcirc\!\!-\!SO_3^-Na^+$ detergente não degradável

## 9. Atuação na limpeza

A molécula de um sabão ou de um detergente pode ser representada por:

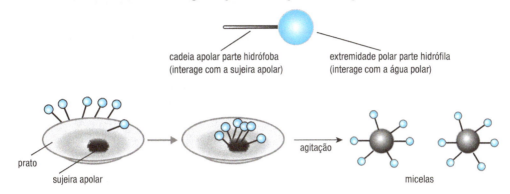

Quando as moléculas do sabão ou detergente se aproximam da sujeira apolar, a cadeia apolar interage com ela, e a parte polar interage com a água. Devido à agitação, formam-se as micelas (sujeira envolvida pelo sabão), que ficam dispersas na água.

Dizemos que o sabão ou detergente atua como agente emulsificante, pois tem a propriedade de dispersar as micelas na água.

## Exercícios Série Prata

**1.** Complete.

a) A fórmula geral de um ácido graxo saturado é _____.

b) A fórmula geral de um ácido graxo insaturado (uma dupla) é _____.

c) A fórmula geral de um ácido graxo insaturado (duas duplas) é _____.

**2.** Complete com **saturado** ou **insaturado**.

a) $C_{15}H_{31}COOH$
b) $C_{21}H_{43}COOH$
c) $C_{19}H_{37}COOH$
d) $C_{21}H_{41}COOH$

**3.** (UERJ) "Um modo de prevenir doenças cardiovasculares, câncer e obesidade é não ingerir gordura do tipo errado. A gordura pode se transformar em uma fábrica de radicais livres no corpo, alterando o bom funcionamento das células.
As consideradas boas para saúde são as insaturadas de origem vegetal, bem como a maioria dos óleos.
Quimicamente os óleos e as gorduras são conhecidos como glicerídeos, que correspondem a ésteres da glicerina, com radicais graxos."

Adaptado de **Jornal do Brasil**, ago. 1998.

A alternativa que representa a fórmula molecular de um ácido graxo de cadeia carbônica insaturada é:

a) $C_{12}H_{24}O_2$
b) $C_{14}H_{28}O_2$
c) $C_{16}H_{32}O_2$
d) $C_{18}H_{34}O_2$

**4.** (FUVEST – SP) Os ácidos graxos podem ser saturados ou insaturados. São representados por uma fórmula geral RCOOH, em que R representa uma cadeia longa de hidrocarboneto (saturado ou insaturado).

Dados os ácidos graxos abaixo, com os seus respectivos pontos de fusão,

| Ácido graxo | Fórmula | PF/°C |
|---|---|---|
| linoleico | $C_{17}H_{29}COOH$ | – 11 |
| erúcico | $C_{21}H_{41}COOH$ | 34 |
| palmítico | $C_{15}H_{31}COOH$ | 63 |

temos, à temperatura ambiente de 20 °C, como ácido insaturado no estado sólido apenas o:

a) linoleico
b) erúcico
c) palmítico
d) linoleico e o erúcico
e) erúcico e o palmítico

Cap. 21 | Ácidos Graxos, Óleos e Gorduras **297**

**5.** Associe os pontos de fusão 13 °C, 44 °C e 72 °C com os seguintes ácidos graxos.

a) $CH_3(CH_2)_{16} - COOH$

PF = _____

b) $CH_3 - (CH_2)_7$ \ $C = C$ / $(CH_2)_7 - COOH$ (com H, H do mesmo lado)

PF = _____

b) $CH_3 - (CH_2)_7$ \ $C = C$ / H, com H e $(CH_2)_7 - COOH$ em lados opostos

PF = _____

**6.** Complete com **óleo** e **gordura**.

a) 
$H_2C - O - \overset{O}{\underset{\|}{C}} - R_1$
$HC - O - \overset{O}{\underset{\|}{C}} - R_2$
$H_2C - O - \overset{O}{\underset{\|}{C}} - R_3$

predomina ácido graxo saturado

_____

b)
$H_2C - O - \overset{O}{\underset{\|}{C}} - R_1$
$HC - O - \overset{O}{\underset{\|}{C}} - R_2$
$H_2C - O - \overset{O}{\underset{\|}{C}} - R_3$

predomina ácido graxo insaturado

_____

**7.** Complete a equação química.

$H_2C - O - \overset{O}{\underset{\|}{C}} - C_{15}H_{31}$
$HC - O - \overset{O}{\underset{\|}{C}} - C_{15}H_{31}$  $+ 3 H_2O \longrightarrow$
$H_2C - O - \overset{O}{\underset{\|}{C}} - C_{17}H_{33}$

**8.** (ITA – SP) As gorduras e óleos de origem animal e vegetal mais comuns (banha, sebo, óleo de caroço de algodão, óleo de amendoim etc.) são constituídos, essencialmente, de:
a) ácidos carboxílicos alifáticos;
b) hidrocarbonetos não saturados;
c) misturas de parafina e glicerina;
d) ésteres de ácidos carboxílicos de número de carbonos variável e glicerina;
e. éteres derivados de álcoois com um número de carbonos variável.

**9.** (FUND. CARLOS CHAGAS) A fórmula estrutural:

$C_{17}H_{31}COO - CH_2$
$|$
$C_{17}H_{33}COO - CH$
$|$
$C_{17}H_{35}COO - CH_2$

refere-se a moléculas de:
a) óleo vegetal saturado;
b) óleo animal saturado;
c) óleo vegetal ou animal insaturado;
d) sabão de ácidos graxos saturados;
e) detergentes.

**10.** (UFSM – RS) O triglicerídio presente na dieta humana é digerido no trato gastrintestinal pelas enzimas digestivas e produz:
a) aminoácidos.
b) glicose.
c) ácido graxo e glicerol.
d) sacarose.
e) glicerídio.

**11.** (PUC – RS) Dentre as substâncias abaixo relacionadas, são exemplos de lipídios:
a) glicose e frutose
b) amido e celulose
c) glicerina e anilina
d) banha e parafina
e) óleo de oliva e manteiga de cacau

**12.** (FUVEST – SP)

**% em mol de ácidos graxos na porção ácida obtida da hidrólise de óleos vegetais**

|  | Palmítico ($C_{16}H_{32}O_2$) | Esteárico ($C_{18}H_{36}O_2$) | Oleico ($C_{18}H_{34}O_2$) | Linoleico ($C_{18}H_{32}O_2$) |
|---|---|---|---|---|
| óleo de soja | 11,0 | 3,0 | 28,6 | 57,4 |
| óleo de milho | 11,0 | 3,0 | 52,4 | 33,6 |

Comparando-se quantidades iguais (em mol) das porções ácidas desses dois óleos, verifica-se que a porção ácida do óleo de milho tem, em relação à do óleo de soja, quantidade (em mol) de:

|  | Ácidos saturados | Ligações duplas |
|---|---|---|
| a) | igual | maior |
| b) | menor | igual |
| c) | igual | menor |
| d) | menor | maior |
| e) | maior | menor |

**13.** Complete a equação química.

H₂C – OH
|
HC – OH   +   3 $C_{17}H_{33}$COOH   ⟶
|
H₂C – OH

**14.** (FUVEST – SP) Quantos átomos de carbono, hidrogênio e oxigênio possui a molécula do triéster obtido pela reação do propanotriol, $C_3H_8O_3$, com ácido metanoico, $H_2CO_2$? Justifique sua resposta.

**15.** (UFJF – MG) O ácido eicosapentaenoico (EPA), cuja estrutura está representada abaixo, é um ácido graxo (ácido carboxílico de cadeia longa), também conhecido como Ômega-3.

estrutura EPA

Com base nessas informações, responda aos itens a seguir.

a) Considerando a estrutura da molécula do EPA, que tipo de estereoisomeria é esperada para esse composto?
b) A relação direta entre dietas ricas em gorduras saturadas e doenças cardíacas é bem conhecida.

Considerando a estrutura do EPA e observadas as informações presentes na tabela abaixo, responda:

**Ocorrência de alguns ácidos graxos**

| Ácido graxo | Número de insaturações | Ocorrência |
|---|---|---|
| ácido palmítico | — | sebo bovino e banha suína |
| ácido oleico | 1 | azeite de oliva |
| ácido linoleico | 2 | óleo de girassol |
| ácido linolênico | 3 | óleo de linhaça |

Alimentos ricos em EPA podem ser ingeridos por pessoas com problemas cardíacos? Justifique sua resposta.
Que tipo de alimento, descrito na Tabela I, **não** é recomendado para pessoas com problemas cardíacos? Justifique sua resposta.

**16.** (UNIRIO – RJ) O óleo de milho contém aproximadamente 59% de triglicerídios poli-insaturados, enquanto a margarina contém em torno de 18% desses triglicerídios. A preparação de margarina a partir de óleo de milho é uma reação de adição efetuada com:

a) $H_2$    b) $H_2O$    c) HI    d) $I_2$    e) $O_2$

**17.** (UNESP) As margarinas são produzidas industrialmente pela hidrogenação catalítica parcial de triglicerídeos (lipídios) poli-insaturados. As matérias-primas que fornecem o hidrogênio e os triglicerídeos usados no processo são, respectivamente,

a) gás metano e óleo vegetal.
b) água e melaço de cana.
c) petróleo e gordura animal.
d) gás metano e gordura animal.
e) calcário e óleo vegetal.

**18.** (UNICAMP – SP) Fontes vegetais de lipídios contêm moléculas de ácidos graxos (ácidos carboxílicos poli-insaturados) que apresentam estrutura cis. O processo de hidrogenação parcial destas gorduras, como por exemplo na fabricação de margarinas, pode conduzir à formação de isômeros trans, que não são desejáveis, visto que estes são suspeitos de elevarem o teor de colesterol no sangue.

a) Escreva a equação química que representa, genericamente, a hidrogenação de uma dupla-ligação carbono-carbono. $\left(\begin{array}{c}\diagdown\phantom{x}\diagup\\ C=C\\ \diagup\phantom{x}\diagdown\end{array}\right)$

O ácido linoleico pode ser representado pela fórmula $C_{18}H_{32}O_2$.

b) Quantas duplas-ligações $\left(\begin{array}{c}\diagdown\phantom{x}\diagup\\ C=C\\ \diagup\phantom{x}\diagdown\end{array}\right)$ contêm uma molécula deste ácido? Justifique.

**19.** Qual é o coeficiente do $H_2$ para hidrogenar completamente o triglicerídeo?

$$H_2C - O - \overset{\overset{O}{\|}}{C} - C_{17}H_{35}$$
$$HC - O - \overset{\overset{O}{\|}}{C} - C_{17}H_{33}$$
$$H_2C - O - \overset{\overset{O}{\|}}{C} - C_{17}H_{31}$$

**20.** (UFRGS – RS) Um óleo de massa molar 900 g/mol, obtido pela combinação de glicerol com um ácido graxo, apresenta a fórmula estrutural representada abaixo.

$$CH_2 - \overset{\overset{O}{\|}}{C} - O - R$$
$$CH - \overset{\overset{O}{\|}}{C} - O - R$$
$$CH_2 - \overset{\overset{O}{\|}}{C} - O - R$$

Sabendo que o ácido graxo que originou R é mono-insaturado, a massa, em gramas, de hidrogênio necessária para transformar 12 kg desse óleo em gordura saturada é

a) 0,04          d) 80
b) 13            e) 1.800
c) 40

**21.** (FUVEST – SP) "Durante muitos anos, a gordura saturada foi considerada a grande vilã das doenças cardiovasculares. Agora, o olhar vigilante de médicos e nutricionistas volta-se contra a prima dela, cujos efeitos são ainda piores: a gordura *trans*."

Veja, 2003

Uma das fontes mais comuns da margarina é o óleo de soja, que contém triglicerídeos, ésteres do glicerol com ácidos graxos. Alguns desses ácidos graxos são:

$$CH_3(CH_2)_{16}COOH$$
A

B: $CH_3(CH_2)_7$ e $(CH_2)_7COOH$ (cis)

C: $CH_3(CH_2)_7$ e $(CH_2)_7COOH$ 

D: $CH_3(CH_2)_4$ — $CH_2$ — $(CH_2)_7COOH$ com duas duplas

Durante a hidrogenação catalítica, que transforma o óleo de soja em margarina, ligações duplas tornam-se ligações simples. A porcentagem dos ácidos graxos A, B, C e D, que compõem os triglicerídeos, varia com o tempo de hidrogenação. O gráfico a seguir mostra este fato.

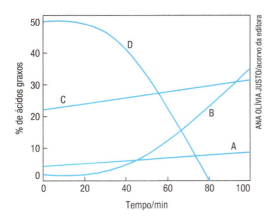

Considere as informações:

I. O óleo de soja original é mais rico em cadeias monoinsaturadas *trans* do que em *cis*.
II. A partir de cerca de 30 minutos de hidrogenação, cadeias monoinsaturadas *trans* são formadas mais rapidamente que cadeias totalmente saturadas.
III. Nesse processo de produção de margarina, aumenta a porcentagem de compostos que, atualmente, são considerados pelos nutricionistas como nocivos à saúde.

É correto apenas o que se afirma em
a) I
b) II
c) III
d) I e II
e) II e III

**22.** (FUVEST – SP) A composição de óleos comestíveis é, usualmente, dada pela porcentagem em massa dos ácidos graxos obtidos na hidrólise total dos triglicerídeos que constituem tais óleos. Segue-se esta composição para os óleos de oliva e milho.

| tipo de óleo | Porcentagem em massa de ácidos graxos | | |
|---|---|---|---|
| | palmítico $C_{15}H_{31}CO_2H$ M = 256 | oleico $C_{17}H_{33}CO_2H$ M = 282 | linoleico $C_{17}H_{31}CO_2H$ M = 280 |
| oliva | 10 | 85 | 05 |
| milho | 10 | 30 | 60 |

M = massa molar em g/mol

Um comerciante comprou óleo de oliva mas, ao receber a mercadoria, suspeitou tratar-se de óleo de milho.

Um químico lhe explicou que a suspeita poderá ser esclarecida, determinando-se o índice de iodo, que é a quantidade de iodo, em gramas, consumida por 100 g de óleo.

a) Os ácidos graxos insaturados da tabela têm cadeia aberta e consomem iodo. Quais são esses ácidos? Justifique.
b) Analisando-se apenas os dados da tabela, qual dos dois óleos apresentará maior índice de iodo? Justifique.

**23.** Complete a equação química.

$$\begin{array}{c} H_2C-O-\overset{\overset{O}{\|}}{C}-R_1 \\ | \\ HC-O-\overset{\overset{O}{\|}}{C}-R_2 \\ | \\ H_2C-O-\overset{\overset{O}{\|}}{C}-R_3 \end{array} + 3\ C_2H_5OH \xrightarrow{KOH}$$

óleo ou gordura etanol

**24.** (FATEC – SP) O biodiesel praticamente não contém enxofre em sua composição. Devido a esse fato, sua combustão apresenta vantagens em relação à do diesel do petróleo, no que diz respeito ao fenômeno
a) da chuva ácida
b) da destruição da camada de ozônio
c) do efeito estufa
d) da inversão térmica
e) do efeito Tyndall

**25.** (UFSCAR – SP) Óleos e gorduras vegetais são triacilglicerídeos, que têm a seguinte fórmula química geral

$$\begin{array}{c} H \\ | \\ H-C-O-C(=O)-R_1 \\ | \\ H-C-O-C(=O)-R_2 \\ | \\ H-C-O-C(=O)-R_3 \\ | \\ H \end{array}$$

sendo que as cadeias $R_1$, $R_2$ e $R_3$

I. são constituídas, em média, por 10 a 22 átomos de carbono;
II. podem ser saturadas, ou conter até três duplas-ligações por cadeia;
III. só apresentam configuração cis em torno de cada insaturação existente.

Sabe-se também que, quando o teor de insaturação é elevado, o triglicerídeo é líquido, constituindo um óleo e, quando é baixo, ele é sólido, constituindo uma gordura.

a) Identifique o tipo de interação predominante entre as moléculas que constituem óleos e gorduras. Explique a diferença existente entre os estados físicos de um óleo e de uma gordura, em termos destas interações intermoleculares.

b) Quando um óleo vegetal é aquecido com etanol na presença de catalisador, forma-se glicerol e uma mistura de produto. Após a separação do glicerol, a mistura dos outros produtos obtidos na reação pode ser utilizada como combustível, o biodiesel. Escreva a fórmula estrutural geral e identifique a função orgânica dos compostos que constituem o biodiesel.

**26.** (FUND. CARLOS CHAGAS) Na saponificação (com KOH) de gorduras animais, obtêm-se glicerol e:

a) ácidos carboxílicos de elevada massa molecular;
b) ácidos carboxílicos de pequena massa molecular;
c) álcoois de grande cadeia carbônica;
d) álcoois de pequena cadeia carbônica;
e) sais de ácidos carboxílicos.

**27.** (FUVEST – SP) O glicerol é um subproduto do biodiesel, preparado pela transesterificação de óleos vegetais. Recentemente, foi desenvolvido um processo para aproveitar esse subproduto:

$n = 6$ a $10$

Tal processo pode ser considerado adequado ao desenvolvimento sustentável porque

I. permite gerar metanol, que pode ser reciclado na produção de biodiesel.
II. pode gerar gasolina a partir de uma fonte renovável, em substituição ao petróleo, não renovável.
III. tem impacto social, pois gera gás de síntese, não tóxico, que alimenta fogões domésticos.

É verdadeiro apenas o que se afirma em

a) I.   b) II.   c) III.   d) I e II.   e) I e III.

**28.** (FUVEST – SP)

1/4 de xícara de bicarbonato de sódio

1/4 de xícara de óleo vegetal

1/4 de xícara de água

Ao aquecer a mistura dada mantendo fervura branda, o óleo sofre uma

a) hidrólise ácida.
b) hidrogenação catalítica.
c) polimerização por condensação.
d) polimerização por adição.
e) saponificação.

**29.** (ITA – SP) Aquecendo o composto I com quantidade suficiente de hidróxido de sódio aquoso, obtemos os produtos II e III.

(I)
$H_2C - O - CO - C_{17}H_{35}$
$HC - O - CO - C_{17}H_{35}$
$H_2C - O - CO - C_{17}H_{35}$

(II)
$H_2C - OH$
$HC - OH$
$H_2C - OH$

+ (III)

Esta reação exemplifica a:

a) obtenção de óleos essenciais;
b) hidrólise de açúcares;
c) obtenção de sabões;
d) obtenção de álcoois e gás carbônico;
e) obtenção de ácido graxo e hidrocarbonetos.

**30.** (FUVEST – SP) Uma embalagem de sopa instantânea apresenta, entre outras, as seguintes informações: "Ingredientes: tomate, sal, amido, óleo vegetal, emulsificante, conservante, flavorizante, corante, antioxidante". Ao se misturar o conteúdo da embalagem com água quente, poderia ocorrer a separação dos componentes **X** e **Y** da mistura, formando duas fases, caso o ingrediente **Z** não estivesse presente.

Assinale a alternativa em que **X**, **Y** e **Z** estão corretamente identificados.

|    | X    | Y            | Z            |
|----|------|--------------|--------------|
| a) | água | amido        | antioxidante |
| b) | sal  | óleo vegetal | antioxidante |
| c) | água | óleo vegetal | antioxidante |
| d) | água | óleo vegetal | emulsificante |
| e) | sal  | água         | emulsificante |

**Resolução:**

Nesta sopa instantânea, temos diversos compostos, entre eles o óleo vegetal.

Quando adicionamos água quente, poderia ocorrer a separação da água (**X**) e o óleo (**Y**). Isto não ocorre devido à presença de um agente emulsificante (**Z**), substância que estabiliza a emulsão.

**Resposta:** alternativa d.

**31.** (ENEM) Em uma planície, ocorreu um acidente ambiental em decorrência do derramamento de grande quantidade de um hidrocarboneto que se apresenta na forma pastosa à temperatura ambiente. Um químico ambiental utilizou uma quantidade apropriada de uma solução de para-dodecil-benzenossulfonato de sódio, um agente tensoativo sintético, para diminuir os impactos desse acidente.

Essa intervenção produz resultados positivos para o ambiente porque

a) promove uma reação de substituição no hidrocarboneto, tornando-o menos letal ao ambiente.
b) a hidrólise do para-dodecil-benzenossulfonato de sódio produz energia térmica suficiente para vaporizar o hidrocarboneto.
c) a mistura desses reagentes provoca a combustão do hidrocarboneto, o que diminui a quantidade dessa substância na natureza.
d) a solução de para-dodecil-benzenossulfonato possibilita a solubilização do hidrocarboneto.
e) o reagente adicionado provoca uma solidificação do hidrocarboneto, o que facilita sua retirada do ambiente.

**32.** (UNICAMP – SP) Provavelmente, o sabão foi encontrado por algum curioso nas cinzas de uma fogueira usada para assar animais como porcos, javalis, cabras etc. Este curioso, vendo nas cinzas aquela massa "diferente" e pensando que se tratava de comida, deve tê-la colocado na boca. Gosto horrível! Cuspiu, tentou tirá-la da boca com a mão, com água, esfregando vigorosamente. Surpresa! As palmas de suas mãos ficaram clarinhas, limpas como nunca antes haviam estado. Sabe-se, hoje, que os álcalis presentes nas cinzas reagem com gorduras, levando à formação de sabão. Este método foi muito usado por nossos bisavós, que misturavam, num tacho, cinzas e gordura animal, deixando "cozinhar" por várias horas.

Atualmente, uma das maneiras de se preparar um sabão é reagir o hidróxido de sódio com a tripalmitina (gordura). Nesta reação formam-se glicerol e sabão (sal de ácido orgânico).

$$\underset{\text{tripalmitina}}{\begin{array}{c} O \\ \parallel \\ H_2C-O-C-C_{15}H_{31} \\ | \\ H_{31}C_{15}-C-O-CH \\ \parallel \\ O \quad | \\ H_2C-O-C-C_{15}H_{31} \\ \parallel \\ O \end{array}} \qquad \underset{\text{glicerol}}{\begin{array}{c} OH \; OH \; OH \\ | \quad | \quad | \\ H_2C-C-CH_2 \\ | \\ H \end{array}}$$

Escreva a fórmula do sal orgânico formado na reação descrita.

**33.** (UNIFESP) A figura mostra um diagrama com reações orgânicas X, Y e Z, produtos I, II e III e o ácido oleico como reagente de partida, sob condições experimentais adequadas.

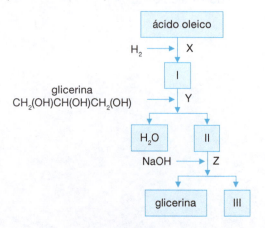

A reação de saponificação e o éster formado são, respectivamente,
a) X e II.    d) Z e I.
b) Y e I.    e) Z e II.
c) Y e III.

**34.** (FUVEST – SP) Da água do mar, podem ser obtidas grandes quantidades de um sal que é a origem das seguintes transformações:

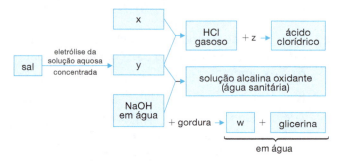

Neste esquema, x, y, z e w representam:

| | x | y | z | w |
|---|---|---|---|---|
| a) | oxigênio | cloro | hidrogênio | sabão |
| b) | sódio | oxigênio | dióxido de carbono | triglicerídeo |
| c) | hidrogênio | cloro | água | sabão |
| d) | cloro | hidrogênio | água | carboidrato |
| e) | hidrogênio | cloro | dióxido de carbono | triglicerídeo |

**35.** (UNIFESP) Na preparação de churrasco, o aroma agradável que desperta o apetite dos apreciadores de carne deve-se a uma substância muito volátil que se forma no processo de aquecimento da gordura animal.

$$\begin{array}{l} CH_2-O-\overset{O}{\underset{\|}{C}}-R \\ CH-O-\overset{O}{\underset{\|}{C}}-R' \\ CH_2-O-\overset{O}{\underset{\|}{C}}-R'' \end{array}$$

gordura animal

(R, R' e R'': cadeias de hidrocarbonetos com mais de 10 átomos de carbono.)

Esta substância é composta apenas por carbono, hidrogênio e oxigênio. Quando 0,5 mol desta substância sofre combustão completa, forma-se um mol de moléculas de água. Nesse composto, as razões de massas entre C e H e entre O e H são, respectivamente, 9 e 4.

a) Calcule a massa molar desta substância.
b) A gordura animal pode ser transformada em sabão por meio da reação com hidróxido de sódio. Apresente a equação dessa reação e o seu respectivo nome.

**Dados:** massas molares (g/mol): C = 12, H = 1 e O = 16.

**36.** (FUVEST – SP)

mestranol

Analisando a fórmula estrutural do mestranol, um anticoncepcional, foram feitas as seguintes previsões sobre seu comportamento químico:

I. deve sofrer hidrogenação.
II. pode ser esterificado, em reação com um ácido carboxílico.
III. deve sofrer saponificação, em presença de soda cáustica.

Dessas previsões:

a) apenas a I é correta.
b) apenas a II é correta.
c) apenas a I e a II são corretas.
d) apenas a II e a III são corretas.
e) a I, a II e a III são corretas.

**37.** Complete com **sabão** ou **detergente**.

a) $C_{17}H_{35}-COO^-Na^+$ _____

b) $C_{12}H_{25}-\text{⟨⟩}-SO_3^-Na^+$ _____

c) $\left[ C_{16}H_{33}-\overset{CH_3}{\underset{CH_3}{\overset{|}{\underset{|}{N^+}}}}-C_2H_5 \right] Br^-$ _____

**38.** Complete com **biodegradável** ou **não biodegradável**.

a) Todo sabão é _____.

b) Detergente de cadeia normal é _____.

c) Detergente de cadeia ramificada é _____.

**39.** (UNICAMP – SP) O sabão, apesar de sua indiscutível utilidade, apresenta o inconveniente de precipitar o respectivo sal orgânico insolúvel em água que contenha íons cálcio dissolvidos. Em época recente, foram desenvolvidos os detergentes, conhecidos genericamente como alquilsulfônicos, solúveis em água e que não precipitam na presença de íons cálcio.

Dê o símbolo e o nome do elemento químico que aparece na fórmula de um detergente alquilsulfônico e que não aparece na fórmula de um sabão.

$CH_3 - COO^-Na^+$    $C_{12}H_{25} - \langle\bigcirc\rangle - Cl$

$C_{12}H_{25} - \langle\bigcirc\rangle - SO_3^-Na^+$    $C_{15}H_{25} - \langle\bigcirc\rangle$

**40.** (UFG – GO) Na formulação de alguns agentes de limpeza encontram-se, além do detergente, ácidos fluorídrico e clorídrico diluídos. O detergente utilizado nessa formulação pode ser representado por:

a) $CH_3 - (CH_2)_{11} - O \, SO_3^-Na^+$

b) $\left[ CH_3 - (CH_2)_{15} - \underset{CH_3}{\overset{CH_3}{\underset{|}{\overset{|}{N^+}}}} - C_2H_5 \right] Br^-$

c) $\left[ CH_3 - CH_2 - \underset{CH_3}{\overset{CH_3}{\underset{|}{\overset{|}{N^+}}}} - C_2H_5 \right] Br^-$

d) $C_{12}H_{15} - \langle\bigcirc\rangle - SO_3^-Na^+$

e) $CH_3 - (CH_2)_{11} - COO^-Na^+$

**41.** (UNICAMP – SP) Substâncias com propriedades detergentes, como por exemplo os sabões, caracterizam-se por terem em suas moléculas um grupo *hidrofílico*, capaz de formar fortes ligações de hidrogênio com a água, e um grupo *hidrofóbico*, geralmente uma cadeia carbônica longa. Como exemplo de um sabão tem-se:

grupo hidrofóbico ⟶ $\overbrace{C_{15}H_{31}}$ – $\overbrace{COO^-Na^+}$ ⟵ grupo hidrofílico

Das moléculas representadas a seguir, copie as fórmulas das que poderiam apresentar propriedades detergentes e indique os grupos hidrofílicos e os hidrofóbicos

$C_{15}H_{31} - \underset{Cl}{\overset{Cl}{\underset{|}{\overset{|}{C}}}} - Cl$    $C_{16}H_{33} - \underset{CH_3}{\overset{CH_3}{\underset{|}{\overset{|}{N^+}}}} - CH_3Cl^-$

**42.** (ENEM) Quando colocados em água, os fosfolipídeos tendem a formar lipossomos, estruturas formadas por uma bicamada lipídica, conforme mostrado na figura. Quando rompida, essa estrutura tende a se reorganizar em um novo lipossomo.

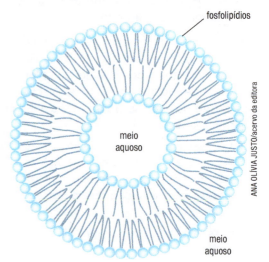

*Disponível em:* <http://course1.winona.edu>.
*Acesso em:* 1º mar. 2012 (adaptado).

Esse arranjo característico se deve ao fato de os fosfolipídeos apresentarem uma natureza

a) polar, ou seja, serem inteiramente solúveis em água.
b) apolar, ou seja, não serem solúveis em solução aquosa.
c) anfotérica, ou seja, podem comportar-se como ácidos e bases.
d) insaturada, ou seja, possuírem duplas ligações em sua estrutura.
e) anfifílica, ou seja, possuírem uma parte hidrofílica e outra hidrofóbica.

**43.** (PUC – SP) Apesar de conhecido há muito tempo, somente neste século foi elucidado o modo como o sabão atua na remoção de gordura. O sabão é formado por moléculas com uma longa cadeia apolar (lipofílica) e uma extremidade iônica (hidrofílica). Desse modo, temos uma molécula anfifílica, ou seja, uma molécula que apresenta afinidade com gorduras e com a água, permitindo que a água com sabão remova a gordura.

A seguir, são apresentadas quatro reações

I.
$$\begin{array}{l} H_2C - O - \overset{O}{\underset{\|}{C}} - (CH_2)_{16}CH_3 \\ HC - O - \overset{O}{\underset{\|}{C}} - (CH_2)_{16}CH_3 \quad + \quad 3\,NaOH \longrightarrow \text{produto} + \begin{array}{l} H_2C - OH \\ HC - OH \\ H_2C - OH \end{array} \\ H_2C - O - \overset{O}{\underset{\|}{C}} - (CH_2)_{16}CH_3 \end{array}$$

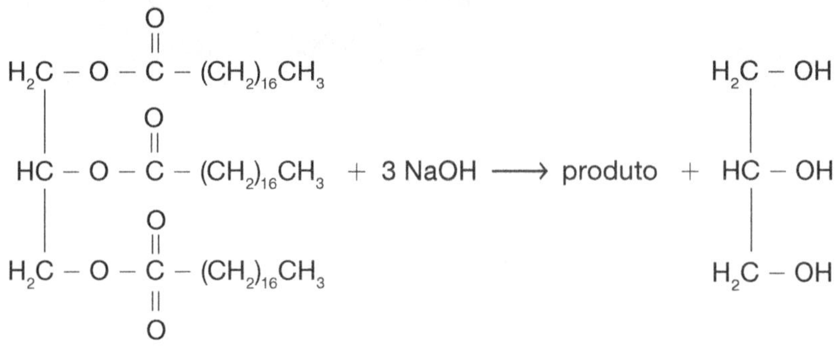

II. $CH_3CH_2Br + NaOH \longrightarrow$ produto $+ NaBr$

III. $HO - \overset{O}{\underset{\|}{C}} - \overset{O}{\underset{\|}{C}} - OH + 2\,NaOH \longrightarrow 2\,H_2O +$ produto

IV. $H_3C(CH_2)_{11}SO_3H + 2\,NaOH \longrightarrow$ produto $+ H_2O$

As reações que apresentam como produto uma molécula anfifílica são:

a) I e III.
b) I e IV.
c) II e IV.
d) I, II e IV.
e) I, II e III.

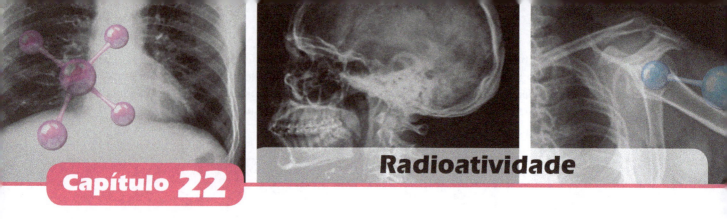

# Capítulo 22 — Radioatividade

## Séries radioativas naturais

É comum na natureza um átomo X (**elemento-pai** ou **núcleo-pai**) emitir uma radiação (α ou β), transformando-se em um novo átomo instável A que, por uma nova emissão, transforma-se em um átomo B; e assim sucessivamente, até a sequência chegar em um átomo estável Y. Os átomos A, B, .... e Y são descendentes do átomo X e denominam-se **elementos-filhos** ou **núcleos-filhos**. A sequência X, A, B, ..., Y é chamada **série** (ou **família**) **radioativa**. Embora existam inúmeras séries radioativas artificiais, na natureza, três são importantes: urânio, actínio e tório (tabela 1).

Tabela 1 – Séries (famílias) radioativas naturais.

| Série ou família | Inicia-se com → Termina com |
|---|---|
| urânio | $^{238}_{92}U \longrightarrow\ ^{206}_{82}Pb$ |
| actínio | $^{235}_{92}U \longrightarrow\ ^{207}_{82}Pb$ |
| tório | $^{232}_{92}Th \longrightarrow\ ^{208}_{82}Pb$ |

A série do actínio inicia-se, na realidade, com o urânio-235 e tem esse nome porque inicialmente pensava-se que ela iniciava-se com o actínio-227. As três séries terminam no chumbo, embora com números de massa diferentes. A figura 1 apresenta as três séries radioativas naturais.

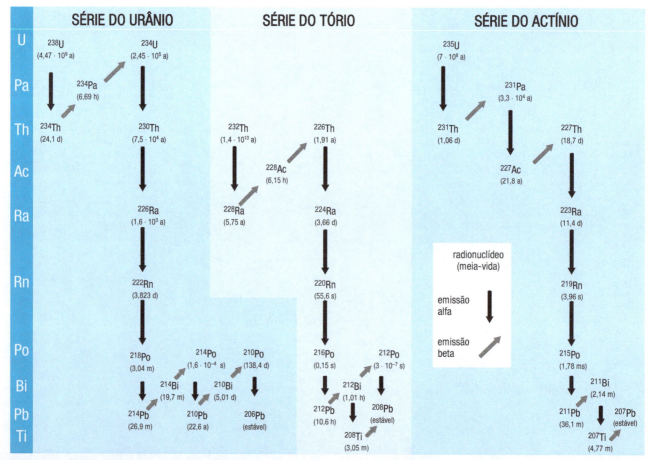

**Figura 1** – Séries radioativas naturais. Nos tempos de meia-vida, "a" significa anos; "d", dias; "h", horas; "m", minutos; ms, microssegundos; e "s", segundos.

# 1. Descoberta da radioatividade

Seguindo uma discussão com o matemático e físico francês Henri Poincaré (1854-1912) acerca da radiação descoberta pelo físico alemão Röntgen (1845-1923) em 1895 (raios X), o físico francês Henri Becquerel (1852-1908) decidiu investigar se havia alguma conexão entre os raios X e a fosforescência natural. Becquerel havia herdado de seu pai uma quantidade de sais de urânio, que fosforescem ao serem expostos à luz. Quando colocava os sais próximos a uma placa fotográfica coberta com um papel opaco, a placa enegrecia. Becquerel descobriu que esse fenômeno era comum a todos os sais de urânio estudados e concluiu que essa era uma propriedade do átomo do urânio.

Mais tarde, Becquerel (figura 2) mostrou que os raios emitidos pelo urânio, que foram inicialmente nomeados como raios B em sua homenagem, têm a capacidade de ionizar gases e, ao contrário dos raios X, podem ser defletidos por campos elétricos e magnéticos. "Em reconhecimento aos extraordinários serviços que a descoberta da radiação espontânea possibilitaram", Becquerel foi laureado com o Nobel da Física em 1903.

Figura 2 – Antoine Henri Becquerel.

Esse prêmio também foi dividido com o casal (figura 3) Pierre (1859-1906) e Marie Curie (1867-1934), que estudaram a radiação descoberta por Becquerel. Marie Curie, auxiliada por seu marido, foi responsável pelo isolamento do polônio, nomeado em homenagem ao país natal de Marie (Polônia), e do rádio. Ela também desenvolveu métodos de separação do rádio dos seus resíduos radioativos em quantidades suficientes para sua caracterização. Em 1911, Marie Curie recebeu pela segunda vez o prêmio Nobel; foi laureada com o Nobel de Química em virtude das descobertas dos elementos polônio e rádio.

Figura 3 – Casal Curie: Pierre e Marie.

# 2. Conceito de radioatividade

Radioatividade é a emissão de radiação de um núcleo instável que se transforma em outro núcleo (instável ou estável), como esquematizado na figura 4.

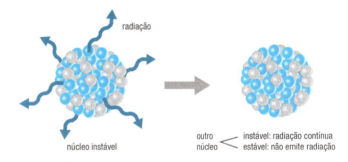

Figura 4 – Radioatividade.

A radioatividade é um fenômeno natural ou artificial nuclear, isto é, tem origem no núcleo do átomo. Ela não é afetada por nenhum fator externo, como pressão e temperatura.

Um elemento químico é considerado radioativo quando o isótopo mais abundante é radioativo. Todos os elementos com Z (número atômico) $\geq$ 84 são radioativos. Entretanto, alguns isótopos com Z pequeno também são radioativos, como o $^{3}_{1}H$, o $^{14}_{6}C$ e o $^{40}_{19}K$.

# 3. Tipos de radiação

Os elementos radioativos naturais emitem três tipos de radiação: alfa ($\alpha$), beta ($\beta$) e gama ($\gamma$). Um núcleo radioativo natural emite radiação $\alpha$ ou radiação $\beta$, porém nunca as duas simultaneamente. Para diminuir a energia, o núcleo emite radiação $\gamma$ junto com a radiação $\alpha$ ou $\beta$. A tabela 2 apresenta a natureza dessas radiações e os poderes relativos de penetração (figura 5) e de ionização (que consiste na capacidade da radiação arrancar elétrons ao passar pelos materiais, tornando-os ionizados positivamente).

Tabela 2 – Tipos de radiação natural.

| Radiação | Símbolo | Natureza | Poder de penetração | Poder de ionização |
|---|---|---|---|---|
| alfa | $_{2}^{4}\alpha$ | núcleo de He (2p, 2n) | baixo | muito alto |
| beta | $_{-1}^{0}\beta$ | elétron acelerado | alto | alto |
| gama | $_{0}^{0}\gamma$ | onda eletromagnética | muito alto | baixo |

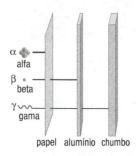

Figura 5 – Poder de penetração.

A figura 6 compara os desvios sofridos por essas radiações ao atravessar um campo elétrico. A radiação γ, por não apresentar carga, não sofre desvio. Já a radiação positiva α (carga positiva) sofre desvio para o lado negativo, enquanto a radiação negativa β (carga negativa) sofre desvio para o lado positivo. O desvio sofrido pela partícula β é maior que o da α, porque a primeira (elétron acelerado) é mais leve (que o núcleo de hélio).

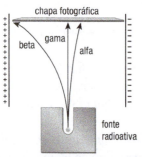

Figura 6 – Desvios sofridos pelas radiações α, β e γ ao atravessar um campo elétrico.

## 4. Leis das emissões radioativas

Quando um núcleo emite radiação, dizemos que ele sofreu um **decaimento radioativo**, uma **desintegração radioativa** ou uma **transmutação nuclear**. Trata-se de um processo espontâneo e, em uma equação nuclear, há conservação do número de massa e da carga.

### 4.1 Emissão α

A emissão alfa, desintegração alfa ou decaimento alfa (figura 7) é uma forma de decaimento radioativo que ocorre quando um núcleo atômico instável emite uma partícula alfa, transformando-se em outro núcleo atômico com número atômico duas unidades menor e número de massa quatro unidades menor.

$$_{Z}^{A}X \longrightarrow _{2}^{4}\alpha + _{Z-2}^{A-4}Y$$

Dependendo do átomo emissor, as partículas α têm velocidade entre 3.000 e 30.000 km/s e penetração de 2 a 8 cm no ar, de modo que, normalmente, uma folha de papel detém essas partículas. Em seu trajeto, as partículas α arrancam elétrons das moléculas do ar, ionizando-as; o poder de ionização das partículas α é o maior dos três tipos de radiação mencionados.

**Exemplo:**

$$_{92}^{238}U \longrightarrow _{2}^{4}\alpha + _{90}^{234}Th$$

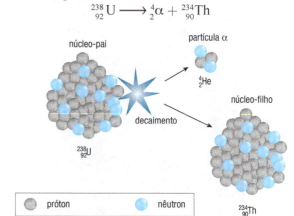

Figura 7 – Decaimento alfa do urânio-238.

### 4.2 Emissão β

A emissão beta, desintegração beta ou decaimento beta (figura 8) é o processo pelo qual um núcleo instável pode transformar-se em outro núcleo mediante a emissão de uma partícula beta, transformando-se em outro núcleo atômico com número atômico uma unidade maior e mesmo número de massa.

$$_{Z}^{A}X \longrightarrow _{-1}^{0}\beta + _{Z+1}^{A}Y$$

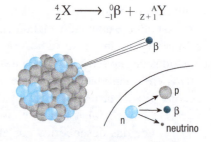

Figura 8 – Decaimento β.

A radiação β é proveniente da decomposição de um nêutron, que gera um próton, um elétron (radiação β) e um neutrino. O neutrino é uma partícula subatômica neutra que é dificilmente detectada devido a sua fraca interação com a matéria. Sua existência foi primeiramente proposta pelo físico austríaco Wolfgang Pauli (1900-1958) como forma de conservar a energia e o momento angular no decaimento beta. Sua detecção direta só foi possível em 1956, o que garantiu o prêmio Nobel de Física de 1995 (quase 40 anos depois) ao físico americano Frederick Reines (1918-1998).

Dependendo do átomo emissor, as partículas β têm velocidade de 70.000 a quase 300.000 km/s (que é a velocidade da luz) e penetração de até 1 cm no alumínio ou 1 mm no chumbo (50 a 100 vezes maior que as partículas α). Tendo carga elétrica menor, as partículas β são menos ionizantes que as α.

**Exemplo:**

$$^{231}_{90}Th \longrightarrow {}^{0}_{-1}\beta + {}^{231}_{91}Pa$$

## 4.3 Emissão γ

As emissões γ não são partículas, mas ondas eletromagnéticas com comprimento de onda entre $10^{-10}$ e $10^{-11}$ m. Não possuindo massa nem carga elétrica, as emissões γ não sofrem desvio ao atravessar um campo elétrico ou magnético.

Sua velocidade é igual à da luz (300.000 km/s) e, embora dependam do átomo emissor, as emissões γ têm um poder de penetração maior que o das partículas α e β. Normalmente, uma emissão γ atravessa 20 cm no aço ou 5 cm no chumbo. Por outro lado, o poder de ionização das emissões γ é menor que o das demais.

Na radioatividade natural, as emissões γ nunca aparecem isoladamente. Como uma emissão γ não altera o número atômico nem o número de massa do elemento, não se costuma escrever a emissão γ nas equações nucleares.

### 4.3.1 O contador Geiger

Já que não é possível visualizar as emissões radioativas, é necessário um equipamento para a sua detecção. Um desses equipamentos é o contador Geiger (ou contador Geiger-Müller ou contador G-M – figura 9), que serve para medir emissões radioativas ionizantes (emissões α, β e γ, por exemplo). O seu princípio de funcionamento foi desenvolvido pelo físico alemão Hans Geiger (1882-1945) e aperfeiçoado pelo físico, também alemão, Walther Müller (1905-1979).

**Figura 9** – Contador Geiger.

O principal elemento do contador Geiger (esquematizado na figura 10) é o tubo de Geiger-Müller, que consiste basicamente em uma câmara preenchida com gás inerte, geralmente argônio. O tubo contém dois eletrodos, o ânodo e o cátodo, que são usualmente revestidos com grafita. O ânodo é representado por um fio no centro da câmara cilíndrica, enquanto o cátodo corresponde à área lateral do cilindro. Uma das extremidades do cilindro, pela qual a radiação entra na câmara, é selada por uma janela de mica (mineral do grupo dos silicatos).

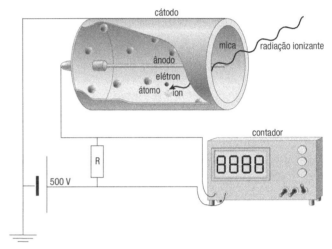

**Figura 10** – Esquema de um contador Geiger.

A radiação que adentra a câmara ioniza o gás, transformando-o em íons carregados positivamente e elétrons. Os elétrons migram para o ânodo, enquanto os íons positivos aceleram em direção ao cátodo. Quando isso ocorre, um pico de corrente elétrica é estabelecido entre os dois eletrodos. Essa corrente pode ser facilmente coletada, amplificada e mensurada; na maioria dos equipamentos, a corrente é representada na forma de um sinal acústico: cliques.

## 4.4 Outros tipos de decaimento

Além do decaimento radioativo pela emissão de radiação α, β e γ, observam-se também outros processos de decaimento. Alguns núcleos, por exemplo, decaem pela emissão de um pósitron, ${}^{0}_{+1}\beta$. Como o seu nome sugere, um pósitron tem uma massa igual à massa de um elétron, porém com carga +1.

$$^{207}_{84}Po \longrightarrow {}^{0}_{+1}\beta + {}^{207}_{83}Bi$$

Outro decaimento é chamado de **captura do elétron** ou **captura K**, isto é, um elétron da camada K é capturado pelo núcleo (próton + elétron → nêutron).

$$^{7}_{4}Be + {}^{0}_{-1}e \longrightarrow {}^{7}_{3}Li + \gamma$$

## 5. Reação nuclear artificial ou transmutação artificial

É a transformação de um núcleo em outro, provocada pelo bombardeamento com uma partícula ($_1^1p$, $_0^1n$, $_1^2d$) ou outro núcleo. O símbolo d corresponde ao dêuteron, que é o núcleo do deutério, isótopo do hidrogênio.

A primeira reação nuclear artificial foi feita pelo físico neozelandês Ernest Rutherford (1871-1937) em 1919. Rutherford colocou uma amostra de polônio, emissor de partículas α, em um recipiente contendo nitrogênio e, após várias semanas, verificou a presença de oxigênio no interior do recipiente.

$$_7^{14}N + {_2^4}\alpha \longrightarrow {_8^{17}}O + {_1^1}p$$

Atualmente esse tipo de reação nuclear é usado para obtenção de elementos transurânicos (Z > 92).

$$_{83}^{209}Bi + {_{26}^{58}}Fe \longrightarrow {_{109}^{266}}Mt + {_0^1}n$$

## 6. Meia-vida ou período de semidesintegração (P ou $t_{1/2}$)

É o tempo necessário para que a metade de uma amostra radioativa se desintegre. O gráfico da figura 11 apresenta a evolução de uma amostra de 10 g de rádio em função do tempo.

$$_{88}^{226}Ra \longrightarrow {_2^4}\alpha + {_{86}^{222}}Rn \qquad P = 1.600 \text{ anos}$$

| Tempo (anos) | 0 | 1.600 | 3.200 | 4.800 | 6.400 |
|---|---|---|---|---|---|
| Massa Ra (g) | 10 | 5 | 2,5 | 1,25 | 0,625 |
| Massa Rn (g) | 0 | 5 | 7,5 | 8,75 | 9,375 |

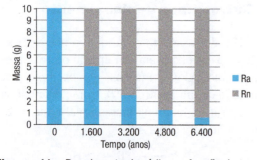

**Figura 11** – Decaimento do rádio em função do tempo.

A massa em um certo instante (m) pode ser calculada em função da massa inicial ($m_0$):

$$m = \frac{m_0}{2^x} \text{ (x = número de meias-vidas)}$$

Tem-se também que:

$$t = x \cdot P \text{ (t = tempo total)}$$

Portanto, para o caso do rádio acima, sabendo que a massa inicial é de 10 gramas e que a massa em um certo instante é 1,25 gramas, é possível determinar o tempo total da amostra:

$$m = \frac{m_0}{2^x} \Rightarrow 1{,}25 = \frac{10}{2^x} \Rightarrow 2^x = \frac{10}{1{,}25} = 8 = 2^3 \Rightarrow$$

$$\Rightarrow x = 3 \Rightarrow t = 3 \cdot 1.600 = \mathbf{4.800 \text{ anos}}$$

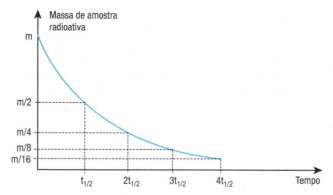

**Figura 12** – Curva de decaimento de um elemento genérico.

À curva da figura 12 dá-se o nome de **curva de decaimento** do elemento radioativo e traduz também a **velocidade de desintegração** do elemento. A velocidade média de desintegração pode ser entendida como o número de átomos que se desintegram em uma unidade de tempo. No sistema internacional de unidades, a unidade de desintegração é o **becquerel (Bk)**, que indica o número de desintegrações por segundo.

O tempo de meia-vida é uma característica de cada radioisótopo e independe da pressão, da temperatura e do composto químico no qual o radioisótopo esteja presente ou que ele venha a formar.

De maneira geral, quando chega-se a 10 meias-vidas, a quantidade de radioisótopo se torna muito pequena (menor que 0,1% da inicial), podendo ser descartado.

## 7. Fissão nuclear induzida

### 7.1 Conceito

É a quebra de certos núcleos grandes ($^{235}$U ou $^{239}$Pu) em núcleos menores pelo bombardeamento com nêutron, que libera uma grande quantidade de energia. A fissão nuclear é uma reação em cadeia.

$$_{92}^{235}U + {_0^1}n \longrightarrow {_{56}^{140}}Ba + {_{36}^{93}}K + 3\,{_0^1}n + \text{energia}$$

### 7.2 Reação em cadeia

O bombardeio do $_{92}^{235}$U com nêutrons acarreta sua fragmentação, dando origem a dois outros núcleos menores, com liberação de dois a três novos nêutrons do próprio núcleo do $^{235}U$. Esses nêutrons liberados atingem outros núcleos de $^{235}U$ e provocam a mesma transmutação (figura 13). Assim, à medida que aumenta o número de núcleos de $^{235}U$ fragmentados, aumenta o número de nêutrons liberados.

Quanto maior o número de nêutrons liberados, maior o aumento de núcleos de $^{235}U$ atingidos. É dessa forma que a reação nuclear se processa: uma vez iniciada, continua em cadeia.

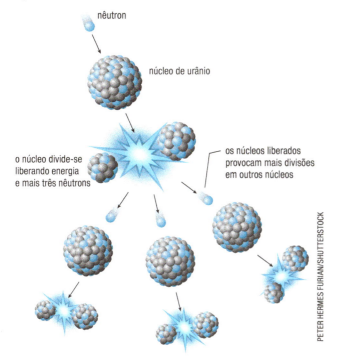

**Figura 13** – Fissão do urânio em uma reação em cadeia.

O número de fissões e a energia liberada incrementam-se rapidamente e, se o processo não for controlado, o resultado será uma explosão violenta. Por exemplo, 1 g de $^{235}U$ libera $8 \cdot 10^7$ kJ. Por esse motivo, a fissão nuclear é o princípio de funcionamento das bombas atômicas e dos reatores nucleares.

## 7.3 Bomba atômica

A bomba nuclear baseada na reação de fissão do urânio-235 foi fruto do Projeto Manhattan, que consistiu em um esforço durante a Segunda Guerra Mundial (1939-1945) para desenvolver as primeiras armas nucleares pelos Estados Unidos da América com apoio do Reino Unido e do Canadá. Defende-se que um dos pontos de partida desse projeto foi uma carta entregue ao presidente Franklin Roosevelt e assinada, em 2 de outubro de 1939, pelo físico Albert Einstein. Nessa carta, Einstein alertava que a Alemanha nazista já estaria fazendo estudos para construção de uma bomba nuclear.

*"No curso dos últimos quatro meses foi-se provado – pelo trabalho de Joliot na França, assim como o de Fermi e Szilard na América – que pode ser possível provocar uma cadeia de reações nucleares numa grande massa de urânio, na qual grandes quantidades de poder e um novo tipo de radioatividade seriam gerados. Agora parece quase certo que isso poderá ser atingido num futuro próximo.*

*Esse novo fenômeno poderia ser usado na construção de bombas, e é concebível – apesar de haver muita pouca certeza – que bombas extremamente poderosas poderiam assim ser construídas. Uma única bomba desse tipo, levada por um barco e detonada num porto, poderia muito bem destruir todo o porto e alguma parte da sua área adjacente. Contudo, tais bombas podem muito bem acabar por serem muito pesadas para o transporte aéreo.*

*[...]*

*Eu entendo que a Alemanha interrompeu a venda de urânio das minas tchecoslovacas de que se apoderou. Essa medidas precocemente tomadas talvez possam ser entendidas pelo fato de que o filho do sub-secretário de Estado alemão, von Weizsäcker, está ligado ao Kaiser-Wilhelm-Institut, em Berlim, onde alguns trabalhos sobre o urânio estão sendo repetidos."*

02/08/1939

1ª carta de Albert Einstein para o presidente americano Franklin Roosevelt.

O Projeto Manhattan culminou com a detonação de três bombas nucleares em 1945:

– 16 de julho: **Trinity** (bomba de plutônio-239), detonada perto de Alamogordo, Novo México.

– 06 de agosto: **Little Boy** (bomba de urânio-235), detonada sobre a cidade de Hiroshima, Japão.

– 09 de agosto: **Fat Man** (bomba de plutônio-239), detonada sobre a cidade de Nagasaki, Japão.

**Figura 14** – Bombas **Little Boy** (Hiroshima), à esquerda, e **Fat Man** (Nagasaki), à direita.

As estimativas do primeiro massacre por armas de destruição em massa sobre uma população civil apontam para um número total de mortos de 140 mil em Hiroshima e de 80 mil em Nagasaki (figura 14). Devido à repercussão do Projeto Manhattan, Linus Pauling informou posteriormente que Albert Einsten arrependeu-se de ter assinado a carta de 1939, que levou ao desenvolvimento e uso da bomba atômica contra a população civil.

### 7.3.1 O Funcionamento da bomba atômica

A bomba atômica baseia-se no fato de que para produzir a reação em cadeia e a consequente explosão, deve-se reunir uma certa quantidade de urânio enriquecido (ou plutônio), conhecida como massa crítica. Caso a massa seja subcrítica (menor que a crítica), o nêutron inicial quebra um primeiro átomo de urânio, mas os nêutrons produzidos por essa fissão escapam do material antes de quebrar um segundo átomo de urânio; assim, a reação não se propaga em cadeia e não há explosão.

Desse modo, a bomba atômica possui duas ou mais porções de urânio enriquecido com massas subcríticas (figura 15). Por meio de uma carga explosiva comum, essas massas são reunidas; sendo ultrapassada a massa crítica, a explosão ocorre.

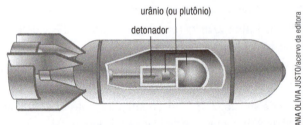

**Figura 15** – Esquema de uma bomba atômica de fissão.

### 7.4 Usinas nucleares

A versão moderna do reator do físico italiano Enrico Fermi (1901-1954) são as usinas nucleares. O princípio de funcionamento de uma usina é a utilização da energia pela fissão controlada do $^{235}U$ para vaporização de água. O vapor produzido gira uma turbina de um gerador elétrico, que transforma a energia mecânica em energia elétrica.

Um dos problemas das usinas nucleares é que os produtos da fissão do $^{235}U$ também são radioativos e devem ser descartados em recipientes de chumbo e concreto em locais seguros por tempo suficiente para que os níveis de radiação sejam inofensivos. É o chamado rejeito nuclear ou lixo nuclear.

### 7.4.1 Tipos de reatores

Atualmente, existem cerca de 440 usinas nucleares em operação no mundo. Cerca de 65% delas contam com reatores a água pressurizada (PWR – *Pressurized Water Reactor*). Aproximadamente 25% são reatores a água fervente (BWR – *Boiling Water Reactor*). Os outros 10% equivalem a tecnologias que estão se tornando obsoletas.

A figura 16 mostra o interior de um reator nuclear em que o calor liberado na fissão nuclear vaporiza a água circundante. O vapor-d'água move os eixos da turbina, gerando corrente elétrica.

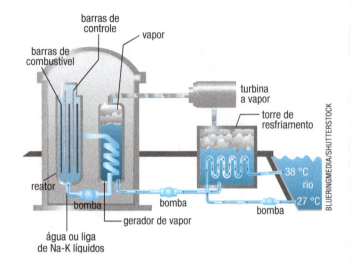

**Figura 16** – O interior de um reator nuclear.

### 7.4.2 Acidente de Chernobyl

Em Chernobyl, na Ucrânia, em 26 de abril de 1986, o reator número 4 sofreu um aumento catastrófico de potência, que levou à explosão de seu núcleo (figura 17). Essa explosão provocou a dispersão de uma grande quantidade de combustível radioativo na atmosfera e provocou o incêndio do moderador de grafita (cuja função seria reduzir a velocidade dos nêutrons).

**Figura 17** – Usina de Chernobyl, após o acidente de 1986.

A nuvem de material radioativo (figura 18) espalhou-se por diversos países da União Soviética e da Europa, sendo que os mais afetados foram a Bielorússia, a Rússia e a Ucrânia. De 1986 a 2000, mais de 300 mil pessoas tiveram de ser realocadas dessas regiões.

**Figura 18** – Alcance da nuvem radioativa proveniente de Chernobyl em 6 de maio de 1986.

O número de mortos e afetados por este desastre é incerto, mas a Organização Mundial da Saúde (OMS) estima que possa haver mais de 4.000 mortes civis diretamente relacionadas com o acidente, número que não inclui as mortes de militares em trabalhos de limpeza e reparos. Já o número de mortes por câncer é muito maior, podendo atingir mais de 200 mil, em estimativa da organização Greenpeace. Por esses números, o acidente de Chernobyl é considerado o pior desastre nuclear na história.

### 7.4.3 Acidente de Fukushima

O acidente nuclear de Fukushima consistiu em uma série de falhas de equipamentos, fusão de reatores e liberação de material radioativo na Central Nuclear de Fukushima I, no Japão, em consequência dos danos causados pelo terremoto (de 9,0 graus na escala Richter) e tsunami (com ondas com mais de 10 metros de altura) de Tohoku, em 11 de março de 2011.

A central nuclear de Fukushima compreende 6 reatores do tipo BWR. Os reatores 4, 5 e 6 haviam sido desligados para manutenção antes do terremoto. Os reatores restantes (1, 2 e 3) desligaram logo após o terremoto e geradores de emergência foram acionados para manter o resfriamento dos reatores.

A central nuclear era projetada para resistir a ondas de aproximadamente 7 metros de altura, mas foi atingida por ondas de até 15 metros de altura, inundando toda a planta. Como consequência, os geradores de emergência foram desativados e os reatores começaram a superaquecer, o que provocou a fusão dos núcleos.

O terremoto e o tsunami também contribuíram para dificultar a chegada de assistência à usina. Estimativas apontam que a quantidade de césio-137 liberada nesse acidente nuclear foi 168 vezes maior que a liberada pela bomba atômica de Hiroshima, em 1945. No entanto, a comparação termina aí, já que a bomba atômica provocou 140 mil mortes, em um primeiro momento, pelo calor ou pela onda da explosão, e nos meses seguintes pelos efeitos das radiações. A figura 19 apresenta o alcance da nuvem radioativa do acidente de Fukushima.

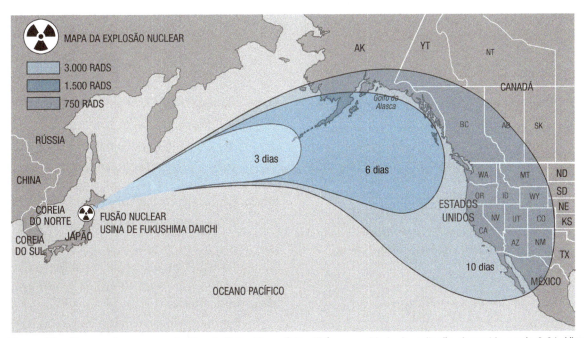

**Figura 19** – Alcance da nuvem radioativa de Fukushima. O "rad" é uma unidade de radiação absorvida e vale 0,01 J/kg.

# 8. Fusão nuclear

## 8.1 Conceito

É a união de núcleos pequenos até a formação de núcleos maiores que faz liberar uma quantidade muito grande de energia.

$$_1^2H + {_1^3}H \longrightarrow {_2^4}H + {_0^1}n + energia$$

Essa reação requer uma temperatura elevada (4.000.000 K) devido à repulsão dos núcleos de deutério e trítio. É essa reação que é responsável pela energia produzida no Sol.

Na Terra, essas temperaturas altas têm sido atingidas quando se usa uma bomba atômica para iniciar o processo de fusão. Isso é feito na bomba termonuclear ou de hidrogênio, cujo funcionamento está esquematizado na figura 20.

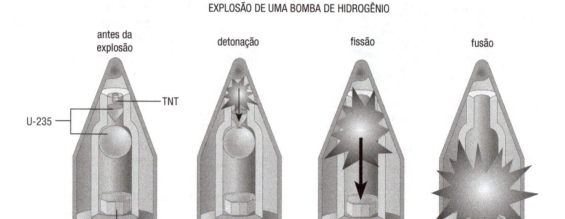

**Figura 20** – Funcionamento da bomba de hidrogênio.

A fusão nuclear é um processo bastante atrativo, pois o combustível principal, o deutério, é relativamente abundante (0,015% de todo hidrogênio existente na água da Terra) e de separação não muito difícil. Além disso, a fusão nuclear é um processo com menor radioatividade que a fissão nuclear.

# 9. Datação de compostos orgânicos (por C-14)

A datação por carbono 14 (C-14) é um belo exemplo da preocupação do homem em atribuir idade aos objetos e datar os acontecimentos.

Esse isótopo é produzido na atmosfera pela ação dos nêutrons (radiação cósmica) sobre o nitrogênio, sendo posteriormente transformado em dióxido de carbono.

$$_7^{14}N + {_0^1}n \longrightarrow {_6^{14}}C + {_1^1}p$$
$$_6^{14}C + O_2 \longrightarrow {^{14}}CO_2$$

Todos os organismos vivos absorvem esse isótopo por meio da fotossíntese ou alimentação, de modo que a quantidade de $^{14}C$ mantém-se constante (10 ppb) durante a vida.

$$6\,^{14}CO_2 + 6\,H_2O \longrightarrow {^{14}}C_6H_{12}O_6 + 6\,O_2$$

Após a morte desses organismos, a quantidade incorporada do C-14 começa a diminuir exponencialmente, por não haver mais absorção.

$$_6^{14}C \longrightarrow {_{-1}^0}\beta + {_7^{14}}N \quad t_{1/2} = 5.730 \text{ anos}$$

A razão de C-14 em relação ao C-12 consequentemente diminui. Dessa forma, medindo-se essa razão e comparando-a com a da atmosfera, podemos estimar a idade de um objeto.

Por outro lado, a datação de rochas baseia-se nas desintegrações do urânio-238 para o chumbo-206 e na do potássio-40 para o argônio-40.

## 10. Outros usos

É comum relacionar a química nuclear com usinas nucleares e bombas. Contudo, os elementos radioativos são atualmente usados em todas as áreas da ciência e da medicina e têm-se tornado cada vez mais importantes. Alguns exemplos ilustrativos das aplicações da radioatividade são:

– Obtenção de imagens médicas por meio da administração de um isótopo radioativo que se concentre no tecido a ser observado.

- O tecnécio-99m ("m" de metaestável – estado instável que existe por um período finito de tempo) é utilizado em mais de 85% dos exames diagnósticos por imagem. É empregado em imagem da tireoide, do cérebro e dos rins.
- O tálio-201 é usado em imagens do coração; o índio-123, para tireoide; o gálio-67, para vários tumores e abscessos; o flúor-18, para o cérebro e locais de atividade metabólica.

– Radioterapia pode ser utilizada no tratamento de câncer. Uma fonte de radiação γ é cobalto-60.

– Isótopos radioativos podem ser usados como traçadores para determinar o destino de compostos em um organismo ou no meio ambiente.

– Irradiação com raios γ a partir de fontes como cobalto-60 e césio-137 é uma opção para se prolongar a validade dos alimentos.

## Exercícios Série Prata

**1.** (UNESP – SP) Em 1896, o cientista francês Henri Becquerel guardou uma amostra de óxido de urânio em uma gaveta que continha placas fotográficas. Ele ficou surpreso ao constatar que o composto de urânio havia escurecido as placas fotográficas. Becquerel percebeu que algum tipo de radiação havia sido emitida pelo composto de urânio e chamou o fenômeno de radioatividade. Os núcleos radiativos comumente emitem três tipos de radiação: partículas α, partículas β e raios γ. Essas três radiações são, respectivamente,

a) elétrons, fótons e nêutrons.
b) nêutrons, elétrons e fótons.
c) núcleos de hélio, elétrons e fótons.
d) núcleos de hélio, fótons e elétrons.
e) fótons, núcleos de hélio e elétrons.

**2.** Complete. $^{226}_{88}Ra \longrightarrow\ ^{4}_{2}\alpha\ +\ Rn$

**3.** (UNESP) Quando um átomo do isótopo 228 do tório libera uma partícula alfa (núcleo de hélio com 2 prótons e número de massa 4), transforma-se em um átomo de rádio, de acordo com a equação:

$$^{228}_{x}Th \longrightarrow\ ^{y}_{88}Ra\ +\ \alpha$$

Os valores de x e y são, respectivamente:

a) 88 e 228
b) 89 e 226
c) 90 e 224
d) 91 e 227
e) 92 e 230

**4.** (UNESP – SP) Detectores de incêndio são dispositivos que disparam um alarme no início de um incêndio. Um tipo de detector contém uma quantidade mínima do elemento radioativo amerício-241. A radiação emitida ioniza o ar dentro e ao redor do detector, tornando-o condutor de eletricidade. Quando a fumaça entra no detector, o fluxo de corrente elétrica é bloqueado, disparando o alarme. Este elemento se desintegra de acordo com a equação a seguir:

$$^{241}_{95}Am \longrightarrow\ ^{237}_{93}Np\ +\ Z$$

Nessa equação, é correto afirmar que Z corresponde a:

a) uma partícula alfa.
b) uma partícula beta.
c) radiação gama.
d) raios X.
e) dois prótons.

Este material é um emissor de partículas β. Considerando-se esta última informação, a alternativa que melhor representa, genericamente, o elemento produzido pelo decaimento do iodo-131 ($^{131}_{53}$I) é:

a) $^{131}_{54}X$
b) $^{132}_{53}X$
c) $^{132}_{54}X$
d) $^{127}_{51}X$
e) $^{130}_{53}X$

**5.** Complete.

$$^{210}_{81}Tl \longrightarrow\ ^{0}_{-1}\beta + Pb$$

**6.** (UEPA) O ferro-59 é um isótopo radioativo, utilizado em diagnósticos de anemia. A equação nuclear para o decaimento do $^{59}$Fe, como um emissor beta, é:

a) $^{59}_{26}Fe \longrightarrow\ ^{55}_{24}Cr + ^{0}_{-1}e$
b) $^{59}_{26}Fe \longrightarrow\ ^{59}_{25}Mn + ^{0}_{-1}e$
c) $^{59}_{26}Fe \longrightarrow\ ^{60}_{25}Mn + ^{0}_{-1}e$
d) $^{59}_{26}Fe \longrightarrow\ ^{59}_{27}Co + ^{0}_{-1}e$

**8.** (UEM – PR) Responda com relação às afirmações:

I. Uma reação química ocorre na eletrosfera do átomo.
II. As partículas β têm massa igual a 4.
III. As reações nucleares ocorrem na eletrosfera do átomo.
IV. Os raios γ não são desviados em um campo elétrico.
V. As partículas α têm carga igual a +2.

As afirmações corretas são:

a) I, II e IV.
b) III, IV e V.
c) II, III e V.
d) I, IV e V.
e) II, IV e V.

**7.** (CENTRO UNIVERSITÁRIO SÃO CAMILO – SP) A energia nuclear voltou, recentemente, a ser assunto de várias matérias jornalísticas devido ao acidente na Usina Nuclear de Fukushima, ocorrido em março de 2011, após a passagem de um terremoto e de um *tsunami* pelo Japão. Sabe-se que um dos materiais radioativos liberados nesse tipo de acidente é o iodo-131 ($^{131}$I) que, inclusive, pode ser utilizado na Medicina, em procedimentos de diagnóstico e de tratamento.

**9.** (UnB – DF) Ao acessar a rede Internet, procurando algum texto a respeito do tema radioatividade no "Cadê?" (http://www.cade.com.br), um jovem deparou-se com a seguinte figura, representativa do poder de penetração de diferentes tipos de radiação.

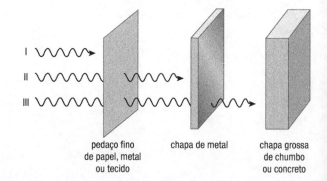

Com auxílio da figura, julgue os itens abaixo:

1. A radiação esquematizada em II representa o poder de penetração das partículas beta.
2. A radiação esquematizada em III representa o poder de penetração das partículas alfa.
3. As partículas alfa e beta são neutras.
4. Quando um núcleo radioativo emite uma radiação do tipo I, o número atômico é inalterado.

**10.** Dada a equação nuclear:

$$^{207}_{84}Po \longrightarrow x + ^{207}_{83}Bi$$

Quem é o x?

**11.** O gálio-67 emite radiação γ quando seu núcleo captura um elétron de sua eletrosfera. Escreva a equação dessa reação nuclear e identifique o nuclídeo formado.

**Dados:** $_{29}Cu$, $_{30}Zn$, $_{31}Ga$, $_{32}Ge$, $_{33}As$.

**12.** (UFV – MG) Uma amostra de material radioativo foi colocado em um compartimento de chumbo com uma pequena abertura. O esquema abaixo mostra o comportamento das emissões observadas frente a um campo elétrico.

As emissões A, B, C são, respectivamente:

a) Raios γ, partículas β e partículas α.
b) Raios γ, partículas α e a partícula β.
c) Partículas β, raios γ e partículas α.
d) Partículas α, partículas β e raios γ.
e) Partículas α, raios γ e partículas β.

**13.** Na transformação do $^{238}_{92}U$ em $^{206}_{82}Pb$, quantas partículas α e quantas β são emitidas por átomo de urânio inicial?

**14.** (CESGRANRIO – RJ) $^{206}_{238}Pb$ representa átomos estáveis do elemento Pb, obtidos por desintegrações sucessivas partindo do $^{238}U$. Durante este processo, forma-se $^{230}Th$. Assinale o número de partículas α e β emitidas na transformação:

$$^{230}_{90}Th \longrightarrow ^{206}_{82}Pb$$

**Partículas:**

|   | α | β |
|---|---|---|
| a) | 5 | 4 |
| b) | 4 | 6 |
| c) | 6 | 5 |
| d) | 6 | 4 |
| e) | 4 | 5 |

**15.** Complete com o símbolo.

a) próton: _____

b) nêutron: _____

c) dêuteron: _____

d) pósitron: _____

**16.** Complete com os nomes dos processos.

a) $^{14}_{6}C \longrightarrow ^{0}_{-1}\beta + ^{14}_{7}N$ _____

b) $^{241}_{95}Am + ^{4}_{2}\alpha \longrightarrow ^{243}_{97}Bk + 2\,^{1}_{0}n$ _____

**17.** Dada a equação nuclear:
$$^{19}_{9}F + x \longrightarrow ^{22}_{11}Na + ^{1}_{0}n$$
Quem é o x?

**18.** (CESGRANRIO – RJ) Na obtenção de um dado elemento transurânio, por meio das reações nucleares:
$$^{238}_{92}U + ^{1}_{0}n \longrightarrow A + \gamma$$
$$e$$
$$A \rightarrow B + \beta$$
podemos afirmar que o isótopo B desse elemento transurânio possui número de massa respectivamente iguais a:

a) 93 e 239
b) 94 e 210
c) 95 e 241
d) 96 e 245
e) 97 e 248

**19.** (FUND. CARLOS CHAGAS) O $^{60}Co$, largamente utilizado em radioterapia, é um nuclídeo obtido pelo bombardeamento de outro isótopo, o $^{59}_{27}Co$, segundo a reação $^{59}_{27}Co$ + projétil $\longrightarrow$ $^{60}_{27}Co$.

O projétil usado é:

a) um próton.
b) um nêutron.
c) radiação gama.
d) uma partícula alfa.
e) uma partícula beta.

**20.** (PUC – Campinas – SP) Entre algumas reações nucleares, muito úteis na produção de elementos químicos artificiais, pode ser citada a seguinte:
$$^{93}_{41}Nb + ^{4}_{2}He \longrightarrow ^{96}_{43}Tc + X$$
onde ocorre a emissão de uma partícula X, que é:

a) 1 próton.
b) 1 nêutron.
c) 1 partícula beta.
d) 1 partícula alfa.
e) 1 pósitron.

**21.** Complete com **quebra** ou **união**.

A fissão nuclear é a _____ de um núcleo grande ($^{235}_{92}U$, $^{239}_{94}Pu$) pelo bombardeamento de um nêutron, originando dois núcleos menores com liberação de grande quantidade de energia.

$$^{235}_{92}U + ^{1}_{0}n \longrightarrow ^{140}_{56}Ba + ^{93}_{36}Kr + 3\,^{1}_{0}n + energia$$

**22.** (CESGRANRIO – RJ) Assinale a alternativa que indica o isótopo do elemento X que completa a reação de fissão nuclear:
$$^{235}_{92}U + ^{1}_{0}n \longrightarrow ^{90}_{38}Sr + X + 3\,^{1}_{0}n$$

a) $^{145}_{53}I$
b) $^{143}_{53}I$
c) $^{145}_{51}Sb$
d) $^{144}_{54}Xe$
e) $^{143}_{54}Xe$

**23.** Complete com **fissão** ou **fusão**.

Reator nuclear é um equipamento de engenharia em que se efetua, de maneira controlada, uma _____ nuclear. Um reator nuclear é destinado a produzir energia elétrica.

**24.** Complete com **quebra** ou **união**.

A fusão nuclear é a _____ de núcleos pequenos originando um núcleo maior com liberação de grande quantidade de energia.

$$^{2}_{1}H + ^{3}_{1}H \longrightarrow ^{4}_{2}He + ^{1}_{0}n + energia$$

**25.** (FUVEST – SP) Na reação de fusão nuclear representada por $_1^2H + _1^3H \longrightarrow E + n$ ocorre a liberação de um nêutron (n). A espécie E deve ter:

a) 2 prótons e 2 nêutrons.
b) 2 prótons e 3 nêutrons.
c) 2 prótons e 5 nêutrons.
d) 2 prótons e 3 elétrons.
e) 4 prótons e 3 elétrons.

**26.** A meia-vida do polônio-218 é 3 min. Qual é o tempo necessário para que uma amostra desse radionuclídeo se reduza à quarta parte da inicial?

**27.** O isótopo $_{15}^{32}P$, cuja meia-vida vale 14 dias, é usado em certos laboratórios no estudo de alguns processos que ocorrem dentro de células vivas. Se um laboratório recebeu uma amostra de 20 g desse isótopo, quanto restará após 70 dias?

**28.** (PUC-Campinas – SP) Protestos de várias entidades ecológicas têm alertado sobre os danos causados pelas experiências nucleares francesas no Atol de Mururoa.

Isótopos radioativos prejudiciais aos seres vivos, como o $^{90}Sr$, formam o chamado "lixo nuclear" desses experimentos.

Quantos anos são necessários para que uma amostra de $^{90}Sr$, lançada no ar, se reduza a 25% de massa inicial?
a) 28,5
b) 57,0
c) 85,5
d) 99,7
e) 114

**Dado:** meia-vida $^{90}Sr = 28,5$ anos.

**29.** (FUVEST – SP) O radioisótopo $_{53}^{131}I$ emite radiação $\beta^-$ e perde 75% de sua atividade em 16 dias.
a) Qual o tempo de meia-vida de $_{53}^{131}I$?
b) Qual o elemento formado nessa desintegração?

**Dados:** $_{54}Xe$, $_{55}Cs$.

**30.** (FATEC – SP) O actínio-225 é obtido artificialmente e tem tempo de meia-vida igual a 10 dias. Isso significa que, a cada 10 dias, a quantidade dessa espécie radioativa em uma amostra cai à metade. Sendo assim, nanobombas contendo uma quantidade x de actínio-225, após 10 dias, passam a conter uma quantidade x/2, após mais 10 dias, passam a conter x/4 e assim por diante.

Entre os gráficos representados abaixo, o que mostra a variação da atividade radioativa do actínio-225 em função do tempo, está na alternativa:

a)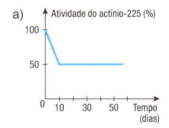
d)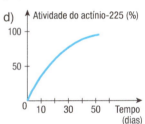
b)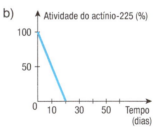
e)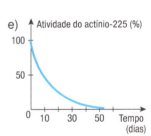
c)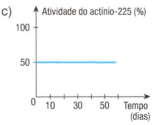

**31.** (FUVEST – SP) O decaimento radioativo de uma amostra de Sr-90 está representado no gráfico abaixo. Partindo-se de uma amostra de 40,0 g, após quantos anos, aproximadamente, restarão apenas 5,0 g de Sr-90?

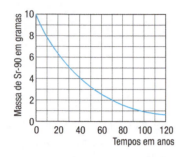

a) 15
b) 54
c) 90
d) 100
e) 120

# Exercícios Série Ouro

**1.** (UNESP) A natureza das radiações emitidas pela desintegração espontânea do $^{234}_{92}U$ pode ser estudada através do arranjo experimental mostrado na figura.

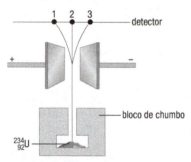

a) A abertura do bloco de chumbo dirige o feixe de radiação para passar entre duas placas eletricamente carregadas, verificando-se a separação em três novos feixes, que atingem o detector nos pontos 1, 2 e 3.
Qual é o tipo de radiação que atinge o detector no ponto 3? Justifique.
b) Representando por X o novo núcleo formado, escreva a equação balanceada da reação nuclear responsável pela radiação detectada no ponto 3.

**2.** (FGV – SP) O isótopo de massa 226 do elemento químico rádio ($^{226}_{88}Ra$) é produzido naturalmente a partir do decaimento radioativo do $^{238}_{92}U$. Os números de partículas alfa e beta emitidas para a obtenção de um átomo de $^{226}_{88}Ra$ partir do $^{238}_{92}U$ são, respectivamente,

a) 2 e 3.
b) 3 e 1.
c) 3 e 2.
d) 3 e 3.
e) 4 e 1.

**3.** (UNIFESP) O isótopo 131 do iodo (número atômico 53) é usado no diagnóstico de disfunções da tireoide, assim como no tratamento de tumores dessa glândula. Por emissão de radiações β e γ, esse isótopo se transforma em um outro elemento químico, E. Qual deve ser a notação desse elemento?

a) $^{130}_{52}E$
b) $^{131}_{52}E$
c) $^{130}_{53}E$
d) $^{130}_{54}E$
e) $^{131}_{54}E$

**4.** (ITA – SP) Considere as seguintes equações relativas a processos nucleares:

I. $^{8}_{3}Li \longrightarrow \, ^{4}_{2}He + \, ^{4}_{2}He + x$

II. $^{7}_{4}Be + y \longrightarrow \, ^{7}_{3}Li$

III. $^{8}_{5}B \longrightarrow \, ^{8}_{4}Be + z$

IV. $^{3}_{1}H \longrightarrow \, ^{3}_{2}He + w$

Ao completar as equações dadas, as partículas x, y, z e n são, respectivamente:

a) pósitron, alfa, elétron e elétron.
b) elétron, alfa, elétron e pósitron.
c) alfa, elétron, elétron e pósitron.
d) elétron, elétron, pósitron e elétron.
e) elétron, elétron, pósitron e nêutron.

**5.** (UNIRIO – RJ) De acordo com a série radioativa a seguir, identifique X, Z, R e T, descrevendo os números atômicos e números de massa correspondentes.

$^{238}_{92}U \xrightarrow{\alpha} X \xrightarrow{\beta} Y \xrightarrow{\beta} Z \xrightarrow{\alpha} M \xrightarrow{\alpha} R$
$\xrightarrow{\alpha} Q \xrightarrow{\alpha} T \xrightarrow{\alpha} \, ^{214}_{82}Pb$

**6.** Em 1934 surgiu o primeiro isótopo artificial radioativo. O alumínio foi bombardeado com partículas α (alfa), chegando-se a um isótopo radioativo de fósforo, de acordo com a equação abaixo:

$^{27}_{13}Al + \alpha \longrightarrow \, ^{30}_{15}P + x$

O fósforo $^{30}_{15}P$, por sua vez, emite uma partícula y e se transforma em $^{30}_{14}Si$.

As partículas x e y são, respectivamente:

a) nêutron e elétron.
b) beta e próton.
c) beta e pósitron.
d) próton e nêutron.
e) nêutron e pósitron.

**7.** (VUNESP – SP) *Cientistas russos conseguem isolar o elemento 114 superpesado.*
   **Folha Online**, 31 maio 2006.

Segundo o texto, foi possível obter o elemento 114 quando um átomo de plutônio-242 colidiu com um átomo de cálcio-48, a 1/10 da velocidade da luz. Em cerca de 0,5 segundo, o elemento formado transforma-se no elemento de número atômico 112 que, por ter prioridades semelhantes às do ouro, forma amálgama com mercúrio. O provável processo que ocorre é representado pelas equações nucleares:

$^{242}_{94}Pu + \, ^{48}_{20}Ca \longrightarrow \, ^{a}_{114}X \longrightarrow \, ^{286}_{112}Y + b$

Com base nestas equações, pode-se dizer que α e β são, respectivamente:

a) 290 e partícula beta.
b) 290 e partícula alfa.
c) 242 e partícula beta.
d) 242 e nêutron.
e) 242 e pósitron.

**8.** (FATEC – SP) Considere que $^{210}_{82}Pb$ sofra a seguinte sequência de decaimento radioativo:

$^{210}_{82}Pb \longrightarrow \, ^{210}_{83}Bi \longrightarrow \, ^{210}_{84}Po$

Considere também o gráfico que relaciona massa no nuclídeo x tempo.

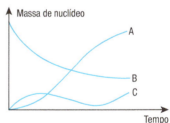

As curvas A, B e C correspondem, respectivamente, a:

|   | Curva A | Curva B | Curva C |
|---|---|---|---|
| a) | $^{210}_{82}Pb$ | $^{210}_{83}Bi$ | $^{210}_{84}Po$ |
| b) | $^{210}_{84}Po$ | $^{210}_{82}Pb$ | $^{210}_{83}Bi$ |
| c) | $^{210}_{83}Bi$ | $^{210}_{82}Pb$ | $^{210}_{84}Po$ |
| d) | $^{210}_{84}Po$ | $^{210}_{83}Bi$ | $^{210}_{82}Pb$ |
| e) | $^{210}_{82}Pb$ | $^{210}_{84}Po$ | $^{210}_{83}Bi$ |

**9.** (UFF – RJ) O iodo-131 é um radiosótopo do iodo que emite partículas beta e radiação gama. É utilizado para o diagnóstico de problemas na glândula tireoide. No exame, o paciente ingere uma solução contendo I-131 e por meio de um detector verifica-se a quantidade de iodo absorvido e sua distribuição na glândula.

Se a atividade de certa amostra de iodo diminuiu de 160 mCi no instante inicial para 10 mCi após 32 dias, a atividade dessa amostra 16 dias depois do instante inicial era, em mCi, igual a:

a) 20
b) 30
c) 40
d) 80
e) 85

**10.** (UNIFESP) O isótopo $^{238}$U é utilizado para localizar tumores no cérebro e em estudos de formação de ossos e dentes. Uma mesa de laboratório foi contaminada com 100 mg desse isótopo, que possui meia-vida de 14,3 dias. O tempo mínimo, expresso em dias, para que a radioatividade caia a 0,1% do seu valor original, é igual a:

a) 86
b) 114
c) 129
d) 143
e) 157

**11.** (UNESP) O cobre-64 $^{64}_{29}$Cu é usado na forma de acetato de cobre para investigar tumores no cérebro. Sabendo-se que a meia-vida desse radioisótopo é de 12,8 horas, pergunta-se:

a) Qual a massa de cobre-64 restante, em miligramas, após 2 dias e 16 horas, se sua massa inicial era de 32 mg?

b) Quando um átomo de cobre-64 sofre decaimento, emitindo duas partículas α, qual o número de prótons e nêutrons no átomo formado?

**12.** (UFRRJ) As células cancerosas são mais fracas que as normais e, por esse motivo, uma dose controlada de radiação incidindo apenas sobre o local do tumor pode matar apenas as células cancerosas. Esse é o princípio da chamada radioterapia do câncer. O cobalto-60, usado no tratamento do câncer, possui tempo de meia-vida de aproximadamente 5 anos. Observou-se, por exemplo, que uma amostra desse radionúcleo colocado em uma cápsula lacrada e aberta após 20 anos continha 750 mg de cobalto-60.

a) Qual a quantidade de cobalto-60 colocada inicialmente na cápsula?

b) Qual a porcentagem de material que restou da amostra inicial?

**13.** (UNIFESP) O decaimento do tecnécio-99, um isótopo radioativo empregado em diagnóstico médico, está representado no gráfico fornecido a seguir:

Uma amostra típica de tecnécio-99 usada em exames apresenta uma atividade radioativa inicial de $2 \cdot 10^7$ desintegrações por segundo. Usando as informações do gráfico, pode-se prever que essa amostra apresentará uma atividade de $2,5 \cdot 10^6$ desintegrações por segundo após, aproximadamente:

a) 3,5 horas.
b) 7 horas.
c) 10 horas.
d) 18 horas.
e) 24 horas.

**14.** O gráfico mostra a radioatividade em uma amostra de radiofármaco contendo Tl-201, usado em diagnósticos por imagem do miocárdio. A abscissa mostra o número de dias decorridos a partir da produção desse fármaco e a ordenada mostra a radioatividade corresponde naquele dia.

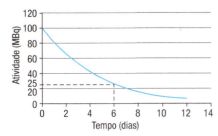

A radioatividade nessa amostra ($A_f$) será de cerca de 1 milésimo da inicial ($A_i$), após:
a) 15 dias.
b) 30 dias.
c) 2 meses.
d) 4 meses.
e) 6 meses.

**Dados:** $\dfrac{A_i}{A_f} = 2^x$, x = número de meias-vidas e log 2 = 0,3.

**15.** (UERJ) Na datação de rochas pode-se empregar a técnica do potássio-40. A conversão deste isótopo em argônio-40, por captura de elétron, tem meia-vida de 1,28 · 10⁹ anos e é representada pela seguinte equação.

$$^{40}_{19}K + ^{0}_{-1}e \longrightarrow ^{40}_{18}Ar$$

a) Estime a idade, em anos, de uma amostra de rocha cuja razão entre os números de isótopos de argônio-40 e potássio-40 seja igual a 7. Assuma que todo o argônio presente na rocha foi produzido a partir do potássio-40.

b) Existe uma outra forma de decaimento do potássio-40, que consiste na emissão de uma partícula beta. Escreva a equação que representa esta emissão.

**16.** (FUVEST – SP) O isótopo 14 do carbono emite radiação β, sendo que 1 g de carbono de um vegetal vivo apresenta cerca de 900 decaimentos β por hora — valor que permanece constante, pois as plantas absorvem continuamente novos átomos de $^{14}C$ da atmosfera enquanto estão vivas. Uma ferramenta de madeira, recolhida num sítio arqueológico, apresentava 225 decaimentos β por hora por grama de carbono. Assim sendo, essa ferramenta deve datar, aproximadamente, de
a) 19100 a.C.
b) 17100 a.C.
c) 9400 a.C.
d) 7400 a.C.
e) 3700 a.C.

**Dado:** tempo de meia-vida do $^{14}C$ = 5.700 anos.

**17.** (UNICAMP – SP) O homem, na tentativa de melhor compreender os mistérios da vida, sempre lançou mão de seus conhecimentos científicos e/ou religiosos. A datação por carbono quatorze é um belo exemplo da preocupação do homem em atribuir idade aos objetos e datar os acontecimentos.
Em 1946, a química forneceu as bases científicas para a datação de artefatos arqueológicos, usando o $^{14}C$. Esse isótopo é produzido na atmosfera pela ação da radiação cósmica sobre o nitrogênio, sendo posteriormente transformado em dióxido de carbono. Os vegetais absorvem o dióxido de carbono e, através da cadeia alimentar, a proporção de $^{14}C$ nos organismos vivos mantém-se constante. Quando o organismo morre, a proporção de $^{14}C$ nele presente diminui, já que, em função do tempo, se transforma novamente em $^{14}N$. Sabe-se que, a cada período de 5.730 anos, a quantidade de $^{14}C$ reduz-se à metade.

a) Qual o nome do processo natural pelo qual os vegetais incorporam o carbono?

b) Poderia um artefato de madeira, cujo teor determinado de $^{14}C$ corresponde a 25% daquele presente nos organismos vivos, ser oriundo de uma árvore cortada no período do Antigo Egito (3200 a.C. a 2300 a.C.)? Justifique.

c) Se o $^{14}$C e o $^{14}$N são elementos diferentes que possuem o mesmo número de massa, aponte uma característica que os distingue.

**18.** (FUVEST – SP) Considere os seguintes materiais:

I. Artefato de bronze (confeccionado pela civilização inca).
II. Mangueira centenária (que ainda produz frutos nas ruas de Belém do Pará).
III. Corpo humano mumificado (encontrado em tumbas do Egito Antigo).

O processo de datação, por carbono-14, é adequado para estimar a idade apenas.

a) do material I.
b) do material II.
c) do material III.
d) dos materiais I e II.
e) dos materiais II e III.

**19.** (UNIFESP) 2011 foi o Ano Internacional da Química; nesse ano, comemoram-se também os 100 anos do recebimento do Prêmio Nobel de Química por Marie Curie, pela descoberta dos elementos químicos rádio e polônio. Ela os obteve purificando enormes quantidades de minério de urânio, pois esses elementos estão presentes na cadeia de decaimento do urânio-238. Vários radionuclídeos dessa cadeia emitem partículas alfa ($_{2}^{4}\alpha$) ou beta negativa ($\beta^-$).

a) O Po-210 decai por emissão alfa com meia-vida aproximada de 140 dias, gerando um elemento estável. Uma amostra de Po-210 de altíssima pureza foi preparada, guardada e isolada por 280 dias. Após esse período, quais elementos químicos estarão presentes na amostra e em que proporção, em número de átomos?
b) Qual o número de partículas alfa e o número de partículas beta negativa que são emitidas na cadeia de decaimento que leva de um radionuclídeo de Ra-226 até um radionuclídeo de Po-210? Explique.

**Dado:** $_{84}$Po; $_{82}$Pb; $_{88}$Ra.

**20.** (FUVEST – SP) Os elementos químicos se relacionam de diferentes maneiras com os organismos vivos. Alguns elementos são parte da estrutura das moléculas que constituem os organismos vivos. Outros formam íons essenciais à manutenção da vida. Outros, ainda, podem representar riscos para os seres vivos: alguns, por serem tóxicos, outros, por serem radiativos.

Observe o esquema da tabela periódica, no qual estão destacados quatro elementos químicos, identificados pelas letras **w, x, y e z**.

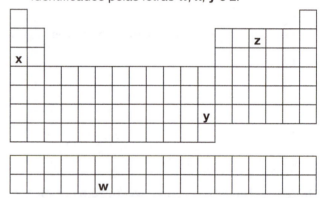

Considerando suas posições na tabela periódica, assinale a alternativa que melhor associa esses quatro elementos químicos com as propriedades discutidas acima.

| | Elemento w | Elemento x | Elemento y | Elemento z |
|---|---|---|---|---|
| a) | elemento radioativo | íon essencial | metal tóxico | elemento estrutural |
| b) | metal tóxico | íon essencial | elemento estrutural | elemento radioativo |
| c) | elemento radioativo | elemento estrutural | íon essencial | metal tóxico |
| d) | elemento estrutural | elemento radiativo | íon essencial | metal tóxico |
| e) | elemento radiativo | metal tóxico | elemento estrutural | íon essencial |

# Exercícios Série Platina

**1.** (FUVEST – SP) A proporção do isótopo radioativo do carbono ($^{14}C$), com meia-vida de, aproximadamente, 5.700 anos, é constante na atmosfera. Todos os organismos vivos absorvem tal isótopo por meio da fotossíntese e alimentação. Após a morte desses organismos, a quantidade incorporada do $^{14}C$ começa a diminuir exponencialmente, por não haver mais absorção.

a) Por que um pedaço de carvão que contenha 25% da quantidade original de $^{14}C$ não pode ser proveniente de uma árvore do início da era cristã?

b) Por que não é possível fazer a datação de objetos de bronze a partir da avaliação da quantidade de $^{14}C$?

**2.** (UNICAMP – SP) A revista nº 162 apresenta uma pesquisa desenvolvida no Instituto de Pesquisas Energéticas e Nucleares (IPEN) sobre a produção de fios de irídio-192 para tratar tumores. Usados em uma ramificação da radioterapia chamada braquiterapia, esses fios são implantados no interior dos tumores e a radiação emitida destrói as células cancerígenas e não os tecidos sadios. O $^{192}Ir$ se transforma em $^{192}Pt$ por um decaimento radioativo e esse decaimento em função do tempo é ilustrado na figura abaixo.

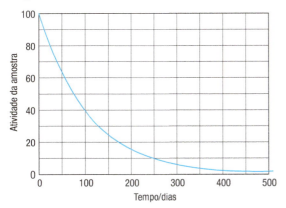

a) Considerando que a radiação é gerada por uma liga que contém inicialmente 20% de $^{192}Ir$ e 80% de $^{192}Pt$, depois de quantos dias essa liga se transformará em uma liga que contém 5% de $^{192}Ir$ e 95% de $^{192}Pt$? Mostre seu raciocínio.

b) O decaimento radioativo pode originar três diferentes tipos de partículas: $\alpha$, $\beta$ e $\gamma$. Para efeito de resposta ao item, considere apenas $\alpha$ e $\beta$. A partícula $\beta$ tem uma massa igual à massa do elétron, enquanto a partícula $\alpha$ tem uma massa igual à do núcleo do átomo de hélio. Considerando essas informações, que tipo de decaimento sofre o $^{192}Ir$, $\alpha$ ou $\beta$? Justifique.

**Dado:** $_{77}Ir$, $_{78}Pt$.

**3.** O isótopo $^{226}_{88}Ra$, utilizado em tratamentos medicinais, é um alfa-emissor com tempo de meia-vida de 3,8 dias.

a) Escreva a equação de decaimento sabendo que produz Rn (radônio).

b) Para estudar a decomposição do $^{226}Ra$, realizou-se um experimento em que uma amostra sólida de 1 mol dessa substância foi introduzida em uma ampola com capacidade de 8,2 L. Nessa ampola, a pressão interna inicial era igual a 1,5 atm e a temperatura, constante em todo o experimento, igual a 27 °C. Calcule a pressão, em atm, no interior da ampola, 7,6 dias após o início do experimento, sabendo que as partículas alfa se transformaram em gás hélio.

**Dado:** $R = 0{,}082 \dfrac{atm \cdot L}{atm \cdot K}$.

**4.** (UFSCar – SP) A queima de 1 litro de gasolina fornece 33 kJ de energia. A fissão de somente 1 g de $_{92}^{235}U$ fornece $8,25 \cdot 10^7$ kJ de energia. A bomba de Hiroshima, utilizada pelos Estados Unidos contra o Japão no final da Segunda Guerra Mundial, tinha uma quantidade de urânio de aproximadamente 16 kg. Essa é a massa crítica necessária para a obtenção da reação em cadeia de fissão e, consequentemente, a explosão.

a) Considerando a gasolina como sendo constituída por octano, escreva a sua fórmula estrutural.

b) Calcule o valor de **A**.

$$_{92}^{235}U + _{0}^{1}n \longrightarrow {}_{35}^{90}Br + {}_{57}^{A}La + 3\ {}_{0}^{1}n + \text{energia}$$

c) Calcule a energia liberada na explosão da bomba de Hiroshima. Mostre os cálculos.

d) Sabendo que um caminhão-tanque tem capacidade para transportar 40.000 L de gasolina, quantos milhões de caminhões-tanque cheios seriam necessários para produzir quantidade de energia similar àquela liberada na explosão da bomba de Hiroshima? Mostre os cálculos.

**5.** (FUVEST – SP) Para diagnósticos de anomalias da glândula tireoide, por cintilografia, deve ser introduzido, no paciente, iodeto de sódio, em que o ânion iodeto é proveniente de um radioisótopo do iodo (número atômico 53 e número de massa 131). A meia-vida efetiva desse isótopo (tempo que decorre para que metade da quantidade do isótopo deixe de estar presente na glândula) é de aproximadamente 5 dias.

a) O radioisótopo em questão emite radiação $\beta^-$. O elemento formado nessa emissão é $_{52}Te$, $^{127}I$ ou $_{54}Xe$? Justifique.

Escreva a equação nuclear correspondente.

b) Suponha que a quantidade inicial do isótopo na glândula (no tempo zero) seja de 1.000 µg. Determine o tempo, em dias, necessário para que essa amostra se reduza para 0,125 µg. Mostre seus cálculos.

**6.** (UNESP – SP) Para determinar o tempo em que certa quantidade de água permaneceu em aquíferos subterrâneos, pode-se utilizar a composição isotópica com relação aos teores de trítio e de hidrogênio. A água da chuva apresenta a relação $_{1}^{3}H/_{1}^{1}H = 1,0 \cdot 10^{-17}$ e medições feitas na água de um aquífero mostraram uma relação igual a $6,25 \cdot 10^{-19}$.

Um átomo de trítio sofre decaimento radioativo, resultando em um átomo de um isótopo de hélio, com emissão de uma partícula beta.

a) Escreva a equação química para o decaimento radioativo do trítio.

b) Sabendo que sua meia-vida é de 12 anos, determine por quanto tempo a água permaneceu confinada no aquífero. Justifique sua resposta com cálculos.

# As Primeiras Teorias sobre os Compostos Orgânicos

## Complemento 1

### 1. Teoria da força vital – síntese da ureia

O homem vem usando os compostos orgânicos e suas reações por milhares de anos. Sua primeira experiência com uma reação orgânica data provavelmente da descoberta do fogo. A fermentação de uvas para produzir vinhos e as qualidades do "vinho azedo" estão descritas na Bíblia e já eram provavelmente bastante conhecidas.

No início do século XIX, imperava a "**Teoria da força vital**", defendida por Berzelius. Por essa teoria, todo composto orgânico deveria ser obtido a partir de um animal ou vegetal, e nunca sintetizado em laboratório, pois os seres vivos possuiriam uma "força vital" capaz de produzir os compostos orgânicos.

Todavia, em 1828, Wöhler descobriu que o composto orgânico ureia (um constituinte da urina) podia ser preparado aquecendo-se cianato de amônio, um composto inorgânico.

$$NH_4CNO \xrightarrow{\Delta} O=C\begin{subarray}{l}NH_2 \\ NH_2\end{subarray}$$

cianato de amônio → ureia

A ureia foi o primeiro composto orgânico obtido em laboratório. Com essa síntese, a teoria da força vital ficaria abalada, e, a partir dela, procederiam várias outras sínteses orgânicas.

A ureia é fabricada em grandes quantidades por meio da reação de gás carbônico e amônia.

$$CO_2 + 2\,NH_3 \longrightarrow O=C(NH_2)_2 + H_2O$$
ureia

ou

$$O=C=O + 2\,H-N-H \longrightarrow O=C\begin{subarray}{l}NH_2 \\ NH_2\end{subarray} + H_2O$$
$$\qquad\qquad\quad |\qquad\qquad\qquad\qquad\text{ureia}$$
$$\qquad\qquad\quad H$$

As principais aplicações da ureia são:

- matéria-prima para a indústria farmacêutica
- componentes de fertilizantes
- matéria-prima para plásticos
- alimento para gado

### 2. Teoria estrutural de Kekulé

Para explicar a razoável quantidade de compostos orgânicos já conhecidos (1858), alguns com fórmulas moleculares semelhantes, Kekulé propôs três hipóteses extraordinárias:

a) **O carbono é tetravalente.**

$$\begin{array}{c} H \\ | \\ H-C-H \\ | \\ H \end{array}$$

b) **As quatro valências do carbono são iguais.**

c) **Os átomos de carbono podem ligar-se entre si, formando cadeias.**

$$-C-C-C-C-C-C-C-$$

cadeia carbônica

### 3. Teoria espacial de Le Bel e van't Hoff

Em 1874, as fórmulas estruturais planas de Kekulé foram expandidas para três dimensões pelo trabalho independente de Le Bel e van't Hoff, por exemplo, para explicar que existe apenas um composto com a fórmula molecular $CH_2Cl_2$. As hipóteses apresentadas são:

- **As quatros valências do carbono estariam dirigidas para os vértices de um tetraedro**

A molécula de metano (CH₄), por exemplo, teria uma geometria tetraédrica.

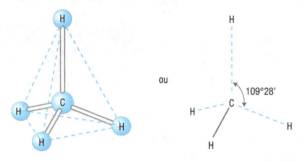

Experimentalmente, verifica-se que há apenas um composto com a fórmula CH₂Cl₂. Se o átomo de carbono fosse plano haveria dois compostos com essa fórmula.

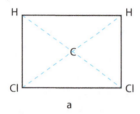

H e H mais próximas (aresta)

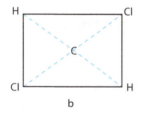

H e H mais distantes (diagonal)

Admitindo o carbono tetraédrico, confirma-se a existência de apenas um composto com essa fórmula.

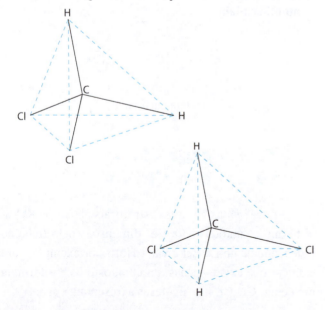

No tetraedro, a distância entre dois átomos de cloro é sempre a mesma.

- **As quatro valências seriam espacialmente equivalentes**

Se tivermos de substituir um hidrogênio do metano por um átomo de cloro, por exemplo, poderemos fazer isso em qualquer um dos vértices do tetraedro. Essa hipótese justifica o fato de existir apenas um composto com fórmula H₃C − Cl (clorometano).

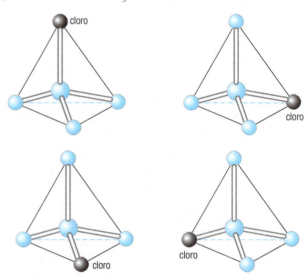

- **As ligações simples, dupla e tripla seriam correspondentes a diferentes formas de união entre dois tetraedros**

| Tipos de Ligação | Dois tetraedros unidos por |
|---|---|
| Simples | um vértice |
| Dupla | uma aresta |
| Tripla | uma face |

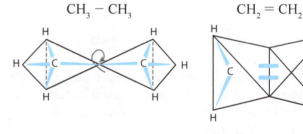

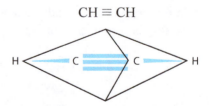

## 4. Geometria dos carbonos numa cadeia carbônica

Com a descoberta de algumas técnicas de análise de substâncias, como a espectroscopia e a difração de raios X, os cientistas conseguiram medir com eficiência a distância entre átomos e os ângulos entre as ligações químicas. Assim, o conceito de que qualquer carbono seria tetraédrico foi profundamente reformulado.

A geometria de cada carbono numa cadeia pode ser prevista pela teoria de repulsão dos pares eletrônicos da camada de valência (RPECV). Temos três casos:

**1º caso:** todo átomo de carbono que estabelece quatro ligações simples é **tetraédrico**. O ângulo entre as ligações é **109°28'**.

$CH_3 - CH_2 - CH_2 - CH_3$

Esse fato justifica a representação de uma cadeia carbônica de um alcano em ziguezague.

**2º caso:** todo átomo de carbono que estabelece uma dupla-ligação é **trigonal**. O ângulo entre as ligações é **120°**.

**3º caso:** todo átomo de carbono que estabelece um tripla-ligação ou duas duplas-ligações é **linear**. O ângulo entre ligações é **180°**.

$H - C \equiv C - H \qquad H_2C = C = CH_2$

Numa cadeia, os químicos limitam-se a apontar apenas a geometria de cada carbono. Veja alguns exemplos:

```
      H   H   H   H
      |   |   |   |
  H - C - C - C = C - H
      |   |
      H   H  trigonais
  tetraédrico
```

```
            H       H
            |       |
  H - C ≡ C - C = C = C - H
      lineares | linear
               | trigonal
```

## 5. Teoria da ressonância

A teoria da ressonância foi proposta principalmente para explicar as ligações químicas dos compostos aromáticos, principalmente o benzeno.

Kekulé, para explicar que na cloração do benzeno forma-se exclusivamente clorobenzeno, representava o benzeno por duas estruturais hexagonais em equilíbrio.

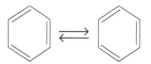

fórmula molecular: $C_6H_6$

Atualmente sabe-se que a distância das ligações simples e duplas entre carbonos é diferente:

| C – C | C = C | pm: picômetro |
|---|---|---|
| 154 pm | 134 pm | |

Assim, se o benzeno apresentasse simples e duplas-ligações alternadas na sua estrutura, devido à distância diferenciada das ligações, suas moléculas teriam a forma de hexágono irregular.

No entanto, experimentalmente foi demonstrado que todas as ligações entre os carbonos, no benzeno, apresentam uma mesma distância 140 pm, que é intermediário entre os valores 154 pm e 134 pm.

distâncias reais medidas experimentalmente

**Conclusão:** as duas estruturas de Kekulé não representavam a estrutura correta do benzeno, portanto, devemos representar o benzeno de uma outra maneira.

- Não existe equilíbrio entre as duas estruturas benzênicas.

Este equilíbrio não existe.

Para explicar esses fatos, surgiu a chamada Teoria da Ressonância, que propõe um deslocamento (espalhamento) uniforme dos elétrons das ligações duplas por todo o anel. Dessa maneira as **ligações reais** não seriam nem simples nem duplas, mas intermediárias entre as duas ligações.

Observe as representações a seguir.

Em função da ressonância, a representação mais adequada para o benzeno consiste em um hexágono regular com um círculo inscrito, que representa os elétrons das ligações duplas deslocalizadas. A ligação dupla que é móvel é chamada de ligação π, portanto, a deslocalização das ligações π é denominada **ressonância**.

Por questão de simplificação, os químicos representam o benzeno por meio das três estruturas:

## 6. Estrutura do diamante

No diamante, cada átomo de carbono está no centro de um tetraedro ligado a quatro outros átomos de carbono que estão nos vértices. Cada átomo faz 4 ligações simples.

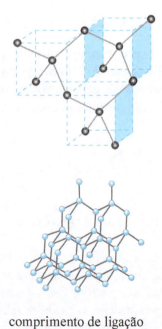

comprimento de ligação
C – C no diamante = 154 pm

O diamante é um cristal cúbico de elevada dureza. O diamante é um cristal covalente, pois temos uma macromolécula.

## 7. Estrutura da grafita

Na grafita, temos nas camadas anéis benzênicos condensados. Em uma camada, cada carbono liga-se a três outros átomos de carbono. Nas camadas teremos uma grande quantidade de elétrons móveis devido à ressonância.

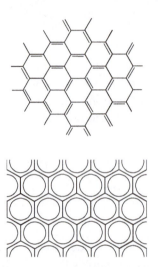

No sentido das camadas (plano horizontal), a grafita é um bom condutor de corrente elétrica (graças à liberdade de movimentação dos elétrons deslocalizados), mas, no sentido perpendicular a elas, é um condutor muito pobre.

A grafita é um cristal hexagonal de baixa dureza, pois as forças de London entre as camadas são fracas, por isso, a grafita é usada como lubrificante.

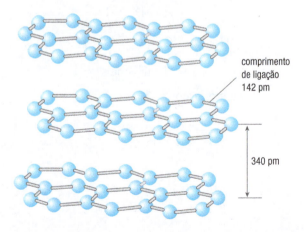

comprimento de ligação 142 pm

340 pm

A grafita é um cristal covalente, pois temos uma macromolécula.

Os pontos de fusão e de ebulição são elevados nesses compostos, pois devem ser quebradas as fortes ligações covalentes entre os átomos de carbono.

# Exercícios Série Prata

1. (UFS – SE) Wöhler conseguiu realizar a primeira síntese de substância dita "orgânica" a partir de uma substância dita "inorgânica". A substância obtida por Wöhler foi:
   a) ureia.
   b) ácido úrico.
   c) ácido cítrico.
   d) vitamina C.
   e) acetona.

2. (UFRGS – RS) A síntese da ureia a partir de cianato de amônio, segundo a equação

   $$NH_4^+ CNO^- \xrightarrow{500\ °C} CO(NH_2)_2$$

   desenvolvida por Wöhler, em 1828, foi um marco na história da Química porque:
   a) provou a possibilidade de se sintetizar compostos orgânicos a partir de inorgânicos.
   b) foi a primeira síntese realizada em laboratório.
   c) demonstrou que os compostos iônicos geram substâncias moleculares quando aquecidos.
   d) trata-se do primeiro caso de equilíbrio químico homogêneo descoberto.
   e) provou que o sal de amônio possui estrutura interna covalente.

3. (UEPB) Foram os químicos van't Hoff e Le Bel os primeiros cientistas a estudarem as geometrias reais do carbono e mostraram como estes átomos estariam dispostos no espaço. Outros cientistas como Planck, Einstein, Rutherford e Bohr contribuíram efetivamente na elaboração de novos conceitos no campo das estruturas atômicas e moleculares. Analise a estrutura do composto a seguir:

   ```
            H        H   H   H
            |        |   |   |
       H — C = C —  C = C — C — H
                |   |       |
            H — C — H       H
                |
                H
   ```

   Com relação à geometria de cada carbono, podemos afirmar que na substância acima existem:
   a) 4 carbonos trigonais e 2 carbonos tetraédricos.
   b) 2 carbonos trigonais e 4 tetraédricos.
   c) 2 carbonos trigonais, 2 carbonos tetraédricos e 2 carbonos lineares.
   d) 3 carbonos trigonais, 2 carbonos tetraédricos e 1 carbono linear.
   e) 1 carbono trigonal, 1 carbono tetraédrico e 4 carbonos lineares.

4. (UNIP – SP) A estrutura abaixo pode representar:

   a) a grafita.
   b) o fósforo branco.
   c) o enxofre rômbico.
   d) o diamante.
   e) o fósforo vermelho.

5. (MAUÁ – SP) Um cristal de grafite é **anisotrópico**, ou seja, apresenta algumas propriedades diferentes ao longo de diferentes direções.

   Ao longo de uma determinada direção, por exemplo, cristais de grafita apresentam condutividade elétrica muito maior do que ao longo de direção perpendicular a essa. Explique por quê.

6. (ITA – SP) Considere as seguintes afirmações a respeito das formas cristalinas do carbono:
   I. As formas alotrópicas do carbono são: diamante, grafite e fulerenos.
   II. O monocristal de grafite é bom condutor de corrente elétrica em uma direção, mas não é na direção perpendicular à essa.
   III. O diamante é uma forma alotrópica metaestável do carbono nas condições normais de temperatura e pressão.
   IV. Na grafita, as ligações químicas entre os átomos de carbono são tetraédricas.

   Então, das afirmações acima, está(ão) CORRETA(S)
   a) apenas I, II e III.
   b) apenas I e III.
   c) apenas II e IV.
   d) apenas IV.
   e) todas.

# Complemento 2 — Fontes de Compostos Orgânicos – Carvão Mineral

## 1. Origem do carvão mineral

O carvão mineral é uma mistura de um grande número de substâncias orgânicas, e sua composição e estrutura dependem das condições às quais esteve sujeito durante centenas de milhões de anos.

O carvão mineral é proveniente de vegetais terrestres soterrados há milhares de anos.

$$\text{Vegetais terrestres (árvores)} \xrightarrow{\text{muito tempo}} \text{carvão mineral}$$

## 2. Tipos de carvão mineral

O calor e a pressão começaram a provocar transformações nessa massa vegetal, originando o carvão mineral. Com o decorrer do tempo, substâncias voláteis foram eliminadas ($CH_4$, $CO_2$, $H_2O$ etc.), aumentando o teor de carbono, e esses depósitos receberam nomes diferentes de acordo com teor de carbono:

|  | Madeira | Turfa | Linhito | Hulha | Antracito | Grafita |
|---|---|---|---|---|---|---|
| Teor de carbono | 50% | 60% | 70% | 80% | 90% | 100% |

→ milhões de anos

→ eliminação de H, O e outros elementos na forma de gases

→ aumento de teor de carbono

A tabela a seguir apresenta algumas características, em valores aproximados, referentes aos diferentes tipos de carvão.

| Característica | Turfa | Linhito | Hulha (carvão betuminoso) | Antracito |
|---|---|---|---|---|
| densidade (kg/m³) | 1.000 | 1.000 a 1.300 | 1.200 a 1.500 | 1.300 a 1.700 |
| carbono (%) | 55 | 65 a 75 | 75 a 90 | 90 a 94 |
| hidrogênio (%) | 6 | 5 | 4,5 a 5,5 | 2 a 4 |
| oxigênio (%) | 33 | 25 | 3 a 11 | 4 a 8 |
| poder calorífico (cal/g) | 4.000 a 5.700 | ≤ 5.700 | 5.700 a 8.100 | 8.200 a 9.200 |

## 3. Carvão mineral como fonte de combustíveis

Uma vez que o carvão mineral possui alto teor de carbono, ele é um excelente combustível. A combustão completa do carvão pode, de forma simplificada, ser equacionada quimicamente como:

$$C(s) + O_2(g) \longrightarrow CO_2(g)$$

O carvão mineral não é constituído somente por carbono. Contém hidrogênio, oxigênio, nitrogênio e enxofre.

A figura mostra uma parte do carvão mineral, e as flechas indicam ligações fracas, as primeiras a se romperem quando o carvão é aquecido.

Com o advento do petróleo e seus derivados, que passaram a ser largamente empregados no século XX, o uso do carvão mineral como combustível declinou. Ele é mais difícil de usar que o petróleo e sua queima polui significativamente o ar com dióxido de enxofre ($SO_2$), resultado da combustão do enxofre nele presente e compostos de enxofre como a pirita ($FeS_2$).

$$2\ FeS_2 + \frac{11}{2}\ O_2 \longrightarrow Fe_2O_3 + 4\ SO_2$$

(ustulação da pirita)

Em minas de carvão também é comum ocorrer desprendimento de $CH_4$ que, juntamente com o $O_2$ do ar, forma uma mistura altamente explosiva chamada de **grisu**.

## 4. Carvão mineral como fonte de compostos orgânicos

Utiliza-se a hulha por apresentar a maior quantidade de compostos orgânicos.

A hulha é aquecida em torno de 1.000 °C (destilação seca) na ausência de oxigênio conforme o esquema a seguir.

São obtidas as seguintes frações:

I. gás de rua ou gás de iluminação

A mistura gasosa é aproveitada como combustível ($H_2$, $CH_4$, $CO$, $CO_2$, $C_2H_6$...)

II. águas amoniacais

Mistura líquida contendo sais de amônio ($NH_4NO_3$, $(NH_4)_2SO_4$...) usada na fabricação de fertilizantes.

III. alcatrão da hulha

Trata-se de uma mistura líquida oleosa e escura formada por inúmeros compostos aromáticos, por exemplo:

IV. carvão coque (maior quantidade)

Resíduo sólido rico em carbono usado na siderúrgica, gás-d'água, carbureto etc.

$$C(s) + H_2O(g) \longrightarrow CO(g) + H_2(g)$$

gás-d'água

## 5. Fluxograma da destilação seca da hulha

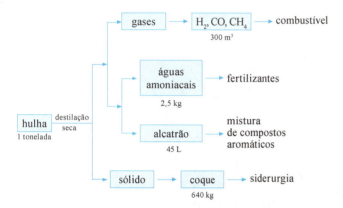

A exploração das minas de carvão envolve consideráveis riscos aos operários (desabamentos e doenças pulmonares são os principais). Em minas de carvão também é comum ocorrer desprendimento de metano (combustível) que, juntamente com o $O_2$ do ar, forma uma mistura altamente explosiva chamada de grisu (basta uma faísca para provocar a explosão).

## 6. Destilação seca da madeira

A madeira (50% de C) é constituída por muitas substâncias, entre as quais a celulose ($C_6H_{10}O_5$) é uma das mais importantes.

A destilação seca da madeira (a 400 °C, fora do contato do ar) produz as seguintes frações:

a) gases: $CO$, $CO_2$, $CH_4$, $H_2$, $C_2H_6$ etc.;
b) ácido pirolenhoso: água, ácido acético, álcool metílico, acetona etc.;
c) alcatrão de madeira: mistura de compostos orgânicos contendo inclusive compostos de cadeia cíclica não aromática;
d) carvão de madeira.

Como o álcool metílico ou metanol era antigamente produzido pelo aquecimento da madeira, ele é também chamado de álcool da madeira.

## Exercícios Série Prata

**1.** (FESP – PE) A hulha é uma variedade de carvão, de origem _____ , que, por destilação seca, produz _____ em maior quantidade, além do _____ , que é de grande importância para a indústria química". Assinalar qual a melhor complementação dessa frase.

a) animal/ureia/amoníaco
b) vegetal/carvão coque/amoníaco
c) vegetal/alcatrão/carvão coque
d) vegetal/carvão coque/alcatrão
e) animal/carvão coque/alcatrão

**2.** (UFRGS – RS) O alcatrão da hulha é uma fonte de:

a) hidrocarbonetos alifáticos.
b) gases combustíveis.
c) óleos comestíveis.
d) compostos aromáticos.
e) hidrocarbonetos alicíclicos.

**3.** (ACAFE – SC) Denomina-se grisu a mistura gasosa, altamente explosiva, que se forma nas minas de carvão. Os gases que constituem essa mistura são:

a) etano e propano.
b) butano e hidrogênio.
c) metano e oxigênio.
d) propano e metano.
e) oxigênio.

**4.** (FUVEST – SP) Existem vários tipos de carvão mineral, cujas composições podem variar, conforme exemplifica a tabela a seguir.

| Tipo de carvão | Unidade (% em massa) | Material volátil* (% em massa) | Carbono não volátil (% em massa) | Outros constituintes** (% em massa) |
|---|---|---|---|---|
| antracito | 3,9 | 4,0 | 84,0 | 8,1 |
| betuminoso | 2,3 | 19,6 | 65,8 | 12,3 |
| sub-betuminoso | 22,2 | 32,2 | 40,3 | 5,3 |
| lignito | 36,8 | 27,8 | 30,2 | 5,2 |

\* Considere semelhante a composição do material volátil para os quatro tipos de carvão.
\*\* Dentre os outros constituintes, o principal composto é a pirita, $Fe^{2+}S_2^{2-}$.

a) Qual desses tipos de carvão deve apresentar menor poder calorífico (energia liberada na combustão por unidade de massa de material)? Explique sua resposta.

b) Qual desses tipos de carvão deve liberar maior quantidade de gás poluente (sem considerar CO e $CO_2$) por unidade de massa queimada? Justifique sua resposta.

c) Escreva a equação química balanceada que representa a formação do gás poluente a que se refere o item b (sem considerar CO e $CO_2$).

d) Calcule o calor liberado na combustão completa de $1,00 \cdot 10^3$ kg de antracito (considere apenas porcentagem de carbono não volátil).

**Dados:** entalpia de formação do dióxido de carbono: gasoso $= -400$ kJ/mol, massa molar do carbono $= 12$ g/mol.

# Complemento 3

## Química nos Vestibulares

## Capítulo 1 – Introdução à Química Orgânica

**1.** (FAMERP – SP) A questão a seguir refere-se à liotironina, um hormônio produzido pela glândula tireoide, também conhecido como T3.

liotironina
massa molar = 650 g/mol

A molécula da liotironina apresenta

a) átomo de carbono assimétrico.
b) cadeia carbônica homogênea.
c) cadeia carbônica alifática.
d) dois heterociclos.
e) quatro átomos de hidrogênio.

**2.** (FUVEST – SP) Para que um planeta abrigue vida nas formas que conhecemos, ele deve apresentar gravidade adequada, campo magnético e água no estado líquido. Alem dos elementos químicos presentes na água, outros também são necessários. A detecção de certas substâncias em um planeta pode indicar a presença dos elementos químicos necessários à vida. Observações astronômicas de cinco planetas de fora do Sistema Solar indicaram, neles, a presença de diferentes substâncias, conforme o quadro a seguir:

| Planeta | Substâncias observadas |
|---|---|
| I | tetracloreto de carbono, sulfeto de carbono e nitrogênio |
| II | dióxido de nitrogênio, argônio e hélio |
| III | metano, dióxido de carbono e dióxido de nitrogênio |
| IV | argônio, dióxido de enxofre e monóxido de dicloro |
| V | monóxido de dinitrogênio, monóxido de dicloro e nitrogênio |

Considerando as substâncias detectadas nesses cinco planetas, aquele em que há quatro elementos químicos necessários para que possa se desenvolver vida semelhante à da Terra é

a) I.     b) II.     c) III.     d) IV.     e) V.

# Capítulo 2 – Fontes de Compostos Orgânicos – Petróleo – Gás Natural

**3.** (MACKENZIE – SP) A reação de ustulação da pirita ($FeS_2$) pode ser representada pela equação a seguir:

$$4\ FeS_2(s) + 11\ O_2(g) \longrightarrow 2\ Fe_2O_3(s) + 8\ SO_2(g)$$

Considerando que o processo de ustulação ocorra nas CNTP, é correto afirmar que o volume de $SO_2$ produzido na reação de 600 g de pirita que apresente 50% de pureza é de

**Dado:** massa molar (g . mol$^{-1}$) $FeS_2 = 120$.

a) 56,0 L.
b) 112,0 L.
c) 168,0 L.
d) 224,0 L.
e) 280,0 L.

**4.** (UNIFESP) A figura mostra o esquema básico da primeira etapa do refino do petróleo, realizada à pressão atmosférica, processo pelo qual ele é separado em misturas com menor número de componentes (fracionamento do petróleo).

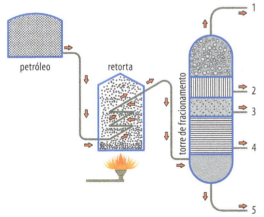

PETROBRAS. **O Petróleo e a Petrobras em Perguntas e Respostas**, 1986 (adaptado).

a) Dê o nome do processo de separação de misturas pelo qual são obtidas as frações do petróleo e o nome da propriedade específica das substâncias na qual se baseia esse processo.
b) Considere as seguintes frações do refino do petróleo e as respectivas faixas de átomos de carbono: gás liquefeito de petróleo ($C_3$ a $C_4$); gasolina ($C_5$ a $C_{12}$); óleo combustível ($>C_{20}$); óleo diesel ($C_{12}$ a $C_{20}$); querosene ($C_{12}$ a $C_{16}$). Identifique em qual posição (1, 2, 3, 4 ou 5) da torre de fracionamento é obtida cada uma dessas frações.

# Capítulo 7 – Compostos Oxigenados

**5.** (MACKENZIE – SP) Um professor solicitou aos alunos que escrevessem uma sequência de compostos orgânicos, que contivesse, respectivamente, um álcool, um éster, uma cetona e um aldeído. A sequência correta está representada em

a) $H_3C-OH, H_3C-O-CH_3, H_3C-CH_2-COO-CH_3, H_3C-CHO$.

b) ⌬—$OH$, $H_3C-CH_2-COO-CH_2-CH_3$, $H_3C-CO-CH_3$, $H_3C-CHO$.

c) $H_3C-CHO, H_3C-CO-CH_3, HCOOH, H_3C-OH$.

d) $H_3C-CHO, H_3C-COO-CH_3, H_3C-CO-NH_2, H_3C-CH_2-COO-CH_3$.

e) ⌬—$CH_2OH$, $H_3C-COO-CH_3$, $H_3C-CO-CH_3$, $H_3C-CHO$

**6.** (FATEC – SP) Observe a estrutura da fenolftaleína.

Além da função fenol, identificamos o grupo funcional pertencente à função

a) ácido carboxílico.   d) éster.
b) aldeído.   e) éter.
c) álcool.

**7.** (FATEC – SP) Leia o texto.

Feromônios são substâncias químicas secretadas pelos indivíduos que permitem a comunicação com outros seres vivos. Nos seres humanos, há evidências de que algumas substâncias, como o androstenol e a copulina, atuam como feromônios.

*Disponível em: <http://tinyurl.com/hqfrxbb>.
Acesso em: 17 set. 2016
(adaptado).*

As fórmulas estruturais do androstenol e da copulina encontram-se representadas

androstenol

copulina

As funções orgânicas oxigenadas encontradas no androstenol e na copulina são, respectivamente,

a) fenol e ácido carboxílico.
b) álcool e ácido carboxílico.
c) álcool e aldeído.
d) álcool e cetona.
e) fenol e éster.

**8.** (FGV) Uma inovadora radioterapia para tumores de fígado tem sido empregada nos últimos anos por meio da ingestão, pelo paciente, de microesferas do ácido 2-hidroxipropanoico, contendo o radioisótopo hólmio-166. Este radioisótopo é obtido pelo isótopo natural e estável hólmio-165 irradiado em um reator nuclear.

Com a ingestão das microesferas, o paciente recebe radiação gama e beta, que são emitidas pelo radioisótopo $^{166}$Ho, e o crescimento das células tumorais é desacelerado.

*COSTA, R. F. **Desenvolvimento de métodos e preparação de microesferas de polímero e resinas marcadas com Hólmio-166**. Dissertação de mestrado.
Disponível em: <http://www.teses.usp.br/>
(adaptado).*

O ácido orgânico empregado na esfera com o radioisótopo hólmio-166 apresenta a fórmula estrutural:

a), b), c), d), e) (estruturas)

**9.** (UNESP) O gluconato de cálcio (massa molar = 430 g/mol) é um medicamento destinado principalmente ao tratamento da deficiência de cálcio. Na forma de solução injetável 10%, ou seja, 100 mg/mL, este medicamento é destinado ao tratamento da hipocalcemia aguda.

*Disponível em: <www.medicinanet.com.br> (adaptado).*

*Disponível em: <www.hospitalardistribuidora.com.br>.*

gluconato de cálcio

O número total de átomos de hidrogênio presentes na estrutura do gluconato de cálcio é

a) 14.
b) 20.
c) 16.
d) 10.
e) 22.

# Capítulo 8 – Compostos Nitrogenados, Compostos Halogenados e Compostos Sulfurados

**10.** (FAMERP – SP) A fórmula corresponde à estrutura do antisséptico cloreto de benzetônio.

De acordo com a fórmula apresentada, é correto afirmar que o cloreto de benzetônio é
a) um sal de amônio quaternário, que apresenta a função álcool.
b) um sal de amônio quaternário, que apresenta a função éter.
c) uma amida, que apresenta a função éter.
d) uma amida, que apresenta a função álcool.
e) um sal de amônio quaternário, que apresenta a função éster.

# Capítulo 9 – Isomeria Plana ou Estrutural

**11.** (UNICAMP – SP) Atualmente, parece que a Química vem seduzindo as pessoas e tem-se observado um número cada vez maior de pessoas portando tatuagens que remetem ao conhecimento químico. As figuras a seguir mostram duas tatuagens muito parecidas, com as correspondentes imagens tatuadas mais bem definidas abaixo.

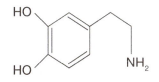
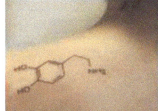
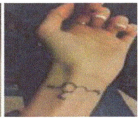

As imagens representam duas fórmulas estruturais, que correspondem a dois
a) compostos que são isômeros entre si.
b) modos de representar o mesmo composto.
c) compostos que não são isômeros.
d) compostos que diferem nas posições das ligações duplas.

# Capítulo 10 – Isomeria Geométrica ou CIS-TRANS

**12.** (FAMERP – SP) A questão a seguir refere-se a liotironina, um hormônio produzido pela glândula tireoide, também conhecido como T3.

Dentre as funções orgânicas presentes na molécula de liotironina, encontra-se a função
a) éster.
b) amida.
c) fenol.
d) aldeído.
e) cetona.

liotironina
massa molar = 650 g/mol

# Capítulo 11 – Isomeria Óptica

**13.** (FATEC – SP) A metanfetamina, N-metil-1-fenilpropano-2-amina, fórmula $C_{10}H_{15}N$, apresenta os isômeros representados pelas fórmulas estruturais:

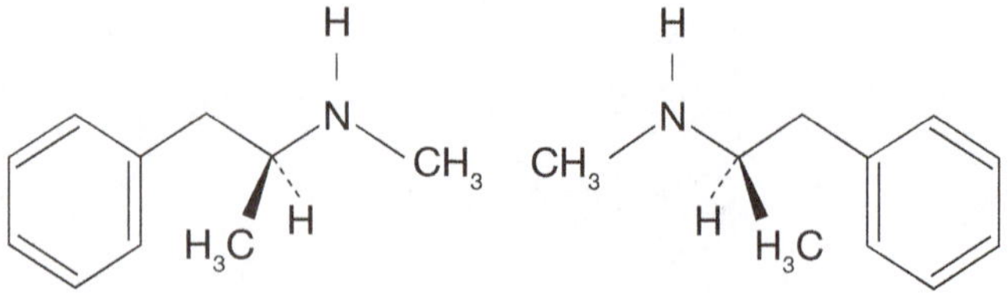

A análise das estruturas nos permite concluir, corretamente, que os compostos são isômeros

a) de cadeia.
b) de posição.
c) de função.
d) geométricos.
e) ópticos.

**14.** (MACKENZIE – SP) Determinado composto orgânico apresenta as seguintes características:

I. Cadeia carbônica alifática, saturada, ramificada e homogênea.
II. Possui carbono carboxílico.
III. Possui enantiômeros.
IV. É capaz de formar ligações de hidrogênio.

O composto orgânico que apresenta todas as características citadas acima está representado em

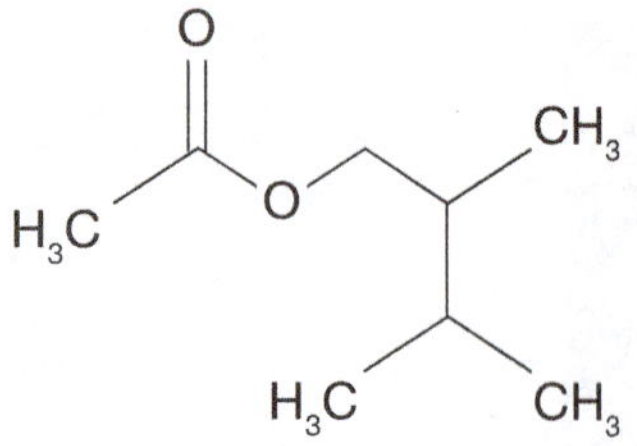

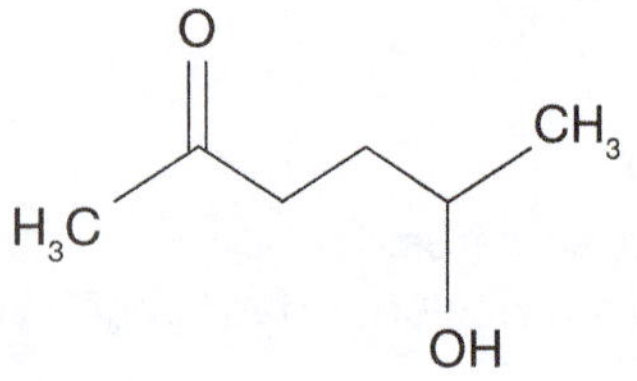

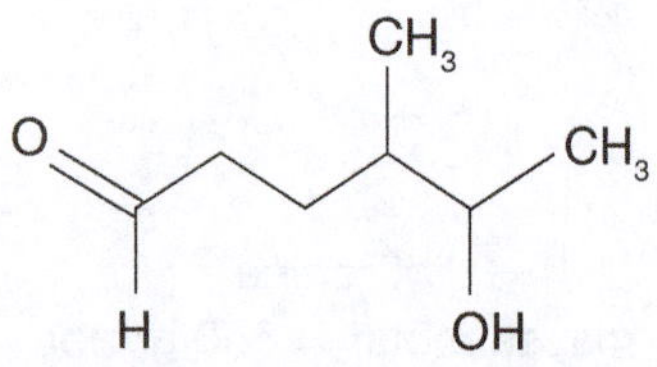

**15.** (PUC) A melanina é o pigmento responsável pela pigmentação da pele e do cabelo. Em nosso organismo, a melanina é produzida a partir da polimerização da tirosina, cuja estrutura está representada a seguir.

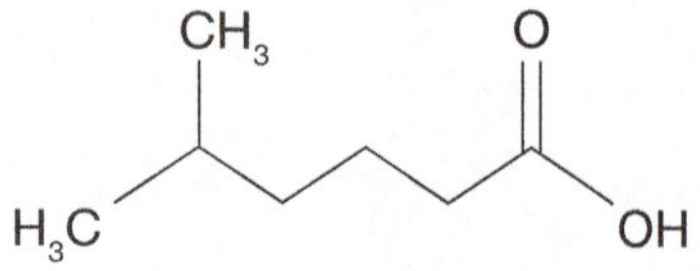

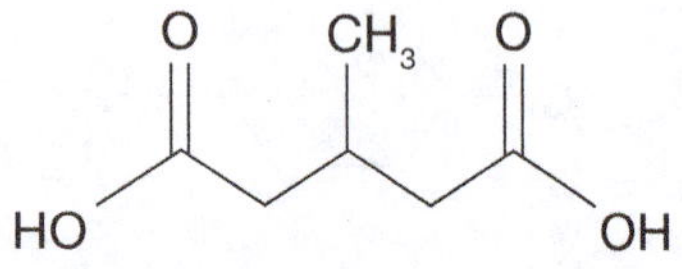

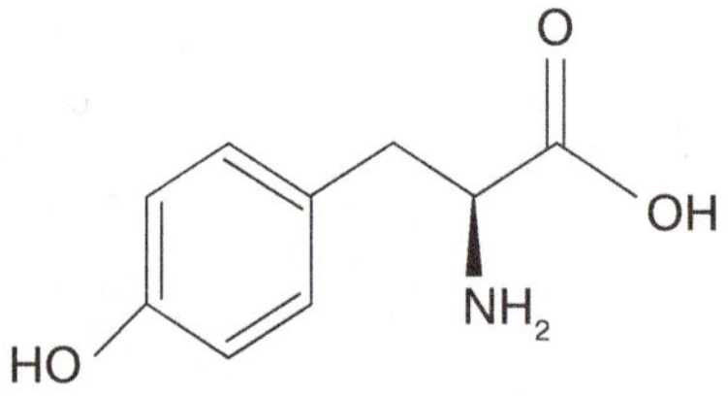

Sobre a tirosina foram feitas algumas afirmações:

I. A sua fórmula molecular é $C_9H_{11}NO_3$.
II. A tirosina contém apenas um carbono quiral (assimétrico) em sua estrutura.
III. A tirosina apresenta as funções cetona, álcool e amina.

Está(ão) correta(s) apenas a(s) afirmação(ões)

a) I e II.
b) I e III.
c) II e III.
d) I.
e) III.

**16.** (FAMERP – SP) As fórmulas representam as estruturas dos antibióticos cefalexina e amoxicilina.

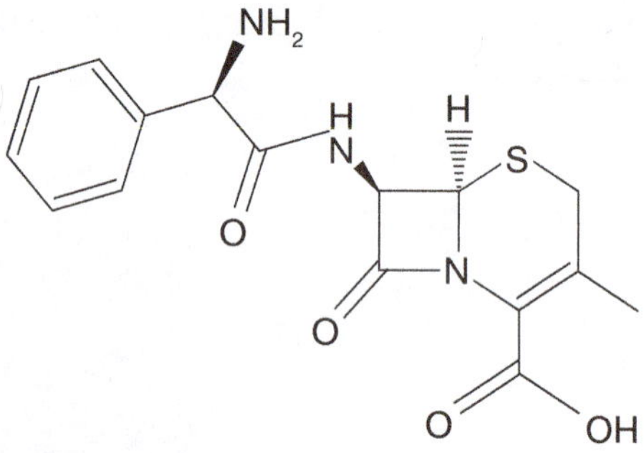

cefalexina

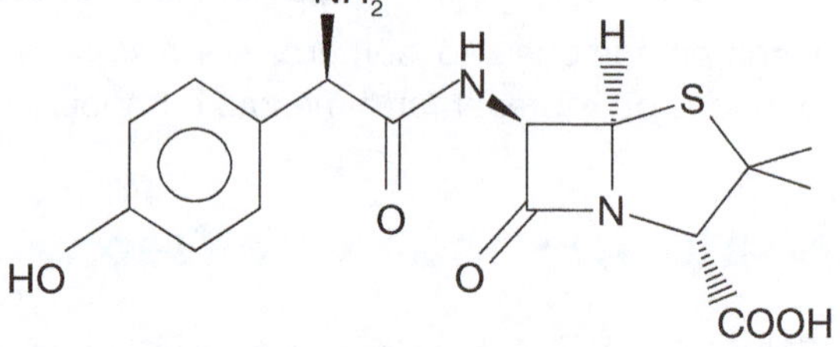

amoxicilina

a) Esses dois antibióticos são isômeros entre si? Justifique sua resposta.
b) Os átomos de carbono ligados aos grupos $-NH_2$ dos dois antibióticos são assimétricos? Justifique sua resposta.

**17.** (MACKENZIE – SP) O fenômeno da isomeria óptica ocorre em moléculas assimétricas, que possuem no mínimo um átomo de carbono quiral. Os enantiômeros possuem as mesmas propriedades físico-químicas, exceto a capacidade de desviar o plano de uma luz polarizada; por isso, esses isômeros são denominados isômeros ópticos.

De acordo com essas informações, o composto orgânico abaixo que apresenta isomeria óptica está representado em

a) HO—⬡—CH₃ (1,4-substituído)

b) H₃C—C(OH)(CH₃)—CH₃ com etil

c) HO—C₆H₃(OH)—CH(OH)—CH₂—N(H)(CH₃)

d) H₃C—C(CH₃)=CH—CH=CH—CH₃

e) HO—[naftaleno]—CH₃

**18.** (MACKENZIE – SP) A epidemia de dengue no Brasil, transmitida pelo mosquito *Aedes aegypti*, e mais recentemente os casos de microcefalia, causado pela disseminação do *Zika* vírus, vem preocupando a população brasileira e principalmente as gestantes. Na tentativa de evitar o contato com o mosquito, os repelentes desapareceram das prateleiras das farmácias, mas a eficácia não está no uso de um repelente qualquer. Os médicos alertam que o repelente eficaz contra o *Aedes aegypti* deve conter um princípio ativo chamado icaridina. A Organização Mundial de Saúde (OMS) acrescenta também outros princípios ativos eficazes, o DEET e IR3535.

Assim, de acordo com as fórmulas estruturais do **DEET** e da **Icaridina**, abaixo representadas, são feitas as seguintes afirmações:

DEET      Icaridina

I. O DEET possui três carbonos terciários e um grupo funcional amida.
II. A fórmula molecular da Icaridina é $C_{12}H_{22}NO_3$.
III. A molécula de Icaridina possui enantiômeros.
IV. A hidrólise ácida do DEET forma um ácido carboxílico e uma amina secundária.

E correto dizer que apenas as afirmações

a) II, III e IV são verdadeiras.
b) I e II são verdadeiras.
c) I, II e III são verdadeiras.
d) II e IV são verdadeiras.
e) III e IV são verdadeiras.

**19.** (EINSTEIN – SP) Ritalina é o nome comercial do metilfenidato, droga frequentemente receitada para pacientes com transtorno do *deficit* de atenção e hiperatividade (TDAH). A fórmula estrutural do fenilfenidato está representada a seguir:

A respeito dessa substância foram feitas algumas afirmações:

I. Apresenta fórmula molecular $C_{14}H_{19}NO_2$.
II. Um comprimido com 20 mg apresenta menos de $1,0 \times 10^{-5}$ mol dessa substância.
III. A molécula apresenta carbono quiral.
IV. Apresenta as funções amina e ácido carboxílico.

**Dado:** massa molar da ritalina = 233 g/mol.

Estão corretas apenas as afirmações:

a) I e III.
b) II e III.
c) I e IV.
d) III e IV.

**20.** (FAMEMA – SP) A fórmula representa a estrutura da leucina, um dos aminoácidos formadores de proteínas no organismo humano.

a) Dê o número de átomos de carbono e de hidrogênio presentes em cada molécula de leucina.
b) Na fórmula da leucina, indique o átomo de carbono assimétrico e o átomo de carbono terciário.

**21.** (UNESP) O etilbenzeno e o estireno
a) são hidrocarbonetos aromáticos.
b) apresentam átomos de carbono quaternário.
c) são isômeros funcionais.
d) apresentam átomos de carbono assimétrico.
e) são isômeros de cadeia.

**22.** (UNIFESP) Considere a fórmula estrutural do anestésico geral halotano (massa molar aproximada 200 g/mol).

a) Escreva a fórmula molecular do halotano e calcule a porcentagem em massa de flúor nesse anestésico. Apresente os cálculos.
**Dado:** F = 19 g/mol.
b) O halotano deve apresentar isomeria geométrica (cis-trans)? E isomeria óptica? Justifique suas respostas.

# Capítulo 12 – Soluções

**23.** (FAMERP – SP) O problema de escassez de água em São Paulo é um tema polêmico em discussão, que envolve governo e especialistas. O "volume morto", que passou a ser utilizado em maio de 2014, é um reservatório com 400 milhões de metros cúbicos de água, situado abaixo das comportas das represas do Sistema Cantareira.

*Disponível em: <http://g1.globo.com>.*

Considere um reservatório hipotético com água de densidade 1 g/mL e volume igual ao do "volume morto" do Sistema Cantareira. Se a água desse reservatório encontra-se contaminada com 20 ppm de chumbo, a massa total deste metal na água do reservatório hipotético é

a) 2.000 kg.   d) 8.000 t.
b) 8.000 kg.   e) 2.000 t.
c) 4.000 kg.

**24.** (FATEC – SP) O uso de flúor é eficaz no combate à cárie dentária. Por isso, foram estabelecidos protocolos de utilização do flúor na área de saúde bucal como a adição de flúor na água de abastecimento público e em pastas dentais. A escovação dental é considerada um dos métodos mais eficazes na prevenção da cárie, ao aliar a remoção da placa à exposição constante ao flúor.

Todavia, a exposição excessiva pode causar alguns malefícios à saúde. Para isso, foram estabelecidos níveis seguros de consumo do flúor, quando este oferece o máximo benefício sem risco à saúde. As pastas de dente apresentam uma concentração de flúor que varia entre 1.100 e 1.500 ppm.

É importante ressaltar que as pastas de dente com flúor devem ser utilizadas durante a escovação e não ingeridas.

*Disponível em: <http://tinyurl.com/ovrxl8b>.*
*Acesso em: 29 ago. 2014 (adaptado).*

A concentração máxima de flúor presente nas pastas de dente mencionada no texto, em porcentagem em massa, corresponde a

a) 0,0015%.
b) 0,015%.
c) 0,15%.
d) 1,5%.
e) 15%.

**25.** (FGV) A cachaça é um produto genuinamente brasileiro reconhecido internacionalmente e registrado na Organização Mundial de Comércio. A produção artesanal, com a utilização de alambiques de cobre, atinge 300 milhões de litros por ano. Os apreciadores avaliam que o produto artesanal tem melhor qualidade e sabor do que o produzido em alambiques de aço inoxidável; entretanto, a cachaça artesanal apresenta o teor de cobre residual que deve obedecer o limite máximo de 5 mg/L.

*Disponível em:* <http://www.scielo.br/pdf/qn/v32n4/v32n4a04.pdf> (adaptado).

A quantidade máxima de cobre, em quilogramas, que pode ser encontrada no volume considerado de cachaça artesanal produzida durante um ano no Brasil e que respeita o limite máximo de cobre nessa bebida é

a) $1,5 \times 10^2$.
b) $1,5 \times 10^3$.
c) $1,5 \times 10^4$.
d) $1,5 \times 10^5$.
e) $1,5 \times 10^6$.

**26.** (FUVEST – SP) Um estudante utilizou um programa de computador para testar seus conhecimentos sobre concentração de soluções.

No programa de simulação, ele deveria escolher um soluto para dissolver em água, a quantidade desse soluto, em mol, e o volume da solução. Uma vez escolhidos os valores desses parâmetros, o programa apresenta, em um mostrador, a concentração da solução. A tela inicial do simulador é mostrada a seguir.

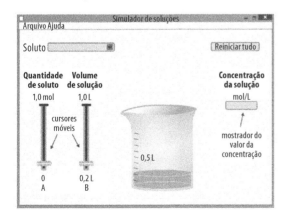

O estudante escolheu um soluto e moveu os cursores A e B até que o mostrador de concentração indicasse o valor 0,50 mol/L. Quando esse valor foi atingido, os cursores A e B poderiam estar como mostrado em

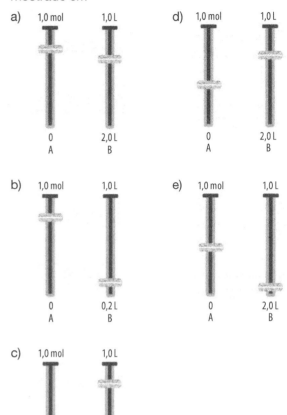

**27.** (FUVEST – SP) Nas águas das represas de regiões agrícolas, o aumento da concentração de íons nitrato, provenientes de sais contidos em fertilizantes, pode levar ao fenômeno da eutrofização. Tal fenômeno provoca a morte de peixes e de outros organismos aquáticos, alimentando um ciclo de degradação da qualidade da água.

a) Explique a relação entre o aumento da concentração de íons nitrato, a eutrofização e a diminuição de oxigênio dissolvido na água.

b) Considere um material compostado com teor de nitrogênio de 5% em massa e o nitrato de amônio ($NH_4NO_3$), que é um fertilizante muito utilizado na agricultura convencional. Se forem utilizadas massas iguais de cada um desses dois fertilizantes, qual deles fornecerá maior teor de nitrogênio por hectare de solo? Mostre os cálculos.

**Dados:** massas molares (g/mol): H = 1; N = 14, O = 16.

**28.** (MACKENZIE – SP) Uma solução aquosa de ácido sulfúrico, com densidade igual a 1,400 g · mL⁻¹, apresenta 70% em massa de soluto. A concentração, expressa em mol por litro, para essa solução será igual a

**Dados:** massas molares (g · mol⁻¹): H = 1, O = 16 e S = 32.

a) 8 mol · L⁻¹
b) 9 mol · L⁻¹
c) 10 mol · L⁻¹
d) 11 mol · L⁻¹
e) 12 mol · L⁻¹

**29.** (UNICAMP – SP) Prazeres, benefícios, malefícios, lucros cercam o mundo dos refrigerantes. Recentemente, um grande fabricante nacional anunciou que havia reduzido em 13 mil toneladas o uso do açúcar na fabricação de seus refrigerantes, mas não informou em quanto tempo isso ocorreu. O rótulo atual de um de seus refrigerantes informa que 200 mL do produto contém 21 g de açúcar. Utilizando apenas o açúcar "economizado" pelo referido fabricante seria possível fabricar, aproximadamente,

a) 124 milhões de litros de refrigerante.
b) 2,60 bilhões de litros de refrigerante.
c) 1,365 milhões de litros de refrigerante.
d) 273 milhões de litros de refrigerante.

**30.** (UNICAMP – SP) Entre os produtos comerciais engarrafados, aquele cujo consumo mais tem aumentado é a água mineral. Simplificadamente, pode-se dizer que há dois tipos de água mineral: a gaseificada e a não gaseificada. A tabela a seguir traz informações simplificadas sobre a composição de uma água mineral engarrafada.

a) Na coluna relativa a quantidade não está especificada a respectiva unidade. Sabe-se, no entanto, que o total de cargas positivas na água é igual ao total de cargas negativas. Levando em conta essa informação e considerando que apenas os íons da tabela estejam presentes no produto, você escolheria, como unidade de quantidade, miligramas ou milimol? Justifique sua resposta.

| Íon | Quantidade |
|---|---|
| hidrogenocarbonato | 1,200 |
| cálcio | 0,310 |
| magnésio | 0,100 |
| sódio | 0,380 |

b) Levando em conta os dados da tabela e sua resposta ao item (a), identifique o sal em maior concentração nessa amostra de água mineral, dando seu nome e fórmula. Justifique sua resposta.

**31.** (EINSTEIN – SP) O náilon 6,6 e o poliestireno são polímeros que apresentam diversas aplicações na indústria. Um técnico misturou inadvertidamente amostras desses polímeros.

**Dados:** densidade do náilon 6,6 = 1,14 g · cm⁻³
densidade do poliestireno = 1,05 g · cm⁻³
massa molar do NaCl = 58,5 g · mol⁻¹

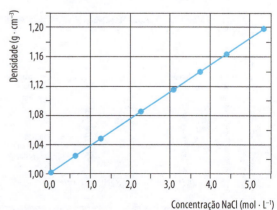

Conhecendo a densidade desses materiais, ele decidiu preparar uma solução aquosa de cloreto de sódio (NaCl) para separar as amostras. Para tanto, ele utilizou um balão volumétrico de 5,0 L.

A massa de NaCl adequada para essa preparação é

a) 120 g.
b) 300 g.
c) 600 g.
d) 1.300 g.

**32.** (FAMERP – SP) A água boricada e uma solução aquosa de ácido bórico, $H_3BO_3$, a 3% (m/V). Expressando-se essa concentração em mg de soluto por mL de solução, obtém-se o valor

a) 30.
b) 0,3.
c) 300.
d) 0,03.
e) 3.

**33.** (FAMERP – SP) A água do mar é uma fonte natural para a obtenção industrial de diversas substâncias, entre elas o cloreto de sódio, principal componente do sal de cozinha. Cada litro de água do mar contém cerca de 30 g desse sal.

**Dado:** NaCl = 58,5 g/mol.

a) Indique o processo de separação de misturas utilizado nas salinas para extrair o cloreto de sódio da água do mar.
b) Calcule a concentração de cloreto de sódio, em mol/L, na água do mar.

**34.** (FGV) O fenol é um composto químico altamente tóxico encontrado em efluentes (resíduos aquosos de processos químicos) de variadas indústrias como a farmacêutica, de tintas e de papel e celulose.

O fenol se ioniza em água de acordo com o equilíbrio

$$C_6H_5OH + H_2O \rightleftharpoons C_6H_5O^- + H_3O^+$$

fenol       íon fenolato

A concentração máxima permitida para fenóis em águas não cloradas é de 0,1 mg/L. Contudo, em águas cloradas, a concentração máxima permitida para fenóis pela resolução nº 357 do CONAMA é de 0,003 mg/L.

Uma indústria gera por mês $10^3$ m³ de efluentes contendo fenol igual a 3 vezes o limite permitido pela legislação para águas não cloradas. Para que esse efluente possa ser tratado e, posteriormente, clorado, e permaneça dentro dos limites de concentração estabelecidos pelo CONAMA, a massa mínima, em gramas, de fenol que deve ser removida dele mensalmente é de

a) $1,00 \times 10^2$.
b) $1,00 \times 10^3$.
c) $2,97 \times 10^2$.
d) $2,97 \times 10^3$.
e) $3,00 \times 10^4$.

**35.** (FUVEST – SP) Águas que apresentam alta concentração de íons $Ca^{2+}$ ou $Mg^{2+}$ dissolvidos são chamadas de "águas duras". Se a concentração total desses íons for superior a 100 mg/L, tais águas não podem ser utilizadas em tubulações de máquinas industriais, devido à obstrução dos tubos causada pela formação de sais insolúveis contendo esses íons. Um químico deverá analisar a água de uma fonte, isenta de íons $Mg^{2+}$, mas contendo íons $Ca^{2+}$, para verificar se é adequada para uso em uma indústria. Para tal, uma amostra de 200 mL de água dessa fonte foi misturada com uma solução de carbonato de sódio (Na$_2$CO$_3$), em quantidade suficiente para haver reação completa. O sólido formado foi cuidadosamente separado, seco e pesado. A massa obtida foi 0,060 g.

a) Escreva a equação química, na forma iônica, que representa a formação do sólido.
b) A água analisada é adequada para uso industrial? Justifique, mostrando os cálculos.

| Note e adote |
|---|
| massas molares (g/mol) |
| C .... 12    O .... 16    Na .... 23    Ca .... 40 |

**36.** (FAMEMA – SP) Considere duas soluções aquosas: uma de soro fisiológico (cloreto de sódio a 0,9% m/V) e outra de soro glicosado (glicose a 5% m/V).

**Dado:** C$_6$H$_{12}$O$_6$ = 180 g/mol; NaCl = 58,5 g/mol.

a) Qual dessas soluções é melhor condutora elétrica? Justifique sua resposta.
b) Determine a quantidade, em mol, de moléculas de glicose, C$_6$H$_{12}$O$_6$, presentes em 100 mL de soro glicosado e a quantidade total, em mol, de íons Na$^+$ e Cl$^-$ presentes em 100 mL de soro fisiológico.

**37.** (FAMERP – SP) A mistura conhecida como soro fisiológico é um exemplo de _____, na qual o _____ é a água e o _____ é o _____ de sódio.

As lacunas do texto são, correta e respectivamente, preenchidas por:

a) solução – solvente – soluto – cloreto.
b) solução – solvente – soluto – bicarbonato.
c) solução – soluto – solvente – cloreto.
d) suspensão – solvente – soluto – bicarbonato.
e) suspensão – soluto – solvente – cloreto.

**38.** (MACKENZIE – SP) A composição química de uma água mineral encontra-se detalhada conforme informações extraídas de seu respectivo rótulo.

| Composição química (mg . L$^{-1}$) | | | |
|---|---|---|---|
| íons bário | 0,078 | íons sulfato | 0,200 |
| íons estrôncio | 0,042 | íons bicarbonato | 7,010 |
| íons cálcio | 1,480 | íons fluoreto | 0,030 |
| íons magnésio | 0,570 | íons nitrato | 6,800 |
| íons potássio | 2,170 | íons cloreto | 3,380 |
| íons sódio | 3,360 | | |

Analisando os valores tabelados, assinale a alternativa que representa corretamente a fórmula dos cátions e ânions, respectivamente, que se encontram em maior quantidade em mols, em 1 L dessa água mineral.

**Dados:** massas molares (g . mol$^{-1}$) H = 1, C = 12, N = 14, O = 16, F = 19, Na = 23, Mg = 24,5, S = 32, Cl = 35,5, K = 39, Ca = 40, Sr = 87,5 e Ba = 137.

a) Na$^+$ e HCO$_3^-$.
b) Na$^+$ e NO$_3^-$.
c) K$^+$ e NO$_3^-$.
d) K$^+$ e HCO$_3^-$.
e) K$^+$ e Cl$^-$.

**39.** (PUC) **Dados:** volume de 1 mol de gás na CNTP é 22,4 L; H$_2$O$_2$ = 34 g/mol.

A água oxigenada é o nome dado à solução comercial de peróxido de hidrogênio (H$_2$O$_2$) em água. Em lojas de produtos químicos é possível adquirir frascos contendo água oxigenada 200 volumes. Essa concentração indica que a decomposição total do peróxido de hidrogênio contida em 1,0 L de solução produz 200 L de gás oxigênio medidos na CNTP.

A reação de decomposição da água oxigenada é representada pela equação química a seguir

$$2\ H_2O_2(aq) \longrightarrow 2\ H_2O(l) + O_2(g)$$

Desse modo, 50 mL dessa solução contém, aproximadamente,

a) 10 g de $H_2O_2$.
b) 20 g de $H_2O_2$.
c) 30 g de $H_2O_2$.
d) 40 g de $H_2O_2$.

**40.** (UNESP) A 20 °C, a solubilidade do açúcar comum ($C_{12}H_{22}O_{11}$; massa molar = 342 g/mol) em água é cerca de 2,0 kg/L, enquanto a do sal comum (NaCl; massa molar = 58,5 g/mol) é cerca de 0,35 kg/L. A comparação de iguais volumes de soluções saturadas dessas duas substâncias permite afirmar corretamente que, em relação à quantidade total em mol de íons na solução de sal, a quantidade total em mol de moléculas de soluto dissolvidas na solução de açúcar é, aproximadamente,

a) a mesma.
b) 6 vezes maior.
c) 6 vezes menor.
d) a metade.
e) o triplo.

**41.** (UNESP) Considere que a constante de Avogadro seja $6,0 \times 10^{23}$ mol$^{-1}$ e que uma pessoa receba uma dose de 10 mL de uma solução injetável de gluconato de cálcio a 10%.

**Dados:** $CaC_{12}H_{22}O_{14}$ (430 g/mol).

O número total de íons $Ca^{2+}$ que entrará no organismo dessa pessoa após ela receber essa dose será

a) $7,1 \times 10^{22}$.
b) $1,0 \times 10^{23}$.
c) $5,5 \times 10^{25}$.
d) $1,4 \times 10^{21}$.
e) $4,3 \times 10^{24}$.

**42.** (UNICAMP – SP) É muito comum o uso de expressões no diminutivo para tentar "diminuir" a quantidade de algo prejudicial à saúde. Se uma pessoa diz que ingeriu 10 latinhas de cerveja (330 mL cada) e se compara a outra que ingeriu 6 doses de cachacinha (50 mL cada), pode-se afirmar corretamente que, apesar de em ambas as situações haver danos à saúde, a pessoa que apresenta maior quantidade de álcool no organismo foi a que ingeriu

a) as latinhas de cerveja, porque o volume ingerido é maior neste caso.
b) as cachacinhas, porque a relação entre o teor alcoólico e o volume ingerido é maior neste caso.
c) as latinhas de cerveja, porque o produto entre o teor alcoólico e o volume ingerido é maior neste caso.
d) as cachacinhas, porque o teor alcoólico é maior neste caso.

**Dados:**
teor alcoólico na cerveja = 5% V/V
teor alcoólico na cachaça = 45% V/V

# Capítulo 13 – Diluição e Mistura

**43.** (MACKENZIE – SP) Foram misturados 100 mL de solução aquosa de cloreto de sódio 0,1 mol · L$^{-1}$ com 200 mL de solução aquosa de nitrato de prata 0,2 mol · L$^{-1}$. Considerando que as condições sejam favoráveis à ocorrência da reação, é INCORRETO afirmar que

a) o cloreto formado é insolúvel em meio aquoso.
b) o cloreto de sódio será totalmente consumido.
c) haverá excesso de 0,03 mol de nitrato de prata.

d) ocorrerá a precipitação de 0,01 mol de cloreto de prata.
e) a concentração do nitrato de prata na solução final é de 0,03 mol · L⁻¹.

concentração adequada. Nessas titulações, a solução de NaOH foi adicionada lentamente ao recipiente contendo a solução ácida, até reação completa. Sejam $V_1$ o volume da solução de NaOH para reação completa com a solução de HCl e $V_2$ o volume da solução de NaOH para reação completa com a solução de $H_3CCOOH$. A relação entre $V_1$ e $V_2$ é

a) $V_1 = 10^{-3,9}V_2$
b) $V_1 = (1,0/2,9)V_2$
c) $V_1 = V_2$
d) $V_1 = 2,9V_2$
e) $V_1 = 101,9V_2$

**44.** (MACKENZIE – SP) 200 mL de uma solução aquosa de ácido sulfúrico de concentração igual a 1 mol · L⁻¹ foram misturados a 300 mL de uma solução aquosa de hidróxido de sódio de concentração igual a 2 mols · L⁻¹. Após o final do processo químico ocorrido, é correto afirmar que

a) a concentração do ácido excedente, na solução final, é de 0,4 mol · L⁻¹.
b) a concentração da base excedente, na solução final, é de 0,4 mol · L⁻¹.
c) a concentração do sal formado, na solução final, é de 0,2 mol · L⁻¹.
d) a concentração do sal formado, na solução final, é de 0,1 mol · L⁻¹.
e) todo ácido e toda base foram consumidos.

## Capítulo 14 – Titulação

**45.** (FUVEST – SP) Soluções aquosas de ácido clorídrico, HCl(aq), e de ácido acético $H_3CCOOH$(aq), ambas de concentração 0,10 mol/L, apresentam valores de pH iguais a 1,0 e 2,9, respectivamente. Em experimentos separados, volumes iguais de cada uma dessas soluções foram titulados com uma solução aquosa de hidróxido de sódio, NaOH(aq), de

**46.** (UNESP) Chama-se titulação a operação de laboratório realizada com a finalidade de determinar a concentração de uma substância em determinada solução, por meio do uso de outra solução de concentração conhecida. Para tanto, adiciona-se uma solução-padrão, gota a gota, a uma solução-problema (solução contendo uma substância a ser analisada) até o término da reação, evidenciada, por exemplo, com uma substância indicadora. Uma estudante realizou uma titulação ácido-base típica, titulando 25,0 mL de uma solução aquosa de $Ca(OH)_2$ e gastando 20,0 mL de uma solução padrão de $HNO_3$ de concentração igual a 0,10 mol · L⁻¹.

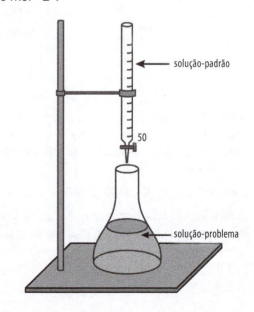

Utilizando os dados do texto, apresente a equação balanceada de neutralização envolvida na titulação e calcule a concentração da solução de $Ca(OH)_2$.

**47.** (UNESP) A dipirona sódica mono-hidratada (massa molar = 351 g/mol) é um fármaco amplamente utilizado como analgésico e antitérmico. De acordo com a Farmacopeia Brasileira, os comprimidos desse medicamento devem conter de 95% a 105% da quantidade do fármaco declarada na bula pelo fabricante. A verificação desse grau de pureza é feita pela titulação de uma solução aquosa do fármaco com solução de iodo ($I_2$) a 0,050 mol/L, utilizando amido como indicador, sendo que cada mol de iodo utilizado na titulação corresponde a um mol de dipirona sódica mono-hidratada. Uma solução aquosa foi preparada pela dissolução de um comprimido de dipirona sódica mono-hidratada, cuja bula declara conter 500 mg desse fármaco. Sabendo que a titulação dessa solução consumiu 28,45 mL de solução de iodo 0,050 mol/L, calcule o valor da massa de dipirona sódica mono-hidratada presente nesse comprimido e conclua se esse valor de massa está ou não dentro da faixa de porcentagem estabelecida na Farmacopeia Brasileira.

# Capítulo 15 – Propriedades Coligativas

**48.** (MACKENZIE – SP) Em um experimento de laboratório, realizado sob pressão constante e ao nível do mar, foram utilizadas duas soluções, A e B, ambas apresentando a água como solvente e sais diferentes como solutos não voláteis, as quais, estando inicialmente na fase líquida, foram aquecidas até ebulição. Desse experimento, foram coletados os dados que constam da tabela abaixo:

| Solução | Temperatura de ebulição (°C) |
|---|---|
| A | 104,2 |
| B | 106,7 |

Um analista, baseando-se nos resultados obtidos, fez as seguintes afirmações:

I. A pressão de vapor de ambas as soluções é menor do que a pressão de vapor da água pura.
II. A solução A apresenta menor concentração de sal em relação à concentração salina da solução B.
III. As forças de interação intermoleculares na solução B apresentam maior intensidade do que as forças de interação existentes na solução A.

É correto dizer que

a) nenhuma afirmação é verdadeira.
b) as afirmações I e II são verdadeiras.
c) as afirmações I e III são verdadeiras.
d) as afirmações II e III são verdadeiras.
e) todas as afirmações são verdadeiras.

**49.** (UNICAMP – SP) Muito se ouve sobre ações em que se utilizam bombas improvisadas. Nos casos que envolvem caixas eletrônicos, geralmente as bombas são feitas com dinamite (TNT-trinitrotolueno), mas nos atentados terroristas geralmente são utilizados explosivos plásticos, que não liberam odores. Cães farejadores detectam TNT em razão da presença de resíduos de DNT (dinitrotolueno), uma impureza do TNT que tem origem na nitração incompleta do tolueno. Se os cães conseguem farejar com mais facilidade o DNT, isso significa que, numa mesma temperatura, esse composto deve ser

a) menos volátil que o TNT, e portanto tem uma menor pressão de vapor.
b) mais volátil que o TNT, e portanto tem uma menor pressão de vapor.
c) menos volátil que o TNT, e portanto tem uma maior pressão de vapor.
d) mais volátil que o TNT, e portanto tem uma maior pressão de vapor.

**50.** (EINSTEIN – SP) O gráfico a seguir representa a pressão de vapor de quatro solventes em função da temperatura.

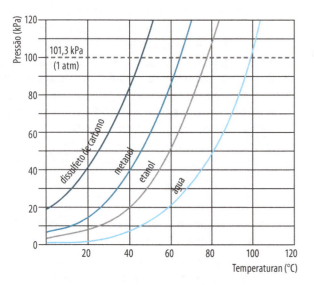

Ao analisar o gráfico foram feitas as seguintes observações:

I. Apesar de metanol e etanol apresentarem ligações de hidrogênio entre suas moléculas, o etanol tem maior temperatura de ebulição, pois sua massa molecular é maior do que a do metanol.
II. É possível ferver a água a 60 °C, caso essa substância esteja submetida uma pressão de 20 kPa.
III. Pode-se encontrar o dissulfeto de carbono no estado líquido a 50 °C, caso esteja submetido a uma pressão de 120 kPa.

Pode-se afirmar que

a) somente as afirmações I e II estão corretas.
b) somente as afirmações I e III estão corretas.
c) somente as afirmações II e III estão corretas.
d) todas as afirmações estão corretas.

**51.** (MACKENZIE – SP) Ao investigar as propriedades coligativas das soluções, um estudante promoveu o congelamento e a ebulição de três soluções aquosas de solutos não voláteis (**A**, **B** e **C**), ao nível do mar. O resultado obtido foi registrado na tabela abaixo.

| Solução | Ponto de congelamento (°C) | Ponto de ebulição (°C) |
|---|---|---|
| A | –1,5 | 101,5 |
| B | –3,0 | 103,0 |
| C | –4,5 | 104.5 |

Após a análise dos resultados obtidos, o estudante fez as seguintes afirmações:

I. a solução A é aquela que, dentre as soluções analisadas, apresenta maior concentração em mol · L$^{-1}$.
II. a solução B é aquela que, dentre as soluções analisadas, apresenta menor pressão de vapor.
III. a solução C é aquela que, dentre as soluções analisadas, apresenta menor volatilidade.

De acordo com os dados fornecidos e com seus conhecimentos, pode-se dizer que apenas

a) a afirmação I está correta.
b) a afirmação II está correta.
c) a afirmação III está correta.
d) as afirmações I e II estão corretas.
e) as afirmações II e III estão corretas.

**52.** (UNICAMP – SP) Alguns trabalhos científicos correlacionam as mudanças nas concentrações dos sais dissolvidos na água do mar com as mudanças climáticas. Entre os fatores que poderiam alterar a concentração de sais na água do mar podemos citar: evaporação e congelamento da água do mar, chuva e neve, alem do derretimento das geleiras. De acordo com o conhecimento químico, podemos afirmar corretamente que a concentração de sais na água do mar

a) aumenta com o derretimento das geleiras e diminui com o congelamento da água do mar.
b) diminui com o congelamento e com a evaporação da água do mar.
c) aumenta com a evaporação e o congelamento da água do mar e diminui com a chuva ou neve.
d) diminui com a evaporação da água do mar e aumenta com o derretimento das geleiras.

**53.** (UNIFESP) O abastecimento de água potável para o uso humano é um problema em muitos países. Para suprir essa demanda, surge a necessidade de utilização de fontes alternativas para produção de água potável, a partir de água salgada e salobra, fazendo o uso das técnicas de dessalinização. Estas podem ser realizadas por meio de tecnologias de membranas ou por processos térmicos. Na figura está esquematizado um dessalinizador de água do mar baseado no aquecimento da água pela energia solar.

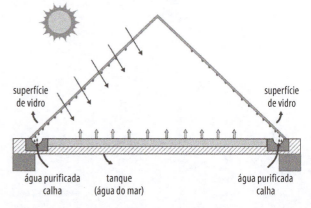

Disponível em: <http://aplicacoes.mds.gov.br> (adaptado).

a) Dê o nome do processo de separação que ocorre no dessalinizador representado na figura. Descreva o processo de separação.
b) Compare as propriedades de pressão de vapor e de temperatura de ebulição da água do mar com as respectivas propriedades da água purificada. Justifique sua resposta.

**54.** (UNICAMP – SP) O etilenoglicol é uma substância muito solúvel em água, largamente utilizado como aditivo em radiadores de motores de automóveis, tanto em países frios como em países quentes. Considerando a função principal de um radiador, pode-se inferir corretamente que

a) a solidificação de uma solução aquosa de etilenoglicol deve começar a uma temperatura mais elevada que a da água pura e sua ebulição, a uma temperatura mais baixa que a da água pura.
b) a solidificação de uma solução aquosa de etilenoglicol deve começar a uma temperatura mais baixa que a da água pura e sua ebulição, a uma temperatura mais elevada que a da água pura.
c) tanto a solidificação de uma solução aquosa de etilenoglicol quanto a sua ebulição devem começar em temperaturas mais baixas que as da água pura.
d) tanto a solidificação de uma solução aquosa de etilenoglicol quanto a sua ebulição devem começar em temperaturas mais altas que as da água pura.

## Capítulo 16 – Termoquímica

**55.** (FAMERP – SP) Analise o esquema, que representa o processo de fotossíntese.

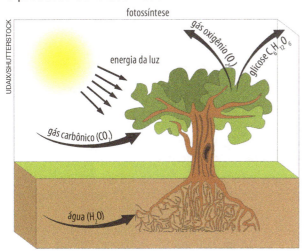

Disponível em: <http://portaldoprofessor.mec.gov.br>.

É correto afirmar que a fotossíntese é uma reação

a) endotérmica, que produz 2 mols de moléculas de oxigênio para cada mol de moléculas de gás carbônico consumido.
b) endotérmica, que produz 6 mols de moléculas de oxigênio para cada mol de moléculas de gás carbônico consumido.
c) endotérmica, que produz 1 mol de moléculas de oxigênio para cada mol de moléculas de gás carbônico consumido.
d) exotérmica, que produz 1 mol de moléculas de oxigênio para cada mol de moléculas de gás carbônico consumido.
e) exotérmica, que produz 2 mols de moléculas de oxigênio para cada mol de moléculas de gás carbônico consumido.

**56.** (MACKENZIE – SP) O cicloexano ($C_6H_{12}$) é um hidrocarboneto líquido à temperatura ambiente, insolúvel em água, que pode ser obtido pela redução com hidrogênio, na presença de um catalisador e pressão adequados, a partir do benzeno, apresentando valor de entalpia-padrão de formação igual a $-156$ kJ · mol$^{-1}$. Sabendo-se que as entalpias padrão de formação da água líquida e do dióxido de carbono gasoso são, respectivamente, $-286$ kJ · mol$^{-1}$ e $-394$ kJ · mol$^{-1}$, pode-se afirmar que a entalpia-padrão de combustão do cicloexano é de

a) $-524$ kJ · mol$^{-1}$.   d) $-4.236$ kJ · mol$^{-1}$.
b) $-836$ kJ · mol$^{-1}$.   e) $-6.000$ kJ · mol$^{-1}$.
c) $-3.924$ kJ · mol$^{-1}$.

**57.** (PUC) O diagrama de entalpia a seguir representa a energia envolvida em uma série de transformações nas quais participam os elementos hidrogênio e oxigênio.

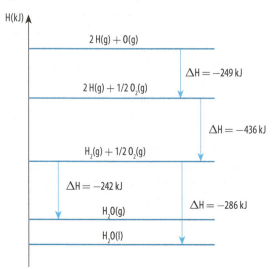

Em um caderno foram encontradas algumas afirmações a respeito desse diagrama.

I. O calor de formação da água líquida no estado padrão é de 971 kJ/mol.
II. A combustão de um mol de gás hidrogênio gerando água no estado líquido libera 286 kJ.
III. A energia de ligação O = O é de 498 kJ/mol.
IV. A vaporização de um mol de água libera 44 kJ.

Estão corretas apenas as afirmações

a) I e II.
b) I e III.
c) II e III.
d) I e IV.
e) II, III e IV.

**58.** (UNICAMP – SP) *Hot pack* e *cold pack* são dispositivos que permitem, respectivamente, aquecer ou resfriar objetos rapidamente e nas mais diversas situações. Esses dispositivos geralmente contêm substâncias que sofrem algum processo quando eles são acionados. Dois processos bastante utilizados nesses dispositivos e suas respectivas energias estão esquematizados nas equações 1 e 2 apresentadas a seguir.

$$NH_4NO_3(s) + H_2O(l) \longrightarrow NH_4^+(aq) + NO_3^-(aq)$$
$$\Delta H = 26 \text{ kJ} \cdot \text{mol}^{-1} \quad (1)$$

$$CaCl_2(s) + H_2O(l) \longrightarrow Ca^{2+}(aq) + 2 Cl^-(aq)$$
$$\Delta H = -82 \text{ kJ} \cdot \text{mol}^{-1} \quad (2)$$

De acordo com a notação química, pode-se afirmar que as equações 1 e 2 representam processos de

a) dissolução, sendo a equação 1 para um *hot pack* e a equação 2 para um *cold pack*.
b) dissolução, sendo a equação 1 para um *cold pack* e a equação 2 para um *hot pack*.
c) diluição, sendo a equação 1 para um *cold pack* e a equação 2 para um *hot pack*.
d) diluição, sendo a equação 1 para um *hot pack* e a equação 2 para um *cold pack*.

**59.** (UNICAMP – SP) Um artigo científico recente relata um processo de produção de gás hidrogênio e dióxido de carbono a partir de metanol e água. Uma vantagem dessa descoberta é que o hidrogênio poderia assim ser gerado em um carro e ali consumido na queima com oxigênio. Dois possíveis processos de uso do metanol como combustível em um carro – combustão direta ou geração e queima do hidrogênio – podem ser equacionados conforme o esquema abaixo:

$$CH_3OH(g) + 3/2 O_2(g) \longrightarrow CO_2(g) + 2 H_2O(g)$$
combustão direta

$$CH_3OH(g) + H_2O(g) \longrightarrow CO_2(g) + 3 H_2(g)$$

$$H_2(g) + 1/2 O_2(g) \longrightarrow H_2O(g)$$
geração e queima de hidrogênio

De acordo com essas equações, o processo de geração e queima de hidrogênio apresentaria uma variação de energia

a) diferente do que ocorre na combustão direta do metanol, já que as equações globais desses dois processos são diferentes.
b) igual à da combustão direta do metanol, apesar de as equações químicas globais desses dois processos serem diferentes.

c) diferente do que ocorre na <u>combustão direta</u> do metanol, mesmo considerando que as equações químicas globais desses dois processos sejam iguais.
d) igual à da <u>combustão direta</u> do metanol, já que as equações químicas globais desses dois processos são iguais.

**60.** (UNICAMP – SP) Água potável pode ser obtida a partir da água do mar basicamente através de três processos. Um desses processos é a osmose reversa; os outros dois envolvem mudanças de fases da água. No processo denominado **MSFD**, a água do mar é aquecida, vaporizada e em seguida liquefeita. No outro, denominado **FM**, a água do mar é resfriada, solidificada e em seguida fundida. Nesses dois processos, a água líquida passa para outro estado de agregação e dessa forma se separa dos solutos presentes na água do mar.

a) Considere a afirmação: "Os processos industriais **MSFD** e **FM** são análogos a fenômenos naturais ao promoverem a separação e purificação da água; no entanto, nos processos **MSFD** e **FM** essa purificação necessita de energia, enquanto nos fenômenos naturais essa energia não é necessária". Responda inicialmente se **concorda totalmente**, **concorda parcialmente** ou **discorda totalmente** e só depois justifique sua escolha.

b) Suponha que uma mesma quantidade de água dessalinizada fosse obtida por esses dois processos industriais até a primeira mudança de fase, a partir de água do mar a 25 °C. Em qual dos dois processos, **MSFD** ou **FM**, a quantidade de energia envolvida seria maior? Justifique sua resposta.

**Dados:**
$H_2O(l) \longrightarrow H_2O(s)$; $\Delta H_{fus} = -6$ kJ · mol$^{-1}$
$H_2O(l) \longrightarrow H_2O(g)$; $\Delta H_{vap} = 42$ kJ · mol$^{-1}$

Considerar que os processos **MSFD** e **FM** se baseiam nas transições de fases da água pura, em condições padrão, e que o calor específico da água do mar é constante em toda a faixa de temperatura.

**61.** (FATEC – SP) O éster acetato de etila é utilizado na indústria química como solvente e como flavorizante, para conferir sabor artificial de maçã ou pera aos alimentos. Este composto também pode ser preparado a partir de uma reação de esterificação:

$CH_3 - CH_2 - OH(l) + CH_3 - COOH(l) \rightleftarrows$
$\rightleftarrows CH_3 - COOCH_2 - CH_3(l) + H_2O(l)$

Para calcularmos a variação de entalpia da reação, $\Delta H$, podemos aplicar a lei de Hess às equações de combustão dos compostos orgânicos presentes na reação de esterificação, apresentadas a seguir.

I. $CH_3 - CH_2 - OH(l) + 3\,O_2(g) \longrightarrow$
   $\longrightarrow 2\,CO_2(g) + 3\,H_2O(l)$
   $\Delta H = -1.368$ kJ

II. $CH_3COOH(l) + 2\,O_2(g) \longrightarrow 2\,CO_2(g) + 2\,H_2O(l)$
   $\Delta H = -875$ kJ

III. $CH_3COOCH_2CH_3(l) + 5\,O_2 \longrightarrow$
   $\longrightarrow 4\,CO_2(g) + 4\,H_2O(l)$
   $\Delta H = -2.231$ kJ

Aplicando a lei mencionada, a variação de entalpia da reação de esterificação descrita será, em kJ, igual a

a) –12.
b) +12.
c) –1.738.
d) +4.474.
e) –4.474.

**62.** (MACKENZIE – SP) Considerando a reação de combustão completa de 1 mol de gás butano no estado-padrão e as informações existentes da tabela abaixo, assinale a alternativa que descreve a afirmação correta.

| Substâncias | Entalpias-padrão de formação (kJ . mol⁻¹) |
|---|---|
| $C_4H_{10}(g)$ | –125,7 |
| $CO_2(g)$ | –393,5 |
| $H_2O(l)$ | –285,8 |

a) O valor da variação de entalpia desse processo é igual a –679,3 kJ.
b) O somatório dos coeficientes estequiométricos para a equação que representa esse processo é de 26.
c) A entalpia dos produtos é menor do que a entalpia dos reagentes, pois o processo é classificado termoquimicamente como endotérmico.
d) O carbono existente no $CO_2$ encontra-se em seu estado intermediário de oxidação, possuindo nox +2.
e) O valor da energia liberado nesse processo é de 2.877,3 kJ.

**63.** (PUC) Dados:

entalpia de formação padrão do $O_3$: 143 kJ . mol⁻¹

entalpia de ligação O = O: 498 kJ . mol

$NO(g) + O_3(g) \longrightarrow NO_2(g) + O_2(g)$   $\Delta H^\theta = -200$ kJ

Diversas reações ocorrem na atmosfera devido à ação da luz solar e à presença de poluentes. Uma das reações relevantes é a decomposição do dióxido de nitrogênio em oxido nítrico e oxigênio atômico.

$NO_2(g) \longrightarrow NO(g) + O(g)$

A partir dos dados é possível concluir que essa reação é

a) endotérmica, absorvendo 306 kJ a cada mol de $NO_2$ decomposto.
b) endotérmica, absorvendo 441 kJ a cada mol de $NO_2$ decomposto.
c) exotérmica, absorvendo 306 kJ a cada mol de $NO_2$ decomposto.
d) exotérmica, liberando 441 kJ a cada mol de $NO_2$ decomposto.

**64.** (UNESP) Em 1840, o cientista Germain Henri Hess (1802-1850) enunciou que a variação de entalpia ($\Delta H$) em uma reação química é independente do caminho entre os estados inicial e final da reação, sendo igual à soma das variações de entalpias em que essa reação pode ser desmembrada.

Durante um experimento envolvendo a Lei de Hess, através do calor liberado pela reação de neutralização de uma solução aquosa de ácido cianídrico (HCN) e uma solução aquosa de hidróxido de sódio (NaOH), foi obtido o valor de 2,9 kcal . mol⁻¹ para a entalpia nesta reação. Sabendo que a entalpia liberada pela neutralização de um ácido forte e uma base forte é de 13,3 kcal . mol⁻¹, que o ácido cianídrico é um ácido muito fraco e que o hidróxido de sódio é uma base muito forte, calcule a entalpia de ionização do ácido cianídrico em água e apresente as equações químicas de todas as etapas utilizadas para esse cálculo.

**65.** (EINSTEIN – SP)

$\Delta H_f^0$ do $CO_2 = -394$ kJ·mol$^{-1}$

$\Delta H_f^0$ do $C_2H_5OH = -278$ kJ·mol$^{-1}$

$\Delta H_f^0$ do $C_3H_6O_3 = -678$ kJ·mol$^{-1}$

$\Delta H_f^0$ do $C_6H_{12}O_6 = -1.268$ kJ·mol$^{-1}$

A fermentação é um processo anaeróbico de síntese de ATP, fornecendo energia para o metabolismo celular. Dois dos processos de fermentação mais comuns a partir da glicose são a fermentação alcoólica e a fermentação láctica.

$$C_6H_{12}O_6 \longrightarrow 2\ CO_2 + 2\ C_2H_5OH$$
(fermentação alcoólica)

$$C_6H_{12}O_6 \longrightarrow 2\ C_3H_6O_3$$
(fermentação láctica)

Sobre a energia envolvida nesses processos de fermentação, é possível afirmar que

a) a fermentação láctica absorve energia enquanto que a fermentação alcoólica libera energia.
b) os dois processos são endotérmicos, absorvendo a mesma quantidade de energia para uma mesma massa de glicose fermentada.
c) a fermentação alcoólica libera uma quantidade de energia maior do que a fermentação láctica para uma mesma massa de glicose envolvida.
d) a fermentação láctica libera uma quantidade de energia maior do que a fermentação alcoólica para uma mesma massa de glicose envolvida.

**66.** (FAMERP – SP) A energia liberada na combustão do etanol hidratado é cerca de 70% da energia liberada na combustão de igual volume de gasolina. Considere que o calor especifico da água líquida seja 1 cal·g$^{-1}$·°C$^{-1}$. Em um experimento, a combustão de um volume V de etanol hidratado em um calorímetro permitiu elevar a temperatura de 200 g de água líquida de 25 °C a 60 °C. Caso fosse utilizado nesse experimento igual volume de gasolina no lugar do etanol, a temperatura dessa mesma massa de água iria variar de 25 °C até

a) 45 °C.
b) 65 °C.
c) 55 °C.
d) 75 °C.
e) 35 °C.

**67.** (FATEC – SP) O gás amônia se dissolve em água segundo a reação em equilíbrio

$$NH_3(g) + H_2O(l) \rightleftarrows NH_4^+(aq) + OH^-(aq)$$
$\Delta H^0 < 0$

Segundo a teoria proposta por Arrhenius, a solução aquosa resultante da dissolução da amônia em água é classificada como

a) básica, pois absorve calor do meio ambiente.
b) básica, pois apresenta íons OH$^-$(aq) como único ânion.
c) ácida, pois apresenta íons H$^+$(aq) não representados no equilíbrio.
d) ácida, pois apresenta íons NH$_4^+$(aq) como único cátion.
e) ácida, pois absorve calor do meio ambiente.

**68.** (FGV) O arsênio é encontrado na natureza associado a minerais de certos metais de transição. Seu óxido, $As_2O_3$, é obtido como subproduto de processos de metalurgia extrativa. Esse óxido pode ser transformado em $As_2O_5$ por meio de reação com oxigênio ou com ozônio.

$$As_2O_3(s) + O_2(g) \longrightarrow As_2O_5(s) \quad \Delta H_{r1}^0 = 270\text{ kJ}$$

$$3\ As_2O_3(s) + 2\ O_3(g) \longrightarrow 3\ As_2O_5(s)$$
$$\Delta H_{r2}^0 = 1.096\text{ kJ}$$

Com base nessas informações, é correto afirmar que o valor da entalpia padrão da reação ($\Delta H_r^0$) de conversão de 1 mol de oxigênio a ozônio, em kJ, é aproximadamente

a) –286.
b) –95.
c) +95.
d) +286.
e) +810.

**69.** (FUVEST – SP) Sob certas condições, tanto o gás flúor quanto o gás cloro podem reagir com hidrogênio gasoso, formando, respectivamente, os haletos de hidrogênio HF e HCl, gasosos. Pode-se estimar a variação de entalpia (ΔH) de cada uma dessas reações, utilizando-se dados de energia de ligação. A tabela apresenta os valores de energia de ligação dos reagentes e produtos dessas reações a 25 °C e 1 atm.

| Molécula | $H_2$ | $F_2$ | $Cl_2$ | HF | HCl |
|---|---|---|---|---|---|
| Energia de ligação (kJ/mol) | 435 | 160 | 245 | 570 | 430 |

Com base nesses dados, um estudante calculou a variação de entalpia (ΔH) de cada uma das reações e concluiu, corretamente, que, nas condições empregadas,

a) a formação de HF(g) é a reação que libera mais energia.
b) ambas as reações são endotérmicas.
c) apenas a formação de HCl(g) é endotérmica.
d) ambas as reações têm o mesmo valor de ΔH.
e) apenas a formação de HCl(g) é exotérmica.

a) Calcule a energia liberada na combustão de um quilograma dessa amostra de biogás.
b) Calcule o ganho de energia, por quilograma, se for utilizado biogás totalmente isento de impurezas, em lugar da amostra que contém os outros gases.
c) Além de aumentar o poder calorífico, a purificação do biogás representa uma diminuição do dano ambiental provocado pela combustão. Explique por quê.
d) Em aterros sanitários, ocorre a formação de biogás, que pode ser recolhido. Em um aterro sanitário, tubos foram introduzidos para captação dos gases em duas diferentes profundidades, como é mostrado na figura. Em qual dos tubos, A ou B, é recolhido biogás com maior poder calorífico? Explique.

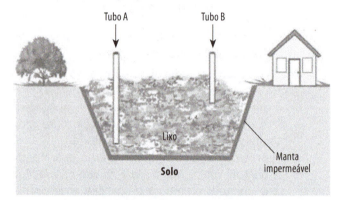

| Note e adote |
|---|
| calor de combustão (kJ/kg) $CH_4$: $55 \times 10^3$ |
| calor de combustão (kJ/kg) $H_2S$: $15 \times 10^3$ |

**70.** (FUVEST – SP) O biogás, produzido por digestão anaeróbia de resíduos orgânicos, contém principalmente metano e dióxido de carbono, além de outros gases em pequenas quantidades, como é o caso do sulfeto de hidrogênio.

Para que o biogás seja utilizado como combustível, é necessário purificá-lo, aumentando o teor de metano e eliminando os demais componentes, que diminuem o seu poder calorífico e causam danos às tubulações.

Considere uma amostra de biogás cuja composição, em massa, seja 64,0% de metano ($CH_4$), 32,0% de dióxido de carbono ($CO_2$) e 4,0% de sulfeto de hidrogênio ($H_2S$).

**71.** (MACKENZIE – SP) O etanol, produzido por meio da fermentação do açúcar extraído da cana-de-açúcar, é um combustível renovável extremamente difundido no território nacional, e possui entalpia-padrão de combustão de $-1.368$ kJ·mol$^{-1}$. Considerando-se os dados fornecidos na tabela abaixo, é correto afirmar que a entalpia-padrão de formação do etanol é de

| Substância | $\Delta H_f^0$ (kJ · mol$^{-1}$) |
|---|---|
| $CO_2(g)$ | $-394$ |
| $H_2O(l)$ | $-286$ |

a) $+278$ kJ · mol$^{-1}$
b) $+3.014$ kJ · mol$^{-1}$
c) $+1.646$ kJ · mol$^{-1}$
d) $-278$ kJ · mol$^{-1}$
e) $-3.014$ kJ · mol$^{-1}$

**72.** (PUC) **Dados:**

| Energia de ligação | C – H | C – C | H – H |
|---|---|---|---|
|  | 413 kJ · mol$^{-1}$ | 346 kJ · mol$^{-1}$ | 436 kJ · mol$^{-1}$ |

A reação de hidrogenação do etileno ocorre com aquecimento, na presença de níquel em pó como catalisador. A equação termoquímica que representa o processo é

$C_2H_4(g) + H_2(g) \longrightarrow C_2H_6(g)$   $\Delta H = -137$ kJ · mol$^{-1}$

A partir dessas informações, pode-se deduzir que a energia de ligação da dupla ligação que ocorre entre os átomos de C no etileno é igual a

a) 186 kJ · mol$^{-1}$
b) 599 kJ · mol$^{-1}$
c) 692 kJ · mol$^{-1}$
d) 736 kJ · mol$^{-1}$

**73.** (UNESP) O ácido fluorídrico, importante matéria-prima para obtenção de diversos compostos fluorados, pode ser preparado pela reação:

$CaF_2(s) + H_2SO_4(l) \longrightarrow CaSO_4(s) + 2\ HF(g)$

Considere os dados:

| Reação | DH (kJ/mol de produto) |
|---|---|
| $\frac{1}{2} H_2(g) + \frac{1}{2} F_2(g) \longrightarrow HF(g)$ | $-273$ |
| $Ca(s) + F_2(g) \longrightarrow CaF_2(s)$ | $-1.228$ |
| $Ca(s) + S(s) + 2\ O_2(s) \longrightarrow CaSO_4(s)$ | $-1.435$ |
| $H_2(g) + S(s) + 2\ O_2(g) \longrightarrow H_2SO_4(l)$ | $-814$ |

A partir dos dados apresentados na tabela e utilizando a Lei de Hess, calcule o $\Delta H$ da reação de preparação do HF(g) a partir de 1 mol de $CaF_2(s)$ e informe se ela é exotérmica ou endotérmica. Represente, no diagrama abaixo, a reação de preparação do HF.

**74.** (UNESP) O esquema representa um calorímetro utilizado para a determinação do valor energético dos alimentos.

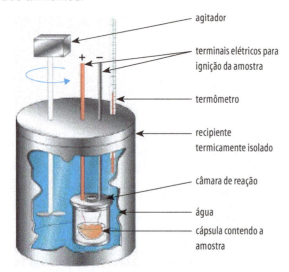

Disponível em: <http://quimica2bac.wordpreess> (adaptado).

A tabela nutricional de determinado tipo de azeite de oliva traz a seguinte informação: "Uma porção de 13 mL (1 colher de sopa) equivale e 108 kcal". Considere que o calor específico da água seja 1 kcal · kg$^{-1}$ · °C$^{-1}$ e que todo o calor liberado na combustão do azeite seja transferido para a água. Ao serem queimados 2,6 mL desse azeite, em um calorímetro contendo 500 g de água inicialmente a 20,0 °C e à pressão constante, a temperatura da água lida no termômetro deverá atingir a marca de

a) 21,6 °C.
b) 33,2 °C.
c) 45,2 °C.
d) 63,2 °C.
e) 52,0 °C.

**75.** (UNICAMP – SP) Uma reportagem em revista de divulgação científica apresenta o seguinte título: *Pesquisadores estão investigando a possibilidade de combinar hidrogênio com dióxido de carbono para produzir hidrocarbonetos, com alto poder energético, "ricos em energia"*. O texto da reportagem explicita melhor o que está no título, ao informar que "em 2014 um grupo de pesquisadores desenvolveu um sistema híbrido que usa bactérias e eletricidade, conjuntamente, em um coletor solar, para gerar hidrogênio a partir da água, e fazer sua reação com dióxido de carbono, para produzir isopropanol", como representa a equação a seguir.

$$3\ CO_2 + 4\ H_2 \longrightarrow C_3H_8O + 2,5\ O_2$$
$$\Delta_r H^0 = +862\ kJ/mol$$

**Dado:** $C_3H_6O = 60$ g/mol.

a) Considerando que a entalpia-padrão de formação da água é $-286$ kJ/mol, qual é a quantidade de energia que seria utilizada na produção de 1 mol de isopropanol, a partir de água e $CO_2$, da maneira como explica o enunciado acima?

b) Qual seria a energia liberada pela queima de 90 gramas de isopropanol obtido dessa maneira? Considere uma combustão completa e condição padrão.

## Capítulo 17 – Cinética Química

**76.** (FGV) Os automóveis são os principais poluidores dos centros urbanos. Para diminuir a poluição, a legislação obriga o uso de catalisadores automotivos. Eles viabilizam reações que transformam os gases de escapamento dos motores, óxidos de nitrogênio e monóxido de carbono, em substâncias bem menos poluentes.

Os catalisadores _____ a energia de ativação da reação no sentido da formação dos produtos, _____ a energia de ativação da reação no sentido dos reagentes e _____ no equilíbrio reacional.

No texto, as lacunas são preenchidas, correta e respectivamente, por:

a) diminuem ... aumentam ... interferem
b) diminuem ... diminuem ... não interferem
c) diminuem ... aumentam ... não interferem
d) aumentam ... diminuem ... interferem
e) aumentam ... aumentam ... interferem

**77.** (FUVEST – SP) O eugenol, extraído de plantas, pode ser transformado em seu isômero isoeugenol, muito utilizado na indústria de perfumes. A transformação pode ser feita em solução alcoólica de KOH.

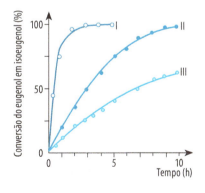

Foram feitos três experimentos de isomerização, à mesma temperatura, empregando-se massas iguais de eugenol e volumes iguais de soluções alcoólicas de KOH de diferentes concentrações. O gráfico a seguir mostra a porcentagem de conversão do eugenol em isoeugenol em função do tempo, para cada experimento.

| Experimento | Concentração de KOH (mol/L) |
|---|---|
| I | 6,7 |
| II | 4,4 |
| III | 2,3 |

Analisando-se o gráfico, pode-se concluir corretamente que

a) a isomerização de eugenol em isoeugenol é exotérmica.
b) o aumento da concentração de KOH provoca o aumento da velocidade da reação de isomerização.
c) o aumento da concentração de KOH provoca a decomposição do isoeugenol.
d) a massa de isoeugenol na solução, duas horas após o início da reação, era maior do que a de eugenol em dois dos experimentos realizados.
e) a conversão de eugenol em isoeugenol, três horas após o início da reação, era superior a 50% nos três experimentos.

**78.** (PUC) Considere uma reação genérica em que os reagentes D e G transformam-se no produto J. A cinética dessa reação pode ser estudada a partir do gráfico a seguir que representa a entalpia de reagentes e produtos, bem como das espécies intermediárias formadas durante o processo. No gráfico, estão representados os caminhos da reação na presença e na ausência de catalisador.

Gráfico cinética química e a influência do catalisador

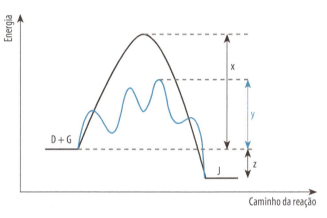

Um aluno ao analisar esse gráfico fez algumas afirmações a respeito da reação D + G ⟶ J:

 I. z representa a variação de entalpia (ΔH) dessa reação.
 II. y representa a energia de ativação dessa reação na presença de catalisador.
 III. x + z representa a energia de ativação dessa reação na ausência de catalisador.
 IV. Essa reação corresponde a um processo endotérmico.

Estão corretas apenas as afirmações

a) I e II.
b) I e III.
c) II e III.
d) II e IV.
e) I, III e IV.

**79.** (UNESP) Em um laboratório, nas condições ambientes, uma determinada massa de carbonato de cálcio ($CaCO_3$) foi colocada para reagir com excesso de ácido nítrico diluído.

Os valores do volume de gás liberado pela reação com o transcorrer do tempo estão apresentados na tabela.

| Tempo (min) | Volume de gás (cm³) |
|---|---|
| 1 | 150 |
| 2 | 240 |
| 3 | 300 |

Escreva a equação balanceada da reação e calcule a velocidade média da reação, em mol · min⁻¹, no intervalo entre 1 minuto e 3 minutos.

**Dado:** volume molar do $CO_2$ nas condições ambientes = 25,0 L · mol⁻¹.

**80.** (UNESP) A indústria de doces utiliza grande quantidade de açúcar invertido para a produção de biscoitos, bolos, bombons, dentre outros produtos. O açúcar invertido consiste em um xarope transparente, isento de odores, com poder edulcorante maior que o da sacarose e é obtido a partir da reação de hidrólise ácida ou enzimática de acordo com a equação:

$$\underset{\text{sacarose}}{C_{12}H_{22}O_{11}} + H_2O \xrightarrow{\text{catalisador}} \underset{\text{glicose}}{C_6H_{12}O_6} + \underset{\text{frutose}}{C_6H_{12}O_6}$$

Em uma reação de hidrólise enzimática, inicialmente a concentração de sacarose era de 0,12 mol · L⁻¹. Após 10 h de reação, a concentração caiu para 0,06 mol · L⁻¹ e, após 20 h de reação, a concentração caiu para 0,03 mol · L⁻¹.

Determine a meia-vida da reação e a velocidade média de consumo da sacarose, em mol · L⁻¹, no intervalo entre 600 e 1.200 min.

**81.** (UNICAMP – SP)

**Notícia 1** – Vazamento de gás oxigênio nas dependências do Hospital e Maternidade São Mateus, Cuiabá, em 03/12/13. Uma empresária que atua no setor de venda de oxigênio disse ao *Gazeta Digital* que o gás não faz mal para a saúde. "Pelo contrário, faz é bem, pois é ar puro...".

*Adaptado de:* <http://www.gazetadigital.com.br/conteudo/show/secao/9/materia/405285>.
*Acesso em:* 10 set. 2014.

**Notícia 2** – Vazamento de oxigênio durante um abastecimento ao pronto-socorro da Freguesia do Ó, zona norte de São Paulo, em 25/08/14. Segundo testemunhas, o gás que vazou do caminhão formou uma névoa rente ao chão. O primeiro carro que pegou fogo estava ligado. Ao ver o incêndio, os motoristas de outros carros foram retirar os veículos...

*Adaptado de:* <http://noticias.r7.com/sao-paulo/cerca-de-40-pacientes-sao-transferidos-apos-incendio-em-hospital-da-zonanorte-26082014.
*Acesso em:* 10 set. 2014.

Ficha de informações de segurança de uma empresa que comercializa esse produto.

| Emergência |
|---|
| • CUIDADO! Gás oxidante a alta pressão.<br>• Acelera vigorosamente a combustão.<br>• Equipamento autônomo de respiração pode ser requerido para equipe de salvamento.<br>• Odor: inodoro |

a) Levando em conta as informações fornecidas na questão, você concorda ou discorda da declaração da empresária na notícia 1? Justifique sua resposta.

b) Após o vazamento descrito na notícia 2, motoristas tentaram retirar os carros parados mas não tiveram êxito na sua tentativa. Qual deve ter sido a estratégia utilizada para que eles não tenham tido êxito? Justifique, do ponto de vista químico, a razão pela qual não deveriam ter utilizado essa estratégia.

**82.** (FUVEST – SP) A vitamina C, presente em sucos de frutas como a manga, pode sofrer processos de degradação em certas condições. Um pesquisador fez um estudo sobre a degradação da vitamina C contida em sucos de manga comerciais, determinando a variação da concentração dessa vitamina com o tempo, em diferentes temperaturas. O gráfico da página seguinte representa os dados de degradação da vitamina C em três diferentes temperaturas, 25 °C, 35 °C e 45 °C, estando identificada a curva referente ao experimento realizado a 35 °C.

a) No estudo a 35 °C, a velocidade média de degradação da vitamina C é a mesma nos intervalos de tempo correspondentes aos 30 primeiros dias e aos 30 últimos dias do estudo? Explique, apresentando cálculos das velocidades (em mg · L$^{-1}$ · dia$^{-1}$), para esses dois intervalos de tempo.

O número de moléculas com uma determinada energia cinética varia com a temperatura, conforme está ilustrado na figura abaixo.

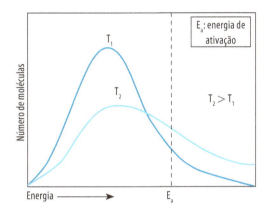

Suponha que a figura se refira à energia das moléculas de vitamina C presentes no suco, cujo processo de degradação está sendo estudado nas temperaturas de 35 °C e de 45 °C. Na figura, está representada, também, a energia de ativação desse processo de degradação.

b) Identifique, no gráfico abaixo, qual das curvas representa os dados da variação da concentração de vitamina C com o tempo, a 45 °C. Justifique sua escolha, utilizando a figura acima para fundamentar sua explicação.

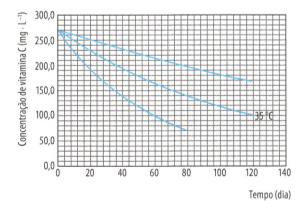

**83.** (PUC) O ânion bromato reage com o ânion brometo em meio ácido gerando a substância simples bromo segundo a equação:

$$BrO_3^-(aq) + 5\ Br^-(aq) + 6\ H^+(aq) \longrightarrow 3\ Br_2(aq) + 3\ H_2O(l)$$

A cinética dessa reação foi estudada a partir do acompanhamento dessa reação a partir de diferentes concentrações iniciais das espécies $BrO_3^-$(aq), $Br^-$(aq) e $H^+$(aq).

| Experimento | [BrO$_3^-$] (mol · L$^{-1}$) | [Br$^-$] (mol · L$^{-1}$) | [H$^+$] (mol · L$^{-1}$) | Taxa relativa |
|---|---|---|---|---|
| 1 | 0,10 | 0,10 | 0,10 | v |
| 2 | 0,20 | 0,10 | 0,10 | 2v |
| 3 | 0,10 | 0,30 | 0,10 | 3v |
| 4 | 0,20 | 0,10 | 0,20 | 8v |

Ao analisar esse processo foram feitas as seguintes observações:

I. Trata-se de uma reação de oxidorredução.
II. O ânion brometo (Br$^-$) é o agente oxidante do processo.
III. A lei cinética dessa reação é $v = k[BrO_3^-][Br^-][H^+]^2$.

Pode-se afirmar que estão corretas

a) I e II, somente.
b) I e III, somente.
c) II e III, somente.
d) I, II e III.

**84.** (FUVEST – SP) Para estudar a velocidade da reação entre carbonato de cobre ($CuCO_3$) e ácido nítrico ($HNO_3$), foram feitos três experimentos, em que o volume de dióxido de carbono ($CO_2$) produzido foi medido em vários intervalos de tempo. A tabela apresenta as condições em que foram realizados esses experimentos. Nos três experimentos, foram utilizadas massas idênticas de carbonato de cobre e a temperatura foi mantida constante durante o tempo em que as reações foram acompanhadas.

| Condições experimentais | Experimento 1 | Experimento 2 | Experimento 3 |
|---|---|---|---|
| Volume de $HNO_3$ de concentração 0,10 mol/L (mL) | 50 | 50 | 100 |
| Volume de água adicionado (mL) | 0 | 50 | 0 |
| Temperatura (°C) | 20 | 20 | 20 |

Os dados obtidos nos três experimentos foram representados em um gráfico de volume de $CO_2$ em função do tempo de reação. Esse gráfico está apresentado a seguir.

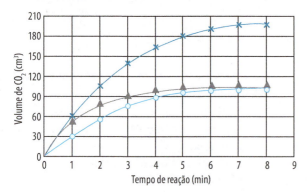

a) Escreva a equação química balanceada que representa a reação que ocorreu entre o carbonato de cobre e o ácido nítrico.

b) Com base nas condições empregadas em cada experimento, complete a legenda do gráfico, abaixo, com o número do experimento. Considere irrelevante a perda de volume de $CO_2$ coletado devido à dissolução na solução. Justifique suas respostas.

Legenda do gráfico
○ experimento nº _____
▲ experimento nº _____
× experimento nº _____

c) Nos três experimentos, o mesmo reagente estava em excesso. Qual é esse reagente? Explique.

**85.** (PUC) O fluoreto de nitrila ($NO_2F$) é um composto explosivo que pode ser obtido a partir da reação do dióxido de nitrogênio ($NO_2$) com gás flúor ($F_2$), descrita pela equação.

$$2\ NO_2(g) + F_2(g) \longrightarrow 2\ NO_2F(g)$$

A tabela a seguir sintetiza os dados experimentais obtidos de um estudo cinético da reação.

| Experimento | [$NO_2$] em mol·L$^{-1}$ | [$F_2$] em mol·L$^{-1}$ | V inicial em mol·L$^{-1}$·s$^{-1}$ |
|---|---|---|---|
| 1 | 0,005 | 0,001 | $2 \times 10^{-4}$ |
| 2 | 0,010 | 0,002 | $8 \times 10^{-4}$ |
| 3 | 0,020 | 0,005 | $4 \times 10^{-3}$ |

A expressão da equação da velocidade nas condições dos experimentos e

a) $v = k[NO_2]$
b) $v = k[NO_2][F_2]$
c) $v = k[NO_2]^2[F_2]$
d) $v = k[F_2]$

# Capítulo 18 – Equilíbrio Químico Molecular

**86.** (FUVEST – SP) Coloca-se para reagir, em um recipiente isolado e de volume constante, um mol de gás hidrogênio e um mol de vapor de iodo, ocorrendo a formação de HI(g), conforme representado pela equação química

$$H_2(g) + I_2(g) \rightleftarrows 2\ HI(g)$$

Atingido o equilíbrio químico, a uma dada temperatura (mantida constante), as pressões parciais das substâncias envolvidas satisfazem a igualdade

$$\frac{(P_{HI})^2}{P_{H_2} \cdot P_{I_2}} = 55$$

a) Calcule a quantidade de matéria, em mol, de HI(g) no equilíbrio.

b) Expresse o valor da pressão parcial de hidrogênio como função do valor da pressão total da mistura, no equilíbrio.

**87.** (FGV) Uma indústria produz aromatizante artificial por um processo que é representado de acordo com a equação química seguinte:

$$CH_3CH_2CH_2C(=O)OH + CH_3OH \rightleftharpoons$$

$$\rightleftharpoons CH_3CH_2CH_2C(=O)OCH_3 + H_2O$$

aroma de maçã

Em um teste de laboratório, foram adicionados 10 mols de $CH_3CH_2CH_2C(=O)OH$ e n mol de $CH_3OH$ a um reator de 1 L. O reator foi fechado e, ao se atingir o equilíbrio reacional, verificou-se a formação de 9 mols da substância com aroma de maçã e 9 mols de $H_2O$.

Considerando que a constante de equilíbrio referente às condições de temperatura e pressão do processo é $K_{eq} = 9$, o valor correto da quantidade, em mol, de $CH_3OH$ adicionado ao reator é

a) 9.   b) 10.   c) 12.   d) 18.   e) 20.

**88.** (PUC) Durante uma transformação química as concentrações das substâncias participantes foram determinadas ao longo do tempo. O gráfico a seguir resume os dados obtidos ao longo do experimento.

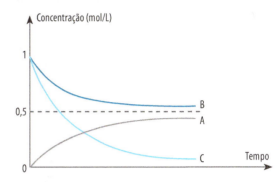

A respeito do experimento, foram feitas algumas afirmações:

I. A e B são reagentes e C é o produto da reação estudada.
II. A reação química estudada é corretamente representada pela equação:

$$B + 2C \longrightarrow A$$

III. Não houve consumo completo dos reagentes, sendo atingido o equilíbrio químico.
IV. A constante de equilíbrio dessa reação, no sentido da formação de A, nas condições do experimento é menor do que 1.

Estão corretas apenas as afirmações:

a) I e IV.   c) II e IV.
b) II e III.   d) III e IV.

## Capítulo 19 – Deslocamento de Equilíbrio

**89.** (EINSTEIN – SP) O NO, óxido nítrico, é um poluente atmosférico formado em câmaras de combustão ou devido à ação de descargas elétricas. A reação a partir dos gases nitrogênio e oxigênio pode ser representada pela equação:

$$N_2(g) + O_2(g) \rightleftharpoons 2\ NO(g) \qquad \Delta H = 180\ kJ$$

Sobre a formação do óxido nítrico é possível afirmar que:

I. Se a reação for realizada em recipiente rígido e fechado, mantendo-se a temperatura constante, a pressão também se manterá constante.
II. O aumento de temperatura aumenta o rendimento da formação do NO.
III. Trata-se de um processo exotérmico, pois o produto apresenta maior energia do que os reagentes.

Pode-se dizer que

a) apenas as afirmações I e II estão corretas.
b) apenas as afirmações I e III estão corretas.
c) apenas as afirmações II e III estão corretas.
d) todas as afirmações estão corretas.

**90.** (FAMERP – SP) Considere o equilíbrio químico representado por

$$C(s) + CO_2(g) \rightleftarrows 2CO(g)$$
$$\Delta H = +88 \text{ kJ/mol de CO(g)}$$

O rendimento em CO(g) desse equilíbrio aumenta com o aumento da _____, com a diminuição da _____ e não se altera pela adição de _____.

As lacunas do texto são, correta e respectivamente, preenchidas por:

a) temperatura – pressão – catalisador
b) temperatura – pressão – $CO_2(g)$
c) pressão – temperatura – catalisador
d) pressão – temperatura – $CO_2(g)$
e) pressão – temperatura – C(s)

**91.** (FUVEST – SP) A oxidação de $SO_2$ a $SO_3$ é uma das etapas da produção de ácido sulfúrico.

$$2 SO_2(g) + O_2(g) \rightleftarrows 2 SO_3(g) \qquad \Delta H < 0$$

Em uma indústria, diversas condições para essa oxidação foram testadas. A tabela a seguir reúne dados de diferentes testes:

| Número do teste | Reagentes | Pressão (atm) | Temperatura (°C) |
|---|---|---|---|
| 1 | $SO_2(g)$ + + excesso de $O_2(g)$ | 500 | 400 |
| 2 | excesso de $SO_2(g)$ + + $O_2(g)$ | 500 | 1.000 |
| 3 | excesso de $SO_2(g)$ + + ar | 1 | 1.000 |
| 4 | $SO_2(g)$ + + excesso de ar | 1 | 400 |

a) Em qual dos quatro testes houve maior rendimento na produção de $SO_3$? Explique.
b) Em um dado instante $t_1$, foram medidas as concentrações de $SO_2$, $O_2$ e $SO_3$ em um reator fechado, a 1.000 °C, obtendo-se os valores: $[SO_2] = 1,0$ mol/L; $[O_2] = 1,6$ mol/L; $[SO_3] = 20$ mol/L. Considerando esses valores, como é possível saber se o sistema está ou não em equilíbrio? No gráfico abaixo, represente o comportamento das concentrações dessas substâncias no intervalo de tempo entre $t_1$ e $t_2$, considerando que, em $t_2$, o sistema está em equilíbrio químico.

| Note e adote |
|---|
| Para a reação dada, $K_c = 250$ a 1.000 °C |

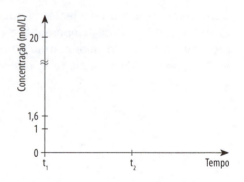

**92.** (MACKENZIE – SP) Em uma aula prática, alguns alunos investigaram o equilíbrio existente entre as espécies químicas em solução aquosa. A equação química que representa o fenômeno estudado é descrita por

$$FeCl_3(aq) + 3\ NH_4SCN(aq) \rightleftarrows 3\ NH_4Cl(aq) + Fe(SCN)_3(aq)$$

Nessa investigação, os alunos misturaram quantidades iguais de solução de cloreto de ferro III e de tiocianato de amônio e a mistura produzida foi dividida em três frascos, **A**, **B** e **C**. A partir de então, realizaram os seguintes procedimentos:

I. no frasco **A**, adicionaram uma ponta de espátula de cloreto de amônio sólido e agitaram até completa dissolução desse sólido.

II. no frasco **B**, adicionaram algumas gotas de solução saturada de cloreto de ferro III.

III. no frasco **C**, adicionaram algumas gotas de solução saturada de tiocianato de amônio.

Considerando-se que em todas as adições tenha havido deslocamento do equilíbrio, é correto afirmar que esse deslocamento ocorreu no sentido da reação direta

a) apenas no procedimento I.
b) apenas no procedimento II.
c) apenas nos procedimentos I e II.
d) apenas nos procedimentos II e III.
e) em todos os procedimentos.

**93.** (UNIFESP) Na indústria, a produção do ácido nítrico ($HNO_3$) a partir da amônia ($NH_3$) se dá em três etapas:

etapa 1:
$$4\ NH_3(g) + 5\ O_2(g) \rightleftarrows 4\ NO(g) + 6\ H_2O(g) \qquad \Delta H < 0$$

etapa 2:
$$2\ NO(g) + O_2(g) \rightleftarrows 2\ NO_2(g) \qquad \Delta H < 0$$

etapa 3:
$$3\ NO_2(g) + H_2O(l) \rightleftarrows 2\ HNO_3(aq) + NO(g) \qquad \Delta H < 0$$

A fim de verificar as condições que propiciam maior rendimento na produção de NO na etapa 1, um engenheiro realizou testes com modificações nos parâmetros operacionais dessa etapa, indicadas na tabela.

| Teste | Modificações da etapa 1 |
|---|---|
| 1 | aquecimento e aumento de pressão |
| 2 | aquecimento e diminuição de pressão |
| 3 | resfriamento e aumento de pressão |
| 4 | resfriamento e diminuição de pressão |

a) Com base nas três etapas, escreva a equação balanceada para a reação global de obtenção do ácido nítrico cujos coeficientes estequiométricos são números inteiros. Essa reação tem como reagentes $NH_3$ e $O_2$ e como produtos $HNO_3$, $H_2O$ e NO, sendo que o coeficiente estequiométrico para o $HNO_3$ é 8.

b) Qual teste propiciou maior rendimento na produção de NO na etapa 1? Justifique sua resposta.

**94.** (EINSTEIN – SP) O trioxido de enxofre ($SO_3$) é obtido a partir da reação do dióxido de enxofre ($SO_2$) com o gás oxigênio ($O_2$), representada pelo equilíbrio a seguir.

$$2\ SO_2(g) + O_2(g) \rightleftarrows 2\ SO_3(g) \qquad \Delta H^\theta = -198\ kJ$$

A constante de equilíbrio, $K_c$, para esse processo a 1.000 °C é igual a 280. A respeito dessa reação, foram feitas as seguintes afirmações:

I. A constante de equilíbrio da síntese do $SO_3$ a 200 °C deve ser menor que 280.

II. Se na condição de equilíbrio a 1.000 °C a concentração de $O_2$ é de 0,1 mol · L⁻¹ e a concentração de $SO_2$ é de 0,01 mol · L⁻¹, então a concentração de $SO_3$ é de 2,8 mol · L⁻¹.

III. Se, atingida a condição de equilíbrio, o volume do recipiente for reduzido sem alteração na temperatura, não haverá alteração no valor da constante de equilíbrio, mas haverá aumento no rendimento de formação do $SO_3$.

IV. Essa é uma reação de oxirredução, em que o dióxido de enxofre é o agente redutor.

Estão corretas apenas as afirmações:

a) II e IV.
b) I e III.
c) I e IV.
d) III e IV.

**95.** (FUVEST – SP) Uma das formas de se medir temperaturas em fase gasosa é por meio de reações com constantes de equilíbrio muito bem conhecidas, chamadas de reações-termômetro. Uma dessas reações, que ocorre entre o ânion tiofenolato e o 2,2,2-trifluoroetanol, está representada pela equação química

[estrutura química: C₆H₅-S⁻ + F-C(F)(F)-C(H)(H)-O-H ⇌ F-C(F)(F)-C(H)(H)-O-H·····S-C₆H₅]

Para essa reação, foram determinados os valores da constante de equilíbrio em duas temperaturas distintas.

| Temperatura (K) | Constante de equilíbrio |
|---|---|
| 300 | $5,6 \times 10^9$ |
| 500 | $7,4 \times 10^3$ |

a) Essa reação é exotérmica ou endotérmica? Explique, utilizando os dados de constante de equilíbrio apresentados.

b) Explique por que, no produto dessa reação, há uma forte interação entre o átomo de hidrogênio do álcool e o átomo de enxofre do ânion.

**96.** (PUC) Uma das reações utilizadas para a demonstração de deslocamento de equilíbrio, devido a mudança de cor, é a representada pela equação a seguir:

$$2\ CrO_4^{2-}(aq) + 2\ H^+(aq) \rightleftharpoons Cr_2O_7^{2-}(aq) + H_2O(l)$$

sendo que o cromato ($CrO_4^{2-}$) possui cor amarela e o dicromato ($Cr_2O_7^{2-}$) possui cor alaranjada.

Sobre esse equilíbrio foram feitas as seguintes afirmações:

I. A adição de HCl provoca o deslocamento do equilíbrio para a direita.
II. A adição de NaOH resulta na cor alaranjada da solução.
III. A adição de HCl provoca o efeito do íon comum.
IV. A adição de dicromato de potássio não desloca o equilíbrio.

As afirmações corretas são:

a) I e II.
b) II e IV.
c) I e III.
d) III e IV.

**97.** (UNESP) Analisando-se a equação de obtenção do estireno e considerando-se o Princípio de Le Chatelier, é correto afirmar que

[estrutura: etilbenzeno (g) ⇌ (endo/exo) estireno (g) + $H_2$(g)   $\Delta H = +121$ kJ/mol]

a) a entalpia da reação aumenta com o emprego do catalisador.
b) a entalpia da reação diminui com o emprego do catalisador.

c) o aumento de temperatura favorece a formação de estireno.
d) o aumento de pressão não interfere na formação de estireno.
e) o aumento de temperatura não interfere na formação de estireno.

**100.** (UNESP) Considere a seguinte reação, em que R e R' são, respectivamente, os radicais etila e metila.

$$R - COOH + R' - OH \longrightarrow R - COOR' + H_2O$$

Dê os nomes das funções orgânicas envolvidas nessa reação (reagentes e produto). Escreva a fórmula estrutural do produto orgânico formado, representando todas as ligações químicas entre os átomos constituintes.

## Capítulo 20 – Esterificação – Hidrólise de Ésteres

**98.** (FATEC – SP) A reação de esterificação é uma reação reversível; portanto, em um sistema fechado, atinge-se o equilíbrio químico. A produção da essência de maçã-verde pode ser favorecida pelo deslocamento desse equilíbrio por meio

**Dado:** maçã-verde: etanoato de butila.

a) da diminuição da concentração do butan-1-ol.
b) do aumento da concentração do ácido etanoico.
c) da adição de um catalisador.
d) do aumento da temperatura.
e) do aumento da pressão.

**99.** (FATEC – SP) Em reação semelhante à descrita no texto, podemos obter o sabor artificial de pera, etanoato de n-propila. Para isso, devemos reagir o ácido etanoico com

a) ácido propanoico.
b) ácido acético.
c) propan-1-ol.
d) metanol.
e) etanol.

**101.** (UNESP) A fórmula representa a estrutura do miristato de isopropila, substância amplamente empregada na preparação de cosméticos, como cremes, loções, desodorantes e óleos para banho.

miristato de isopropila

Essa substância é obtida pela reação entre ácido mirístico de alta pureza e álcool isopropílico. Escreva o nome da função orgânica à qual pertence o miristato de isopropila e as fórmulas estruturais do ácido mirístico e do álcool isopropílico. Em seguida, utilizando essas fórmulas, escreva a equação, completa e balanceada, da reação pela qual é obtido o miristato de isopropila.

## Capítulo 22 – Radioatividade

**102.** (FGV) O uso do radioisótopo rutênio-106 ($^{106}$Ru) vem sendo estudado por médicos da Universidade Federal de São Paulo, no tratamento de câncer oftalmológico. Esse radioisótopo emite radiação que inibe o crescimento das células tumorais. O produto de decaimento radiativo do rutênio-106 é o ródio-106 ($^{106}$Rh).

*Disponível em: <http://www.scielo.br/pdf/rb/v40n2/08.pdf> (adaptado).*

**Dado:** $_{44}$Ru; $_{45}$Rh.

A partícula emitida no decaimento do rutênio-106 é

a) beta menos, $\beta^-$.
b) beta mais, $\beta^+$.
c) alfa, $\alpha$.
d) gama, $\gamma$.
e) próton, p.

**103.** (MACKENZIE – SP) Um arqueólogo encontrou uma amostra de carvão mineral, resultado do soterramento de árvores gigantescas. Um dos métodos de datação de fósseis é a utilização do ensaio de carbono-14, que possui um tempo de meia-vida de 5.730 anos. Ao realizar o ensaio de datação, o arqueólogo determinou que a amostra continha aproximadamente 0,012% de carbono-14. A idade aproximada desse fóssil será de

a) 80.200 anos.
b) 57.300 anos.
c) 74.500 anos.
d) 51.600 anos.
e) 63.000 anos.

Leia o texto para responder às questões **104** e **105**.

A energia liberada pelo Sol é fundamental para a manutenção da vida no planeta Terra. Grande parte da energia produzida pelo Sol decorre do processo de fusão nuclear em que são formados átomos de hélio a partir de isótopos de hidrogênio, conforme representado no esquema:

$$^1_1H + {}^1_1H \longrightarrow {}^2_1H + {}^0_1e$$
$$^2_1H + {}^1_1H \longrightarrow {}^3_2He$$
$$^3_2He + {}^1_1H \longrightarrow {}^4_2He + {}^0_1e$$

RUSSELL, J. B. **Química Geral**, 1994.

**104.** (UNESP) A partir das informações contidas no esquema, é correto afirmar que os números de nêutrons dos núcleos do hidrogênio, do deutério, do isótopo leve de hélio e do hélio, respectivamente, são

a) 1, 1, 2 e 2.
b) 1, 2, 3 e 4.
c) 0, 1, 1 e 2.
d) 0, 0, 2 e 2.
e) 0, 1, 2 e 3.

**105.** (UNESP) A partir das etapas consecutivas de fusão nuclear representadas no esquema, é correto afirmar que ocorre

a) formação de uma molécula de hidrogênio.
b) emissão de nêutron.
c) formação de uma molécula de hidrogênio e de dois átomos de hélio.
d) emissão de pósitron.
e) emissão de próton.

**106.** (FAMERP – SP) O quadro ilustra a ordem de grandeza da energia proveniente da fissão nuclear do urânio.

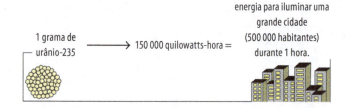

AMBROGI, A. et al. **Unidades Modulares de Química**, 1987 (adaptado).

**Dado:** massa molar do etanol = 46 g/mol.

a) Faça um esquema que represente a iniciação e a propagação da reação de fissão nuclear do urânio-235.
b) Sabendo que o $\Delta H$ da combustão completa do etanol é cerca de 1.400 kJ/mol e que 1 kWh corresponde a 3.600 kJ, calcule a massa de etanol, em gramas, necessária para gerar a

mesma quantidade de energia proveniente da fissão de 1 g de urânio-235.

**107.** (FGV) A medicina tem desenvolvido diversos tratamentos para pacientes com câncer de cérebro. Em um deles, o paciente ingere o composto borofenilalanina. Essa molécula que contém o isótopo boro-10 tem afinidade pelas células cerebrais. Após a ingestão, o paciente é submetido a um feixe de nêutrons. Cada isótopo de boro-10 captura um nêutron e forma um isótopo instável que se fissiona em duas espécies menores e emite ainda radiação gama. Dessa maneira, a célula tumoral é atingida pela energia das emissões do processo de fissão e é destruída.

Disponível em: <www.nipe.unicamp.br/enumas/admin/resources/uploads/robertovicente_hasolucao.pdf> (adaptado).

Disponível em: <www.nipe.unicamp.br/enumas/admin/resources/uploads/robertovicente_hasolucao.pdf> (adaptado).

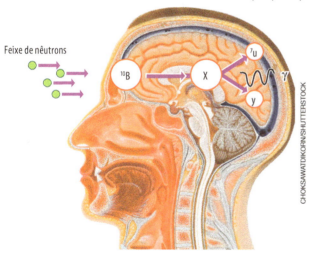

Disponível em: <http://www.lbcc.edu/AlliedHealth/mri/> (adaptado).

**Dados:** $_5B$, $_3Li$.

O isótopo instável, representado por X, e a espécie emitida na fissão, representada por Y, são, respectivamente,

a) boro-11 e $^4$He.
b) boro-11 e $^2$H.
c) boro-9 e $^2$He.
d) berílio-9 e $^4$He.
e) berílio-9 e $^2$H.

**108.** (FUVEST – SP) O fleróvio (Fl) é um elemento químico artificial, de número atômico 114. Na tabela periódica, está situado imediatamente abaixo do elemento de número atômico 82, que é o chumbo (Pb), como é mostrado na figura a seguir:

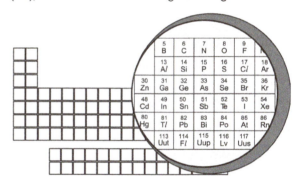

Até o momento, só foi possível sintetizar poucos átomos de fleróvio na forma dos isótopos 288 e 289, pela fusão dos elementos plutônio e cálcio em um acelerador de partículas. Para o fleróvio-289, o processo de síntese pode ser representado pela equação nuclear a seguir:

$$^{244}_{94}Pu + ^{48}_{20}Ca \longrightarrow ^{289}_{114}Fl + 3n$$

Considere as seguintes afirmações:

I. A aparência macroscópica do fleróvio é desconhecida, mas, provavelmente, será a de um sólido metálico.
II. Na formação do fleróvio-288, por processo análogo ao da síntese do fleróvio-289, são liberados 3 prótons.
III. No grupo da tabela periódica ao qual pertence o fleróvio, há elementos que formam óxidos covalentes.

É correto o que se afirma apenas em

a) I.
b) II.
c) III.
d) I e III.
e) II e III.

**109.** (MACKENZIE – SP) O urânio-238, após uma serie de emissões nucleares de partículas alfa e beta, transforma-se no elemento químico chumbo-206 que não mais se desintegra, pelo fato de possuir um núcleo estável. Dessa forma, é fornecida a equação global que representa o decaimento radioativo ocorrido.

$$^{238}_{92}U \longrightarrow {}^{206}_{82}Pb + \alpha + \beta$$

Assim, analisando a equação acima, é correto afirmar-se que foram emitidas

a) 8 partículas $\alpha$ e 6 partículas $\beta$.
b) 7 partículas $\alpha$ e 7 partículas $\beta$.
c) 6 partículas $\alpha$ e 8 partículas $\beta$.
d) 5 partículas $\alpha$ e 9 partículas $\beta$.
e) 4 partículas $\alpha$ e 10 partículas $\beta$.

**110.** (PUC) Foram estudados, independentemente, o comportamento de uma amostra de 100 mg do radioisótopo bismuto-212 e o de uma amostra de 100 mg do radioisótopo bismuto-214. Essas espécies sofrem desintegração radioativa distinta, sendo o bismuto-212 um emissor $\beta$, enquanto que o bismuto-214 é um emissor $\alpha$.

As variações das massas desses radioisótopos foram acompanhadas ao longo dos experimentos. O gráfico a seguir ilustra as observações experimentais obtidas durante as primeiras duas horas de acompanhamento.

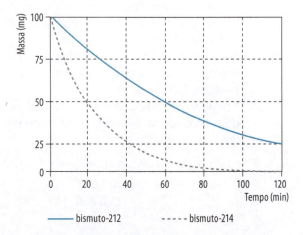

Sobre esse experimento é INCORRETO afirmar que

a) a meia-vida do $^{212}Bi$ é de 60 minutos.
b) após aproximadamente 25 minutos do início do experimento, a relação entre a massa de $^{212}Bi$ e a massa $^{212}Po$ é igual a 3.
c) no decaimento do $^{214}Bi$ forma-se o isótopo $^{210}Tl$.
d) após 4 horas do início do experimento, ainda restam 12,5 mg de $^{212}Bi$ sem sofrer desintegração radioativa.

**111.** (EINSTEIN – SP) O elemento de número atômico 117 foi o mais novo dos elementos artificiais obtidos em um acelerador de partículas. Recentemente, a IUPAC (União Internacional de Química Pura e Aplicada) anunciou que o nome sugerido para esse novo elemento é tennessino. Alguns átomos do isótopo 293 desse elemento foram obtidos a partir do bombardeamento de um alvo contendo 13 mg de $^{249}Bk$ por um feixe de núcleos de um isótopo especifico. A reação produziu quatro nêutrons, além do isótopo 293 do elemento de número atômico 117.

O isótopo que compõe o feixe de núcleos utilizado no acelerador de partículas para a obtenção do tennessino é melhor representado por

**Dado:** $_{97}Bk$.

a) $^{20}Ne$.        c) $^{48}Ti$.
b) $^{48}Ca$.        d) $^{103}Rh$.

**112.** (FATEC – SP) Leia o texto.

Um dos piores acidentes nucleares de todos os tempos completou 30 anos em 2016. Na madrugada do dia 25 de abril, o reator número 4 da Estação Nuclear de Chernobyl explodiu, liberando uma grande quantidade de Sr-90 no meio ambiente que persiste até hoje em locais próximos ao acidente. Isso se deve ao período de meia-vida do Sr-90, que é de aproximadamente 28 anos.

O Sr-90 é um beta emissor, ou seja, emite uma partícula beta, transformando-se em Y-90. A contaminação pelo Y-90 representa um sério risco à saúde humana, pois esse elemento substitui com facilidade o cálcio dos ossos, dificultando a sua eliminação pelo corpo humano.

*Disponível em: <http://tinyurl.com/jzljzwc>.*
*Acesso em: 30 ago. 2016 (adaptado).*

Em 2016, em relação à quantidade de Sr-90 liberada no acidente, a quantidade de Sr-90 que se transformou em Y-90 foi, aproximadamente, de

a) $\frac{1}{8}$   b) $\frac{1}{6}$   c) $\frac{1}{5}$   d) $\frac{1}{4}$   e) $\frac{1}{2}$

**114.** (MACKENZIE – SP) Recentemente, a União Internacional de Química Pura e Aplicada (IUPAC) nomeou dois novos elementos químicos: o fleróvio (Fl) e o livermório (Lv). O livermório foi obtido a partir de uma reação de fusão nuclear do elemento cúrio com o cálcio, de acordo com a equação abaixo.

$$_{96}^{248}Cm + _{20}^{48}Ca \longrightarrow _{116}^{292}Lv + 4x$$

Por sua vez, o livermório sofre decaimento. Em 47 milissegundos, forma o fleróvio, como mostra a equação de decaimento abaixo.

$$_{116}^{292}Lv \longrightarrow _{114}^{288}Fl + y$$

Assim, x e y, presentes nas equações anteriores, representam, respectivamente,

a) pósitrons e o elemento hélio.
b) elétrons e partícula beta.
c) prótons e radiação gama.
d) deutério e nêutron.
e) nêutrons e partícula alfa.

**113.** (FGV) Uma inovadora radioterapia para tumores de fígado tem sido empregada nos últimos anos por meio da ingestão, pelo paciente, de microesferas do ácido 2-hidroxipropanoico, contendo o radioisótopo hólmio-166. Este radioisótopo é obtido pelo isótopo natural e estável hólmio-165 irradiado em um reator nuclear.

Com a ingestão das microesferas, o paciente recebe radiação gama e beta, que são emitidas pelo radioisótopo $^{166}$Ho, e o crescimento das células tumorais é desacelerado.

COSTA, R. F. **Desenvolvimento de métodos e preparação de microesferas de polímero e resinas marcadas com hólmio-166**. Dissertação de mestrado. *Disponível em: <http://www.teses.usp.br/> (adaptado).*

O produto do decaimento do radioisótopo usado na radioterapia inovadora com ingestão de microesferas é o

**Dados:** $_{68}$Er, $_{67}$Ho, $_{66}$Dy.

a) érbio-166.
b) érbio-165.
c) hólmio-165.
d) disprósio-165.
e) disprósio-166.

**115.** (PUC) **Dados:** $_{88}$Ra, $_{84}$Po, $_{89}$Ac, $_{82}$Pb.

| Radioisótopo | Meia-vida (anos) | Partícula emitida |
|---|---|---|
| polônio-208 | 3 | α |
| rádio-224 | 6 | β |

São conhecidos alguns radioisótopos dos elementos polônio e rádio. Em um experimento, duas amostras de massas diferentes, uma de polônio-208 e outra de rádio-224, foram mantidas em uma caixa de chumbo por 18 anos.

Ao final desse período, verificou-se que a massa de cada um desses radioisótopos presente no recipiente era igual a 0,025 mg.

Sobre esse experimento foram feitas algumas observações:

I. A desintegração β do $^{224}$Ra resulta no isótopo $^{224}$Pa.
II. A desintegração α do $^{208}$Po resulta no isótopo $^{204}$Pb.
III. A massa inicial de Ra na caixa de chumbo era de 0,200 mg.
IV. A massa inicial de $^{208}$Po na caixa de chumbo era de 0,150 mg.

a) I e II.     c) II e III.
b) I e III.    d) II e IV.

**116.** (UNICAMP – SP) Um filme de ficção muito recente destaca o isótopo $_2^3He$, muito abundante na Lua, como uma solução para a produção de energia limpa na Terra. Uma das transformações que esse elemento pode sofrer, e que justificaria seu uso como combustível, está esquematicamente representada na reação abaixo, em que o $_2^3He$ aparece como reagente.

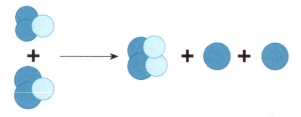

De acordo com esse esquema, pode-se concluir que essa transformação, que liberaria muita energia, é uma

a) fissão nuclear, e, no esquema, as esferas mais escuras representam os nêutrons e as mais claras os prótons.
b) fusão nuclear, e, no esquema, as esferas mais escuras representam os nêutrons e as mais claras os prótons.
c) fusão nuclear, e, no esquema, as esferas mais escuras representam os prótons e as mais claras os nêutrons.
d) fissão nuclear, e, no esquema, as esferas mais escuras são os prótons e as mais claras os nêutrons.

**117.** (UNICAMP – SP) A braquiterapia é uma técnica médica que consiste na introdução de pequenas sementes de material radiativo nas proximidades de um tumor. Essas sementes, mais frequentemente, são de substâncias como $^{192}Ir$, $^{103}Pd$ ou $^{125}I$. Estes três radioisótopos sofrem processos de decaimento através da emissão de partículas $_{-1}^{0}\beta$. A equação de decaimento pode ser genericamente representada por $_p^AX \longrightarrow {}_{p'}^{A'}Y + {}_{-1}^{0}\beta$, em que X e Y são os símbolos atômicos, A e A' são os números de massa e p e p' são os números atômicos dos elementos.

a) Tomando como modelo a equação genérica fornecida, escolha apenas um dos três radioisótopos utilizados na braquiterapia, consulte a tabela periódica e escreva sua equação completa no processo de decaimento.
b) Os tempos de meia-vida de decaimento (em dias) desses radioisótopos são: $^{192}Ir$ (74,2), $^{103}Pd$ (17) e $^{125}I$ (60,2). Com base nessas informações, complete o gráfico abaixo, identificando as curvas A, B e C com os respectivos radioisótopos, e colocando os valores nas caixas que aparecem no eixo que indica o tempo.

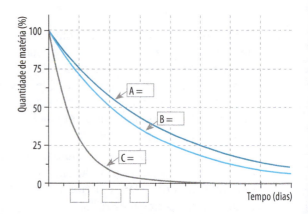

# Química no ENEM

## Complemento 4

## Capítulo 1 – Introdução à Química Orgânica

1. (ENEM) A química verde permite o desenvolvimento tecnológico com danos reduzidos ao meio ambiente, e encontrar rotas limpas tem sido um grande desafio. Considere duas rotas diferentes utilizadas para a obtenção de ácido adípico, um insumo muito importante para a indústria têxtil e de plastificantes.

LENARDÃO, E. J. et al. Green Chemistry – Os doze Princípios da Química Verde e sua inserção nas atividades de ensino e pesquisa. **Química Nova**, n. 1, 2003 (adaptado).

Que fator contribui positivamente para que a segunda rota de síntese seja verde em comparação à primeira?

a) Etapa única na síntese.
b) Obtenção do produto puro.
c) Ausência de reagentes oxidantes.
d) Ausência de elementos metálicos no processo.
e) Gasto de energia nulo na separação do produto.

## Capítulo 2 – Fontes de Compostos Orgânicos – Petróleo – Gás Natural

2. (ENEM) O ciclo biogeoquímico do carbono compreende diversos compartimentos, entre os quais a Terra, a atmosfera e os oceanos, e diversos processos que permitem a transferência de compostos entre esses reservatórios. Os estoques de carbono armazenados na forma de recursos não renováveis, por exemplo, o petróleo, são limitados, sendo de grande relevância que se perceba a importância da substituição de combustíveis fósseis por combustíveis de fontes renováveis. A utilização de combustíveis fósseis interfere no ciclo do carbono, pois provoca

a) aumento da porcentagem de carbono contido na Terra.
b) redução na taxa de fotossíntese dos vegetais superiores.
c) aumento da produção de carboidratos de origem vegetal.
d) aumento na quantidade de carbono presente na atmosfera.
e) redução da quantidade global de carbono armazenado nos oceanos.

# Capítulo 7 – Compostos Oxigenados

**3.** (ENEM) A produção mundial de alimentos poderia se reduzir a 40% da atual sem a aplicação de controle sobre as pragas agrícolas. Por outro lado, o uso frequente dos agrotóxicos pode causar contaminação em solos, águas superficiais e subterrâneas, atmosfera e alimentos. Os biopesticidas, tais como a piretrina e a coronopilina, têm sido uma alternativa na diminuição dos prejuízos econômicos, sociais e ambientais gerados pelos agrotóxicos.

piretrina                coronopilina

Identifique as funções orgânicas presentes simultaneamente nas estruturas dos dois biopesticidas apresentados:

a) éter e éster.
b) cetona e éster.
c) álcool e cetona.
d) aldeído e cetona.
e) éter e ácido carboxílico.

**4.** (ENEM) Uma forma de organização de um sistema biológico é a presença de sinais diversos utilizados pelos indivíduos para se comunicarem. No caso das abelhas da espécie *Apis mellifera*, os sinais utilizados podem ser feromônios. Para saírem e voltarem de suas colmeias, usam um feromônio que indica a trilha percorrida por elas (composto A). Quando pressentem o perigo, expelem um feromônio de alarme (composto B), que serve de sinal para um combate coletivo. O que diferencia cada um desses sinais utilizados pelas abelhas são as estruturas e funções orgânicas dos feromônios.

composto A                composto B

QUADROS, A. L. Os feromônios e o ensino de química.
**Química Nova na Escola**, n. 7,
maio 1998 (adaptado).

As funções orgânicas que caracterizam os feromônios de trilha e de alarme são, respectivamente,

a) álcool e éster.
b) aldeído e cetona.
c) éter e hidrocarboneto.
d) enol e ácido carboxílico.
e) ácido carboxílico e amida.

# Capítulo 10 – Isomeria Geométrica ou Cis-Trans

**5.** (ENEM) Os feromônios são substâncias utilizadas na comunicação entre indivíduos de uma espécie. O primeiro feromônio isolado de um inseto foi o bombicol, substância produzida pela mariposa do bicho-da-seda.

bombicol

O uso de feromônios em ações de controle de insetos-praga está de acordo com o modelo preconizado para a agricultura do futuro. São agentes altamente específicos e seus compostos químicos podem ser empregados em determinados cultivos, conforme ilustrado no quadro.

| Substância | Inseto | Cultivo |
|---|---|---|
| (estrutura com OH e O) | *Sitophilus* sp. | milho |
| (estrutura com amida) | *Migdolus fryanus* | cana-de-açúcar |
| (estrutura com OH) | *Anthonomus rubi* | morango |
| (estrutura com OH) | *Grapholita molesta* | frutas |
| (estrutura com OCOCH₃) | *Scrobipalpuloides absoluta* | tomate |

FERREIRA, J. T. B.; ZARBIN, P. H. G. Amor ao primeiro odor: a comunicação química entre os insetos. **Química Nova na Escola**, n. 7, maio 1998 (adaptado).

Considerando essas estruturas químicas, o tipo de estereoisomeria apresentada pelo bombicol é também apresentada pelo feromônio utilizado no controle do inseto

a) *Sitophilus* sp.
b) *Migdolus fryanus*.
c) *Anthonomus rubi*.
d) *Grapholita molesta*.
e) *Scrobipalpuloides absoluta*.

# Capítulo 11 – Isomeria Óptica

**6.** (ENEM) A talidomida é um sedativo leve e foi muito utilizado no tratamento de náuseas, comuns no início da gravidez.

Quando foi lançada, era considerada segura para o uso de grávidas, sendo administrada como uma mistura racêmica composta pelos seus dois enantiômeros (R e S). Entretanto, não se sabia, na época, que o enantiômero S leva à malformação congênita, afetando principalmente o desenvolvimento normal dos braços e pernas do bebê.

COELHO, F. A. S. Fármacos e quiralidade. **Cadernos Temáticos de Química Nova na Escola**, São Paulo. n. 3, maio 2001 (adaptado).

Essa malformação congênita ocorre porque esses enantiômeros

a) reagem entre si.
b) não podem ser separados.
c) não estão presentes em partes iguais.
d) interagem de maneira distinta com o organismo.
e) são estruturas com diferentes grupos funcionais.

**7.** (ENEM) O estudo de compostos orgânicos permite aos analistas definir propriedades físicas e químicas responsáveis pelas características de cada substância descoberta. Um laboratório investiga moléculas quirais cuja cadeia carbônica seja insaturada, heterogênea e ramificada.

A fórmula que se enquadra nas características da molécula investigada é

a) $CH_3 - (CH)_2 - CH(OH) - CO - NH - CH_3$
b) $CH_3 - (CH)_2 - CH(CH_3) - CO - NH - CH_3$
c) $CH_3 - (CH)_2 - CH(CH_3) - CO - NH_2$
d) $CH_3 - CH_2 - CH(CH_3) - CO - NH - CH_3$
e) $C_6H_5 - CH_2 - CO - NH - CH_3$

Com base no texto e na análise realizada pelo técnico, as amostras que atendem às normas internacionais são

a) I e II.
b) I e III.
c) II e IV.
d) III e V.
e) IV e V.

## Capítulo 12 – Soluções

**8.** (ENEM) Certas ligas estanho-chumbo com composição específica formam um eutético simples, o que significa que uma liga com essas características se comporta como uma substância pura, com um ponto de fusão definido, no caso 183 °C. Essa é uma temperatura inferior mesmo ao ponto de fusão dos metais que compõem esta liga (o estanho puro funde a 232 °C e o chumbo puro a 320 °C), o que justifica sua ampla utilização na soldagem de componentes eletrônicos, em que o excesso de aquecimento deve sempre ser evitado. De acordo com as normas internacionais, os valores mínimo e máximo das densidades para essas ligas são de 8,74 g/mL e 8,82 g/mL, respectivamente. As densidades do estanho e do chumbo são 7,3 g/mL e 11,3 g/mL, respectivamente. Um lote contendo 5 amostras de solda estanho-chumbo foi analisado por um técnico, por meio da determinação de sua composição percentual em massa, cujos resultados estão mostrados no quadro a seguir.

| Amostra | Porcentagem de Sn (%) | Porcentagem de Pb (%) |
|---|---|---|
| I | 60 | 40 |
| II | 62 | 38 |
| III | 65 | 35 |
| IV | 63 | 37 |
| V | 59 | 41 |

*Disponível em:* <http://www.eletrica.ufpr.br>.

**9.** (ENEM) Aspartame é um edulcorante artificial (adoçante dietético) que apresenta potencial adoçante 200 vezes maior que o açúcar comum, permitindo seu uso em pequenas quantidades. Muito usado pela indústria alimentícia, principalmente nos refrigerantes *diet*, tem valor energético que corresponde a 4 calorias/grama. É contraindicado a portadores de fenilcetonúria, uma doença genética rara que provoca acúmulo da fenilalanina no organismo, causando retardo mental. O IDA (índice diário aceitável) desse adoçante é 40 mg/kg de massa corpórea.

*Disponível em:* <http://boaspraticasfarmaceuticas.com>. Acesso em: 27 fev. 2012.

Com base nas informações do texto, a quantidade máxima recomendada de aspartame, em mol, que uma pessoa de 70 kg de massa corporal pode ingerir por dia é mais próxima de

**Dado:** massa molar do aspartame = 294.

a) $1,3 \times 10^{-4}$
b) $9,5 \times 10^{-3}$
c) $4 \times 10^{-2}$
d) 2,6
e) 823

**10.** (ENEM) A utilização de processos de biorremediação de resíduos gerados pela combustão incompleta de compostos orgânicos tem se tornado crescente, visando minimizar a poluição ambiental. Para a ocorrência de resíduos de naftaleno, algumas legislações limitam sua concentração em até 30 mg/kg para solo agrícola e 0,14 mg/L para água subterrânea. A quantificação desse resíduo foi realizada em diferentes ambientes, utilizando-se amostras de 500 g de solo e 100 mL de água, conforme apresentado no quadro.

| Ambiente | Resíduo de naftaleno (g) |
|---|---|
| solo I | $1,0 \times 10^{-2}$ |
| solo II | $2,0 \times 10^{-2}$ |
| água I | $7,0 \times 10^{-6}$ |
| água II | $8,0 \times 10^{-6}$ |
| água III | $9,0 \times 10^{-6}$ |

O ambiente que necessita de biorremediação é o(a)
a) solo I.
b) solo II.
c) água I.
d) água II.
e) água III.

**11.** (ENEM) Para cada litro de etanol produzido em uma indústria de cana-de-açúcar são gerados cerca de 18 L de vinhaça que é utilizada na irrigação das plantações de cana-de-açúcar, já que contém teores médios de nutrientes N, P e K iguais a 357 mg/L, 60 mg/L e 2.034 mg/L, respectivamente.

SILVA. M. A. S.; GRIEBELER. N. P.; BORGES, L. C. Uso de vinhaça e impactos nas propriedades do solo e lençol freático. **Revista Brasileira de Engenharia Agrícola e Ambiental**, n. 1, 2007 (adaptado).

Na produção de 27.000 L de etanol, a quantidade total de fósforo, em kg, disponível na vinhaça será mais próxima de
a) 1
b) 29
c) 60
d) 170
e) 1.000

## Capítulo 13 – Diluição e Mistura

**12.** (ENEM) O álcool hidratado utilizado como combustível veicular é obtido por meio da destilação fracionada de soluções aquosas geradas a partir da fermentação de biomassa. Durante a destilação, o teor de etanol da mistura é aumentado, até o limite de 96% em massa. Considere que, em uma usina de produção de etanol, 800 kg de uma mistura etanol/água com concentração 20% em massa de etanol foram destilados, sendo obtidos 100 kg de álcool hidratado 96% em massa de etanol. A partir desses dados, é correto concluir que a destilação em questão gerou um resíduo com uma concentração de etanol em massa

a) de 0%.
b) de 8,0%.
c) entre 8,4% e 8,6%.
d) entre 9,0% e 9,2%.
e) entre 13% e 14%.

**13.** (ENEM) O peróxido de hidrogênio é comumente utilizado como antisséptico e alvejante. Também pode ser empregado em trabalhos de restauração de quadros enegrecidos e no clareamento de dentes. Na presença de soluções ácidas de oxidantes, como o permanganato de potássio, este óxido decompõe-se, conforme a equação a seguir:

$5\ H_2O_2(aq) + 2\ KMnO_4(aq) + 3\ H_2SO_4(aq) \longrightarrow$
$\longrightarrow 5\ O_2(g) + 2\ MnSO_4(aq) + 3\ K_2SO_4(aq) + 8\ H_2O(l)$

ROCHA-FILHO, R. C. R.; SILVA, R. R. **Introdução aos Cálculos da Química**. São Paulo: McGraw-Hill, 1992.

De acordo com a estequiometria da reação descrita, a quantidade de permanganato de potássio necessária para reagir completamente com 20,0 mL de uma solução 0,1 mol/L de peróxido de hidrogênio é igual a

a) $2,0 \times 10^0$ mol
b) $2,0 \times 10^{-3}$ mol
c) $8,0 \times 10^{-1}$ mol
d) $8,0 \times 10^{-4}$ mol
e) $5,0 \times 10^{-3}$ mol

**14.** (ENEM) A hidroponia pode ser definida como uma técnica de produção de vegetais sem necessariamente a presença de solo. Uma das formas de implementação é manter as plantas com suas raízes suspensas em meio líquido, de onde retiram os nutrientes essenciais. Suponha que um produtor de rúcula hidropônica precise ajustar a concentração de íon nitrato ($NO_3^-$) para 0,009 mol/L em um tanque de 5.000 litros e, para tanto, tem em mãos uma solução comercial nutritiva de nitrato de cálcio 90 g/L. As massas molares dos elementos N, O e Ca são iguais a 14 g/mol, 16 g/mol e 40 g/mol, respectivamente.

Qual é o valor mais próximo do volume da solução nutritiva, em litros, que o produtor deve adicionar ao tanque?

a) 26   b) 41   c) 45   d) 51   e) 82

# Capítulo 15 – Propriedades Coligativas

**15.** (ENEM) A lavoura arrozeira na planície costeira da Região Sul do Brasil comumente sofre perdas elevadas devido à salinização da água de irrigação, que ocasiona prejuízos diretos, como a redução de produção da lavoura. Solos com processo de salinização avançado não são indicados, por exemplo, para o cultivo de arroz. As plantas retiram a água do solo quando as forças de embebição dos tecidos das raízes são superiores às forças com que a água é retida no solo.

WINKEL, H. L.; TSCHIEDEL, M. **Cultura do Arroz**: salinização de solos em cultivos de arroz. *Disponível em:* <http//agropage.tripod.com/saliniza.hml>. *Acesso em:* 25 jun. 2010 (adaptado).

A presença de sais na solução do solo faz com que seja dificultada a absorção de água pelas plantas, o que provoca o fenômeno conhecido por seca fisiológica, caracterizado pelo(a)

a) aumento da salinidade, em que a água do solo atinge uma concentração de sais maior que a das células das raízes das plantas, impedindo, assim, que a água seja absorvida.
b) aumento da salinidade, em que o solo atinge um nível muito baixo de água, e as plantas não têm força de sucção para absorver a água.
c) diminuição da salinidade, que atinge um nível em que as plantas não têm força de sucção, fazendo com que a água não seja absorvida.
d) aumento da salinidade, que atinge um nível em que as plantas têm muita sudação, não tendo força de sucção para superá-la.
e) diminuição da salinidade, que atinge um nível em que as plantas ficam túrgidas e não têm força de sudação para superá-la.

**16.** (ENEM) Sob pressão normal (ao nível do mar), a água entra em ebulição à temperatura de 100 °C. Tendo por base essa informação, um garoto residente em uma cidade litorânea fez a seguinte experiência:

• Colocou uma caneca metálica contendo água no fogareiro do fogão de sua casa.
• Quando a água começou a ferver, encostou cuidadosamente a extremidade mais estreita de uma seringa de injeção, desprovida de agulha, na superfície do líquido e, erguendo o êmbolo da seringa, aspirou certa quantidade de água para seu interior, tapando-a em seguida.
• Verificando após alguns instantes que a água da seringa havia parado de ferver, ele ergueu o êmbolo da seringa, constatando, intrigado, que a

água voltou a ferver após um pequeno deslocamento do êmbolo.

Considerando o procedimento anterior, a água volta a ferver porque esse deslocamento
a) permite a entrada de calor do ambiente externo para o interior da seringa.
b) provoca, por atrito, um aquecimento da água contida na seringa.
c) produz um aumento de volume que aumenta o ponto de ebulição da água.
d) proporciona uma queda de pressão no interior da seringa que diminui o ponto de ebulição da água.
e) possibilita uma diminuição da densidade da água que facilita sua ebulição.

**17.** (ENEM) A cal (óxido de cálcio, CaO), cuja suspensão em água é muito usada como uma tinta de baixo custo, dá uma tonalidade branca aos troncos de árvores. Essa é uma prática muito comum em praças públicas e locais privados, geralmente usada para combater a proliferação de parasitas. Essa aplicação, também chamada de caiação, gera um problema: elimina microrganismos benéficos para a árvore.

*Disponível em: <http://super.abril.com.br>.
Acesso em: 1.º abr. 2010 (adaptado).*

A destruição do microambiente, no tronco de árvores pintadas com cal, é devida ao processo de
a) difusão, pois a cal se difunde nos corpos dos seres do microambiente e os intoxica.
b) osmose, pois a cal retira água do microambiente, tornando-o inviável ao desenvolvimento de microrganismos.
c) oxidação, pois a luz solar que incide sobre o tronco ativa fotoquimicamente a cal, que elimina os seres vivos do microambiente.
d) aquecimento, pois a luz do Sol incide sobre o tronco e aquece a cal, que mata os seres vivos do microambiente.
e) vaporização, pois a cal facilita a volatilização da água para a atmosfera, eliminando os seres vivos do microambiente.

## Capítulo 16 – Termoquímica

**18.** (ENEM) O aproveitamento de resíduos florestais vem se tornando cada dia mais atrativo, pois eles são uma fonte renovável de energia. A figura representa a queima de um bio-óleo extraído do resíduo de madeira, sendo $\Delta H_1$ a variação de entalpia devido à queima de 1 g desse bio-óleo, resultando em gás carbônico e água líquida, e $\Delta H_2$, a variação de entalpia envolvida na conversão de 1 g de água no estado gasoso para o estado líquido.

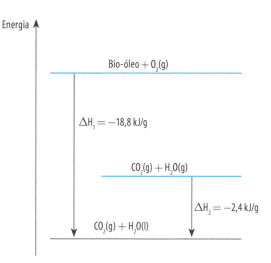

A variação de entalpia, em kJ, para a queima de 5 g desse bio-óleo resultando em $CO_2$ (gasoso) e $H_2O$ (gasoso) é:
a) −106   b) −94,0   c) −82,0   d) −21,2   e) −16,4

**19.** (ENEM) As altas temperaturas de combustão e o atrito entre suas peças móveis são alguns dos fatores que provocam o aquecimento dos motores à combustão interna. Para evitar o superaquecimento e consequentes danos a esses motores, foram desenvolvidos os atuais sistemas de refrigeração, em que um fluido arrefecedor com propriedades especiais circula pelo interior do motor, absorvendo o calor que, ao passar pelo radiador, é transferido para a atmosfera.

Qual propriedade o fluido arrefecedor deve possuir para cumprir seu objetivo com maior eficiência?
a) Alto calor específico.
b) Alto calor latente de fusão.
c) Baixa condutividade térmica.
d) Baixa temperatura de ebulição.
e) Alto coeficiente de dilatação térmica.

**20.** (ENEM) O benzeno, um importante solvente para a indústria química, é obtido industrialmente pela destilação do petróleo. Contudo, também pode ser sintetizado pela trimerização do acetileno catalisada por ferro metálico sob altas temperaturas, conforme a equação química:

$$3\ C_2H_2(g) \longrightarrow C_6H_6(l)$$

A energia envolvida nesse processo pode ser calculada indiretamente pela variação de entalpia das reações de combustão das substâncias participantes, nas mesmas condições experimentais:

I. $C_2H_2(g) + 5/2\ O_2(g) \longrightarrow 2\ CO_2(g) + H_2O(l)$
$$\Delta H_c^0 = -310\ kcal/mol$$

II. $C_6H_6(l) + 15/2\ O_2(g) \longrightarrow 6\ CO_2(g) + 3\ H_2O(l)$
$$\Delta H_c^0 = -780\ kcal/mol$$

A variação de entalpia do processo de trimerização, em kcal, para a formação de um mol de benzeno é mais próxima de

a) $-1.090$   c) $-50$   e) $+470$
b) $-150$     d) $+157$

## Capítulo 17 – Cinética Química

**21.** (ENEM) O aquecimento de um material por irradiação com micro-ondas ocorre por causa da interação da onda eletromagnética com o dipolo elétrico da molécula. Um importante atributo do aquecimento por micro-ondas é a absorção direta da energia pelo material a ser aquecido. Assim, esse aquecimento é seletivo e dependerá, principalmente, da constante dielétrica e da frequência de relaxação do material. O gráfico mostra a taxa de aquecimento de cinco solventes sob irradiação de micro-ondas.

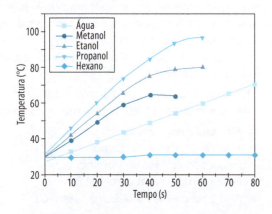

BARBOZA. A. C. R. N. *et al*. Aquecimento em forno de micro-ondas. Desenvolvimento de alguns conceitos fundamentais. **Química Nova**, n. 6, 2001(adaptado).

No gráfico, qual solvente apresenta taxa média de aquecimento mais próxima de zero, no intervalo de 0 s a 40 s?

a) $H_2O$
b) $CH_3OH$
c) $CH_3CH_2OH$
d) $CH_3CH_2CH_2OH$
e) $CH_3CH_2CH_2CH_2CH_2CH_3$

## Capítulo 18 – Equilíbrio Químico Molecular

**22.** (ENEM) Vários ácidos são utilizados em indústrias que descartam seus efluentes nos corpos d'água, como rios e lagos, podendo afetar o equilíbrio ambiental. Para neutralizar a acidez, o sal carbonato de cálcio pode ser adicionado ao efluente, em quantidades apropriadas, pois produz bicarbonato, que neutraliza a água. As equações envolvidas no processo são apresentadas:

I. $CaCO_3(s) + CO_2(g) + H_2O(l) \rightleftarrows Ca^{2+}(aq) + 2\ HCO_3^-(aq)$

II. $HCO_3^-(aq) \rightleftarrows H^+(aq) + CO_3^{2-}(aq)$
$$K_1 = 3,0 \times 10^{-11}$$

III. $CaCO_3(s) \rightleftarrows Ca^{2+}(aq) + CO_3^{2-}(aq)$
$$K_2 = 6,0 \times 10^{-9}$$

IV. $CO_2(g) + H_2O(l) \rightleftarrows H^+(aq) + HCO_3^-(aq)$
$$K_3 = 2,5 \times 10^{-7}$$

Com base nos valores das constantes de equilíbrio das reações II, III e IV a 25 °C, qual é o valor numérico da constante de equilíbrio da reação I?

a) $4,5 \times 10^{-26}$   d) $0,2 \times 10^5$
b) $5,0 \times 10^{-5}$    e) $2,2 \times 10^{26}$
c) $0,8 \times 10^{-9}$

## Capítulo 19 – Deslocamento de Equilíbrio

**23.** (ENEM) Hipóxia ou mal das alturas consiste na diminuição de oxigênio ($O_2$) no sangue arterial do organismo. Por essa razão, muitos atletas apresentam mal-estar (dores de cabeça, tontura, falta de ar etc.) ao praticarem atividade física em altitudes elevadas. Nessas condições, ocorrerá uma diminuição na concentração de hemoglobina oxigenada ($HbO_2$) em equilíbrio no sangue, conforme a relação:

$$Hb(aq) + O_2(aq) \rightleftarrows HbO_2(aq)$$

**Mal da Montanha.** Disponível em: <www.feng.pucrs.br>. Acesso em: 11 fev. 2015 (adaptado).

A alteração da concentração de hemoglobina oxigenada no sangue ocorre por causa do(a)

a) elevação da pressão arterial.
b) aumento da temperatura corporal.
c) redução da temperatura do ambiente.
d) queda da pressão parcial de oxigênio.
e) diminuição da quantidade de hemácias.

## Capítulo 21 – Ácidos Graxos, Óleos e Gorduras

**24.** (ENEM) O biodiesel não é classificado como uma substância pura, mas como uma mistura de ésteres derivados dos ácidos graxos presentes em sua matéria-prima. As propriedades do biodiesel variam com a composição do óleo vegetal ou gordura animal que lhe deu origem, por exemplo, o teor de ésteres saturados é responsável pela maior estabilidade do biodiesel frente à oxidação, o que resulta em aumento da vida útil do biocombustível. O quadro ilustra o teor médio de ácidos graxos de algumas fontes oleaginosas.

| Fonte oleaginosa | Teor médio do ácido graxo (% em massa) | | | | | |
|---|---|---|---|---|---|---|
| | Mirístico (C14:0) | Palmítico (C16:0) | Esteárico (C18:0) | Oleico (C18:1) | Linoleico (C18:2) | Linolênico (C18:3) |
| milho | < 0,1 | 11,7 | 1,9 | 25,2 | 60,6 | 0,5 |
| palma | 1,0 | 42,8 | 4,5 | 40,5 | 10,1 | 0,2 |
| canola | < 0,2 | 3,5 | 0,9 | 64,4 | 22,3 | 8,2 |
| algodão | 0,7 | 20,1 | 2,6 | 19,2 | 55,2 | 0,6 |
| amendoim | < 0,6 | 11,4 | 2,4 | 48,3 | 32,0 | 0,9 |

MA, F.; HANNA, M. A. Biodiesel Production: a review. **Bioresource Technology**, Londres, v. 70, n. 1, Jan. 1999 (adaptado).

**Nota:** Na tabela, entre parênteses, são dados o número de átomos de carbono e o número de duplas ligações.

Qual das fontes oleaginosas apresentadas produziria um biodiesel de maior resistência à oxidação?

a) milho   b) palma   c) canola   d) algodão   e) amendoim

# Capítulo 22 – Radioatividade

**25.** (ENEM) Considere um equipamento capaz de emitir radiação eletromagnética com comprimento de onda bem menor que a radiação ultravioleta. Suponha que a radiação emitida por esse equipamento foi apontada para um tipo específico de filme fotográfico e entre o equipamento e o filme foi posicionado o pescoço de um indivíduo. Quanto mais exposto à radiação, mais escuro se torna o filme após a revelação. Após acionar o equipamento e revelar o filme, evidenciou-se a imagem mostrada na figura ao lado.

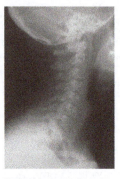

Raio-X da região do pescoço.

Dentre os fenômenos decorrentes da interação entre a radiação e os átomos do indivíduo que permitem a obtenção desta imagem inclui-se a

a) absorção da radiação eletromagnética e a consequente ionização dos átomos de cálcio, que se transformam em átomos de fósforo.
b) maior absorção da radiação eletromagnética pelos átomos de cálcio que por outros tipos de átomos.
c) maior absorção da radiação eletromagnética pelos átomos de carbono que por átomos de cálcio.
d) maior refração ao atravessar os átomos de carbono que os átomos de cálcio.
e) maior ionização de moléculas de água que de átomos de carbono.

**26.** (ENEM)

A bomba
reduz neutros e neutrinos, e
abana-se com o leque da reação em cadeia.

ANDRADE, C. D. **Poesia Completa e Prosa**.
Rio de Janeiro: Aguilar, 1973 (fragmento).

Nesse fragmento de poema, o autor refere-se à bomba atômica de urânio. Essa reação é dita "em cadeia" porque na

a) fissão do $^{235}$U ocorre liberação de grande quantidade de calor, que dá continuidade à reação.
b) fissão de $^{235}$U ocorre liberação de energia, que vai desintegrando o isótopo $^{238}$U, enriquecendo-o em mais $^{235}$U.
c) fissão do $^{235}$U ocorre uma liberação de nêutrons, que bombardearão outros núcleos.
d) fusão do $^{235}$U com $^{238}$U ocorre formação de neutrino, que bombardeará outros núcleos radioativos.
e) fusão do $^{235}$U com $^{238}$U ocorre formação de outros elementos radioativos mais pesados, que desencadeiam novos processos de fusão.

**27.** (ENEM) Pesquisadores recuperaram DNA de ossos de mamute (*Mammuthus primigenius*) encontrados na Sibéria, que tiveram sua idade de cerca de 28 mil anos confirmada pela técnica do carbono-14.

FAPESP. **DNA do Mamute É Revelado**.
*Disponível em:* <http://agencia.fapesp.br>.
*Acesso em:* 13 ago. 2012 (adaptado).

A técnica de datação apresentada no texto só é possível devido à

a) proporção conhecida entre carbono-14 e carbono-12 na atmosfera ao longo dos anos.
b) decomposição de todo o carbono-12 presente no organismo após a morte.
c) fixação maior do carbono-14 nos tecidos de organismos após a morte.
d) emissão de carbono-12 pelos tecidos de organismos após a morte.
e) transformação do carbono-12 em carbono-14 ao longo dos anos.